ARENDT ET HEIDEGGER

Du même auteur

Philosophie et perfection de l'homme. De la Renaissance à Descartes,
Paris, Vrin, 1998.

Descartes et la Renaissance (éd.),
Paris, Champion, 1999.

*Heidegger, l'introduction du nazisme dans la philosophie.
Autour des séminaires inédits de 1933-1935*, Paris, Albin Michel, 2005 ;
seconde édition avec une préface inédite,
Paris, Librairie générale française, 2007.

La Recherche de la Vérité par la lumière naturelle de René Descartes,
traduction et notes avec un essai introductif,
« L'invention cartésienne de la conscience »,
Paris, Librairie générale française, 2010.

Descartes, des principes aux phénomènes (éd., avec Jean-Pierre Cléro),
Paris, Armand Colin, 2012.

Heidegger, le sol, la communauté, la race (éd.),
Paris, Beauchesne, 2014.

Emmanuel Faye

ARENDT ET HEIDEGGER

Extermination nazie
et destruction de la pensée

Albin Michel

*Collection « Bibliothèque Albin Michel Idées »
dirigée par Hélène Monsacré*

© Éditions Albin Michel, 2016

In memoriam André Demenge,
Buchenwald, 1943.

Introduction

En ce début du XXIᵉ siècle, à mesure que paraît tout un ensemble d'écrits de Heidegger nous confirmant la radicalité de son national-socialisme et de son antisémitisme, de ses séminaires aux *Cahiers noirs*, les défenseurs de l'auteur de la *Profession de foi des professeurs allemands envers Adolf Hitler*[1] se raccrochent à l'intensité de sa réception pour tenter de sauver son statut de grand penseur. Certains vont jusqu'à affirmer que tous les philosophes français du XXᵉ siècle auraient entretenu un rapport essentiel à Heidegger, ce qui est oublier Bergson, Cavaillès, Jankélévitch et bien d'autres encore[2].

---

1. *Bekenntnis der Professoren an den deutschen Universitäten und Hochschulen zu Adolf Hitler und dem nationalsozialistischen Staat*, Überreicht vom Nationalsozialistischen Lehrerbund Deutschland/Sachsen, Dresden -A., Zinzendorfstraße 2, 1933. Le texte numérisé de la réédition traduite en cinq langues de 1934 est consultable sur http://www.archive.org/stream/bekenntnisderprooonatiuoft#page/n3/mode/2up. La contribution de Heidegger a été traduite et publiée pour la première fois en France par Jean-Pierre Faye (Martin Heidegger, « Discours et proclamations », *Médiations. Revue des expressions contemporaines*, automne 1961, p. 142-145).

2. Alain Badiou et Barbara Cassin affirment par exemple que « toute la création philosophique française entre les années trente et les années soixante-dix du dernier siècle [...] a entretenu un rapport essentiel, fût-il critique, avec l'entreprise de Heidegger » (*Heidegger. Le nazisme, les femmes, la philosophie*, Paris, Fayard, 2010, p. 19). Il est discutable d'amalgamer ainsi critiques et apologistes.

En philosophie cependant, ni la réputation ni l'ampleur de la réception, qui sont d'ailleurs choses changeantes, ne font autorité. Le temps semble révolu où l'on pouvait par exemple se référer positivement à la philosophie de Joseph Staline sans que personne ne s'en émeuve[1]. Il importe donc de distinguer nettement l'examen critique de l'œuvre de Heidegger des questions que soulève l'ampleur de sa réception. C'est sur la base de cette distinction que nous avons publié, en 2005, une étude des fondements nazis de l'œuvre heideggérienne[2].

Un procédé plus critiquable encore que l'argument d'autorité évoqué consiste à mettre l'accent sur les étudiants juifs de Heidegger afin de tempérer l'évidence aujourd'hui reconnue de son antisémitisme. On omet généralement de rappeler que ses principaux élèves et assistants allemands et non juifs, Oskar Becker, Walter Bröcker, Hans-Georg Gadamer, se sont compromis à différents degrés sous le IIIe Reich, sans parler d'anciens étudiants comme Christoph Steding ou Sigrid Hunke, qui figurent parmi les auteurs nazis ou néo-nazis les plus influents que l'Allemagne ait comptés[3].

Pour autant, la question de la réception de Heidegger ne saurait être écartée. Maintenant que les recherches critiques sur les écrits de l'auteur d'*Être et temps* paraissent sérieusement établies, il semble nécessaire de commencer à examiner cette réception pour elle-même. Ce qui importe avant tout à ce propos, c'est d'éviter généralisations et amalgames. On ne saurait par exemple mettre sur le même plan, ni même énumérer dans la même liste des supposés disciples, Jean-Paul Sartre qui, certes, a beaucoup fait pour populariser Heidegger en 1943 et après la Libération, mais a développé un sérieux rapport critique à sa pensée et a rendu possible

---

1. En 1967, Louis Althusser estimait que «Staline peut être tenu pour un philosophe marxiste extraordinairement perspicace» («La Querelle de l'humanisme», *Écrits philosophiques et politiques*, t. II, Paris, Librairie générale française, 1997, p. 470).

2. Emmanuel Faye, *Heidegger, l'introduction du nazisme dans la philosophie. Autour des séminaires inédits de 1933-1935*, Paris, Albin Michel, 2005 ; 2e éd. revue et augmentée d'une préface, Paris, Le Livre de Poche, 2007 (traduit en cinq langues).

3. Voir la «Note biographique sur quelques élèves et assistants allemands non juifs de Heidegger», p. 537.

la première controverse publique importante concernant son nazisme dans *Les Temps modernes* en 1947, et Jacques Derrida qui a reconnu jusqu'au bout en Heidegger son « contremaître[1] » et s'est attaqué sans nuances aux plus courageux des lanceurs d'alertes, à commencer par Victor Farías[2]. On omet d'ailleurs généralement de mentionner que ce dernier fut, lui aussi, un étudiant juif de Heidegger, un auditeur qui sut ne pas se laisser capter, qui eut le cran de lui résister. Certes, Derrida s'est voulu critique de Heidegger, et on peut le considérer tel si on le compare notamment à Jean Beaufret. Tout est ici question de degrés. Cependant, tandis que la critique sartrienne s'effectuait à partir d'un fonds sensiblement différent de celui de l'auteur de la *Lettre sur l'humanisme*, et où la conscience individuelle n'était pas récusée, Derrida s'est appliqué à enchérir sur les thèmes tardifs de l'auteur du *Nietzsche* de 1961[3]. Il lui a ainsi repris le motif du « dépassement de la métaphysique », stigmatisant par exemple, dans *De l'esprit*, son « geste encore métaphysique », pour le mettre sur le même plan que « la caution du nazisme[4] ». Lorsque Derrida pense contre

---

1. Il dit en effet : « mon contremaître Heidegger » (Jacques Derrida-Catherine Malabou, *La Contre-allée*, Paris, La Quinzaine littéraire-Louis Vuitton, 1999, p. 57 ; cité par Dominique Janicaud, *Heidegger en France. I. Récit*, Paris, Albin Michel, 2001, p. 524).

2. « Pour l'essentiel des "faits", je n'ai encore rien trouvé dans cette enquête qui ne fût connu, depuis longtemps, de ceux qui s'intéressent sérieusement à Heidegger. [...] La lecture proposée, s'il y en a une, reste insuffisante ou contestable, parfois si grossière qu'on se demande si l'enquêteur lit Heidegger depuis plus d'une heure » (« Un entretien avec Jacques Derrida. Heidegger, l'enfer des philosophes », *Le Nouvel Observateur*, 6-12 novembre 1987). Le livre de Farías, *Heidegger et le national-socialisme*, Paris, Verdier, 1987, demeure une mine de renseignements, surtout pour sa troisième partie. Mal traduit en français, il demande à être consulté de préférence dans l'édition allemande, revue et augmentée, parue en 1989 avec une préface de Jürgen Habermas (Victor Farías, *Heidegger und der Nationalsozialismus*, trad. par Klaus Laermann, Francfort-sur-le-Main, S. Fischer, 1989).

3. Martin Heidegger, *Nietzsche I et II*, Pfullingen, Günther Neske, 1961 ; trad. fr. par Pierre Klossowski, Paris, Gallimard, 1971, 2 vol.

4. « [Heidegger] capitalise le pire, à savoir les deux maux à la fois : la caution au nazisme et le geste encore métaphysique » (Jacques Derrida, *Heidegger et la question. De l'esprit et autres essais*, Paris, Flammarion, 1990, p. 54).

Heidegger, ce dernier demeure encore et toujours, de quelque façon, la source d'inspiration de sa critique[1].

Il importe donc de proposer, en toute rigueur, une étude individualisée de chacun des principaux acteurs de la réception de l'auteur d'*Être et temps*. Or, un nom se détache à ce propos entre tous : celui de Hannah Arendt. Jamais Heidegger n'aurait pu forger seul sa réputation de plus grand penseur du XXe siècle. Il a été puissamment aidé pour cela, et si le rôle de Jean Beaufret ou, sur un autre plan, plus académique, celui de Hans-Georg Gadamer ont certainement été déterminants respectivement en France et en Allemagne, la figure qui aura le plus contribué, après 1945, à la diffusion planétaire de la pensée de Heidegger est sans conteste celle de Hannah Arendt. C'est elle qui a entrepris de le faire traduire en langue anglaise, démarchant les éditeurs, révisant les traductions, le défendant face à ses critiques dans maints échanges de lettres, notamment avec son ami et traducteur de Heidegger, J. Glenn Grey[2]. Son apologie de Heidegger, prononcée et publiée en 1969, dans laquelle elle le dépeint en « roi secret » de la philosophie, l'élève au rang d'un nouveau Platon, ravale son nazisme au niveau d'une « escapade » et rapporte à l'originaire « la tempête que fait lever [son] penser », a fait bien plus qu'aucun autre texte pour l'ériger en légende vivante[3].

À lire Arendt, on se heurte cependant à une question qui constituera l'une des interrogations directrices de ce livre : comment le même auteur a-t-il pu concilier la défense hyperbolique

---

1. Jean-Michel Salanskis parle à ce propos de « connivence maintenue » (*Heidegger, le mal et la science*, Paris, Klincksieck, 2009, p. 13).

2. Cette réalité est bien documentée dans Martin Woessner, « An Officer and a Philosopher : J. Glenn Grey and the Postwar Introduction of Heidegger into American Thought », *Heidegger in America*, Cambridge, New York, Melbourne, Cambridge University Press, 2011, chap. 4, p. 132-159 (voir E. Faye, « Heidegger en Amérique. De la théologie au pragmatisme », *La Quinzaine littéraire*, 1er septembre 2011 ; https://www.nouvelle-quinzaine-litteraire.fr/mode-lecture/heidegger-en-amerique-de-la-theologie-au-pragmatisme-174).

3. Hannah Arendt, « Martin Heidegger a quatre-vingts ans », *Vies politiques*, trad. de l'allemand par Barbara Cassin et Patrick Lévy, Paris, Gallimard, 1974, p. 307-320.

de Heidegger et la description critique du « totalitarisme[1] » national-socialiste ? Deux dimensions majeures de l'œuvre d'Arendt semblent en effet se contredire : d'un côté, nous trouvons sa description de la dynamique destructrice des mouvements hitlérien et stalinien au xxe siècle, qualifiés l'un et l'autre de totalitaires ; de l'autre, nous rencontrons son apologie de Heidegger en 1969, pour ses quatre-vingts ans, en dépit notamment de l'éloge, publié par ce dernier en 1953, de la « vérité interne et grandeur » du mouvement national-socialiste. Il se pourrait cependant que cette contradiction ne soit qu'apparente et que l'interprétation par Arendt du national-socialisme et le fait d'exonérer Heidegger de toute responsabilité soient liés.

C'est pourquoi on peut regretter que ces deux dimensions majeures des écrits d'Arendt, sa vision du totalitarisme national-socialiste et sa relation intellectuelle à Heidegger, n'aient guère été, jusqu'à présent, étudiées conjointement ni confrontées l'une à l'autre. Le livre de Dana R. Villa, l'un des ouvrages théoriques les plus élaborés consacrés à Arendt et à Heidegger, écarte ainsi d'emblée l'examen des écrits d'Arendt portant sur le national-socialisme et le totalitarisme, pour se concentrer sur la théorie de l'action politique exposée dans *Condition de l'homme moderne*[2]. De manière assez semblable, les études de Jacques Taminiaux, souvent considérées comme ayant fait date, se limitent aux essais les moins éloignés des thématiques de la philosophie : *Condition de*

---

[1]. Nous ne le ferons pas à l'avenir pour ne pas multiplier les signes typographiques, mais nous mettons cette fois entre guillemets ce terme qu'Arendt a tant contribué à populariser, pour souligner qu'il ne s'agit pas d'un concept dont l'existence et la signification qu'elle lui prête iraient de soi.

[2]. Dès la première page de son livre, Dana R. Villa annonce franchement : « je ne me suis intéressé que de façon très limitée aux *Origines du totalitarisme* et à *Eichmann à Jérusalem* » (Dana R. Villa, *Arendt et Heidegger. Le destin du politique*, Paris, Payot, 2008, p. 9). L'approche de Richard J. Bernstein apparaît plus pertinente, pour qui « pratiquement tous les éléments de sa [Arendt] compréhension de l'action, de la liberté, de l'espace public et de la politique qui sont thématisés dans *La Condition de l'homme moderne* et dans l'essai *De la révolution* sont implicites et proviennent de son étude du totalitarisme nazi » (Richard J. Bernstein, *Hannah Arendt and the Jewish Question*, Cambridge Mass., MIT Press, 1996, p. 11, nous traduisons).

l'homme moderne et *La Vie de l'esprit*[1]. À l'exception de la longue note sur l'« escapade » politique du recteur de Fribourg dans le discours apologétique de 1969, Taminiaux ne dit mot des écrits plus inclassables qui ont trait au nazisme, comme *Les Origines du totalitarisme* ou *Eichmann à Jérusalem*.

Or, une telle lacune dans l'étude du corpus arendtien ne permet pas d'accéder à une compréhension satisfaisante des thèmes directeurs de son œuvre. Chez elle, en effet, les différents registres auxquels appartiennent ses écrits communiquent entre eux de manière le plus souvent tacite, mais parfois aussi explicite, comme on le voit par exemple dans le fait qu'elle affirme, au début de *La Vie de l'esprit*, s'être intéressée à une activité de l'esprit telle que la pensée à cause du procès Eichmann[2].

Cependant, dans ses livres les plus directement consacrés au national-socialisme, *Les Origines du totalitarisme* et *Eichmann à Jérusalem*, jamais Arendt n'évoque Heidegger, tandis que dans le premier de ces ouvrages, elle cite à plusieurs reprises un autre auteur nazi majeur : Carl Schmitt, et cela de façon élogieuse[3]. Inversement, dans ses deux articles les plus célèbres sur Heidegger, celui, critique, de 1946 : « Qu'est-ce que la philosophie de l'existence ? », et celui, apologétique et déjà évoqué, de 1969 : « Heidegger a quatre-vingts ans », ce n'est que brièvement, et en note de bas de page, qu'elle mentionne le rapport de l'auteur d'*Être et temps* au national-socialisme, comme pour suggérer que cette question relèverait d'un autre registre que celui de sa pensée.

---

[1]. Jacques Taminiaux, *La Fille de Thrace et le Penseur professionnel. Arendt et Heidegger*, Paris, Payot, 1992.

[2]. « Concrètement, c'est pour deux raisons assez différentes que je m'intéresse aux activités de l'esprit. Tout a commencé quand j'ai assisté au procès Eichmann à Jérusalem » (H. Arendt, *La Vie de l'esprit*, trad. par Lucienne Lotringer, Paris, PUF, 2007, p. 20).

[3]. Cf. H. Arendt, *Les Origines du totalitarisme, Eichmann à Jérusalem*, Pierre Bouretz éd., Paris, Gallimard, coll. « Quarto », 2002. Le livre le plus foncièrement nazi de Schmitt, *État, mouvement, peuple*, est cité comme une source par Arendt (*ibid.*, p. 539, 554, 559). Le *Romantisme politique* de Schmitt est également à l'honneur (*ibid.*, p. 428) – et plus encore, nous le verrons, dans l'édition allemande du livre –, tandis qu'Arendt prononce un hommage appuyé de Schmitt (*ibid.*, p. 655).

Le seul texte où Arendt évoque tout à la fois le national-socialisme et la responsabilité intellectuelle et politique de Martin Heidegger à l'égard du mouvement nazi n'est autre qu'une double recension qu'elle fait paraître à New York en 1946 sous le titre : « L'image de l'enfer ». Il ne saurait donc y avoir de meilleure introduction à l'examen de la cohérence de son œuvre que d'analyser cet écrit. Cela nous conduira en outre à reconsidérer la vision qu'Arendt a voulu donner des camps de concentration et d'extermination nationaux-socialistes.

Plus généralement, nous montrerons comment l'interprétation arendtienne de la genèse de l'antisémitisme contemporain va se transformer de façon radicale, depuis son essai inachevé en langue allemande de la fin des années 1930, « Antisemitismus », jusqu'à son triptyque de l'après-guerre, *Les Origines du totalitarisme*. Nous proposerons une analyse critique de l'ensemble du livre et aborderons les problèmes que posent sa disculpation des élites intellectuelles du IIIe Reich ainsi que sa reprise d'une vision de la modernité sous le signe de l'« absence de patrie » *(Heimatlosigkeit)* de l'homme moderne, partagée pour une large part avec Heidegger.

Dans un second moment, nous proposerons une introduction actualisée à la « métapolitique » heideggérienne, à partir de ses énoncés thématisant l'extermination *(Vernichtung)*, depuis ses cours du début des années 1930 jusqu'aux *Cahiers noirs* récemment publiés. Nous interrogerons également la signification du geste amorcé dans *Être et temps* et repris dans les premiers *Cahiers noirs*, qui consiste à récuser la pensée catégoriale au profit des « existentiaux » et la question directrice de la philosophie selon Kant : « Qu'est-ce que l'homme ? » au profit de celle thématisée par Heidegger de façon identitaire et *völkisch*[1] : « Qui sommes-nous ? »

Nous aborderons, dans un troisième temps, les relations de Hannah Arendt avec Heidegger après 1945. Loin de la romance habituellement cultivée dans nombre de romans, pièces de théâtre et films, mais aussi dans plus d'un essai, nous montrerons, à partir de lettres inédites, que le ralliement d'Arendt à la vision hei-

---

1. Voir la « Note biographique sur quelques élèves et assistants allemands et non juifs de Heidegger », p. 538.

deggérienne de la modernité et au démantèlement de la «pensée occidentale» est fondé sur une adhésion intellectuelle *antérieure* aux «retrouvailles» fribourgeoises de février 1950. Nous suivrons l'introduction par Arendt des existentiaux heideggériens comme l'«être-dans-monde» et l'«être en commun» *(Mitsein)* dans le champ des sciences politiques et les implications, pour l'existence humaine, de la séparation radicale qu'elle effectue, dans *Condition de l'homme moderne*, entre le politique et le social.

Nous pourrons alors reconsidérer, sur la base de ces recherches critiques, la pertinence historique et philosophique du dispositif apologétique qu'Arendt va construire, depuis son rapport sur le procès d'Eichmann de 1963 et sa *laudatio* de Heidegger en 1969, jusqu'à son ouvrage posthume sur *La Vie de l'esprit*. Elle va en effet forger une anthithèse radicale entre Heidegger et Eichmann, le premier magnifié en «roi secret [...] dans le royaume du penser[1]», le second caricaturé en bureaucrate banal et en exécutant caractérisé par son «absence de pensée[2]». Il s'agira d'examiner ce qu'il advient de la pensée lorsqu'elle se voit instrumentalisée dans cette *structure bipolaire* érigée en nouveau mythe moderne, où se font face le «penseur» retiré sur les hauteurs neigeuses de sa hutte de Todtnauberg et le «clown» muré dans sa cage de verre.

---

1. H. Arendt, «Heidegger a quatre-vingts ans», art. cité, p. 310.
2. H. Arendt, *La Vie de l'esprit*, *op. cit.*, p. 21.

PREMIÈRE PARTIE

HANNAH ARENDT
ET LE NATIONAL-SOCIALISME

1.
Victimes et bourreaux : l'image de l'enfer

> Flamme ! Ta lueur nous l'apprend : La Révolution allemande [...] nous éclaire le chemin d'où il n'y a plus de retour.
>
> Martin Heidegger, « Discours du feu », 24 juin 1933[1].

> Cette allée, les Allemands l'avaient baptisée : la « route d'où l'on ne revient plus ».
>
> Vassili Grossman, *L'Enfer de Treblinka*, 1945[2].

Comme l'introduction à ce livre l'a relevé, la séparation, soigneusement établie par Arendt, en dehors de quelques notes de bas de page, entre son évocation du mouvement national-socialiste et la mention de Heidegger souffre au moins une exception, trop rarement prise en compte. Il s'agit d'une double recension, publiée en septembre 1946 dans la revue *Commentary* et intitulée « L'image

---

1. « *Flamme ! Dein Lodern künde uns : Die deutsche Revolution [...] erleuchtet uns den Weg, auf dem es kein Zurück mehr gibt* » (Martin Heidegger, *Feuerspruch* prononcé dans le Stade de l'Université devant un autodafé symbolique, *Reden und andere Zeugnisse eines Lebensweges*, Hermann Heidegger éd., *Gesamtausgabe* 16, Francfort-sur-le-Main, Klostermann, 2000, p. 131 [désormais abrégé en GA, suivi du numéro de volume et de la date d'édition du volume (à la première occurrence)]).
2. Vassili Grossman, *L'Enfer de Treblinka*, Grenoble et Paris, Arthaud, 1945, p. 40.

de l'enfer[1] ». Les deux livres recensés sont un ouvrage collectif: *Le Livre noir: le crime nazi contre le peuple juif*[2], et l'étude pionnière de Max Weinreich: *Les Professeurs de Hitler*[3]. Cette double recension est à plusieurs égards cruciale pour comprendre le propos d'Arendt: d'abord, comme nous l'avons dit, par le fait que sont traitées ensemble plusieurs questions par la suite dissociées; ensuite, par sa date, qui nous permet de faire le point sur la pensée d'Arendt peu après la défaite nazie et quatre ans avant les fameuses « retrouvailles » de février 1950 avec son ancien professeur et amant; enfin, par l'apparition de thèses, notamment sur les camps de concentration et la relation bourreaux-victimes, qui seront, après 1946, maintes fois reprises et développées par elle. « L'image de l'enfer » constitue donc une bonne introduction aux écrits d'Arendt après 1945 et mérite une analyse attentive[4].

---

1. H. Arendt, « The Image of Hell », *Essays in Understanding 1930-1954, Formation, Exile and Totalitarianism*, Jerome Kohn éd., New York, Schocken Books, 1994; « L'image de l'enfer », *Auschwitz et Jerusalem*, trad. par Sylvie Courtine-Denamy, Paris, Pocket, 1993.

2. *The Black Book: The Nazi Crime Against the Jewish People*, New York, Duell, Sloan and Pearce, 1946. Le Jewish Black Book Committee réunit le World Jewish Congress (New York), le Jewish Anti-Fascist Committee (Moscou), le Vaad Leumi (Jérusalem), l'American Committee of Jewish Writers, Artists and Scientists (New York).

3. Max Weinreich, *Hitler's Professors. The Part of Scholarschip in Germany's Crimes Against the Jewish People* [1946], New Haven et Londres, Yale University Press, 1999; *Hitler et les professeurs. Le rôle des universitaires allemands dans les crimes commis contre le peuple juif*, trad. de l'anglais et de l'original yiddish par Isabelle Rozenbaumas, Paris, Les Belles Lettres, 2013. La traduction française, non sans qualité par ailleurs, modifie le titre et édulcore en cela le propos de Weinreich. Sans doute eût-il mieux valu conserver *Les Professeurs de Hitler* puisqu'il s'agit des académiques qui non seulement ont mis tous leurs talents au service du Führer, mais qui, dans le cas au moins de Heidegger, ont eu la prétention de guider de quelque manière eux-mêmes le Führer, comme on le voit aux conseils que lui prodigue Heidegger dans un télégramme de 1933 (M. Heidegger, « Telegramm an den Reichskanzler (20. Mai 1933) », *Reden und andere Zeugnisse eines Lebensweges*, GA 16, p. 105).

4. Ni *Le Livre noir* de 1946, ni l'ouvrage de Weinreich, ni la double recension qu'en a faite Arendt ne sont cités dans la monographie d'Antonia Grunenberg sur Arendt et Heidegger, pourtant riche en références sur la période de l'immédiat après-guerre, mais qui privilégie une histoire romancée de la relation entre les deux auteurs et comporte lacunes et approximations, comme nous le verrons au chapitre 9 à propos de la correspondance Arendt – Sternberger (voir Antonia Grunenberg, *Hannah*

1. Arendt, Grossman et les camps d'extermination

La double recension d'Arendt est principalement critique. Elle procède à une véritable charge contre le premier des deux livres. Les reproches adressés au *Livre noir: le crime nazi contre le peuple juif* sont tout d'abord formels: les matériaux seraient mal structurés, le style journalistique et les sources choisies de manière peu scientifique. Et elle conclut à l'échec d'un livre dont les auteurs se seraient laissés « submerg[er] par un *chaos* de détails[1] ». Que penser de ces reproches?

Le livre est né d'un projet suggéré par Albert Einstein en 1942 à une délégation du Comité antifasciste juif en tournée aux États-Unis. Il devait s'agir de « constituer *Le Livre noir* des atrocités commises par les Allemands sur la population juive d'URSS[2] ». La réalisation du projet est assurée par deux écrivains et correspondants

---

Arendt et Martin Heidegger. Histoire d'un amour, trad. de l'allemand par Cédric Cohen-Skalli, Paris, Payot, 2009). Dans la biographie d'Arendt par Elisabeth Young-Bruehl, le nom de Vassili Grossman n'apparaît jamais: ne sont mentionnés comme sources d'Arendt sur les camps de concentration nationaux-socialistes que *L'État SS* d'Eugen Kogon et *Les Jours de notre mort* de David Rousset (Elisabeth Young-Bruehl, *Hannah Arendt*, Paris, Calmann-Lévy, 1999; 2ᵉ éd., Librairie Arthème Fayard, coll. «Pluriel», 2010, p. 266). Hannah Arendt elle-même, il est vrai, ne cite jamais le récit de Grossman sur Treblinka dans *Les Origines du totalitarisme* et, sur les camps nazis, elle ne renvoie qu'aux descriptions de David Rousset, Eugen Kogon et Bruno Bettelheim (H. Arendt, *Les Origines du totalitarisme*, *op. cit.*, p. 784, n. 129).

1. « *Le Livre noir* est un échec, parce que ses auteurs, submergés par un chaos de détails, ont été incapables de comprendre ou d'éclaircir la nature des faits auxquels ils étaient confrontés » (H. Arendt, «The Image of Hell», art. cité, p. 197-198; trad. fr., p. 151).

2. Michel Parfenov, «Avertissement de l'éditeur», in Ilya Ehrenbourg et Vassili Grossman *et al.*, *Le Livre noir sur l'extermination scélérate des Juifs par les envahisseurs fascistes allemands dans les régions provisoirement occupées de l'URSS et dans les camps d'extermination en Pologne pendant la guerre de 1941-1945*, textes et témoignages traduits du russe sous la direction de Michel Parfenov, Paris, Le Livre de Poche, 2001, vol. I, p. 8. Sur *Le Livre noir*, voir Ilya Altman, «Histoire et destinée du *Livre noir*. Préface à l'édition russe», *ibid.*, p. 19-38. Sur le Comité juif antifasciste, voir Arno Lustiger, *Stalin and the Jews. The Tragedy of the Soviet Jews and the Jewish Anti-fascist Committee*, New York, Enigma Book, 2003, et Myriam Anassimov, «Le Comité juif antifasciste. Vassili Grossman et le projet du *Livre noir*», *Vassili Grossman. Un écrivain de combat*, Paris, Seuil, 2012, p. 368-389.

de guerre de l'armée Rouge, Ilya Ehrenbourg et Vassili Grossman, aidés d'une quarantaine de collaborateurs qui ont effectué la collecte d'un nombre considérable de témoignages oraux. Le but est de faire connaître au public toute l'étendue des crimes commis par les nationaux-socialistes contre les Juifs, mais aussi de fournir matière au procès des responsables. Le travail réalisé est en effet adressé en 1945 au procureur soviétique du procès de Nuremberg. L'ouvrage publié en 1946 à New York sous le même titre de *Livre noir* s'appuie pour une bonne part sur les matériaux collectés par Ehrenbourg et Grossman[1], mais il étend l'investigation à l'ensemble de l'Europe[2], et les rédacteurs officiels du livre ne sont pas les deux écrivains russes mais des auteurs américains. Quant au projet soviétique, il sera tout d'abord remanié puis interrompu. Les épreuves du livre seront détruites, le Comité antifasciste juif dissous, ses responsables bientôt arrêtés et presque tous exécutés, tandis que se développera en Russie soviétique une véritable campagne antisémite interrompue seulement par la mort de Staline[3].

Si l'on considère la date à laquelle il a été publié, *Le Livre noir* de 1946 est remarquable par le nombre et l'intensité des témoignages recueillis. Loin d'être chaotique, sa structure retrace précisément la progression vers l'extermination[4]. Même si le livre a été composé dans une certaine urgence[5], les reproches formels

---

1. «[...] le 19 octobre 1944, à l'insu d'Ehrenbourg, I. Feder et C. Epstein (secrétaire responsable du Comité juif antifasciste) envoyèrent aux États-Unis cinq cent cinquante-deux pages de documents collectés en URSS» (I. Altman, «Histoire et destinée du *Livre noir*», art. cité, p. 24).

2. On y trouve par exemple une présentation des camps en territoire français de Schirmeck et du Struthof. On remarquera que dans l'index du livre, le camp de Schirmeck est présenté comme un camp de concentration (*The Black Book*, op. cit., p. 555; cf. p. 281) et celui du Struthof comme un camp d'extermination (*ibid.*, p. 557; cf. p. 244, 281-289).

3. Voir, sur cette question, Jean-Jacques Marie, *L'Antisémitisme en Russie de Catherine II à Poutine*, Paris, Tallandier, 2009.

4. Le *Black Book* comprend six chapitres: «Conspiracy», «The Law», «Strategy of Decimation: Expulsion, Slave Labor, Starvation», «Annihilation: Western Europe, Central and South-Eastern Europe, Poland and the Soviet Union», «Resistance [même tripartition géographique]», «Justice».

5. On le voit à la façon dont a été édité dans le *Black Book* le texte de Grossman sur Treblinka.

d'Arendt paraissent excessifs : si l'ouvrage rassemble un maximum de matériaux illustrant la politique nazie d'extermination des Juifs et sa mise en œuvre dans l'Europe entière, et s'il alterne coupures de presse, documents photographiés, témoignages individuels et tableaux didactiques, c'est afin de faire connaître et de garder en mémoire, de la façon la plus concrète, une réalité encore toute proche, un an seulement après la fin de la Seconde Guerre mondiale – une réalité qui ne pouvait pas encore bénéficier de l'objectivation distanciée de l'historien et du savant.

Il est manifeste que les raisons majeures de l'hostilité d'Arendt à l'égard du *Livre noir* sont d'un autre ordre que ses critiques formelles, d'autant que, commençant par rappeler ce qu'elle appelle « les faits », elle reprend en partie la gradation même exposée dans *Le Livre noir* : travail forcé ou servile, famine, extermination[1]. Ce qu'elle reproche avant tout aux auteurs du *Livre noir*, c'est d'avoir voulu faire usage des faits à des fins politiques[2]. Elle ne précise pas quelles sont ces fins, mais elle cite les premières lignes du livre, ce qui nous donne des indications. Selon les auteurs du *Livre noir*, on pourrait légitimement demander aux Juifs de dresser un acte d'accusation du peuple allemand à la barre du monde civilisé, et le livre est conçu dans cet esprit[3]. Est-ce là utiliser les faits à des fins politiques ? Ne s'agit-il pas plutôt de contribuer à la procédure juridique engagée à Nuremberg contre les responsables nazis ? De fait, *Le Livre noir* a prioritairement été conçu dans ce dessein, plus juridique que proprement politique.

Cependant, le reproche d'Arendt va plus loin. Les auteurs du *Livre noir* n'auraient pas seulement instrumentalisé les faits, ils auraient, selon elle, été « incapables de comprendre ou d'éclaircir

---

1. Pour être précis, Arendt ne suit pas l'ordre des termes : tandis que *Le Livre noir* considère successivement les expulsions, le travail servile, la famine, elle évoque la famine, puis le travail forcé.

2. Arendt souligne en effet ce qu'elle appelle « l'écart entre les faits eux-mêmes et l'usage qu'on peut en faire à des fins politiques » (« The Image of Hell », art. cité, p. 197 ; trad. fr., p. 151).

3. « *As the formal accusers of the German people before the bar of the civilized World, it may properly be demanded of the Jews that they prepare such a bill of indictment* » (*The Black Book, op. cit.*, p. 3).

la nature des faits auxquels ils étaient confrontés¹». Une compréhension et un éclaircissement qu'elle décide d'apporter. Son raisonnement, cependant, n'est pas de la plus grande clarté car il entremêle plusieurs arguments.

Tout d'abord, Arendt estime que la question des crimes nazis ne peut pas être cantonnée à la revendication d'un peuple sur un autre. Si elle admet que, «politiquement parlant, les usines de mort *(death factories)*» – nous reviendrons sur cette métaphore qu'elle utilise donc dès 1946 – «constituaient un "crime contre l'humanité" perpétré sur les corps du peuple juif», elle rappelle que «si les nazis n'avaient pas été écrasés, les usines de mort auraient englouti les corps de bien d'autres peuples», comme ce fut le cas pour «les Gitans exterminés avec les Juifs plus ou moins pour les mêmes raisons idéologiques». Pour Arendt donc, «le peuple juif est certes fondé à dresser cet acte d'accusation contre les Allemands», mais «à condition qu'il n'oublie pas qu'il parle dans ce cas pour tous les peuples de la terre»².

Il y a une part de vérité dans ce propos d'Arendt. Les historiens travaillant sur les projets d'Himmler en 1942 soulignent en effet que la politique d'extermination raciale des nationaux-socialistes visait «principalement les Juifs, mais aussi les Tziganes d'Europe de l'Est et une grande partie de la population slave³». Cependant, reconnaître cette extension considérable dans la volonté d'asservir et d'exterminer ne demeure une vérité que si l'on ne poursuit pas dans cette direction au point de relativiser la cible première de l'extermination nazie: les Juifs. C'est bien le peuple juif qui fut le premier visé, avec en vue l'extermination totale des Juifs d'Europe. En outre, les nationaux-socialistes avaient tracé une ligne de partage à peu près infranchissable entre aryens et non-aryens, *Übermenschen* et *Untermenschen*, ou, en termes plus heideggériens, entre ceux qui dominent et ceux qui sont esclaves par

---

1. H. Arendt, «The Image of Hell», art. cité, p. 197-198; trad. fr., p. 151.
2. *Ibid.*, p. 200; trad. fr. (modifiée), p. 154.
3. Peter Longerich, «Himmler et le grand empire germanique – une reconstitution», *Himmler. L'éclosion quotidienne d'un monstre ordinaire*, Paris, Éditions Héloïse d'Ormesson, 2010, p. 615-620, citation p. 618.

leur être même[1]. Comme le rappelle Peter Longerich, « une classe dirigeante composée de membres des peuples germaniques devait dominer tout le continent européen et accorder aux autres peuples d'Europe une place en fonction de leur qualité raciale[2] ». Une telle ségrégation, avec tout ce qu'elle implique dans le cas des nationaux-socialistes en matière de mise en esclavage et d'extermination, relevait de ce qui sera nommé par le tribunal de Nuremberg « crime contre l'humanité ». Pour autant, contrairement à ce que dit Arendt, « tous les peuples de la terre » n'étaient pas également concernés. Mais celle-ci a autre chose en tête, et des thèses plus problématiques encore, qui touchent aux rapports entre victimes et bourreaux dans les camps nazis.

Avant d'analyser le propos d'Arendt sur ce point décisif, il convient de mettre en évidence une dimension cruciale du *Livre noir*, jamais évoquée dans sa recension : cet ouvrage contient un livre dans le livre. On peut y lire en effet la traduction américaine presque complète du récit rédigé en 1944 par Vassili Grossman sur *L'Enfer de Treblinka* et publié en russe dès novembre de la même année dans le magazine *Znamya*, avant de paraître, l'année suivante, en français sous la forme d'un livre[3]. Ce point est fondamental et mérite qu'on s'y arrête.

Le récit de Grossman est structuré par la distinction entre les deux camps qui, à Treblinka, étaient séparés par une distance de trois kilomètres. On trouvait d'un côté le « camp de travail ou disciplinaire[4] », datant de 1941 et qui fonctionnera jusqu'au 23 juillet 1944, de l'autre le camp d'extermination ou « camp de la mort », dénommé, selon les traductions de *L'Enfer de Treblinka*, « camp juif », « camp échafaud »[5], ou, dans la traduction française de 1945

---

1. Voir M. Heidegger, *Vom Wesen der Wahrheit*, in *Sein und Wahrheit*, Hartmut Tietjen éd., GA 36/37, 2001, p. 94.
2. P. Longerich, *Himmler, op. cit.*, p. 617.
3. V. Grossman, *L'Enfer de Treblinka, op. cit.* ; nous citons la 2ᵉ édition, 1966, « en tous points conforme à l'édition originale » (avertissement de l'éditeur). Le nom de l'auteur porte par erreur « Grossmann ».
4. *Ibid.*, p. 7 et 10.
5. Dans la traduction française publiée en 2001 au volume II du *Livre noir, op. cit.*, p. 438. La traduction américaine de 1946, très proche, donne : *« a Jewish camp, a camp execution block »* (*The Black Book, op. cit.*, p. 398).

– qui utilise la métaphore industrielle que reprendra Arendt –, « usine de mort ». Ce camp de la mort, les Allemands en ont entrepris l'édification en mai 1942[1], en allant « chercher dans le ghetto de Varsovie la main-d'œuvre nécessaire à [sa] construction[2] ». Le camp d'extermination de Treblinka est conçu selon le même plan que ceux de Belzec et de Sobibor. Comme le précise Raul Hilberg : « On trouvait des baraquements pour les gardes, une rampe où l'on déchargeait les Juifs, un baraquement où ils se déshabillaient, et un passage en S, le *Schlauch* (le boyau), de deux à trois mètres de large, qui était bordé de hautes clôtures de barbelés recouvertes de lierre[3] » et conduisait aux chambres à gaz. « Le fronton du bâtiment de gazage de Treblinka s'ornait d'une étoile de David. À l'entrée pendait une lourde tenture sombre provenant d'une synagogue et portant encore l'inscription suivante en hébreu : "Ceci est la porte par laquelle entrent les Justes"[4]. »

Après avoir décrit la vie dans le camp n° 1 (le camp de travail), voici comment l'auteur de *L'Enfer de Treblinka* s'exprime :

> Tel était le camp n° 1, autre Majdanek, mais en plus petit. Et on eût pu croire qu'il n'y avait rien de plus affreux au monde. Mais ceux qui vivaient là savaient bien qu'il y avait un autre camp cent fois plus horrible que le leur. En mai 1942, les Allemands avaient en effet entrepris, à trois kilomètres de là, la construction d'une véritable usine de mort. Les travaux, auxquels étaient occupés plus de mille paires de bras, avaient rapidement progressé. Là, rien n'était prévu pour la vie : tout pour la mort. L'existence de ce camp devait être tenue profondément secrète ; tel était l'ordre de Himmler. Pas un homme ne devait en sortir vivant, et personne n'était autorisé à s'en approcher. On tirait sans avertissement sur quiconque passait par hasard à un kilomètre de là. Il était interdit aux avions allemands de survoler la région. Jusqu'au tout dernier moment, les victimes qu'une ramification de la voie amenait au camp ignoraient le sort qui les attendait. Les gardiens qui accompagnaient les convois n'étaient pas admis à

---

1. V. Grossman, *L'Enfer de Treblinka*, op. cit., p. 14.
2. Raul Hilberg, « Les centres de détention », *La Destruction des Juifs d'Europe*, vol. III, Paris, Gallimard, 2006, p. 1617-1618.
3. *Ibid.*, p. 1619-1620.
4. *Ibid.*, p. 1621.

franchir l'enceinte extérieure du camp: lorsque les wagons arrivaient, des S.S. venaient relever les gardiens[1].

Dans la réédition en 1966 de l'édition française, un bref avertissement non paginé de l'éditeur précise que « c'est par *L'Enfer de Treblinka*, paru à la fin de 1945, que le public de langue française a pour la première fois connu l'existence des camps d'extermination ».

Dans *Le Livre noir* de 1946, la distinction entre les deux camps dans le récit de Grossman est éditorialement renforcée par le fait que son texte est publié en deux parties. La seconde, qui porte sur « l'usine de mort », c'est-à-dire le camp d'extermination, est beaucoup plus développée que la première, sur le camp de concentration ou de travail[2]. Elle est insérée dans un chapitre intitulé « anéantissement » *(Annihilation)*, ce qui correspond exactement à la réalité du camp. Notons également le rapprochement proposé par Grossman entre le camp d'extermination de Treblinka et celui de Majdanek.

L'Enfer de Treblinka ne se résume pas à la synthèse de témoignages sous la forme du récit. Grossman prend position sur des points essentiels et met en valeur le fait que les brutes nazies ne sont pas parvenues à détruire toute humanité ni tout courage, même désespéré, chez les victimes :

> On est troublé jusqu'au fond de l'être, on n'a plus ni sommeil, ni repos, quand on apprend comment les condamnés à mort de Treblinka conservèrent jusqu'au bout intacte leur âme d'humains: comment des femmes, pour sauver leurs fils, accomplissaient les actes les plus sublimes et les plus désespérés ; comment de jeunes mères dont jamais personne ne connaîtra les noms couvraient leurs enfants de leurs corps

---

1. V. Grossman, *L'Enfer de Treblinka, op. cit.*, p. 14-15.
2. Chacune de ces deux parties du texte de Grossman porte un intitulé distinct : «*A Case History (as reported by Vassili Grossman, soviet war correspondent)* », dans le chapitre intitulé «*Strategy of Decimation* » ; «*Report from Treblinka* », dans le chapitre intitulé «*Annihilation* » (*The Black Book, op. cit.*, respectivement p. 200-202 et p. 398-413). Le découpage retenu comporte une approximation. En effet, un paragraphe sur le camp n° 1, ou camp de travail, est malencontreusement inséré dans la description du camp n° 2, le camp d'extermination.

[…]. On m'a parlé de dizaines de révoltés qui se sont battus seuls et n'ayant que leurs mains nues, contre l'horrible meute des S.S. armés d'automatiques et de grenades, et qui sont morts debout, la poitrine percée de dizaines de balles. On m'a parlé d'un jeune homme qui enfonça son couteau dans le corps d'un officier S.S.; d'un autre, amené du ghetto de Varsovie et qui avait réussi par miracle à cacher une grenade qu'il lança dans la foule de ses bourreaux. On m'a parlé d'une bataille qui dura toute une nuit entre un contingent de condamnés à mort et les détachements de wachmanns et de S.S. Les coups de feu, les éclatements de grenades durèrent jusqu'au matin, et quand le soleil se leva, les cadavres jonchaient la place ; près de chacun gisait son arme : un gourdin arraché à la palissade, un couteau[1], un rasoir. Mais les noms de ces hommes, personne ne les saura jamais. […]

Ou plutôt… Tous ces gens auxquels l'hitlérisme a enlevé leurs maisons et leur vie, dont il a voulu rayer les noms de la mémoire universelle, ces mères qui couvraient leurs enfants de leurs corps, ces enfants qui essuyaient les larmes de leurs mères, et ceux qui, se battant avec des couteaux et lançant des grenades, sont morts dans les carnages nocturnes, et la jeune fille nue, pareille aux déesses antiques, qui se battait une contre cent, tous sont entrés dans le néant avec le nom le plus beau qui soit, avec le nom d'homme, que la meute sanglante des Hitler et des Himmler n'avait pu leur ravir. Oui, sur le monument de chacun d'eux, l'histoire écrira : « Ci-gît un homme[2]. »

Le contraste est remarquable avec l'analyse d'Arendt, qui dépeint au contraire une complète déshumanisation des victimes. Après avoir retracé la gradation dans l'« accroissement de la terreur », elle s'exprime en ces termes :

Vinrent ensuite les usines de mort et tous moururent ensemble : jeunes et vieux, faibles et forts, malades ou en bonne santé ; ils moururent non en qualité d'individus, c'est-à-dire d'hommes et de femmes, d'enfants ou d'adultes, de garçons et de filles, bons ou méchants, beaux ou laids, mais ils furent réduits au plus petit dénominateur commun de la vie organique, plongés dans l'abîme le plus sombre et le plus profond de l'égalité première : ils moururent comme

---

1. Le texte mentionne ici, vraisemblablement par erreur, « un contenu ».
2. V. Grossman, *L'Enfer de Treblinka*, op. cit., p. 47-49.

du bétail, comme des choses qui n'auraient ni corps ni âme, ni même un visage sur lequel la mort aurait pu apposer son sceau.

C'est dans cette égalité monstrueuse, sans fraternité ni humanité, – une égalité que les chats et les chiens auraient pu partager – que l'on voit, comme si elle s'y reflétait, l'image de l'enfer[1].

Arendt ne retient donc à propos des victimes des « usines de mort » qu'une déshumanisation complète, présentée comme le résultat d'une égalité assimilée par elle à la vie animale. Dans *Ce qui reste d'Auschwitz*, Giorgio Agamben reprend et prolonge la vision d'Arendt lorsqu'il parle du « point où l'homme, en gardant son apparence d'homme, cesse d'être humain[2] ». Tandis que, s'appuyant sur les témoignages recueillis, Vassili Grossman souligne que l'humanité et la fraternité ont persisté jusqu'au bout chez bien des victimes, le propos d'Arendt tend à refléter la vision des bourreaux. Franz Stangl, commandant du camp de Treblinka, ne s'exprime pas de façon très différente dans ses entretiens rapportés par Gitta Sereny lorsqu'il affirme n'avoir vu dans les victimes juives qu'une « cargaison ». Voici ses mots :

> C'était une cargaison. Une cargaison.
> [...] Je crois que ça a commencé le jour où pour la première fois j'ai vu le *Totenlager* (camp de la mort) à Treblinka.
> [...] Voyez-vous, je les ai rarement perçus comme des individus. C'était toujours une énorme masse. Quelquefois j'étais debout sur le mur et je les voyais dans le « couloir ». Mais – comment expliquer – ils étaient nus, un flot énorme qui courait conduit à coups de fouet comme[3]...

La suite du commentaire d'Arendt paraît tout aussi critiquable. Elle reconnaît certes « la perversité monstrueuse de ceux qui ont établi une telle égalité », mais c'est pour affirmer que l'innocence

---

1. H. Arendt, « The Image of Hell », art. cité, p. 198 ; trad. fr., p. 151-152.
2. Giorgio Agamben, *Ce qui reste d'Auschwitz. L'archive et le témoin. Homo sacer III*, trad. de l'italien par Pierre Alféri, Paris, Payot & Rivages, 2003, p. 58.
3. Gitta Sereny, *Au fond des ténèbres. Un bourreau parle : Franz Stangl, commandant de Treblinka*, Paris, Tallandier, 2013, p. 286-287. La phrase de Stangl s'interrompt ici.

de «ceux qui sont morts dans cette égalité» est «également monstrueuse». La première échapperait à la compréhension, la seconde à la justice humaine. En soutenant que cette innocence des victimes assassinées dans les chambres à gaz des camps d'extermination nationaux-socialistes se soustrait à toute évaluation de la justice humaine, n'est-elle pas en train de saper les bases mêmes de la notion de crime contre l'humanité et donc la légitimité juridique du procès de Nuremberg? La mise en cause de la notion d'égalité, insinuée plutôt qu'argumentée, pose également problème, et c'est un point que nous retrouverons dans plus d'un texte. Enfin, la question qui se pose ici est-elle vraiment celle du degré d'innocence des victimes juives exterminées dans les chambres à gaz? Cette interrogation n'est-elle pas hors de propos? Il y a quelque chose qui dérape dans l'argumentation d'Arendt, où l'on trouve d'ailleurs les prémisses de ses positions ultérieures parmi les plus contestables:

> Les chambres à gaz, c'était pire que ce que quiconque aurait pu mériter, et par rapport à cette chose-là, le plus abominable criminel était aussi innocent qu'un nouveau-né. Quant aux adages du type «mieux vaut subir le mal que le commettre», ils ne permettent pas de supporter plus facilement la monstruosité de cette innocence. L'important n'était pas tant que ceux qu'un hasard de la naissance avait condamnés à mort, aient obéi et joué leur rôle jusqu'au dernier moment aussi docilement que ceux qu'un hasard de la naissance avait condamnés à vivre (on le sait bien, ça ne sert à rien de le cacher). Au-delà, il y avait le fait que l'innocence et la culpabilité n'étaient plus des produits du comportement humain; aucun crime imaginable n'aurait pu être à la mesure d'une telle punition, ni aucun péché n'aurait pu coïncider avec cet enfer où le saint comme le pécheur se trouvaient également réduits au statut de futurs cadavres. Une fois que l'on avait pénétré dans les usines de la mort, tout devenait accidentel et échappait complètement au contrôle de ceux qui infligeaient les souffrances et de ceux qui les enduraient. Et il y eut bien des cas où ceux qui infligeaient les souffrances un jour, devenaient le lendemain à leur tour des victimes[1].

---

1. H. Arendt, «The Image of Hell», art. cité, p. 198-199; trad. fr., p. 152.

En toute conscience humaine, si l'on peut dire des crimes nazis dans les camps d'extermination qu'ils ont quelque chose d'insoutenable, d'incompréhensible et de monstrueux, on ne saurait au même titre affirmer de l'innocence des victimes qu'elle est monstrueuse et défie toute justice humaine. Comment accepter en effet que le même terme « monstrueux » soit utilisé aussi bien à propos des victimes que des brutes nazies ? Également inacceptable paraît la conclusion à laquelle parvient Arendt : après avoir déplacé la considération du crime, des bourreaux aux victimes, son propos tend à l'indistinction complète entre tortionnaires et victimes, et même à leur interchangeabilité[1].

Il ne s'agit pas d'une remarque faite en passant, mais bien d'une thèse directrice, réaffirmée en 1951 en conclusion des *Origines du totalitarisme*. Arendt dira en effet des camps d'extermination que « tout n'était que péripétie échappant au contrôle des victimes comme des oppresseurs, où les oppresseurs d'aujourd'hui allaient devenir les victimes de demain[2] ».

Comment répondre à de telles assertions ? En montrant tout d'abord qu'elles sont historiquement fausses. Dans les « usines de mort », si ceux qui endurent les souffrances n'ont aucun contrôle sur le processus dont ils sont les victimes, ceux qui infligent les souffrances, c'est-à-dire les SS, officiers et soldats, ainsi que les auxiliaires ukrainiens formés à tuer, les *Wachmänner*, ont tout au contraire un entier contrôle sur le processus minutieusement programmé de la mise à mort. Aucun d'entre eux, ni parmi les SS, ni même parmi les *Wachmänner* ukrainiens[3], ne risque de se

---

[1]. Trop souvent, ces pages d'Arendt sur l'enfer des camps nazis sont considérées comme exemplaires et citées comme telles sans autre examen des thèses qu'elles recèlent. Ainsi, par exemple, l'ouvrage très factuel de Didier Chauvet, *Le Nazisme et les Juifs. Caractère, méthodes et étapes de la politique nazie d'exclusion et d'extermination* (Paris, L'Harmattan, 2001, p. 9), met-il en exergue l'affirmation arendtienne de l'« égalité monstrueuse » des victimes exterminées. D'où la nécessité de reconsidérer aujourd'hui ces textes avec plus d'esprit critique

[2]. H. Arendt, « En guise de conclusion », *Les Origines du totalitarisme, op. cit.*, p. 862.

[3]. Sur les *Wachmänner* à Treblinka, on se reportera utilement au témoignage de Mieczyslaw Chodzko, *Évadé de Treblinka*, Paris, Fondation pour la Mémoire de la Shoah/Le Manuscrit, 2010.

retrouver mêlé à la «cargaison», au «flot énorme conduit à coups de fouet» – pour citer à nouveau Stangl – promis à l'extermination. L'uniforme immaculé de drap blanc du commandant de Treblinka, observant de haut, campé sur son mur, les victimes, illustre la distance infranchissable qui sépare celles-ci de leurs tortionnaires. Quant aux membres juifs des *Sonderkommandos* contraints à la collecte et au tri des affaires des victimes juives et à l'incinération des corps extraits des chambres à gaz, ils ne sont pas destinés à intervenir dans le processus de mise à mort. Ils sont eux-mêmes des victimes en sursis promises à l'exécution, non des bourreaux, le fondement du racisme nazi reposant sur la séparation radicale du peuple supérieur et des *Untermenschen*.

Par ailleurs, Arendt souligne la docilité des victimes juives comme une vérité que tout le monde connaît et qu'il est inutile de cacher, une docilité pourtant démentie par les actions de la Résistance juive et nombre de témoignages des victimes comme des bourreaux[1]. Surtout, il faut se rappeler dans quelles conditions s'est effectuée la mise à mort. Comme le dit bien l'historien Yehouda Bauer: «au lieu de demander pourquoi les Juifs ne résistèrent pas, il eût mieux valu se demander pourquoi et comment ils furent si nombreux à prendre les armes dans *ces* conditions-là[2]».

Arendt, d'autre part, ne dit mot de la stratégie mise au point pour leurrer ces victimes, processus précisément décrit dans *Le Livre noir* par Grossman: «Pour tromper jusqu'au bout ceux qui venaient d'Europe, un semblant de gare avait été aménagé sur le quai où les rames de vingt wagons venaient se décharger l'une

---

1. Voir notamment l'étude approfondie d'Yitzhac Arad, *Belzec, Sobibor, Treblinka. The Operation Reinhard Death Camps*, Bloomington et Indianapolis, Indiana University Press, 1999, IIIe partie «Escape and Resistance», p. 241-377. Pour une synthèse plus récente sur Treblinka et l'Action Reinhard, voir Sara Berger, *Experten der Vernichtung: Das T4-Reinhardt-Netzwerk in den Lagern Belzec, Sobibor und Treblinka (Studien zur Gewaltgeschichte des 20. Jahrhunderts)*, Hambourg, Hamburger Edition, 2013.

2. Yehouda Bauer, «Résistance et passivité juives face à l'holocauste», in *L'Allemagne nazie et le génocide Juif, Colloque de l'École des hautes études en sciences sociales*, Paris, Gallimard/Seuil, 1985, p. 404-419, citation p. 414. Voir la mise au point de Georges Bensoussan, «Résister?», *Histoire de la Shoah*, Paris, PUF, 1997, p. 99-103.

après l'autre. Une gare avec ses guichets, sa consigne et son restaurant. Des flèches indicatrices disaient: "Trains pour Bialystok", "pour Baranowicze", "pour Wolkowysk", etc. L'arrivée du convoi était saluée par un orchestre[1]... » Les ordonnateurs de l'extermination avaient en effet observé, précise Grossman, que « lorsque les détenus savaient à quoi s'en tenir, il y avait des révoltes[2] ». Tout particulièrement en ce qui concerne le camp de la mort de Treblinka, finalement détruit le 2 août 1943 par une révolte générale des *Sonderkommandos* qui permettra à une quarantaine d'entre eux de survivre, et rendra possibles les témoignages sur la base desquels Grossman a construit son récit et d'autres encore, publiés plus tardivement, comme celui, remarquable, de Chil Rajchman[3].

Aussi critiquable que les erreurs historiques et les omissions d'Arendt paraît le sophisme qui consiste à glisser de considérations déjà discutables sur l'impossibilité de distinguer innocents et coupables parmi les seules victimes à l'indistinction généralisée entre bourreaux et victimes. Son propos semble à première lecture une dénonciation radicale de la déshumanisation dans les « usines de mort », mais, en réalité, il perpétue en pensée la perte de toute référence morale et la déshumanisation qui en résulte, par l'affirmation d'une indifférenciation finale entre les exterminateurs et leurs victimes.

Telle est donc l'objection majeure que l'on peut faire à ce texte. Mais le choix de la métaphore et celui du registre prêtent également

---

1. V. Grossman, *L'Enfer de Treblinka*, *op. cit.*, p. 24; *The Black Book*, *op. cit.*, p. 401.

2. Pour la description de ces révoltes spontanées qui se terminaient toujours en massacre, voir V. Grossman, *L'Enfer de Treblinka*, *op. cit.*, p. 31-32 (trad. légèrement modifiée); *The Black Book*, *op. cit.*, p. 403.

3. Chil Rajchman, *Je suis le dernier Juif. Treblinka (1942-1943)*, trad. du yiddish par Gilles Rozier, préface d'Annette Wieviorka, Paris, Les Arènes/Librairie générale française, 2011; en particulier chap. 18, p. 119 et suiv. sur le soulèvement de Treblinka. On peut certes estimer que le témoignage de Rajchman nous éclaire plus aujourd'hui sur la réalité intérieure du camp d'extermination de Treblinka que la reconstitution de Grossman. Nous pensons pour notre part que les deux textes se complètent. Surtout, et bien qu'elle ne le cite jamais, Arendt avait connaissance du récit de Grossman dès 1946.

ment le flanc à la critique. Jusqu'à quel point est-il pertinent de parler en termes de production technique – les « usines de mort » – là où seul un processus de destruction radicale est en marche ? Vassili Grossman, avant Arendt, utilise cette métaphore, mais, nous l'avons vu, dans un tout autre esprit, qui ne conduit pas à la déshumanisation radicale des victimes. Surtout, jamais il ne parle de la « production de cadavres », à la différence d'Arendt qui s'exprime ainsi dans sa « Dédicace à Karl Jaspers » de janvier 1948, dans une déclaration péremptoire qui prétend dépolitiser complètement l'extermination nazie[1], un an avant que Martin Heidegger ne s'approprie l'expression dans ses *Conférences de Brême*. Ce dernier reprendra et accentuera en 1949 cette déresponsabilisation et cette dépolitisation arendtiennes de l'extermination des Juifs par les nazis[2]. Tout dépend donc de l'esprit dans lequel on entend la métaphore des *death factories*.

Par ailleurs, Arendt évacue la dimension morale des crimes nazis et utilise un registre théologique, celui de l'enfer, du pécheur et du saint, dont la pertinence, appliquée à l'extermination nazie, apparaît douteuse. À trop mettre l'accent sur l'enfer et à entourer la métaphore de connotations théologiques, on risque notamment de suggérer au lecteur que les victimes des camps auraient commis quelque faute terrible ou porteraient une forme de culpabilité qui justifierait leur châtiment.

2. Les élites académiques allemandes dédouanées

La recension par Arendt du livre de Weinreich, *Les Professeurs de Hitler*, débute de manière bien plus positive :

---

1. H. Arendt, « Zueignung an Karl Jaspers », art. cité, p. 9 ; « Hommage à Karl Jaspers », *La Philosophie de l'existence et autres essais*, trad. de l'allemand par Martin Ziegler, Paris, Fayot, 2000, p. 154. Sur les usages arendtien et heideggérien de l'expression, voir *infra*, chap. 5, § 20 et 21.
2. Voir *infra*, chap. 5, § 19.

Le livre de Max Weinreich n'a de commun avec *Le Livre noir* que le thème, et il possède toutes les qualités dont l'autre ouvrage manque si manifestement. Par ses implications et sa présentation honnête des faits, il constitue le meilleur guide sur la nature de la terreur nazie que j'aie jamais lu[1].

De fait, ce livre constitue un travail remarquable. Il ne se situe cependant pas sur le même plan que *Le Livre noir* et lui est difficilement comparable. Il ne s'agit plus de décrire l'effectivité de l'extermination des Juifs d'Europe d'après les témoignages recueillis, mais d'étudier dans les textes, à partir d'un vaste ensemble de documents écrits, « la participation de la science allemande dans les crimes de l'Allemagne contre le peuple juif[2] ». La thèse de Weinreich, c'est que « les savants allemands ont fourni les idées et les techniques qui ont conduit à ce massacre sans pareil et qui l'ont justifié[3] ». Or, Weinreich mentionne le nom de Heidegger parmi les tout premiers, à propos de sa contribution à la *Profession de foi envers Adolf Hitler*, et pour l'associer au nom du médecin et biologiste eugéniste, antisémite et nazi Eugen Fischer[4], le patron de Joseph Mengele, médecin d'Auschwitz. Sans doute est-ce la raison pour laquelle une critique en règle de la thèse de Weinreich, qu'Arendt considère comme « une affirmation tout à fait discutable[5] », succède à l'éloge de son travail.

Ce qu'Arendt commence par concéder à Weinreich est cependant important : dans toutes les disciplines, il y eut des « savants de grand renom » pour « dépasser la mesure » et faire « plus pour aider les nazis que la majorité des professeurs allemands ». Et Arendt de citer, parmi les auteurs mentionnés par Weinreich, Carl Schmitt

---

1. H. Arendt, « The Image of Hell », art. cité, p. 200 ; trad. fr., p. 155.
2. « *This study is a report on the part of German scholarship in Germany's crimes against the Jewish people* » (M. Weinreich, *Hitler's Professors, op. cit.*, p. 5).
3. M. Weinreich, *Hitler's Professors, op. cit.*, p. 6 ; trad. fr., p. 6-7.
4. *Ibid.*, p. 18.
5. « *Dr Weinreich's main thesis is that "German scholarship provided the ideas and techniques which led to and justified unparalleled slaughter". This is a highly controversial statement* » (H. Arendt, « The Image of Hell », art. cité, p. 201 ; trad. fr., p. 155). Elle cite ici littéralement une phrase de Weinreich (*Hitler's Professors, op. cit.*, p. 6 ; trad. fr., p. 6-7).

pour le droit, Gerhard Kittel pour la théologie, Hans Freyer pour la sociologie, Walter Frank pour l'histoire, et pour la philosophie enfin, Martin Heidegger[1].

Lorsqu'elle écrit sa recension en 1946, Arendt considère donc Heidegger, ainsi que Carl Schmitt et quelques autres figures intellectuelles majeures de l'Allemagne nationale-socialiste, comme étant de ces «savants» qui n'ont pas seulement agi par opportunisme, mais ont «dépassé la mesure» et fait davantage pour aider les nazis que la plupart de leurs collègues. Nous ne saurions trop souligner ce point, car, comme nous le verrons, Arendt n'écrira plus la même chose, cinq ans après, dans *Les Origines du totalitarisme*[2]. Remarquons cependant que cette façon de présenter les choses présuppose une distinction qui ne va pas de soi entre les nazis et leurs compagnons de route : Heidegger, Schmitt, Freyer, Kittel, Frank ne sont pas présentés eux-mêmes comme des nationaux-socialistes mais comme des savants de renom choisissant de venir en aide aux nazis. Arendt ne dit pas selon quelle définition elle détermine qui peut être ou non considéré comme un «nazi». Sur les cinq noms qu'elle cite, trois d'entre eux, Heidegger, Kittel et Schmitt, ont adhéré au parti nazi, la NSDAP, le 1er mai 1933, et le dernier, Walter Frank, se donnera la mort le 9 mai 1945 pour ne pas survivre à son Führer. Quant au sociologue Hans Freyer, s'il n'a pas adhéré au parti nazi, la génération d'étudiants qu'il a formés dans les années 1928-1929 à Leipzig, réunie sous l'appellation de «La Main noire», versera directement dans les cadres de l'extermination[3].

---

1. «Il est vrai que des savants de grand renom ont dépassé la mesure et firent plus pour aider les nazis que la majorité des professeurs allemands qui s'alignèrent uniquement pour préserver leur poste. Et quelques-uns de ces savants exceptionnels ont fait le maximum pour fournir aux nazis des idées et des techniques : parmi les plus connus, il y avait le juriste Carl Schmitt, le théologien Gerhard Kittel, le sociologue Hans Freyer, l'historien Walter Frank (ancien directeur de l'Institut de recherche sur les questions juives du Reich à Munich) et le philosophe existentialiste Martin Heidegger» (H. Arendt, «The Image of Hell», art. cité, p. 201 ; trad. fr., p. 155).

2. Voir *infra*, chap. 4, § 12.

3. Voir Michael Wildt, «Die Schwarze Hand in Leipzig», *Generation des Unbedingten, Das Führungskorps des Reichssicherheitshauptamtes*, Hambourg,

Victimes et bourreaux : l'image de l'enfer 37

Arendt associe donc le nom de Heidegger à celui d'antisémites déclarés et même virulents comme Kittel[1], Frank ou Schmitt. Le cas de Kittel est particulièrement éloquent car il représente la fusion entre l'antijudaïsme théologique le plus radical et l'antisémitisme génocidaire du national-socialisme[2], alors qu'Arendt soutiendra, à l'opposé de Raul Hilberg et de son tableau saisissant des «précédents» à *La Destruction des Juifs d'Europe*, titre de son grand livre[3], qu'il existe une solution de continuité entre antijudaïsme chrétien et antisémitisme nazi. Kittel fut en outre l'un des membres fondateurs de la section spéciale sur la «question juive» de l'Institut du Reich pour l'Histoire de la Nouvelle Allemagne de Walter Frank, et un contributeur enthousiaste de sa revue *Recherches sur la question juive*[4]. En 1943 encore, il rédigera, avec le médecin et raciologue nazi Eugen Fischer, un volume entier de la revue consacré à *La Juiverie mondiale dans l'Antiquité*, destiné à montrer que «toujours, à toutes les époques, au IIe comme au XXe siècle, la juiverie mondiale nourrit le rêve d'une domination mondiale exclusive sur terre et dans le monde à venir[5]».

Une fois ces concessions faites aux analyses de Weinreich, Arendt développe une forme de défense de ces «savants de

---

Hamburger Edition, 2002, p. 104-137; voir aussi «Weltanschauungselite», *ibid.*, p. 137-142.

1. Voir Gerhardt Kittel, *Die Judenfrage*, Stuttgart, Kohlhammer, 1933, et l'ouvrage important de Robert P. Ericksen, *Complicity in the Holocaust. Churches and Universities in Nazi Germany*, Cambridge, CUP, 2012, p. 31-32, 132-136.
2. Voir Alan E. Steinweis, «Merging Christian Anti-Judaism and Nazi Antisemitism: Gerhard Kittel», *Studying the Jew. Scholarly Antisemitism in Nazi Germany*, Cambridge, Harvard University Press, 2008, p. 66-76. Comme le montre l'auteur p. 76 : «*his [Kittel] willful distortion of Jewish texts provided intellectual cover for genocide*».
3. R. Hilberg, *La Destruction des Juifs d'Europe*, t. I, Paris, Gallimard, 2006.
4. Robert P. Ericksen, *Complicity in the Holocaust, op. cit.*, p. 133.
5. Gerhard Kittel et Eugen Fischer, *Das antike Weltjudentum. Tatsachen, Texte, Bilder, Forschungen zur Judenfrage*, Hambourg, Hanseatische Verlagsanstalt, 1943, p. 10-11; cité par M. Weinreich, *Hitler's Professors, op. cit.*, p. 217; trad. fr., p. 308. On notera que Claudia Koonz associe à juste titre Kittel à Heidegger et Schmitt pour décrire les «Allies in the Academy» (*The Nazi Conscience*, Cambridge, Harvard University Press, 2003, chap. 3, p. 46-68).

renom », compagnons de route des nationaux-socialistes, ou plutôt nazis virulents eux-mêmes : « les nazis ne se sont pas servis de leurs "idées" », affirme-t-elle[1]. Nous pouvons remarquer qu'elle définit à l'avance la ligne de défense qui sera notamment reprise et développée par Gadamer en 1989, dans un entretien avec Dörte von Westernhagen, à ce jour non traduit en français, où il soutient, contre toute vérité, que « les vrais nazis ne s'intéressaient nullement à nous[2] ». Cette thèse problématique, selon laquelle les nazis ne voulaient que des techniciens sans idées[3], prépare, près de deux décennies à l'avance, l'interprétation arendtienne d'Eichmann comme exécutant de la « Solution finale » dépourvu de pensée. Et, bien entendu, elle dédouane Heidegger qui sera présenté, dans *La Vie de l'esprit*, comme le penseur par excellence.

L'apologie arendtienne se concentre ensuite successivement sur Martin Heidegger et sur Walter Frank. Sur l'auteur du *Discours de rectorat*, voici ce qu'elle soutient :

---

1. H. Arendt, « The Image of Hell », art. cité, p. 202 ; trad. fr., p. 156.
2. « "[...] *die wirklichen Nazis hatten doch überhaupt kein Interesse an uns*" : Hans-Georg Gadamer im Gespräch mit Dörte von Westernhagen », *Das Argument*, 32ᵉ année, 1990, H.4/182, p. 543-555. Gadamer se contredit en soutenant cette thèse dans un entretien où il se rapproche plus que jamais des doctrines du national-socialisme. Il affirme en effet que peuples et cultures ont un fondement racial et prononce l'éloge des théories raciales de Ludwig F. Clauß et Oskar Becker, qui versèrent activement dans le nazisme. Voir à ce propos Robert E. Norton, « Gadamer et le cercle de Stefan George », in *Heidegger, le sol, la communauté, la race*, E. Faye éd., Paris, Beauchesne, 2014, p. 263-266.
3. Cette vision du national-socialisme est aujourd'hui battue en brèche par les historiens eux-mêmes, dans de nombreuses études en Allemagne et plus récemment en France. Significatif à cet égard paraît, par exemple, le travail de Christian Ingrao, *Croire et détruire. Les intellectuels dans la machine de guerre SS* (Paris, Fayard, 2010). Voir également Johann Chapoutot, *La Loi du sang. Penser et agir en nazi* (Paris, Gallimard, 2014), qui condense un ensemble important de sources, principalement historiques et juridiques. On peut cependant regretter que les sources proprement philosophiques ne soient pas suffisamment prises en compte. Les textes *völkisch* de Heidegger, notamment, sont absents du corpus cité, ainsi que les études critiques relatives à ces textes. Ces écrits de l'auteur de la *Profession de foi en Adolf Hitler* constituent pourtant l'exemple par excellence de ce que peut signifier « penser en nazi ».

> Les savants que les nazis mirent en premier au rancart, parce qu'ils leur étaient relativement inutiles, furent les nationalistes démodés comme Heidegger dont l'enthousiasme pour le Troisième Reich n'eut d'égale que son ignorance stupéfiante de ce dont il parlait. Une fois que Heidegger eut rendu le nazisme respectable au sein de l'élite universitaire, Alfred Baeumler, bien connu avant l'époque hitlérienne pour être un charlatan, prit sa place et reçut tous les honneurs[1].

Arendt reconnaît donc que Heidegger a rendu le nazisme respectable dans l'élite universitaire, ce qui n'est pas rien. Bien placé pour en témoigner, Gadamer souligne également la « responsabilité » de Heidegger « vis-à-vis du grand nombre de ses jeunes collègues et de ses étudiants qui l'ont suivi dans sa décision » de soutenir le pouvoir national-socialiste en 1933[2]. Affirmer, comme Arendt le fait ensuite, qu'il fut alors mis au rancart est démenti par les faits. Après sa démission du rectorat de l'Université de Fribourg, Heidegger fut en effet nommé par Hans Frank, en mai 1934, aux côté de Julius Streicher, Alfred Rosenberg et Carl Schmitt, membre de la Commission pour la philosophie du droit de l'Académie du droit allemand, active jusqu'en 1942. Une académie qui, selon les termes de Weinreich, « fut responsable de l'ensemble de la législation nazie, y compris de la préparation des lois de Nuremberg[3] ».

Il est tout aussi faux de présenter Heidegger comme un « nationaliste démodé ». Il est perçu au contraire comme l'un des plus radicaux parmi les universitaires nazis. À l'automne 1933 par exemple, ses collègues de l'Université de Munich le considèrent comme « politiquement trop extrême » pour succéder à Richard Hönigswald, qu'il a activement contribué à faire révoquer[4]. C'est ce radicalisme qui lui vaut quelques déboires, par exemple

---

1. H. Arendt, « The Image of Hell », art. cité, p. 202 ; trad. fr., p. 156-157.
2. Jacques Derrida, Hans-Georg Gadamer et Philippe Lacoue-Labarthe, *La Conférence de Heidelberg. Heidegger : portée philosophique et politique de sa pensée. Rencontre-débat de Heidelberg, 5 et 6 février 1988*, Mireille Calle-Gruber éd., notes de Jean-Luc Nancy, Abbaye d'Ardenne, Lignes/Imec, 2014, p. 50.
3. M. Weinreich, *Hitler's Professors*, op. cit., p. 38 ; trad. fr., p. 52-53.
4. Voir Claudia Schorcht, *Philosophie an den Bayerischen Universitäten 1933-1945*, Erlangen, H. Fischer, 1990, p. 237.

lorsqu'il tente d'exiger que les associations d'étudiants catholiques connaissent le même sort que les associations d'étudiants juifs, au moment où Hitler apaise provisoirement ses relations avec les catholiques grâce au concordat, ce qui lui permet d'obtenir la dissolution du grand parti catholique, le Zentrum, et de neutraliser la force politique que représentait le catholicisme en Allemagne.

Il est tout aussi inexact de dépeindre Heidegger en naïf ayant «une ignorance stupéfiante de la réalité nationale-socialiste». Pour donner un exemple parmi beaucoup d'autres possibles, on le voit citer précisément, dans les notes préparatoires à son séminaire sur Hegel et l'État de l'hiver 1934-1935, trois lois qui, au printemps et à l'hiver 1933, ont concouru de façon décisive à l'instauration de l'État national-socialiste[1]. Cela montre que Heidegger suivait attentivement la législation nouvelle lorsqu'elle servait à consolider le pouvoir nazi.

Est également contestable l'affirmation selon laquelle Heidegger n'aurait joué aucun rôle: que l'on pense à son action énergique en faveur de la nouvelle constitution universitaire supprimant les libertés académiques et instituant le «principe du Führer» *(Führerprinzip)* à l'Université de Fribourg[2], à sa légitimation des autodafés, de l'eugénisme auprès des médecins, à ses interventions en vue de créer une chaire d'hygiène raciale et de biologie héréditaire et de supprimer toute bourse pour les étu-

---

1. Voir M. Heidegger, «Verfassung des nationalsozialistisches Staates», *Seminare Hegel-Schelling*, Peter Trawny éd., GA 86, 2011, p. 74-75.
2. Comme le note Hugo Ott: «il apporta une collaboration zélée à la refonte des statuts de l'université dans le sens du nouveau *Führerprinzip* [...]. Les nouveaux statuts de l'Université, dont Heidegger avait à assumer pleinement la coresponsabilité, puisent aux sources mêmes de sa pensée et de son action. Le préambule de Karlsruhe est imprégné de sa pensée et parle sa langue» (Hugo Ott, *Martin Heidegger. Éléments pour une biographie*, trad. de Jean-Michel Belœil, Paris, Payot, 1990, p. 205). À la suite de Ott, un autre historien fribourgeois, Bernd Martin, a confirmé, correspondances à l'appui, dans une étude décisive et non traduite en français, que Heidegger a participé étroitement à la nouvelle constitution universitaire pour le pays de Bade, qui supprime les élections universitaires et intronise Heidegger premier recteur-*Führer* à Fribourg le 1er octobre 1933 (Bernd Martin, «Heidegger und die Reform der deutschen Universität 1933», *Martin Heidegger. Ein Philosoph und die Politik*, Gottfried Schramm et Bernd Martin éd., 2. Erweiterte Auflage, Fribourg-en-Brisgau, Rombach, 2001, p. 149-194).

diants juifs et marxistes. Le bilan est lourd en conséquences pratiques, sans compter les effets de légitimation théorique sur le long terme. Bref, Heidegger fut bien, comme le souligne Alfred J. Noll, un « acteur » politique important du national-socialisme[1].

Peut-on considérer que Baeumler n'est qu'un charlatan qui succéda à Heidegger et reçut à sa place tous les honneurs ? Cette opposition commode entre le penseur ou philosophe Heidegger et l'idéologue ou charlatan Baeumler sera utilisée maintes fois comme un argument apologétique pour marquer une supposée distance entre Heidegger et les nationaux-socialistes[2]. Elle se heurte cependant à bien des difficultés : tout d'abord, Heidegger et Baeumler ont entretenu les relations les plus étroites entre 1928 – année où Heidegger tente en vain d'imposer Baeumler comme son successeur à l'Université de Marbourg – et 1934. En septembre 1933, Baeumler rédige ainsi un rapport dithyrambique sur *Être et temps* au moment où Heidegger songe à remplacer Richard Hönigswald à l'Université de Munich[3]. Ensuite, Baeumler écrira encore à Heidegger en 1943 une lettre qui semble avoir été dissimulée ou détruite par Heidegger ou le cercle de ses proches[4]. Baeumler saura par ailleurs s'agréger sous le IIIe Reich les philosophes allemands les plus institutionnels comme Joachim Ritter ou Eduard Baumgarten, qui poursuivront leur carrière universitaire après 1945. Enfin, la thèse de 1923 d'Alfred Baeumler sur l'esthétique de Kant, qui vise à promouvoir ce que l'auteur appelle

---

1. Alfred J. Noll, *Der rechte Werkmeister. Martin Heidegger nach den « Schwarzen Heften »*, Cologne, PapyRossa Verlag, 2016, p. 9. Noll critique à ce propos la façon dont Peter Trawny « fabule » lorsqu'il « escamote » la volonté d'agir de Heidegger, revendiquée par celui-ci dans ses *Cahiers noirs*.

2. Voir, par exemple, J.-L. Nancy, *Banalité de Heidegger*, Paris, Galilée, 2015, p. 23.

3. « Gutachten Alfred Baeumlers über Martin Heidegger vom 22. September 1933 », cité par V. Farías, *Heidegger und der Nationalsozialismus, op. cit.*, p. 226-227.

4. Heidegger fait mention à Elfride de la lettre de Baeumler le 12 avril 1943 : « Je te joins une copie de la lettre de Baeumler. Sa manière de s'adresser à moi lui vient sans doute de ce que nous sommes camarades de parti. [...] J'en envoie également une copie confidentielle à [Eric] Wolf à Fribourg et lui demande conseil » (« *Ma chère petite âme ». Lettres de Martin Heidegger à sa femme Elfride 1915-1970*, Gertrud Heidegger éd., trad. par Marie-Ange Maillet, Paris, Seuil, 2005, p. 289). L'éditrice ne précise pas si Elfride a conservé la copie de la lettre d'Alfred Baeumler à Heidegger.

« l'essor de la vision du monde *(Weltanschauung)* historique[1] », continuera d'être lue après 1945, et même traduite en 1999 par un éditeur universitaire français[2]. On relèvera que cette notion de « vision du monde historique » sera reprise deux ans plus tard par Heidegger, comme titre de ses conférences *Le combat actuel pour une vision du monde historique*, prononcées en avril 1925 à Cassel en présence de Hannah Arendt, à qui Martin Heidegger propose à cette occasion, dans une lettre du 17 avril, un rendez-vous clandestin[3]. Celle-ci citera bien plus tard, parmi ses sources, l'ouvrage d'Alfred Baeumler sur Kant dans ses conférences sur la philosophie politique de Kant. Elle s'appuiera en effet sur l'appréciation de Baeumler pour interroger l'unité entre les deux parties de la *Critique du jugement*[4]. Pour qu'elle le cite ainsi, il semble qu'à cette date, Alfred Baeumler ne soit plus considéré par Arendt comme un « charlatan ».

---

1. Heidegger va reprendre à Baeumler cette notion de « vision du monde historique » pour en faire le thème de son « combat actuel », dans le titre de ses *Conférences de Cassel* d'avril 1925, auxquelles Hannah Arendt assiste.

2. Alfred Baeumler, *Le Problème de l'irrationalité dans l'esthétique et la logique du XVIIIe siècle*, trad. par Olivier Cossé, Strasbourg, Presses universitaires de Strasbourg, 1999, p. 22. Une note liminaire de Jean-Luc Nancy dédouane l'ouvrage de Baeumler de toute relation avec ses écrits nationaux-socialistes ultérieurs, sans examiner d'aucune façon son contenu ni la possibilité d'une continuité dans l'œuvre de ce dernier. Pour une approche critique du livre de Baeumler, voir Leonore Bazinek, « À la découverte du sens historique. Alfred Baeumler et la nouvelle vision du monde », *Texto! Textes & Culture*, vol. XIX, 1, 2014 (http://www. revue-texto.net/docannexe/file/3437/texto_bazinek.pdf).

3. « Superbe, l'idée que tu viennes. Mes conférences auront lieu les 20 et 21 à la Bibliothèque régionale *(Friedrichsplatz)*. […] J'aimerais te voir lundi soir durant la pause. […] *après* la conférence je prendrai congé comme chaque soir de mes connaissances et de mes hôtes, pour prendre la ligne n° 1 du tramway, direction Wilhelmshöhe, jusqu'à la dernière station – sans doute pourrais-tu prendre la rame suivante, comme si de rien n'était. Auquel cas je te raccompagnerais » (Hannah Arendt – Martin Heidegger, *Lettres et autres documents 1925-1975*, trad. de l'allemand par Pascal David, Paris, Gallimard, 2001, p. 25).

4. « La seconde question laissée de côté est au cœur de la seconde partie de la *Critique de la faculté de juger*, partie si différente de la première que l'absence d'unité de l'ouvrage a provoqué bien des commentaires ; Baeumler, par exemple, se demandait s'il fallait y voir autre chose qu'une lubie de vieillard *(Greisenschrulle)* » (H. Arendt, *Juger. Sur la philosophie politique de Kant*, trad. de Myriam Revault d'Allonnes, Paris, Seuil, 1991, p. 28).

En revanche, dans la recension de 1946, pour Arendt, Baeumler est à Heidegger ce que Rosenberg est à Frank : un « charlatan » qui prendra sous le IIIe Reich la place d'un auteur lui aussi rallié aux nazis, mais non pour autant décrédibilisé. Arendt reconnaît pourtant de Frank qu'il fut « antisémite bien avant l'arrivée au pouvoir de Hitler ». Le parallèle n'est donc pas à l'honneur de Heidegger. L'argumentation d'Arendt donne à penser qu'elle est consciente de l'antisémitisme de Heidegger, à propos duquel elle lui avait d'ailleurs écrit durant l'hiver 1932-1933[1].

Quant à Walter Frank, historien antisémite et nazi, Arendt écrit ceci de lui :

> Les derniers à tomber en disgrâce furent des gens comme Walter Frank qui avait été antisémite bien avant l'arrivée au pouvoir de Hitler mais qui s'était arrangé néanmoins pour garder quelques vestiges d'érudition. Au début des années 40, Frank dut renoncer à sa position au profit du célèbre Alfred Rosenberg, dont l'ouvrage *Le mythe du XXe siècle* n'avait montré aucun penchant pour le « savoir » de la part de son auteur. En fait, il est très vraisemblable que les nazis se méfièrent de Frank justement parce qu'il n'était *pas* un charlatan[2].

Frank est le créateur en 1935, à Munich, de l'Institut du Reich pour l'Histoire de la Nouvelle Allemagne dont la direction lui est confiée « sur ordre de Hitler[3] ». L'Institut est inauguré en grande pompe, en présence notamment de Rudolf Hess et d'Alfred Rosenberg, tandis qu'Alfred Baeumler, Ernst Krieck et Hans F. K. Günther en sont nommés membres d'honneur. La même année est créé au sein de l'Institut de Munich un Département de recherche sur la question juive qui sera, jusqu'en 1941, à la pointe de l'antisémitisme national-socialiste dans la vie académique. Certes, Frank possède une plus grande érudition que Rosenberg, et il a notamment soutenu en 1927 une thèse documentée sur

---

1. La lettre d'Arendt est perdue, mais nous avons la réponse de Heidegger. Celle-ci nous révèle un Heidegger excédé par les étudiants juifs qui l'entourent (Hannah Arendt – Martin Heidegger, *Lettres et autres documents 1925-1975*, op. cit., p. 70-72).
2. H. Arendt, « The Image of Hell », art. cité, p. 202 ; trad. fr., p. 157.
3. M. Weinreich, *Hitler's Professors*, op. cit., p. 46 ; trad. fr. p. 64.

l'agitateur antisémite Adolf Stöcker, rééditée en 1935 dans la maison d'édition nationale-socialiste Hanseatische Verlagsanstalt. Sur ce point, Arendt n'a pas tort de marquer une différence de niveau d'érudition entre Frank et Rosenberg. C'est un fait également qu'une opposition s'est développée entre les deux hommes[1]. Cependant, en ce qui concerne la radicalité de son antisémitisme, Frank n'a rien à envier à Rosenberg, et Weinreich le montre bien. Il cite en effet Frank rappelant comment, « jeune homme encore, il s'était familiarisé avec la pratique de la lutte de masse contre la juiverie dans les rassemblements de Julius Streicher à Nuremberg[2] ».

En outre, Weinreich montre comment les idées antisémites développées dans les activités du Département de recherche sur la question juive de l'Institut de Munich étaient directement destinées à « forge[r] les armes pour l'homme politique[3] » et pour l'action, y compris militaire. La seconde conférence du Département, qui s'est tenue du 12 au 14 mai 1937, s'est déroulée en présence du colonel Walther Nicolai et du *Gauleiter* Julius Streicher, directeur du journal antisémite *Der Stürmer*. Ainsi que le souligne le rapport confidentiel rédigé par le Dr Hoberg, de l'équipe de recherche de Walter Frank : « pour la première fois, des dirigeants impliqués dans la vie active se sont exprimés dans le cadre de la collectivité scientifique[4] ». Il y a donc une relation réciproque étroite entre idées et action, à laquelle la thèse arendtienne d'un dédain des nazis à l'égard des « idées » des professeurs allemands ne rend pas justice.

Arendt ne se rapproche pas plus de la réalité lorsqu'elle suppose que Frank serait tombé en disgrâce parce qu'il n'aurait pas été, comme Rosenberg, un « charlatan ». En réalité, comme le précise

---

1. Ou plutôt, à partir de 1938, entre Frank et son collaborateur pour la « question juive », Wilhelm Grau – qui rejoindra alors le cercle de Rosenberg. À partir de 1941, Rosenberg va prendre le dessus en ce qui concerne les travaux nazis sur la « question juive », Frank perdant la direction de son Institut en décembre 1941.
2. Walter Frank, *Die deutschen Geisteswissenschaften im Kriege. Rede, gehalten am 18 Mai 1940 an der Universität Berlin*, Hambourg, Hanseatische Verlagsanstalt, 1940, « Sonderschrift des Oberkommandos der Wehrmacht », 29 p. ; cité par M. Weinreich, *Hitler's Professors, op. cit.*, p. 45 ; trad. fr., p. 63.
3. M. Weinreich, *Hitler's Professors, op. cit.*, p. 52 ; trad. fr., p. 72.
4. *Ibid.*

Weinreich, dans la compétition nazie entre Instituts de recherche sur la «question juive», Alfred Rosenberg n'a pris le dessus sur Walter Frank, et son Institut de Francfort sur l'Institut de Munich de ce dernier, que lorsque Frank n'a plus bénéficié de la protection de Rudolf Hess, qui s'était envolé en 1941 pour l'Angleterre[1].

Il est vrai qu'Arendt tient fort peu compte des faits rapportés par Weinreich. Ainsi lui reproche-t-elle de ne pas avoir cité les premiers livres de Walter Frank. Elle écrit en effet que l'«on remarquera l'absence des livres de Walter Frank sur le mouvement Stöcker et sur la Troisième République; ces deux livres manifestaient pourtant déjà avant Hitler une forte tendance à l'antisémitisme[2]». Or, dès la première page du chapitre consacré à Walter Frank, Weinrich rappelle qu'«en 1927, Frank reçut son doctorat pour sa thèse sur le Dr Adolf Stöcker, militant antisémite des années 1880[3]», et les deux éditions du livre de Frank consacré à Stöcker, celle de 1928 et celle de 1935, sont l'une et l'autre citées en note. Weinreich poursuit en ces termes: «quelques autres monographies suivirent, chacune d'entre elles consacrée, de façon directe ou non, à démasquer le "Juif international", parmi lesquelles une étude sur la Troisième République en France[4]». Et l'auteur de citer en note le livre en question sur la IIIe République, paru d'ailleurs en 1933 et non «avant Hitler» comme l'affirme Arendt.

Par-delà ces erreurs factuelles d'Arendt, à l'origine de reproches infondés qu'elle adresse au livre de Weinreich, il est intéressant d'évoquer la façon d'interpréter l'histoire qui avait cours dans l'Institut créé par Walter Frank. Weinreich apporte à ce propos une précision importante: «à la différence de la Commission historique du Reich qui n'offrait que des sources de première main, le *Reichsinstitut* [de Frank] avait été conçu dès sa création comme la source à partir de laquelle allaient se répandre des interprétations de l'histoire allemande et mondiale dans l'esprit du national-socialisme[5]». Utiliser les ouvrages de Walter Frank comme réfé-

---

1. *Ibid.*, p. 57; trad. fr., p. 78-79.
2. H. Arendt, «The Image of Hell», art. cité, p. 201; trad. fr., p. 156.
3. M. Weinreich, *Hitler's Professors, op. cit.*, p. 45; trad. fr., p. 63.
4. *Ibid.*, p. 45-46; trad. fr. (modifiée), p. 63-64.
5. *Ibid.*, p. 46; trad. fr. (modifiée), p. 64.

rences fiables sur la question de l'antisémitisme, ainsi que le fait Arendt, c'est donc courir le risque de se laisser imprégner par ces interprétations nazies. C'est ce que Bernard Wasserstein a montré dans un essai critique qui a fait date: en prenant Frank et d'autres historiens nationaux-socialistes comme sources, Arendt « a intériorisé une bonne partie de ce que les historiens nazis avaient à dire des Juifs, du "parasitisme" de la haute finance juive au "cosmopolitisme" de Rathenau[1] ». Nous reviendrons sur la relative indulgence dont Arendt fait preuve à l'égard de Walter Frank, car nous la retrouverons dans son ouvrage sur *Les Origines du totalitarisme*.

À la suite de la recension des deux publications, Arendt donne une vaste conclusion d'ensemble, qui condense l'essentiel de son propos tel qu'il se déploiera quelques années plus tard dans *Les Origines du totalitarisme*. On y trouve déjà l'accent mis sur la terreur et sur l'idéologie ou, plus précisément, sur la terreur comme revêtant « l'apparence d'une conclusion logique inévitable tirée de quelque idéologie ou théorie[2] ». Ainsi le thème central de la contrainte logique est-il déjà présent en 1946, bien des années avant le chapitre sur « Idéologie et terreur » de 1953. En bref, « la terreur devait apparaître comme une conclusion logique et évidente tirée d'une hypothèse pseudo-scientifique[3] ». Arendt a donc déjà exposé à cette date cette intrication de la théorie et de l'action, où l'action semble se conformer à la théorie alors qu'elle n'est en réalité rien d'autre que le moyen dont dispose le pouvoir absolu d'un Staline, par exemple, pour modifier la réalité à sa guise. L'exemple qu'elle donne est d'ailleurs pris, comme dans *Les Origines du totalitarisme*, à la manière d'agir du maître du Kremlin dans les années 1930. On trouve également déjà le parallèle entre les deux versions qu'elle retient des régimes totalitaires:

---

1. « [...] *she [Arendt] internalized much of what the Nazi historians had to say about Jews, from the "parasitism" of Jewish high finance to the "internationalism" of Rathenau* » (Bernard Wasserstein, « Blame the Victim. Hannah Arendt Among the Nazis: The Historian and her Sources », *The Times Literary Supplement*, 9 octobre 2009; trad. fr.: « Une valeur fausse: Hannah Arendt », *Books*, n° 11, janvier-février 2010, p. 56-61, citation p. 60).
2. H. Arendt, « The Image of Hell », art. cité, p. 203; trad. fr., p. 158.
3. *Ibid.*; trad. fr. (modifiée), p. 159.

celle, stalinienne, qui prétend dériver son pouvoir de l'histoire, et celle, nazie, qui se réclame de la nature. Notons qu'à cette date « la version nazie de ce type de pouvoir » est pour Arendt – sans qu'elle en donne d'ailleurs la raison – « plus terrible que la version marxiste ou pseudo-marxiste ». Les deux régimes totalitaires ne sont pas encore mis sur un plan d'égalité comme ils le seront, par elle, en 1951.

Pour Arendt enfin, « les idées et les techniques qui aboutirent aux usines de la mort » ne vinrent pas des savants, ni même des charlatans, mais « des politiciens qui prirent au sérieux le pouvoir politique »[1]. Quant aux techniques de mise à mort, elles « vinrent d'hommes modernes issus de la populace qu'une telle logique n'effrayait pas[2] ». Avec cette disculpation des intellectuels nazis et cette implication de la « populace » *(the mob)* et des seuls politiques, nous sommes proches des thèses défendues dans *Les Origines du totalitarisme*. En moins de deux pages, presque tout est dit. Ces thèses seront ensuite développées et défendues par Arendt trente années durant et façonneront l'une des interprétations longtemps les plus répandues du mouvement national-socialiste, qui a continuellement servi de base pour disculper des auteurs comme Heidegger.

Cette conception, qui dénie toute responsabilité aux « élites » intellectuelles du nazisme, sert en effet depuis longtemps de caution aux études pour lesquelles la vision du monde nationale-socialiste n'aurait été cultivée que par les idéologues de bas niveau et non pas par les supposés « grands penseurs ». Même chez les meilleurs historiens, les auteurs réputés, à l'œuvre complexe, et dont l'influence ne s'est pas arrêtée en 1945, comme précisément Heidegger ou Schmitt, sont aujourd'hui rarement abordés[3]. Ainsi

---

1. *Ibid.*, p. 205 ; trad. fr., p. 160.
2. *Ibid.*
3. Saul Friedländer représente à cet égard une exception remarquable. Il consacre en effet trois pages aux actions antisémites de Heidegger (S. Friedländer, *L'Allemagne nazie et les Juifs. I. Les Années de persécution (1933-1939)*, trad. de l'anglais par Marie-France de Paloméra, Paris, Seuil, 2008, p. 77-79 – l'erreur due à Joseph W. Bendersky sur la date et la signification de la lettre de Heidegger à Schmitt, que j'avais signalée en 2005, n'est pas corrigée).

par exemple Alan E. Steinweis, en dépit de son éloge du livre de Weinreich, ne mentionne-t-il pas, comme le faisait ce dernier, ces deux auteurs dans son ouvrage par ailleurs important sur l'antisémitisme universitaire dans l'Allemagne nazie[1]. Il est vrai que l'antisémitisme heideggérien, s'il est radical, n'a pas semblé pendant longtemps aussi immédiatement visible que celui d'un Kittel ou même d'un Schmitt, du moins si l'on considère les seuls textes publiés du vivant de Heidegger. En effet, depuis la publication des cours et séminaires des années 1933-1934, des traités posthumes compilés à partir de fragments écrits durant les années 1930, et surtout des *Cahiers noirs* correspondant aux années 1932-1948, la radicalité de l'antisémitisme et la visée exterminatrice de ce dernier ne peuvent plus être sérieusement contestées[2].

En bref, nous pouvons considérer « L'image de l'enfer » comme un texte au style enlevé mais aux affirmations péremptoires, souvent approximatives et parfois fausses, qui tendent à imposer une forme d'indistinction entre bourreaux et victimes et concourent à mettre en place une stratégie de disculpation des intellectuels nazis. Ce texte nous révèle en outre que les énoncés directeurs d'Arendt sur l'extermination nazie, son mode de fonctionnement et ses maîtres d'œuvre, que l'on retrouvera jusqu'au reportage sur *Eichmann à Jérusalem*, sont déjà pour l'essentiel arrêtés dans son esprit dès l'immédiat après-guerre.

---

1. A. E. Steinweis, *Studying the Jew, op. cit.* Dans son livre, le nom de Carl Schmitt n'apparaît qu'une seule fois et de façon indirecte : dans le titre du livre de Raphael Gross, *Carl Schmitt und die Juden* (p. 183). Le nom de Heidegger n'est jamais mentionné, lui qui appelait dès janvier 1934 dans son cours de philosophie à l'« extermination totale » de l'ennemi intérieur, c'est-à-dire, avant tout, du Juif assimilé. En outre, si Allan Steinweis mentionne Arendt et sa recension du livre de Weinreich, il ne retient que la phrase élogieuse à son propos et ne dit mot de la critique d'Arendt qui, en réalité, rejette entièrement la thèse de Weinreich (A. E. Steinweis, *Studying the Jew, op. cit.*, « Introduction », p. 2).

2. Voir les textes cités et les démonstrations développés dans la deuxième partie de notre livre intitulée « Heidegger ou la métapolitique de l'extermination ».

2.
Deux interprétations successives de la genèse de l'antisémitisme nazi

> La guerre moderne visant à détruire les Juifs s'annonçait [...] sous l'égide spirituelle de l'Allemagne.
> Les théories romantiques de l'État fournirent le sol nourricier de toute l'idéologie antisémite.
>
> Hannah Arendt, «L'antisémitisme», *Écrits juifs*[1].

> On a accusé le romantisme politique d'avoir inventé la pensée raciale [...]; la contribution directe du romantisme au développement de la pensée raciale est presque négligeable.
>
> Hannah Arendt, *Les Origines du totalitarisme*[2].

La double recension que nous venons d'examiner reflète l'intérêt porté par Hannah Arendt à la question de l'antisémitisme. Un intérêt lié à la montée en puissance du mouvement national-socialiste et de son exercice du pouvoir en Allemagne dans les années 1930, puis, dans les années 1940, au traumatisme de la destruction des Juifs d'Europe par les nazis. C'est cependant dès l'enfance que

---

1. H. Arendt, «Essays and Lectures, "Antisemitismus", essay» (The Hannah Arendt Papers, Library of Congress, Washington, D.C. Manuscript Division [abrégé désormais en HAP]); trad. par Sylvie Courtine-Denamy «L'antisémitisme», *Écrits juifs*, Paris, Fayard, 2011, p. 190-191 et 239.
2. H. Arendt, *Les Origines du totalitarisme, op. cit.*, p. 427-428.

l'expérience de l'antisémitisme a marqué Arendt dans la prise de conscience de sa judéité, comme elle le relate en 1964, dans l'une de ses rares mises au point autobiographiques[1]. Sa mère lui a appris l'intransigeance à l'égard de toute réflexion antisémite venue de ses professeurs. À Marbourg encore, lorsqu'elle décide de suivre le séminaire du théologien Rudolf Bultmann, Arendt met comme condition qu'« il ne saurait y avoir de réflexions antisémites[2] ». La dernière lettre qu'elle envoie à Heidegger durant l'hiver 1932-1933, peu avant l'adhésion publique de ce dernier au mouvement nazi, porte justement sur la rumeur qui lui attribue un « antisémitisme enragé » *(enragierten Antisemitismus)*[3]. Heidegger lui répond sur un ton excédé, se dépeint comme sollicité par maints étudiants juifs et assume jusqu'à un certain point sa réputation d'antisémite tout en affirmant que « cet antisémitisme » ne concerne pas ses « relations personnelles avec des Juifs ». Voici ce qu'il lui écrit :

> En matière de questions universitaires, je suis aujourd'hui tout aussi antisémite qu'il y a dix ans et à Marbourg, où cet antisémitisme m'a tout de même valu le soutien de Jacobstahl et de Friedländer.
> Cela n'a absolument rien à voir avec les relations personnelles avec des Juifs (p. ex. Cassirer, Misch, Husserl et autres)[4].

Le traducteur heideggérien de la correspondance, Pascal David, modifie le texte en remplaçant le mot « antisémite » *(Antisemit)* par « suspect d'antisémitisme ». Il ajoute même l'adjectif « pré-

---

1. « C'est par le biais de réflexions antisémites proférées par des enfants dans la rue [...] que ce mot ["juif"] m'a, pour la première fois, été révélé » (E. Young-Bruehl, *Hannah Arendt, op. cit.*, p. 15).
2. *Ibid.*, p. 77.
3. Martin Heidegger n'ayant conservé avant 1966 aucune des lettres envoyées par Hannah Arendt, nous ne connaissons l'existence de cette missive déjà évoquée que par la réponse de Heidegger (Hannah Arendt – Martin Heidegger, *Briefe 1925-1975*, Ursula Ludz éd., Fribourg-en-Brisgau, Klostermann, 2002, p. 68-69 ; trad. fr., *Lettres et autres documents 1925-1975, op. cit.*, p. 70-72).
4. « *Im Übrigen bin ich heute in Universitätsfragen genau so Antisemit wie vor 10 Jahren und in Marburg, wo ich für diesen Antisemitismus sogar die Unterstützung von Jacobstahl und Friedländer fand. Das hat mit persönlichen Beziehungen zu Juden (z.B. Husserl, Misch, Cassirer und anderen) gar nichts zu tun* » (*ibid.*, p. 69 ; trad. fr., *Lettres et autres documents 1925-1975, op. cit.*, p. 71 – traduction rectifiée).

tendu » (« ce prétendu antisémitisme ») là où on lit en allemand « cet antisémitisme » *(diesen Antisemitismus)*[1]. Il n'en demeure pas moins, comme le relève avec pertinence le philologue allemand Clemens Pornschlegel, que le texte original de la lettre est accablant[2]. Il parle d'un « aveu d'antisémitisme » et d'un texte allemand « sans aucune équivoque ». Pornschlegel note que Heidegger « avait ouvertement confessé son antisémitisme à Hannah Arendt en 1932[3] », tout en prétendant, devons-nous ajouter, que son antisémitisme aurait été uniquement universitaire et culturel et non dirigé contre des personnes. Mais comment séparer les deux, lorsque l'antisémitisme devient un critère d'exclusion déterminant, qui décide des carrières universitaires de tel ou tel, comme c'était le cas alors à Marbourg? Heidegger écrivait en effet à Jaspers, huit ans plus tôt, le 2 décembre 1926: « Une partie de la faculté [de Marbourg] a pour principe unique: pas un Juif et autant que possible un national allemand[4]. » Peut-on croire que Heidegger ne partageait pas lui-même la position de cette fraction antisémite de l'université, lorque l'on voit en quels termes il parle de son concurrent malheureux, le philosophe juif Richard Kroner, dont il dit à Jaspers n'avoir « jamais encore rencontré un tel état lamentable de l'espèce humaine ». Et il conclut: « le seul bienfait

---

1. *Lettres et autres documents 1925-1975*, op. cit., p. 71, § 4, l. 4. Le traducteur ajoute également, cette fois entre crochets, l'adjectif « prétendu » dans sa traduction du commentaire de l'éditrice allemande (*ibid.*, p. 289, l. 11).
2. Clemens Pornschlegel, « "Sautillements du vers". Quand Heidegger s'explique avec Goethe », *Penser l'Allemagne. Littérature et politique aux XIX*[e] *et XX*[e] *siècles*, Paris, Fayard, 2009, p. 145-146.
3. *Ibid.*, p. 145.
4. Martin Heidegger – Karl Jaspers, *Correspondance 1920-1963*, Walter Biemel et Hans Saner éd., trad. par Claude-Nicolas Grimbert, Paris, Gallimard, 1996, p. 60. En 1928, pour la succession de Heidegger partant pour Fribourg, trois noms se disputent la place: Erich Frank, philosophe juif, qui avait été habilité sous Jaspers, Oskar Becker, phénoménologue et bientôt raciologue, et Alfred Baeumler, qui adhère dès 1932 à la NSDAP. Frank est finalement élu avec le soutien du ministère. Lorsqu'il est chassé de son poste en 1935 par les lois raciales, c'est Gadamer qui prend sa place pendant un an. Pour savoir qui Heidegger soutint réellement – il pouvait difficilement s'en ouvrir complètement à Jaspers –, il faudrait réaliser des recherches dans les archives de l'Université de Marbourg.

qu'on puisse lui accorder serait de lui retirer sa *venia legendi*[1] », c'est-à-dire son autorisation d'enseigner.

Au printemps 1933, Hannah Arendt accepte de Kurt Blumenfeld qu'il lui confie la tâche de recueillir à la Bibliothèque d'État prussienne, pour l'Organisation sioniste allemande, des documents prouvant les pratiques antisémites qui avaient alors cours en Allemagne dans des organisations indépendantes du gouvernement. Il s'agit de fournir des arguments pour le dix-huitième Congrès sioniste prévu pour l'été 1933 à Prague, en vue de prouver l'impossibilité de toute assimilation des Juifs en Allemagne[2]. Cette mission risquée, qui lui vaut d'être arrêtée une semaine par la Gestapo, la décide à quitter promptement l'Allemagne[3].

Mais Hannah Arendt va poursuivre en exil ses réflexions sur l'antisémitisme ; ce sont ses thèses interprétatives sur la génèse de l'antisémitisme qui feront l'objet de ce chapitre. Arendt aborde la question à partir de l'étude du romantisme allemand. C'est à ce thème qu'elle se consacre au début des années 1930, une fois publiée sa thèse sur saint Augustin, soutenue à Heidelberg en 1929 sous la direction de Karl Jaspers[4]. Ce double intérêt pour le romantisme allemand et pour la question de l'antisémitisme la conduit à privilégier la figure de Rahel Varnhagen, une Juive allemande, contemporaine de Goethe, qui avait connu les problèmes liés à l'assimilation. Arendt écrit alors une biographie intellectuelle de Rahel[5]. Elle rédige ensuite à Paris, en allemand, à la fin des années 1930, un long essai, demeuré inachevé, qu'elle intitule « Antisemitismus[6] ». Après 1945, Arendt reviendra sur la question, mais, comme nous allons le voir, dans un autre esprit et avec de tout autres thèses interprétatives, qui vont trouver leur expression en 1951 dans le premier volume

---

1. *Ibid.*, p. 35.
2. E. Young-Bruehl, *Hannah Arendt, op. cit.*, p. 134.
3. *Ibid.*, p. 134-136.
4. H. Arendt, *Der Liebesbegriff bei Augustin. Versuch einer philosophischen Interpretation*, Heidelberg, Springer, 1929 ; reprint Hildesheim, Olms, 2006.
5. H. Arendt, *Rahel Varnhagen. La vie d'une juive allemande à l'époque du romantisme*, trad. de l'allemand par Henri Plard, Paris, Tierce, 1986 ; rééd. Pocket, 1994.
6. H. Arendt, « Antisemitismus », art. cité. Nous conserverons dans notre texte le titre en allemand pour le distinguer du volume du même nom publié en anglais en 1951 comme la première partie du triptyque des *Origines du totalitarisme*.

des *Origines du totalitarisme*, intitulé pareillement *Antisémitisme*. En effet, comme le montrent les deux citations mises en exergue à ce chapitre, tandis qu'elle soutenait à la fin des années 1930 que les « théories romantiques de l'État » développées en Allemagne par le romantisme politique avaient formé le « sol nourricier » de l'antisémitisme, de sorte qu'il était légitime de penser que la destruction des Juifs d'Europe s'annonçait « sous l'égide spirituelle de l'Allemagne », elle n'aura de cesse, après 1945, de disculper la pensée allemande en général et le romantisme politique en particulier de leur responsabilité dans la genèse de l'antisémitisme exterminateur mis en œuvre par les nationaux-socialistes. C'est ce tournant dans l'interprétation arendtienne de l'antisémitisme, qui n'a pas été souligné à ce jour, que nous entendons mettre en évidence ici.

3. Gentz, Müller et la communauté salvatrice des *Raumgenossen*

Ce livre ne propose pas une biographie générale de Hannah Arendt et nous n'entendons donc pas retracer de façon détaillée la genèse de sa pensée[1]. Il importe cependant de s'arrêter sur l'intérêt d'Arendt pour le romantisme allemand et la figure de Rahel Varnhagen puisque, comme nous l'avons dit, c'est en partant de cette double étude qu'elle a abordé la question de l'antisémitisme.

Comment Arendt a-t-elle été amenée à s'intéresser au romantisme allemand ? Rappelons tout d'abord qu'à Heidelberg elle n'a pas seulement connu l'enseignement et la direction d'études de Jaspers. Importants également et trop peu considérés sont les liens qu'elle noue alors avec un étudiant en littérature et philosophie

---

1. Quoique d'esprit trop apologétique, la biographie d'Elisabeth Young-Bruehl demeure à ce jour inégalée. Cependant, celle-ci se concentre sur la vie d'Arendt et n'approfondit pas l'analyse de ses écrits dont l'évocation est parfois inexacte. En mettant au contraire, par quelques exemples, l'accent sur la nécessité d'une lecture analytique et critique des écrits d'Arendt, nous souhaitons ouvrir la voie à ce qui pourrait être une véritable biographie intellectuelle de l'auteur des *Origines du totalitarisme*, qui mettrait en évidence tout à la fois les constantes, les revirements et les contradictions de sa pensée.

qui sera pendant près de deux ans son compagnon, son amant, et même un temps son fiancé : Benno Georg Leopold von Wiese und Kaiserswaldau, de trois ans son aîné[1]. Issu d'une famille appartenant à la noblesse de Silésie, fils du sociologue Leopold von Wiese, étudiant tout à la fois de Friedrich Gundolf – issu du Cercle de Stefan George – et de Karl Jaspers, Benno von Wiese publie en 1927, dans la collection de Jaspers chez Springer, une thèse sur Friedrich von Schlegel[2]. La relation d'Arendt à von Wiese, qu'elle continue à voir jusqu'en 1933 et avec qui elle renoue des liens d'amitié après 1945, est aussi importante qu'elle demeure méconnue, particulièrement en France[3]. Arendt n'a pas été loin de s'appeler Hannah von Wiese und Kaiserswaldau, ce qui aurait certainement modifié la trajectoire de sa vie car, en 1933, Benno von Wiese se ralliera avec enthousiasme au national-socialisme et rejoindra les rangs de la NSDAP en même temps que Heidegger et Schmitt. Dans son autobiographie, Benno von Wiese évoque les raisons pour lesquelles, selon lui, sa liaison avec Hannah Arendt n'est pas allée jusqu'au mariage. Seraient en cause son « insensibilité à la nature » *(Naturfremdheit)* ainsi que son manque d'humour et de naïveté, qu'elle partageait avec Jaspers[4]. Dans le portrait qu'elle brosse de Benno von Wiese, mais dont elle ne précise pas les sources, Doris Reitmeister suggère que la réticence serait venue d'Arendt elle-même[5]. Nous ne connaissons pas de mise au point d'Arendt à ce propos.

---

1. E. Young-Bruehl, *Hannah Arendt, op. cit.*, p. 84.
2. Benno von Wiese, *Friedrich Schlegel. Ein Beitrag zu Geschichte der romantischen Konversionen*, Berlin, J. Springer, 1927.
3. Le nom de Benno von Wiese n'apparaît pas une seule fois, par exemple, dans la présentation pourtant détaillée de la vie d'Arendt de l'édition « Quarto » des *Origines du totalitarisme* (p. 100). Les retrouvailles avec Günther Stern y sont en outre avancées de deux ans, 1927 au lieu de 1929 (p. 101), ce qui reproduit une coquille dans la traduction française de la biographie d'Elisabeth Young-Bruehl (*Hannah Arendt, op. cit.*, p. 97).
4. « *Diese Naturfremdheit mag wohl einer der Gründe gewesen sein, warum unsere Verbindung nicht zu einer Ehe geführt hat. [...] So fehlte es ihr ebenso wie Jaspers an Humor, an Naivität* » (B. von Wiese, *Ich erzähle mein Leben. Erinnerungen*, Leipzig, Insel Verlag, 1982, p. 89 et 90-91).
5. « *Das Verhältnis zu Hannah war freundschaftlich, aber seine Liebe erwiderte sie nicht. Und es dürfte aus verletzter Eitelkeit herrühren, dass er nicht bereit war, ihre*

Le compagnonnage du temps de Heidelberg entre von Wiese et Arendt, mais aussi la lecture du *Romantisme politique* de Carl Schmitt, dont elle possède dans sa bibliothèque la seconde édition de 1925[1], contribuent à orienter Arendt vers l'étude du romantisme allemand, et plus particulièrement du «romantisme politique». Son intérêt pour ce mouvement d'idées dans lequel elle va bientôt voir, nous l'avons dit, la matrice de l'antisémitisme allemand mérite que l'on s'y arrête.

Alors qu'elle prépare une monographie, jamais menée à terme, sur le romantisme allemand, Arendt s'intéresse à deux figures majeures du «romantisme politique»: Friedrich von Gentz et Adam Müller. Elle publie dans la *Kölnische Zeitung*, en 1932, deux courts articles sur ces auteurs, le premier, commémoratif, à l'occasion du centenaire de la mort de Gentz, et le second proposant la recension d'une édition nationale-socialiste des textes d'Adam Müller sur l'État[2]. Ces deux écrits nous éclairent sur ce qu'Arendt recherche dans le romantisme allemand. Ils nous apprennent aussi beaucoup sur sa propre pensée[3].

Né en 1764, ancien élève de Kant, devenu publiciste et diplomate, Friedrich von Gentz a connu un tournant conservateur après

---

außergewöhnliche Schönheit anzuerkennen» (Doris Reitmeister, *Gelehrte der Alma Mater Bonnensis. Porträts*, Books on demand GmbH, Norderstedt, 2009, p. 52).

1. Les ouvrages présents dans la bibliothèque d'Arendt au moment de sa mort sont aujourd'hui conservés à Bard College où enseigna Heinrich Blücher, son époux. Certains d'entre eux, annotés de sa main, sont consultables en ligne. *Politische Romantik* est inventorié mais non encore numérisé (http://library.bard.edu/search/Y?SEARCH=politische+romantik&b=arend&submit=Search).

2. H. Arendt, «Friedrich von Gentz: Zu seinem 100. Todestag am 9. Juni», *Handelsblatt der Kölnischen Zeitung*, n° 308, 8 juin 1932; «Friedrich von Gentz. À l'occasion du 100ᵉ anniversaire de sa mort le 9 juin 1932», trad. de l'allemand par Martin Ziegler dans *La Philosophie de l'existence et autres essais, op. cit.*, p. 65-72 (c'est la pagination de cette traduction qui sera citée). Voir aussi H. Arendt, «Adam Müller – Renaissance?», *Handelsblatt der Kölnischen Zeitung*, n° 502, p. 4, 13 septembre, et n° 510, p. 4, 17 septembre 1932; trad. en anglais dans H. Arendt, *Reflections on Literature and Culture*, Susannah Young-ah Gottlieb éd., Stanford University Press, 2007, p. 38-45. Il n'existe pas de traduction française de cet article. Aucun de ces deux articles n'a été réédité en langue allemande à ce jour.

3. Elisabeth Young-Bruehl n'accorde en dehors de la bibliographie aucune mention à l'article consacré à Gentz. Nous verrons *infra* (p. 61) comment la biographe considère l'article qu'Arendt a consacré à l'édition Bülow d'Adam Müller.

un premier et bref enthousiasme pour la Révolution française, et il a introduit en Allemagne la pensée contre-révolutionnaire d'Edmund Burke en traduisant dès 1793 ses *Considérations sur la Révolution en France*. Il a ainsi, selon les termes d'Arendt, «jeté les bases de l'argumentation conservatrice en Allemagne¹». Gentz fut profondément lié à Rahel Varnhagen, cette femme de lettres allemande, d'origine juive, qui anima un salon littéraire à Berlin dans les années 1806, et à laquelle, nous l'avons dit, Arendt a consacré une monographie.

Il a souvent été affirmé, non sans raison, que la biographie intellectuelle de Rahel Varnhagen par Arendt comprenait une dimension autobiographique². Or, du fait que, dans son article sur Friedrich von Gentz, elle présente ce dernier comme l'*alter ego* de Rahel Varnhagen, nous pouvons penser que cette étude également comporte une part d'identification personnelle. Arendt souligne avant tout l'ambiguïté et l'ambivalence de la personnalité de Gentz, qui s'est donné pour tâche de réussir à «trouver une place dans le monde³» – thème arendtien s'il en est – et, tout en combattant le libéralisme en politique, a choisi pour lui-même une forme d'existence qu'elle qualifie de «libérale». Arendt cite à ce propos un mot du germaniste Rudolf Haym⁴: «il [Genz] a continué à vivre comme Mirabeau mais commencé à penser comme Burke⁵». Ce qui la fascine dans la personnalité de Gentz, c'est ce qu'elle nomme «sa virtuosité», laquelle «consiste dans l'aptitude [littéralement: la

---

1. H. Arendt, «Friedrich von Gentz. À l'occasion du 100ᵉ anniversaire de sa mort le 9 juin 1932», art. cité, trad. fr. (modifiée), p. 66.
2. La dimension autobiographique de l'ouvrage d'Arendt sur Rahel, qui vaut aussi bien pour ce court article, est notamment soulignée par Benno von Wiese qui y voit «une confession cachée»: «*Bereits ihr Buch über die Rahel, das das Leiden dieser bedeutenden Frau an ihrem Judentum schildert, noch vor ihrer Emigration entstanden, war ein verstecktes Selbstbekenntnis gewesen*» (B. von Wiese, *Ich erzähle mein Leben*, *op. cit.*, p. 92).
3. «*eine Stelle in der Welt [...] zu finden*» (H. Arendt, «Friedrich von Gentz. À l'occasion du 100ᵉ anniversaire de sa mort le 9 juin 1932», art. cité, p. 70).
4. Et non pas Hahm, comme l'écrit l'édition française (*ibid.*, p. 70). Rudolf Haym (1821-1901) est un critique littéraire et philosophe spécialiste du romantisme, auteur notamment de *Hegel und seine Zeit*, Berlin, Rudolph Gaertner, 1857.
5. «*Er fuhr fort wie Mirabeau zu leben, aber er begann wie Burke zu denken*» (H. Arendt, «Friedrich von Gentz. À l'occasion du 100ᵉ anniversaire de sa mort le 9 juin 1932», art. cité, p. 68). Arendt ne précise pas les références de ses citations de Rudolf Haym ou de Genz.

balance] à être un autre que la cause qu'il défend »[1], à savoir conservateur en politique et libéral dans son mode d'existence.

Or, nous trouverons des formes d'ambiguïté et d'ambivalence analogues dans la pensée et la vie de Hannah Arendt, qui rendent sa personnalité aussi inclassable que celle de Gentz. Sa situation intellectuelle se révèle néanmoins différente car ce n'est pas la pensée d'un Burke qu'elle va contribuer à introduire dans le monde anglo-saxon mais celle de Heidegger : non pas un conservateur anglais mais un national-socialiste allemand.

Arendt choisit de mettre en évidence deux traits de caractère de Gentz :

– d'une part, une forme d'inversion intérieure qu'il exprime dans une lettre à Rahel Varnhagen : Rahel, « être sans cesse productif », lui apparaît comme « un grand homme », tandis que lui-même, par sa réceptivité sans limites, se sent intérieurement femme. Le fait qu'Arendt met ainsi l'accent sur la réceptivité féminine de Gentz inscrit son portrait psychologique dans une certaine continuité avec les remarques critiques de Carl Schmitt sur le caractère efféminé du « romantisme politique » en général et celui d'Adam Müller en particulier, avec cette différence que l'intention d'Arendt à l'égard de Gentz n'est pas critique[2] ;

– d'autre part, une propension à la moquerie dont il tire une vive jouissance intérieure ; Gentz parle de lui-même en ces termes :

> [...] ravi par rien, au contraire plutôt froid, blasé, moqueur face à la sottise quasi générale, et imprégné non pas par ma sagesse, mais par ma clairvoyance, ma capacité à percer, à sonder, à disséquer les choses, et intérieurement réjoui, presque diaboliquement, que les choses si importantes s'achèvent finalement d'une façon aussi ridicule[3].

---

1. « *Seine Virtuosität besteht in der Balance, ein andrer zu sein, als es die Sache ist, für die er eintritt* » (*ibid.*).
2. Voir sur ce thème le chapitre II, intitulé « Romantisme politique », de l'essai sur Schmitt de Nicolaus Sombart, *Les Mâles Vertus des Allemands. Autour du syndrome de Carl Schmitt*, trad. par Jean-Luc Évard, Paris, Éditions du Cerf, 1999, p. 31-58. Schmitt brocarde la « passivité si peu masculine » d'Adam Müller, due à « sa nature féminine, végétale » (*ibid.*, p. 32).
3. « *[...] durch nichts entzückt, vielmehr sehr kalt, blasiert, höhnisch von der Narrheit fast aller andern und von meiner eignen – nicht Weisheit, aber Hellsichtigkeit,*

Un tel esprit railleur, si manifeste dans les ouvrages et la correspondance d'Arendt, et la jubilation qu'il lui procure sont également des traits distinctifs de celle-ci. Nous aurons à examiner si ces traits de caractère ne constitueraient pas une clé pour comprendre sa disposition d'esprit au moment où elle rédigera son reportage sur le procès d'Eichmann. Ce texte particulièrement caustique sur un sujet sensible entre tous, et qui s'attarde sur le ridicule d'Eichmann qu'elle compare à un « clown », sera en effet écrit, confiera-t-elle à Mary McCarthy, « dans un curieux état d'euphorie[1] ».

Chez Arendt cependant, il y a tout à la fois « joie et souffrance », comme elle le note très tôt dans « Ombres », le seul écrit autobiographique de sa jeunesse qu'elle nous a laissé et qu'elle donnera à lire à Heidegger en avril 1925[2]. Le texte est écrit dans un style distancié – Arendt parle d'elle à la troisième personne. C'est une mélancolie profonde, une « dévastation intérieure », mais aussi un « dédoublement de sa vie » et une « duplicité de son être » qu'elle exprime. Ces tonalités sombres consonnent avec la thématique du chapitre intitulé « Le jour et la nuit », que l'on peut lire dans sa biographie de Rahel Varnhagen[3]. De fait, à partir de la courte étude sur Gentz, du chapitre mentionné du livre sur Rahel et du récit intitulé « Ombres », nous pouvons entrevoir quelque chose de la psychologie d'Arendt, avec ses oscillations, ses ambivalences, cette mélancolie cachée qui fait contrepoids à une attitude extérieure sarcastique et souvent péremptoire.

Durch-, Tief-, und Scharfsichtigkeit durchdrungen, und innerlich quasi teuflisch erfreut, daß die sogenannten großen Sachen zuletzt solch ein lächerliches Ende nahmen » (H. Arendt, « Friedrich von Gentz: Zu seinem 100. Todestag am 9. Juni », art. cité; trad. fr., p. 71-72).

1. « *I wrote this book in a curious state of euphoria* » (Hannah Arendt à Mary McCarthy, 23 juin 1964; *Between Friends. The Correspondence of Hannah Arendt and Mary McCarthy, 1949-1975*, Carol Brightman éd., New York, San Diego et Londres, Harcourt Brace, 1995, p. 168). Voir à ce propos le commentaire de Livia Profeti, « L'enigma di Hannah », *Left*, 24 janvier 2014, p. 50-51. Sur le *Eichmann* d'Arendt, voir *infra*, chap. 13, § 56.

2. Selon l'éditrice Ursula Ludz, le texte aurait été apporté de Königsberg à Cassel et remis à Heidegger à l'occasion de ses conférences d'avril 1925 (Hannah Arendt – Martin Heidegger, *Lettres et autres documents 1925-1975*, op. cit., p. 26-30 et 273).

3. H. Arendt, *Rahel Varnhagen. La vie d'une juive allemande à l'époque du romantisme*, op. cit. (Pocket, 1994), p. 167-179.

L'article qu'Arendt consacre à Adam Müller relève d'un autre registre que le court portrait commémoratif de Gentz. Elle ne dépeint pas une personnalité mais propose la recension d'une anthologie de textes politiques de Müller sur l'État, réunis et introduits en 1931 par un auteur national-socialiste, Friedrich Bülow, sous le titre *De l'esprit de la communauté*[1]. Selon Arendt, le volume édité par Bülow « confirme la relation entre le romantisme politique et les théories actuelles[2] », c'est-à-dire celles que véhicule la vision du monde nationale-socialiste. Elle donne donc partiellement raison à Bülow. Mais elle lui reproche de réduire cette relation au seul « renoncement à soi au profit de valeurs supraindividuelles enracinées dans le sentiment et l'expérience vécue immédiate ». Selon elle, on pourrait en dire plus sur la relation entre romantisme politique et national-socialisme. Elle demeure cependant allusive sur ce point sensible entre tous et ne précise pas davantage ce qu'elle a à l'esprit.

Arendt combat les anachronismes et veut montrer qu'Adam Müller au XIXe siècle et un national-socialiste des années 1930 n'entendent pas forcément la même chose sous les mêmes termes. Si l'on trouve déjà en partie le vocabulaire du national-socialisme, la pensée n'est pas exactement la même. Adam Müller, par exemple, oppose la communauté à l'individu atomisé, mais c'est l'Église catholique qui demeure pour lui le modèle de cette communauté. Sa doctrine est plus ultramontaine que proprement *völkisch*. Et Arendt d'opposer à la lecture nationale-socialiste de Müller par Friedrich Bülow celle, chrétienne, du jésuite polonais Erich Przywara qui avait préfacé, en 1923, une édition d'écrits d'Adam Müller[3].

Né en 1779, de la même génération romantique qu'Achim von Arnim et Clemens Brentano, Adam Müller, tout comme Gentz, apparaît – ainsi que le rappelle Arendt dont nous condensons ici

---

1. Adam Müller, *Vom Geiste der Gemeinschaft : Elemente der Staatskunst, Theorie des Geldes*, Friedrich Bülow éd., Stuttgart, Kröner, 1931. L'exemplaire d'Arendt, non encore numérisé, est conservé dans sa bibliothèque (Bard Arendt, JA68.M8 1931).
2. H. Arendt, « Adam Müller – Renaissance ? », art. cité ; trad. anglaise citée, p. 38.
3. Voir A. Müller, *Schriften zur Staatsphilosophie*, Rudolf Kohler éd., préface d'Erich Przywara, Munich, Theatiner-Verlag, 1923.

le propos – comme un «propagateur des idées de Burke». Au droit naturel qui repose sur une humanité partagée, Müller oppose la légitimité conférée par la tradition historique. Pour lui, l'individualité ne fonde pas la citoyenneté mais au contraire résulte de celle-ci. C'est la noblesse et la «camaraderie de l'espace partagé» *(Raumgenosse)* ou, pour mieux dire, la lignée qu'elle incarne[1] qui sont seules capables d'assurer la continuité historique[2]. Müller conçoit par ailleurs la nature comme une croissance organique opposée à toute création artificielle, comme une «totalité», notion certes déjà présente dans la «Philosophie de la nature» de Schelling, mais que Müller a introduite dans le champ de la philosophie politique pour légitimer son concept d'un État corporatiste. Celui-ci sera repris au XXe siècle par les régimes fascistes. La conception de l'État autoritaire et corporatiste du philosophe politique autrichien Othmar Spann, par exemple, représentant le plus connu, dans les années 1930, de ce que l'on a parfois nommé, à tort ou à raison, l'austrofascisme, procède explicitement de cette pensée d'Adam Müller. Nous verrons à ce propos qu'Arendt mettra en relation, non sans raison, dans son essai inachevé intitulé «Antisemitismus», le concept de ce qu'elle nommera «l'État totalitaire corporatiste» et le courant du romantisme politique. Par ailleurs, et comme elle l'avait fait pour Genz, Arendt souligne dans son article la contradiction constante entre la vie et la doc-

---

1. Le concept de *Raumgenosse* est difficile à traduire. Notre traduction s'inspire de la traduction anglaise: «comrades by vertue of shared space», mais cela ne donne pas exactement le sens. Dans les *Elemente der Staatskunst* d'Adam Müller (Berlin, 1809), les *Raumgenossen* sont à distinguer des *Zeitgenossen*. Ces derniers sont les membres de la même génération, tandis que le concept de *Raumgenosse* permet de relier entre eux les membres d'une même lignée à travers plusieurs générations.

2. H. Arendt, «Adam Müller – Renaissance?», art. cité; trad. anglaise citée, p. 41. Avec cette valorisation de la noblesse, nous sommes apparemment loin du national-socialisme. Il faut cependant tenir compte du fait que le nazisme forgera la notion d'une nouvelle noblesse pour le IIIe Reich. On la trouve chez Richard Walther Darré, ministre de l'Agriculture de Hitler et auteur d'un ouvrage intitulé *Nouvelle noblesse du sang et du sol (Neuadel aus Blut und Boden*, Munich, Lehmanns, 1930; trad. fr. *La Race. Nouvelle noblesse du sang et du sol*, Paris, Ferdinant Sorlot, 1939). Le projet d'éduquer une nouvelle noblesse politique est également développé par Heidegger (voir E. Faye, «L'éducation politique de la noblesse du Troisième Reich», *Heidegger, l'introduction du nazisme dans la philosophie, op. cit.*, p. 197-203).

trine d'Adam Müller, ainsi que la versatilité de ses positions, déjà relevée par Carl Schmitt[1].

À travers cette évocation d'Adam Müller et la critique, somme toute modérée, de sa récupération nationale-socialiste, qui aurait principalement pour tort de présenter une interprétation réductrice de la notion müllérienne de communauté, Hannah Arendt exprime-t-elle quelque chose de sa pensée propre[2] ? Nous pouvons le supposer, car les deux points majeurs qui ressortent de son étude sont formulés sans distance critique. Le premier, c'est la dissolution par Müller du « concept de sujet issu des Lumières[3] ». Selon Arendt, Feuerbach poursuivra cette « dissolution des abstractions des Lumières » en affirmant qu'« il n'existe rien de tel que "l'homme comme tel", mais seulement des hommes et des femmes, et que le concept d'homme implique implicitement son pluriel : "hommes"[4] ». La récusation du concept d'homme et l'affirmation de la *pluralité* chères à Arendt – et que nous allons retrouver dans plus d'un texte[5] – sont donc présentes dès cet article de 1932. Le second point, c'est l'importance du concept de « communauté » affirmé par Adam Müller, une importance qu'Arendt reprend à son compte. Cependant, ce concept, chez Müller, demeure « difficile à saisir », étant tout à la fois, écrit-elle, « biologique, historique et religieux ». Ce qui ressortirait claire-

---

1. H. Arendt, « Adam Müller – Renaissance ? », art. cité ; trad. anglaise citée, p. 41. De bourgeois prussien et protestant, on voit en effet Müller se muer en noble autrichien et catholique.

2. Elisabeth Young-Bruehl, qui a le mérite d'avoir compris l'importance de cet article d'Arendt, ne se pose pas la question. Elle ne retient que la critique de Friedrich Bülow (non cité) et voit dans cet article « un avertissement implicite destiné à des hommes comme Benno von Wiese et Martin Heidegger » (E. Young-Bruehl, *Hannah Arendt, op. cit.*, p. 139). Son rappel des thèses de l'article est cependant inexact lorsqu'elle écrit qu'Adam Müller « ne s'opposait pas plus au libéralisme, à l'industrialisation ou aux Lumières qu'il ne défendait une conception organiciste de la société » *(ibid.)*. Nous avons vu qu'Arendt voit au contraire dans la pensée de Müller une critique des Lumières et la façon dont elle l'expose montre qu'elle la reprend à son compte. Elle relève en outre la grande proximité de Müller avec Burke et note que sa conception de la communauté est, entre autres, « biologique ».

3. H. Arendt, « Adam Müller – Renaissance ? », art. cité ; trad. anglaise citée, p. 43.

4. *Ibid.*, p. 44.

5. Voir *infra*, chap. 9, § 41.

ment de ses derniers écrits – Arendt suit ici Przywara –, c'est que la communauté, selon Müller, désigne clairement « une représentation politique de la rédemption[1] », laquelle n'est jamais purement individuelle : « L'individu n'est pas rédimé. Ce n'est qu'avec les autres qu'il est "délivré"[2] ».

Arendt réaffirme alors, dans son article, l'importance de cette conception des *Raumgenossen*, ces membres d'une même lignée qui assurent la continuité historique de la communauté et le « salut » de l'individu inscrit dans cet espace commun. Nous la voyons donc tirer de sa lecture d'Adam Müller, orientée par l'interprétation de Przywara, une vision salvatrice de la communauté politique. Cette vision était d'ailleurs de quelque façon préparée par la notion de « communauté de destin » développée dans la troisième partie de la thèse de 1929 sur *Le Concept d'amour chez Augustin*. Arendt y distinguait alors deux communautés de destin : celle qui fonde « l'être-ensemble des hommes dans la cité terrestre » et celle, nouvelle, établie sur le danger d'une mort éternelle[3]. Désormais, c'est une conception que l'on peut dire sécularisée du salut, plus politique que théologique, qu'elle développe à l'occasion de son étude du concept de communauté chez Adam Müller.

Pour exprimer ce point de façon plus appuyée, tant il nous apparaît central, nous pensons que la conception d'un salut par et dans la communauté politique, qui s'affirme dans ces lignes à propos du romantisme politique d'Adam Müller, est fondatrice pour la vision du politique qu'Arendt va développer jusqu'à ses tout derniers écrits. Nous pouvons ainsi saisir, avec cet article de 1932 sur Adam Müller, le moment où les considérations d'allure plus théologique sur la « nouvelle communauté de destin », décrites en 1929 en termes existentiels et heideggériens, trouvent leur transposition dans le politique.

Que penser de ce salut politique qui se réalise dans l'espace partagé de la communauté assuré par une continuité de lignée ?

---

1. « *eine politische Repräsentation der Erlösung* » (H. Arendt, « Adam Müller – Renaissance ? », art. cité [17 septembre 1932], p. 4 ; trad. anglaise citée, p. 45).

2. « *Der Einzelne ist der Unerlöste. Nur mit andern ist er "aufgenommen"* » (*ibid.*).

3. Hannah Arendt, *Le Concept d'amour chez saint Augustin*, trad. par Anne-Sophie Astrup, Paris, Rivages, 1999, p. 168.

D'un côté, Arendt concède qu'il ne s'agit que d'un premier pas vers la rédemption au sens spécifiquement chrétien. Nous ne sommes donc pas encore à proprement parler dans le théologique. De l'autre, elle reproche aux nationaux-socialistes de tirer Müller vers eux au prix d'une réduction « païenne » de son concept de la communauté. Mais cela n'explique guère ce que nous devons entendre par « salut » politique dans une communauté partagée. En d'autres termes, si Arendt ne soutient pas la réduction *völkisch* de la communauté nazie, la valeur proprement individuelle comme la dimension universelle de l'être humain ne sont pas défendues par elle, loin s'en faut. Sans prise de distance à l'égard de Burke comme de Müller, elle retient de la lecture de ce dernier une vision politique de la communauté de salut qui demeure conceptuellement assez obscure. Et elle inscrit bel et bien sa réflexion dans le sillage des doctrinaires anglais et allemands de la contre-révolution.

Hannah Arendt se révèle donc aussi hostile aux supposées abstractions des Lumières que réceptive à la tradition contre-révolutionnaire issue de Burke et transmise en Allemagne par les courants du « romantisme politique ». Nous voyons également qu'elle sait remarquablement brouiller les pistes – ici avec la référence aux « révolutionnaires » et l'incise sur Feurbach – et ne se laisse pas aisément catégoriser. Bref, l'ambivalence d'Arendt est perceptible dès ses publications du début des années 1930 : elle sait rendre acceptables les positions les plus contre-révolutionnaires et conservatrices en ajoutant quelques références – ici à Feuerbach, ailleurs à Rosa Luxemburg – qui les feront apparaître, à une lecture rapide, comme progressistes et révolutionnaires alors que, sur le fond, il n'en est rien. En cela, elle prépare et exprime à l'avance bien des ambivalences de la post-modernité.

Nous remarquons enfin que dans ces deux essais de l'année 1932 consacrés à deux figures du « romantisme politique », Hannah Arendt ne dit mot encore du problème grandissant de l'antisémitisme en Allemagne à la date où elle publie ces textes. Ce silence, qui contraste avec les développements ultérieurs de l'essai inachevé intitulé « Antisemitismus », méritait d'être noté. En 1932, Arendt retient de la relation entre Friedrich von Gentz et Rahel Varnhagen le phantasme, décrit dans son article, d'une union androgyne créatrice de monde, et des écrits de Müller le rêve d'une communauté politique salvatrice des *Raumgenossen*, certes non réductible à la communauté du peuple *völkisch* des nationaux-socialistes, mais consacrant la dissolution tout à la fois du « sujet » individuel issu des Lumières et de la référence universaliste au concept de l'« homme » comme tel. Faudrait-il parler du rêve – brisé en 1933 – d'un espace partagé entre Juifs et Allemands ? Cependant, la réalité historico-politique va s'imposer durement à partir de 1933, et c'est la figure de Rahel Varnhagen qui va permettre à Arendt de revisiter, à sa façon, le problème de l'antisémitisme dans l'Allemagne contemporaine, dans le sens, cette fois, d'une critique de l'assimilation.

4. Rahel Varnhagen ou l'intériorisation de l'antisémitisme par les Juifs assimilés

Nous avons vu comment, après avoir écrit sa thèse sur Augustin, Hannah Arendt a pris pour objet de recherche le romantisme allemand, un choix à relier aux centres d'intérêt qu'elle partage alors avec Benno von Wiese. Dans son étude du romantisme allemand, elle a, sous l'influence de sa lecture de Carl Schmitt, prêté une attention particulière au courant du « romantisme politique » et tiré de sa lecture d'Adam Müller sa conception d'un espace partagé comme espace salvateur, sans encore expliciter clairement la conception du salut politique qui va irriguer toute son œuvre. Une question redoutable subsiste : les Juifs allemands peuvent-ils effectivement participer à la communauté politique salvatrice des *Raumgenossen* ? Nous pouvons comprendre qu'avec la pression exercée par la montée de l'antisémitisme national-socialiste Arendt se soit centrée sur la question de l'assimilation des Juifs allemands. Elle a trouvé alors son sujet d'étude dans la personne de Rahel Varnhagen, liée au cercle des romantiques allemands, et dont elle va souligner l'ambiguïté.

Hannah Arendt commence par publier en avril 1933 un petit texte intitulé : « Une forme originale d'assimilation : contribution au centenaire de la mort de Rahel Varnhagen¹». Tout comme son livre à venir sur Rahel, nous pouvons considérer cet article comme largement autobiographique. La façon dont Arendt dépeint la contemporaine de Goethe, qui n'a pour elle que sa «manière enjouée de voir les choses» et son absence de fondement, de tradition, d'histoire, peut être considérée comme une sorte d'autoportrait². La liaison de Rahel Varnhagen avec le comte Finckenstein³ peut être rapprochée de celle qui a uni un temps Hannah Arendt à Benno von Wiese. Quant à la relation à Goethe de Rahel, qui «se reconnut en lui, lui tint compagnie et entra ainsi dans l'histoire allemande⁴», nous pouvons, par son intensité, sa durée et son rôle historique dans la genèse du culte rendu à l'auteur du *Faust*, lui trouver des points de comparaison avec celle d'Arendt à Heidegger – l'un des motifs profonds de son attachement n'est-il pas, pareillement, son souci d'entrer par lui, et avec lui, dans «l'histoire allemande»? Enfin, l'accent mis sur l'importance de l'espace de la reconnaissance mutuelle, par lequel l'homme privé devient une personne publique et surmonte ainsi «l'angoisse de ne plus être visible⁵», exprime un thème rémanent dans les écrits d'Arendt.

Rahel Varnhagen n'est pas seulement une biographie intellectuelle mais aussi, comme le laisse entendre le sous-titre du livre – *La vie d'une Juive allemande à l'époque du romantisme* –, une étude sur les Juifs allemands à l'époque de l'assimilation. Hannah Arendt se représente l'assimilation comme une aporie destructrice : s'assimiler dans la société de son temps supposerait de la part du Juif qu'il intériorise et fasse sien l'antisémitisme de la société européenne. C'est la thèse à laquelle aboutit le livre : «Dans une société qui est, en gros, antisémite – et cela valait jusqu'à notre

---

1. H. Arendt, «Originale Assimilation: Ein Nachwort zu Rahel Varnhagens 100. Todestag», *Jüdische Rundschau*, 1932, 38ᵉ année, n° 28-29, 7 avril 1933, p. 143; trad. par Sylvie Courtine-Denamy sous le titre «Aux origines de l'assimilation. Postface à *Rahel Varnhagen* en commémoration du 100ᵉ anniversaire de sa mort», *Écrits juifs*, *op. cit.*, p. 138-145.
2. *Ibid.*, p. 142.
3. *Ibid.*, p. 143.
4. *Ibid.*, p. 144.
5. *Ibid.*, p. 145.

siècle de tous les pays où vivaient des Juifs –, on ne peut s'assimiler qu'en s'assimilant à l'antisémitisme[1]. » C'est ce qu'il advient à Rahel elle-même, que la lecture de Fichte va rendre antisémite. Elle ira jusqu'à écrire à son frère :

> Il faut exterminer le Juif et le chasser hors de nous, voilà une vérité sacrée, même s'il fallait que la vie y passe, elle aussi[2].

Cette forme de reniement conduit Rahel à affirmer que « des gens tels que nous ne peuvent pas être juifs[3] ». Elle en vient à parler des Juifs comme d'une « nation déchirée, guenilleuse et – ce qui est pis que tout cela – objet d'un mépris mérité[4] ». Or, le commentaire d'Arendt ne marque pas de distance critique à l'égard de Fichte et des effets de sa lecture, tout au contraire : « Fichte lui-même dut être son recours [celui de Rahel], écrit-elle, afin qu'elle fût réellement assimilée. [...] Rahel s'assimile par le biais des *Discours à la Nation allemande* de Fichte[5]. »

Notons également que c'est en partie de Fichte qu'Arendt tire dès cette époque un thème directeur de son œuvre, celui du commencement radical en histoire. Elle cite en effet Fichte affirmant que « l'homme a le pouvoir [...] de créer librement la nouveauté historique [...] en projetant dans le temps sa création d'une totale nouveauté[6] ». De Fichte encore elle tire le thème redoutable de la dissolution complète des individualités dans le « nous » de la communauté historique : « Ce ne sont pas des individus qui modèleront la communauté historique de l'avenir, mais nous, en tant que communauté

---

1. H. Arendt, *Rahel Varnhagen. La vie d'une juive allemande à l'époque du romantisme*, op. cit., p. 270.
2. « *Um zu der neuen Gemeinschaft zu gehören, braucht Rahel nur sich und ihre Herkunft, ihre <sinnliche> Existenz zu vernichten [...] <Der Jude>, so schreibt Sie an den Bruder, <muß aus uns ausgerottet werden; das ist heilig wahr, und sollte das Leben mitgehen>* » (H. Arendt, *Rahel Varnhagen. Lebensgeschichte einer deutsche Jüdin aus der Romantik*, Munich, Piper, 1959, p. 126; trad. fr., *Rahel Varnhagen. La vie d'une juive allemande à l'époque du romantisme*, op. cit., p. 162-163).
3. *Ibid.*, p. 159.
4. *Ibid.*, p. 266.
5. *Ibid.*, p. 160.
6. *Ibid.*, p. 161. Le « nouveau commencement » n'est pas alors thématisé par Heidegger dans des écrits publiés.

qui s'est fondue dans son concept, et s'est fondue en une unité de pensée, par l'oubli absolu de nos personnalités individuelles[1]. »

Plus généralement, la lecture de l'ouvrage sur Rahel Varnhagen par un esprit familier des écrits d'Arendt lui fait découvrir presque à chaque page des énoncés qui recoupent tout à la fois des thèses récurrentes sous sa plume et ce qu'elle écrit sur elle-même dans ses lettres. Cela semble donner raison à Benno von Wiese qui, nous l'avons vu, considérait l'ouvrage comme une « confession cachée ». Lorsqu'elle évoque « la peur de n'être plus visible[2] », le souci de « prendre part au monde[3] », et prête à Rahel l'idée que « les hommes n'importent pas mais seulement ce qui leur arrive[4] », ou lorsqu'elle en vient à affirmer que « l'être humain n'est rien tant qu'il reste invisible[5] », nous voyons que le motif le plus central de toute son œuvre, selon lequel l'existence humaine ne se constitue que dans l'être au monde et par la reconnaissance mutuelle – ce que Heidegger, dans *Être et temps*, désignait comme « l'être avec » ou *Mitsein* –, est déjà pleinement constitué dès les années 1930.

Cependant, identifier ainsi l'existence humaine à l'apparition dans un monde commun n'induit-il pas une forme de refoulement de la part invisible, intérieure et nocturne, de l'être humain ? À cet égard, le chapitre déjà mentionné de *Rahel Varnhagen* intitulé « Le jour et la nuit » représente un texte exceptionnel, où Arendt évoque une dimension de l'existence qui n'apparaît guère dans les œuvres publiées de son vivant[6]. Il est question, en effet, de « l'autre vie, qu'elle [Rahel] cache dans le vague ». Étant « indicible », cette vie « ne regarde personne, bien que Rahel sache que c'est "l'essentiel" »[7]. Et Arendt de relater les curieux rêves liés aux dilemmes et déceptions de la vie amoureuse de Rahel, où celle-ci va jusqu'à évoquer « un état d'âme qui confine à la folie[8] ». La seule position exis-

---

1. *Ibid.*, p. 163.
2. *Ibid.*, p. 57.
3. *Ibid.*, p. 110.
4. *Ibid.*, p. 105.
5. *Ibid.*, p. 128.
6. H. Arendt, « Le jour et la nuit », *ibid.*, p. 167-179.
7. *Ibid.*, p. 168.
8. *Ibid.*, p. 178.

tentielle possible, la seule réponse à cette oscillation du jour et de la nuit correspond à ce qu'Arendt appelle « l'ambiguïté » :

> Une fois la conscience obscurcie, une fois troublée l'assurance qu'*un seul monde* nous accompagne et nous entoure de la naissance à la mort, l'ambiguïté se présente d'elle-même, comme le demi-jour entre chien et loup[1].

On voit que l'existence privée, la vie intérieure ne parviennent jamais, dans la conscience d'Arendt, à la consistance d'un monde intérieur, sur lequel notre âme pourrait prendre appui. C'est tout le déchirement d'une existence qui n'accède à elle-même que jetée au-dehors, dans l'espace commun d'un monde partagé, mais qui, écartelée entre le jour et la nuit, ne parvient à prendre au sérieux aucun de ces deux versants. D'où cette dualité qu'Arendt retrouvait déjà dans l'ambivalence de Friedrich von Gentz et qu'elle décrivait de manière pathétique dans le court texte autobiographique intitulé « Ombres ». La façon dont elle dépeint, en conclusion du chapitre suivant, l'effort quotidien de Rahel pour s'extraire de sa mélancolie consonne si exactement avec ce dernier texte que nous pouvons effectivement reconnaître à ces pages sur Rahel la dimension d'un autoportrait[2].

5. Romantisme politique et genèse de l'antisémitisme moderne selon Arendt à la fin des années 1930

Nous avons vu que Hannah Arendt rédige à Paris, à la fin des années 1930, un essai inachevé en langue allemande intitulé « Antisemitismus », dans lequel elle retrace la genèse de l'antisémitisme moderne. Dans cet écrit, elle met d'emblée l'accent sur le rôle déterminant joué par le romantisme allemand au début du XIXe siècle, tout particulièrement avec le cercle patriotique réuni

---

1. *Ibid.*, p. 179 (c'est Arendt qui souligne).
2. « [...] le vague inquiétant de ses nuits, le clair-obscur troublant du jour et les efforts douloureux qu'elle doit déployer pour venir à bout, jour après jour, de sa mélancolie » (*ibid.*, p. 193).

dans la capitale prussienne sous le nom de « Société de table germano-chrétienne ». Celle-ci, qui compte parmi ses membres Friedrich von Gentz, Clemens Brentano, Achim von Arnim, Adam Müller et Heinrich von Kleist, se donne alors pour mot d'ordre de n'admettre ni Français, ni Juifs, ni philistins[1].

Si l'on compare cet essai au premier volume des *Origines du totalitarisme* publié douze ans plus tard et portant le même titre, on découvre qu'en ce qui concerne la genèse de l'antisémitisme moderne Arendt changera radicalement de thèse après 1945. Dans « Antisemitismus », c'est l'antisémitisme allemand qui, de façon claire et insistante, est présenté comme fondateur de l'antisémitisme moderne[2]. Wilhelm Marr surtout, désigné comme « le principal responsable du nouvel antisémitisme allemand dans son ensemble[3] » et Heinrich von Treitschke – auteur du mot « Les Juifs sont notre malheur », qui sera repris par Julius Streicher – apparaissent comme les références principielles. Dans le texte des *Origines du totalitarisme*, au contraire, toute référence à Marr ou à Treitschke a disparu, même si leurs ouvrages sont cités dans la bibliographie, et c'est Gobineau, jamais cité dans « Antisemitismus », qui est érigé en précurseur. Thèse discutable, car la pensée raciste de Gobineau, à la différence des mouvements antisémites allemands et autrichiens du XIXᵉ siècle, ne formule pas un programme de racisme politique.

Il y a donc, entre les deux textes, de la fin des années 1930 et de 1951, un changement de perspective et, après la défaite nazie, une atténuation, voire une remise en question de la responsabilité de l'Allemagne dans la formation de l'antisémitisme moderne. On trouve par exemple, dans « Antisemitismus », un développement remarquable sur le « romantisme politique[4] » et sur le rôle

---

1. Voir H. Arendt, « L'antisémitisme », *Écrits juifs*, *op. cit.*, p. 237. Sur l'antisémitisme cultivé dans les cercles du « romantisme politique », voir l'étude très complète de Marco Puschner, *Antisemitismus im Kontext der Politischen Romantik. Konstruktionen des « Deutschen » und des « Jüdischen » bei Arnim, Brentano und Saul Ascher*, Tübingen, Max Niemeyer Verlag, 2008.
2. H. Arendt, « L'antisémitisme », *Écrits juifs*, *op. cit.*, p. 183, ainsi que la section II, p. 188-195, intitulée « Le pays classique de l'antisémitisme ».
3. *Ibid.*, p. 197.
4. *Ibid.*, p. 237-239.

des Junkers prussiens dans la « cristallisation » de l'antisémitisme allemand[1]. Le romantisme politique, présenté par Arendt comme formant la « nouvelle *intelligentsia* hostile aux Juifs[2] », a servi « à la réconciliation de l'État absolu et des Junkers[3] ». Arendt va jusqu'à soutenir qu'« à partir de l'union idéologique de ces deux éléments, Adam Müller et Joseph Görres donnèrent naissance à l'État totalitaire corporatiste *(den totalitären Standenstaat)*[4] ». À la fin des années 1930, Arendt soutient donc que c'est le romantisme politique allemand qui a directement donné naissance à la première forme, corporatiste, de l'État totalitaire! Cette généalogie historique sera entièrement effacée dans *Les Origines du totalitarisme*.

La bourgeoisie est considérée non pas comme formant un tout vivant, mais comme étant « découpée et morcelée », de sorte qu'« elle est soustraite à l'emprise de l'État qui, en tant qu'il forme la totalité, peut prétendre à la vie tout entière de ses sujets ». « La "totalité vivante", c'est-à-dire l'État, doit être purifiée de ses éléments inorganiques et décomposés[5]. » La philosophie de l'histoire organique oppose entre eux les deux extrêmes, d'une part, la noblesse et, d'autre part, les Juifs « qui se sont insinués dans l'organisme du *Volk* ». « Entre ces deux extrêmes se trouve le *Volk* vivant, qui est organiquement soumis aux "princes de sang" et dominé par le "tout vivant" de l'État. » Et Arendt conclut : « Les théories romantiques de l'État fournirent le sol nourricier de toute l'idéologie antisémite[6]. »

Tout ce passage est remarquable. Nous voyons en effet que dans « Antisemitismus », Arendt considère l'« État totalitaire corporatiste » comme la création d'une nouvelle *intelligentsia* allemande antijuive, qui s'est mise au service des Junkers prussiens. Cette *intelligentsia*, qui correspond au courant identifié par Carl

---

1. *Ibid.*, p. 241.
2. *Ibid.*, p. 237.
3. *Ibid.*, p. 238.
4. H. Arendt, « Essays and Lectures, "Antisemitismus", essay », HAP, p. 129 ; « L'antisémitisme », *Écrits juifs*, *op. cit.*, p. 238. La traduction américaine est moins exacte, qui parle d'un *« total state based on class status or estate »* (Hannah Arendt, *The Jewish Writings*, Jerome Kohn et Ron H. Feldman éd., New York, Shocken, 2007, p. 98).
5. H. Arendt, « L'antisémitisme », *Écrits juifs*, *op. cit.*, p. 238.
6. *Ibid.*, p. 239.

Schmitt sous l'expression «romantisme politique» qu'Arendt fait sienne, élabore une théorie de l'État comme totalité vivante organique. Cela correspond à un développement antisémite de la doctrine hégélienne de l'État. L'État totalitaire corporatiste est ainsi conçu par Arendt, non sans raison, comme un concept formé en Allemagne au XIXᵉ siècle par des intellectuels chrétiens antisémites qui se sont mis au service de la noblesse prussienne. Nous sommes loin de la thèse des *Origines du totalitarisme*, qui dépeindra tout à l'opposé le totalitarisme national-socialiste comme un mouvement issu de la populace déracinée du XXᵉ siècle.

De la fin des années 1930 à 1951, on assiste donc à un renversement dans la conception arendtienne de l'antisémitisme national-socialiste et de sa genèse. Ainsi, dans «Antisemitismus», Arendt souligne-t-elle «l'influence sociale et intellectuelle énorme et littéralement écrasante qu'exercèrent les Junkers et leurs acolytes jusqu'à une époque toute récente[1]». Elle soutient que «l'origine de l'antisémitisme allemand, la diffamation de la bourgeoisie par la noblesse, demeura tout à fait déterminante pour l'histoire du judaïsme moderne[2]», et va jusqu'à affirmer que «sous le signe des Junkers prussiens, l'antisémitisme allemand conquit le monde».

Hannah Arendt estime alors que, «de nos jours encore, les pseudo-philosophes à la mode et ceux qui revendiquent une conception bornée du monde se contentent de tourner autour de ces paires d'opposés sans fin et extensibles à volonté par association», par exemple «enraciné/déraciné»[3]. L'influence du romantisme politique allemand s'est donc continuée, selon elle, jusque dans les années 1930, et la description qu'elle en propose pourrait aller jusqu'à inclure Heidegger, même s'il n'est pas nommé – les thèmes de l'«enracinement» et du «déracinement»[4] sont en effet

---

1. *Ibid.*, p. 251.
2. *Ibid.*, p. 252.
3. «*Immer noch genügt es populären Philosophistereien und bescheidenen Weltanschauungsansprüchen, sich in diesen endlosen und durch Assoziation beliebig zu erweiternden Gegensatzpaaren von [...] Bodenständig und Entwurzelt [...]*» (H. Arendt, «Essays and Lectures, "Antisemitismus", essay», HAP, p. 151; «L'antisémitisme», *Écrits juifs*, *op. cit.*, p. 251).
4. Voir M. Heidegger, *Sein und Zeit*, Pfullingen, Günther Neske, 1957, p. 170.

présents sous sa plume dès *Être et temps*. En 1946 encore, une note où elle dépeint Heidegger en « dernier des romantiques » semble faire écho à cette généalogie critique[1].

S'il est toujours question du romantisme politique dans *Les Origines du totalitarisme*[2], c'est sur un tout autre ton. Il faut noter à ce propos que le tournant dans l'interprétation arendtienne du rôle et de la responsabilité du romantisme politique allemand dans la genèse de l'antisémitisme moderne n'est guère aperçu par les interprètes d'Arendt. Même la traductrice en français de l'essai inachevé « Antisemitismus » n'en dit mot[3]. Quant à l'éditeur du texte, Jerome Kohn, s'il relève à juste titre « une différence entre les deux textes », le premier étant « beaucoup moins critique à l'égard des personnages publics juifs »[4], il ne perçoit pas le changement radical de perspective en ce qui concerne la responsabilité intellectuelle de la culture allemande, soulignée par Arendt à la fin des années 1930 et écartée par elle dans *Les Origines du totalitarisme*.

En 1951, il s'agit de répondre à une accusation désormais présentée comme illégitime : « on a accusé le romantisme politique d'avoir inventé la pensée raciale[5] », alors qu'à cause de son relativisme fondamental « la contribution directe du romantisme au développement de la pensée raciale est presque négligeable[6] » ! Arendt s'inspire ici, avec l'accent mis sur le relativisme, de la thèse de Carl Schmitt, celle du « romantisme politique » interprété comme une pensée occasionnaliste[7]. Le pamphlet de

---

1. Voir *infra*, chap. 8, § 37.
2. H. Arendt, *Les Origines du totalitarisme*, *op. cit.*, p. 427-430.
3. Voir S. Courtine-Denamy, « Une interprétation pionnière de l'antisémitisme (H. Arendt) », *De la bonne société. L. Strauss, E. Voegelin, H. Arendt*, chap. III, p. 135 *sq.*, Paris, Éditions du Cerf, 2014.
4. Jerome Kohn, « Préface de l'éditeur américain », in H. Arendt, *Écrits juifs*, *op. cit.*, p. 25.
5. *Ibid.*, p. 427.
6. *Ibid.*, p. 428.
7. « Ce regard jeté sur le développement des idées politiques du romantisme montre que son sentiment du monde et de la vie peut s'identifier aux conditions politiques et aux théories philosophiques les plus opposées. Aussi longtemps que dure la révolution, le romantisme politique est révolutionnaire ; avec la fin de la Révolution, il devient conservateur et s'accommode aussi bien des conditions nettement réactionnaires de la Restauration. Puis à partir de 1830, le romantisme

Clemens Brentano, *Le Philistin avant, dans et après l'histoire: une étude en forme de plaisanterie*[1], est alors réévalué. Présenté dans «Antisemitismus» comme un «écrit bouffon et peu spirituel», qui fut lu à haute voix dans la Société de table germano-chrétienne *(Christlich deutsche Tischgesellschaft)*, «la première organisation allemande ayant un programme antisémite», l'ouvrage était alors considéré par Arendt comme «plus dangereux que tous les hurlements»[2]. Douze ans plus tard, dans *Les Origines du totalitarisme*, le même pamphlet de Brentano est présenté tout autrement. Il exprimerait la «manière brillante et extrêmement sophistiquée» de l'auteur, mise au service d'un éloge du génie et de la personnalité innée. Dans cette nouvelle approche, le romantisme politique ne représente plus, selon Arendt, qu'un «simple antisémitisme social[3]», à ne pas confondre avec l'antisémitisme politique à venir[4]. Et, déplacement révélateur du changement d'interprétation, les développements sur le romantisme politique allemand ne figurent pas dans le volume où ils auraient dû avoir toute leur place, à savoir celui consacré à la genèse de l'antisémitisme moderne, mais dans celui sur l'impérialisme. Dans le premier volume des *Origines du totalitarisme*, Arendt efface ainsi le rôle déterminant de l'Allemagne dans la genèse de l'antisémitisme contemporain et met désormais l'accent sur l'antisémitisme en France avec l'affaire Dreyfus[5].

---

retourne à la Révolution [...]. Cette mutabilité du contenu politique n'est pas le fait du hasard, mais la conséquence d'une attitude occasionnaliste; elle est profondément enracinée dans l'essence du romantisme dont le caractère profond est la passivité» (Carl Schmitt, *Romantisme politique*, trad. partielle de Pierre Linn, Paris, Librairie Valois, 1928, p. 140).
  1. Clemens Maria Brentano, *Der Philister vor, in und nach der Geschichte: scherzhafte Abhandlung*, Berlin, E. Frensdorf, 1811.
  2. H. Arendt, «L'antisémitisme», *Écrits juifs*, op. cit., p. 237.
  3. H. Arendt, *Les Origines du totalitarisme*, op. cit., p. 429.
  4. La distinction arendtienne entre antisémitisme social (résultant de l'assimilation) et antisémitisme politique (lorsque les Juifs sont stigmatisés comme un groupe à part) est évoquée par Arendt de façon contradictoire, comme l'a pertinemment montré Philip Rieff dans sa judicieuse recension des *Origines du totalitarisme* (Philip Rieff, «The Theology of Politics: Reflections on Totalitarianism as the Burden of Our Time», *The Journal of Religion*, vol. 32, n° 2, avril 1952, p. 119-126).
  5. On remarquera à ce propos que l'affaire Dreyfus n'est jamais évoquée par Arendt dans «Antisemitismus».

La comparaison entre l'édition anglo-saxonne et l'édition allemande de la somme consacrée au totalitarisme manifeste à ce propos des différences significatives. Dans l'édition originale en anglais (1951), la seule actuellement traduite en langue française, Arendt se limite à renvoyer en note au livre de Carl Schmitt sur le *Romantisme politique*. Mais, dans l'édition allemande de 1955, elle cite l'ouvrage de Schmitt à trois reprises et prononce son éloge de façon appuyée : « Le *Romantisme politique* de Carl Schmitt demeure toujours le meilleur ouvrage sur ce sujet, que nous utiliserons également plus souvent ci-après[1]. » La thèse de Schmitt, qui ne qualifie le romantisme allemand de politique que par antiphrase[2], lui permet de disculper le romantisme allemand de ses responsabilités dans la genèse de l'antisémitisme moderne. Arendt va en effet jusqu'à soutenir que l'on trouve, dans le romantisme allemand, « un antisémitisme seulement social sans impulsion politique[3] ».

Évoquons à ce propos un épisode peu connu de la réception des *Origines du totalitarisme*, tendant à confirmer les ambiguïtés du livre, qui contient notamment des références positives à des auteurs nazis. L'appréciation élogieuse de l'écrit de Schmitt a attiré l'attention de l'un des disciples de l'auteur du *Concept du politique* les plus compromis sous le IIIᵉ Reich, à savoir Ernst Forsthoff, auteur en 1933 de *L'État total*, livre dont l'antisémitisme n'est plus seulement suggéré[4]. Celui-ci fait part à Carl Schmitt de sa lecture des *Origines du totalitarisme* dans une lettre du 30 décembre 1955 :

> Je suis en train de lire *Elemente und Ursprünge totaler Herrschaft* de Hannah Arendt. C'est un livre exceptionnellement intelligent, inté-

---

1. « *Carl Schmitts Politische Romantik ist immer noch das beste Werk über diesen Gegenstand, das wir auch im folgenden noch häufiger benutzen werden* » (H. Arendt, *Elemente und Ursprünge totaler Herrschaft*, Munich, Piper, 1991, p. 369, n. 17).
2. Schmitt écrit ainsi que « le romantisme politique finit là où commence l'activité politique réelle » (C. Schmitt, *Romantisme politique*, Munich et Leipzig, Duncker & Humblot, 1925, p. 148).
3. « *[...] ein nur gesellschaftlicher Antisemitismus ohne politische Impulse* » (H. Arendt, *Elemente und Ursprünge totaler Herrschaft, op. cit.*, p. 373).
4. Dans l'ouvrage d'Ernst Forsthoff, *Der totale Staat* (Hambourg, Hanseatische Verlagstanstalt, 1933), la conception de l'ennemi comme « étranger à la race » (*Artfremd*) et la désignation à ce propos des Juifs sont en effet explicites.

ressant par ce qu'il excite. Je vous l'enverrais volontiers mais je ne sais pas si vous l'avez déjà et si vous le connaissez. Puis-je vous demander de m'indiquer brièvement ce qu'il en est? Ce serait pour moi une joie toute spéciale de vous procurer ce livre, dans lequel votre *Politische Romantik* est apprécié en outre d'une manière extraordinairement compréhensive[1].

Carl Schmitt lui répond, le 2 janvier 1956 :

> Je lirais très volontiers le livre de Hannah Arendt. Mais il ne s'agit peut-être que de la traduction allemande des *Origins of Totalitarianism* intitulé également *The Burden of our Time*, dont je possède l'original et que j'ai lu avec beaucoup d'attention il y a déjà plus de cinq ans. Elle aura certainement entre-temps pensé plus loin et observé davantage. Envoyez-moi peut-être le livre, pour que je puisse voir de quoi il retourne[2].

Forsthoff reconnaît le 11 février qu'il s'agit bien de la traduction de l'ouvrage américain, sans remarquer d'ailleurs – mais sans doute ne disposait-il pas de la version originale en anglais – les différences importantes entre les deux passages, respectivement en anglais et en allemand, portant sur le romantisme politique et son étude par Schmitt[3]. Quant à Schmitt, il fait également l'éloge de l'article d'Arendt sur l'autorité paru en allemand la même semaine : « Hannah Arendt a publié entre-temps, dans le dernier cahier de la revue *Monat*, un article qui mérite grandement d'être lu sur la rela-

---

1. «*Eben lese ich Hannah Arendt*, Elemente und Ursprünge totaler Herrschaft, ein ungewöhnlich gescheites, aufregend interessantes Buch. Ich möchte es Ihnen gern schicken, weiß aber nicht, ob Sie es nicht bereits haben und kennen. Darf ich Sie bitten, mir darüber eine kurze Mitteilung zu machen? Es wäre mir eine besondere Freude, Ihnen dieses Buch zu übermitteln, in dem übrigens Ihre* Politische Romantik *außerordentlich verständnisvoll gewürdigt wird*» (*Briefwechsel Ernst Forsthoff – Carl Schmitt (1926-1974)*, Dorothee Mußgnug, Reinhard Mußgnug et Angela Reinthal éd., avec la collaboration de Gerd Giesler et Jürgen Tröger, Berlin, Akademie Verlag, 2007, p. 116 – les titres d'ouvrages sont soulignés par nous).
2. «*Das Buch von Hannah Arendt würde ich sehr gern lesen. Aber es ist vielleicht nur die deutsche Übersetzung des* Origins of totalitarianism *bezw.* The Burden of our time, *welches Buch ich im Original besitze und mit großer Aufmerksamkeit gelesen habe. Es liegt über 5 Jahre zurück. Inzwischen wird sie weiter gedacht und beobachtet haben. Vielleicht schicken Sie mir das Buch, dann kann ich sehen, um was es sich handelt*» (*ibid.*, p. 117).
3. *Ibid.*, p. 118.

tion entre religion, tradition et autorité[1]. » Forsthoff et Schmitt apparaissent ainsi, dans les années 1951-1956, comme des lecteurs attentifs et fort élogieux des écrits d'Arendt sur le totalitarisme nazi et la question de l'autorité[2].

Près de deux décennies plus tard, Forsthoff pourra annoncer à Schmitt qu'il prépare une conférence sur le thème de « la réalisation technique et l'ordre politique » pour les 6ᵉ Entretiens de Salzbourg sur l'humanisme, avec un cercle d'intervenants conduits par Hannah Arendt et comprenant entre autres Arnold Gehlen. « On peut attendre cela avec impatience », ajoute Forsthoff[3].

Dans le volume sur l'antisémitisme, Arendt reconnaît tout de même *in fine*, mais de façon particulièrement brève et elliptique, que l'accent mis par les romantiques sur « une origine tribale commune comme condition essentielle de l'unité nationale » et « sur la personnalité innée et la noblesse naturelle » a « intellectuellement préparé le terrain à la pensée raciale en Allemagne » en donnant naissance, d'un côté, à « la doctrine organique de l'histoire » et, de l'autre, « à la fin du siècle », à « ce pantin grotesque, le

---

1. « *Hannah Arendt hat inzwischen im letzten Heft des Monat einen sehr lesenswerten Aufsatz über den Zusammenhang von Religion, Tradition und Autorität veröffentlicht* » (Carl Schmitt à Ernst Forsthoff, Plettenberg, 15 février 1956, *ibid.*, p. 120). Schmitt se réfère à l'article d'Arendt intitulé « Was ist Autorität? », *Der Monat*, 8 février 1956, p. 29-44.

2. Près d'une décennie plus tard, Schmitt relèvera la pointe critique d'Arendt dans *Eichmann à Jérusalem*, et il se refusera à voir en Dieter Wechtenbruch, avocat d'Eichmann, un disciple : « *Als ich Hannah Arendts Eichmann in Jerusalem las, hätte ich beinahe etwas dazu geschrieben. Das Buch ist derartig aufregend, daß ich einige Wochen davon krank war; nicht etwa, weil ein Giftspritzer gegen mich darin vorkommt (der Assistent des Verteidigers Servatius, ein Dr. Dieter Wechtenbruch, den ich übrigens nicht kenne und von dem ich bisher nichts wusste, wird p. 129 als "disciple of Carl Schmitt" gekennzeichnet), sondern weil ich wieder auf mein Gutachten vom August 1945 (vgl. Tommissen Nr 212) zurückkam, besonders auf dessen Schluß-Bemerkung. Aber ich will lieber schweigen* » (*ibid.*, p. 198-199).

3. « *Eben arbeite ich an einem Vortrag über technische Realisation und politische Ordnung, den ich am 22. September im Rahmen des 6. Salzburger Humanismus-Gesprächs, veranstaltet vom Österreichischen Rundfunk zu halten habe. Auch der Kreis der Diskutanten ist im Programm festgelegt. Er wird Hannah Arendt angeführt. Dazu u. a. Gehlen, Hennis und Schmölz: Da darf man wohl gespannt sein* » (Ernst Forsthoff à Carl Schmitt, Heidelberg, 3 septembre 1972, *ibid.*, p. 335).

surhomme, dont la destinée naturelle est de gouverner le monde »[1]. Néanmoins, elle déplace la responsabilité de l'Allemagne vers la France, avec le comte de Gobineau auquel elle consacre une section entière qu'elle intitule « La nouvelle clé de l'histoire[2] ». Et elle ne met plus l'accent, comme dans « Antisemitismus », sur l'antisémitisme des romantiques allemands.

Arendt esquisse une thèse qui mériterait approfondissement et discussion. En effet, ce qu'elle nomme « la doctrine organique de l'histoire » pourrait faire référence à Hegel, et la conception « tribale » faire allusion à la critique de Hegel par Karl Popper, dans *La Société ouverte et ses ennemis*, elle-même inspirée par l'ouvrage d'Aurel Kolnai de 1938 intitulé *The War against the West* (« La Guerre contre l'Ouest ») auquel Popper renvoie maintes fois[3]. Quant à la référence caustique au « surhomme », elle ne peut renvoyer qu'à Nietzsche. Il est intéressant de noter à ce propos que dans la version allemande ultérieure de son livre, Arendt tentera au contraire de dédouaner nommément Nietzsche et de ne plus l'inclure dans la genèse du racisme contemporain, en affirmant cette fois que « ce n'est en aucune manière à partir de là [le culte de la personnalité innée et du génie dans le romantisme allemand] que s'est développé ce que Nietzsche voulait dire avec le terme de "Surhomme"[4] ». Quoi qu'il en soit, comme Arendt l'a bien perçu, ce n'est pas pris isolément mais « une fois amalgamés » que ces courants « constituèrent la base même du racisme en tant qu'idéologie à part entière ». Il demeure cependant inexact d'affirmer que « ce n'est pourtant pas en Allemagne que le phénomène se produi-

---

1. H. Arendt, *Les Origines du totalitarisme*, op. cit., p. 431.
2. *Ibid.*, p. 431-437 ; dans la version allemande, la section s'intitule « Gobineau » (H. Arendt, *Elemente und Ursprünge totaler Herrschaft*, op. cit., p. 376-385).
3. Aurel Kolnai, *The War against the West*, New York, The Wiking Press, 1930. Nous reviendrons plus loin sur cette remarquable synthèse critique du philosophe hongrois.
4. « *Aus ihm entwickelte sich zwar in keiner Weise das, was Nietzsche mit dem ihm bereits von der öffentlichen Meinung der Zeit inspirierten Terminus "Übermenschen" gemeint hat, wohl aber das, was sich diejenigen darunter vorstellten, die meinten, es sei die ihnen, den Germanen, von der Natur selbst zugewiesene Aufgabe, die ganze Welt zu beherrschen und zu unterdrücken* » (H. Arendt, *Elemente und Ursprünge totaler Herrschaft*, op. cit., p. 375).

sit en premier lieu, mais en France», avec Gobineau. En effet, si l'on veut rechercher les auteurs qui ont entrepris, selon le mot d'Arendt, d'«amalgamer» l'aspect le plus problématique de la pensée de Hegel et de Nietzsche plus ou moins bien comprise, c'est avant tout vers des auteurs allemands postérieurs à Nietzsche, tels que Spengler et Heidegger, qu'il aurait fallu se tourner, non vers Gobineau, bien antérieur à l'auteur du *Zarathoustra*. Il ne s'agit pas de nier la responsabilité de Gobineau mais de la situer plus exactement. En effet, si ce dernier a infléchi la conception de l'histoire dans le sens d'un déclin tout à fait opposé à la philosophie de l'histoire de Hegel, et contribué à populariser le thème de l'inégalité des races, il n'a pas développé de façon centrale une pensée antisémite susceptible de nourrir un projet politique, ne serait-ce que parce que, selon lui, la disparition de ce qu'il nomme la « race ariane » est irréversible.

En mettant désormais en avant Gobineau tout en passant sous silence les premiers promoteurs allemands de l'antisémitisme moderne tels que Marr ou Treitschke, Arendt fausse l'histoire qu'elle réécrit de façon tronquée pour la mettre au service de ses thèses. On relèvera en outre qu'il n'y a pas, chez elle, de critique de Spengler, dont elle est proche au point de lui reprendre, sous le nom de «populace», sa conception des «masses», pour en faire le principal agent directeur dans la genèse du totalitarisme, comme nous allons le voir.

Arendt n'a pas seulement retenu de Carl Schmitt ses thèses sur le romantisme politique, elle apparaît également marquée par sa conception du politique comme discrimination entre l'ami et l'ennemi. En effet, le reproche de Schmitt à l'égard d'un «romantisme politique» qui ne saurait être qualifié de tel que par un oxymore, incapable, étant donné son occasionnalisme, «de se décider, de faire un choix, de discriminer entre l'ami et l'ennemi[1]», se trouve transposé par Arendt dans «Antisemitismus» aux Juifs assimilés du XIXe siècle confrontés à la montée de l'antisémitisme

---

1. Nous reprenons une remarque pertinente de Christian E. Roques, dans «Radiographie de l'ennemi : Carl Schmitt et le romantisme politique», *Asterion* (en ligne), n° 6, 2009, § 27 (https://asterion. revues. org/1487).

politique. Arendt représente en effet les Juifs assimilés comme ayant perdu « leur capacité de jugement, leur capacité à distinguer leurs amis de leurs ennemis[1] ». Il faut remarquer que, dans le même texte, elle avait, dans une formulation que l'on peut dire toute schmittienne, proféré reproche similaire à l'égard du sionisme, évoquant « le désintérêt du sionisme pour son adversaire politique, son aveuglement programmatique à l'égard tant de l'ami que de l'ennemi[2] ».

C'est dans la troisième édition, celle de l'année 1933 reformulée selon le goût du jour, qu'Arendt a lu attentivement le *Concept du politique* de Carl Schmitt[3]. Non seulement Schmitt n'a pas réédité cette version après 1945, mais, parce qu'elle était trop compromettante, il n'en mentionne pas l'existence dans sa réédition, en 1963, de la deuxième édition de 1927. Dans l'exemplaire aujourd'hui encore conservé dans la bibliothèque d'Arendt, chaque page contient des expressions soulignées et parfois également des notes marginales. L'auteur des *Origines du totalitarisme* souligne notamment le passage où Schmitt soutient qu'un monde qui écarterait l'éventualité de la guerre, un monde sans la discrimination de l'ami et de l'ennemi serait « un monde sans politique[4] ». Nous aurons donc à mesurer jusqu'à quel point, dans sa propre vision du politique, Hannah Arendt a pu être marquée par les thèses de Schmitt telles que formulées en 1933.

En renvoyant dos à dos, dans « Antisemitismus », Juifs assimilés et sionistes, Arendt enferme le judaïsme européen dans une aporie, comme si les Juifs étaient constitutivement incapables d'accéder à une attitude politique au sens défini par Carl Schmitt. Si donc Arendt ne revendique pas ouvertement pour elle la concep-

---

1. H. Arendt, « L'antisémitisme », *Écrits juifs, op. cit.*, p. 241.
2. *Ibid.*, p. 185.
3. Carl Schmitt, *Der Begriff des Politischen*, Hambourg, Hanseatische Verlagsanstalt, 1933.
4. « *Eine Welt, in der die Möglichkeit eines Krieges restlos beseitigt und verschwunden ist, ein endgültig pazifizierter Erdball, wäre eine Welt ohne die Unterscheidung von Freund und Feind und infolgedessen eine Welt ohne Politik* » (C. Schmitt, *Der Begriff des Politischen, op. cit.*, 1933, p. 18 – souligné par Arendt dans son exemplaire). Voir http://www.bard.edu/library/arendt/pdfs/Schmitt-Begriff.pdf

tion schmittienne du politique comme discrimination de l'ami et de l'ennemi, elle l'utilise comme une arme critique contre l'insuffisance politique supposée du peuple juif, qu'il soit à la recherche de l'assimilation ou dans une quête sioniste[1].

6. L'ANTISÉMITISME RÉINTERPRÉTÉ EN 1951 DANS *LES ORIGINES DU TOTALITARISME*

Les Origines du totalitarisme, avec ses trois volumes respectivement consacrés à l'antisémitisme, à l'impérialisme et au système totalitaire, forment un ensemble qui demande à être lu à plusieurs niveaux. Il y a d'une part les descriptions historiques et les évocations littéraires, émaillées d'affirmations sarcastiques et de jugements péremptoires. Il y a d'autre part les positions d'Arendt, lesquelles ne sont pas franchement énoncées comme telles et ne donnent pas lieu à démonstration, mais sont tantôt suggérées de façon récurrente, tantôt affirmées de façon abrupte. Comme le disait Kurt Blumenfeld qui connaissait Arendt mieux que beaucoup et avait, disait-il, « creusé [s]on livre de A à Z[2] » : chez elle, « on a du mal à démêler où vont en fait [s]es préférences[3] ». Plusieurs lectures sont en effet nécessaires pour dégager ces préférences.

Le premier chapitre du volume sur l'antisémitisme, le plus court de tous, intitulé « L'antisémitisme, insulte au sens commun[4] », se

---

1. Il faudrait donc nuancer la remarque de Dana R. Villa, énoncée contre l'article critique de Martin Jay sur l'existentialisme politique d'Arendt, selon laquelle la version arendtienne de l'autonomie du politique « hardly relies upon the Schmittian distinction between friends and enemies » (D. R. Villa, *Public Freedom*, Princeton et Oxford, Princeton University Press, 2008, p. 314).
2. « *Ich habe Dein Buch von A bis Z durchgearbeitet und habe es mit einigen Menschen besprochen, die es ebenso gründlich gelesen haben wie ich* » (Kurt Blumenfeld à Hannah Arendt, lettre du 2 juillet 1951, *Hannah Arendt – Kurt Blumenfeld*, « ... *in keinem Besitz verwurzelt* » : *die Korrespondenz*, Ingeborg Nordmann et Iris Pilling éd., Hambourg, Rotbuch Verlag, 1995, p. 57 ; trad. par Jean-Luc Évrard, *Correspondance 1933-1963*, Paris, Desclée de Brouwer, 1998, p. 81).
3. « *Bei Dir ist schwer herauszubekommen, was Dir eigentlich gefällt* » (*ibid.*, p. 55 ; trad. fr., p. 79).
4. H. Arendt, *Les Origines du totalitarisme, op. cit.*, p. 210-228.

caractérise par la véhémence du ton. Arendt fait flèche de tout bois et il n'est pas facile de distinguer à la première lecture l'intention qui l'anime. Elle énonce en effet successivement plusieurs thèmes majeurs du triptyque tels que « l'effondrement du système européen des États-nations », « le déclin général des Juifs en Europe » ou la conjonction de la terreur et de l'idéologie dans les régimes dits totalitaires. Mais la thèse propre à ce chapitre, c'est l'affirmation selon laquelle les Juifs auraient une « responsabilité spécifique » dans la formation de l'antisémitisme moderne[1].

Pour imposer sa thèse, elle récuse celle du bouc émissaire, victime innocente choisie arbitrairement, comme celle en apparence opposée d'un « éternel antisémitisme ». Arendt n'hésite pas à rapprocher des pratiques totalitaires les doctrines qui ne reconnaîtraient pas la responsabilité des Juifs eux-mêmes dans la formation de l'antisémitisme et proclameraient l'innocence des victimes juives du nazisme ! Elle écrit en effet des doctrines qui « démentent toute responsabilité spécifique de la part des Juifs » qu'elles « se rapprochent dangereusement de ces pratiques et de ces formes modernes de gouvernement qui utilisent la terreur arbitraire pour supprimer toute possibilité d'activité humaine », en bref, les gouvernements totalitaires[2]. L'outrance de ce reproche n'est jamais relevée par les commentateurs, comme si le statut d'icône réservé à Arendt ne permettait plus au lecteur d'exercer suffisamment son esprit critique à l'égard de ses écrits.

L'attaque politique contre les tenants de l'innocence des victimes juives du nazisme n'est pas la seule ni la dernière. Vient ensuite un argument polémique qui emprunte au registre de la philosophie. Ceux qui ne seraient pas d'accord avec la thèse d'Arendt sont assimilés à des « sophistes modernes », manipulateurs des faits, détruisant l'histoire et sa compréhension, et même « la dignité de l'action humaine », rien de moins[3]. Rarement un livre aura commencé par des manœuvres d'intimidation aussi agressives à l'égard de ceux qui n'épouseraient pas les thèses de l'auteur.

---

1. *Ibid.*, p. 226.
2. *Ibid.*
3. *Ibid.*, p. 227.

L'orientation générale du livre est maintenant tracée : la responsabilité première de l'antisémitisme moderne, qui a conduit à l'extermination des Juifs d'Europe par les nationaux-socialistes, est imputée aux victimes elles-mêmes, les Juifs, et non pas aux bourreaux, les nazis. Arendt défend bel et bien une supposée *specific Jewish responsibility*[1]. Une orientation qui sera lourde de conséquences sur son interprétation du national-socialisme et qui, dès 1951, annonce les thèses controversées d'*Eichmann à Jérusalem* sur la responsabilité des conseils juifs dans l'organisation de l'extermination nazie.

Le deuxième chapitre, qui porte sur « Les Juifs, l'État-nation et la naissance de l'antisémitisme », est documenté, mais tout aussi problématique. Il est faux, par exemple, d'affirmer que l'antijudaïsme se trouve en France du côté des « hommes des Lumières qui préparèrent la Révolution française », tandis que les écrivains conservateurs, à commencer par Joseph de Maistre, auraient été « les seuls défenseurs déclarés en France » des Juifs[2]. C'est passer sous silence l'antijudaïsme catholique de Maistre, particulièrement féroce dans ses *Lettres à un gentilhomme russe sur l'Inquisition espagnole* rédigées en 1815, où Maistre prêche, contre Voltaire, l'intolérance et justifie les mesures les plus cruelles de l'Inquisition contre les Juifs, arguant que « le judaïsme avait jeté de si profondes racines en Espagne qu'il menaçait de suffoquer entièrement la plante nationale[3] ». C'est également ne pas tenir compte du fait que l'on ne trouve par exemple aucune trace d'antisémitisme chez Rousseau.

De manière générale, Arendt présente l'émancipation des Juifs et l'assimilation comme aporétiques et contradictoires. Elle entend rapporter la montée de l'antisémitisme non plus à une succession de positions idéologiques et doctrinales, comme elle le faisait

---

1. H. Arendt, *The Origins of Totalitarianism*, Orlando, Austin, New York, Harcourt, 1976, p. 8.
2. *Ibid.*, p. 274.
3. Joseph de Maistre, *Lettres à un gentilhomme russe sur l'Inquisition espagnole*, Lyon-Paris, J. B. Pélagaud et Cie, 1850, p. 6-7 (http://gallica.bnf.fr/ark:/12148/bpt6k647842). Joseph de Maistre va jusqu'à justifier la torture, utilisée par l'Inquisition pour savoir s'il y avait dans la généalogie de l'accusé « quelque goutte de sang juif ou mahométan » (*ibid.*, p. 10).

encore dans le manuscrit de la fin des années 1930, mais à la seule situation socio-économique, qui lie le sort des Juifs fortunés à celui des États-nations européens. Arendt rend ainsi les Juifs européens coresponsables de l'antisémitisme naissant.

Relevons également la façon discutable dont Arendt conçoit l'État-nation. Dès les premières lignes du deuxième chapitre, elle rapporte l'existence historique de l'État-nation à une compréhension ethnique, nullement évidente, de ce qu'elle nomme l'«homogénéité de la population[1]», de sorte que le fait d'accorder l'égalité de droits aux Juifs lui apparaît en contradiction profonde avec la signification même d'un tel État. Cette manière de penser et de parler se rapproche dangereusement de la façon dont Carl Schmitt parlait, en 1926, de la démocratie en termes d'«homogénéité» *(Homogenität)*[2].

Le troisième chapitre est sans doute le plus discutable. Après les remarques socio-économiques du précédent chapitre, Arendt se livre à des descriptions psycho-sociologiques. S'appuyant sur quelques formules trouvées dans ses romans de jeunesse, elle fait de Benjamin Disraeli le promoteur d'une «véritable doctrine raciale» opposant sang pur et race hybride et considérant la race comme «la clé de l'histoire»[3]. Dans les premiers romans de Disraeli, en effet, on rencontre une conception des Juifs et des sociétés secrètes tirant les fils de la politique que Hitler, selon elle, n'aurait eu qu'à reprendre[4]. Bref, Hannah Arendt reprend et développe une thèse chère à Carl Schmitt au début des années 1940, celle d'un Hitler s'inspirant de Disraeli pour faire de la question raciale la clé de l'histoire[5].

---

1. H. Arendt, *Les Origines du totalitarisme, op. cit.*, p. 229. Dans l'édition allemande, où elle utilise le terme *Homogenität*, Arendt parle des Juifs comme d'«*ein fremdes Element*», «*innerhalb einer homogenen Bevölkerung*» (H. Arendt, *Elemente und Ursprünge totaler Herrschaft, op. cit.*, p. 45).
2. C. Schmitt, *Die geistesgeschichtliche Lage des heutigen Parlamentarismus*, Munich, Duncker & Humblot, 1926, p. 14. Voir à ce propos l'étude éclairante de Manfred Gangl, «Gesellschaftliche Pluralität und politische Einheit. Zu Carl Schmitts politischer Theorie», in *Intellektuelle im Nationalsozialismus*, Wolfgang Bialas et Manfred Gangl éd., Francfort-sur-le-Main, Peter Lang, 2000, p. 88-119, citation p. 109.
3. H. Arendt, *Les Origines du totalitarisme, op. cit.*, p. 307.
4. *Ibid.*, p. 311.
5. Voir à ce propos N. Sombart, *Les Mâles Vertus des Allemands, op. cit.*, p. 295-301.

En outre, Arendt accorde un certain crédit aux sources littéraires : la clé de l'histoire moderne se révélerait de façon privilégiée dans les romans. Après Disraeli, elle met à profit dans ce chapitre *À la recherche du temps perdu*. Proust lui permet de dépeindre une « judéité » devenue selon elle, dans la société du faubourg Saint-Germain, un vice comparable à l'homosexualité[1]. Elle peut alors soutenir que la dégradation de l'origine juive en « judéité » fut « préparée par les Juifs » eux-mêmes, une fois de plus tenus pour les principaux responsables de cet état de fait[2]. Cependant, ne peut-on pas reprocher à Arendt d'objectiver, comme exprimant la réalité sociale, une comparaison esthétique et littéraire qui ne relève que de la perception du narrateur ? Elle se trompe encore plus visiblement lorsqu'elle écrit : « Le faubourg Saint-Germain, tel que le décrit Proust, en était au premier stade de cette évolution. Il admettait les invertis parce qu'il se sentait attiré par ce qu'il considérait comme un vice. Proust montre comment M. de Charlus, auparavant toléré "malgré son vice" en raison de son charme personnel et d'un nom ancien, est maintenant porté au zénith social[3]. » En effet, l'attirance pour le « vice » de M. de Charlus n'est nullement, selon le narrateur de la *Recherche*, le fait de la société du faubourg Saint-Germain mais du seul cénacle des Verdurin, moqué par le narrateur pour sa médiocrité et son philistinisme et qui ne rejoindra le faubourg Saint-Germain que dans *Le Temps retrouvé*[4]. Cette façon d'extrapoler ne va donc pas sans fausser le propos de Proust.

Plus généralement, cette histoire romancée de l'antisémitisme que l'on peut lire dans le premier volume des *Origines du totalitarisme*, et qui a beaucoup contribué à la popularité du triptyque,

---

1. H. Arendt, *Les Origines du totalitarisme, op. cit.*, p. 316.
2. Voici la phrase entière : « Il est vrai que la "judéité" n'aurait pu être dégradée au rang de vice intéressant s'il n'avait pas existé auparavant un préjugé qui en faisait un crime. Mais il est également vrai qu'*une telle dégradation fut préparée par les Juifs* qui en faisaient une vertu innée » (*ibid.*, p. 320 – souligné par nous).
3. *Ibid.*, p. 317.
4. Ce point et le précédent (la comparaison littéraire objectivée et considérée comme un témoignage de la réalité sociale) sont finement développés dans le travail inédit de Gaëtan Lecoindre et Georges Tilly : « La lecture arendtienne de Proust : étude sur l'ambiguïté d'un témoignage littéraire en histoire », Université de Rouen, 2013.

passe sous silence les principales sources intellectuelles et doctrinales de l'antisémitisme nazi. De fait, si Arendt se focalise sur les romans de Disraeli, de Proust, et si elle évoque aussi Céline – mais pour ses pamphlets[1] –, elle néglige à peu près entièrement la littérature antisémite allemande, qu'elle mobilisait au contraire dans son écrit de la fin des années 1930.

Enfin, l'accent mis sur l'affaire Dreyfus, à laquelle Arendt consacre une section, et surtout l'usage qui est fait de cet épisode prêtent également le flanc à la critique. En effet, le dénouement de l'affaire Dreyfus marque un certain échec des forces les plus antisémites en France à la fin du XIXe siècle, à savoir l'armée, le clergé, et les doctrinaires de l'extrême droite tels que Charles Maurras et Léon Daudet. La victoire des dreyfusards a conduit à des réalisations politiques fondamentales pour la modernité, comme la séparation de l'Église et de l'État et la consolidation de la République laïque. On ne saurait donc considérer l'affaire Dreyfus comme une simple répétition générale des tensions qui conduiront à l'antisémitisme nazi. Celui-ci, en effet, ne connaîtra pas, en Allemagne et en Autriche, pareille défaite politique, et ne pourra être vaincu que par une guerre mondiale. Arendt reconnaît que l'antisémitisme français « n'eut aucune influence sur la formation du nazisme[2] ». Dans ce cas, pourquoi lui accorder tant de place dans son ouvrage sur le totalitarisme ? De fait, Arendt attribue à la France une responsabilité qui historiquement n'est pas la sienne. En outre, il manque aux *Origines du totalitarisme* une étude en profondeur de la montée en puissance, dans la pensée et la société allemandes, de la nouvelle vision du monde national-socialiste, fondée sur une doctrine raciale et un antisémitisme qui ne se veut plus seulement discriminateur, mais exterminateur.

Ce qui fascine Arendt dans l'affaire Dreyfus, c'est le rôle central qu'elle prête à la « populace » *(the mob)*. Ce qu'elle entend

---

1. Céline n'est en effet évoqué que pour ses pamphlets antisémites, pas pour ses romans. Voir les pages d'Arendt, sévère à juste titre sur l'antisémitisme exterminateur de Céline, que Marcel Arland, rappelle-t-elle, considérait comme une position « solide », et qu'André Gide n'avait pas su prendre au sérieux (H. Arendt, *Les Origines du totalitarisme, op. cit.*, p. 277 et 649-650).

2. *Ibid.*, p. 273.

dépeindre, c'est la décomposition d'une société où une élite devenue mafieuse et criminelle compose avec la masse de ce qu'elle nomme les « déclassés ». C'est ce tableau apocalyptique dont elle voit une préfiguration et comme la « gigantesque répétition générale d'une représentation qui fut retardée de plus de trente ans » dans l'affaire Dreyfus[1]. Or, cette notion de « populace » est sociologiquement floue et discutable. Raymond Aron en présente une critique éclairante dans un article de janvier 1954 sur « L'essence du totalitarisme[2] ». Il se demande si la populace dont parle Arendt désigne « les groupes que le progrès économique et social tend spontanément à dissoudre et à mettre en dehors de la communauté », ou bien « exclusivement les ratés de toutes les classes ». Dans le premier cas, la dissolution de la société européenne résulterait du « développement capitalistique » ; dans l'autre, elle serait « imputable à des événements, guerres ou crises », comme la guerre de 1914 ou la crise de 1929[3]. Selon Raymond Aron, Arendt oscille, au gré de ses développements, entre ces deux conceptions sociologiquement bien différentes et qui renvoient à des causalités distinctes.

Arendt peut difficilement élaborer une conception précise de ce qu'elle nomme la populace et de son action dans la société, dans la mesure où elle se refuse à parler de causalité en histoire[4], et remplace le concept de cause par la métaphore minérale de la « cristallisation », qui n'apparaît guère pertinente lorsqu'elle est appliquée aux sociétés humaines. Par ailleurs, ce qu'elle suggérait en 1951 dans ses pages sur Disraeli sera franchement assumé dans la préface tardive de 1967 au volume sur l'antisémitisme. En 1967, nous sommes quatre ans après le *Eichmann* et deux ans avant l'apologie de Heidegger. La lecture de la préface de 1967 nous montre que les obsessions d'Arendt concernant notamment la responsabilité attribuée aux Juifs dans la montée de l'antisémitisme se sont aggravées et radicalisées par rapport à ce qu'elles étaient en 1951 :

---

1. *Ibid.*, p. 272.
2. Raymond Aron, « L'essence du totalitarisme », *Critique*, n° 80, janvier 1954, p. 51-70.
3. *Ibid.*, p. 54.
4. Voir *infra*, chap. 11, § 49.

d'emblée, elle impute aux Juifs la responsabilité d'avoir, «sans aucune intervention extérieure», formé les premiers, vers la fin du XVIᵉ siècle, une conception raciale du judaïsme, «qui ne devait se généraliser chez les non-Juifs que beaucoup plus tard, à l'époque des Lumières»[1]. Il est remarquable de voir Arendt se rapprocher de la thèse de Heidegger qui, dans ses *Cahiers noirs*, rapportera prioritairement au judaïsme le fait de vivre selon «le principe de la race[2]». Or, la thèse arendtienne ne tient pas compte, par exemple, de la notion de «pureté du sang» *(limpieza de sangre)*, cette exaltation d'un sang «pur de toute macule de sang juif ou maure», apparue dans la péninsule Ibérique dès la fin du XVᵉ siècle et évoquée à l'appui d'une politique d'exclusion des Juifs des institutions civiles et ecclésiastiques dans l'Espagne très catholique des XVIᵉ et XVIIᵉ siècles[3].

À quoi correspond ce qu'Arendt nomme l'«hiatus» entre le XVᵉ et la fin du XVIᵉ siècle, qui séparerait une conception simplement religieuse de la distinction entre Juifs et non-Juifs d'une conception d'origine raciale venue, selon elle, des Juifs eux-mêmes[4]? En effet, elle ne dit rien de la façon dont les Juifs sont alors traités en Europe. Il s'agit pourtant d'une période de recrudescence de l'anti-judaïsme catholique: grande légation du Cusain et promulgation de son décret sur les Juifs *(Judendekret)*[5], expulsion des Juifs de l'Espagne, puis du Portugal – cette dernière expulsion étant narrée de façon pathétique par Montaigne qui en souligne l'«inhumanité[6]».

---

1. H. Arendt, *Les Origines du totalitarisme*, *op. cit.*, p. 180.
2. Voir *infra*, chap. 7, § 29.
3. Voir sur cette question Raphaël Carrasco, Annie Molinié et Béatrice Perez, *La Pureté de sang en Espagne. Du lignage à la «race»*, Paris, Presses de l'Université Paris-Sorbonne, 2011.
4. H. Arendt, *Les Origines du totalitarisme*, *op. cit.*, p. 180.
5. Voir la thèse de référence de Karl-Heinz Zaunmüller, *Nikolaus von Cues und die Juden. Zur Stellung der Juden in der christlichen Gesellschaft um die Mitte des 15. Jahrhunderts in den deutschen Ländern*, thèse, Université de Trèves, 2005, p. 44 *sq.* (http://ubt.opus.hbz-nrw.de/volltexte/2005/348/pdf/diss_zaunmueller.pdf), ainsi que Jocelyne Sfez, *Nicolas de Cues à l'épreuve du politique*, Paris, Beauchesne (à paraître en 2017).
6. Michel de Montaigne, *Essais*, Pierre Villey éd., Paris, PUF, 1978, livre I, chap. XIV, p. 53-54.

En outre, pour la période contemporaine, dissocier radicalement l'antijudaïsme chrétien de l'antisémitisme contemporain comme le fait Arendt ne permet pas de comprendre ce qui est pourtant avéré, à savoir que les Églises chrétiennes allemandes ont massivement soutenu le régime nazi et que nombre de théologiens protestants et catholiques ont abondé dans le sens de l'antisémitisme national-socialiste, certains allant jusqu'à justifier l'extermination[1].

Arendt refuse de voir dans les mouvements antisémites du XIXe siècle une cause du nazisme. Selon elle, «la seule conséquence directe et sans mélange de ces mouvements [...] n'est pas le nazisme mais le sionisme[2]». C'est profondément faux. Le national-socialisme n'aurait pas été ce qu'il a été sans la succession de théoriciens allemands de l'enjuivement de l'Allemagne, depuis Richard Wagner et Houston Chamberlain jusqu'à Alfred Rosenberg et Martin Heidegger lui-même.

Selon Arendt enfin, c'est de l'impérialisme que serait née «l'ambition totalitaire d'une domination absolue[3]». Pourquoi, dans ce cas, avoir consacré un volume entier à l'antisémitisme? La construction d'ensemble du triptyque apparaît de ce fait tortueuse et peu cohérente. Nous sommes confrontés à un jeu d'ombres et de lumières qui peut certes fasciner, mais le récit d'Arendt ne nous donne à lire, en ce qui concerne le premier volume de son triptyque, qu'une histoire largement romancée, tronquée, biaisée. Et, dans la préface de 1967, le seul historien de l'antisémitisme qui trouve grâce à ses yeux est l'historien nazi Walter Frank, auquel elle consacre une note élogieuse[4], ce qui pose à nouveau le problème des sources nationales-socialistes d'Arendt[5].

---

1. R. P. Ericksen parle ainsi, à propos du théologien Gerhard Kittel, d'«une justification délibérée de l'Holocauste nazi» (R. P. Ericksen, *Complicity in the Holocaust*, op. cit., p. 136).
2. H. Arendt, *Les Origines du totalitarisme*, op. cit., p. 185.
3. *Ibid.*
4. *Ibid.*, p. 183.
5. Voir *supra*, chap. 1, § 1.

3.
L'égalité naturelle entre les hommes récusée

> Les hommes sont inégaux en fonction de leur origine naturelle, de leurs organisations différentes et de leur destin historique.
>
> Hannah Arendt, *L'Impérialisme*[1].

Lorsque, après 1945, Hannah Arendt envisage d'écrire un livre sur le national-socialisme, elle commence par reprendre au *Behemoth* de Franz Neumann le concept d'impérialisme racial, et, dans les années 1946-1947, prévoit d'intituler son livre *L'Impérialisme*, puis *L'Impérialisme racial*[2]. La conception du deuxième volume du triptyque de 1951, intitulé *L'Impérialisme*, correspond en ce sens à un moment transitoire de sa rédaction, avant qu'Arendt ne décide de prendre pour terme directeur non plus l'impérialisme, mais le totalitarisme. Pour cette raison, mais aussi à cause de sa composition particulièrement rhapsodique et de l'ambivalence de ses énoncés, ce volume apparaît comme le plus difficile à condenser. Nous allons donc étudier pour eux-

---

1. « *Men are unequal according to their natural origin, their different organization, and fate in history* » (H. Arendt, *The Origins of Totalitarianism*, op. cit., p. 234 ; trad. fr., p. 517).
2. Voir sur ce point les deux textes publiés par Michelle-Irène Brudny de Launay, en annexe à Hannah Arendt, *La Nature du totalitarisme*, Paris, Payot & Rivages, 2006, p. 149-152.

mêmes chacun des cinq chapitres du volume, afin de dégager de l'ensemble une possible thèse directrice.

7. Impérialisme et doctrine raciale

Dans le premier chapitre du volume – mais le cinquième de l'ouvrage –, qui porte sur «l'émancipation politique de la bourgeoisie», l'ambivalence des développements d'Arendt est particulièrement perceptible. Elle évoque ainsi de façon ambiguë Thomas Hobbes, le seul philosophe qui aurait su décrire la nouvelle configuration du pouvoir dans les sociétés bourgeoises modernes. Son évocation de Hobbes peut passer pour une critique et, cependant, elle fait de lui le seul penseur politique lucide de la modernité avant Carl Schmitt, dont elle appréciera, dans *Les Origines du totalitarisme*, les analyses de l'évolution de l'État moderne. Hobbes est en effet présenté comme «le seul grand philosophe que la bourgeoisie puisse revendiquer à juste titre comme exclusivement sien[1]». On remarquera le silence sur Locke, dont le nom n'apparaît jamais dans *Les Origines du totalitarisme*. La théorie politique de Hobbes serait la seule selon laquelle l'État n'est pas fondé sur une loi constitutive mais sur les intérêts individuels. On notera les termes laudatifs employés par Arendt, qui souligne par exemple «la magnificence hors pair de la logique de Hobbes[2]». Par ce terme de «logique», Arendt se réfère à la réduction de la «Raison» à un calcul – une thèse que l'on retrouve chez Heidegger avec sa conception de la raison calculante – ainsi qu'au fait de considérer le libre arbitre individuel comme vide de sens, position que l'on rencontrera sous la plume d'Arendt elle-même à la fin du second volume de *La Vie de l'esprit*[3]. Une fois acceptée cette réduction de l'homme, «être privé de raison, incapable de vérité, sans libre arbitre», à une «fonction dans la société»[4], ne subsistent que la

---

1. H. Arendt, *Les Origines du totalitarisme*, op. cit., p. 390.
2. *Ibid.*
3. Voir H. Arendt, «L'abîme de la liberté et le *novus ordo seclorum*», *La Vie de l'esprit*, Paris, PUF, 2007, p. 516-543.
4. H. Arendt, *Les Origines du totalitarisme*, op. cit., p. 390.

lutte pour le pouvoir interprétée en termes économiques et une conception de l'État dont la raison d'être est le besoin de sécurité. Arendt souligne les limites de cette conception de l'individu qui ne permet pas, selon elle, de fonder un véritable corps politique, du fait de l'instabilité de la République de Hobbes[1]. Mais elle lui fait crédit de ne s'être intéressé qu'à la structure politique et de ne pas avoir eu de considération pour la vérité philosophique. C'est même en cela que consisterait « sa dignité de philosophe[2] » ! Cette dernière affirmation est un bel exemple de ce qu'Édith Fuchs a nommé la « non-philosophie anti-philosophique » de Hannah Arendt[3].

Par ailleurs, Hannah Arendt semble, dans ce premier chapitre, s'appuyer de prime abord sur une analyse socio-économique, d'allure marxiste. C'est la raison sans doute pour laquelle des philosophes d'inspiration communiste, de Domenico Losurdo[4] à Alain Badiou[5] – si opposés soient-ils par ailleurs sur la question Heidegger –, ont manifesté un vif intérêt pour ce volume. L'analyse, ou plutôt la description d'Arendt est en effet conduite en termes de classes. L'impérialisme colonial est conçu comme « la première phase de la domination politique de la bourgeoisie[6] ». Il

---

1. *Ibid.*, p. 391-392.
2. « Ce serait commettre une grave injustice envers Hobbes et sa dignité de philosophe que de considérer son portrait de l'homme comme une tentative de réalisme psychologique ou de vérité philosophique. En fait, Hobbes ne s'intéresse ni à l'un ni à l'autre, son seul et unique souci étant la structure politique elle-même [...] » (*ibid.*, p. 392).
3. Édith Fuchs, *Entre chiens et loups. Dérives politiques dans la pensée allemande du XX*[e] *siècle*, préface de Bernard Bourgeois, Paris, Le Félin, 2011, p. 493-494.
4. Dans un article par ailleurs important, Losurdo concentre sa critique d'Arendt sur la notion de totalitarisme et épargne largement sa peinture de l'impérialisme (Domenico Losurdo, « Pour une critique de la catégorie de totalitarisme », *Actuel Marx*, n° 35 : *L'Espace du capitalisme. Totalitarisme et impérialisme*, 2004/1, p. 115-147).
5. « À mon avis le livre le plus étonnant et le plus actuel d'Hannah Arendt est celui qu'elle consacre à l'impérialisme » (Alain Badiou, « Une prophétie d'Hannah Arendt », in Fred Stein, *Portraits de l'exil, Paris-New York (1933-1942). Dans le sillage d'Hannah Arendt*, texte d'Anne Egger, avec la participation de Barbara Cassin, Françoise Balibar, Alain Badiou, Paris, Musée du Montparnasse/Arcadia, 2011, p. 33).
6. H. Arendt, *Les Origines du totalitarisme, op. cit.*, p. 389.

correspond au moment où la richesse accumulée excède les possibilités d'investissement dans l'État-nation ou dans les nations occidentales (États-Unis, Europe). Arendt emprunte au langage de Marx : « la classe dirigeante détentrice des instruments de production capitalistes s'insurge contre les limitations nationales imposées à son expansion économique », écrit-elle. La bourgeoisie refusant de renoncer au « système capitaliste » dont « la loi implique structurellement une croissance économique constante »[1], elle va imposer l'expansion coloniale comme but de la politique étrangère. C'est donc le moment où cette bourgeoisie ne se limite plus à des activités économiques mais développe des visées politiques, les investissements financiers dans les colonies ayant besoin d'être protégés et soutenus par un pouvoir politique en expansion constante. Arendt parle alors de « l'expansion des instruments de violence de la nation », police et armée[2]. Cette politique va conduire, selon elle, à la destruction des traditions politiques et des institutions des États-nations européens.

Si nous observons de près les développements d'Arendt, nous voyons que ce langage d'allure marxiste véhicule des thèses qui ne le sont pas et que l'on peut même qualifier d'anti-marxistes. En effet, la dynamique d'expansion tout à la fois économique et politique de l'impérialisme européen ne repose pas seulement, selon elle, sur un surcroît de richesses, mais aussi sur cet autre « sous-produit de la production capitaliste », ou, pour reprendre une expression qu'Arendt emploie sans réserve critique, ces « déchets humains »[3] qu'engendre chaque crise économique. L'auteur des *Origines du totalitarisme* parle également à ce propos des « hommes superflus », une expression qui reviendra désormais constamment sous sa plume[4]. On peut certes considérer qu'en évoquant les « déchets humains », les « hommes superflus » ou encore ce qu'elle appelle la « populace » *(the mob)*, Arendt reprend quelque chose de ce que Marx et Engels nommaient le *Lumpenproletariat*. Elle-

---

1. *Ibid.*, p. 373.
2. *Ibid.*, p. 386.
3. *Ibid.*, p. 404.
4. *Ibid.*, p. 406.

même mentionne ce terme, mais pour souligner les limites de la compréhension marxiste du phénomène[1]. C'est que, pour elle, cette « populace » ne subsiste pas en marge de la classe des prolétaires, mais résulte d'un délitement complet de la société de classes :

> Les mises en garde isolées contre le *Lumpenproletariat* et la possibilité de corrompre certaines fractions de la classe ouvrière par les miettes du banquet impérialiste ne conduisirent pas à une meilleure compréhension de la fascination qu'exerçaient les programmes impérialistes sur les hommes de troupe du parti. En termes marxistes, le phénomène nouveau d'une alliance entre les masses et le capital semblait tellement contre nature, si manifestement en désaccord avec la doctrine de la lutte des classes, que les réels dangers de l'ambition impérialiste [...] passèrent totalement inaperçus[2].

De ce fait, Arendt ne réfère pas sa notion de la « populace » à Marx, mais à Oswald Spengler ainsi qu'à Jacob Burckhardt :

> L'émergence de la populace au sein même de l'organisation capitaliste a été observée très tôt par tous les grands historiens du XIXe siècle [...]. Le pessimisme historique, de Burckhardt à Spengler, découle historiquement de ce constat[3].

Dans son chapitre sur « L'État », Spengler distingue la plèbe *(Pöbel)* et les masses *(Masse)*. En regard de la noblesse et de la bourgeoisie, la plèbe est constituée par le *« tiers constitutionnellement reconnu comme unité*[4] ». Elle participe donc d'une société de classes. Les masses, au contraire, correspondent selon lui à « l'informe absolu », au « nouveau nomadisme des villes mondiales », à « un je ne sais quoi de flottant qui est entièrement séparé de ses origines », bref, à « la non-histoire », au « radical néant »[5]. Cette

---

1. *Ibid.*, p. 407.
2. *Ibid.*
3. *Ibid.*, p. 411 (trad. modifiée).
4. Oswald Spengler, *Le Déclin de l'Occident. Esquisse d'une morphologie universelle. Deuxième partie. Perspectives de l'histoire universelle*, trad. de l'allemand par Mohand Tazerout, Paris, Gallimard, 1948, p. 329 (souligné par l'auteur).
5. *Ibid.*, p. 330-331.

terminologie négative de Spengler se révèle très proche de celle de Heidegger. Ce qu'Arendt entend par la « populace » et qu'elle rend dans la version allemande, au chapitre v, par le même terme qu'en anglais, *mob*, correspond ainsi à ce que Spengler nomme les « masses » et non à ce qu'il entend par la « plèbe ». On comprend alors qu'Arendt glisse plus d'une fois du mot « masses » à celui de « populace », sauf, nous le verrons, dans les deux premières sections du chapitre x, où il lui faudra cette fois deux notions suffisamment différenciées pour tenir compte de ce qui distingue foncièrement la structure sociale de chacun des deux régimes, nazi et soviétique[1].

La première des thèses de ce chapitre d'Arendt, et qui, nous l'avons vu, contredit selon elle la « doctrine de la lutte des classes », c'est donc que l'expansion impérialiste est le fruit de « l'alliance entre la populace et le capital »[2]. Le danger principal de cette dynamique nouvelle, c'est la montée en puissance et l'instrumentalisation politique de la doctrine raciale. Cela a pour effet non seulement, avec l'impérialisme colonial, de « diviser l'humanité en races de maîtres et races d'esclaves », mais aussi de susciter des tentatives pour « unifier le peuple en se fondant sur la populace »[3]. C'est cela surtout que souligne Arendt. Pour elle, la bourgeoisie a cru pouvoir utiliser à ses fins expansionnistes la populace que le système capitaliste aurait engendrée, sans voir que « cette populace était parfaitement capable de régler les questions politiques toute seule » et qu'elle irait jusqu'à « liquider la bourgeoisie »[4] en même temps que toutes les autres classes et institutions. La prise de pouvoir de la « populace » ne s'inscrit donc pas dans la transformation des rapports de classes mais dans la destruction de toutes les classes sociales qui caractérise, selon elle, les systèmes totalitaires[5].

---

1. Voir *infra*, chap. 4, § 12.
2. H. Arendt, *Les Origines du totalitarisme, op. cit.*, p. 408 et 411.
3. *Ibid.*
4. *Ibid.*, p. 370.
5. Arendt n'est pas éloignée en cela de Rauschning, pour qui le national-socialisme mène à la « dictature [...] de la plèbe » (Hermann Rauschning, *La Révolution du nihilisme*, trad. de l'allemand par Paul Ravoux et Marcel Stora, Paris, Gallimard, 1940, p. 99).

Dans cette conception, la doctrine raciale, bientôt érigée en « vision du monde[1] » *(Weltanschauung)*, n'est pas perçue comme une cause déterminante pour les fins que poursuit le mouvement national-socialiste, mais comme un instrument forgé pour exciter et canaliser la populace. Si le racisme est bien reconnu comme indissociable du nazisme, il est pour Arendt, comme d'ailleurs pour Hermann Rauschning dont elle subit sans doute ici l'influence, principalement instrumental[2]. L'événement premier n'est pas pour Arendt le racisme ou l'antisémitisme, mais l'impérialisme. Celui-ci ne saurait pourtant expliquer la conception raciste de la « communauté du peuple » *(Volksgemeinschaft)* propre au national-socialisme.

Arendt conclut son chapitre par une condamnation véhémente de la notion de race à laquelle nous ne pouvons que souscrire[3], mais il n'est pas certain qu'elle ait pris toute la mesure du rôle historiquement joué par la vision du monde raciste, qui demande à être reconnue non pas seulement comme un instrument politique de conquête du pouvoir et un moyen cynique de mobiliser les masses, mais bien comme déterminant pour les fins mêmes que se donne le mouvement nazi.

Dans la première partie du chapitre, Arendt procède à une analyse comparée des empires français et anglais, à l'avantage de l'Angleterre. Elle relève par ailleurs, au début de la deuxième partie du chapitre, le rôle des financiers juifs internationaux qui auraient été les pionniers du mouvement pré-impérialiste[4]. Le cas de l'Allemagne et du nazisme n'est évoqué qu'à la fin de la troisième partie du chapitre. Tout d'abord avec la confusion entre la populace et le peuple dans la conception nazie de la *Volksgemeinschaft*, ensuite

---

1. H. Arendt, *Les Origines du totalitarisme*, op. cit., p. 415 ; voir aussi p. 651.
2. Rauschning reconnaît bien que « la genèse idéologique du national-socialisme [...] procède des idées racistes du pangermanisme austro-allemand », mais il estime que « le mouvement révolutionnaire a dépassé ses origines racistes [...] le racisme *(das Völkische)* n'est qu'un décor ». Quant à l'antisémitisme, il « est méthodiquement exploité pour déchaîner les instincts brutaux et destructeurs des masses » (H. Rauschning, *La Révolution du nihilisme*, op. cit., p. 34-35 et 108).
3. H. Arendt, *Les Origines du totalitarisme*, op. cit., p. 414.
4. *Ibid.*, p. 385.

avec le moment où la bourgeoisie allemande aurait jeté le masque et avoué ouvertement ses liens avec la populace[1]. L'Allemagne serait caractérisée par l'essor tardif de la bourgeoisie, accompagné par le développement d'un mouvement ouvrier révolutionnaire qui l'aurait conduite à pactiser avec la populace en lui confiant la défense de ses intérêts. Arendt formule ainsi brièvement une explication socio-économique du nazisme constituée par un curieux mélange de thèses post-marxistes – le nazisme comme produit d'une bourgeoisie aux abois – et de termes repris aux théoriciens conservateurs – la populace ou les masses de Spengler. Elle n'hésite pas en outre à adapter cette grille d'interprétation au cas particulier de la France. Ayant produit une populace peu nombreuse, la bourgeoisie française se serait vue contrainte de « chercher appui au-delà de ses frontières et de s'allier avec l'Allemagne de Hitler[2] ». Interprétation doublement problématique : d'une part, on ne peut pas dire que la bourgeoisie française ait été massivement collaboratrice, et, d'autre part, la collaboration du régime de Vichy avec l'Allemagne nazie n'est pas le fruit d'une alliance internationale libre et volontaire comparable à l'axe Rome-Berlin : elle s'est nouée dans la situation très particulière d'une France militairement vaincue, envahie par une armée d'occupation et séparée en deux zones, une France, pour partie tout d'abord, puis en totalité, occupée par la Wehrmacht et surveillée par la Gestapo.

Au chapitre suivant, qui s'intitule « La pensée raciale avant le racisme », le romantisme politique, central dans « Antisemitismus », sera évoqué assez longuement[3] mais, cette fois, parmi d'autres analyses consacrées à la pensée raciale en France et en Angleterre. Il sera désormais à peine question de l'antisémitisme développé par le romantisme politique, un antisémitisme maintenant réduit par Arendt à un « simple antisémitisme social », ce que contredit jusque dans les termes le concept de romantisme *politique*[4]. La question de l'antisémitisme allemand perd ainsi de

---

1. *Ibid.*, p. 411-412.
2. *Ibid.*, p. 413.
3. *Ibid.*, p. 424-431.
4. *Ibid.*, p. 429.

son relief et laisse place à l'étude plus internationale et diffuse de la pensée raciale avant le racisme. L'accent mis sur la France et sur Gobineau permet de soutenir la thèse selon laquelle le racisme ne serait pas une doctrine nationaliste, mais internationaliste[1]. On trouve pourtant bien chez Hitler une doctrine de la Nation, celle de l'État comme «organisme *völkisch*», donnant naissance à «*l'État germanique de la Nation allemande*»[2]. Et comment ne pas reconnaître, dans l'antisémitisme allemand à l'époque du nazisme, l'importance accordée aux notions de «race germanique» ou encore d'«essence allemande», notamment chez Heidegger[3] ? C'est une thèse plus que discutable qu'Arendt promeut ici, et qui la conduit à affirmer comme une vérité générale la contre-vérité historique selon laquelle les nazis auraient exprimé leur mépris pour le peuple allemand[4]! Cette façon de dissocier radicalement le nationalisme allemand et le national-socialisme est contredite par les continuités que l'on constate entre le pangermanisme et le national-socialisme.

L'idée selon laquelle l'antisémitisme ne serait pas nationaliste, même dans le nazisme, va constituer une des thèses centrales d'Arendt dans l'après-guerre. Cette thèse lui permettra en outre, dès 1946, dans sa double recension intitulée «L'image de l'enfer», de dédouaner politiquement Martin Heidegger de son engagement dans le mouvement nazi en le présentant comme un *old fashioned nationalist*, un nationaliste à l'ancienne[5].

Si l'on examine les références d'Arendt, on s'aperçoit qu'elle renvoie au *Romantisme politique* de Carl Schmitt, cité dans la seconde édition de 1925 – sa bibliothèque contient un exemplaire annoté de sa main –, sans esquisser l'ombre d'une réserve, alors

---

1. Sur cette thèse arendtienne, voir également *infra*, chap. 4, § 13.
2. Adolf Hitler, *Mein Kampf*, Munich, Franz Eher Nachfolger, 1932, p. 361-362 (souligné par Hitler); voir à ce propos E. Faye, *Heidegger, l'introduction du nazisme dans la philosophie, op. cit.*, p. 197.
3. Sur la valorisation heideggérienne de l'essence allemande dans ses cours des années 1930 et dans ses *Cahiers noirs*, voir *infra*, chap. 6, § 27.
4. «Les nazis, en s'installant comme élite de race, ont exprimé ouvertement leur mépris de tous les peuples, y compris le peuple allemand» (*ibid.*, p. 436).
5. Voir *supra*, chap. 1, § 2.

même que la critique schmittienne du romantisme porte l'influence de Charles Maurras[1]. Comme nous l'avons vu, ces développements d'Arendt seront reçus favorablement par un des principaux disciples allemands de Schmitt, Ernst Forsthoff, qui fut aussi un théoricien majeur de l'État *total*[2].

Tout aussi sujet à la critique se révèle l'éloge par Hannah Arendt de *Race et État* d'Eric Voegelin, présenté au début du chapitre comme «le meilleur exposé historique de la notion de race dans l'esprit d'une "histoire des idées"[3]». Il s'agit en effet d'un livre qui s'ouvre sur une évocation positive d'Alfred Rosenberg, et qui s'appuie sur la pensée raciale d'esprit nazi de Kurt Hildebrandt et de Ludwig F. Clauß. Voegelin publie cet ouvrage[4] ainsi que le suivant[5] en 1933 dans l'Allemagne nazie, et il espère de ces deux livres qu'ils l'aideront à obtenir une chaire dans une université allemande, comme on le voit à ses échanges de lettres en 1933-1934 avec les plus radicaux parmi les professeurs d'université nationaux-socialistes, Alfred Baeumler et Ernst Krieck[6].

8. Le sens détourné d'une nouvelle de Joseph Conrad

Le septième chapitre, intitulé «Race et bureaucratie», est sans doute l'un des plus obscurs en ce qui concerne l'argumentation,

---

1. Carl Schmitt renvoie en effet à Charles Maurras, *Romantisme et Révolution*, Paris, Nouvelle Librairie Nationale, 1922, et au critique littéraire qui partage les idées de Maurras sur le romantisme, Pierre Lasserre, *Le Romantisme français*, Paris, 1908 (C. Schmitt, *Politische Romantik, op. cit.*, p. 39).
2. Voir *supra*, chap. 2, § 5.
3. H. Arendt, *Les Origines du totalitarisme, op. cit.*, p. 416.
4. Eric Voegelin, *Rasse und Staat*, Tübingen, J. C. B. Mohr, 1933; *Race et État*, trad. par Sylvie Courtine-Denamy, Paris, Vrin, 2007.
5. E. Voegelin, *Die Rassenidee in der deutschen Geistesgeschichte von Ray bis Carus*, Berlin, Junker und Dünnhaupt, 1933.
6. Sur cet échange de lettres et ce qu'il nous apprend, voir E. Faye, «Eric Voegelins Haltung zum Nationalsozialismus. Überlegungen zum Briefwechsel Krieck-Voegelin (1933-1934)», «*Politisierung der Wissenschaft*». *Jüdische Wissenschaftler und ihre Gegner an der Universität Frankfurt vor und nach 1933*, Moritz Epple, Johannes Fried, Raphael Gross et Janus Gudian éd., Göttingen, Wallstein Verlag, 2015, p. 111-146.

mais aussi l'un de ceux qui ont le mieux contribué au succès de l'ouvrage. C'est en effet dans ce chapitre qu'Arendt manifeste au plus haut point son goût de l'histoire romancée, où capter des atmosphères apparaît plus important que définir des concepts clairs. Arendt s'appuie à sa façon sur les nouvelles de Conrad, les légendes stylisées de Kipling, l'héroïsation de l'agent secret à travers la personne et l'œuvre de T. H. Lawrence, qui représentent selon elle les sources les plus appropriées pour saisir l'esprit de l'impérialisme anglo-saxon. Cependant, les problèmes que nous avons déjà soulevés à propos de Proust, à savoir l'absence d'usage critique des sources littéraires et le détournement de sens des citations, se rencontrent à nouveau. Cette fois, c'est le choix des auteurs qui n'est pas justifié. Ainsi, pourquoi, par exemple, Conrad plutôt que Stevenson ? Certes, Stevenson a fait l'expérience des populations du Pacifique, non de l'Afrique, mais la comparaison entre Stevenson et Conrad aurait eu le mérite d'aider à prendre la mesure de la part déterminante de la conscience et de la sensibilité de l'écrivain dans son récit. Arendt se contente d'affirmer que la nouvelle « Au cœur des ténèbres » de Joseph Conrad est « l'ouvrage le plus éclairant sur la véritable expérience de la race en Afrique[1] ». Mais si elle cite la page sans doute la plus forte de la nouvelle, elle ne le fait que de façon très incomplète et ne retient principalement de Conrad que le sentiment d'horreur devant les populations africaines, ce qui la conduit à parler, à leur propos, d'« êtres humains "naturels" à qui manquait le caractère spécifiquement humain[2] ». Ce n'est pourtant pas dans ce sens que va le propos de Marlow, le narrateur de la nouvelle de Conrad. Arendt cite le passage où Marlow s'écrie :

> [...] les hommes étaient – non, ils n'étaient pas inhumains. Eh bien, voyez-vous, c'était ça le pire – ce doute qu'ils n'étaient pas inhumains. ça vous venait tout doucement. Ils hurlaient, ils bondissaient, et tournoyaient en faisant d'horribles grimaces ; mais ce qui vous faisait frémir, c'était précisément l'idée de leur humanité – semblable à

---

1. H. Arendt, *Les Origines du totalitarisme*, *op. cit.*, p. 451, n.1 (trad. légèrement modifiée).
2. *Ibid.*, p. 461.

la vôtre – la pensée de votre lointaine parenté avec ce tumulte effréné et passionné.

Contrairement à ce que laisse entendre la citation ainsi tronquée et la leçon qu'en tire Arendt, ce frémissement d'horreur n'est pas le dernier mot de Marlow. Il continue en effet en ces termes :

> Affreux. Affreux. Oui, c'était assez affreux ; mais si vous étiez assez viril, vous reconnaissiez en votre for intérieur qu'il y avait en vous rien qu'un soupçon de corde sensible à la terrible franchise de ce bruit, une vague notion qu'il recelait une signification que vous – vous si éloigné de la nuit des premiers âges – pouviez saisir. Et pourquoi pas ? L'esprit de l'homme est capable de tout – parce que tout y est contenu, tout le passé comme tout l'avenir. Qu'y avait-il là-dedans après tout ? De la joie, de la peur, du chagrin, du dévouement, du courage, de la fureur – qui peut le dire ? – mais de la vérité – de la vérité dépouillée de son manteau de temps. Que l'imbécile reste bouche bée, en proie aux frissons – l'homme digne de ce nom sait, et peut continuer de regarder sans ciller. Mais il lui faut être autant homme que les gens de la rive. Il lui faut affronter cette vérité avec sa véritable étoffe à lui – avec sa propre force innée[1].

Ce que nous dit Marlow est très différent de ce qu'Arendt en a retenu. Il est loin de dénier comme elle le fait « le caractère spécifiquement humain, la réalité spécifiquement humaine » aux « êtres humains "naturels" », pour parler comme Arendt, aux « gens de la rive », pour reprendre les mots mêmes de Conrad. Ce dernier montre au contraire que toute la difficulté revient à « être autant homme que les gens de la rive ». Il existe comme un surcroît d'humanité chez ces « gens de la rive », que l'Européen doit s'efforcer d'atteindre en puisant au plus profond de lui-même. La solidarité humaine tacite entre Marlow et son homme de barre – un Africain qu'il a formé à la navigation – va dans ce sens.

Arendt, cependant, centre son interprétation sur le personnage de Kurt et néglige celui du narrateur, Marlow. Kurt, intérieurement

---

[1]. Joseph Conrad, *Œuvres*, Paris, Gallimard, « Bibliothèque de la Pléiade », 1985, t. II, p. 92.

trop vide pour dépasser l'horreur et dont l'âme devenue folle finit par conclure qu'«il faut exterminer toutes ces brutes», exprime le naufrage mental et physique d'un homme européen qui certes eut le courage de remonter, dans sa quête de l'ivoire, le fleuve Congo jusqu'aux profondeurs du continent africain alors à peine exploré, de s'enfoncer «au cœur des ténèbres», mais pour s'y perdre. Sans doute Kurt est-il représentatif du destin de beaucoup d'Européens en Afrique, comme le «Directeur», avec sa mesquinerie, l'est également, à sa façon, dans la nouvelle de Conrad. Cependant, Kurt est loin d'incarner la seule relation possible, à cette époque, de l'Europe avec l'Afrique. En témoignent, dans la même nouvelle, non seulement Marlow mais aussi le curieux personnage du «Russe», qui survivront l'un et l'autre à Kurt, l'un pour retourner en Angleterre, l'autre pour s'enfoncer plus avant encore dans l'Afrique, en un voyage que l'on peut supposer sans retour.

Chacun de ces protagonistes représente une nationalité. Les Français se limitent à la maîtrise des côtes, et Conrad de dépeindre la «cocasserie lugubre» du spectacle d'un navire de guerre français tirant des projectiles minuscules sur la brousse. Attirés par les bénéfices de l'or blanc, l'ivoire, les Belges s'aventurent un peu plus avant, sur les rives les plus occidentales du fleuve Congo, et installent l'incurie d'une bureaucratie inefficace et mesquine. Seuls Kurt, au prénom allemand, et le Russe pénètrent au cœur du continent. Et c'est un Anglais, Marlow, qui saura remettre en état le vapeur naufragé et conduire avec l'aide de son homme de barre, un Africain du pays, le Directeur jusqu'à la case d'un Kurt mourant, entouré des monceaux d'ivoire qu'il a amassés. Souligner la nationalité de chaque personnage permet à Joseph Conrad de présenter une apologie discrète de l'esprit anglo-saxon. Quant au portrait de l'Allemand, il apparaît comme ambivalent. Kurt est le seul Européen de la nouvelle avec le Russe à être parvenu à vivre parmi les populations indigènes et à y prendre femme. Cependant, sa case est entourée de pieux sur lesquels sont fichées les têtes séchées et grimaçantes de «rebelles». Surtout, auteur d'un rapport inachevé sur «L'abolition des mœurs sauvages», il en est venu à souhaiter, en conclusion de son texte, l'extermination des populations africaines.

Il y a, chez Conrad, une forme de génie prémonitoire dans sa façon de mettre en scène ce dérapage de l'Allemand dans la folie meurtrière, et cela dans une nouvelle publiée en 1902, deux ans avant le début de l'extermination des Hereros par le général allemand Lothar von Trotha. Ce dernier formulera un *Vernichtungsbefehl*, un ordre officiel autorisant l'extermination du peuple des Hereros[1]. Le journaliste qui, à la fin de la nouvelle, rend visite à Marlow après la mort de Kurt le dépeint comme un homme fait pour la politique, « un superbe entraîneur d'hommes pour un parti extrême[2] », et Marlow fait don au journaliste du fameux rapport, mais après en avoir arraché le *post-scriptum* exterminateur...

Arendt se demande, non sans raison, si le modèle de Kurt ne fut pas l'Allemand Carl Peters, aventurier et colonisateur de terres africaines, qui « voulait faire partie d'une race de maîtres » et dont la mémoire sera récupérée par les nazis, qui en tireront même un film[3]. Arendt a donc perçu quelque chose de la dimension destructrice de Kurt et de ce qu'il représente vraisemblablement dans l'esprit de Conrad, mais elle n'approfondit pas l'analyse et manque l'essentiel de la réalité historique, car elle ne dit mot de la colonisation allemande du Sud-Ouest africain – la future Namibie – et du génocide du peuple des Hereros[4]. La contextualisation historique, le rappel des traits propres à l'action colonisatrice de l'Allemagne en Afrique à la fin du XIXᵉ et dans les premières décennies

---

1. Son « Aufruf an das Volk der Herero » du 2 octobre 1904 a été publié dans Michael Behnen éd., *Quellen zur deutschen Außenpolitik im Zeitalter des Imperialismus 1890-1911*, Darmstadt, Wissenschaftliche Buchgesellschaft, 1977, p. 291 *sq*. Voir également Walter Nuhn, *Sturm über Südwest: der Hereroaufstand von 1904 – ein düsteres Kapitel der deutschen kolonialen Vergangenheit Namibias*, Koblenz, Bernard und Graefe, 1989.
2. J. Conrad, *Œuvres, op. cit.*, t. II, p. 143.
3. H. Arendt, *Les Origines du totalitarisme, op. cit.*, p. 457.
4. Mentionnons à ce propos la thèse sur les Bâtards de Rehobot écrite en 1913 par Eugen Fischer, le futur théoricien nazi de l'hygiène raciale et créateur de l'institut dans lequel sera formé son disciple Mengele, le médecin d'Auschwitz (Eugen Fischer, *Die Rehobother Bastards und das Bastardierungsproblem beim Menschen*, Iéna, Gustav Fischer, 1913). Fischer se révélera politiquement proche de Heidegger à partir des années 1930 et les deux hommes continueront leurs échanges amicaux bien après 1945.

du XXᵉ siècle, tout cela est absent de l'ouvrage d'Arendt, alors que ces éléments sont indispensables à la compréhension des signes annonciateurs, dans l'entreprise coloniale allemande, de la montée du national-socialisme[1].

Par ailleurs, la façon dont Arendt compare entre eux les Boers et les Juifs, les deux peuples se considérant chacun comme « le peuple élu », mérite d'être critiquée tant le destin historique des deux peuples est différent[2]. Elle tire en outre de ce rapprochement une thèse fausse, à savoir que « le déracinement caractérise toutes les organisations de race », de sorte que l'on pourrait lier le racisme au « déracinement général »[3]. Tout au contraire, en effet, les mouvements *völkisch* et nazi, avec leur apologie du sang et du sol, cultivent le thème de l'enracinement du peuple dans un sol nourricier. Ernst Jünger lui-même, si prisé d'Arendt, se réfère à « la terre maternelle du peuple comme le support d'une nouvelle race » dans un passage trop rarement cité de la conclusion du *Travailleur*[4].

Si Arendt remarque à juste titre que « les possessions coloniales africaines offraient le sol le plus fertile à l'épanouissement de ce qui allait plus tard devenir l'élite nazie[5] », ce point fondamental au

---

1. Voir sur ce sujet Isabel V. Hull, *Absolute Destruction: Military Culture and the Practices of War in Imperial Germany*, Ithaca, Cornell University Press, 2004. L'auteur propose une étude très complète des pratiques militaires de l'Allemagne impériale et de leurs implications exterminatrices et génocidaires. Influencée peut-être par la lecture d'Arendt qu'elle cite à ce propos pour sa conception de la violence définie par le fait que les moyens prennent le pas sur les fins (p. 324 et 327), elle n'approfondit pas la dimension proprement idéologique des actions menées, et considère cette dimension idéologique comme moins causale que participant d'une rationalisation *a posteriori* des destructions accomplies (p. 330). Elle a bien perçu cependant que ce qui est peut-être séparable avant 1920 ne l'est plus avec le mouvement nazi. Voici en effet ce qu'elle écrit : « *Racist and social Darwinist ideologies, on the one hand, and imperial and modern warfare practices, on the other, reinforced each other, and ultimately they coalesced in National Socialism* » (p. 331-332).
2. H. Arendt, *Les Origines du totalitarisme*, op. cit., p. 464-465.
3. *Ibid.*, p. 466-467.
4. « *[...] der Mutterboden des Volkes als der Träger einer neuen Rasse* » (Ernst Jünger, *Der Arbeiter. Herrschaft und Gestalt*, Hambourg, Hanseatische Verlagsanstalt, 1932, p. 292 ; *Le Travailleur*, traduit et présenté par Julien Hervier, Paris, Christian Bourgois éditeur, 1994, p. 361 – trad. modifiée).
5. H. Arendt, *Les Origines du totalitarisme*, op. cit., p. 480.

regard du sujet de son livre n'est évoqué qu'en passant. Comme nous l'avons vu, la question n'est pas directement traitée. Arendt se réfère bien à des auteurs nazis comme Paul Ritter, fonctionnaire de la NSDAP, actif dans la politique coloniale du parti nazi, ou comme le sociologue nazi Ernst Schultze, mais elle utilise leurs écrits comme des sources historiques fiables[1], ainsi qu'elle l'avait fait pour Walter Frank à propos de l'antisémitisme, au lieu de considérer ces textes comme constituant eux-mêmes des objets d'étude pour le thème qu'elle traite et destinés, comme tels, à subir une analyse critique.

9. Sur le pangermanisme

Quittant l'Afrique pour l'Europe, le huitième chapitre, qui porte sur l'impérialisme continental et ses mouvements annexionnistes, apparaît comme l'un des plus denses et des plus persuasifs de l'ouvrage, du moins à la première lecture. Arendt évoque les mouvements pangermanique et panslaviste et les présente comme préparant la montée des mouvements totalitaires. Le panslavisme est particulièrement documenté. Selon la thèse directrice de l'auteur, parce qu'ils cherchent à réunir des populations ethniquement homogènes par-delà les frontières reconnues aux États-nations existants, les mouvements annexionnistes, comme les mouvements totalitaires qu'ils préparent, seraient supra-nationaux

---

1. Paul Ritter, membre de la NSDAP, reporter pour le *Völkischer Beobachter* et chef de la censure au Bureau pour la politique coloniale de la NSDAP, est l'auteur de *Kolonien im deutschen Schrifttum, eine Uebersicht über deutsches koloniales Schrifttum unter Berücksichtigung nur volksdeutscher Autoren*, Berlin, Die Brücke zur Heimat, 1936. Il est cité comme une source dans *Les Origines du totalitarisme* (*op. cit.*, p. 457), sans que le titre complet du livre soit mentionné. Arendt cite par ailleurs Ernst Schultze à trois reprises, pour son article « Die Judenfrage in Südafrika », *Der Weltkampf*, octobre 1938, vol. 15, n° 178 (*ibid.*, p. 474, 477 et 479). Prendre ainsi pour source fiable un article publié par le journal antisémite édité par Alfred Rosenberg, *Der Weltkampf. Monatsschrift für Weltpolitik, völkische Kultur und die Judenfrage aller Länder*, est particulièrement discutable, même du point de vue d'Arendt qui n'a de cesse, comme nous l'avons vu au chapitre 1, d'affirmer que Rosenberg n'aurait été, à la différence de Walter Frank, qu'un « charlatan ».

et opposés aux États. Elle ne voit pas que la visée annexionniste contenue dans la notion d'Empire *(Reich)* ne s'oppose nullement à la promotion nazie de l'État total. Un nouveau nationalisme prend corps, qu'elle qualifie de « nationalisme tribal », ou, dans la version allemande, de *völkischer Nationalismus*, et distingue du « nationalisme de l'État-nation »[1]. On trouve dans le détail des analyses intéressantes, notamment sur la littérature russe, ou sur la bureaucratie autrichienne et le parti que Franz Kafka a su en tirer[2]. Mais plusieurs thèses d'Arendt, affirmées sans être argumentées, sont pour le moins critiquables. Elle soutient par exemple que les mouvements annexionnistes, comme le pangermanisme, étaient composés de « hordes complètement déracinées[3] », ce qui ne correspond pas au rôle joué entre autres par les corporations d'étudiants nationalistes et pangermanistes – les *Burschenschaften* –, si actifs non seulement en Allemagne[4] mais aussi en Autriche dans la préparation de l'*Anschluss*[5]. Et lorsque Arendt laisse à penser que les mouvements pangermaniste et panslaviste seraient nés *ex nihilo*, dans l'esprit des hordes déracinées, elle ne tient pas suffisamment compte de l'existence d'un programme idéologique, inséparable de la politique menée par le Reich allemand et l'Empire russe. Arendt remarque pourtant plus haut, dans ce même chapitre, qu'à partir des années 1880, faute d'expansion coloniale suffisante, les mouvements pangermaniste et panslaviste ont revendiqué le droit à l'expansion continentale. C'est, dit-elle, la puissance terrestre et continentale qui s'affirme contre la puissance maritime, à savoir l'Empire anglais[6] : un thème développé avant elle dans le *Nomos de la terre* de Carl Schmitt, paru quatre mois avant *Les Origines du totalitarisme*[7].

---

1. *Ibid.*, p. 510.
2. *Ibid.*, p. 532.
3. *Ibid.*, p. 527.
4. Voir Helma Brunck, *Die Deutsche Burschenschaft in der Weimarer Republik und im Nationalsozialismus*, Munich, Universitas, 1999.
5. Bien des criminels nazis autrichiens seront issus du rang des *Burschenschaften*, par exemple Ernst Kaltenbrunner, actif dans la *Burschenschaft Arminia*.
6. H. Arendt, *Les Origines du totalitarisme, op. cit.*, p. 502.
7. C. Schmitt, *Der Nomos der Erde im Völkerrecht des Jus Publicum Europaeum*, Cologne, Greven Verlag, 1950. Hannah Arendt a fait l'acquisition du livre de

On peut cependant formuler deux objections à la thèse arendtienne d'un redéploiement continental de l'impérialisme colonial dans le pangermanisme continental. D'une part, le Reich allemand n'a nullement renoncé à l'expansion coloniale. Au contraire, le IIe Reich a bel et bien constitué progressivement, après l'unification de 1871, un empire colonial allemand qui comprend notamment en Afrique, de la fin du XIXe siècle à la Première Guerre mondiale, les territoires du Sud-Ouest africain – l'actuelle Namibie –, du futur Cameroun, du Togo et du Ruanda-Urundi. C'est la défaite de 1918 qui porte un coup d'arrêt à cet empire colonial allemand que les nationaux-socialistes tenteront de reconstituer dans les années 1930 avant de se heurter à la suprématie de la flotte britannique au début de la Seconde Guerre mondiale. D'autre part, l'analogie entre l'impérialisme colonial et le pangermanisme semble problématique, car l'un et l'autre ne reposent pas sur le même principe. Le pangermanisme, en effet, répond avant tout à la volonté *völkisch* de réunir en un même empire, des Sudètes à l'Alsace-Lorraine et à Danzig, toutes les populations d'origine allemande ou supposées telles, les *Staatsfremde*, selon la définition retenue par Arendt : « population d'origine germanique qui se trouvait vivre sous l'autorité d'un autre pays[1] ». Ces mouvements *völkisch* sont à l'origine d'une « nouvelle forme de sentiment nationaliste[2] », un « nationalisme tribal » ou plutôt *völkisch* – selon le terme utilisé dans l'édition allemande –, distinct du « vieux patriotisme national ». À cet égard, la façon dont, pour le disculper de son nazisme, Arendt dépeint Martin Heidegger en *old fashioned nationalist* dans son compte rendu paru en 1946 de l'ouvrage de Max Weinreich, *Hitler's Professors*, est profondément fausse[3]. Heidegger, en effet, a

---

Schmitt dans l'édition originale de 1950, amplement soulignée et annotée de sa main, mais jamais cité dans les différentes rééditions des *Origines du totalitarisme* qui incorporent des références postérieures à 1951. Pour les annotations d'Arendt, voir http://www.bard.edu/library/arendt/pdfs/Schmitt-Nomos.pdf

1. H. Arendt, *Les Origines du totalitarisme, op. cit.*, p. 503, n. 10.
2. *Ibid.*, p. 506.
3. H. Arendt, « The Image of Hell », art. cité, p. 197-205, citation p. 202.

fait sien le projet de domination de l'essence germanique qui est au principe du pangermanisme[1].

Enfin, le travail d'Arendt montre ses limites en ce qui concerne le pangermanisme : le pangermanisme proprement allemand et ses sources doctrinales ne sont pas sérieusement étudiés, Arendt se bornant pour l'essentiel à évoquer le pangermanisme autrichien dans sa forme politique, liée à l'activité de son leader Georg Ritter von Schönerer[2]. Elle cite ainsi, dès la première page du chapitre, un mot de Hitler affirmant que c'est à Vienne qu'il a « posé les rudiments d'une conception du monde et d'une forme de réflexion politique [...] qui ne devaient plus jamais [l']abandonner[3] ». Il est par exemple représentatif de ces limites et de ces lacunes que seul le premier des quatre volumes de l'anthologie de textes pangermanistes éditée sous la direction de Charles Andler soit cité dans sa bibliographie[4] et non le quatrième, qui porte sur le pangermanisme philosophique[5]. Mais ce dernier ouvrage va à l'encontre des thèses d'Arendt. Celle-ci soutient, de façon abrupte et sans argumentation, que « le racisme et l'impérialisme, le nationalisme *völkisch* des mouvements expansionnistes n'étaient pas liés aux grandes traditions politiques et philosophiques de l'Occident[6] ». Elle affirmera par ailleurs qu'il serait « entièrement erroné de vouloir expliquer le nazisme [...] à partir de la tradi-

---

1. Sur le projet heideggérien de domination du *germanische Wesen*, voir *infra*, chap. 7, § 27.
2. Voir H. Arendt, *Les Origines du totalitarisme, op. cit.*, p. 509, 514, 516, 521-523, 527.
3. *Ibid.*, p. 501 ; A. Hitler, *Mein Kampf, op. cit.*, p. 129.
4. *Les Origines du pangermanisme, 1800 à 1888*, textes traduits de l'allemand, préface de Charles Andler, Paris, Louis Conard, 1915, cité dans *Les Origines du totalitarisme, op. cit.*, p. 1441 ; Charles Andler a également publié la même année, chez le même éditeur, *Le Pangermanisme continental sous Guillaume II*, puis, en 1916, *Le Pangermanisme colonial sous Guillaume II*, dans la préface duquel il décrit notamment le cynisme d'un Carl Peters.
5. *Le Pangermanisme philosophique (1800 à 1914)*, avec une préface de Charles Andler, Paris, Louis Conard, 1917.
6. H. Arendt, « Project : Totalitarian Elements of Marxism », s.d., catalogué hiver 1952, adressé à la fondation Guggenheim, B.C. ; cité par E. Young-Bruehl, *Hannah Arendt, op. cit.*, p. 359 (trad. modifiée).

tion allemande¹». De fait, Arendt s'abstient de toute confrontation sérieuse avec les écrits de Fichte ou de Hegel, comparable à ce qu'a réalisé l'ouvrage cité sur le pangermanisme philosophique. Elle veut bien admettre une certaine influence de Hegel sur le panslavisme², mais guère sur le pangermanisme, l'auteur de la *Philosophie de l'histoire* n'étant évoqué que pour affirmer qu'il fut rapidement mis «au rancart», ainsi que Schelling, afin de laisser la place à la «science naturelle»³. Cependant, la théorie hégélienne du droit des peuples et de l'État dans ses *Principes de la philosophie du droit*, sa valorisation du Saint Empire romain germanique dans sa philosophie de l'histoire ne seront pas sans influencer non seulement le pangermanisme, comme l'a montré Charles Andler⁴, mais également nombre de juristes et de philosophes de l'histoire qui ont contribué au développement du mouvement nazi, de Karl Larenz à Christoph Steding, et qui se réclameront de Hegel. Cela principalement durant les premières années du national-socialisme, celles où s'est affirmée la doctrine nazie de l'État, comme on peut d'ailleurs le vérifier avec Heidegger lui-même dans son séminaire de 1934-1935 sur la *Philosophie du droit* et la doctrine de l'État de Hegel⁵.

Dans la première partie du huitième chapitre, qui porte sur le nationalisme tribal ou *völkisch*, Arendt esquisse une critique des droits de l'homme, qui sera reprise et amplifiée à la fin du chapitre suivant: en liant la *Déclaration des droits de l'homme* à la revendi-

---

1. Peter Trawny cite cette phrase d'Arendt pour dédouaner la philosophie allemande de toute responsabilité dans le national-socialisme (Peter Trawny, «Ist der Holocaust deutsch?», *Denkbarer Holocaust, Die politische Ethik Hannah Arendts*, Wurtzbourg, Königshausen & Neumann, 2005, p. 169).
2. «[…] le panslavisme russe a été aussi influencé par Hegel que le bolchevisme l'a été par Marx» (H. Arendt, *Les Origines du totalitarisme, op. cit.*, p. 537).
3. *Ibid.*, p. 522.
4. Voir la préface de Charles Andler au *Pangermanisme philosophique, op. cit.*, p. XXIX-XLV, ainsi que les textes de Hegel cités à l'appui p. 35-58.
5. Voir sur ce sujet E. Faye, *Heidegger, l'introduction du nazisme dans la philosophie, op. cit.*, chap. 8. La question de déterminer jusqu'à quel point cet usage de Hegel est excessif et usurpé demanderait une autre recherche. Ce que nous voulons indiquer, c'est qu'il n'est pas pertinent de prendre position, comme le fait Arendt, sur une question aussi sensible sans une étude approfondie.

cation d'une souveraineté nationale, la Révolution française aurait révélé « le conflit secret entre l'État et la Nation[1] ». Cette thèse est loin d'être claire. Si l'exemple français proposé par Arendt recèle un possible conflit, en pratique, entre l'universalité de principe des droits de l'homme et du citoyen et la particularité de la Nation souveraine qui les proclame, cela n'implique pas que cette universalité de principe doive être remise en question. Toujours est-il qu'Arendt énonce à ce propos l'une de ses formules les plus récurrentes : « les droits de l'homme ne furent plus protégés et consolidés qu'en tant que droits nationaux[2] ». Cependant, cet état de fait ne détruit pas la légitimité de principe de ces droits, mais constitue au contraire un argument en faveur de l'institution de juridictions supra-nationales destinées à faire respecter ces droits, telle la Cour européenne des droits de l'homme créée en 1959.

La conception d'Arendt repose sur la récusation de la notion même du droit naturel comme fondant l'égalité de principe entre tous les hommes. Voici ce qu'elle affirme :

> Les hommes sont inégaux en fonction de leur origine naturelle, de leurs organisations différentes et de leur destin historique[3].

Thèse redoutable que celle de l'inégalité tout à la fois naturelle et historique entre les hommes! Confusion que de réinterpréter les différences d'organisations humaines en termes d'inégalités. Ambivalence enfin d'Arendt, qui fait sien, au moins partiellement, ce qu'elle dit critiquer. Car la conviction, non pas seulement de la diversité et de la pluralité, mais bien de l'*inégalité* naturelle entre les hommes, leurs modes de sociabilité et leurs différents destins historiques, est précisément ce qui contribue à rendre possible et à légitimer la vision du monde tribale et *völkisch*. Si Arendt défend « une volonté commune d'instaurer l'humanité[4] », elle détruit

---

1. H. Arendt, *Les Origines du totalitarisme, op. cit.*, p. 512.
2. *Ibid.*
3. *Ibid.*, p. 517. La notion d'« organisations différentes » renvoie aux différences entre les peuples, les communautés, les États.
4. *Ibid.*

néanmoins les principes légitimant cette «volonté commune» en affirmant comme une thèse indiscutable cette inégalité naturelle.

Cette thèse inégalitaire détruit les fondements philosophiques et juridiques de l'universalisme, en ruinant le droit naturel et en confondant en outre le «concept métaphysique» de l'égalité naturelle entre les hommes et ce qu'elle appelle «l'Homme mythique, non identifiable», de la «tradition judéo-chrétienne», conjointement récusés par elle[1]. Le risque de ce rejet et de cet amalgame, c'est que seule demeure légitimée une vision tout à la fois communautariste et, dans ses postulats, inégalitaire, qui contribue précisément à rendre acceptables les conceptions *völkisch* et tribale. On verra ce problème se confirmer dans toute la fin du neuvième chapitre des *Origines du totalitarisme*, où Arendt va survaloriser et rendre incontournable la communauté politique, considérée par elle comme seule créatrice de droit.

10. LES JUIFS RENDUS RESPONSABLES DE LA GENÈSE DE L'ANTISÉMITISME *VÖLKISCH*

Pour Arendt, l'humanité ne concerne pas l'homme individuel considéré comme tel, mais ne prend forme que dans une communauté politique. Il n'y aurait donc d'humanité que fondée dans l'appartenance commune à la même *Gemeinschaft*. Ce qui revient à penser que l'individu n'est pas encore considéré comme un être humain. Il ne devient tel qu'en tant qu'il est reconnu comme membre d'une communauté politique déterminée. On comprend mieux pourquoi elle passe sous silence la *Déclaration universelle des droits de l'homme* promulguée en 1948 par les États membres de l'Organisation des nations unies, alors même que cette *Déclaration* pose comme fondamentaux, à l'article 15, le droit à la nationalité et l'interdiction de priver un être humain de sa nationalité, bref, de produire des apatrides. Arendt esquive de manière révélatrice l'existence même de cette *Déclaration*, qui repose sur l'idée d'une humanité commune par la naissance, *Déclaration* pourtant

---

1. *Ibid.*

promulguée trois années avant qu'elle ne publie *Les Origines du totalitarisme*.

Le fond de la vision arendtienne se confirme lorsqu'on la voit, plus loin, présenter les notions de «genre humain» et de «dignité humaine» comme de «belles notions imaginaires»[1]. Arendt combat ce qu'elle appelle «l'idée d'humanité». Mais elle le fait de façon biaisée, en s'appuyant sur un raisonnement tortueux. Selon elle, cette idée impliquerait que «tous les hommes doivent d'une manière ou d'une autre assumer leurs responsabilités pour tous les crimes commis par les hommes[2]». Une responsabilité partagée impossible à assumer, et qui expliquerait le succès du racisme *völkisch*, qui permet d'«échapper à ce postulat de la responsabilité commune[3]». Bref, Arendt laisse entendre que l'idée d'humanité, en tant qu'elle impliquerait une responsabilité commune insupportable, ferait le lit du racisme *völkisch*. Or, cette argumentation repose sur un sophisme, car si l'idée d'une humanité naturellement commune à tous peut certes fonder des droits universels, elle n'implique pas que tous soient co-responsables du comportement et des visées criminelles de certains, qui dérogent à ces droits universels.

Dans la même page, l'auteur prétend caractériser le racisme *völkisch* par le «refus métaphysique de toute racine». Affirmation récurrente dans *Les Origines du totalitarisme*[4], mais certainement fausse lorsque l'on sait que la vision du monde nationale-socialiste et *völkisch* est au contraire une doctrine de la *Bodenständigkeit*, de l'enracinement et du sol nourricier[5]. Pourquoi une telle contre-vérité, sinon pour rendre moins choquant le fait de placer, «au centre de ces idéologies raciales», «les Juifs», en tant qu'ils représentent la prétention d'un peuple à l'élection divine[6]? Hannah

---

1. *Ibid.*, p. 519.
2. *Ibid.*
3. *Ibid.*
4. Hannah Arendt évoque ainsi «la horde complètement déracinée et imprégnée de doctrines fondées sur la race» (*ibid.*, p. 527).
5. On remarque en outre qu'elle place ici la pensée métaphysique du côté du racisme.
6. *Ibid.*, p. 525.

Arendt admet pourtant que le concept juif d'élection divine n'a rien à voir avec les théories tribales, sans d'ailleurs qu'elle approfondisse ni ne précise en quoi. Pourquoi, dans ce cas, cet amalgame ? C'est que, dit-elle, ces différences importent peu : la « populace », en effet, n'en a que faire[1] ! Une affirmation révélatrice de la façon désinvolte dont Arendt se débarrasse des objections possibles.

On lui objectera pourtant qu'une analyse philosophique et historique rigoureuse n'a justement pas à adopter le point de vue réducteur et confus de cette hypothétique « populace ». Mais Arendt va plus loin encore. Ce n'est pas seulement la populace qu'elle convoque, mais aussi les récriminations contre les Juifs de Voltaire, Renan et Taine allant plus ou moins dans le même sens et dans lesquelles il y aurait, selon elle, « bien sûr une part de vérité » lorsque ces auteurs affirment que les Juifs auraient introduit dans la civilisation occidentale « une part de fanatisme » et « une part d'orgueil dangereusement proche de sa perversion raciale ». Et il y aurait une « revanche historique », certes amère, mais tout de même « logique » selon elle, dans le fait que le « fanatisme des mouvements annexionnistes a choisi les Juifs pour cible idéologique »[2].

En utilisant à propos de la genèse de l'antisémitisme les expression et terme « part de vérité » et « logique », Arendt n'est pas sans se rapprocher de ce que l'historien révisionniste Ernst Nolte choisira d'appeler le « noyau rationnel » de l'antisémitisme nazi[3]. Il est particulièrement problématique de voir avec quelle constance Arendt impute aux Juifs une responsabilité initiale et décisive dans la genèse de l'antisémitisme contemporain, tandis que jamais

---

1. Arendt écrit en effet : « Peu importait que le concept juif [d'élection divine] n'eût rien à voir avec les théories tribales sur l'origine divine de leur propre peuple. La populace n'avait que faire de ces subtilités d'exactitude historique, et elle n'avait guère idée de la différence entre une mission historique commandant aux Juifs d'assurer l'établissement du genre humain et sa propre « mission » de dominer tous les autres peuples de la terre » (*ibid.*).
2. *Ibid.*, p. 527 (trad. légèrement modifiée).
3. François Furet et Ernst Nolte, *Fascisme et communisme*, Paris, Plon, 1998, p. 75 *sq.*

elle n'examine dans les textes, de façon détaillée et approfondie comme l'ont fait par exemple très tôt Charles Andler, Edmond Vermeil[1] ou Aurel Kolnai, comment l'antisémitisme a pris forme et s'est radicalisé dans les visions du monde pangermaniste, *völkisch* et nationale-socialiste.

En définitive, si opposée qu'elle soit par principe à l'usage de la causalité en histoire, Arendt affirme néanmoins l'existence d'une condition nécessaire et d'un lien causal, accablants pour le peuple juif : « c'est, écrit-elle, *uniquement* parce que ce mythe ancien [de l'élection divine d'un peuple] lié au seul peuple qui eût survécu à l'Antiquité [le peuple juif] avait planté des racines profondes dans la civilisation occidentale », que celui qu'elle appelle d'une périphrase, pour ne pas le nommer, « le leader moderne de la populace », en l'occurrence donc, exemplairement Hitler, a pu reprendre et manipuler à son gré ce « mythe » de l'élection divine[2]. Ainsi, Hannah Arendt rejette l'explication causale *expressis verbis*, mais elle voit en même temps, dans ce qu'elle appelle – sans d'ailleurs chercher à en approfondir la dimension éthique – le « mythe » de l'élection divine du peuple juif, *la* cause de l'hitlérisme. Ces contradictions dans son argumentation, particulièrement entre ce qu'elle proclame et ce qu'elle pratique effectivement, favorisent un constant brouillage qui a beaucoup contribué à la difficulté, pour le lecteur, d'avoir une prise critique sur ses écrits. Or, n'est-ce pas le rôle des philosophes que de dépister la façon sophistique d'argumenter caractéristique des écrits d'Arendt mais trop rarement relevée ?

11. LA RÉCUSATION ARENDTIENNE DES DROITS DE L'HOMME

Le neuvième chapitre, dernier du deuxième volume et qui s'intitule « Le déclin de l'État-nation et la fin des droits de l'homme », comprend dans sa première section les développements sans

---

1. Voir Edmond Vermeil, *Doctrinaires de la révolution allemande 1918-1938*, Paris, Nouvelles éditions latines, 1948.
2. H. Arendt, *Les Origines du totalitarisme, op. cit.*, p. 528 (souligné par nous).

doute les plus célèbres et les plus actuels de Hannah Arendt, en regard des difficultés les plus criantes de nos sociétés. Ils portent sur le sort des apatrides dans l'Europe du XXe siècle. Une question aujourd'hui actualisée par le problème des « sans-papiers » et des réfugiés politiques, qui manifeste la difficulté des rapports entre l'Europe et les habitants venus d'Afrique et du Moyen-Orient, cherchant à trouver refuge et à émigrer vers l'Union européenne. Arendt entend montrer que les camps d'internement sont devenus le substitut de la patrie perdue, et son analyse de la montée en puissance de la police, qui tend à devenir une instance gouvernante, n'est pas sans pertinence[1]. Elle touche à des problèmes également brûlants et actuels lorsqu'elle note, mais sans développer davantage dans ce livre, que la création d'Israël a produit une nouvelle catégorie de réfugiés[2]. Enfin, toute cette section a d'autant plus de poids qu'Arendt sait de quoi elle parle lorsqu'elle évoque les apatrides, elle qui a fait personnellement l'expérience de ce statut si vulnérable, de 1933 à sa naturalisation américaine le 11 décembre 1951[3]. Une expérience qui conduira notamment à son internement par les autorités françaises au camp de Gurs durant trois semaines, en mai-juin 1940, et qui lui aurait été fatale si elle ne s'était pas échappée du camp en tirant parti de la débâcle[4].

Faut-il pour autant accepter sans réserve l'argumentation d'Arendt ? En outre, on ne s'est pas suffisamment demandé ce qui pouvait justifier la place de ce chapitre à la fin du volume sur l'impérialisme, et non dans celui sur les totalitarismes nazi et soviétique. Car les deux principaux problèmes traités dans ce deuxième volume, à savoir le droit des apatrides et la légitimité des droits de l'homme, sont plus directement liés, non pas sans doute en

---

1. *Ibid.*, p. 576 et 583.
2. *Ibid.*, p. 590. Ce thème est repris dans le documentaire israélo-canadien qu'Ada Ushpiz a consacré à l'auteur des *Origines du totalitarisme*, sous le titre : *Vita Activa : The Spirit of Hannah Arendt* (2015). Arendt est ainsi devenue une icône pour les Israéliens critiques de la politique actuelle de l'État d'Israël, bien que, en réalité, la vision arendtienne soit loin d'apporter des solutions à la question des apatrides.
3. Voir à ce propos *ibid.*, l'importante note 51, p. 596.
4. En 1942, après l'invasion de la zone libre, tous les internés juifs de Gurs seront déportés par les autorités allemandes à Auschwitz.

soi mais dans un ouvrage qui a pour objet le totalitarisme, aux conflits intra-européens et à la politique antisémite des nazis qu'au phénomène de l'impérialisme.

Surtout, la défense revendiquée des apatrides et du droit d'asile conduit Arendt, dans la seconde section du chapitre, à une remise en question du principe même des droits de l'homme et à un ralliement aux thèses de Burke, que ce dernier avait conçues contre la Révolution française et sa promotion des droits de l'homme. Arendt procède en effet à une récusation radicale du droit naturel et de la notion de nature humaine[1]. L'humanité ne constitue plus pour elle une « idée régulatrice », mais désormais seulement un « fait », ce qui signifie le rejet de la philosophie morale de Kant.

Arendt ne craint pas de confirmer les « fameux arguments qu'Edmund Burke opposait à la déclaration française des droits de l'homme[2] ». Or, rendre raison à Burke et passer sous silence la philosophie morale de Kant dans une discussion sur la Révolution française et les droits de l'homme, cela ne montre-t-il pas que le kantisme supposé d'Arendt constitue pour une large part, au moins à l'époque de la rédaction des *Origines du totalitarisme*, une légende ? Les commentaires apologétiques d'Arendt pourront ainsi invoquer ce supposé kantisme comme une caution protectrice pour rendre ses thèses plus acceptables.

Sur le fond, le propos d'Arendt eût été plus recevable si elle s'était limitée à rappeler qu'en pratique le fait d'énoncer les droits de l'homme, bref, leur « déclaration », ne suffit pas pour qu'ils soient respectés. Il est en effet certain que des institutions juridiques, une autorité nationale et internationale, voire une Cour pénale internationale, comme c'est aujourd'hui le cas, sont indispensables pour que ces droits soient respectés. Nous retrouvons la complémentarité nécessaire du droit et de l'autorité, ou, en termes pascaliens, de la justice et de la force. Pour autant, de même que le meurtre ne rend pas caduc le droit à la vie, de même c'est un sophisme que de conclure, comme Arendt le fait, du non-respect

---

1. H. Arendt, *Les Origines du totalitarisme, op. cit.*, p. 601.
2. *Ibid.*, p. 602-603.

d'un droit à son caractère non valide. Or, tout le chapitre est construit sur ce sophisme.

Par ailleurs, s'il faut reconnaître que le concept d'humanité, à lui seul, ne dit pas le droit, cela signifie qu'il convient d'en expliciter le contenu. Que cette explicitation soit sujette à discussion et puisse varier n'implique pas que ce concept soit vide ou son contenu arbitraire. Ou bien alors, c'en est fait de toute la philosophie. De fait, la charge d'Arendt contre le concept d'humanité pris comme idée régulatrice est l'exemple même de ce qu'elle entreprend, après Heidegger, lorsqu'elle entend, comme elle le dira dans *La Vie de l'esprit*, démanteler la philosophie avec ses catégories[1]. De l'humanité elle fait un mot vide que l'on peut manier à sa guise et réduire par exemple à la prévalence absolue d'un tout sur ses parties ou d'une majorité sur sa minorité, au point d'accorder à cette majorité le droit de liquider « démocratiquement » sa minorité[2]. Or, l'argument selon lequel le fait de prendre l'humanité comme idée régulatrice pourrait justifier la possible décision d'une majorité de « liquider certaines de ses parties » semble tout aussi mal fondé. C'est qu'Arendt définit l'humanité, à la manière totalitaire, comme un tout qui prévaut sur ses parties, alors que la *Déclaration des droits de l'homme et du citoyen* de 1789 considère au contraire l'humanité « en chacun ». De même, c'est en soi-même et en autrui que la philosophie morale de Kant considère et pose l'humanité comme une fin et non comme un moyen. La dimension individuelle ou personnelle de l'humanité est justement ce qui prévient, dans la *Déclaration des droits de l'homme* comme dans la philosophie de Kant, l'usage dévoyé du concept. Visiblement, Arendt n'entend pas rectifier cet usage mais ruiner le concept même d'humanité et les droits qui s'ensuivent.

Or, la présentation qu'Arendt fait de la *Déclaration des droits de l'homme et du citoyen* de 1789 semble discutable. Il n'est pas exact d'affirmer que « désormais l'Homme [...] serait la source de la loi ». C'est ne pas faire cas du fait que les droits de l'homme et du citoyen sont déclarés par l'Assemblée nationale « en présence et

---

1. H. Arendt, *La Vie de l'esprit*, op. cit., p. 271.
2. H. Arendt, *Les Origines du totalitarisme*, op. cit., p. 602.

sous les auspices de l'Être suprême », donc en référence à un principe transcendant. Plus précisément, ce n'est pas, selon l'article 6 de la *Déclaration*, « l'Homme » avec un grand « H », mais, d'après Rousseau, la « volonté générale » dont la Loi est déclarée l'expression. Toute la complexité de la *Déclaration* de 1789 vient de ce qu'elle est déclaration des droits tout à la fois de l'homme *et* du citoyen. On peut dire en ce sens qu'elle porte tout à la fois sur les droits naturels, qui concernent « les hommes » entendus *au pluriel* (articles 1, 2, début des articles 10 et 11 sur la liberté d'opinion et d'expression), et sur le droit positif – ou la Loi –, tel qu'il est institué par la volonté générale. Les droits de l'homme sont dits « naturels, inaliénables et sacrés », et la volonté générale de la Nation doit donc s'y conformer.

Il n'est pas davantage exact d'affirmer qu'en 1789 « l'homme disparaissait aussitôt pour devenir membre d'un peuple », de sorte que « le peuple, non l'individu, était l'image de l'homme ». Et il est tout à fait faux de parler à ce propos de l'« identification des droits de l'homme aux droits des peuples[1] ». En effet, les droits de l'homme expriment bien des droits individuels : l'article premier mentionne, nous l'avons vu, « les hommes » *au pluriel* et l'article 4 parle de « chaque homme », tandis que pas une seule fois le mot « peuple » n'apparaît dans l'ensemble des dix-sept articles de la *Déclaration* de 1789. Il n'est mentionné que dans le préambule, à propos de l'Assemblée nationale rassemblant les représentants du peuple français.

Certes, Arendt met l'accent sur une difficulté historique : en 1789, seule la Nation était reconnue comme la source de l'autorité légitime. Dans le contexte du temps, celui d'une Europe constituée de monarchies et d'empires dépourvus de constitution, aucune instance internationale, garante du respect des droits de l'homme, n'était facilement envisageable. Mais cette limite historique, susceptible d'être reculée dans l'avenir, n'invalide pas la légitimité des droits naturels reconnus à chaque homme. Le fait qu'un peu plus d'un siècle et demi plus tard, en 1948, une *Déclaration universelle des droits de l'homme* est promulguée et mentionne cette

---

1. *Ibid.*, p. 592.

fois le droit d'asile, atteste cette évolution du droit dans l'histoire. Arendt ne tient aucun compte de ce progrès du droit. La prise en compte de l'évolution du droit international après 1945 manque à ses développements, tant dans la première édition des *Origines du totalitarisme* que dans les versions remaniées et publiées durant la décennie qui a suivi. La *Déclaration* de 1948 est pourtant fondamentale, qui dispose dans son article 14 que «devant la persécution, toute personne a le droit de chercher asile et de bénéficier de l'asile en d'autres pays», d'autant que la Convention de Genève de 1951 traduira cette protection dans le droit international public.

Une autre réserve majeure peut être opposée au propos d'Arendt, concernant le fait de rabattre ce qu'elle nomme la «solution au problème juif imposée par Hitler» sur les «problèmes concernant les minorités et apatrides»[1]. En effet, l'antisémitisme exterminateur de Hitler et des nationaux-socialistes ne saurait se résumer à constituer un cas exemplaire du problème des minorités et des apatrides. Il s'agit, pour reprendre l'expression de Saul Friedländer, d'un «antisémitisme rédempteur[2]», qui se donne un ennemi existentiel à exterminer pour assurer le «salut» de l'essence allemande.

Revenons à la remise en question des droits de l'homme dans la seconde section du chapitre. Arendt y affirme de façon répétée ce qui lui apparaît comme le plus fondamental, à savoir le fait d'appartenir à une communauté. C'est cette appartenance à une communauté déterminée, à une *Gemeinschaft* organisée, qui procure «une place dans le monde[3]». Elle va jusqu'à tirer de la définition aristotélicienne de l'homme animal politique l'affirmation selon laquelle l'homme est «quelqu'un qui par définition vit en communauté[4]» et met l'accent non pas sur la perte de droits tout à la fois spécifiques et individuels comme le droit à l'égalité ou à la liberté, mais sur la seule perte de son appartenance à une communauté. Plus important que le droit à la liberté apparaît pour

---

1. *Ibid.*, p. 590.
2. S. Friedländer, *L'Allemagne nazie et les Juifs. 1. Les Années de persécution (1933-1939)*, *op. cit.*, p. 96.
3. *Ibid.*, p. 599.
4. *Ibid.*, p. 600.

elle le fait d'«avoir une place dans le monde». Ce qu'elle appelle aussi « un droit à avoir des droits et un droit d'appartenir à une certaine catégorie de communauté organisée[1] ». On remarquera que le «et» arendtien ne distingue pas ici deux formes de droit; il est explicatif: le «droit à avoir des droits» signifie la même chose que celui d'«appartenir à une certaine catégorie de communauté organisée». Dans cette perspective, qui réduit donc les droits de l'homme à l'appartenance à une communauté politique déterminée, rien ne garantit plus les droits de l'individu dans cette communauté même. D'un problème qu'elle a bien identifié: comment garantir les droits de ceux qui ne sont plus reconnus comme appartenant à une communauté déterminée, Arendt tire une conception réductrice et mutilée des droits de l'homme rapportés à cette seule appartenance. Par ailleurs, du fait qu'elle pose l'appartenance à une communauté comme ce qui nous humanise[2], elle glisse de façon sophistique de l'appartenance à une communauté déterminée à l'appartenance à ce qu'elle nomme «la communauté des hommes[3]», sans définir davantage cette expression ni préciser le mode de relation qu'elle envisage entre les communautés déterminées et cette communauté des hommes, qui tient désormais lieu de référence à un principe universel. Arendt a en effet écarté l'usage des concepts d'individualité et d'universalité.

En outre, elle n'hésite pas à mettre en question le concept de nature. Elle soutient que la nature comme l'histoire sont des «catégories» caduques pour appréhender l'essence de l'homme. Quant à l'humanité, nous avons vu qu'elle refuse d'y voir une idée régulatrice pour la réduire à un «fait irréfutable». Or, d'un fait on n'a jamais tiré un droit. Réduire l'humanité à un fait, c'est refuser de la considérer comme une source possible du droit.

Partie de ces prémisses réductrices, Arendt, dans la conclusion du chapitre, donne raison à Burke, et assume le fait que les «réflexions» proposées apportent une «confirmation», peut-

---

1. *Ibid.*, p. 599.
2. «Seule la perte de toute structure politique l'exclut [l'homme] de l'humanité» (*ibid.*, p. 600).
3. *Ibid.*, p. 601.

être «ironique, amère et tardive», mais une confirmation tout de même, aux arguments de Burke contre la *Déclaration des droits de l'homme*[1]. Celui-ci, en effet, oppose à l'abstraction supposée des droits de l'homme les «droits des Anglais». Arendt commente cette position en affirmant que, selon Burke, les droits dont nous jouissons naissent du «cœur de la nation». Elle loue la «force pragmatique» ainsi que le «caractère irréfutable» du «concept de Burke [...] à la lumière de nos multiples expériences»[2]. On ne saurait être plus approbateur! Il est donc surprenant de voir par exemple Enzo Traverso laisser entendre qu'Arendt aurait, tout au contraire, combattu la critique par Edmund Burke de «la philosophie des droits de l'homme[3]». Dans une anthologie par ailleurs non dépourvue de qualités, Traverso présente en effet, de façon à l'évidence erronée, Arendt comme attribuant à Burke les mêmes responsabilités supposées que Gobineau et Disraeli dans «l'essor du totalitarisme moderne[4]». Arendt prononce en réalité en plus d'une page l'éloge de Burke et plus d'une fois elle se réclame de sa pensée, y compris dans le texte même, «Idéologie et terreur», que Traverso reprend dans son anthologie[5]. Cette erreur d'appréciation conduit ce dernier à situer *Les Origines du totalitarisme* «clairement dans le champ de l'antitotalitarisme de gauche[6]». Il participe ainsi à la formation d'une légende, celle d'une Arendt penseur progressiste et «de gauche», légende que la réception française, nourrie de contresens analogues, a largement entretenue depuis une vingtaine d'années.

Arendt, de même que Burke, préfère les droits nationaux aux supposés droits naturels «reconnus même aux sauvages», et elle partage sa crainte que des droits naturels «inaliénables» ne fassent que confirmer «le droit du sauvage nu, réduisant [...] les nations civilisées au rang de sauvages»[7]. Nous retrouvons les mêmes posi-

---

1. *Ibid.*, p. 603.
2. *Ibid.*
3. Enzo Traverso, *Le Totalitarisme. Le XXe siècle en débat*, Paris, Seuil, 2001, p. 64.
4. *Ibid.*, p. 64 et p. 602.
5. *Ibid.*, p. 526.
6. *Ibid.*, p. 64.
7. H. Arendt, *Les Origines du totalitarisme, op. cit.*, p. 604.

tions et les mêmes craintes que celles exprimées dans son interprétation de la nouvelle de Joseph Conrad étudiée précédemment. Arendt, en effet, ne situe pas l'humanité dans ce qu'elle nomme « la nudité abstraite d'un être humain[1] », mais dans l'appartenance à une communauté politique organisée qui fonde selon elle un monde commun. Pour elle, les « tribus sauvages » vivent et meurent « sans avoir contribué d'aucune manière à un monde commun »[2]. Ces tribus africaines ne connaîtraient-elles donc nulle forme de vie commune ? Par ces affirmations, Arendt n'est pas loin de rejoindre ce que Heidegger enseignait dans son cours du semestre d'été 1934 à propos des « groupes d'hommes » – « Nègres, Cafres » – dits par lui « sans histoire »[3].

Il nous faut donc regarder attentivement en quels termes Arendt parle de ces « tribus sauvages » : ces « gens sans-droits, dit-elle, apparaissent comme les premiers signes d'une possible régression par rapport à la civilisation[4] ». Or, historiquement, ce sont justement le refus de considérer ces hommes comme des « sans-droits » et le fait de déclarer que tous naissent libres et égaux en droits qui ont permis l'abolition de l'esclavage dans les colonies. La force d'émancipation contenue dans la *Déclaration* de 1789 est méconnue par Arendt, sans doute parce que l'esclavage ne constitue pas pour elle un problème, ce que nous confirmera la lecture de *Condition de l'homme moderne*[5].

De fait, les positions exposées à la fin du chapitre annoncent précisément celles de son ouvrage suivant. Arendt soutient en 1951 l'irrationalité de ce qu'elle nomme l'« existence réduite » de la vie privée et de « tout ce qui nous est mystérieusement accordé à la naissance »[6]. Dans cette conception, l'amitié comme l'amour relèvent du hasard imprévisible et d'une grâce incalculable, et Arendt cite le mot d'Augustin que Heidegger employait dans ses lettres d'amour – autant celles destinées à Arendt que celles

---

1. *Ibid.*, p. 603.
2. *Ibid.*, p. 604.
3. Voir *supra*, chap. 5, § 18.
4. *Ibid.*, p. 604-605.
5. Voir *infra*, chap. 10, § 46-47.
6. H. Arendt, *Les Origines du totalitarisme, op. cit.*, p. 605.

à Elisabeth Blochmann –, *Volo ut sis*, « je veux que tu sois[1] ». Elle s'autorise ensuite des Grecs pour opposer radicalement vie publique et vie privée, tout cela dans le dessein de ruiner la notion d'égalité naturelle entre tous les hommes. Elle oppose en effet entre elles ce qu'elle nomme deux lois, la « loi d'égalité de la sphère publique » et la « loi de différenciation de la sphère privée »[2]. Différences et différenciations sont des termes choisis par Arendt pour exprimer cette fois, de façon moins abrupte que dans ses formulations précédentes, sa thèse de l'inégalité première entre les êtres humains : selon elle « l'égalité [...] n'est pas quelque chose qui nous est donné mais l'aboutissement de l'organisation humaine [...]. Nous ne naissons pas égaux, nous devenons égaux en tant que membres d'un groupe[3] ».

Il se confirme donc bien que, pour Arendt, il n'y a pas d'égalité naturelle entre les hommes. L'égalité résulte à ses yeux d'une décision politique interne à un groupe donné, à une communauté déterminée. L'homme peut construire un monde commun « de concert avec ses égaux *et seulement avec* ses égaux », écrit-elle[4]. Nous sommes confrontés à une conception exclusive et – *Condition de l'homme moderne* nous le confirmera[5] – aristocratique de l'égalité politique, réservée uniquement à quelques-uns et non pas destinée à tous. En outre, ne peut-on pas aller jusqu'à considérer également cette vision d'Arendt comme potentiellement raciste, lorsqu'on la voit considérer les populations africaines comme n'ayant contribué « d'aucune manière » à un « monde commun » ?

---

1. Les conceptions arendtienne et heideggérienne de l'amour ont été confrontées l'une à l'autre par Tatjana Noemi Tömmel, *Wille und Passion – Der Liebesbegriff bei Heidegger und Arendt*, Berlin, Suhrkamp, 2013.
2. Rappelons à ce propos qu'Arendt place l'éducation du côté de la sphère familiale et privée, ce qui la conduit à s'opposer au mouvement pour les droits civiques, qui militait aux États-Unis dans les années 1960 pour l'intégration dans les écoles jusqu'alors réservées aux « Blancs » des enfants nés de parents d'origine africaine (voir à ce propos *infra*, chap. 11, § 50).
3. *Ibid.*, p. 605.
4. *Ibid.* (souligné par nous).
5. Voir *infra*, chap. 10, § 46.

À cette égalité politique sélective et choisie, Arendt oppose « l'arrière-plan obscur du strictement donné », caractérisé par « son impitoyable différence », et qui vient, dit-elle, nous rappeler « les limites de l'égalité humaine ». Quant au développement qui suit, il est particulièrement ambigu. Arendt n'est pas loin de confondre l'exigence de l'égalité dans les États-nations modernes et ce qu'elle nomme l'« homogénéité ethnique[1] ». Si « les communautés politiques vraiment développées », telles que les États-nations modernes, se montrent « si attentives au problème de l'homogénéité ethnique, c'est, estime-t-elle, que ces nations espèrent éliminer, aussi complètement que possible, ces différences et différenciations omniprésentes »[2]. Cette affirmation est en elle-même particulièrement discutable. Dans une société représentative des États-nations européens comme la France, par exemple, l'égalité, conçue comme égalité de tous devant la loi, n'est nullement identifiée à l'homogénéité ethnique. C'est dans l'Allemagne nationale-socialiste que s'est effectué le glissement redoutable de la notion d'égalité à celle d'homogénéité ethnique ou, dans les termes allemands de Carl Schmitt, de la *Gleichartigkeit* à l'*Artgleichheit*. En ne différenciant pas nettement la notion d'égalité devant la loi, qui prévaut dans un État-nation démocratique comme la République française, et la volonté d'homogénéité raciale, qui est exigée dans la conception de l'État total élaborée en Allemagne au début des années 1930 par un Carl Schmitt et reprise par son disciple Ernst Forsthoff, Arendt se croit autorisée à confondre ce qu'elle nomme la « loi d'égalité » de la vie publique et l'élimination de « l'arrière-plan obscur de la différence ». Bref, elle charge la notion d'égalité de tous les maux parce qu'elle tend à la confondre avec la notion raciste d'homogénéité ethnique. C'est une façon également de rendre injustement responsable l'exigence d'égalité des nations modernes et démocratiques de la radicalisation *völkisch* du totalitarisme national-socialiste, qui procède en réalité d'une tout autre vision.

---

1. Arendt parle dans la version allemande d'« *ethnische Gleichförmigkeit* » (H. Arendt, *Elemente und Ursprünge totaler Herrschaft*, op. cit., p. 623).
2. H. Arendt, *Les Origines du totalitarisme*, op. cit., p. 606.

Arendt fait le postulat que lorsqu'elle n'est pas partie prenante d'un monde commun, bref, d'une communauté politique déterminée, une individualité fait partie des sans-droits et « perd toute signification[1] ». Elle évoque en ce sens, en conclusion du chapitre, le « danger » qui menacerait notre vie politique et qui, pour notre civilisation, serait plus « mortel » encore que celui des « gouvernements totalitaires », à savoir celui du nombre croissant d'individualités sans monde commun que produiraient nos sociétés globalisées, bref, de ceux qu'elle nomme ailleurs les « hommes superflus[2] ». Nous retrouvons le rejet des sociétés dites de masse que l'on pouvait déjà rencontrer sous la plume de Spengler ou même de Jaspers. Cependant, comme cela nous sera confirmé par la lecture de *Condition de l'homme moderne*[3], la conception sélective de la communauté et de l'égalité politique qu'elle défend produit inévitablement une masse croissante d'individualités sans droits et d'hommes dits superflus. Loin de constituer un remède, la vision politique d'Arendt, parce qu'elle conteste le principe de l'égalité naturelle entre les hommes, ne fait qu'augmenter le mal qu'elle a identifié.

---

1. *Ibid.*, p. 607.
2. Voir le volume sur *L'Impérialisme* (*ibid.*, p. 404-406), qui parle aussi à ce propos de « déchets humains »…
3. Voir *infra*, chap. 10, § 43.

4.

Disculpation des élites intellectuelles du nazisme et « troublante pertinence » des régimes totalitaires

> [...] il faut être juste envers les membres de l'élite qui [...] se sont laissé séduire par les mouvements totalitaires [...] : ce que ces désespérés du xxᵉ siècle ont fait ou non n'eut absolument aucune influence sur le totalitarisme.
>
> Hannah Arendt, *Les Origines du totalitarisme*[1].

12. L'élite intellectuelle du nazisme exonérée de toute responsabilité. Contraste avec les travaux d'Aurel Kolnai

Le troisième volume des *Origines du totalitarisme*, qui a pour titre *Le Totalitarisme*, comprenait à l'origine quatre chapitres dont le dernier, intitulé « En guise de conclusion », fut supprimé dans l'édition allemande de 1955 et la réédition américaine de 1958[2]. Il fut alors remplacé par un texte fort différent intitulé « Idéologie et terreur : une forme nouvelle de régime[3] ». Si l'on

---

1. H. Arendt, *Les Origines du totalitarisme*, op. cit., p. 654.
2. « Une société sans classe », chap. x (*ibid.*, p. 611-655) ; « Le mouvement totalitaire », chap. xi (*ibid.*, p. 657-717) ; « Le totalitarisme au pouvoir », chap. xii (*ibid.*, p. 723-812) ; « En guise de conclusion », chap. xiii (*ibid.*, p. 860-874).
3. « Idéologie et terreur : une forme nouvelle de régime » (*ibid.*, p. 813-838), est lui-même repris d'un article publié en 1953, tout d'abord en anglais dans *Partisan*

veut discerner l'intention d'Arendt au moment de la publication du livre, il importe de considérer *Les Origines du totalitarisme* sous la forme où l'ouvrage est paru en 1951, avec sa courte préface écrite en dernier et son chapitre explicitement conclusif[1].

Le dixième chapitre – premier du troisième volume –, qui s'intitule «Une société sans classes», développe le rôle déterminant, dans les mouvements et régimes totalitaires, des «hommes superflus» dont il a tant été question dans le volume sur *L'Impérialisme*. Arendt fait appel, dans ce chapitre, à deux termes différents: les masses et la populace, *masses and mob*. Or, elle n'a pas toujours distingué nettement les deux. Ainsi, au chapitre V, elle parlait de la populace à propos des «hommes superflus» engendrés par la «production capitaliste»[2], tandis qu'au chapitre X elle évoque désormais de «vastes masses superflues[3]».

La distinction entre les deux termes est néanmoins précisée dans ce chapitre: les masses seraient issues de l'effondrement de la société de classes, un phénomène qui donne son titre à tout le chapitre[4], tandis que la populace serait un sous-produit de la production capitaliste, caractérisé par le nationalisme tribal ou *völkisch* et le nihilisme révolté[5], ou encore un «sous-produit antérieur du règne de la bourgeoisie[6]». La pègre n'est pas loin[7]. S'il est arrivé

---

review, puis dans une version abrégée, en allemand, dans un volume d'hommages à Karl Jaspers (voir H. Arendt, «Ideologie und Terror», *Offener Horizont. Festschrift für Karl Jaspers*, Munich, Piper, 1953, p. 229-254; *Idéologie et terreur*, introd. et notes de Pierre Bouretz, trad. par Marc de Launay, Paris, Hermann, 2008).

1. L'étude ajoutée sur «Idéologie et terreur» ne sera donc pas abordée dans ce chapitre mais au chapitre 9, § 42, où nous examinerons la façon dont, dans les années 1953-1955, Hannah Arendt va se poser en «politologue» *(political scientist)* et introduire certains des «existentiaux» heideggériens dans le champ des sciences politiques.

2. La «Préface de la première édition» de 1951 n'est pas reprise dans l'édition Bouretz. Il faut donc la lire soit en anglais (H. Arendt, *The Origins of Totalitarianism*, *op. cit.*, p. VII-IX), soit dans l'unique traduction française existante (Michelle-Irène Brudny, «Introduction aux Origines du totalitarisme par Hannah Arendt», *Magazine littéraire*, n° 410, juin 2002, p. 91-92; http://www.magazine-litteraire.com/mensuel/410/introduction-aux-origines-du-totalitarisme-hannah-arendt-01-06-2002-21585).

3. H. Arendt, *Les Origines du totalitarisme*, *op. cit.*, p. 618.
4. *Ibid.*, p. 622; voir aussi p. 624.
5. *Ibid.*, p. 626.
6. *Ibid.*, p. 638.
7. *Ibid.*, p. 646.

qu'Arendt passe d'un terme à l'autre dans d'autres textes, ils sont le plus souvent distingués dans le chapitre x, au point que l'unité du chapitre peut être remise en question, tout comme la thèse arendtienne d'une identité de structure entre les totalitarismes soviétique et nazi. En effet, le terme de « totalitarisme » n'apparaît pas aussi unificateur qu'elle l'affirme, puisqu'il lui faut deux mots différents pour décrire respectivement le totalitarisme nazi et le totalitarisme soviétique. De fait, la dualité masses/populace permet à Arendt d'adapter sa description, d'un côté à la société soviétique dans la première section du chapitre intitulé « Les masses », de l'autre à la prise du pouvoir du mouvement national-socialiste, dans la seconde section qui a pour titre « L'alliance provisoire entre la populace et l'élite ».

Pour décrire « l'atomisation de masse de la société[1] », Arendt prend pour exemple la société soviétique qui revendique, avec la fin du capitalisme, la disparition des classes sociales. Dans l'Allemagne nationale-socialiste au contraire, la société de classes n'a nullement disparu, même si le nazisme met l'accent sur le caractère organique du peuple, donc sur son absence d'opposition de classes. Le syndicat unique des patrons et ouvriers ou « Front allemand du travail » *(Deutsche Arbeitsfront)* et l'association « Force par la joie » *(Kraft durch Freude)* allaient bien vers une homogénéisation de la communauté du peuple mais, en même temps, la structure hiérarchique du « guide » *(Führer)* et de sa « suite » *(Gefolgschaft)* était transposée dans les entreprises, et la structure capitaliste de la société était conservée. En ce sens, la seconde section du chapitre, qui traite presque exclusivement du national-socialisme quand la précédente portait sur la société soviétique, ne correspond pas au titre général, « Une société sans classes », puisque l'Allemagne nazie à proprement parler n'est pas telle. Arendt doit en effet tenir compte de l'existence d'une forme d'aristocratie dans la « communauté du peuple », et, selon ses termes, de nazis « de haute volée ». D'où l'importance de la deuxième section du chapitre, qui porte sur l'alliance entre élite et populace[2]. Cette alliance est jugée « pro-

---

1. *Ibid.*, p. 633.
2. *Ibid.*, p. 637-654.

visoire » par Arendt, et son propos culmine dans la disculpation totale de l'élite cultivée. C'est l'exemple de Carl Schmitt qui est alors choisi, pour exonérer ce dernier de toute responsabilité[1].

Selon Arendt, l'alliance de l'élite et de la populace aurait caractérisé la phase de conquête du pouvoir par le mouvement national-socialiste. Une fois ce pouvoir consolidé, ce sont, suivant ses termes, « les masses de philistins bien organisés », exemplairement représentés par Himmler, qui vont mouvoir « les impitoyables machines de domination et d'extermination » et donner à leurs crimes soigneusement organisés « l'apparence de besogne de routine »[2].

Pourtant, l'alliance entre l'élite et la populace ne s'est pas montrée aussi provisoire que l'affirme Arendt. Schmitt, par exemple, qui appartient sans conteste à l'« élite » des juristes nazis, n'est pas mis de côté après 1936 même s'il doit renoncer à certaines de ses positions officielles. Il conserve jusqu'à la défaite du IIIe Reich son statut de conseiller d'État et compte ainsi jusqu'au bout parmi les protégés de Goering. Or, l'autorité et l'importance politique et militaire de ce dernier se renforcent à partir de 1936, lorsqu'il se voit confier la direction de la politique de réarmement du Reich. Quant à la nouvelle doctrine schmittienne, celle du « grand espace », ou *Grossraum*, qu'Arendt a précisément étudiée dans la réédition de 1941 de l'ouvrage de Schmitt, *Le Droit des peuples selon l'ordre du grand espace avec l'interdiction d'intervenir pour les puissances étrangères à cet espace*[3], elle forme des concepts comme celui de « grand espace » continental, qui aideront à légitimer la guerre de conquête et d'extermination qui va se développer à partir de cette date dans l'est de l'Europe.

Plus généralement, avec sa longue note additionnelle où se trouve évoqué de façon polémique le livre de Max Weinreich

---

1. *Ibid.*, p. 654-655.
2. *Ibid.*, p. 652-653. Ces affirmations préfigurent, plus d'une décennie à l'avance, les descriptions ultérieures de Hannah Arendt concernant Eichmann et ce qu'elle nommera, à son propos, la « banalité du mal ».
3. C. Schmitt, *Völkerrechtliche Grossraumordnung mit Interventionsverbot für raumfremde Mächte. Ein Beitrag zum Reichsbegriff im Völkerrecht*, Berlin, Vienne et Leipzig, Deutsche Rechtsverlag, 1941 (1re éd. 1939). Nous avons traduit littéralement le titre. L'ouvrage sera notamment réédité par Günter Maschke (théoricien en Allemagne de la « nouvelle droite » et fervent schmittien), puis publié en France aux éditions Krisis.

sur *Les Professeurs de Hitler* –, déjà critiqué dans la recension de 1946 intitulée «L'image de l'enfer» –, la conclusion du chapitre présente une des thèses les plus discutables concernant l'interprétation par Arendt du national-socialisme. Celle-ci, comme nous l'avons dit, travaille à disculper l'élite supposée du nazisme, constituée d'hommes comme le juriste Carl Schmitt ou l'historien Walter Frank. Non seulement ces esprits n'auraient pas inspiré le totalitarisme nazi, mais ils n'auraient eu sur lui aucun effet. Il vaut la peine de donner la citation complète :

> [...] il faut être juste envers les membres de l'élite qui, à un moment ou à un autre, se sont laissé séduire par les mouvements totalitaires, et qui, à cause de leurs capacités intellectuelles, sont même accusés quelquefois d'avoir inspiré le totalitarisme : ce que ces désespérés du XXe siècle ont fait ou non n'eut absolument aucune influence sur le totalitarisme[1].

On notera que, pour Arendt, si Schmitt ou Frank ont pu adhérer au national-socialisme, ce ne peut pas être par enthousiasme mais par désespoir, ce qui est une façon de les excuser en les présentant comme les victimes d'une situation historique sans issue. Plusieurs années avant la publication des *Origines du totalitarisme*, Arendt a thématisé ce désespoir en termes tout heideggériens dans son essai de 1946 sur la philosophie de l'existence, où elle évoque «l'absence de patrie *(Heimatlosigkeit)* de l'homme moderne[2]».

Dans une longue note additionnelle, Hannah Arendt va jusqu'à situer Carl Schmitt et Walter Frank, qu'elle présente pourtant comme des «nazis convaincus», dans la catégorie des «hommes de grande valeur»[3]. On la voit ainsi louer chez Schmitt ses «ingénieuses théories sur la fin de la démocratie et du gouvernement légal» qui, selon elle, «se lisent encore avec profit»[4].

---

1. H. Arendt, *Les Origines du totalitarisme*, op. cit., p. 654.
2. Voir *infra*, chap. 8, § 37.
3. H. Arendt, *Les Origines du totalitarisme*, op. cit., p. 655, n. 66.
4. Le texte allemand diffère ici sensiblement du texte américain traduit en français. Voir respectivement *ibid.*, p. 655 et H. Arendt, *Elemente und Ursprünge totaler Herrschaft*, op. cit., p. 724. Dans l'édition allemande, Arendt supprime par exemple sa critique de Weinreich, ajoute parmi les nazis convaincus les noms de Theodor

De fait, l'un des pires ouvrages de Schmitt, et qui faillit lui valoir d'être inculpé à Nuremberg, *Staat, Bewegung, Volk*, se trouve cité à plusieurs reprises dans *Les Origines du totalitarisme* comme une source fiable pour disserter sur l'histoire de l'État moderne et le déclin de l'État-nation au XIXe siècle[1]. C'est pourtant dans ce livre que Schmitt propose que les SA n'aient plus aucune responsabilité pénale dans les exactions qu'ils commettent, ce qui signifiait la fin de tout *habeas corpus* et la négation du droit à l'existence juridique des victimes, au moment où s'ouvraient partout sur le territoire allemand des camps de concentration contrôlés par les SA.

Énoncée peu avant la note élogieuse qui vient d'être évoquée sur Schmitt et Frank, la thèse d'Arendt visant à disculper les élites intellectuelles du nazisme apparaît profondément fausse. Celle-ci conçoit le totalitarisme en général, et le national-socialisme en particulier, comme un mouvement plébéien composé de déclassés manipulés par une pseudo-élite mafieuse. Elle traite de groupes sociaux essentialisés désignés par des termes variés : les bas-fonds, la plèbe, les déclassés, la pègre, l'élite, mais elle ne prend pas comme objet d'étude critique les écrits des « penseurs » nazis. Or, cette lacune ne peut que fausser notre compréhension du mouvement nazi qui a exercé son action pour une très grande part à travers des écrits. À cet égard, le livre d'Arendt semble remarquablement lacunaire et insuffisant en regard des travaux pionniers d'Edmond Vermeil, Aurel Kolnai ou Max Weinreich sur les « penseurs » du nazisme et leur influence. Nous avons montré que sa description du mouvement totalitaire comme une dynamique nihiliste de prise du pouvoir sans aucun but politique réel est largement reprise à l'ouvrage brillant mais discutable d'Hermann Rauschning, lui-même ancien national-socialiste, membre de la NSDAP de 1932 à 1935 et président du sénat de Danzig, qui va rompre avec Hitler et publier en 1938, en exil, *La Révolution du nihilisme*. Rauschning décrit en effet, exactement comme le fera

---

Maunz et Werner Best, et précise son éloge de Schmitt prisé comme théoricien non seulement du droit constitutionnel, mais aussi du droit des peuples *(Völkerrecht)*. Cela montre l'estime qu'elle porte à son ouvrage si discutable sur la *Völkerrechtliche Grossraumordnung*.

1. H. Arendt, *Les Origines du totalitarisme, op. cit.*, p. 539, 554, 559.

plus d'une fois Arendt après lui, le mouvement national-socialiste comme un mouvement mafieux, sans autre but que la conquête du pouvoir par la violence[1].

En négligeant d'analyser de façon critique les écrits des auteurs nationaux-socialistes, Arendt manque une dimension intellectuelle et historique fondamentale du nazisme. Car ce n'est pas seulement par ses hordes de SA lâchées dans les rues que le national-socialisme a pu conquérir autant d'esprits en Allemagne et ailleurs. C'est par la pénétration systématique et réfléchie de la vision du monde nationale-socialiste dans tous les champs de la culture et de la vie universitaire, intellectuelle, sociale et spirituelle : non seulement la médecine, le droit, l'histoire, la philosophie, mais aussi la religion, la poésie et l'art. La littérature nationale-socialiste qui se propage et se diffuse avant et après 1933 est considérable, comme on le voit aujourd'hui encore à l'ampleur du fonds d'ouvrages apporté par le IIIe Reich et conservé à la Bibliothèque universitaire de Strasbourg[2]. Parmi cette armée d'auteurs, les « grands noms » pourvus de quelque aura, ceux de Martin Heidegger pour la philosophie, de Carl Schmitt pour le droit, de Gerhard Kittel, Emanuel Hirsch ou Friedrich Gogarten pour la théologie, de Hans Freyer ou Arnold Gehlen pour la sociologie, d'Eugen Fischer pour la biologie et la médecine, portent une responsabilité particulière dans la conquête méthodique des esprits et la légitimation du pire. Leur responsabilité s'accroît en outre considérablement lorsque, dans le cas de Heidegger, Schmitt et Gehlen, leur réputation a survécu à la défaite de 1945, ce qui permet à leur pensée de continuer d'agir sur les esprits.

De façon plus générale, ce qui pose problème dans l'évocation par Arendt du national-socialisme se voit tout à la fois dans ses thèses visant à disculper les « penseurs » du nazisme et dans les lacunes de son propos : absence presque complète de prise en compte de la distinction entre camps de concentration et camps

---

1. Voir *supra*, chap. 3, § 7.
2. Mentionnons également le fonds de littérature nationale-socialiste, toujours incomplètement inventorié dans les réserves de la BDIC à Nanterre, et qui provient principalement de la bibliothèque de l'Institut allemand de Paris dirigé par Karl Epting.

d'extermination, pourtant exposée dès 1945 et dans un ouvrage recensé par elle[1], absence de recherches intellectuelles et historiques sur la montée en puissance du mouvement national-socialiste en Allemagne, sur ses rapports au fascisme italien, et absence d'étude critique approfondie des écrits des théoriciens, universitaires et « penseurs » nationaux-socialistes. Sur ce dernier point, le contraste est saisissant avec le travail critique sur la littérature nazie d'un philosophe comme Aurel Kolnai, dans la somme qu'il publie en exil, en 1938, sous le titre *The War against the West* [« La Guerre contre l'Ouest »] et qui mérite aujourd'hui d'être redécouverte.

Aurel Kolnai est un philosophe hongrois d'origine juive, qui s'est formé à l'Université de Vienne. Il a participé à la création du mouvement psychanalytique avant de s'en éloigner, et s'est rapproché de la phénoménologie de Husserl et – à un certain degré seulement – de la pensée de Max Scheler. Il se retrouve aussi dans l'esprit sarcastique d'un Chesterton dont la lecture a contribué à sa conversion au catholicisme. Ses recherches sur le rôle des sentiments en éthique ont conduit Kolnai à publier, dans les années 1920, trois essais d'une grande originalité sur les sentiments négatifs du dégoût, de la honte et de la haine. L'essai sur le dégoût a influencé la *Nausée* de Sartre, sans que ce dernier reconnaisse jamais sa dette. Georges Bataille également a lu et annoté ce texte[2]. Ces trois essais ont été réédités en 2007 par Axel Honneth chez Suhrkamp[3].

Le Kolnai qui nous intéresse le plus directement pour notre propos est le critique de la pensée nationale-socialiste durant les

---

1. Nous avons vu au premier chapitre comment *Le Livre noir* recensé par Arendt inclut l'essai consacré par Vassili Grossman aux deux camps bien distincts de Treblinka, le camp de travail et le camp de la mort. Arendt a intégré cette distinction puisqu'elle remarque dans une note qu'« il n'y avait pas de camps de la mort en Allemagne proprement dite » (H. Arendt, *Les Origines du totalitarisme*, op. cit., p. 793, n. 141). Mais sa théorisation de la domination totale et des camps qui lui correspondent n'inclut pas cette réalité historiquement nouvelle et fondamentale, qui seule permet de saisir jusqu'où a pu aller la radicalité exterminatrice de la domination nazie.

2. Voir Georges Bataille, *Œuvres complètes*, Paris, Gallimard, 1970, t. II, p. 438-439. La lecture de Kolnai par Bataille est longuement commentée par Claire Margat dans sa préface à l'édition française d'Aurel Kolnai, *Le Dégoût*, trad. de l'allemand par Olivier Cossé, Paris, Agalma, 1997, p. 6 15-20.

3. Aurel Kolnai, *Ekel, Hochmut, Hass : zur Phänomenologie feindlicher Gefühle*, préface d'Axel Honneth, Francfort-sur-le-Main, Suhrkamp, 2007.

années 1930. Esprit alors progressiste et démocrate, il a très tôt compris quelle menace représentait l'arrivée au pouvoir des nationaux-socialistes en Allemagne, particulièrement pour l'avenir de l'Autriche, mais aussi pour les démocraties de l'Ouest. Kolnai a alors conçu le dessein d'un vaste essai consacré à la critique de la pensée nationale-socialiste et destiné à susciter une prise de conscience des démocraties de l'Ouest face à la menace grandissante. Il s'agissait aussi pour lui de se préparer à l'exil. Kolnai quittera Vienne pour Londres dès 1937 et il publiera l'année suivante en anglais, à Londres et à New York, son ouvrage critique, *The War against the West*.

Précisons que plusieurs années avant de composer son livre, Kolnai s'était opposé à la pensée de Schmitt et de Heidegger. Dès 1933, il avait écrit contre Schmitt une longue étude intitulée « Le contenu de la politique[1] » et, en juin 1934, il avait publié, sous un pseudonyme dicté par la prudence, Van Helsing, car les nationaux-socialistes étaient actifs en Autriche, une critique résolue de Heidegger sous le titre : « Heidegger und der Nationalsozialismus[2] ».

À la différence d'Arendt, Kolnai, sans doute averti par la montée du fascisme en Hongrie, qui fut la cause de son exil, a compris dès l'origine que le national-socialisme n'était pas seulement un mouvement de masse animé par une idéologie vague et agissant comme un leurre. Il a saisi qu'il avait face à lui une vision du monde déterminée et qu'il fallait la connaître en profondeur pour la décrire, la critiquer, la combattre et s'efforcer de la neutraliser, en montrant notamment la communauté de vues, sur l'essentiel,

---

1. A. Kolnai, « Der Inhalt der Politik », *Zeitschrift für die gesamte Staatswissenschaft*, 94, 1933, p. 1-33.
2. Dr. Abraham van Helsing [Aurel Kolnai], « Heidegger und der Nationalsozialismus », *Der christliche Ständestaat : Österreichische Wochenhefte*, 1, 28, 17 juin 1934, p. 5-7. Kolnai reprend le pseudonyme d'Abraham van Helsing, qui, dans le Dracula de Bram Stoker, combat le pouvoir spirituel du mal démoniaque (voir à ce propos Francis Dunlop, *The Life and Thought of Aurel Kolnai*, Aldershot, Ashgate, 2002, p. 137). Même si rééditer ces articles importants est une bonne chose, nous demeurons réservé sur la façon dont des lectures conservatrices de Kolnai s'efforcent de récupérer ses essais de critique politique des années 1930 (voir A. Kolnai, *Politics, Values and National Socialism*, Graham McAleer éd., trad. du hongrois et de l'allemand par Francis Dunlop, New Brunswick et Londres, Transaction Publishers, 2013).

entre ses idéologues des basses œuvres comme Hans Frank ou Ernst Krieck et ses auteurs de renom comme Heidegger, Gogarten ou Schmitt, ces derniers étant, précisément à cause de leur supposée « grandeur », intellectuellement et moralement les plus responsables et les plus redoutables sur le long terme.

Il faudrait s'interroger sur les raisons pour lesquelles Kolnai a été si durablement oublié après 1945, en dehors d'un petit groupe de ses anciens étudiants et collègues d'Oxford comme Bernard Williams. Le contraste est saisissant avec un Voegelin, qui a su faire oublier son « philo-nazisme » des années 1933-1936 et se construire une carrière académique prestigieuse, qui le conduira de Munich – grâce à l'appui de Theodor Maunz qui créera pour lui une chaire et un Institut de science politique *ad hoc*[1] – à Stanford. On a oublié que durant ces mêmes années où Kolnai se préparait à un exil nécessaire, Voegelin multipliait les démarches auprès des plus radicaux des « philosophes » nazis comme Alfred Baeumler ou Ernst Krieck, mais aussi Arnold Gehlen, afin d'être publié et invité en Allemagne, ce qui fut le cas, et avec l'espoir, finalement déçu, d'obtenir un poste à Heidelberg, Francfort ou Berlin[2]. Il est vrai que Kolnai a connu des épreuves plus rudes : ne pouvant obtenir à temps un visa du gouvernement anglais à la fin des années 1930, il a été interné sans discernement par les autorités françaises comme ressortissant allemand, alors même qu'il avait renoncé à la nationalité autrichienne après l'*Anschluss*, et n'a été libéré, d'extrême justesse, que deux heures avant l'arrivée de la Wehrmacht et de la Gestapo dans son camp d'internement. Peut-être est-ce ce traumatisme, lié à sa consternation face au pacifisme des accords de Munich, qui le conduira plus tard à prendre certaines distances avec son *ethos* démocratique et à évoluer, à partir de 1943 – l'année de sa « seconde conversion », selon ses termes –, vers un conservatisme déconcertant, mais toujours ouvert à la dis-

---

1. Une ample correspondance inédite Maunz-Voegelin est conservée dans les Archives Voegelin de la Hoover Institution à l'Université de Stanford.

2. Kolnai, qui a bien connu Voegelin à Vienne jusqu'à son propre exil de 1937, a développé une critique informée de sa pensée politique longtemps favorable au national-socialisme (voir A. Kolnai, *The War against the West*, op. cit., p. 187-188, 191, 315-316, 447-449, 458-459, 478, 487-488 et 507).

cussion critique, comme le montre l'estime réciproque préservée jusqu'au bout entre Kolnai et Popper. Quoi qu'il en soit de cette évolution d'après-guerre, c'est le penseur lucide et courageux des années 1930, à la critique prémonitoire, qui importe à notre propos. Le Kolnai conservateur des années 1943-1973, période qui le mène de Laval à Oxford, du néo-thomisme à une pensée de l'éthique ouverte à la philosophie analytique, appartient à un autre chapitre de l'histoire intellectuelle.

Ce qui fait la valeur de *The War against the West*, c'est la façon dont l'auteur convoque de façon critique un très large panel de la littérature nazie – la bibliographie de Kolnai est impressionnante, qui recense plus de cent vingt auteurs fascistes et nazis – et reconstitue les points saillants de la vision du monde nationale-socialiste et l'importance de sa pénétration dans les écrits des juristes, historiens, théologiens et philosophes. La matière en est certes barbare dans ses «principes», foisonnante et indigeste dans son expression, mais tel est précisément ce qui caractérise la gigantesque littérature nazie qui sommeille aujourd'hui dans les bibliothèques, tout en resurgissant, ici ou là, quand tel auteur s'inspire sans guère de recul critique de Klages ou tel autre de Schmitt, au risque de contribuer à rendre cette vision du monde à nouveau agissante[1].

Deux points méritent particulièrement d'être soulignés. Tout d'abord, à la différence de Hannah Arendt qui, nous l'avons vu, exonère à peu près entièrement les «élites» intellectuelles du national-socialisme, Kolnai est très conscient de la responsabilité des auteurs nazis. Ce n'est pas l'opportunisme, ni la servilité à l'égard du pouvoir en place qui caractérisent la pensée d'un Alfred Baeumler, d'un Friedrich Gogarten, d'un Martin Heidegger, d'un Kurt Hildebrandt, d'un Carl Schmitt ou d'un Wilhelm Stapel,

---

1. Par l'ampleur de l'étude réalisée, l'ouvrage de Kolnai est impossible à résumer. L'énumération de ses chapitres peut cependant donner une première idée de son contenu : «Introduction : The Challenge to Europe ; I : The central meaning of the national socialist attitude ; II : Community ; III : State ; IV : Human nature and civilization ; V : Faith and thought ; VI : Morals, law and culture ; VII : Society and economics ; VIII : Nation and race ; IX : The German claim ; Conclusion : Nazi Germany and the Western world».

mais la puissance de conviction et ce qu'il nomme la «substance nazie» de leur vision du monde[1].

D'autre part, au lieu d'utiliser l'expression «État totalitaire» comme une catégorie essentialisée à la façon d'Arendt, Kolnai l'utilise de façon historiquement et philologiquement précise et en donnant ses sources, pour traduire en anglais le *totale Staat* allemand. À la différence également d'Arendt, c'est de façon conséquente qu'il recherche dans les écrits d'Ernst Forsthoff, de Carl Schmitt, d'Ernst Rudolf Huber, d'Othmar Spann, mais aussi de Hitler, de quoi déterminer précisément la signification de ce concept dans la pensée de l'extrême droite allemande et autrichienne de la première moitié des années 1930[2]. Kolnai commence par préciser que l'État totalitaire ne se définit pas, ou pas seulement, par l'emprise de l'appareil d'État sur la vie sociale ou même privée des citoyens : il s'agirait alors de «communisme» ou de «collectivisme», ce qui représente, pour une grande part, un autre problème, que Kolnai connaît tout aussi bien. C'est quelque chose de plus radical et, surtout, de plus intérieur encore qui est en jeu, à savoir la domination totale de l'âme et de l'esprit de chaque individu. Ainsi écrit-il à propos de *L'État total* de Forsthoff : « L'individu est formé au "service total" *(totale Inpflichtnahme)* de la nation. Chaque individu, dans le moindre détail de sa vie, est "totalement responsable" du destin de sa nation. Le caractère privé de l'existence individuelle est aboli[3]. » Pour Adolf Hitler lui-même, ce qui importe, ce n'est pas le Parti mais la *Weltanschauung*, la vision du monde posée comme infaillible[4]. Et selon Alfred Baeumler, le national-socialiste « se considère comme le soldat d'une idée concrètement matérialisée, d'une mission historique[5] ». Enfin, c'est dans Carl Schmitt et « la doctrine de la séparation ternaire de l'unité politique : État,

---

1. «[...] *their genuine Nazi substance which could not actually be simulated at all*» (A. Kolnai, *The War against the West, op. cit.*, p. 316).
2. Voir la section du chapitre III consacrée au «Totalitarian State» (*ibid.*, p. 159-168).
3. A. Kolnai, *The War against the West, op. cit.*, p. 163.
4. *Ibid.*, p. 165.
5. *Ibid.*, p. 166.

Mouvement, et Peuple[1] », qui forme « la nouvelle totalité trinitaire de la nation[2] », que Kolnai voit, à juste titre, l'une des conceptions les plus élaborées du *totalitarian State*[3].

L'ouvrage de Kolnai, jamais mentionné dans *Les Origines du totalitarisme*, peut ainsi nous aider à maintenir un usage critique plus rigoureux des termes du langage de la vision du monde nationale-socialiste, ce qui apparaît plus utile, pour l'historien comme pour le philosophe, que les tentatives, toujours discutables, pour en tirer des catégories essentialisées destinées à caractériser ou non tel ou tel régime politique à la façon d'Arendt. C'est un fait qu'entre 1932 et 1935 les notions de *totale Staat* (Schmitt, Forsthoff), de *totale völkische Staat* (Huber) ou de *Führerstaat* (Hitler, Heidegger, etc.) ont été centrales dans l'auto-affirmation *(Selbstbehauptung)* du mode d'existence et de domination politique du national-socialisme. Il n'est donc pas exact de soutenir sans nuances, comme le fait Arendt, que les nationaux-socialistes n'ont pas de pensée de l'État et visent à la destruction de l'État-nation. Entre autres textes, les deux séminaires sur l'État professés par Heidegger dans les années 1933-1935 et que nous avons contribué à faire connaître en 2005 montrent le contraire. Ce qui est vrai, c'est qu'après 1935 l'accent dans le langage nazi va glisser d'une pensée de l'État vers une pensée de l'expansion et de la domination impériale où les concepts d'espace *(Raum)*, de puissance *(Macht)* et d'extermination *(Vernichtung)* vont prendre le dessus. C'est le moment où l'intérêt d'un Heidegger se déplace assez largement de Hegel vers Nietzsche et vers une instrumentalisation d'Héraclite. Bientôt, le totalitarisme nazi ne sera plus seulement celui de l'État total, mais celui de la guerre totale. Dès 1936, année où il a écrit le premier jet de son livre, Kolnai avait également dignostiqué cette évolution, et c'est pour éveiller la conscience de ses lecteurs qu'il avait conçu et publié dans les conditions les plus difficiles son grand livre. Comme l'a bien souligné Raphael

---

1. « *the doctrine of a threefold partition of political unity : State, Movement, and People* » *(ibid.)*.
2. « *the new trinitarian totality of the Nation* » *(ibid.)*.
3. Kolnai utilise l'expression « *totalitarian State* » non pas au sens fasciste et mussolinien, mais comme traduction anglaise de l'allemand « *totale Staat* ».

Gross, les analyses phénoménologiques de Kolnai sur la haine lui avaient procuré une base solide pour anticiper de façon lucide et critique le passage à l'acte de la *Weltanschauung* nationale-socialiste[1].

13. LE TOTALITARISME ESSENTIALISÉ ET LA FICTION D'UNE CONSPIRATION JUIVE MONDIALE

Le onzième chapitre des *Origines du totalitarisme* porte sur le totalitarisme comme mouvement. Cette notion vaut en réalité surtout pour le national-socialisme qui se désignait lui-même comme « le mouvement » *(die Bewegung)*. Dans les deux sections qui portent respectivement sur la propagande et l'organisation, Arendt mélange, plus que dans le précédent chapitre, les considérations sur les deux régimes national-socialiste et stalinien. Cependant, lorsque l'on considère ses notes, il est manifeste que la grande majorité des références concerne le national-socialisme.

Ce chapitre annonce déjà presque tous les thèmes caractéristiques de la conception arendtienne du totalitarisme. Arendt entend en effet dégager ce qu'elle nomme désormais l'« essence » du gouvernement totalitaire, et désigne la terreur comme constituant « l'essence même de cette forme de régime[2] ». Il s'agit donc moins d'analyser une réalité historique complexe et diversifiée que de caractériser cette « essence ». Arendt, cependant, ne théorise pas sa démarche et ne la systématise pas comme elle le fera en 1953 dans « Idéologie et terreur ». Elle adopte comme allant de soi l'idée tacitement reprise à Montesquieu selon laquelle il existerait une typologie des régimes politiques, mais c'est pour essentialiser cette typologie et lui ajouter ce qu'elle considère comme une nouvelle forme de régime : le totalitarisme. Du fait de ces présupposés, elle n'a pas à démontrer par une minutieuse description de

---

1. Raphael Gross, « Hass auf den Westen. Warum wir Aurel Kolnai wieder lesen sollten », *Frankfurter Allgemeine Zeitung*, 20 février 2009, p. 35.
2. « *terror [...] is the very essence of its form of government* » (H. Arendt, *The Origins of Totalitarianism, op. cit.*, p. 344 ; trad. fr., p. 661). Cette thèse, reprise et amplifiée dans l'essai de 1953, « Idéologie et terreur », qui sera ajouté aux éditions ultérieures des *Origines du totalitarisme*, apparaît donc comme déjà acquise en 1951.

la réalité historique que nazisme et stalinisme constitueraient la même forme de régime, puisque, en vertu d'une pétition de principe et d'un court-circuit argumentatif, ils sont d'emblée considérés comme des illustrations du gouvernement totalitaire dont elle pense avoir saisi l'essence. Arendt affirme en effet que l'Allemagne nazie et la Russie soviétique représentent « deux systèmes essentiellement identiques[1] ».

Le matériau de cette forme de régime, elle le nomme d'un terme déjà rencontré et étudié, la « populace » : masse composée d'individus atomisés, qui se caractérisent par le « déracinement spirituel et social » et la perte de tout « ce champ de relations communautaires qui donne sens au sens commun »[2]. À nouveau, Arendt ne distingue plus nettement, comme elle avait eu besoin de le faire au chapitre précédent, les masses et la populace. Or, la conception selon laquelle le totalitarisme supposerait et entretiendrait le déracinement et la perte du sens commun se révèle particulièrement discutable en ce qui concerne le nazisme. Le national-socialisme, en effet, survalorise tout au contraire l'enracinement et l'appartenance à un même peuple, scellée par une commune vision du monde. Arendt se voit d'ailleurs obligée de relever l'importance de la « communauté du peuple », ou *Volksgemeinschaft*, dans le national-socialisme. Pour contourner la difficulté et surmonter cette contradiction entre ce qu'elle affirme et la réalité historique du national-socialisme, elle présente la communauté du peuple comme une notion « ébauchée par le mouvement nazi durant la période pré-totalitaire », et qui aurait progressivement perdu de son importance une fois Hitler parvenu au pouvoir[3]. Cela en dépit de la réalité historique, qui montre au contraire que la notion de communauté du peuple n'a jamais cessé d'avoir une position centrale dans la vision du monde nationale-socialiste et hitlérienne. Ainsi, le 29 avril 1945 encore, à la veille de son suicide, Adolf Hitler en appelle dans son Testament politique, à la

---

1. L'affirmation se lit dans « En guise de conclusion », le chapitre XIII de l'édition de 1951 supprimé dans les éditions ultérieures (*ibid.*, p. 860).
2. *Ibid.*, p. 671.
3. *Ibid.*, p. 681.

« renaissance rayonnante du mouvement national-socialiste et ainsi [à] la réalisation d'une vraie communauté du peuple[1] ».

Arendt poursuit en outre un de ses objectifs majeurs : exonérer l'Allemagne de la responsabilité du nazisme. Nous avons vu comment, dans le premier volume des *Origines du totalitarisme*, elle a nié la responsabilité d'une part importante de la culture et de la pensée allemandes dans la montée en puissance de l'antisémitisme, une responsabilité soulignée par elle, au contraire, dans « Antisemitismus ». Elle soutient maintenant que les nationaux-socialistes auraient toujours nourri un « mépris général pour le peuple allemand » et préparé l'instauration d'une société raciale aryenne qui aurait voué à leur perte tous les peuples, « y compris les Allemands »[2]. Il lui faut donc présenter désormais le national-socialisme comme une conspiration internationale. Dans ce dessein, elle va survaloriser l'importance des *Protocoles des sages de Sion* que les nazis auraient pris pour modèle.

La part de vérité qu'aurait pu contenir cette thèse arendtienne est faussée par son exagération. On sait qu'Adolf Hitler, Alfred Rosenberg et bien des nationaux-socialistes ont pris au sérieux ce faux que constituent les *Protocoles*, et soutenu l'existence d'une conspiration juive mondiale justifiant le fait de désigner les Juifs comme l'ennemi par excellence de l'Allemagne nationale-socialiste. Mais il est excessif de soutenir, comme le fait Arendt, que les nazis utilisèrent les *Protocoles* comme un « modèle pour l'organisation future des masses allemandes en vue de l'"empire mondial"[3] ». En effet, les *Protocoles* présentent l'image d'une société secrète universelle agissant au sein des peuples. De façon très différente, le

---

1. « *[...] zur strahlenden Wiedergeburt des nationalsozialistischen Bewegung und damit Verwirklichung einer wahren Volksgemeinschaft* » (Adolf Hitler, « Mein politisches Testament », 29 avril 1945, cité par Cornelia Schmitz-Berning, « Volksgemeinschaft », *Vokabular des Nationalsozialismus*, Berlin, Walter de Gruyter, 1998, p. 654-659, citation p. 659). On notera par ailleurs que Cornelia Schmitz-Berning cite plus loin, à l'article « Volksgenosse, Volksgenossin », un propos d'Arendt sur la *Volksgemeinschaft* extrait d'un article paru en 1946 dans la revue *Die Wandlung* (n° 4, 1/1946, p. 333), mais elle n'a pas identifié et ne mentionne pas sa thèse problématique de 1951 (H. Arendt, *Les Origines du totalitarisme, op. cit.*, p. 664).
2. *Ibid.*, p. 681-682.
3. *Ibid.*, p. 678.

IIIᵉ Reich s'appuie sur une histoire nationale mythifiée, mobilise les mouvements de jeunesse et crée des organisations de masse militarisées, en vue du réarmement massif de l'Allemagne et de la conquête d'un nouvel espace vital pour le peuple germanique. La doctrine de l'espace vital et la volonté d'étendre les frontières du Reich s'opposent, par exemple, au second article des *Protocoles*, selon lequel il est indispensable que les guerres n'amènent aucune altération territoriale, ce qui suppose de transférer toute guerre sur le seul terrain économique. Il est vrai qu'Arendt ne cite presque jamais le texte même des *Protocoles* et n'en propose aucune analyse[1]. Elle s'en tient à des généralités invérifiables et sa thèse ne tient pas compte des objectifs et moyens militaires que s'est donnés le IIIᵉ Reich.

Arendt évoque ensuite, tour à tour, la «propagande totalitaire[2]» et l'«organisation totalitaire[3]». Elle soutient que la propagande est certes nécessaire pour «gagner les masses[4]» et la caractérise par la «fuite de la réalité vers la fiction[5]», dont la plus efficace, en ce qui concerne la propagande nazie, aurait été, nous l'avons vu, «l'invention d'une conspiration juive mondiale[6]». Plus importante cependant selon elle que la propagande demeure l'organisation totalitaire qu'elle assimile, en reprenant un mot d'Alexandre Koyré, à «des sociétés secrètes établies au grand jour[7]». Hiérarchie, initiation, rituels, cercles concentriques du pouvoir et allégeance au chef caractérisent de fait la façon dont le national-socialisme a su dominer et posséder les esprits.

Toutefois, les nazis n'ont pas eu besoin des *Protocoles* pour se donner un tel modèle. Dans les premières décennies du XXᵉ siècle, une source d'inspiration plus évidente de la corrélation entre éso-

---

1. Arendt ne semble pas avoir procédé à une analyse directe du texte des *Protocoles* mais plutôt travaillé de seconde main, en s'appuyant sur des études comme le livre d'Alexander Stein, *Adolf Hitler, Schüler der «Weisen von Zion»* (Karlsbad, Graphia, 1936), dont elle a tiré une page de notes dans ses dossiers sur le nazisme (H. Arendt, «Excerpts and Notes. Nazism», HAP, n° 026359).
2. H. Arendt, *Les Origines du totalitarisme, op. cit.*, p. 657-686.
3. *Ibid.*, p. 686-717.
4. *Ibid.*, p. 657.
5. *Ibid.*, p. 671.
6. *Ibid.*, p. 673.
7. *Ibid.*, p. 701.

térisme et domination des esprits se rencontre en Allemagne dans le *George Kreis*, le cercle de Stefan George et de ses disciples. Un cercle constitué d'une succession de cénacles et de cercles plus ou moins éloignés du Maître et nourris de façon plus ou moins directe de son charisme[1]. Parmi les proches de George qui ont développé une vision explicitement politique adoubée par lui, mentionnons tout particulièrement Friedrich Wolters qui publie, dès 1909, un ouvrage fondateur à cet égard, *Domination et service (Herrschaft und Dienst)*, ou encore Kurt Hildebrandt, auteur avec l'aide de George lui-même, de *Platon. Le combat de l'esprit pour la puissance (Platon. Der Kampf des Geistes um die Macht)*, publié à Berlin en 1933. Quant à la description la plus suggestive de l'organisation concentrique d'un pouvoir occulte rédigée sous le IIIe Reich, c'est sans doute dans le traité de Heidegger intitulé *Contributions à la philosophie (Beiträge zur Philosophie)* que nous pouvons la lire[2].

Cette dimension centrale de la culture politique allemande, où la poésie elle-même se voit transmuée en mythologie politique, est passée sous silence dans l'ouvrage d'Arendt. Autrement lucide et perspicace apparaît à nouveau, à cet égard, Aurel Kolnai, qui a su souligner dès 1938, dans son essai critique « La Guerre contre l'Ouest », que nous avons voulu contribuer à faire redécouvrir, l'importance déterminante de l'influence de Stefan George et de son cercle dans la constitution de la vision du monde nationale-socialiste.

En bref, le faux constitué par les *Protocoles* a représenté une arme de propagande efficace pour accréditer la fiction d'une conspiration juive mondiale à laquelle le peuple allemand aurait eu pour mission de s'opposer. Mais, contrairement à ce que soutient Arendt, il n'a pas été le modèle premier pour l'organisation ésotérique du « mouvement » national-socialiste. Beaucoup plus prégnant dans la culture allemande et bien plus directement

---

1. Sur le cercle de Stefan George, voir l'ouvrage fondamental de Robert E. Norton, *Secret Germany: Stefan George and his Circle*, Ithaca et Londres, Cornell University Press, 2002.
2. Voir E. Faye, « Le *principe völkisch* et l'antisémitisme de Heidegger dans les *Beiträge zur Philosophie* », *Heidegger, l'introduction du nazisme dans la philosophie*, *op. cit.*, p. 441-455.

source d'inspiration fut à cet égard le rôle de Stefan George et de son cercle. La façon hiératique et dictatoriale dont George exerçait son emprise sur les esprits, stylisée par l'essai déjà cité de Friedrich Wolters, a puissamment contribué à la formation du modèle de relation entre la direction *(Führung)* et son allégeance ou sa suite *(Gefolgschaft)*. C'est par ailleurs un disciple de George, Norbert von Hellingrath, qui a fondé le culte nationaliste de Hölderlin en éditant les *Hymnes* du poète[1]. La stylisation heideggérienne de Hölderlin en « poète des Allemands » procède de la même source.

Ce qui importe enfin de retenir en ce qui concerne ce chapitre des *Origines du totalitarisme*, c'est la façon dont Arendt minimise à l'extrême la dimension ultra-nationaliste du nazisme. La survalorisation de la référence aux *Protocoles* lui permet de présenter de façon exagérée le nazisme comme un mouvement non pas allemand mais international, qui se serait constitué dans une relation mimétique à la supposée conspiration mondiale du judaïsme. À cet égard, nous pouvons remarquer que la conception de l'« histoire de l'être » développée par l'éditeur scientifique des *Cahiers noirs* de Heidegger, Peter Trawny, procède de sa propre lecture d'Arendt dont il reprend les exagérations. Il distingue en effet les nazis des « vrais Allemands » et stylise l'opposition entre le national-socialisme et « la juiverie mondiale », qui l'un et l'autre auraient pris pour modèle les *Protocoles,* au point de faire du judaïsme et du national-socialisme deux expressions mimétiques de la « machination » *(Machenschaft)* planétaire. Cette représentation ne correspond pourtant pas au contenu effectif des écrits de Heidegger, où judaïsme et nazisme sont loin d'être mis sur le même plan[2].

La volonté de décrire une « essence » conduit Arendt à considérer comme secondaire le contenu effectif des différentes doctrines totalitaires et à privilégier une interprétation structurelle où l'organisation prévaut sur le contenu idéologique ou la vision du monde. Celle-ci n'est rien de plus, selon elle, qu'un instrument de propagande destiné aux masses et à la populace. Cette conception

---

1. Voir sur ce sujet Jean-Luc Évard, *Signes et insignes de la catastrophe. De la swastika à la Shoah*, Paris et Tel Aviv, Éditions de l'Éclat, 2005.
2. Voir sur ce point *infra*, chap. 7, § 30, et chap. 13, § 59.

purement instrumentale de l'idéologie la conduit à affirmer que le cercle des fidèles ne croirait pas à l'idéologie diffusée. Selon elle, « plus l'échelon est élevé, plus le cynisme l'emporte sur la crédulité[1] ». L'idéologie sert d'instrument pour la conquête et la conservation du pouvoir. Elle n'apparaît plus dès lors que comme une fiction, utile aux seuls niveaux inférieurs. Un thème dominant est en effet celui de la « fiction totalitaire », selon une expression utilisée au début du chapitre suivant[2]. La thèse d'Arendt à ce propos est que « la propagande totalitaire fleurit dans cette fuite de la réalité vers la fiction, de la coïncidence vers la cohérence[3] » : « complet mépris pour les faits », « révisions périodiques de l'histoire russe »[4], « fictions mensongères des régimes totalitaires soutenues par la terreur[5] », « monde totalement fictif » où « les échecs n'ont pas à être enregistrés, admis et rappelés »[6].

Le rôle de la fiction est-il cependant identique dans le national-socialisme allemand et dans le communisme russe sous Staline ? Arendt ne force-t-elle pas le trait en incluant pareillement dans sa thèse les deux régimes ? Dans le stalinisme, en effet, la succession des purges oblige à des mensonges constants pour justifier la stigmatisation comme ennemis des alliés de la veille. L'histoire est continuellement réécrite et les photos mêmes sont retouchées. Or, il n'y a rien de comparable dans le national-socialisme, où, mis à part le cas particulier de l'assassinat d'Ernst Röhm et de Gregor Strasser le 30 juin 1934, le mouvement national-socialiste ne procède pas à la destruction périodique de ses dirigeants politiques. Arendt est d'ailleurs obligée de reconnaître cette différence essentielle au chapitre suivant, mais elle a tort de réduire celle-ci à une simple différence technique[7]. Si l'on excepte Röhm et le cas sin-

---

1. H. Arendt, *Les Origines du totalitarisme, op. cit.*, p. 709.
2. *Ibid.*, p. 723.
3. *Ibid.*, p. 671.
4. *Ibid.*, p. 668.
5. *Ibid.*, p. 673.
6. *Ibid.*, p. 717.
7. « Une des différences techniques les plus importantes entre les systèmes soviétique et national-socialiste est que, chaque fois qu'à l'intérieur de son propre mouvement Staline déplaçait l'accent du pouvoir d'un appareil à l'autre, il avait tendance à

gulier de Rudolf Hess, qui s'est disqualifié lui-même en s'envolant pour l'Angleterre, les principaux compagnons de la première heure de Hitler, de Hermann Goering à Joseph Goebbels, ont en effet compté jusqu'au bout parmi les cadres incontournables du pouvoir politique nazi, même après l'ascension de Heinrich Himmler, Martin Bormann et Albert Speer.

La thèse ressassée de la « fiction totalitaire » fait en réalité écran et empêche de poser la question du statut de la vérité sous le nazisme et des modalités de sa destruction, lorsqu'elle se voit instrumentalisée par une vision du monde. Sur ce point, c'est vers l'auteur qui s'est le plus centralement attaqué à la notion de vérité sous le IIIe Reich qu'il eût fallu se tourner, à savoir Heidegger lui-même[1].

14. Le « laboratoire » des camps et la « troublante pertinence » des régimes totalitaires

Consacré au « Totalitarisme au pouvoir », le douzième chapitre est le plus développé de tous[2]. Il apparaît aussi le plus éloigné d'un travail de description et d'analyse proprement historiques, au moins dans la troisième partie, qui expose certaines des thèses les plus célèbres d'Arendt sur la fonction expérimentale qu'elle attribue aux camps et sur les « hommes superflus » dans la domination totalitaire. Nous ne résumerons pas ce long chapitre, mais évoquerons à son propos certaines limites de la méthodologie d'Arendt.

La première section, qui porte sur « l'État totalitaire », n'est pas sans constituer une régression par rapport au *Behemoth* de Franz Neumann en ce qui concerne la détermination historique de cette expression. Celle-ci n'est en aucune façon étudiée par Arendt. Neumann avait brossé à grands traits la genèse du concept politique de l'État totalitaire, formé tout d'abord dans le fascisme italien – et chez ses opposants – avant d'être transformé et adapté à la

---

liquider le personnel en même temps que l'appareil ; alors que Hitler [...] entendait bel et bien continuer à utiliser ces ombres [...] » (*ibid.*, p. 734).

1. Sur la « vérité » selon Heidegger, voir *infra*, chap. 6, § 24.
2. Près de cent pages dans l'édition Bouretz (H. Arendt, *Les Origines du totalitarisme, op. cit.*, p. 719-812).

situation allemande par Carl Schmitt, dans son allocution de 1932 devant les industriels allemands réunis dans l'association intitulée *Langnamenverein*[1]. Schmitt entendait rendre la formulation de l'État total « séduisante pour le grand capital » en adoptant « à la fois l'autoritarisme politique et le libéralisme économique »[2]. Arendt, quant à elle, passe sous silence la genèse du concept politique de l'État totalitaire dans le fascisme italien et chez ses critiques, sans parler de la notion d'État total, théorisée en Allemagne, dans les années 1932-1934, par Carl Schmitt et ses disciples Ernst Forsthoff et Ernst Rudolf Huber. Le syntagme « État total » n'apparaît dans son livre qu'une seule et unique fois, dans un mot de Hitler rapporté par Hans Frank[3] selon lequel « l'État total ne doit reconnaître aucune différence entre droit et morale[4] » ; il est accompagné d'un commentaire peu concluant, qui se limite à expliciter les raisons du caractère non public de bien des décrets pris par le pouvoir national-socialiste. Or, le refus hitlérien de toute distinction entre droit et morale a une signification et une portée autrement radicales. C'est la récusation de toute norme rationnelle, humaine et morale, de toute référence à un droit naturel, à partir desquels la légitimité des lois pourrait être discutée. Il est vrai qu'Arendt n'est pas forcément sensible à cette visée destructrice, car elle-même, dans les remarques conclusives de l'édition de 1951, va remettre en question l'idée d'un fondement moral du droit.

Par ailleurs, nous voyons à nouveau affleurer la thèse déjà rencontrée sous sa plume, selon laquelle les mouvements totalitaires ne seraient pas nationaux mais internationaux. Il s'agit d'une thèse

---

1. C. Schmitt, « Starker Staat und gesunde Wirtschaft », réédité dans Günther Maschke éd., *Carl Schmitt, Staat, Großraum, Nomos*, Berlin, Duncker & Humblot, 1995, p. 71-85.

2. Franz Neumann, *Béhémoth. Structure et pratique du national-socialisme*, trad. de l'anglais par Gilles Dauvé, Paris, Payot, 1987, p. 62-63. Ces analyses ont été approfondies et précisées dans les travaux de Jean-Pierre Faye, qui distingue le terme italien d'État totalitaire et celui forgé par Schmitt d'État total, *Langages totalitaires*, Paris, Hermann, 1973, p. 43-56.

3. H. Arendt, *Les Origines du totalitarisme*, p. 726.

4. « *der totale Staat keinen Unterschied kennen darf zwischen Recht und Moral* » (H. Arendt, *Elemente und Ursprünge totaler Herrschaft*, op. cit., p. 826 ; *Les Origines du totalitarisme*, op. cit., p. 726 – trad. modifiée).

éminemment fragile, car il n'y a guère de sens à dépeindre le national-socialisme comme un mouvement international au même titre que les internationales socialistes. Comme son nom même l'atteste, le national-socialisme repose en effet sur une base ultra-nationaliste explicitement affirmée, nous l'avons déjà vu, dans *Mein Kampf*[1]. Il n'est donc pas sans intérêt de voir à ce propos comment Arendt utilise et, il faut bien le dire, manipule ses sources pour corroborer sa thèse. Prenons comme exemple le discours de Himmler du 4 octobre 1943, qu'elle cite dans la première section du chapitre à partir de la traduction américaine du discours, publiée en 1946 par le tribunal de Nuremberg[2]. Elle tire argument du fait que Himmler rappelle avoir « très tôt formé une SS germanique dans les différents pays » pour affirmer que « ce n'étaient point les Allemands qui formaient l'aurore de cette race de maîtres, mais les SS »[3]. Ce raccourci fait bon marché de l'histoire effective. Le recrutement international de la SS qu'Arendt met en avant en suggérant qu'il ne s'agirait pas d'un ordre véritablement allemand ne vaut pas en effet pour l'ensemble de la SS, mais seulement pour sa branche militaire, la Waffen-SS, et particulièrement à partir de 1942. Il s'agit moins d'un objectif idéologique que d'une évolution due à deux facteurs : d'une part, le haut commandement de la Wehrmacht, l'OKW, n'a eu de cesse de freiner l'incorporation d'Allemands dans la branche militaire de la SS ; d'autre part et surtout, à partir du tournant de la guerre en 1942, Himmler s'est vu obligé de recruter dans les populations des pays soumis[4]. Il n'en reste pas moins que, dans le dis-

---

1. Voir *supra*, chap. 3, § 7.
2. *Ibid.*, p. 748 et n. 70 de la même page. Il s'agit du « Speech of the Reichsfuehrer-SS at the meeting of SS Major-General at Posen October 4th, 1943 », *Nazi Conspiracy and Aggression*, Nuremberg, Office of the United States Chief of Counsel For Prosecution of Axis Criminality, vol. 4, 1946, p. 558-572.
3. *Ibid.*
4. Eugen Kogon est précis sur l'idée qui a présidé chez Himmler à la fondation de la SS : « La SS fondée par Himmler était un ordre [...]. Elle devait développer et protéger le système de domination germano-raciste. [...] Himmler n'avait jamais songé à faire des SS des armées comptant des millions d'hommes. Seule l'évolution générale du IIIe Reich l'a poussé dans cette direction, et encore, jusqu'à la fin, chercha-t-il à conserver un cadre de base, qui lui permettrait de revenir un jour à son intention primitive. Ce que l'on exigeait du candidat SS était bien au-dessus de la moyenne [...] ; son arbre généalogique devait pouvoir être suivi jusqu'en 1750 et

cours de 1943, le propos de Himmler continue d'être marqué par le nationalisme racial et *völkisch*, caractéristique du nazisme.

Or, Arendt elle-même le sait bien qui, dans les dossiers de lecture qui ont accompagné la rédaction des *Origines du totalitarisme*, recopie et souligne les déclarations de Himmler allant dans ce sens[1]. Il s'agit toujours de confier la suprématie au peuple allemand. Et Himmler, dans un passage de son discours qu'Arendt a consigné dans ses notes, se prend à rêver d'une Europe dans laquelle, d'ici vingt ou trente ans, le peuple germanique, qui compterait désormais deux à trois cents millions d'habitants, représenterait près du tiers de la population européenne et en formerait la classe dirigeante. Il serait ainsi en mesure, continue à phantasmer Himmler, de prendre la tête de l'Europe « dans son combat vital contre l'Asie[2] ». Ce que Himmler appelle dans son discours « le plus grand idéal racial et historique du Reich germanique » exprime bien le projet de domination du seul peuple germanique sur les autres peuples européens, voire sur l'ensemble des peuples. La vision du monde de Himmler n'est donc internationale que par le champ d'exercice de la domination germanique qu'il projette dans l'avenir. La façon non objective dont Arendt utilise ses sources historiques ressort dans le contraste entre ce qu'elle a noté du discours de Himmler dans ses dossiers personnels, et dont la signification générale, en l'occurrence, ne corrobore pas sa thèse, et les quelques éléments qu'elle va livrer au public, choisis pour coïncider avec sa propre vision d'un national-socialisme qui ne serait pas nationaliste.

La deuxième section du chapitre, qui s'intitule « La police secrète », est historiquement moins contestable. Le rôle déterminant de la police secrète apparaît en effet comme un dénominateur commun des régimes nazi et soviétique. Mais Arendt s'autorise de cette réalité pour passer sans cesse d'un régime à l'autre, au

---

être de pur sang allemand [...] » (Eugen Kogon, *L'État SS. Le système des camps de concentration allemands*, Paris, Seuil, 1993, p. 23-24).

1. H. Arendt, « Excerpts and Notes. Nazism », HAP, n° 026396-026397.
2. Himmler Speech at the meeting of the SS Majorgeneral at Posen, Oct. 4, 1943, *Nazi Conspiracy*, IV, p. 558 *sq.*; H. Arendt, « Excerpts and Notes. Nazism », HAP, n° 026396 – souligné par Arendt.

point de donner l'impression d'une seule et unique réalité, à partir de laquelle elle va pouvoir énoncer les généralités de la troisième section. Intitulée « Domination totale » dans l'édition française traduite de l'américain, cette section s'intitule plus justement « Les camps de concentration » *(Die Konzentrationslager)* dans la version allemande de 1955.

Arendt est souvent présentée aujourd'hui comme une référence majeure dans la réflexion portant sur le phénomène des camps nazis. Or, ses thèses à ce propos, qui jamais ne mentionnent l'ouvrage de Grossman sur Treblinka, n'intègrent pas la différence entre camps de concentration et camps d'extermination et tendent à la réversibilité et à l'indistinction entre tortionnaires et victimes. Elles sont donc particulièrement infondées. Cela est confirmé par la façon problématique dont elle utilise ses lectures et ses sources pour qu'elles cadrent avec ses thèses.

À ce propos, outre son usage sélectif des paroles de Himmler, d'autres dossiers de lecture consacrés au nazisme nous conduisent aux mêmes conclusions. Ainsi, nous voyons que, dans ses travaux préparatoires, elle a accordé une attention privilégiée au premier livre du résistant français David Rousset, déporté à Buchenwald en 1943. Paru en 1947, l'ouvrage s'intitule *Les Jours de notre mort*. Arendt en a extrait neuf pages de citations[1]. Or, elle tire de sa lecture la confirmation d'une thèse excessive, déjà présente dans sa pensée avant cette lecture, puisque nous l'avons trouvée dans « L'image de l'enfer » de 1946. Le récit de David Rousset montrerait selon elle qu'« au bout d'un certain temps, la mentalité des détenus se distingue à peine de celle des gardiens du camp[2] ». C'est qu'elle ne retient du livre que ce qui corrobore sa thèse. Elle reprend par exemple une citation illustrant ce qu'elle nomme « le vrai chef-d'œuvre des SS » : la résignation des détenus, qui détruit les solidarités humaines, résignation obtenue lorsqu'ils ont compris qu'il n'y aura ni survivants ni témoins. « Ici la nuit est tombée sur l'avenir. Lorsqu'il n'y a plus de témoin, aucun témoignage

---
1. H. Arendt, « Excerpts and Notes. Nazism », HAP, n° 026346-026354.
2. H. Arendt, *Les Origines du totalitarisme, op. cit.*, p. 788, n. 135.

n'est possible», écrit David Rousset non sans force[1]. Or, nous pouvons observer qu'Arendt ne mentionne pas, dans son livre, un autre passage des *Jours de notre mort*, qui va dans un sens opposé à la résignation décrite. Dans ses notes de lecture manuscrites, et juste après la citation évoquée, on lit pourtant ces quatre phrases:

> Un russe a tué un SS avant d'être pendu.
> Il a gagné la partie.
> Il a nié les SS. C'est l'important, pour nous tous[2].

La première des quatre phrases n'est pas de David Rousset. C'est un raccourci ou plutôt une supposition d'Arendt, car le texte ne dit pas quelle fin les SS ont réservée au Russe après qu'il a tué l'un des leurs. Les trois autres phrases sont tirées des arguments formulés par un déporté français, Armand, à un détenu politique allemand, Otto, à l'appui de son approbation du geste du Russe. Arendt ne fait aucune mention ni aucun cas de ces controverses d'idées parmi les déportés, qui montrent bien que la soumission ne l'emportait pas partout et que Buchenwald a connu des gestes de révolte porteurs d'espoir. Dans le récit de David Rousset et dans les notes de lecture d'Arendt, la réalité des camps apparaît donc plus contrastée que ce qu'Arendt en a finalement retenu pour son livre.

Aucune mention n'est faite non plus d'un moment capital du livre, pourtant recopié par Arendt dans ses notes, où un déporté s'adresse à un autre pour le mettre en garde contre ce que David Rousset nomme «l'équivoque»:

> Un français à un communiste allemand. [...] Mais la responsabilité – la responsabilité criminelle des camps – cette équivoque risque de vous la faire partager avec les SS. Et n'est-ce pas précisément le plan de ces derniers de prétendre, lorsqu'il faudra rendre des comptes, qu'il y avait d'autres bourreaux qu'eux-mêmes[3]?

---

1. *Ibid.*, p. 801; David Rousset, *Les Jours de notre mort*, Paris, Le Pavois, 1947, p. 464.
2. H. Arendt, «Excerpts and Notes. Nazism», HAP, n° 026351; D. Rousset, *Les Jours de notre mort, op. cit.*, p. 525.
3. H. Arendt, «Excerpts and Notes. Nazism», HAP, n° 026347; D. Rousset, *Les Jours de notre mort, op. cit.*, p. 176.

La lecture d'Arendt est imprécise et sa mention liminaire inexacte. Victor, le déporté français qui s'exprime ici, ne s'adresse pas à un communiste allemand mais à Nicolas, «le Luxembourgeois», «toubib du Revier»[1] comme lui. Nicolas s'étonne que les Français n'arrivent pas à «comprendre vraiment ce qu'était une vie sous la dictature. Ils avaient plus ou moins continué sous l'occupation les mœurs de leur démocratie[2]».

David Rousset montre bien qu'il subsiste, dans les camps, des détenus qui se refusent, par leur conduite et leur parole, à endosser une part de la responsabilité de leurs bourreaux et entendent lever toute équivoque à cet égard. Tandis que l'auteur des *Jours de notre mort* traduit une réalité complexe et contrastée, Arendt au contraire, par un usage unilatéral de ses sources, semble tout faire pour renforcer et perpétuer l'équivoque entre bourreaux et victimes. Or, n'est-ce pas courir le risque, dénoncé par David Rousset, de faire triompher le «plan» des bourreaux?

Arendt utilise également le grand livre d'Eugen Kogon, *L'État SS*, pour préparer cette fois l'introduction de sa thèse directrice selon laquelle les camps seraient non seulement «la plus importante institution de la domination totalitaire[3]», ce qui mériterait déjà discussion[4], mais le «laboratoire» dans lequel la domination totalitaire expérimenterait la transformation de la nature humaine recherchée en vue de la «préparation» ou de la «métamorphose des hommes en cadavres vivants»[5]. Elle tient ainsi sa célèbre thèse des camps de concentration considérés comme les «laboratoires» de la domination totalitaire, dans lequel s'expérimenterait, de façon radicale, la condition des «hommes superflus». Une thèse indéfiniment reprise après elle, et qui inspirera, de façons diverses, une pléiade d'auteurs dans leur description de notre époque, de

---

1. *Ibid.*, respectivement p. 123 et 124.
2. *Ibid.*, p. 123.
3. H. Arendt, *Les Origines du totalitarisme, op. cit.*, p. 787.
4. Il faudrait en effet prendre en considération également, dans le cas du national-socialisme, le rôle déterminant dévolu aux «haras humains» (*Lebensborn*), aux mouvements de jeunesse, à l'armée et à toutes les institutions chargées de diffuser et de transmettre la vision du monde nationale-socialiste.
5. H. Arendt, *Les Origines du totalitarisme, op. cit.*, p. 801 et 803.

Giorgio Agamben, qui va jusqu'à faire des camps le « paradigme » de notre temps[1], à Zygmunt Bauman[2].

Or, est-il légitime de s'autoriser d'Eugen Kogon pour préparer le lecteur à la formulation de cette thèse et à l'usage du terme « laboratoires » ? L'auteur de *L'État SS*, en effet, se garde de qualifier les camps de concentration nazis de « laboratoires ». Si l'on en croit la traduction française, Arendt écrit de lui qu'il « parle de la possibilité que les camps soient maintenus comme laboratoires et champs de manœuvre pour les SS[3] ». En réalité, le vocabulaire de la traduction française n'est pas exactement celui d'Arendt dans ce passage. Le texte anglais d'Arendt est moins éloigné du vocabulaire de Kogon. On peut même le traduire plus littéralement ainsi : « Kogon [...] parle de la possibilité que les camps soient maintenus comme des terrains d'entraînement et d'expérimentation par la SS[4]. » Néanmoins, nous pouvons considérer que l'exagération n'apparaît pas seulement chez le traducteur. Nous la trouvons dans le mouvement d'ensemble de l'argumentation d'Arendt, et si le traducteur a pu parler de « laboratoires », c'est bien parce qu'elle utilise ce terme dans le chapitre conclusif de 1951, où elle présente les camps de concentration comme « les laboratoires où l'on expérimente des mutations de la nature humaine[5] ».

La pensée toujours précise de Kogon se refuse au contraire à extrapoler. Il s'en tient à ce que lui-même a constaté ou établi à partir de témoignages fiables et recoupés. Kogon note que le but

---

1. La « métamorphose des hommes en cadavres vivants », selon Arendt, annonce la thématisation par Agamben du « musulman » dans les camps nazis (Giorgio Agamben, « Le Musulman », *Ce qui reste d'Auschwitz, op. cit.*, p. 43-93). Nous reviendrons sur la filiation Heidegger-Arendt-Agamben dans un numéro en préparation de la *Revue d'histoire de la Shoah* consacrée aux philosophes face à la Shoah.
2. Hannah Arendt est l'un des auteurs les plus cités de *Modernité et Holocauste*. Dès la préface, l'auteur félicite Arendt d'avoir suggéré que « les victimes d'un régime inhumain avaient peut-être perdu elles-mêmes une partie de leur humanité sur le chemin de la mort » (Zygmunt Bauman, *Modernité et Holocauste*, trad. de l'anglais par Paule Guivarch, Paris, Complexe, 2008, p. 17 – trad. modifiée).
3. H. Arendt, *Les Origines du totalitarisme, op. cit.*, p. 804, n. 162.
4. « *Kogon [...] speaks of the possibility that the camps will be maintained as training and experimental grounds for the SS* » (H. Arendt, *The Origins of Totalitarianism*, p. 454, n. 158).
5. H. Arendt, *Les Origines du totalitarisme, op. cit.*, p. 865.

des camps tenus par la SS n'est pas seulement la répression de toute opposition au régime nazi, même s'il s'agit de l'objectif premier. Il faut admettre également, précise-t-il, plusieurs « objectifs secondaires ». Parmi ces derniers, il s'en trouve deux auxquels le propos allusif d'Arendt semble faire référence. D'une part, « Himmler et le SD se servirent des camps pour favoriser le prétendu progrès de l'humanité, grâce à des *expériences scientifiques* de grand style[1] ». Kogon se réfère visiblement aux expérimentations médicales imposées aux détenus des camps. D'autre part, « les formations de "SS Tête de mort" devaient y faire leur apprentissage de chefs. Elles devaient devenir les unités d'élite de la dureté[2] ». On voit que ces deux objectifs n'ont rien à voir entre eux, sauf à considérer qu'en pratiquant leurs expériences sur les détenus utilisés comme cobayes les médecins de la SS faisaient eux aussi l'apprentissage de la « dureté » nazie. Mais là n'est pas le cœur du propos. Dans la description de Kogon, l'« apprentissage », ou l'entraînement, ne vaut que pour les SS et non pour les détenus. Quant au mot « expérience », il est utilisé dans un contexte strictement scientifique, bien qu'à l'évidence dévoyé par les médecins SS[3].

Arendt, au contraire, mélange les connotations de ces deux réalités bien distinctes et utilise le terme de « laboratoires » pour désigner l'ensemble de la réalité des camps, englobant pareillement tortionnaires et victimes. C'est ainsi qu'elle se sert du récit de Rousset et des descriptions de Kogon pour accréditer sa propre thèse selon laquelle les camps de concentration auraient été conçus comme « les laboratoires où sont testées les transformations dans la nature humaine[4] ». Outre la grandiloquence de la thèse, dont il va fal-

---

1. E. Kogon, *L'État SS, op. cit.*, p. 26 (trad. modifiée) ; « *Himmler und der SD nützen daher die KZ auch dazu aus, den angeblichen Fortschritt der Menschheit durch wissenschaftliche Experimente großen Stils zu fördern* » (E. Kogon, *Der SS-Staat. Das System der deutschen Konzentrationslager*, Munich, Karl Alber, 1946, p. 5, souligné par l'auteur).
2. E. Kogon, *L'État SS, op. cit.*, p. 26.
3. Sur ce sujet, voir Yves Ternon et Socrate Helman, *Histoire de la médecine SS*, Paris, Casterman, 1969.
4. « *The concentration camps are the laboratories where changes in human nature are tested [...]* » (H. Arendt, « Concluding Remarks », *The Burden of our Time*, Londres, Secker & Warburg, 1951, p. 432 ; *Les Origines du totalitarisme, op. cit.*, p. 865 – trad. modifiée).

loir interroger la raison d'être dans la vision d'Arendt, on ne peut se dispenser de formuler une objection majeure : qu'en est-il des camps les plus caractéristiques du système nazi, entièrement passés sous silence dans ces pages ? Qu'en est-il en effet de ces « camps de la mort » déjà décrits par Vassili Grossman en 1945 à travers celui de Treblinka, où il n'est pas question de transformer la nature humaine, mais bien de liquider des millions de Juifs ? À ce propos, on observera qu'Arendt se concentre à peu près exclusivement sur le camp de concentration de Buchenwald[1]. Jamais elle ne mentionne en 1951 les noms de Treblinka et de Majdanek, pourtant cités dans *Le Livre noir* dont elle a publié le compte rendu, et, pour le premier, précisément évoqué par Grossman. Toute réalité, même la pire, qui ne cadre pas avec sa thèse se trouve passée sous silence.

L'auteur des *Origines du totalitarisme* suit un objectif précis dans les pages conclusives du chapitre en 1951 : convaincre le lecteur que « l'idéal de la domination » consiste à rendre « tous les hommes également superflus »[2]. Voilà quelle serait la véritable raison d'être des camps de concentration. Avec une thèse aussi englobante, il n'y a plus lieu de distinguer bourreaux et victimes, ni d'approfondir les différenciations historiques indispensables entre les systèmes de domination à l'œuvre dans l'Allemagne nationale-socialiste et la Russie soviétique, ni même de distinguer les différentes formes de camps[3]. Mais n'est-ce pas là une façon d'estomper la spécificité historique du national-socialisme, ainsi que la singularité de l'extermination des Juifs d'Europe conduite par ce mouvement ? Et d'évacuer la question, auparavant explicitement récusée, des responsabilités de tous ceux qui ont contribué à la légitimation de la domination nazie ? Qu'en est-il exactement des intentions d'Arendt ?

---

1. Le nom d'Auschwitz n'est mentionné qu'une seule fois, associé à celui de Buchenwald (H. Arendt, *The Origins of Totalitarianism*, op. cit., p. 446).

2. H. Arendt, *Les Origines du totalitarisme*, op. cit., p. 808.

3. Plutôt que d'ébaucher une comparaison et une analyse historiques à partir des éléments alors connus, Arendt se limite à transposer dans l'histoire la distinction théologique entre le Purgatoire, « représenté par les camps de travail en Union soviétique », et l'Enfer, « incarné par ces types de camps réalisés à la perfection par les nazis » (*ibid.*, p. 793). Elle n'en tire d'ailleurs aucune conséquence relative à ce qui différencie entre elles les deux formes de domination auxquelles chacun de ces deux modèles de camps correspond.

Il nous faut ici introduire une remarque textuelle importante. Jusqu'à présent, nous nous sommes limité à indiquer les suppressions et ajouts massifs effectués par Arendt dans les rééditions des *Origines du totalitarisme* en ce qui concerne la préface du livre et ses chapitres conclusifs. Or, il existe également d'importantes modifications dans le texte même de certains chapitres, et qui ne sont pas indiquées dans les rééditions. Une édition critique de l'ouvrage d'Arendt reste donc à réaliser[1]. Donnons ici un exemple essentiel pour comprendre l'évolution de ses intentions, de la première édition de 1951 aux traductions et rééditions qui vont suivre : à partir de l'édition allemande de 1955, le douzième chapitre, que nous venons d'évoquer, est augmenté d'une addition de plusieurs pages[2]. Celle-ci débute avec la reprise presque littérale d'un paragraphe du treizième chapitre, supprimé[3], celui des « Remarques conclusives », et se poursuit avec un développement inédit qui thématise notamment – mais pas seulement, nous le verrons bientôt – l'expression reprise à Kant de « mal radical ». L'accent mis par Arendt sur le mal radical pour caractériser le totalitarisme est donc loin d'être aussi marqué dans l'édition de 1951, où l'expression n'apparaît dans le cours du douzième chapitre qu'une seule fois[4], que dans l'édition allemande et toutes celles qui vont suivre à partir de 1955, où le chapitre conclut avec plus d'insistance sur cette notion[5]. Pour saisir la pensée d'Arendt en 1951, il nous faut donc laisser provisoirement de côté ces pages ajoutées au douzième chapitre à partir de

---

1. Il y aurait en réalité deux tâches, difficiles à mener à bien simultanément : d'une part une édition critique indiquant les modifications introduites dans le texte en langue anglaise lors des rééditions successives, et d'autre part une traduction française de la version allemande de 1955 indiquant les modifications par rapport à l'original anglais.
2. *Ibid.*, p. 809-812.
3. Voir le paragraphe du début de la section finale ajoutée (*ibid.*, p. 809), repris sans changements au chapitre conclusif supprimé après 1951 (*ibid.*, p. 862). Dans l'édition Bouretz, aucune note ne signale cette reprise, alors même que les deux paragraphes sont traduits de façon identique.
4. *Ibid.*, p. 790 ; *The Origins of Totalitarianism, op. cit.*, p. 443.
5. Deux nouvelles occurrences apparaissent dans le texte anglais ajouté, trois dans le texte allemand (*ibid.*, p. 811 ; *The Origins of Totalitarianism, op. cit.*, p. 459 ; *Elemente und Ursprünge totaler Herrschaft, op. cit.*, p. 941-942).

1955[1], pour aborder dès à présent le treizième et dernier chapitre de 1951 intitulé « En guise de conclusion ».

Arendt entreprend à nouveau de relativiser la différence entre oppresseurs et victimes. Elle parle ainsi du dépassement de l'opposition entre vice et vertu, ce qui implique une forme de déresponsabilisation des oppresseurs, les camps n'étant plus que « péripéties » *(sic)* échappant à tout contrôle. Il est remarquable de la voir reprendre alors, presque littéralement, une expression clé de sa double recension de 1946, sur l'« égalité monstrueuse » de tous dans les camps[2]. Voici ce qu'elle écrit :

> Les camps d'extermination – où tout n'était que péripéties échappant au contrôle des victimes comme des oppresseurs, où les oppresseurs d'aujourd'hui allaient devenir les victimes de demain – ont créé une égalité monstrueuse sans fraternité et sans humanité, une égalité que les chiens et les chats auraient pu facilement partager, et dans laquelle nous voyons comme dans un miroir l'image horrible de la superfluité[3].

C'est ainsi qu'à l'image de l'enfer se substitue maintenant celle de la superfluité[4].

Par ailleurs, si Arendt parlait en 1946 d'« usines de mort » – reprenant ainsi sans le dire la métaphore de Grossman, preuve de ce qu'elle avait lu son récit sur Treblinka –, elle évoque maintenant les « camps d'extermination », tandis qu'elle parlera peu après, dans le même chapitre, de « camps de concentration », mais sans prendre le soin de réfléchir aux difficultés que pose l'usage alterné de ces deux expressions, qui renvoient à des réalités historiques bien distinctes. Pourtant, la description de Vassili Grossman, publiée dès 1945, d'une part en anglais dans *Le Livre noir* recensé par Arendt, d'autre part en français dans un livre séparé, différenciait précisément à Treblinka même, nous l'avons vu, le « camp de

---

1. Nous analyserons ce texte additionnel *infra*, chap 4, § 15.
2. Voir *supra*, chap. 1, § 1.
3. H. Arendt, *Les Origines du totalitarisme, op. cit.*, p. 862.
4. Arendt en effet ne renonce pas, nous l'avons vu, à utiliser ailleurs, dans *Les Origines du totalitarisme*, la métaphore de l'enfer à propos des camps.

travail », d'une part, et le « camp de la mort », d'autre part, dont l'existence devait être tenue secrète.

Nous ne pouvons donc pas exonérer Arendt de toute critique en invoquant le fait que la distinction entre camps de concentration et camps d'extermination n'était pas aussi assurée en 1951 dans l'esprit du public qu'elle peut l'être aujourd'hui. Arendt, en effet, se voulait sur la question un auteur averti. Elle avait non seulement lu et recensé *Le Livre noir* de 1945, mais également entrepris de rédiger, en 1948, un projet de recherche sur les camps[1], qui d'ailleurs se conclut sur une curieuse revendication de compétence identitaire[2]. Surtout, le problème que nous rencontrons ne concerne pas uniquement ses approximations et lacunes historiques, mais aussi, et surtout, la validité de thèses aussi péremptoires qu'elles sont radicales et englobantes, sur les régimes totalitaires, nos sociétés modernes et les « hommes superflus ».

Arendt poursuit en effet en ces termes :

> La tentative totalitaire de rendre les hommes superflus reflète l'expérience que font les masses modernes de leur superfluité sur une terre surpeuplée[3].

---

1. Le « Projet » d'Arendt a été traduit en français par Michelle-Irène Brudny de Launay (H. Arendt, « Projet de recherche sur les camps de concentration », *La Nature du totalitarisme, op. cit.*, p. 141-148). Arendt a finalement publié en 1950 un article sur « Les techniques de la science sociale et l'étude des camps de concentration » (*Les Origines du totalitarisme, op. cit.*, p. 845-859). Cet article fonde les interprétations fonctionnalistes et sociologisantes de l'institution des camps à la façon, par exemple, de Zygmunt Bauman. Arendt soutient en effet que « l'objectif des camps de concentration était de servir de laboratoire d'entraînement visant à réduire les individus à des faisceaux de réactions » (*ibid.*, p. 858).

2. « Les Juifs américains [...] sont ainsi les interprètes naturels d'un mal qui peut toucher leur civilisation dont ils font intimement partie » (H. Arendt, « Projet de recherche sur les camps de concentration », *La Nature du totalitarisme, op. cit.*, p. 144). Hannah Arendt ne sera naturalisée américaine qu'en 1951, mais tout ce passage, dont nous ne citons que la chute, constitue à l'évidence un plaidoyer *pro domo*. Nous pensons, quant à nous, que les rescapés qui ont connu l'expérience des camps comme Robert Antelme ou Primo Levi sont, non par leur « identité » mais par leur expérience, mieux à même de décrire les conditions d'existence et de mise à mort dans les camps nazis que ceux qui, comme Arendt, ont entrepris d'écrire « par procuration » et à l'appui d'une vision préconçue.

3. H. Arendt, *Les Origines du totalitarisme, op. cit.*, p. 862.

C'est précisément cette phrase et le paragraphe entier qu'elle introduit qui, ainsi que nous l'avons établi plus haut, seront repris sans changement dans le douzième chapitre de l'édition américaine de 1958 et dans toutes les éditions actuelles, y compris françaises, qui en procèdent. Dans la version allemande, Arendt modifie quelque peu la phrase et lui ajoute une incise ainsi qu'un complément :

> La tentative de la domination totalitaire, dans les laboratoires des camps de concentration, d'expérimenter le devenir superflu des hommes correspond le plus exactement aux expériences que les masses modernes font de leur propre superfluité dans un monde surpeuplé et de l'absence de sens de ce monde même[1].

Nous avons ainsi, dans la version allemande, une expression de la vision d'Arendt plus complète et plus explicite. La correspondance entre l'expérimentation des camps et la réalité de nos sociétés de masse est précisément énoncée, et c'est cette thèse que toute une *armada* d'auteurs de la littérature dite post-moderne va reprendre et délayer à l'envi. Cette vision nous est devenue si familière que nous ne percevons plus d'emblée son caractère excessif et choquant.

Est-il en effet légitime d'ériger les camps nazis et les camps soviétiques en paradigme non seulement de la domination totalitaire, mais de notre monde ? La prétention à faire de cet état d'exception, de cette situation limite, le révélateur et la norme de notre condition présente est-elle justifiée ? L'un des effets immédiats de cette prétention, c'est la perte de vue de la réalité historique au profit d'une vision hallucinatoire, où la diversité effective entre les camps de travail soviétiques, les camps de concentration et les sites d'extermination nationaux-socialistes n'est plus considérée.

En outre, la thèse d'Arendt produit un renversement, lequel et source d'incohérence. Auparavant dans son livre, elle avait pré-

---

1. « *Der Versuch der totalen Herrschaft, in den Laboratorien der Konzentrationslager das Überflüssigwerden von Menschen herauszuexperimentieren, entspricht aufs genaueste den Erfahrungen moderner Massen von ihrer eigenen Überflüssigkeit in einer übervölkerten Welt und der Sinnlosigkeit dieser Welt selbst* » (H. Arendt, *Elemente und Ursprünge totaler Herrschaft*, op. cit., p. 938).

senté le totalitarisme comme le comble de la fiction déréalisante. Voici maintenant qu'il est perçu comme le reflet et le corrélat exact de notre monde. Si Arendt avait affirmé qu'une meilleure connaissance du phénomène nazi nous renseigne sur certains des risques que courent nos sociétés, il n'y aurait guère à redire. Mais, nous l'avons vu, sa thèse signifie autre chose. Selon elle, notre monde et celui des camps sous la domination totalitaire expérimentent la même absence de sens, le même devenir superflu des hommes. Bref, les camps de concentration et les camps d'extermination nationaux-socialistes – nous laissons ici les camps soviétiques encore moins précisément évoqués par Arendt – sont bel et bien présentés par elle comme les paradigmes de la condition de l'homme moderne.

Il ne s'agit pas seulement d'une thèse exagérée mais d'une vision du monde que nous pensons aussi fausse que toxique. Dans cette perspective en effet, la victoire sur le nazisme, qui a mis fin au processus en cours de l'extermination des Juifs d'Europe et a permis la libération des camps de concentration, ne marque plus de véritable césure historique et humaine. Par ailleurs, la domination du IIIe Reich en Europe n'est plus perçue d'abord et avant tout comme directement responsable de l'entreprise de destruction et d'extermination la plus radicale que l'époque contemporaine ait connue, mais comme le révélateur privilégié de la condition de l'homme moderne dans nos sociétés dites de masse. Ce que le titre un moment choisi par Arendt, mais écarté par Alfred Kazin, *Le Fardeau de l'homme moderne*, exprimait mieux que ceux finalement retenus[1]. D'où l'affirmation de ce qu'elle n'hésite pas à nommer « la troublante pertinence des régimes totalitaires[2] ».

---

1. « Je continue de me préoccuper du titre de mon livre. Voici notre dernière découverte : *Le Fardeau de l'homme moderne*. Je préférerais cependant que vous me disiez votre avis avant de le soumettre de façon sérieuse et solennelle à Giroux », Hannah Arendt à Alfred Kazin, 8 août 1950. À quoi Kazin lui répond le 15 août, dans un *post-scriptum* : « Désolé, je ne vois aucun avantage dans le nouveau titre. Cessez de faire des histoires à propos des titres : celui que vous avez fera l'affaire » [nous traduisons] (« The correspondence between Hannah Arendt and Alfred Kazin », Helgard Mahrdt éd., http://folk.uio.no/helgardm/correspondence.pdf).
2. H. Arendt, *Les Origines du totalitarisme*, *op. cit.*, p. 862.

Dans cette vision, le nazisme n'est plus seulement ce mouvement raciste et exterminateur qui a entrepris de détruire nos fragiles démocraties et saccagé tout sens humain. Il devient tout à la fois le révélateur, crédité d'une forme de « pertinence », de l'absence de sens de notre monde qu'Arendt affirme, de façon toute malthusienne, « surpeuplé », et une réponse possible à ce surpeuplement. Or, c'est beaucoup trop accorder au national-socialisme, et c'est faux. Outre le fait que le surpeuplement supposé de notre planète ne vaut que pour des zones en réalité limitées du sol terrestre, principalement les grandes métropoles, l'extermination des Juifs d'Europe par les nazis ne répond pas à des préoccupations malthusiennes, l'institution de leurs camps de concentration non plus, et la réalité passée de la domination nationale-socialiste n'apporte pas de lumière directe sur les problèmes sociaux et humains de notre temps. Enfin, le risque le plus grave dans la perspective ouverte par la thèse d'Arendt, c'est que la vision ainsi transmise – qui fascine et séduit comme toute tentative d'explication globale – amène des lecteurs à glisser de la pertinence supposée du paradigme explicatif à celle de la « réponse » effective apportée par le nazisme. Le risque se redouble du fait que nous pouvons lire aujourd'hui, en parallèle aux écrits d'Arendt et sous la plume de Heidegger, que le national-socialisme serait allé dans la « direction » d'un « rapport suffisant » entre l'homme moderne et la technique[1].

Dans sa recension critique du livre d'Arendt, Raymond Aron observe qu'à lire *Les Origines du totalitarisme* « on finit par voir le monde tel que les totalitaires le présentent ». Cela au point, ajoute-t-il, que « l'on risque de se sentir mystérieusement attiré par l'horreur ou l'absurdité décrite ». Et il poursuit en ces termes :

> Je ne suis pas sûr que Mme Arendt ne soit pas quelque peu fascinée par les monstres qu'elle emprunte au réel mais que son imagination logicienne, à certains égards comparable à celle des idéologues qu'elle dénonce, amène à leur point de perfection[2].

---

[1]. Sur cet éloge par Heidegger de la direction prise par le national-socialisme, voir *infra*, chap. 5, § 21.
[2]. R. Aron, « L'essence du totalitarisme », *Critique*, n° 80, janvier 1954, p. 52.

Ajoutons que « rendre les hommes superflus », formule trop vague et trop large, ne correspond pas à l'entreprise nationale-socialiste où il s'agit de donner naissance à un « homme nouveau », puis de le former, ce qui n'avait pas lieu dans les camps d'extermination mais dans ces haras humains qu'étaient les Lebensborn[1], les instituts d'éducation ou Napola[2] – conçus d'ailleurs par un disciple de Heidegger, Joachim Haupt[3] –, dans les mouvements de la jeunesse hitlérienne[4] et les colonies de peuplement germanique à l'Est[5].

Arendt formule ensuite l'idée de crimes qui excèdent le droit et la morale, un « mal absolu » lié à « l'invention d'un système dans lequel *tous les hommes* sont également superflus »[6]. Dans le nazisme pourtant, nous sommes loin d'une telle égalisation. Seuls *certains* hommes, qui ne sont plus d'ailleurs considérés comme tels – avant tout les Juifs –, sont vus comme « superflus » non par leur nombre, mais par leur être même. La réalité historique de l'antisémitisme contredit donc l'universalisation arendtienne.

L'auteur des *Origines du totalitarisme*, cependant, ne s'en tient pas à la thèse déjà contestable selon laquelle les régimes totalitaires seraient le révélateur pertinent des problèmes structurels de notre temps : surpopulation, massification des sociétés, constitution

---

1. Voir Boris Thiolay, *Lebensborn : la fabrique des enfants parfaits. Ces Français qui sont nés dans une maternité SS*, Paris, Flammarion, 2012.
2. Voir notamment Herma Bouvier et Claude Geraud, *Napola, les écoles d'élite du troisième Reich*, Paris, L'Harmattan, 2000.
3. Sur Joachim Haupt, voir E. Faye, *Heidegger, l'introduction du nazisme dans la philosophie, op. cit.*, p. 402-403.
4. Voir Erika Mann, *Zehn Millionen Kinder : Die Erziehung der Jugend im Dritten Reich*, Amsterdam, Querido Verlag, 1938 ; trad. fr., *Dix millions d'enfants nazis*, Paris, Tallandier, 1998. Arendt ne cite pas dans *Les Origines du totalitarisme* l'ouvrage d'Erika Mann, qui est un classique de la littérature d'exil, traduit en anglais dès l'année de sa parution. Voir E. Mann, *School for Barbarians, Education under the Nazis*, New York, Modern Age Books, 1938. Sur le même sujet, voir également Klaus-Peter Horn et Jörg-W. Link éd., *Erziehungsverhältnisse im Nationalsozialismus. Totaler Anspruch und Erziehungswirklichkeit*, Bad Heilbrunn, Julius Klinkhardt, 2011.
5. Voir Christian Baechler, *Guerre et exterminations à l'Est : Hitler et la conquête de l'espace vital 1933-1945*, Paris, Tallandier, 2012.
6. H. Arendt, *Les Origines du totalitarisme, op. cit.*, « En guise de conclusion », p. 865 (souligné par nous).

d'une plèbe de déclassés, etc. Dans la seconde partie de son chapitre conclusif de 1951, elle procède à une généralisation pathétique, préparée par l'affirmation de la réversibilité des oppresseurs et des victimes, de l'effacement de toute norme morale et de la responsabilité d'un mode de pensée utilitaire qui se serait imposé. « C'est, écrit-elle, la totalité de presque trois mille ans de civilisation occidentale [...] qui s'est brisée [...], la structure entière de la culture occidentale s'est effondrée sur nos têtes[1]. » Or, cette affirmation grandiloquente et abrupte entérine la destruction en esprit que les nationaux-socialistes ont voulu accomplir. Arendt conclut en effet à « l'impossibilité de considérer désormais aucune nature, pas même la nature de l'homme, comme la mesure de toute chose[2] ». La question n'est pourtant pas de faire, comme le voulait Protagoras et comme le contestera Heidegger dans son cours sur Nietzsche du semestre d'été 1940, l'homme « mesure de toute chose », mais de considérer l'homme et, en général, tout personne raisonnable comme « fin en soi[3] ». C'est ce que Kant nomme la disposition à la personnalité, présente en tout homme compris comme fin en soi lorsqu'il s'agit de déterminer quelle attitude morale adopter envers chacun.

Les conclusions nihilistes d'Arendt, tout au contraire, conduisent à la remise en question des droits de l'homme et à la récusation du droit naturel. En lieu et place, elle promeut ce que nous pourrions appeler une forme de décisionnisme irrationnel et qu'elle nomme « le projet d'un commencement délibéré », ou encore la création d'un « nouveau fondement pour la communauté humaine en tant que telle »[4]. Nous pourrions croire un instant que cette référence à « la communauté humaine » réintroduit une forme de concept de l'humanité. Il n'en est rien. Arendt glisse en effet du *la* au *sa*. Elle soutient que « l'homme en tant qu'homme n'a qu'un droit », celui de « ne jamais être exclu des droits que lui

---

1. *Ibid.*, p. 867.
2. *Ibid.*
3. Emmanuel Kant, *Fondements de la métaphysique des mœurs*, trad. par Victor Delbos, Paris, Vrin, 2008, p. 141.
4. H. Arendt, *Les Origines du totalitarisme*, *op. cit.*, p. 869.

garantit sa communauté »[1]. C'est une façon de rabattre l'universalité de l'expression « homme en tant qu'homme » sur la particularité de l'appartenance à *une* communauté politique particulière. Or, qu'en est-il, dans ce cas, des droits, par exemple, des Juifs allemands face à la «communauté du peuple» ou *Volksgemeinschaft* nazie, dont ils sont d'emblée exclus et où ils sont présentés comme les adversaires existentiels? Les thèses d'Arendt ne répondent pas à ces difficultés. Elle se cantonne à l'affirmation de droits nés de la seule appartenance à une communauté politique. La référence à *la* communauté humaine est maintenant oubliée, et Arendt va jusqu'à affirmer que « le droit à la condition humaine elle-même [...] dépend de l'appartenance à *une* communauté humaine[2] ». Elle soutient également que «les droits jaillissent de la pluralité humaine[3] ». Cependant, ce terme de «pluralité», désormais indéfiniment repris par Arendt et sur lequel nous aurons à revenir plus d'une fois, n'est aucunement défini. Dans le contexte du chapitre, nous pouvons penser qu'il ne s'agit que d'un autre mot pour désigner les communautés humaines, de sorte que la vision d'Arendt ne laisse pas de place à l'affirmation des droits de l'individu considéré comme tel, indépendamment de son appartenance à telle ou telle communauté politique.

Où Hannah Arendt entend-elle nous conduire? Tout fondement naturel ou transcendant du droit se trouve récusé. Non seulement le «mythe judéo-chrétien de la création[4]» est écarté mais également ce qu'elle nomme «le dernier mythe, vraisemblablement le plus arrogant, que nous ayons inventé dans notre histoire», celui d'une «dignité humaine innée»[5]. Avec cette dernière déclaration, l'auteur des *Origines du totalitarisme* jette à bas ce qu'elle avait évoqué précédemment comme « la nouvelle dignité de l'homme », celle d'«avoir accédé à la majorité »[6], une conception qui, à la suite de Kant, avait été considérée comme consti-

---

1. *Ibid.*, p. 870.
2. *Ibid.*, p. 875 (souligné par nous).
3. *Ibid.*, p. 871.
4. *Ibid.*, p. 867.
5. *Ibid.*, p. 873.
6. *Ibid.*, p. 868.

tutive des droits de l'homme. L'opposition d'Arendt à l'esprit des Lumières ne saurait être plus nettement exprimée, ni son supposé kantisme davantage mis à mal.

15. La convergence entre Arendt et Heidegger à propos de l'« absence de patrie » (*Heimatlosigkeit*) de l'homme moderne

Nous venons de voir Arendt exprimer en 1951, dans un finale particulièrement véhément, la radicalité destructrice d'une vision dans laquelle toute fondation naturelle et rationnelle des droits de l'homme et de la vie en société se trouve récusée. Sans doute a-t-elle estimé qu'elle s'était trop exposée, ce qui la conduira à supprimer ce chapitre à partir de la version allemande de 1955. De fait, l'anti-kantisme de ses thèses conclusives de 1951 aurait pu lui valoir de sérieuses oppositions de la part de plus d'un philosophe allemand si elle avait maintenu le texte inchangé. Or, Hannah Arendt a également renoncé à rééditer la courte préface originelle du livre. Quelles conclusions pouvons-nous en tirer ?

Nous avons attendu d'avoir évoqué l'ensemble des chapitres de la trilogie avant d'aborder cette préface, car c'est ainsi seulement que l'on peut saisir ce qui est en jeu dans ce texte rédigé en dernier, peu de mois après les retrouvailles de février 1950 avec Martin Heidegger. D'une écriture dense et brève, la préface a en effet été écrite, au Cap Cod, durant l'été 1950. Elle est précédée d'une citation de Jaspers : « Ne céder ni à la nostalgie du passé ni à celle du futur. Ce qui importe, c'est d'être pleinement dans le présent[1]. » En fait de présent, les phrases introductives de la préface d'Arendt sont lourdes de menaces :

> Deux guerres mondiales en l'espace d'une génération, séparées par une chaîne ininterrompue de guerres locales et de révolutions,

---

[1]. « *Weder dem Vergangenen anheimfallen noch dem Zukünftigen. Es kommt darauf an, ganz gegenwärtig zu sein* » (Karl Jaspers, *Von der Wahrheit*, Munich, Piper, 1947 ; rééd. 1983, p. 25 ; cité en allemand dans H. Arendt, *Elemente und Ursprünge totaler Herrschaft*, op. cit., p. 5).

qui n'ont été suivies d'aucun traité de paix pour le vaincu, d'aucun répit pour le vainqueur ; nous nous attendons, en conséquence, à une Troisième Guerre mondiale entre les deux grandes puissances qui subsistent. Ce temps de l'attente ressemble au calme qui s'installe lorsque tout espoir a disparu[1].

Quel est ce présent dans lequel il importe d'être pleinement ? Nous sommes aux tout premiers mois de la guerre de Corée, déclenchée le 25 juin 1950 avec l'invasion du Sud par les forces militaires de la République populaire démocratique de Corée, soutenue par la Chine et par l'URSS. La contre-offensive des forces de l'ONU, conduites par les États-Unis, interviendra en septembre. Dans ce contexte, nous pouvons comprendre l'évocation par Arendt d'une possible Troisième Guerre mondiale entre Américains et Soviétiques. Il est plus surprenant de constater qu'elle n'a pas un mot positif à l'égard de la victoire de 1945 sur le IIIe Reich. Arendt ne différencie pas 1918 et 1945, et l'on peut s'étonner de voir qu'elle semble regretter l'absence de traité de paix à l'issue de la Seconde Guerre mondiale, comme si autre chose qu'une capitulation sans condition aurait pu être attendu de la confrontation avec les armées de Hitler.

Ce texte d'Arendt peut-il être considéré, comme cela a été dit plus d'une fois de son livre sur le totalitarisme, comme s'inscrivant dans le contexte de la guerre froide ? Sans doute, et le fait qu'elle fut de ces intellectuels américains invités et soutenus par le Congrès pour la liberté de la culture (le CCF, en abréviation américaine) et publiés par des revues comme *Partisan Review* ou *Preuves* nous le confirme[2]. Arendt participe notamment au grand congrès du CCF de 1955 à Milan, avec une communication inti-

---

1. Traduction reprise de M.-I. Brudny, «Introduction aux *Origines du totalitarisme* par Hannah Arendt», art. cité, p. 91.
2. Voir sur ce point, par exemple, James Petra, «The CIA and the Cultural Cold War Revisited», *Monthly Review*, novembre 1999, vol. 51/6 (http://monthlyreview.org/1999/11/01/the-cia-and-the-cultural-cold-war-revisited/). Cela n'est pas contredit par le fait qu'Arendt critiquait à l'occasion une telle institution, comme le rappelle de façon peut-être trop appuyée Irving Louis Horowitz en réponse à Bernard Wasserstein, dans «Assaulting Arendt», *First Thing*, février 2000 (http://www.firstthings.com/article/2010/02/assaulting-arendt).

tulée «Autorité, tyrannie et totalitarisme[1]». Cependant, il apparaît qu'elle va plus loin encore. Dans son chapitre conclusif en effet, elle légitime à l'avance une possible intervention sur le territoire même de l'URSS. Plus encore, elle préconise une telle intervention et la présente comme un devoir politique :

> [...] les camps de concentration russes, dans lesquels plusieurs millions d'hommes sont privés jusqu'aux bénéfices douteux de la loi de leur propre pays, pourraient et devraient devenir le thème d'une action qui n'aurait pas à respecter les droits et les règles de la souveraineté[2].

Il ne s'agit donc plus seulement de tenir en respect une puissance jugée désormais hostile, mais de justifier une forme de droit d'ingérence ne respectant plus la souveraineté de l'URSS. Arendt n'en précise pas les modalités concrètes : offensive militaire – option irréaliste contre une puissance nucléaire – ou bien activisme, par exemple, des services secrets ?

Hannah Arendt nous enjoint par ailleurs d'«examiner et de porter en toute lucidité le fardeau dont le siècle nous a chargés». Souvenons-nous à ce propos que le titre de l'édition originale de son livre parue au Royaume-Uni n'est autre que *Le Fardeau de notre temps*[3]. Dans cette perspective particulièrement sombre, qui n'est pas sans rappeler la tonalité du *Déclin de l'Occident* d'Oswald Spengler, ce qu'elle appelle «la tentative totalitaire pour conquérir la planète et exercer une domination totale» reçoit une forme de justification qui rejoint ce qu'elle a appelé, nous l'avons vu, sa «troublante pertinence». Voici en effet ce qu'elle écrit :

> [...] sans le monde fictif des mouvements totalitaires, où les incertitudes fondamentales de notre époque ont été exprimées avec une clarté inégalée, nous aurions pu être conduits à notre perte sans jamais prendre conscience de ce qui nous arrivait[4].

---

1. Voir Anne-Marie Corbin, «Le Congrès pour la liberté de la culture : intellectuels et propagande», *Allemagne d'aujourd'hui*, n° 189, juillet-septembre 2009, p. 85.
2. H. Arendt, *Les Origines du totalitarisme, op. cit.*, p. 871.
3. H. Arendt, *The Burden of our Time, op. cit.*
4. M.-I. Brudny, «Introduction aux *Origines du totalitarisme* par Hannah Arendt», art. cité.

Ainsi la domination nazie aurait-elle été, comme la domination soviétique, nécessaire à la prise de conscience de notre situation présente! Comme dans les dernières pages du douzième chapitre, l'accent se fait maintenant théologique, au moins dans le langage. L'auteur du *Fardeau de notre temps* affirme en effet que « s'il est vrai que dans les phases ultimes du totalitarisme un mal absolu apparaît (absolu, parce qu'il ne peut plus être déduit de mobiles humainement compréhensibles), il est vrai aussi que, sans lui, nous n'aurions peut-être jamais connu la nature vraiment radicale du Mal[1] ».

Est-il légitime de créditer le nazisme d'avoir exprimé, « avec une clarté inégalée » qui plus est, les incertitudes de notre époque? Et de nous avoir fait connaître, en outre, la « nature vraiment radicale du Mal »? N'est-ce pas trop lui accorder que de lui reconnaître ainsi une forme de pertinence tout à la fois historique et métaphysique, ou plutôt théologique? Car, historiquement, loin d'avoir éclairé les difficultés de notre époque, le national-socialisme, avec sa dynamique raciste et exterminatrice, les a dramatiquement aggravées. Ce constat est encore plus manifeste si l'on reconnaît que les destructions et le saccage sur tous les plans – matériel, intellectuel, moral et spirituel – qu'il a produits n'ont pas entièrement pris fin avec la défaite militaire de 1945 mais ont continué d'agir à travers les écrits des auteurs nationaux-socialistes qui sont parvenus à refaire surface.

En parlant de mal radical, Arendt reprend une expression thématisée par Emmanuel Kant dans un essai « Sur le mal radical dans la nature humaine » paru en 1792 dans la revue *Berlinische Monatsschrift* et repris l'année suivante pour former la première partie de *La Religion dans les limites de la simple raison*. La thématisation kantienne du mal radical repose sur une investigation de la personne morale de l'homme, des mobiles de ses actions, et sur la distinction fine entre dispositions et penchants. Kant distingue en effet la disposition naturelle de l'homme au bien et son penchant pour le mal dans la volonté perverse, où « la manière de pensée [...] se trouve pervertie en sa racine (en ce qui concerne

---

1. *Ibid.*

l'intention morale)¹». Le mal est dit alors *radical* parce que, écrit-il, « il corrompt le fondement de toutes les maximes²».

Or, aucune investigation philosophique comparable à celle de Kant ne se trouve seulement esquissée dans le propos d'Arendt, qu'il s'agisse de sa préface ou des pages ajoutées en 1955 au douzième chapitre. À la recherche morale initiée par Kant se substitue, dans *Les Origines du totalitarisme*, une qualification non pas individuelle et morale, mais historique et collective, où la dénomination de «mal radical» est historicisée et utilisée pour désigner un monde où tous les hommes sont également «superflus». Le «sujet» du mal radical n'est plus la personne morale, mais le monde dépourvu de sens qui correspond, selon Arendt, à la condition de l'homme moderne. Ce qu'elle exprime en ces termes :

> Une seule chose semble claire : le mal radical est, peut-on dire, apparu en liaison avec un système où tous les hommes sont, au même titre, devenus superflus³.

De fait, loin de s'inscrire dans la continuité philosophique de Kant, Arendt ne reprend, selon ses termes, «l'expression qu'il forgea» que pour lui reprocher d'avoir voulu «rationaliser» le mal radical, «par le concept d'une volonté perverse, explicable à partir de mobiles intelligibles»⁴. Arendt estime en effet que le mal peut être dit *radical* en ce qu'il «brise toutes les normes connues de nous». Sa radicalité tiendrait donc à l'impossibilité de le «rationaliser⁵». Selon Kant, au contraire, la raison n'a pas à renoncer à

---

1. E. Kant, *La Religion dans les limites de la simple raison*, Paris, Vrin, p. 74. Nous ne pouvons ici qu'effleurer l'investigation ample et complexe effectuée par Kant.
2. *Ibid.*, p. 80.
3. H. Arendt, *Les Origines du totalitarisme, op. cit.*, p. 811.
4. *Ibid.*
5. Il faut mentionner à ce propos le texte de Karl Jaspers de 1935, intitulé «Le mal radical chez Kant», dans lequel il tire la doctrine kantienne du mal radical vers une forme d'irrationalisme. Il s'agit d'une conférence prononcée à Zurich en 1935 et publiée seulement en 1951. Arendt ne devait pas avoir connaissance de ce texte lorsqu'elle a publié la même année *Les Origines du totalitarisme* – à moins que Jaspers ne le lui ait donné à lire en manuscrit après la guerre –, mais il est probable qu'elle l'avait lu lorsqu'elle a fait paraître l'édition allemande des *Origines du totali-*

comprendre le mal radical. Son indétermination est reconduite au caractère intelligible, à un acte libre qui se soustrait au respect de la loi morale par fragilité, impureté ou méchanceté, qui représentent les trois degrés du penchant au mal selon Kant. Arendt a donc suivi une tout autre orientation que l'auteur de la *Critique de la raison pratique*. Kantienne, elle ne l'est sur le mal que par la reprise de quelques-uns de ses termes, mais non par la pensée[1]. Pour elle, « nous n'avons rien à quoi nous référer ». Face au « mal radical », il ne serait donc plus possible, dans sa perspective, d'en appeler à ce que Kant nommait la « loi morale en nous ».

Nous pouvons en outre observer que Hannah Arendt s'appuie dans ces pages des *Origines du totalitarisme* sur un autre fonds et puise à une autre source que la philosophie morale et rationnelle d'Emmanuel Kant, qui apparaît de ce fait, en 1951, instrumentalisé à la façon d'un prête-nom. Cela se voit tout particulièrement au fait que la terminologie qu'elle emploie dans les développements ajoutés à partir de l'édition allemande de 1955 n'est plus seulement celle de Kant – pour l'expression « mal radical » –, mais celle également de Martin Heidegger. À ce propos, comme nous aurons à le montrer dans ce livre[2], nous devons tenir compte du fait que Hannah Arendt avait déjà lu la *Lettre sur l'humanisme* à l'été 1949, avant de renouer à Fribourg, en février 1950, avec son ancien professeur et amant, et elle avait été marquée en profondeur par cette lecture. Habitée par une vision qui a pu être dite hallucinée, liée aux premières impressions nées de sa lecture, l'écriture d'Arendt devient particulièrement torrentielle[3]. Dans les derniers chapitres du troisième volume, elle partage avec Heidegger

---

tarisme, préfacée par Jaspers, en 1955. Voir K. Jaspers, « Das radikal Böse bei Kant », *Rechenschaft und Ausblick. Reden und Aufsätze*, Munich, Piper, 1951, p. 90-114, en particulier p. 109.

1. Comme l'a bien vu Édith Fuchs, Arendt a « emprunté à Kant les termes de "mal radical", sans nullement retenir l'analyse kantienne de l'inversion de la maxime morale » (Édith Fuchs, *Écritures d'Auschwitz. Défiguration et transfiguration de l'histoire*, Paris, Éditions Delga, 2014, p. 98).

2. Voir *infra*, chap. 9, § 39.

3. Dans la préface à son édition des *Origines du totalitarisme*, Pierre Bouretz estime le livre « torrentiel » (p. 40). Il évoque également des pages « presque hallucinées » (p. 41). Nous pensons que cela vaut surtout pour l'écriture des derniers chapitres.

la même vision sombre de l'après-1945, la même façon de généraliser à l'extrême, et, dans les pages ajoutées au douzième chapitre pour l'édition allemande, elle emploie à nouveau le terme d'« absence de patrie » *(Heimatlosigkeit)*[1], déjà utilisé par elle dans son article de 1946 sur la philosophie de l'existence[2], et repris par Heidegger dans la *Lettre sur l'humanisme*.

Ce dernier évoque en effet, dans sa lettre, l'« absence de patrie de l'homme moderne[3] », un déracinement qui, selon ses termes, « devient un destin mondial[4] ». Il va jusqu'à réinterpréter, de façon habilement stratégique dans le contexte du temps, l'« aliénation » *(Entfremdung)* selon Marx comme devant être rapportée à cette absence de patrie! Il écrit en effet:

> Ce que Marx, partant de Hegel, a reconnu en un sens essentiel et remarquable comme étant l'aliénation de l'homme a ses racines qui remontent à l'absence de patrie de l'homme moderne. [...] Parce que Marx, lorsqu'il fait l'expérience de l'aliénation, pénètre dans une dimension essentielle de l'histoire, la vision marxiste de l'histoire *(Geschichte)* est supérieure au reste de l'historiographie *(Historie)*[5].

Qu'Arendt en vienne à parler, à propos des « hommes superflus », de l'absence de sol et de patrie – *Bodenlosigkeit* et *Heimatlosigkeit* – nous donne à penser que les « hommes superflus » de notre époque ne sont pas loin de s'inscrire dans la même vision que celle exprimée par l'évocation heideggérienne de l'« absence de patrie de l'homme moderne » dans la *Lettre sur l'humanisme*. Voici ce qu'elle écrit dans la version allemande:

---

1. Voir H. Arendt, *Elemente und Ursprünge totaler Herrschaft*, op. cit., p. 942.
2. Voir *infra*, chap. 8, § 36.
3. « [...] *die Heimatlosigkeit des neuzeitlichen Menschen* » (M. Heidegger, *Lettre sur l'humanisme*, texte allemand traduit et présenté par Roger Munier, Paris, Aubier, 1957, p. 92). Voir également l'usage heideggérien du même terme *(ibid.,* p. 98 et 102).
4. « [...] *Die Heimatlosigkeit wird ein Weltschicksal* » *(ibid.,* p. 98).
5. « *Was Marx in einem wesentlichen und bedeutenden Sinne von Hegel her als die Entfremdung des Menschen erkannt hat, reicht mit seinen Wurzeln in die Heimatlosigkeit des neuzeitlichen Menschen zurück.* [...] *Weil Marx, indem er die Entfremdung erfährt, in eine wesentliche Dimension der Geschichte hineinreicht, deshalb ist die marxistische Anschauung von der Geschichte der übrigen Historie überlegen* » *(ibid.,* p. 98 – trad. modifiée).

L'immense danger des inventions totalitaires, à savoir rendre les hommes superflus, c'est que, dans un âge de croissance démographique rapide et d'augmentation incessante de l'absence de sol *(Bodenlosigkeit)* et de l'absence de patrie *(Heimatlosigkeit)*, des masses d'hommes deviennent, au sens des catégories utilitaristes, constamment et partout effectivement « superflues »[1].

La terminologie d'Arendt, qu'elle partage avec Heidegger, n'apparaît guère dans la traduction française, où *Bodenlosigkeit* et *Heimatlosigkeit* sont rendus par l'expression « sans feu ni lieu[2] ». L'anglais est moins évasif, qui parle de *homelessness*[3]. Quoi qu'il en soit, il nous faut régulièrement, si nous voulons discerner ce qui, de la terminologie d'Arendt, lui est commun avec Heidegger, nous reporter à l'édition allemande de ses écrits. Cela nous sera confirmé lorsque nous aurons à étudier son essai des années 1958-1960, *Condition de l'homme moderne*[4].

Quant à la signification de la phrase d'Arendt, elle apparaît confuse et obscure. Celle-ci, en effet, a mis précédemment l'accent sur le fait que les camps de concentration « n'ont pas été établis en vue d'une productivité possible[5] ». Le mode de pensée qui préside à leur fonctionnement n'est donc pas utilitariste. Comment peut-elle maintenant affirmer, sans incohérence, qu'il existerait une corrélation étroite entre le mode de pensée utilitariste, qui conduit à considérer dans nos sociétés modernes des masses d'hommes comme « superflues », et les « inventions totalitaires » des camps de

---

1. « *Die ungeheure Gefahr der totalitären Erfindungen, Menschen überflüssig zu machen, ist, daß in einem Zeitalter rapiden Bevölkerungszuwachses und ständigen Anwachsens der Bodenlosigkeit und Heimatlosigkeit überall dauernd Massen von Menschen im Sinne utilitaristischer Kategorien in der Tat "überflüssig" werden* » (H. Arendt, *Elemente und Ursrprünge totaler Herrschaft, op. cit.*, p. 942).
2. H. Arendt, *Les Origines du totalitarisme, op. cit.*, p. 812.
3. « *The danger of the corps factories and holes of oblivion is that today, with populations and homelessness everywhere on the increase, masses of people are continuously rendered superfluous if we continue to think of our world in utilitarian terms* » (H. Arendt, *The Origins of Totalitarianism*, p. 459).
4. Voir *infra*, chap. 10, § 43.
5. H. Arendt, *Les Origines du totalitarisme, op. cit.*, p. 791.

concentration et d'extermination[1] ? Sans doute entend-elle suggérer par là que le mode de pensée mathématique et scientifique de la modernité devrait être tenu pour responsable tout à la fois de l'essor des sociétés de masse et des «inventions totalitaires» – ce qui d'ailleurs cadre mal avec son refus de toute explication causale en histoire. On l'a vu en effet postuler l'existence, tout à la fois, d'une relation étroite entre «totalitarisme» et «scientisme» et d'«un rapport entre le progrès scientifique et l'essor de masse»[2]. N'est-ce pas une façon très heideggérienne de remettre en question ce qu'elle nomme, dans la même page, «cette obsession de la science qui caractérise le monde occidental depuis l'essor des mathématiques et de la physique au XVIe siècle[3] »? Nous retrouverons la même récusation de la pensée mathématique et scientifique dans le «Prologue» de la *Condition de l'homme moderne*[4]. Exactement comme avec Heidegger, la vision du monde d'Arendt met en procès la mathématique, qu'ils ne reconnaissent ni l'un ni l'autre comme une *pensée* au sens plein du mot.

En soi discutable et appauvrissant pour la pensée, ce préjugé anti-scientifique ne supprime pas les incohérences que nous avons relevées dans la vision d'Arendt. En effet, «superflu» ne saurait avoir le même sens dans une vision utilitariste de nos sociétés, confrontées au chômage de masse en temps de crise, et dans la réalité des camps nazis. Dans le premier cas, c'est l'insertion économique du travailleur dans le marché du travail qui est prise en compte. C'est ce que l'on appelle aujourd'hui, d'un néologisme lourd, son «employabilité». Dans le second cas, sont estimés «superflus», c'est-à-dire destinés à périr immédiatement ou à court terme, tous ceux qui, pour des raisons raciales, politiques ou sexuelles – les «non-aryens», les résistants, les homosexuels –, sont exclus de la *Volksgemeinschaft* germanique et nazie.

---

1. On remarquera que, contrairement à l'édition en langue anglaise, Arendt ne parle plus dans l'édition allemande de «fabriques de cadavres», expression qui renverrait sans doute trop exclusivement le lecteur allemand aux camps nazis, mais, de façon plus générale et vague, d'«inventions totalitaires».
2. *Ibid.*, p. 866.
3. *Ibid.*
4. Voir *infra*, chap. 10, § 43.

Nous pouvons maintenant condenser les résultats de notre recherche des sources principales de la vision d'Arendt en ces termes : l'usage de l'expression « mal radical » a mis plus d'un interprète sur une fausse piste. On a cru trouver dans *Les Origines du totalitarisme* une mise en perspective d'esprit kantien, alors qu'Arendt récuse l'effort de rationalisation par Kant de la question du mal, rapportée par lui à une problématique morale mettant en jeu la liberté de l'arbitre dans le choix des mobiles et la loi morale supposée familière à toute conscience *(Faktum rationis)*[1]. En réalité, c'est une vision largement heideggérienne de la modernité qui anime le propos d'Arendt. Elle partage avec lui la thématisation de l'« absence de patrie » *(Heimatlosigkeit)* de l'homme moderne, ainsi que le mépris pour la pensée scientifique et mathématique[2].

Une question demeure sans réponse. Si Hannah Arendt adhère pour une grande part, au début des années 1950, à la vision développée par Heidegger en 1947 sous le terme d'*Heimatlosigkeit*, préconise-t-elle pour autant les mêmes « remèdes » que son ancien professeur et amant ? Il est difficile de répondre à cette question. En effet, à la différence de Heidegger, mis sur la touche en 1945, interdit d'enseignement jusqu'en 1951, et qui se voit désormais tenu de cultiver un apolitisme au moins apparent, Arendt n'a pas à partager la même réserve. Bien au contraire, elle est, grâce à la renommée que lui vaut la publication des *Origines du totalitarisme*, en position de pouvoir proposer une perspective politique. C'est, nous le verrons dans la troisième partie de notre livre, ce à quoi elle va s'employer à partir des années 1953-1954, lorsque, encou-

---

1. Voir à ce propos Michèle Cohen-Halimi, *Entendre raison. Essai sur la philosophie pratique de Kant*, Paris, Vrin, 2004, p. 60. Certains interprètes ont également mis l'accent sur un possible fond de pensée augustinien sur la question notamment du mal (voir, par exemple, Charles T. Mathewes, *Evil and the Augustinian Tradition*, Cambridge [UK], Cambridge University Press, 2001). Cela n'est pas sans quelque vérité, mais il importerait dans ce cas d'être conscient que l'augustinisme d'Arendt est transformé par son approche heideggérienne. C'est déjà visible dans la terminologie et le renvoi à la conception heideggérienne du « monde » dans sa thèse sur Augustin de 1929, et perceptible également dans son usage d'Augustin à propos de la question « Qui ? », dans le premier chapitre de *Condition de l'homme moderne* (voir *infra*, chap. 10, § 44).
2. Sur ces deux points, voir également *infra*, chap. 10, § 43.

ragée notamment par son ami Waldemar Gurian, elle décide, non sans succès, d'entamer aux États-Unis une carrière universitaire dans les sciences politiques[1]. Nous laissons donc pour le moment ouverte la question que nous avons posée, d'autant qu'il est également indispensable, pour être en mesure de l'élucider, d'avoir pris toute la mesure du cheminement politique de Heidegger, depuis les années 1920 jusqu'à l'après-guerre. Il nous faut donc examiner maintenant, dans la deuxième partie de ce livre, jusqu'où ont pu le conduire sa réinterprétation « métapolitique » de la métaphysique, explicite dans ses *Cahiers noirs*, ainsi que sa conception des relations entre le national-socialisme et ce qu'il appellera, dès le début des années 1930, la « fin de la "philosophie"[2] ».

---

1. Voir *infra*, chap. 9, § 42.
2. M. Heidegger, *Überlegungen II-VI (Schwarze Hefte 1931-1938)*, Peter Trawny éd., GA 94, Klostermann, 2014, p. 115 ; voir *infra*, chap. 6, § 25.

DEUXIÈME PARTIE

HEIDEGGER OU LA MÉTAPOLITIQUE DE L'EXTERMINATION

5.

L'être comme « mot couvert »,
l'histoire, la technique et l'extermination

> La « Patrie » est l'être *(Seyn)* même.
>
> Martin Heidegger, semestre d'hiver 1934-1935[1].
>
> Ce que tu dis de « l'être de l'étant » est exact.
> C'est une formule, pour moi souvent un « mot couvert » [...].
>
> Martin Heidegger à Kurt Bauch, Fribourg, 1er août 1943[2].
>
> « Être » *(Sein)* depuis *Être et temps* comme le mot couvert pour être *(Seyn)*.
>
> Martin Heidegger, *Cahiers noirs*[3].

---

1. « *Das "Vaterland" ist das Seyn selbst* » (M. Heidegger, *Hölderlins Hymnen « Germanien » und « Der Rhein »* [WS 1934 1935], Suzanne Ziegler éd., GA 40, 1980, p. 121). Heidegger joue dans ses textes des deux orthographes possibles en allemand de l'infinitif substantivé *Sein* et *Seyn*. L'orthographe avec un *y*, plus archaïque, est encore employée au XIXe siècle par Schelling. Comme nous l'avons expliqué ailleurs, nous nous refusons à encombrer la langue française de néologismes et de préciosités pour rendre les jeux de mots et d'orthographe heideggériens. En l'occurrence, plutôt que de reprendre la forme « estre » qui a cessé d'être en usage après le XIIIe siècle, nous préférons renvoyer à l'allemand (voir E. Faye, « Traduire Heidegger en français sans néologismes inutiles », in *Heidegger, le sol, la communauté, la race, op. cit.*, p. 21-24).
2. « *Was du über das "Sein des Seienden" sagst, ist richtig. Es ist eine Formel, für mich oft ein Deckname [...]* » (Martin Heidegger – Kurt Bauch, *Briefwechsel 1932-1975*, Almuth Heidegger éd., Martin Heidegger Briefausgabe Band II.1, Fribourg et Munich, Karl Alber, 2010, p. 92).
3. « *"Sein" seit "Sein und Zeit" als der Deckname für Seyn* » (M. Heidegger, *Anmerkungen I-IV*, Peter Trawny éd., GA 97, 2015, p. 218).

La deuxième partie de ce livre porte sur l'œuvre de Martin Heidegger, telle que nous pouvons la considérer de façon critique en ces premières décennies du XXIe siècle, à la suite de la publication d'extraits de séminaires inédits en 2005, de nouveaux volumes de l'*Œuvre intégrale*, et tout particulièrement des premiers *Cahiers noirs* en 2014-2015. Nous aborderons notamment le mode d'écriture cryptée de Heidegger dans ce chapitre, la destruction de la question de l'homme au chapitre VI, depuis *Être et temps* jusqu'aux premiers *Cahiers noirs*, et, au chapitre VII, la radicalité de son antisémitisme[1]. Ces mises au point sont aujourd'hui nécessaires pour affronter sans biaiser la réalité de ce que pense l'auteur d'*Être et temps* et comprendre à quel point les prises de position de Hannah Arendt sur Heidegger et Eichmann posent problème.

L'année 2001 aura marqué un tournant dans la publication de l'œuvre de Martin Heidegger. Cette année-là sont parus en effet les tout premiers cours qu'il a professés sous le IIIe Reich. Sous le titre d'*Être et vérité*, le double volume 36/37 de la *Gesamtausgabe* regroupe le cours du semestre d'été 1933 intitulé *La Question fondamentale de la philosophie* et celui du semestre d'hiver 1933-1934 qui a pour titre *De l'essence de la vérité*. Pourquoi un tournant? D'une part, parce qu'il s'agit des cours les plus explicitement nationaux-socialistes et hitlériens que Heidegger a professés: on découvre que Heidegger ne se limite pas à exposer ses thèses nationales-socialistes sur l'être, la vérité, l'historicité du peuple germanique dans des discours politiques, mais les introduit dans ses cours pour les transmettre à ses étudiants sous couvert de «philosophie». Nous pouvons donc parler à ce propos d'une introduction du national-socialisme dans le champ de la philosophie académique. D'autre part, parce qu'il n'enseigne pas seulement des positions *völkisch* et racistes explicites, mais manifeste aussi, dans le cours du semestre d'hiver 1933-1934, une volonté exterminatrice.

---

1. La rédaction originale du chapitre 5 est antérieure à la publication des *Cahiers noirs*, tandis que celle des chapitres 6 et 7 est postérieure à celle-ci. Sur la composition de ces trois chapitres, voir *infra*, «Note éditoriale et remerciements».

Ces deux cours ne se laissent pas aisément résumer et l'on ne peut se dispenser de les lire intégralement. Heidegger fusionne entre eux deux langages : d'un côté, pour le semestre d'été 1933, un cours sur le concept de métaphysique dans la pensée moderne, de Descartes à Baumgarten, Kant et Hegel, et, pour le semestre d'hiver 1933-1934, un cours déjà prononcé sur la caverne de Platon ; de l'autre, le *pathos* national-socialiste le plus radical, exprimé dans des thèses abruptes.

16. Une doctrine exterminatrice

Ainsi, dans le cours intitulé *De l'essence de la vérité*, Heidegger donne à ses étudiants comme objectif d'« épuiser les possibilités fondamentales de la souche originellement germanique et de les conduire à la domination[1] ». Suit une interprétation radicale du « conflit » *(polemos)* entendu comme un « affrontement de l'ennemi » *(Stehen gegen den Feind)*, qui ne doit plus grand-chose à Héraclite, mais renchérit dangereusement sur la détermination de l'ennemi existentiel dans la conception du politique selon Carl Schmitt. Ce dernier lui avait envoyé son édition de 1933 du *Concept du politique*, mise au goût du jour et publiée par la maison d'édition nationale-socialiste de Hambourg, Hanseatische Verlagsanstalt. Heidegger lui avait répondu, le 22 août 1933, par une lettre approbatrice, dans laquelle il annonçait tenir prête depuis des années une interprétation nouvelle du *polemos* héraclitéen. C'est cette interprétation qu'il expose dans son cours :

> Le combat comme affrontement de l'ennemi […].
> L'ennemi est celui-là, est tout un chacun qui fait planer une menace essentielle sur l'existence du peuple et de ses membres. L'ennemi n'est pas nécessairement l'ennemi extérieur, et l'ennemi extérieur n'est pas nécessairement le plus dangereux. Il peut même sembler qu'il n'y a pas d'ennemi. L'exigence radicale est alors de trou-

---

[1]. « […] *die Grundmöglichkeiten des urgermanischen Stammeswesens auszuschöpfen und zur Herrschaft zu bringen* » (M. Heidegger, *Sein und Wahrheit*, GA 36/37, p. 89).

ver l'ennemi, de le mettre en lumière ou peut-être même de le créer, afin qu'ait lieu cet affrontement de l'ennemi et que le *Dasein* ne soit pas hébété.

L'ennemi peut s'être incrusté dans la racine la plus intime du *Dasein* d'un peuple et s'opposer à l'essence propre de celui-ci, agir contre lui. D'autant plus acéré, et dur, et difficile est alors le combat, car la confrontation mutuelle n'en constitue que la moindre partie. C'est souvent une tâche bien plus difficile et de plus longue haleine que de repérer l'ennemi en tant que tel, de le mettre en évidence, de ne pas se faire d'illusion sur son compte, de rester agressif, de ménager et augmenter sa disponibilité constante et de mettre en place l'agression à long terme avec pour but l'extermination totale *(völligen Vernichtung)*[1].

L'insistance avec laquelle Heidegger préconise d'identifier l'ennemi intérieur, voire de le créer, correspond à la nouvelle mission alors confiée à la Gestapo: la recherche de l'ennemi *(die Gegnerforschung)*. Quant à cet ennemi greffé sur la racine la plus intime du peuple germanique, auquel il faut savoir s'opposer sur le long terme en ayant pour but son anéantissement ou son extermination[2] complète, il désigne l'opposant politique à la révolution nationale-socialiste, mais aussi, et surtout, le Juif assimilé dans le peuple allemand, qu'il s'agit d'identifier comme tel afin de l'anéantir. Avant Heidegger, Ernst Jünger avait, dans un

---

1. « *Der Kampf als Stehen gegen den Feind [...]/ Feind ist derjenige und jeder, von dem eine wesentliche Bedrohung des Daseins des Volkes und seiner Einzelnen ausgeht. Der Feind braucht nicht der äußere zu sein, und der äußere ist nicht einmal immer der gefährlichere. Und es kann so aussehen, als sei kein Feind da. Dann ist Grunderfordernis, den Feind zu finden, ins Licht zu stellen oder gar erst zu schaffen, damit dieses Stehen gegen den Feind geschehe und das Dasein nicht stumpf werde. Der Feind kann in der innersten Wurzel des Daseins eines Volkes sich festgesetzt haben und dessen eigenem Wesen sich entgegenstellen und zuwiderhandeln. Um so schärfer und härter und schwerer ist der Kampf, denn dieser besteht ja nur zum geringsten Teil im Gegeneinanderschlagen; oft weit schwieriger und langwieriger ist es, den Feind als solchen zu erspähen, ihn zur Entfaltung zu bringen, ihm gegenüber sich nichts vorzumachen, sich angriffsfertig zu halten, die ständige Bereitschaft zu pflegen und zu steigern und den Angriff auf weite Sicht mit dem Ziel der völligen Vernichtung anzusetzen* » (*ibid.*, p. 90-91).

2. « Anéantissement » et « extermination » constituent deux traductions également possibles de l'allemand *Vernichtung.*

texte intitulé « Sur le nationalisme et la question juive », donné comme seule alternative au Juif jusqu'à présent assimilé dans le peuple allemand : « être juif ou ne pas être[1] ». Trois ans plus tard, Heidegger va plus loin car son propos est de fait programmatique et a explicitement pour but, sur le long terme, l'« extermination totale ». Notons que l'expression *völlige Vernichtung* est celle même qu'employait, au printemps précédent, l'Association des étudiants allemands de l'Université de Fribourg, d'obédience nazie, dans un appel publié le 8 mai 1933. Nous sommes alors à deux jours des autodafés de livres dans tout le Reich. À Fribourg même, le philologue italien Ernesto Grassi assiste à ce bûcher de livres. Il dira, en 1970, avoir vu le feu crépiter devant l'université où Heidegger était recteur[2].

Voici le texte que l'on peut lire dans la *Breisgauer Zeitung* :

> L'Association des étudiants de l'Université de Fribourg lance l'*appel* suivant : « L'Association des étudiants allemands est décidée à mettre en œuvre le combat spirituel contre la décomposition judéo-marxiste du peuple allemand jusqu'à l'extermination totale *(völlige Vernichtung)*. L'*autodafé public* des écrits judéo-marxistes le 10 mai 1933 vaudra comme symbole de ce combat. Allemands, rassemblez-vous pour ce combat ! Manifestez aussi publiquement la disposition commune au combat[3] ! »

---

1. « *[...] entweder Jude zu sein oder nicht zu sein* » (Ernst Jünger, « Über Nationalismus und Judenfrage », *Politische Publizistik, 1919 bis 1933*, Sven Olaf Berggötz éd., Stuttgart, Klett Cota, 2001, p. 587-592).

2. « [...] sous son [Heidegger] rectorat, l'autodafé des livres juifs et marxistes, témoignages de la science "en décomposition". Le feu crépitait devant la bibliothèque universitaire » (Ernesto Grassi, *Macht des Bildes : Ohnmacht der rationalen Sprache. Zur Rettung des Rhetorischen*, DuMont Schauberg, Köln, 1970, p. 11 ; cité par H. Ott, *Martin Heidegger, op. cit.*, p. 195).

3. « *Die Studentenschaft der Universität Freiburg erläßt folgenden* Aufruf: *Die deutsche Studentenschaft ist entschlossen, den geistigen Kampf gegen die jüdisch-marxistische Zersetzung des deutschen Volkes bis zur völligen Vernichtung durchzuführen. Als Sinnbild dieses Kampfes gelte die Öffentliche Verbrennung des jüdisch-marxistischen Schriftums am 10. Mai 1933. Deutsche, sammelt euch zu diesem Kampf! Bekundet die Kampfgemeinschaft auch öffentlich* » (*Breisgauer Zeitung*, 8 mai 1933, cité par Guido Schneeberger, *Nachlese zu Heidegger. Dokumente zu seinem Leben und Denken*, Berne, 1962, p. 29-30).

Ce qui constitue la responsabilité écrasante du professeur et recteur Heidegger, c'est sa volonté de donner à ces appels à l'extermination des Juifs allemands et des opposants politiques une apparence de légitimité existentielle et «philosophique». En utilisant, plusieurs mois plus tard, les mêmes termes meurtriers que l'Association des étudiants allemands nationale-socialiste dont, comme l'a démontré Hugo Ott, les dirigeants sont pour lui des proches[1], tout en visant cette fois non seulement la destruction des livres, mais celle – tout à la fois morale et physique puisqu'elle se veut «totale» – des personnes stigmatisées comme ennemies du peuple, c'est sans ambiguïté qu'il indique à ses étudiants vers quel but il entend les conduire[2].

Par ailleurs, nous devons tenir compte du fait qu'il s'agit d'un cours prononcé en 1933 mais publié en 2001. Programmée par

---

[1]. Le *Führer* de l'association des étudiants allemands à l'origine des autodafés de livres, Gerhardt Krüger, était «ami et même familier de Heidegger» (H. Ott, *Martin Heidegger, op. cit.*, p. 195). Hugo Ott nous a précisé que cette affirmation se fonde sur la correspondance inédite et non encore classée de l'Association des étudiants allemands conservée à Wurtzbourg.

[2]. C'est dès 2007 que nous avons mis en relation les deux textes sur la *völlige Vernichtung*, celui de l'Association des étudiants allemands et celui du cours de Heidegger. Nous l'avons fait dans la préface à la deuxième édition de notre *Heidegger*, puis dans notre conférence de la même année à l'Université de Brême, publiée en 2009 chez Meiner Verlag, reprise dans plusieurs langues, et dont ce chapitre propose une version actualisée. Nous écrivions ceci: «Heidegger prend soin de reprendre la même expression féroce que les ligues d'étudiants nazis de Fribourg lorsque, deux jours avant les premiers autodafés déclenchés dans tout le Reich, elles appelaient à l'"extermination totale" *(völligen Vernichtung)* du judéo-bolchevisme par le "feu de l'extermination" *(das Feuer der Vernichtung)* (E. Faye, *Heidegger, l'introduction du nazisme dans la philosophie, op. cit.* [2007], p. 16). Or, un biographe de Heidegger, l'historien Guillaume Payen, nous a cherché une mauvaise querelle en nous reprochant de ne pas avoir mis en relation ces deux textes – publiés pour la première fois en français par nous en 2005 – et en prétendant que lui seul aurait su «historiciser» et recontextualiser le propos de Heidegger en effectuant le premier ce rapprochement. Sa revendication montre seulement que bien qu'il cite notre seconde édition dans la bibliographie de son livre, il ne l'a pas lue, pas plus qu'il n'a lu notre article sur Heidegger et l'extermination, pourtant central pour son propos (Guillaume Payen, «Antisémitisme de Heidegger: l'histoire n'est pas un prétoire», *The Conversation*, 31 mars 2016; https://theconversation.com/antisemitisme-de-martin-heidegger-lhistoire-nest-pas-un-pretoire-56961). Certes, l'histoire n'est pas un prétoire, mais un lieu de recherches et de mises au point précises, où il n'est pas inutile de lire les écrits d'un chercheur avant de lui faire la leçon.

Heidegger après sa mort, la publication d'un tel texte sans aucune autocritique ni aucun repentir incite à soutenir que le rapport entre Heidegger et le national-socialisme comprend en réalité deux questions.

Il y a tout d'abord la question proprement historique du comportement de Heidegger sous la domination nationale-socialiste. Elle porte sur ce qu'il a fait, écrit, enseigné, pensé sous le IIIe Reich. Des recherches décisives ont été effectuées à ce propos. Dans les années 1980, Hugo Ott a prouvé que l'autojustification par Heidegger de son rectorat en 1945 est un texte dont chaque phrase contient une omission ou un mensonge. Après lui, Victor Farías a montré, dans la troisième partie de son *Heidegger et le nazisme*, que, loin de prendre ses distances avec le régime après sa démission du rectorat, Heidegger s'est engagé dans de nouvelles actions, plus compromettantes encore s'il se peut, comme – pour ne citer qu'un exemple – sa participation active aux côtés, entre autres, d'Alfred Rosenberg, de Julius Schleicher et de Carl Schmitt à la Commission pour la philosophie du droit de l'Académie du droit allemand de Hans Frank, commission chargée de cautionner les futures lois de Nuremberg. Outre les travaux déjà mentionnés de Bernd Martin, qui montrent la participation active de Heidegger à l'élaboration de la nouvelle constitution universitaire destinée à introduire le *Führerprinzip* dans l'Université allemande, il faut évoquer ceux de Claudia Schorcht, qui a découvert et publié les réactions inquiètes des philosophes de l'Université de Munich, lorsque Heidegger y a été appelé, en septembre 1933, par le ministère. Ses collègues ont jugé l'auteur du *Discours de rectorat* « politiquement trop extrême » et ils ont estimé qu'avec sa « langue extatique » et « avec de telles phrases, les étudiants ne pouvaient se voir offrir aucune philosophie »[1]. Les fonds d'archives sont loin d'être épuisés, et ces recherches doivent bien entendu se poursuivre.

---

1. « ... *mit solchen Phrasen könne den Studenten keine Philosophie geboten werden* » (cité par Cl. Schorcht, *Philosophie an den Bayerischen Universitäten 1933-1945*, *op. cit.*, p. 237).

Il existe en outre une question complémentaire, qui touche plus directement la philosophie. Il s'agit de sonder jusqu'où est allée l'introduction, par Heidegger, de positions radicalement nationales-socialistes dans son œuvre. Jusqu'à quelle profondeur, bien entendu, mais aussi depuis quelle date et jusqu'à quand? La question ne porte plus seulement sur le rôle des philosophes et de la philosophie universitaire dans le national-socialisme – question classique et déjà traitée dans un nombre important d'ouvrages –, mais sur le national-socialisme dans la «philosophie», ou plutôt dans ce qui est prétendu tel, car une philosophie méritant pleinement ce nom peut-elle exister, qui serait radicalement raciste et exterminatrice comme l'est l'enseignement dispensé par Heidegger dans le cours cité?

17. L'être comme «mot couvert» (Deckname)

Il apparaît aujourd'hui certain que la question du national-socialisme dans la pensée de Heidegger oblige à remonter bien en deçà de 1933. La correspondance avec Elfride nous apprend par exemple qu'il achète, lit et donne à lire en 1930 à son beau-père le *Völkischer Beobachter*, journal officiel du parti national-socialiste dirigé par Alfred Rosenberg[1] (lettre du 2 octobre 1930). Quant à son antisémitisme radical et son projet de domination de l'essence de la souche germanique, on en trouve l'expression explicite et virulente dès 1916, donc avant la révolution bolchevique de 1917 et le traité de Versailles de 1918:

> L'enjuivement *(Verjudung)* de notre culture et de nos universités est en effet effrayant et je pense que la race allemande *(die deutsche Rasse)* devrait trouver suffisamment de force intérieure pour parvenir au sommet[2].

---

1. «J'avais justement un numéro du *Völkischer Boebachter* avec moi. Ton père s'y est beaucoup intéressé» («*Ma chère petite âme*». *Lettres de Martin Heidegger à sa femme Elfride 1915-1970*, op. cit., lettre du 2 octobre 1930, p. 223).
2. *Ibid.*, p. 165.

Que Heidegger n'ait pu dire certaines choses publiquement qu'en 1933 est un fait, mais il est à cet égard significatif qu'il précise dans sa lettre à Carl Schmitt tenir son interprétation du *polemos* prête « depuis des années ». Un long texte, paru le 3 mai 1933 dans le journal nazi de Fribourg, *Der Alemanne*, affirme d'ailleurs, à propos du recteur Heidegger, que :

> depuis des années, il a soutenu de la manière la plus efficace le parti d'Adolf Hitler dans sa dure lutte pour l'être et la puissance, il a toujours été prêt au sacrifice pour la sainte cause de l'Allemagne, et jamais un national-socialiste n'a frappé en vain à sa porte[1].

Nous pouvons remarquer, dans la phrase citée, l'expression « lutte pour l'être » *(Ringen um Sein)*. Plus d'une fois nous retrouverons chez Heidegger le mot « être » dans les parages de l'hitlérisme. Aussi est-il nécessaire à ce propos de se pencher sur la question qui a le plus contribué à sa réputation en tant que penseur, à savoir la « question de l'être ».

On considère généralement que Heidegger aurait découvert un motif philosophique fondamental avec sa thématisation de la différence ontologique de l'être et de l'étant. Pourtant, une analyse attentive de ses écrits prouve qu'il s'agit largement d'un motif d'emprunt. Ainsi, dans *Être et temps*, il s'inspire littéralement, mais sans le dire, de son ancien maître en théologie Carl Braig. Lorsque, au début de *Sein und Zeit*, Heidegger affirme que « l'être n'est ni dérivable par la définition de concepts supérieurs, ni représentable à partir de concepts inférieurs[2] », il reprend presque mot pour mot ce que Braig écrivait trois décennies plus tôt dans son ouvrage intitulé *De l'être. Abrégé d'ontologie* : « L'être n'est pas dérivable à partir de concepts supérieurs et il n'est pas représentable

---

1. « [...] *daß er seit Jahren die Partei Adolf Hitlers in ihrem schweren Ringen um Sein und Macht aufs wirksamste unterstüzte, daß er stets bereit war, für Deutschlands heilige Sache Opfer zu bringen, und daß ein Nationalsozialist niemals vergebens bei ihm anpochte* » (*Der Alemanne, Kampfblatt der Nationalsozialisten Oberbadens*, cité par G. Schneeberger, *Nachlese zur Heidegger*, op. cit., p. 23).
2. « *Das Sein ist definitorisch aus höheren Begriffen nicht abzuleiten und durch niedere nicht darzustellen* » (M. Heidegger, *Sein und Zeit*, op. cit., p. 4).

à partir de concepts inférieurs[1]. » Quant à la différence de l'être *(esse)* et de l'étant *(ens)*, elle est déjà thématisée dans une citation de *L'Itinéraire de l'esprit vers Dieu* de saint Bonaventure, qui figure en exergue au même ouvrage de Braig.

En réalité, l'indétermination radicale de l'être à l'égard de toute détermination conceptuelle comme de toute existence empirique est une thèse traditionnelle de la scolastique. Si, dans la tradition de l'École, cette thèse sert à tenter de penser la relation du créateur aux créatures, dans l'ontologie de Braig, largement influencée par Schelling et Hegel qu'il a fait connaître au jeune Heidegger, elle apparaît déjà détachée de cette perspective théologique traditionnelle. Et c'est avec une redoutable habileté que Heidegger va s'appuyer sur cette indétermination du mot « être » pour conforter une position faite tout à la fois de surplomb[2], de radicalité et de retrait. Il s'approprie ainsi un point d'appui classique de la philosophie : la question du sens de l'être, développée notamment par Franz Brentano à partir d'Aristote et de la scolastique, et donc nullement tombée dans l'oubli, mais, comme nous allons le voir, il l'utilise à des fins tout autres que philosophiques[3].

Révélatrice à cet égard est une étonnante lettre à Kurt Bauch, un intime de Heidegger, professeur d'histoire de l'art à l'Université de Fribourg et entré comme lui à la NSDAP le 1er mai 1933. Voici ce que Heidegger lui écrit, le 1er août 1943 :

---

1. « *Aus höhern Begriffen ist der des Seins nicht ableit- und aus niedrigern ist er nicht darstellbar* » (Carl Braig, *Die Grundzüge der Philosophie. Vom Sein, Abriß der Ontologie*, Fribourg-en-Brisgau, Herder'sche Verlagshandlung, 1896, p. 22).

2. Sur la thématique du « surplomb », nous voulons attirer l'attention sur un passage énigmatique que l'on peut lire dans la conclusion, ajoutée pour la publication, de la thèse d'habilitation de Heidegger : « il se constitue [...] un rapport de vie édifié sur la corrélativité, rapport vital [...] comparable au courant d'expérience dont le va-et-vient relie entre elles des personnalités intellectuelles que leur élection assimile, – comparaison dans laquelle assurément on néglige de considérer le surplomb de valeur absolue de l'un des membres de cette corrélation » (M. Heidegger, *Traité des catégories et de la signification chez Duns Scot*, trad. par Florent Gaboriau, Paris, Gallimard, 1970, p. 229).

3. Jaehoon Lee a montré, au chapitre premier de sa thèse intitulée *L'Ego et le Dasein : une confrontation entre Descartes et Heidegger*, Université de Paris-Ouest, 16 septembre 2015, que la thématisation heideggérienne de l'être doit bien plus à Braig qu'à Brentano.

Ce que tu dis de « l'être de l'étant » est exact. C'est une formule, pour moi souvent un « mot couvert », mais aussi une véritable *crux* de la philosophie. [...] Derrière la formule, qui contient bien une « distinction », se cache quelque chose d'essentiel[1].

Effectivement, avec la différence de l'être et de l'étant, Heidegger s'est emparé d'un point d'appui de la philosophie, mais pour s'en servir comme d'une « formule » *(eine Formel)* et même comme d'un « mot couvert » *(ein Deckname)* destiné à suggérer autre chose, qui demeure occulté pour être dévoilé au moment choisi. C'est ainsi que, dans certains textes, il laisse abruptement entrevoir vers quoi il entend faire signe. À preuve, le cours du semestre d'hiver 1934-1935 sur *La Germanie* de Hölderlin où il s'exclame, en soulignant la proposition dans le texte édité : « *La "Patrie" est l'être même*[2]. » De façon plus explicite encore, dans le cours déjà évoqué du semestre d'été 1933 sur *La Question fondamentale de la philosophie*, il assimile « le combat questionnant pour l'essence et l'être de l'étant » à « la dureté et la clarté de [l]a volonté de destin »[3] du peuple germanique. Retenons, dans le même passage, l'accent mis sur l'« historicité » de ce « combat questionnant », car nous verrons bientôt ce qu'il en est de l'historique chez Heidegger.

Il faut également évoquer le séminaire du semestre d'hiver 1933-1934 intitulé *Sur l'essence et les concepts de nature, d'histoire et d'État*, écarté du plan d'édition de la *Gesamtausgabe* et que nous avons étudié de façon centrale en 2005[4]. Si Heidegger et ses ayants

---

1. « *Was du über das "Sein des Seienden" sagst, ist richtig. Es ist eine Formel, für mich oft ein Deckname, aber auch eine wirkliche crux der Philosophie. [...] Hinter der Formel, die ja eine "Unterscheidung" enthält, verbirgt sich etwas wesentliches* » (Martin Heidegger – Kurt Bauch *Briefwechsel 1932-1975*, *op. cit.*, p. 92).
2. « *Das "Vaterland" ist das Seyn selbst* » (M. Heidegger, *Hölderlins Hymnen «Germanien» und «Der Rhein»*, *op. cit.*, p. 121).
3. « 1. *Philosophie ist der unausgesetzte fragende Kampf um das Wesen und Sein des Seienden. 2. Dieses Fragen ist in sich geschichtlich, d.h. es ist das Fordern, Hadern und Verehren eines Volkes um der Härte und Klarheit seines Schicksals willen* » (M. Heidegger, *Sein und Wahrheit*, GA 36/37, p. 12).
4. M. Heidegger, *Über Wesen und Begriff von Natur, Geschichte und Staat* (voir E. Faye, *Heidegger, l'introduction du nazisme dans la philosophie*, *op. cit.*, chap. 5, où de larges extraits du séminaire sont pour la première fois édités, traduits et com-

droit l'ont écarté de l'œuvre dite intégrale, et s'il n'est toujours pas traduit en français, n'est-ce pas parce que son hitlérisme y est si radical et si explicite qu'il ne peut plus se donner les apparences d'une philosophie? L'auteur d'*Être et temps* jette en effet le masque et propose un cours d'«éducation politique» en vue de former une «noblesse politique» pour le IIIe Reich. Or, dans ce séminaire, qui développe une apologie explicite du *völkischer Staat* et du *Führerstaat* hitlérien, Heidegger veut imposer l'idée qu'il existerait entre le peuple et son État une relation aussi essentielle et constitutive qu'entre l'étant humain et son être propre. Ainsi écrit-il:

> De même que l'étant, l'homme, est conscient de son être-homme, s'en préoccupe et s'en soucie, de même l'étant-peuple entretient une relation fondamentale avec son État. Le peuple, l'étant, qui dans son être réalise l'État, a la connaissance de l'État, s'en préoccupe et le veut[1].

Si nous recherchons dans ce séminaire la «distinction essentielle» qui, d'après la future lettre à Kurt Bauch, se cache selon Heidegger derrière la «formule» ou le «prête-nom» du mot *Être*, nous voyons qu'il ne s'agit pas d'une distinction philosophique ou proprement ontologique, mais bien de celle, toute politique,

---

mentés, et *Heidegger und der Nationalsozialismus, Dokumente, Heidegger-Jahrbuch 4*, Alfred Denker et Holger Zaborowski éd., Fribourg-en-Brisgau, Karl Alber, 2009, p. 53-88).
1. «*So wie das Seiende, der Mensch, sich seines Mensch-seins bewusst ist, wie er sich dazu verhält, sich darum kümmert, so hat auch das seiendes Volk ein wissendes Grundverhältnis zu seinem Staat. Das Volk, das Seiende, das in seinem Sein den Staat verwirklicht, weiss um den Staat, kümmert sich um ihn und will ihn*» (Martin Heidegger, *Über Wesen und Begriff von Natur...*, in *Heidegger und der Nationalsozialismus..., op. cit.*, p. 76 – trad. modifiée). Nous avons suivi le texte de notre transcription qui, comme plus loin «*Das Volk, das Seiende*», met en apposition «*das Seiende, der Mensch*» séparés par une virgule, absente de la transcription d'Alfred Denker. Cette transcription, peu philologique et minutieuse, multiplie par ailleurs les points d'interrogation et les mots non transcrits dans le passage clé de la fin de la sixième séance où Heidegger entérine, pour la compléter, la conception *völkisch* du peuple comme «communauté de souche et de race» (*ibid.*, p. 73). Les auteurs de la traduction en langue anglaise ont choisi de s'appuyer comme nous, du moins pour ce dernier passage, sur la transcription plus précise et complète effectuée par Klaus Stichweh (voir M. Heidegger, *Nature, History, State 1933-1934*, Gregory Fried et Richard Polt éd. et trad., Londres, Bloomsbury, 2013, p. 12 et 43).

entre le peuple allemand et son *État*. Cette relation du peuple au *Führerstaat* est conçue selon la relation hitlérienne entre direction *(Führung)* et allégeance *(Gefolgschaft)*, et selon le principe d'attraction du *Männerbund* germanique: c'est la poussée vers l'État, c'est l'*eros* du peuple envers son *Führer* que Heidegger veut susciter et éveiller chez ses étudiants.

Il faut à ce sujet bien voir que nous ne saurions trouver une philosophie politique digne de ce nom chez Heidegger, car il ne propose pas de véritable théorisation ou conceptualisation de l'État, de sa constitution, ses institutions, son mode de gouvernement. Thématisé dans sa relation au *peuple*, le mot *État* demeure, dans son discours, aussi indéterminé et vide que le mot *Être* dans sa relation à l'*étant*. Le terme n'a, comme nous allons le voir, d'autre fonction que de disposer les esprits à se laisser totalement posséder et dominer par la volonté du *Führer*.

Nous avons édité, en 2005, la longue conclusion alors inédite à la septième séance du séminaire dans laquelle, avec une sorte de religiosité *völkisch*, Heidegger expose comment la volonté du *Führer* pénètre dans l'être et l'âme de son peuple. En voici un extrait:

> Ce n'est que là où le *Führer* et ceux qu'il conduit se liguent en un *unique* destin et luttent pour la réalisation d'*une* idée que peut croître l'ordre vrai. Alors la supériorité spirituelle et la liberté se mettent en œuvre en tant que don profond de toutes les forces au peuple, à l'État, en tant que dressage le plus sévère, engagement, résistance, solitude et amour. Alors l'existence et la supériorité du *Führer* se sont enfoncées dans l'être, dans l'âme du peuple et elles le lient originellement et passionnément à la tâche. Et si le peuple ressent ce don, il se laissera guider dans le combat, il voudra et aimera le combat. Il déploiera alors ses forces et persévérera, il sera fidèle et se sacrifiera. À chaque nouvel instant, le *Führer* et le peuple se lieront plus étroitement afin de mettre en œuvre l'essence de leur État, donc de leur être. Croissant ensemble, ils opposeront leur être et leur vouloir historiques et sensés aux deux puissances menaçantes que sont la mort et le diable, c'est-à-dire la corruption et la décadence de leur essence propre[1].

---

1. «*Nur wo Führer und Geführte gemeinsam in ein Schicksal sich binden und für die Verwirklichung einer Idee kämpfen, erwächst wahre Ordnung. Dann wirkt sich die*

On voit à cet exemple comment Heidegger s'y prend pour captiver ses auditeurs. Prodigué dans la tonalité d'une sorte de religiosité dévoyée où, comme dans *Mein Kampf*, le « diable » corrupteur de l'essence du peuple germanique évoque, chez l'auditeur du temps, le « Juif », son enseignement est animé par une volonté de domination totale des esprits et des cœurs. À ce titre, il semble difficile de parler d'un enseignement philosophique.

En bref, la différence ontologique, que Heidegger n'a pas inventée mais thématisée comme un motif central de son questionnement, lui sert dans ce séminaire à légitimer, voire à nourrir une conception hitlérienne du rapport du peuple à l'État. L'auditeur ou le lecteur de l'enseignement heideggérien est ainsi invité à se laisser capter corps et âme par une vision du monde criminelle. Pour saisir jusqu'où Heidegger entend nous conduire, il nous faut lire ensemble les deux enseignements contemporains du séminaire sur l'État hitlérien et du cours intitulé *De l'essence de la vérité*. Dans ce cours où Heidegger appelle, nous l'avons vu, à l'anéantissement de l'ennemi intérieur, il magnifie, nous allons le voir, la « rééducation en vue de la vision du monde nationale-socialiste » promue par le *Führer*.

---

geistige Überlegenheit und Freiheit aus als tiefe Hingabe aller Kräfte an das Volk, den Staat, als strengste Zucht, als Einsatz, Standhalten, Einsamkeit und Liebe. Dann ist die Existenz und Überlegenheit des Führers eingesenkt in das Sein, in die Seele des Volkes und bindet es so mit Ursprünglichkeit und Leidenschaft an die Aufgabe. Und wenn das Volk diese Hingabe spürt, wird es sich in den Kampf führen lassen und den Kampf wollen und lieben. Es wird seine Kräfte entfalten und ausharren, treu sein und sich opfern. In jedem neuen Augenblick werden sich Führer und Volk enger verbinden, um das Wesen ihres Staates, also ihres Seins zu erwirken; aneinander wachsend werden sie den beiden bedrohenden Mächten Tod und Teufel, d.h. Vergänglichkeit und Abfall vom eigenen Wesen, ihr sinnvolles, geschichtliches Sein und Wollen entgegensetzen » (E. Faye, *Heidegger, l'introduction du nazisme dans la philosophie, op. cit.*, p. 230-231 ; *Über Wesen und Begriff von Natur...*, in *Heidegger und der Nationalsozialismus..., op. cit.*, p. 77). La logique du passage voudrait que le *Führer* et le peuple croissent « ensemble » *(aneinander)* et non pas « séparément » *(auseinander)*. Le texte du *Jahrbuch* donne pourtant, sans note justificative des éditeurs, « *auseinander wachsen* », là où la transcription dont nous disposions en 2005 et que nous conservons ici donne « *aneinander wachsen* ». L'édition du *Jahrbuch* n'étant pas critique alors que ses auteurs en avaient les moyens puisqu'ils ont eu directement accès au manuscrit, contrairement à nous, ce point reste à vérifier sur le manuscrit.

18. L'historicité et la *Lingua Tertii Imperii*

Ce qui vient d'être indiqué à propos des mots *Être* et *État* vaudrait tout autant pour bien des mots clés du discours heideggérien. Il importe donc de montrer comment Heidegger utilise des termes de la langue philosophique pour transmettre tout autre chose, à savoir les objectifs mêmes du national-socialisme. Carl Schmitt ne procédera pas autrement pour le langage du droit. On ne saurait donc s'arrêter aux mots, comme le font tant de commentateurs qui se satisfont d'une interminable paraphrase, sans mentionner les pages où les prises de position nationales-socialistes, racistes et exterminatrices sont explicites. Sans doute est-ce parfois par complaisance que l'on agit ainsi, mais c'est le plus souvent faute d'une recherche fondamentale que tant de philosophes se sont laissé prendre à ce langage. Il faut en effet une introspection qui aille plus en profondeur, si l'on entend discerner quel est le «mouvement» qui anime Heidegger tout au long de son «chemin». Il est vrai également que son mode d'écriture ne comprend pas de véritable argumentation à partir de laquelle pourrait se développer une discussion critique. Il consiste bien davantage en des assertions abruptes et des questions laissées sans réponse, qui prédisposent les esprits scolaires à la paraphrase et à la répétition.

L'un des termes les plus récurrents dans les écrits de Heidegger après le mot «être» est celui d'«historicité» (*Geschichtlichkeit*). Ce mot apparaît déjà central dans *Être et temps*, dont le mouvement de fond va du devancement de la mort et du «sacrifice de soi» (*Selbstaufgabe*), présents au paragraphe 53, à l'affirmation du paragraphe 74 selon laquelle le destin historique du *Dasein* n'advient de façon authentique que dans la communauté, le peuple, lorsque le *Dasein* historique se choisit son héros et se résout à la poursuite du combat[1]. Sur la signification de l'historicité de l'existence, la présentation de Heidegger déjà évoquée, dans le journal *Der*

---

1. M. Heidegger, *Sein und Zeit*, *op. cit.*, § 74, p. 384 et 385. Il est significatif à cet égard que, pour la première anthologie de ses écrits parue en français en 1938,

Alemanne, le 3 mai 1933, souligne sans détour son enracinement *völkisch*. Le texte que l'on peut y lire a vraisemblablement été revu et approuvé, si ce n'est même inspiré par le recteur Heidegger :

> Le travail philosophique du professeur Heidegger est déterminé par trois traits fondamentaux qui sont longuement exposés et établis dans son œuvre maîtresse, *Être et temps*.
> C'est en premier lieu la doctrine du caractère *historique* du *Dasein humain*. Il est enraciné dans la terre, le sol *(Bodenständigkeit)* et l'être-peuple. L'être de l'homme se détermine à partir de sa résolution pour l'engagement dans le destin[1].

Pour saisir l'intention directrice d'*Être et temps*, il ne nous faut pas seulement tenir compte du paragraphe 74, mais également du paragraphe 77, compilation de citations du comte Yorck von Wartenburg et portant notamment sur l'absence de sol *(Bodenlosigkeit)*. Ce paragraphe, dont nous pensons qu'il constitue le véritable aboutissement d'*Être et temps* comme des *Conférences de Cassel* prononcées deux ans auparavant, montre au lecteur averti dans quel esprit hérité de Yorck sont conçues l'historicité et « la différence générique entre ontique et historique[2] ». Dans la correspondance échangée entre Yorck et Dilthey, le défaut de sol est entendu par Yorck en un sens tout à la fois physique et psychique, et dans un esprit explicitement antisémite. Voici en effet ce que Yorck écrit à Dilthey, le 18 février 1884 :

> Je vous remercie pour tous les cas particuliers où vous tenez éloignée des chaires d'enseignement la maigre routine juive, à laquelle manque la conscience de la responsabilité de la pensée, comme

---

Heidegger ait demandé à Henry Corbin de traduire les deux chapitres sur la mort et l'historicité, qui donnent son orientation au livre entier.
1. « *Die philosophische Arbeit von Professor H. ist durch drei Grundzüge bestimmt, die in seinem Hauptwerk "Sein und Zeit" eingehend dargestellt und begründet sind. Es ist zunächst die Lehre vom geschichtlichen Charakter des menschlichen Daseins. Es ist in der Erde, Bodenständigkeit und Volkstum verwurzelt. Das Sein des Menschen bestimmt sich aus seiner Entschlossenheit zum Einsatz in das Schicksal* » (cité dans G. Schneeberger, *Nachlese zur Heidegger*, op. cit., p. 25).
2. M. Heidegger, *Sein und Zeit*, op. cit., § 77, p. 399.

manque à la race tout entière le sentiment du sol *(Boden)* psychique et physique[1].

Au paragraphe 77 d'*Être et temps*, Heidegger proclame vouloir « cultiver l'esprit du comte Yorck[2] ». Or, nous l'avons vu, la correspondance entre Dilthey et Yorck révèle que cet esprit est ouvertement antisémite. Bien entendu, Heidegger ne pouvait pas citer le passage à cet égard révélateur. Cela eût, entre autres résultats, provoqué sa rupture publique avec Husserl, et donc la perte de tout espoir de lui succéder l'année suivante à Fribourg, un objectif qui était à l'origine de la publication, en urgence, d'*Être et temps* dans sa forme inachevée. Néanmoins, Heidegger cite les deux pages qui précèdent le passage en question et, notamment, la phrase de la page 250 de la *Correspondance*, où Yorck oppose la philosophie entendue comme une « manifestation de la vie » à « l'expectoration d'une pensée sans sol, apparaissant privée de sol »[3].

Heidegger, quant à lui, distingue au paragraphe 77, en reprenant une expression de Yorck, le *Dasein* historique de « tous les relativismes "privés de sol"[4] ». Il est difficile de se montrer plus explicite à cette date. Si donc Heidegger expose encore cette opposition de façon allusive et à mots couverts en 1927, c'est explicitement qu'il développera dans toute sa portée, avec son cours du semestre d'été 1934, son opposition entre le *Dasein* historique et ceux qui sont privés d'histoire. Entre-temps, nous pouvons assister, dans les cours précédents, à une montée en puissance du thème de l'historicité. Le cours du semestre d'été 1933 sur *La Question fondamentale de la philosophie* s'ouvre ainsi

---

1. « *Ich gratuliere zu jedem einzelnen Falle wo Sie die dünne jüdische Routine, der das Bewußtsein der Verantwortlichkeit für die Gedanken fehlt, wie dem ganzen Stamme das Gefühl psychischen und physischen Bodens, von dem Lehrstuhle fern halten* » (Wilhelm Dilthey – Paul Yorck von Wartenburg, *Briefwechsel zwischen Wilhelm Dilthey und dem Grafen Paul Yorck von Wartenburg, 1877-1897*, Sigrist v.d. Schulenburg éd., Halle, Max Niemeyer, 1923, p. 254).
2. M. Heidegger, *Sein und Zeit*, op. cit., § 77, p. 403.
3. « *Wenn man Philosophie als Lebensmanifestation begreift, nicht als Expektoration eines bodenlosen Denkens, bodenlos erscheinend [...]* » (*ibid.*, p. 402).
4. « *Und Yorck, der alle [...] "bodenlosen" Relativismen durchschaute* » (*ibid.*, p. 401).

sur l'évocation emphatique de «la grandeur du moment historique présent» où «le peuple allemand dans sa totalité [...] trouve sa direction *(Führung)*»[1]. Le fil directeur de ces différents cours, c'est, affirme-t-il, la nécessité d'une transformation radicale de la question de l'homme. Il faut, proclame-t-il, «*révolutionner* la question de l'homme», et reconnaître que «l'*historicité* est un moment fondamental de son être»[2]. Il s'agit de remplacer la question philosophique formulée par Kant: «*Qu'est-ce* que l'homme?» par la question «*Qui* est l'homme[3]?», elle-même réécrite sous la forme: «Qui sommes-nous[4]?»

Dans ce cours, Heidegger ne s'explique pas davantage. C'est dans le suivant, celui du semestre d'été 1934, que les choses se précisent, et les termes employés à propos de la question «*Qui* est l'homme?» ne manquent pas d'être inquiétants. C'est uniquement au fil de cette question qu'il peut y avoir, selon lui, «quelque chose de tel que résolution, disponibilité à servir, combat, domination[5]». Cette rhétorique d'allure nazie prend tout son sens dans d'autres passages du cours, par exemple lorsqu'il évoque «ce qui advient aujourd'hui pour nous, pour notre peuple[6]», et parle de «*la grande transformation de l'existence de l'homme*[7]». Heidegger exprime alors sans détour la signification nazie de cette «*transformation totale*»:

> Lorsque aujourd'hui le *Führer* parle sans cesse de la rééducation en vue de la vision du monde nationale-socialiste *(nationalsozialistische Weltanschauung)*, cela ne signifie pas: inculquer n'importe quel slogan, mais produire une *transformation totale*, un *projet mondial*, sur le fondement duquel il éduque le peuple tout entier. Le national-

---

1. M. Heidegger, *Sein und Wahrheit*, GA 36/37, p. 6.
2. «[...] die Frage nach dem Menschen muß revolutioniert werden. Die Geschichtlichkeit ist ein Grundmoment seines Seins» (*ibid.*, p. 215).
3. *Ibid.*, p. 214.
4. *Ibid.*, p. 176.
5. «[...] so etwas gibt wie Entschlossenheit, Dienstbereitschaft, Kampf, Herrschaft» (*ibid.*, p. 215). Sur le détail de cette transformation *völkisch* de la question de l'homme héritée de Kant, voir *infra*, chap. 6, § 24.
6. *Ibid.*, p. 118.
7. *Ibid.*, p. 119 (souligné par Heidegger).

socialisme n'est pas n'importe quelle doctrine, mais la transformation fondamentale du monde allemand et, comme nous le croyons, du monde européen[1].

On ne saurait trop souligner l'importance de cet éloge heideggérien explicite de la *Weltanschauung* nationale-socialiste, qui vient contredire tous les commentaires postulant trop vite une hostilité de Heidegger à l'égard de la notion de «vision du monde» en général, et de vision du monde nazie en particulier. Il faut par ailleurs s'arrêter sur l'usage heideggérien du mot *vérité*, qui donne son titre au cours. En réalité, ce mot est parfaitement interchangeable avec le terme *histoire (Geschichte)*. En effet, la «vérité», comprise non plus comme exactitude mais comme *«dévoilement»*, existe seulement *«pour autant* qu'elle advient comme histoire de l'homme»[2].

Il est donc décisif de ne pas se laisser prendre au piège de l'usage heideggérien des mots de la langue philosophique. Dans son discours, nous trouvons un petit nombre ressassé de mots clés comme «essence», «vérité», «liberté» ou «histoire», qui ne correspondent cependant ni à des idées distinctes, ni à des concepts déterminés, mais sont interchangeables et fonctionnent comme ce *Jargon de l'authenticité* si bien décrit par Theodor Adorno. Le jargon, écrit-il, «dispose d'un nombre modique de mots qui se referment sur eux-mêmes et deviennent des signaux[3]». Et Adorno de donner l'exemple du mot «décision», si couramment employé par Heidegger, aussi bien dans *Être et temps* que dans ses cours des années 1933-1935 ou dans ses notes de 1940 sur Ernst Jünger.

---

1. «*Wenn heute der Führer immer wieder spricht von der Umerziehung zur national-sozialistischen Weltanschauung, heißt das nicht: irgendwelche Schlagworte beibringen, sondern einen* Gesamtwandel *hervorbringen, einen* Weltentwurf, *aus dessen Grund heraus er das ganze Volk erzieht*» (*ibid*., p. 225).

2. «Unverborgenheit [...] *ist nur, insofern sie als Geschichte des Menschen geschieht*» (*ibid.*).

3. «*Er [der Jargon der Eigentlichkeit] verfügt über eine bescheidene Anzahl signalhaft einschnappender Wörter*» (Theodor Adorno, *Jargon der Eigentlichkeit. Zur deutschen Ideologie*, Francfort-sur-le-Main, Suhrkamp, 1964, p. 9; trad. fr., *Jargon de l'authenticité. De l'idéologie allemande*, trad. et préface d'Éliane Escoubas, postface de Guy Petitdemange, Paris, Payot, 1989, p. 43).

Cependant, il y a un auteur qui nous permet d'aller plus loin encore dans la démystification critique de Heidegger : c'est Viktor Klemperer. Dans son remarquable ouvrage *LTI. La langue du IIIe Reich*, le philologue observe que, parmi les trois premiers mots les plus galvaudés par le langage national-socialiste, se trouve le mot « historique » :

> [...] historique est chaque rencontre du *Führer* avec le *Duce*, même si elle ne change rien à la situation du moment[1].

Or, dans le cours où Heidegger se livre à l'explicitation la plus développée de ce qu'il entend par le mot « histoire », à savoir le cours du semestre d'été 1934 intitulé *Logique*, après avoir soutenu que l'historicité est constitutive de l'existence humaine, il affirme qu'il y a néanmoins « des hommes et des groupes d'hommes » – il ne dit même plus des peuples – « qui n'ont pas d'histoire, étant privés d'histoire (les Nègres comme par exemple les Cafres)[2] ». Ou plutôt, « ils n'ont pas plus d'histoire que les singes et les oiseaux[3] ». Au contraire, poursuit l'ancien recteur :

> Lorsque l'avion conduit le *Führer* de Munich à Venise pour voir Mussolini, alors advient l'histoire[4].

Ces textes sont révélateurs du niveau de pensée auquel peut s'abaisser Martin Heidegger dans son enseignement. Ils ne prouvent pas seulement l'étendue de son racisme et de son hitlérisme, mais correspondent mot pour mot à la description iro-

---

1. « [...] *historisch ist jede Zusammenkunft des Führers mit den Duce, auch wenn sie gar nichts an den bestehenden Verhältnisse ändert* » (Viktor Klemperer, *LTI – Notizbuch eines Philologen*, Leipzig, Reklam, 1974, p. 45 ; trad. fr., *LTI. La langue du IIIe Reich. Carnets d'un philologue*, trad. par Élisabeth Guillot, Paris, Albin Michel, 1996, p. 74).
2. « [...] *es Menschen u. Menschengruppen (Neger wie z. b. Kaffern) gibt, die keine Geschichte haben, sie seien geschichtslos* » (M. Heidegger, *Logik als die Frage nach dem Wesen der Sprache*, Günther Seubold éd., GA 38, 1998, p. 81).
3. « *Die haben doch ebensogut Geschichte wie die Affen u. Vögel* » (*ibid.*, p. 83).
4. « *Wenn das Flugzeug freilich den Führer von München zu Mussolini nach Venedig bringt, dann geschieht Geschichte* » (*ibid.*, p. 83).

nique de Klemperer. Le voyage de Hitler auprès de Mussolini, les 14 et 15 juin 1934, se révèle en effet un échec diplomatique complet. Le chancelier allemand a tenté d'obtenir de Mussolini son accord pour envahir l'Autriche, mais il s'est heurté au refus du *Duce*. Heidegger ne fait pas moins sienne la rhétorique creuse de la *Lingua Tertii Imperii* (LTI). Probablement répète-t-il ce qu'il a pu lire dans les éditoriaux du *Völkischer Beobachter* du moment, mais il en rajoute : avec ce voyage du *Führer*, affirme-t-il à ses étudiants, non seulement « advient l'histoire », mais « même un étant non humain comme l'avion qui a servi à transporter le *Führer* peut devenir historique »[1]. En 1934, sous la plume de Heidegger, la technique, loin d'être mise en procès, devient légende lorsqu'elle se trouve au service des desseins diplomatiques du *Führer*.

Certes, Heidegger déguise la trivialité de cette conception du moment historique sous l'apparence d'une sorte de « néo-hégélianisme », en réalité fort opportuniste. En effet, il ne s'agit pas de reconnaître chaque fois l'effectivité de tout présent, quel qu'il soit. Heidegger ne soutient cette position que lorsque le cours de l'histoire semble favorable au national-socialisme. C'est ainsi que, dans la conclusion du cours du semestre d'été 1940, opportunément supprimée dans le *Nietzsche* publié en 1961 et rétablie dans la *Gesamtausgabe*, il magnifie, au moment de l'invasion de la France par les armées du IIIe Reich, la motorisation de la Wehrmacht comme un « acte métaphysique[2] ». Si Heidegger affirme en 1940, alors que le cours de la guerre est favorable au IIIe Reich, que « nous ne devons pas vouloir outrepasser les zones de décision[3] », après la défaite militaire nazie il soutient au contraire que les « guerres mondiales [...] ne sont pas en mesure de décider historiquement des

---

1. « [...] *auch nicht menschliches Seiendes, wie z.b. das erwähnte Flugzeug des Führers, kann geschichtlich werden* » (*ibid.*, p. 85-86).
2. M. Heidegger, *Nietzsche, der Europäische Nihilismus (II. Trimester 1940)*, Petra Jaeger éd., GA 48, 1986, p. 333.
3. « [...] *dürfen wir die Entscheidungszonen nicht überspringen wollen* » (M. Heidegger, *Zu Ernst Jünger*, Peter Trawny éd., GA 90, 2004, p. 222).

destins[1] ». En outre, dans la *Lettre sur l'humanisme*, écrite à la fin de l'année 1946 alors que s'élabore au procès de Nuremberg la nouvelle notion juridique de crime contre l'humanité, l'historicité n'est plus, comme en 1933-1934, reliée à la « question fondamentale de la philosophie » qui portait sur l'être du peuple germanique rassemblé dans le *Führerstaat*. En 1947, la philosophie est désormais récusée, dans la conclusion de la *Lettre*, comme ayant touché à sa fin. Dans le nouveau langage extatique de l'après-guerre, Heidegger rapporte l'historicité à l'« histoire de l'être » et à la « pensée à venir », seule à même de méditer la *Heimatlosigkeit*, la perte du pays natal ou de la patrie.

19. Retour sur le négationnisme ontologique des *Conférences de Brême*

Selon la recommandation de Karl Jaspers, à laquelle se conforme la commission de dénazification de l'Université de Fribourg, Heidegger est alors interdit d'enseigner mais non de publier, et il a tout loisir de préparer son *come-back*, selon le mot caustique et jaloux employé à son propos par Carl Schmitt dans son *Glossarium*. Effectivement, à peine le processus de « dénazification » achevé[2], il est invité à la fin de l'année 1949 par le Club de Brême pour y prononcer une conférence qu'il divisera, pour la publication, en quatre textes distincts : *La Chose, Le Dis-positif, Le Danger, Le Tournant (Das Ding, Das Ge-stell, Die Gefahr, Die Kehre)*. Les deuxième et troisième conférences contiennent deux passages sinistres, qui ne seront publiés que de manière posthume, en 1994, au tome 79 de l'*Œuvre intégrale* (le premier passage ayant été rendu public en 1983 par un auditeur). C'est dans la deuxième conférence que Heidegger évoque « la fabrication de cadavres dans les chambres à gaz et les camps d'extermination » :

---

1. « Weltkriege […] sind nicht imstande, geschichtlich Geschicke zu entscheiden » (M. Heidegger, *La pauvreté (die Armut)* [Vortrag 27 Juni 1945, Schloß Wildenstein], trad. par Philippe Lacoue-Labarthe, Presses universitaires de Strasbourg, 2004, p. 88).

2. Avec le classement, en mars 1949, du dossier de Heidegger comme celui d'un simple « sympathisant » ou « compagnon de route » *(Mitlaüfer)*.

L'agriculture est aujourd'hui une industrie d'alimentation motorisée, le même dans son essence que la fabrication de cadavres dans les chambres à gaz et les camps d'extermination, le même que le blocus et la réduction de pays à la famine, le même que la fabrication de bombes à hydrogène[1].

Chambres à gaz et camps d'extermination ne sont pas niés mais relativisés et réduits à un simple dispositif industriel et technique, au même titre que l'agriculture motorisée, le blocus et le fait d'affamer des pays, ainsi que la fabrication de bombes à hydrogène. Ni le nom des victimes, avant tout les Juifs, ni celui des bourreaux, les nationaux-socialistes, ne sont prononcés. Seul demeure un élément parmi d'autres, pris dans une énumération relativisante. L'intention génocidaire des nazis est également effacée : il ne s'agit plus de faire mourir un peuple entier mais de fabriquer industriellement des cadavres, comme tout autre produit.

En outre, seul un moment du processus d'extermination est retenu et isolé, car Heidegger ne dit mot dans ses conférences des fours crématoires, des fosses communes, de la crémation des corps à ciel ouvert dans les camps de Belzec, Sobibor... et de l'enfouissement et de la dispersion des cendres. Loin de « fabriquer » des cadavres, la « Solution finale » de la « question juive » par les nationaux-socialistes consistait au contraire à faire disparaître jusqu'à la trace des corps des victimes exterminées. Heidegger parvient ainsi à inscrire dans son œuvre un énoncé d'une perversité calculée sans risquer d'être accusé au sens le plus immédiat de négationnisme. Et pourtant, c'est bien quelque chose de tel qui est présent : silence sur le nom des victimes et négation de leur humanité ; négation de la responsabilité des bourreaux, imputation du processus technique barbare et effroyablement primaire des chambres à gaz et des camps d'extermination au « dispositif » *(Ge-stell)* planétaire et non aux dirigeants nazis et à leurs exécutants.

---

1. « *Ackerbau ist jetzt motorisierte Ernährungsindustrie, im Wesen das Selbe wie die Fabrikation von Leichen in Gaskammern und Vernichtungslagern, das Selbe wie die Blockade und Aushungerung von Ländern, das Selbe wie die Fabrikation von Wasserstoffbomben* » (M. Heidegger, *Bremer und Freiburger Vorträge*, Petra Jaeger éd., GA 79, Francfort-sur-le-Main, 1994, p. 27).

Le deuxième texte va plus loin encore dans le révisionnisme explicite, pour ne pas dire le négationnisme, et dans la totale déshumanisation des victimes :

> Des centaines de milliers meurent en masse. Meurent-ils ? *(Sterben sie ?)* Ils périssent. Ils sont abattus. Meurent-ils ? Ils deviennent les pièces de réserve d'un stock de fabrication de cadavres. Meurent-ils ? Ils sont liquidés discrètement dans les camps d'extermination. Et sans cela – des millions périssent aujourd'hui de faim en Chine.
> Mourir cependant signifie porter jusqu'à terme la mort dans son essence. Pouvoir mourir signifie avoir la capacité de ce porter jusqu'à terme. Nous en avons la capacité seulement lorsque notre essence aime l'essence de la mort. Mais au milieu des morts innombrables l'essence de la mort demeure méconnaissable. La mort n'est ni le néant vide, ni seulement le passage d'un étant à un autre. *La mort appartient au* Dasein *de l'homme qui survient à partir de l'essence de l'être.* Ainsi abrite-t-elle l'essence de l'être. La mort est l'abri le plus haut de la vérité de l'être, l'abri qui abrite en lui le caractère caché de l'essence de l'être et rassemble le sauvetage de son essence.
> C'est pourquoi l'homme peut mourir si et seulement si l'être lui-même approprie l'essence de l'homme dans l'essence de l'être à partir de la vérité de son essence. *La mort est l'abri de l'être dans le poème du monde.* Pouvoir la mort dans son essence signifie : pouvoir mourir. Seuls ceux qui peuvent mourir sont les mortels au sens porteur de ce mot. Ce ne sont partout que détresses en masses de morts horriblement non mortes *(grausig ungestorben)* – et cependant l'essence de la mort est dissimulée à l'homme. L'homme n'est pas encore le mortel[1].

À nouveau, aucun nom, ni des victimes, ni des bourreaux, mais un simple chiffre, « des centaines de milliers », à propos des camps d'extermination, que Heidegger compare aux « millions » morts de faim en 1949 en Chine. Dans le cas des Chinois, le nom des victimes est explicite. Cela rend d'autant plus odieux le silence sur les victimes juives. Or, si les famines en Chine constituent une réalité terrible, ce n'est pas d'une volonté génocidaire qu'elles procèdent. L'association heideggérienne est donc négationniste à double titre :

---

1. M. Heidegger, *Bremer und Freiburger Vorträge*, GA 79, p. 56.

elle nie l'ampleur réelle comme la volonté génocidaire de l'extermination nazie.

En outre, ce n'est pas le dispositif technique, le *Ge-stell*, mais bien Heidegger lui-même qui, pour le citer, « installe d'avance une uniformité où tout s'évalue à l'identique », lorsqu'il rapporte au « même » les chambres à gaz et l'agriculture motorisée. C'est effacer à la fois la responsabilité des dirigeants nationaux-socialistes et la spécificité de la destruction des Juifs d'Europe. Heidegger invoque au présent un processus d'extermination dont il ne donne ni le lieu, ni la date, ni le nom des bourreaux, ni celui des victimes. Les « camps d'extermination » sont réduits à l'état de signes et de symptômes parmi d'autres du déchaînement planétaire de la technique. S'agit-il des camps d'extermination nationaux-socialistes ? Le mot *Vernichtungslager* semble l'indiquer, mais rien n'est net dans son propos.

Le négationnisme heideggérien revêt ainsi plusieurs dimensions :

1. Effacement de la responsabilité des nationaux-socialistes face à leurs crimes.

2. Suppression de toute référence explicite au génocide des Juifs par Hitler et ses soutiens.

3. Utilisation rhétorique d'un « questionnement » réitéré, destiné à suggérer que les victimes des camps d'extermination ne sont pas mortes *(gestorben)* à proprement parler[1], qu'elles ne sont pas des « mortels » car elles ne sont pas dans la « garde de l'être ». Il faut mesurer ce qu'il y a d'horrible à laisser entendre que les enfants et les femmes exterminés par les nazis n'ont pas pu mourir *(sterben)* parce qu'ils n'aimaient pas l'« essence de la mort ». C'est une discrimination radicale, un racisme ontologisé qui poursuit les victimes jusque dans la mort.

À quelle conception de la mort renvoie la « nécrophilie » heideggérienne, avec son insistance, dans la conférence de 1929, sur l'amour porté à l'essence de la mort ? La mort authentique est conçue, au paragraphe 53 d'*Être et temps*, comme un « sacrifice

---

1. Nous avons vu Heidegger dire des victimes qu'elles sont « horriblement non mortes » *(grausig ungestorben)*.

de soi » *(Selbstaufgabe)*, qui se fait au profit « de la communauté, du peuple », pour reprendre la terminologie du paragraphe 74. Elle annonce l'apologie heideggérienne, formulée dans les mêmes termes que dans *Mein Kampf*, du « sacrifice » de l'individu pour la communauté du peuple, à l'exemple d'Albert Leo Schlageter, « héros » selon les nazis, dont l'anniversaire de la mort sera célébré avec tant d'emphase par le recteur Heidegger[1]. C'est une conception sacrificielle de la mort, remarquablement récusée par Adorno dans le *Jargon de l'authenticité*.

Mais il faut aller jusqu'à la racine de la conception heideggérienne de la mort. Derrière les « morts horriblement non mortes » *(grausig ungestorbener Tode)* des *Conférences de Brême*, on retrouve la conception heideggérienne du « mourir » *(das Sterben)* distinguée dans *Être et temps* du « périr » *(das Verenden)*. Cette distinction de la langue allemande est à peu près intraduisible en anglais comme en français : il s'agit en effet de distinguer le mourir *(Sterben)* qui serait propre au *Dasein* et le fait de périr *(verenden)* qui se dit de tous les vivants[2]. Bref, « mourir se dit du mode d'être dans lequel le *Dasein est pour* sa mort. En conséquence de quoi il faut dire que le *Dasein* ne périt *(verendet)* jamais[3] ». Lorsque les victimes des camps d'extermination sont dites des morts « horriblement non mortes » *(grausig ungestorben)*, lorsque Heidegger laisse entendre qu'elles ne sont pas à proprement parler des mortels *(Sterbliche)*, il fait certes référence à l'extermination en masse, mais les allusions aux conditions de l'extermination ne représentent qu'une petite partie du texte. Sur les quatorze phrases des deuxième et troisième paragraphes du passage cité, deux seulement évoquent les morts innombrables. Incomparablement plus développé se trouve le thème de la mort conçue comme « abri de l'essence de l'être », de sorte que ne peuvent mourir que ceux dont l'essence est appropriée par l'être lui-même. Ce qui signifie que les victimes exposées à être liquidées en masse dans les camps d'exter-

---

1. Voir M. Heidegger, *Reden und andere Zeugnisse eines Lebensweges*, GA 16, p. 759-760.
2. Voir M. Heidegger, *Sein und Zeit*, op. cit., § 47, p. 240-241.
3. *Ibid.*, § 49, p. 247.

mination nationaux-socialistes ne peuvent pas à proprement mourir, ne sont pas à proprement parler des mortels, parce que, selon lui, l'être même ne leur concède pas le « rang » ontologique suffisant pour pouvoir mourir. Comment ne pas voir que cette discrimination, ce *négationnisme ontologique*, a quelque chose de révoltant et de monstrueux ?

Jusqu'à présent, les heideggériens qui avaient contesté notre interprétation de cette page des *Conférences de Brême* n'avaient mis en avant que les brèves allusions à l'extermination de masse. La faiblesse de leur critique se voyait à ce qu'aucun d'entre eux ne s'était risqué à reprendre et à justifier la longue argumentation heideggérienne déniant à ceux qui ne sont pas dans l'abri de l'être la possibilité de mourir. Leur interprétation reposait donc sur un déni manifeste.

Plus récemment, deux heideggériens anglo-saxons ont cette fois établi leur critique sur un contresens massif concernant notre interprétation, en nous imputant bien à tort la thèse selon laquelle Heidegger aurait affirmé qu'il n'y aurait pas eu de victimes dans les camps d'extermination nazis ! Il est pourtant bien évident que Heidegger ne partage pas le négationnisme historique d'un Faurisson, puisqu'il mentionne les chambres à gaz dans une autre conférence, parle ici de centaines de milliers de victimes[1] et affirme qu'elles ont été liquidées. C'est pour cette raison que nous avons forgé, en 2005, l'expression de *négationnisme ontologique* : c'est en effet l'être même des victimes, leur existence en tant que mortels qui est remise en question, et non le fait brut de leur extermination. Souhaitons donc que la lecture de cette mise au point, ou de celle que nous avons publiée en anglais dès 2006[2], permette à ces deux commentateurs de rectifier leurs contresens[3].

---

1. Il devrait ici, il est vrai, parler de millions.
2. Voir E. Faye, « Nazi fundations in Heidegger's Work », *South Central Review*, The Johns Hopkins University Press, vol. 23, n° 1, printemps 2006, p. 55-66.
3. Voir Robert Bernasconi, « Race and Earth in Heidegger's Thinking during the Late 1930s », *The Southern Journal of Philosophy*, 48, 2010, p. 58, et Laurence Paul Hemming, « Introduction », *The Movement of Nihilism: Heidegger's Thinking After Nietzsche*, L. P. Hemming, Kostas Amiridis et Bogdan Costea éd., New York, Continuum, 2011, p. 3-6. Hemming ne semble avoir qu'une connaissance de

En bref, les deux textes évoqués des *Conférences de Brême* sur l'extermination ne doivent pas être isolés de l'ensemble des publications de Heidegger après 1945. Il faut également prendre en compte ses éloges, parfaitement explicites, du mouvement national-socialiste et de sa « singularité historique » : en 1953 avec l'édition de l'*Introduction à la métaphysique*, en 1976 avec la publication posthume de l'entretien donné au *Spiegel*, ou en 1984 avec la publication, dans la *Gesamtausgabe*, du cours intitulé *Der Ister*. Nous ne sommes donc pas confrontés seulement à des propos isolés de Heidegger, mais bien à un projet, une stratégie d'ensemble d'esprit négationniste et nazi dans ce qui est énoncé comme dans ce qui est tu, à commencer par le fait que les premières victimes des camps d'extermination sont les Juifs.

20. « Fabrication de cadavres » et « déluge » d'Auschwitz selon Arendt

Certains commentateurs, comme le sociologue Lars Lambrecht, ont remarqué à juste titre que l'expression « fabrication de cadavres » utilisée par Heidegger à Brême en 1949 se trouvait reprise par Arendt, deux années plus tard, dans *Les Origines du totalitarisme*. Lars Lambrecht s'est ainsi demandé comment elle aurait pu connaître à l'avance le texte des conférences de Heidegger en 1948, lorsqu'elle rédigeait le chapitre en question de son livre[1]. Dans la troisième section du douzième chapitre sur « Le totalitarisme au pouvoir », qui s'intitule « La domination totale »

---

seconde main des *Conférences de Brême* car il ne distingue pas entre eux les deux passages où Heidegger parle des camps d'extermination. Il va jusqu'à placer le texte sur « l'industrie d'alimentation motorisée » dans la conférence intitulée *Le Danger*, alors qu'elle se trouve dans *Le Dis-positif* (voir son « Introduction », p. 3 et 6, n. 11). Pour une discussion critique plus développée de Robert Bernasconi, voir E. Faye, « La subjectivité et la race dans les écrits de Heidegger », in *Heidegger, le sol, la communauté, la race, op. cit.*, p. 75-76.

1. Lars Lambrecht, « Vom "Geist unbefangener Menschlichkeit". Hannah Arendt und Karl Jaspers als Beispiele kritischer Haltung in der Zeit des Nationalsozialismus », in Hans Jörg Sandkühker éd., *Philosophie im Nationalsozialismus*, Hambourg, Felix Meiner, 2009, p. 312 et 321.

mais que l'édition allemande de 1955 rebaptisera « Les camps de concentration », Arendt parle en effet de « la fabrication massive et démentielle de cadavres[1] ».

En réalité, Arendt n'avait pas besoin d'aller chercher dans Heidegger une expression qu'elle est la première à avoir utilisée publiquement. Nous la trouvons en effet sous sa plume, dès janvier 1948, dans l'introduction dédiée à Jaspers de ses *Six essais*[2]. L'expression « fabrication de cadavres », qu'elle semble donc la première à avoir forgée, traduit vraisemblablement l'impression suscitée dans son esprit par les amoncellements de cadavres d'une maigreur extrême, dévoilés par les photos et les reportages filmés lors de la libération, par les Alliés, des camps de concentration sur le territoire allemand comme Buchenwald, Dachau, Mauthausen. Au contraire, pour la libération par l'armée Rouge du camp d'extermination d'Auschwitz-Birkenau, les troupes soviétiques étant arrivées dans le camp sans appareil photo, les rares clichés que nous ayons de l'événement correspondent à des reconstitutions plus tardives.

Or, c'est pourtant à propos d'Auschwitz qu'Arendt utilise l'expression. Voici ce qu'elle écrit :

> Mais la fabrication de cadavres *(die Fabrikation von Leichen)* n'a plus rien à voir avec l'hostilité à l'égard de l'ennemi et ne peut plus être envisagée avec des catégories politiques. À Auschwitz, le terrain des faits s'est transformé en un abîme dans lequel sombre celui qui

---

1. H. Arendt, *Les Origines du totalitarisme, op. cit.*, p. 795. L'édition originale en anglais parle de « *the insane mass manufacture of corpses* » (*The Origins of Totalitarianism, op. cit.*, p. 447), tandis que l'édition allemande évoque « *die irrsinnige Massenfabrikation von Leichen* » (*Elemente und Ursprünge, op. cit.*, p. 921). Arendt utilisera à nouveau l'expression « *Fabrikation von Leichen* » dans son entretien télévisé de 1964 avec Günter Gaus (*Günter Gaus im Gespräch mit Hannah Arendt*: www. rbb-online.de/zurperson/interview_archiv/arendt_hannah.html).

2. Nous avons signalé ce point capital précédemment, chap. 1, § 1. Lars Lambrecht ne semble pas connaître cette première occurrence. Celui-ci au moins, dans les pages citées plus haut, admet l'intention révisionniste de Heidegger cherchant à disculper les responsables allemands. Peter Trawny, au contraire, qui, lui aussi, ignore ou passe sous silence l'usage arendtien du terme dès 1948, se sert du rapprochement avec Arendt pour rendre plus acceptable le propos de Heidegger (P. Trawny, *Martin Heidegger*, Francfort-sur-le-Main, Campus, 2003, p. 168).

essaie, après coup, de s'y poser. Là, la réalité des realpoliticiens, par laquelle la majorité des peuples se laisse depuis toujours et naturellement ensorceler, est devenue un monstre, qui ne peut nous inciter qu'à perpétuer l'extermination *(Vernichtung)* comme on fabriquait des cadavres à Auschwitz[1].

Dans ce paragraphe nébuleux, Arendt procède à une forme de disculpation des acteurs nazis de l'extermination. Elle évoque en effet une extermination industrielle sans intention, sans auteur, ni but déterminé, qui n'aurait rien à voir avec la désignation de l'ennemi à exterminer. Auschwitz échapperait non seulement à l'analyse politique, mais aussi à toute étude historique – «le terrain des faits». Nous serions face à un «monstre», forgé non par les nationaux-socialistes, mais par les «realpoliticiens», expression vague qui défie toute tentative pour approcher précisément la réalité historique et politique de l'extermination nazie. Bien plus, ce n'est pas la vision du monde exterminatrice des nazis, mais les manipulations de ces «realpoliticiens» et l'image altérée qu'ils nous donneraient d'Auschwitz qui risqueraient de conduire aujourd'hui, selon Arendt, les peuples ainsi ensorcelés à perpétuer l'extermination. Ajoutons qu'à l'époque où elle écrivait, le terme *Realpolitik* faisait surtout penser à son usage par des auteurs marxistes comme Georg Lukács, à propos notamment de la *Realpolitik* de Lénine[2]. Pour le lecteur du temps, ce passage d'Arendt pouvait donc être compris avant tout comme une incrimination visant particulièrement la propagande marxiste, consi-

---

1. «*Aber die Fabrikation von Leichen hat mit Feinschaft nichts mehr zu tun und ist mit politischen Kategorien nicht mehr zu fassen. In Auschwitz hat sich der Boden der Tatsachen in einen Abgrund verwandelt, in den jeder hineingezogen werden wird, der nachträglich versucht, sich auf ihn zu stellen. Hier ist die Realität der Realpolitiker, von der sich die Mehrzahl der Völker immer und natürlicherweise bezaubern lassen, zu einem Ungeheuer geworden, das uns nur antreiben könnte, weiter Vernichtung zu betreiben wie man in Auschwitz Leichen fabrizierte*» (H. Arendt, «Zueignung an Karl Jaspers», Sechs Essays, Schriften der Wandlung 3, Heidelberg, janvier 1948, p. 9; «Hommage à Karl Jaspers», *La Philosophie de l'existence et autres essais, op. cit.*, p. 154 – trad. modifiée).
2. Voir Georg Lukács, *Lénine*, Paris, Études et documentations internationales, 1971, chap. VI, «"Realpolitik"révolutionnaire», p. 107-128.

dérée comme prompte à se forger un nouvel ennemi pour dresser les peuples les uns contre les autres.

Arendt décrit ainsi un processus industriel impersonnel et vague, où ni les bourreaux nazis ni les victimes juives ne sont nommés, et par lequel il s'agit surtout d'estomper les responsabilités allemandes afin d'éviter que le peuple allemand ne fasse à son tour l'objet d'une possible volonté d'extermination. C'est ce qui ressort d'un autre passage du même texte où elle met en vis-à-vis, de façon choquante, les deux peuples «jetés» selon elle aujourd'hui sur le même «terrain factuel»: le peuple allemand et le peuple juif, le premier victime en quelque sorte de la «complicité planifiée et savamment orchestrée par les nazis», le second marqué par une supposée «haine aveugle *(sic)* du peuple juif tout entier, due aux chambres à gaz»[1]. Faut-il préciser ce qu'il y a d'inacceptable dans le fait de mettre ainsi, en 1948, la haine du côté des Juifs, et de parler du «peuple juif tout entier» comme marqué par cette haine, alors que la plus grande partie de ce peuple vient d'être décimée?

Si Arendt avait voulu nous dire qu'il faut s'efforcer de surmonter toute forme de haine entre les peuples, son propos eût été recevable. Mais elle soutient qu'il faut quitter le terrain des faits, c'est-à-dire l'effectivité historique, pour ne pas se laisser prendre par une haine qu'elle situe de façon unilatérale du côté du peuple juif. Nous pensons tout au contraire que la moins mauvaise façon de régler un tel passé eût été de préciser les responsabilités effectives de chacun et de passer par la justice et le droit au lieu, selon l'expression d'Arendt, de «ne plus se préoccuper des lois qui veulent dicter l'action[2]». Or, la République fédérale d'Allemagne a beaucoup tardé à instruire les procès nécessaires. Il a fallu, pour cela, l'action de personnalités courageuses et résolues comme le pro-

---

1. «*So etwa sieht heute der Boden der Tatsachen aus, auf dem beide Völker geworfen sind. Auf der einen Seite steht die von den Nazis geplante und bewußt durchgeführte Komplizität des gesamten deutschen Volkes; auf der anderen Seite steht der in den Gaskammern erzeugte blinde Haß des gesamten jüdischen Volkes*» (H. Arendt, «Zueignung an Karl Jaspers», art. cité, p. 8; trad. fr. citée, p. 153-154 – trad. modifiée).

2. *Ibid.*, p. 8; trad fr. citée, p. 154 (trad. modifiée).

cureur Fritz Bauer ou les époux Klarsfeld. Un texte comme celui d'Arendt, largement approuvé par Jaspers[1], n'a pu que contribuer à retarder ce travail de clarification et de justice. De ce fait, un nombre considérable d'anciens nationaux-socialistes, à la vision du monde inchangée, ont continué longtemps à exercer de hautes responsabilités dans la société, l'université et la culture allemandes.

En outre, en assimilant Auschwitz à un « abîme », ou encore à un « déluge », qui « peut s'abattre sur nous chaque jour sous cette forme ou une autre »[2], Arendt déréalise l'extermination nazie. Après avoir réduit le génocide nazi à une entreprise industrielle impersonnelle, protéiforme et sans intention, elle généralise et dilue sa réalité historique pour en faire une menace diffuse qu'elle désigne par une métaphore particulièrement mal venue. Le déluge, en effet, est présenté dans l'Ancien Testament comme une punition divine. S'exprimer en ces termes à propos de la « Solution finale » de la question juive par les nazis, c'est, sur un sujet où l'on ne saurait se permettre ambivalences et approximations, soit suggérer que les victimes auraient été punies d'on ne sait quel mal, soit vouloir généraliser la *Vernichtung* pour en faire la punition qui attend nos sociétés de masse atomisées telles que les dépeindra bientôt Arendt dans *Les Origines du totalitarisme*.

Heidegger a fort bien perçu le parti qu'il allait pouvoir tirer du propos d'Arendt. Celle-ci exprime, dans le développement le plus pertinent de son texte dédié à Jaspers, l'inquiétude légitime d'un Juif retourné en Allemagne, qui ne peut s'empêcher de se demander à chaque instant s'il ne se trouve pas face à un Allemand qui aurait été « employé *(angestellt)* dans une usine de

---

[1]. Jaspers émet bien, dans une lettre du 19 mars 1947, quelques réserves à l'égard de l'expression « un peu compliquée » du texte d'Arendt, propice aux contresens. Cependant, ses réserves s'adressent en priorité au passage où Arendt évoque les questions que tout Juif ne peut que se poser devant un Allemand après 1945, qui choqueront selon lui certains lecteurs « comme une injustice qui leur est faite », et il trouve excellent qu'Arendt déclare vouloir quitter « le terrain des faits » (Hannah Arendt – Karl Jaspers, *Correspondance 1926-1969*, Lotte Köhler et Hans Saner éd., trad. par Éliane Kaufholz-Messmer, Paris, Payot, 1995, p. 127-128).

[2]. H. Arendt, « Zueignung an Karl Jaspers », art. cité, p. 10 ; trad. fr. citée, p. 154.

mort¹». En même temps, comme nous l'avons montré, elle réduit l'entreprise d'extermination nazie à un dispositif fonctionnel sans intention, thèse qui ne pouvait alors que favoriser les révisionnismes. En lui reprenant l'expression inappropriée de «fabrication de cadavres» et en thématisant plus généralement l'idée d'un «dispositif» *(Ge-stell)* industriel, rapporté à l'«essence de la technique moderne», Heidegger a pu mener à son sommet un exercice de disculpation des responsabilités nazies et plus particulièrement des siennes propres, qui caractérise l'ensemble de ses écrits de l'après-guerre. C'est dans ce contexte que l'on saisit le mieux à quel point la trop célèbre «question de la technique» heideggérienne recouvre avant tout une stratégie révisionniste.

L'expression arendtienne, reprise par Heidegger avec une perversité calculée qui le conduit à mettre sur le même plan la supposée «fabrication de cadavres» et l'«agriculture motorisée», a été commentée à l'envi par un nombre considérable d'auteurs qui ont tiré de ces textes arendtiens et heideggériens une remise en question générale de la technique². C'est oublier qu'il n'a jamais été question pour les nationaux-socialistes de produire des cadavres, mais bien de réduire en cendres et de faire disparaître les victimes des camps d'extermination, jusqu'à l'enterrement et la dispersion des cendres elles-mêmes. Il n'y a donc nul procédé industriel de fabrication dans les camps d'extermination. C'est d'ailleurs, nous l'avons rappelé, à de très rares exceptions près – à savoir les deux clichés clandestins représentant la crémation de cadavres dans une fosse par un *Sonderkommando* d'Auschwitz-Birkenau –, dans les

---

1. *Ibid.*, p. 8; trad. fr. (modifiée), p. 153. Notons que le verbe utilisé par Arendt : *angestellt*, est de même racine que le terme *Gestell* que Heidegger va utiliser, à partir des *Conférences de Brême* l'année suivante, pour désigner le «dispositif technique». Celui-ci s'est-il, comme pour l'expression «fabrication de cadavres», inspiré également ici de la terminologie d'Arendt? La question mérite d'être posée.

2. On trouve un exemple représentatif de cette littérature dans l'essai de Michel Faucheux, très inspiré d'Arendt. Il évoque «l'être humain [...] réduit à un cadavre fabriqué et à un produit manufacturé de mort par la Shoah» (Michel Faucheux, *La Tentation de Faust ou la science dévoyée*, Paris, L'Archipel, 2012, p. 12). Connaît-on cependant une usine qui détruirait systématiquement sa production, comme c'est le cas avec les corps tirés hors des chambres à gaz, tôt ou tard brûlés et leurs cendres dispersées et mêlées à la terre?

camps de concentration allemands que des amoncellements de cadavres ont pu être pris en photo ou filmés. Ces clichés et ces prises de vue ont fixé sur la pellicule l'interruption, par la victoire alliée, d'un processus de destruction et non d'une activité de fabrication industrielle en cours. Nous ne saurions donc trop insister sur le fait que le point de départ de cette métaphorisation de la production industrielle est foncièrement inexact. Ici comme toujours, il est indispensable que l'interprétation philosophique s'appuie sur l'effectivité historique, faute de quoi on risque de cultiver cette déréalisation qu'Arendt reprochait aux régimes totalitaires.

21. Technique, national-socialisme et extermination des Juifs d'Europe

Il reste à confirmer le point essentiel que nous avons dégagé, à savoir que la récusation heideggérienne de la technique et son apologie persistante du national-socialisme après 1945 ne sont pas dissociables. En effet, aussi bien dans la parenthèse ajoutée en 1953 que dans l'entretien de 1966, Heidegger lie étroitement les deux. Dans l'*Introduction à la métaphysique*, l'éloge de la « vérité interne et de la grandeur » du « mouvement » national-socialiste est commenté dans une parenthèse que nous savons aujourd'hui ajoutée sur épreuves en 1953 : « (c'est-à-dire avec la rencontre de la technique déterminée planétairement et de l'homme moderne)[1] ». Et dans le *Spiegel-Gespräch* de 1966, il affirme que « le national-socialisme est bien allé dans la direction » *(der Nationalsozialismus ist zwar in die Richtung gegangen)* d'un « rapport suffisant *(ein zureichendes Verhältnis)* de l'homme à « l'essence de la technique »[2]. Or, en quoi consistent cette « rencontre » et ce « rapport suffisant »

---

[1]. « *[...] nämlich mit der Begegnung der planetarisch bestimmten Technik und des neuzeitlichen Menschen* » (Martin Heidegger, *Einführung in die Metaphysik*, Tübingen, Max Niemeyer, 1953, p. 152 ; *Introduction à la métaphysique*, trad. par Gilbert Kahn, Paris, PUF, 1958, p. 213).

[2]. *Antwort. Martin Heidegger im Gespräch*, Pfullingen, Günther Neske, 1988, p. 105.

de l'homme à la technique réalisés selon lui dans le national-socialisme? La référence de 1953 à la technique *planétaire* brouille volontairement les pistes, car ce n'est pas ainsi qu'il s'exprimait lors des victoires du IIIe Reich. Il faut donc se reporter à ce que Heidegger écrit en mai-juin 1940, au moment où les divisions blindées du IIIe Reich déferlent sur la Hollande, la Belgique et les Ardennes françaises. Dans son cours du semestre d'été 1940 intitulé *Nietzsche, le nihilisme européen*, il commente la défaite de la France comme étant celle d'un peuple qui n'est plus « à la hauteur de la métaphysique issue de sa propre histoire » et il exalte par contraste la « nouvelle humanité » victorieuse en ces termes :

> Il faut une humanité qui soit foncièrement conforme à l'essence fondamentale singulière de la technique des Temps modernes et à sa vérité métaphysique, c'est-à-dire qui se laisse totalement dominer par l'essence de la technique afin de pouvoir ainsi précisément diriger et utiliser soi-même les différents processus et possibilités techniques[1].

Plus explicite encore, la conclusion du cours, supprimée en 1961 car trop compromettante, mais rétablie un quart de siècle plus tard, en 1986, avec la publication du volume 48 de la *Gesamtausgabe*, magnifie, comme nous l'avons déjà vu, « la "motorisation" totale – c'est-à-dire ici radicalement fondamentale – de la Wehrmacht » comme constituant pour lui « un acte métaphysique qui, à n'en pas douter, surpasse en profondeur la suppression de la "philosophie" »[2]. Et les propos de Heidegger dans une lettre à Elfride de la même année 1940 vont dans le même sens. Il parle d'une « profession de foi absolue en la logique interne de la technicisation absolue de la guerre », dans laquelle « l'être isolé disparaît en tant qu'individu »[3].

---

1. « *Es bedarf eines Menschentums, das von Grund aus dem einzigartigen Grundwesen der neuzeitlichen Technik und ihrer metaphysischen Wahrheit gemäß ist, d.h. vom Wesen der Technik sich ganz beherrschen läßt, um so gerade selbst die einzelnen technischen Vorgänge und Möglichkeiten zu lenken und zu nützen* » (M. Heidegger, *Nietzsche II*, 1961, p. 165-166).
2. M. Heidegger, *Nietzsche, der Europäische Nihilismus*, GA 48, p. 333.
3. « [...] *eine unbedingte Verschreibung an die innere Gesetzlichkeit der unbedingten Technisierung des Krieges. Der Einzelne verschwindet als Individuum* » (*Mein*

Ainsi, le « rapport suffisant » à la technique établi sous le national-socialisme correspond, au moins pour une part importante, à la motorisation de la Wehrmacht et à la technicisation inconditionnée de la guerre. Heidegger conçoit cette dernière, en termes proches de ceux de Jünger, comme le creuset d'une nouvelle humanité. Mais ce n'est pas tout, et le plus terrible reste à montrer. L'enjeu, en effet, n'est pas seulement militaire. Il s'agit de bien autre chose que d'une simple revanche à prendre sur ce que Heidegger nomme, dans ses remarques sur Jünger de la même époque, les « puissances de l'Ouest[1] ». À lire les *Conférences de Brême*, on découvre en effet qu'il évoque une autre « spécificité » du national-socialisme quant à son rapport à la « technique ». Il ne s'agit plus de la motorisation de la Wehrmacht magnifiée au printemps 1940, mais des chambres à gaz.

Or, si nous prêtons attention au fait que Heidegger est tout à la fois l'auteur des énoncés de ses *Conférences de Brême* publiées seulement en 1994 après sa mort et des deux apologies du national-socialisme dans sa relation à la technique publiées en 1953 et 1976, nous prenons conscience de la monstruosité de sa position : son apologie du rapport de l'homme moderne à la technique initié par le nazisme recouvre en effet une *double* spécificité du national-socialisme quant à la technique. Il y a d'une part la motorisation de la Wehrmacht, qui a contribué aux premières victoires militaires du IIIᵉ Reich et qui se voit revendiquée positivement par Heidegger au printemps 1940. Mais il y a d'autre part l'existence des chambres à gaz dans les camps d'extermination comme aboutissement de la sélection raciale, certes incluses dans l'énumération des réalisations techniques du « dis-positif » *(Ge-stell)* moderne, mais dont le lecteur ne peut ignorer qu'elles sont propres aux seuls camps d'extermination nationaux-socialistes. Sous la critique apparente se cache ainsi une forme d'apologie. Nous sommes confrontés à la même ambivalence que celle que nous pouvons

---

liebes Seelchen!, *Briefe Martin Heideggers an seine Frau Elfride*, 18 mai 1940, Gertrud Heidegger éd., Munich, Deutsche Verlags-Anstalt, 2005, p. 210 ; trad. fr. Marie-Ange Maillet, *« Ma chère petite âme ». Lettres de Martin Heidegger à sa femme Elfride, 1915-1970*, Paris, Seuil, 2007, p. 280).

1. M. Heidegger, *Zu Ernst Jünger*, GA 90, p. 221.

découvrir au sein des différents développements heideggériens dans ses cours et séminaires consacrés à Nietzsche et à Jünger et dans ses *Cahiers noirs*, sur la « sélection raciale » – ou « dressage de la race » –, présentée par Heidegger tout à la fois comme l'aboutissement le plus radical du « subjectivisme » moderne et comme devant être portée à son terme. Si Heidegger défend, comme il le fait, la relation établie par le national-socialisme avec la technique, cela implique en effet que l'une et l'autre caractéristiques de la technique nazie, motorisation de la Wehrmacht et chambres à gaz, sont porteuses d'une « vérité interne » et d'une « grandeur », révélatrices d'un rapport jugé potentiellement « suffisant » entre l'homme moderne et la technique.

Comment se fait-il que l'on n'ait guère, jusqu'à présent, pris conscience de cette position monstrueuse ? C'est que les commentateurs de Heidegger ont longtemps eu coutume de paraphraser isolément ses différents textes, et cela de façon décontextualisée. Ni l'herméneutique, ni la déconstruction, ni l'école de Gadamer, ni celle de Derrida, qui sont demeurées l'une et l'autre trop à la surface des textes en négligeant l'effectivité de l'histoire et en passant sous silence les stratégies d'écriture et d'édition de Heidegger, n'auront pu être à cet égard d'un grand secours[1]. La recherche de la vérité exige une synthèse en profondeur de la pensée. Il faut à la fois une introspection, une synthèse et une recontextualisation des écrits. C'est pourquoi l'histoire et la philologie doivent ici accompagner le travail du philosophe.

---

1. Nous pouvons relever à titre d'exemple la façon dont Gadamer appuie en 1988 son interprétation de Heidegger sur la conférence de 1938, *L'Époque des conceptions du monde (Die Zeit des Weltbildes)*, sans vérifier l'authenticité d'un texte dont Sidonie Kellerer a montré depuis l'auto-falsification par Heidegger en 1950 (J. Derrida, H. G. Gadamer, Ph. Lacoue-Labarthe, *La Conférence de Heidelberg*, *op. cit.*, p. 51). Gadamer soutient dans la même discussion que Heidegger n'était ni antisémite, ni raciste, et il considère le « penseur Heidegger en 1933 » comme « un homme [...] excellent et paradigmatique » (*ibid.*, p. 50). Ces propos ne rencontrent aucune sorte d'opposition de la part de Derrida, qui lui répond en déconstruisant la notion de responsabilité, pour louer ensuite les « ressources immenses » et le fort « potentiel de questionnement » de Heidegger, et saluer au passage la « philologie fidèle » de Jean Beaufret (*ibid.*, p. 62-64).

Prenons le cours rédigé pour le semestre d'hiver 1941-1942 et intitulé *La Métaphysique de Nietzsche*. Ce cours est généralement considéré comme une simple présentation de la philosophie de Nietzsche. On ne voit pas suffisamment que les cours et les conférences de Heidegger représentent chaque fois une prise de position sur l'actualité. Or, à quelle effectivité de l'histoire correspond ce cours ? Il y expose à nouveau le thème de l'extermination déjà revendiqué en 1933-1934. Cependant, son discours sur l'extermination est cette fois explicitement relié à la légitimation historico-ontologique de ce qu'il nomme « le *principe* de l'institution d'une sélection raciale », jugé par lui « métaphysiquement nécessaire » dès lors que l'être est conçu comme subjectivité.

Ajoutons que Heidegger a pris soin de préciser, à la fin de son introduction, que « la présentation de la pensée de Nietzsche et son interprétation sont élaborées ensemble au point de s'interpénétrer[1] ». Ce ne sont pas seulement les termes de la philosophie qu'il utilise comme *Deckname* (« mot couvert »), mais aussi les noms des philosophes et de certains poètes : Héraclite, Hölderlin ou ici Nietzsche, quoique dans ce dernier cas les choses soient plus complexes : autant l'appel à l'extermination de l'ennemi intérieur n'est pas d'Héraclite, autant les citations de Nietzsche sur le « matériel humain » ou sur la « pensée anéantissante » qu'il convoque sont déjà par elles-mêmes inquiétantes. Cependant, dans le contexte de l'extermination nazie où Heidegger les profère, elles le deviennent plus encore et se chargent historiquement d'un sens nouveau que Nietzsche ne pouvait prévoir.

Plus d'un apologiste de Heidegger a tenté de soutenir que son évocation de la sélection raciale ne constituait rien d'autre qu'une critique de celle-ci. Il suffit pourtant de lire la tonalité toute positive des pages où il expose la « nécessité métaphysique » du « *principe* de l'institution d'une sélection raciale » pour comprendre que la réalité du propos de Heidegger à ce sujet est bien plus complexe. Dans le passage cité du cours sur *La Métaphysique de Nietzsche*, il

---

1. M. Heidegger, *1. Nietzsches Metaphysik. 2. Einleitung in die Philosophie - Denken und Dichten*, Petra Jaeger éd., GA 50, 1990, p. 8-9 ; trad. fr. : *Achèvement de la métaphysique et poésie* [titre de pure invention et qui ne correspond à rien en allemand] par Adeline Froidecourt, Paris, Gallimard, 2005, p. 16.

est question en effet du « gigantesque propre au grand style » et de la « plénitude d'être propre à ce qui est simple »[1]. Et, dans les pages qui suivent – en des termes qui rappellent ses thèses du cours du printemps 1940, mais appliqués cette fois à l'extermination raciale et non plus à la victoire militaire –, il parle de façonner une nouvelle humanité inconditionnée, qui s'empare de la domination de la terre et met en œuvre la sélection raciale, en vue de passer les êtres humains au crible, jusqu'au point de non-retour[2]. D'où son apologie du *Vernichten*, de l'anéantir ou de l'exterminer qui, dit-il, « assure contre l'afflux de tout ce qui conditionne la décadence. La construction exige l'élimination[3] ».

Ce n'est plus alors, comme au printemps 1940, la victoire militaire du IIIe Reich sur la France qui se voit historiquement et ontologiquement légitimée, mais, si l'on se réfère à l'effectivité historique de ce que signifie cette année-là la *Vernichtung*, l'extermination des populations juives qui a commencé sur le front de l'Est dès l'été 1941, notamment en Ukraine où Hermann Heidegger, alors en campagne, est promu adjudant de bataillon[4]. Or, Martin Heidegger, qui correspond avec son fils, affirme à son ami Kurt Bauch également engagé sur le front de l'Est, dans une lettre du 10 août 1941, savoir suffisamment ce que signifie la guerre sur le front russe[5]. Le texte des *Cahiers noirs* de la même année, dans lequel Heidegger prononce l'éloge de la politique consistant à contraindre l'ennemi à sa propre « auto-extermination », confirme s'il en était besoin notre analyse[6].

---

1. *Ibid.*, p. 57-58 ; trad. fr., p. 67-68.
2. *Ibid.*, p. 59-60 ; trad. fr., p. 70-71.
3. « *Das Vernichten sichert gegen den Andrang aller Bedingungen des Niederganges. Das Bauen verlangt das Ausscheiden [...]* » (*ibid.*, p. 70 ; trad. fr., p. 82).
4. Voir à ce propos la mise au point de Gaëtan Pégny, « Zu Hermann Heideggers Leserbrief ("Das entspricht nicht den Tatsachen", *Badische Zeitung* vom 10. Mai 2014) », publiée sur le site de Micha Brumlik le 7 septembre 2014 (http://michabrumlik.de/tag/hermann-heidegger/).
5. Voir, sur la campagne de Russie dans la correspondance Bauch – Heidegger, l'article de Gaëtan Pégny, « Droit de réponse au professeur Sheehan », *Philosophy Today Online First* (https://www.pdcnet.org/pdc/bvdb.nsf/purchase?openform&fp=philtoday&id=philtoday_2016_0999_2_12_110).
6. Voir sur ce point *infra*, chap. 6, § 31.

Avec les cours des années 1940-1944 parus dans la *Gesamtausgabe*, augmentés des séminaires partiellement édités en 2005 et maintenant intégralement disponibles, nous pouvons en savoir beaucoup si nous nous attachons à sonder en profondeur le « chemin » tracé par cet ensemble. Il est aujourd'hui manifeste que le national-socialisme de Heidegger n'est pas seulement quelque chose du passé. C'est un programme et une vision que lui-même et les responsables de l'édition de la *Gesamtausgabe* ont de fait projetés dans l'avenir en définissant non seulement le plan, mais également, dans ses grandes lignes, l'ordre de publication des volumes qui manifeste une progressivité dans la radicalité nazie du contenu. C'est ainsi qu'après les cours sur Nietzsche parus durant les années 1980 dans un texte non remanié, les *Conférences de Brême* de 1949 publiées en 1994, les fragments sur *L'Histoire de l'être* et sur *Koinon* édités en 1998 avec une phrase antisémite expurgée, les cours et discours explicitement hitlériens, racistes et porteurs d'une volonté d'extermination parus en 2000 et 2001 au moment du passage au IIIe millénaire, l'ensemble s'est vu complété, en 2014-2015, par les premiers volumes des *Cahiers noirs*, dont la réception internationale a bouleversé la réception de Heidegger et que nous allons maintenant aborder.

6.

Des catégories aux existentiaux : la destruction programmée de la philosophie

> […] lorsqu'il s'agit de grandes choses, il faut se taire le plus longtemps possible.
>
> Martin Heidegger, 1933[1].

Heidegger a dit de ses écrits réunis dans les 102 volumes de l'*Œuvre intégrale* qu'ils constituaient « des chemins, non des œuvres ». De fait, chacun de ses textes s'inscrit dans un certain « mouvement » qui a prise sur l'actualité et vise en même temps à exercer une action sur le long terme. Il importe donc de replacer chaque écrit de sa main dans la phase qui lui correspond. En effet, le *tempo* des renvois explicites ou implicites de ses textes correspond à celui de l'Allemagne politique et militaire de son temps[2]. Nous pouvons distinguer à ce propos deux phases ascendantes, l'une et l'autre liées à la montée en puissance du mouvement national-socialiste. Étroitement corrélée aux événements politiques, la première phase culmine en 1933-1934, avec l'arrivée au pouvoir de Hitler et l'année du rectorat de Heidegger à l'Université de Fribourg. Liée

---

1. « […] über die großen Dinge muß man möglichst lange schweigen » (Martin Heidegger à Elfride, 19 mars 1933, in *« Mein liebes Seelchen ! » Briefe Martin Heideggers an seine Frau Elfride, op. cit.*, p. 249).
2. Jeffrey A. Barash a été l'un des premiers à le remarquer dans *Heidegger et son siècle. Temps de l'Être, temps de l'histoire*, Paris, PUF, 1995, chap. VI, p. 105-149.

aux événements militaires, la seconde connaît son acmé en 1940-1941, avec les premières victoires militaires de la Wehrmacht.

À chacun de ces moments culminants correspond une période d'euphorie, où Heidegger explicite ce qu'il suggérait auparavant de façon indirecte et euphémisée. Chacune de ces phases est suivie d'une période plus complexe, où, après un échec individuel comme la démission du rectorat, ou collectif tels les premiers revers militaires sur le front russe, il se replie dans un mode d'expression que l'on peut dire codé et dans une forme d'écriture ésotérique où le commentaire de Hölderlin est privilégié, mais aussi celui d'Héraclite. Tel est le cas pour le cours du semestre d'hiver 1934-1935, consacré aux *Hymnes* de Hölderlin, *La Germanie* et *Le Rhin*, puis pour ceux des semestres d'hiver 1941-1942 et d'été 1942, où il commente cette fois *Souvenir* et *L'Ister*. Il faut également mentionner le cours tout à fait capital de l'été 1943 sur Héraclite. Aucun de ces trois derniers cours, pourtant décisifs pour saisir la vision heideggérienne de l'entreprise exterminatrice nazie des années 1941-1944, n'est traduit en français.

Nous nous limiterons à évoquer, dans ce chapitre, certains éléments de la première phase, celle qui culmine au printemps 1934 et dont on peut considérer qu'elle remonte à 1919, si l'on se fie à une indication apportée par Heidegger dans son cahier intitulé *Réflexions et signes III*. Dans une note datée de la fin de février 1934, il précise que la « mutation de l'être tout entier », dans laquelle « doit s'enraciner le mouvement », s'est préparée « depuis 15 ans »[1]. Cela renvoie donc à 1919, l'année où Heidegger assume publiquement sa rupture avec « le système du catholicisme » pour se donner une nouvelle orientation[2].

Dans cette phase ascendante de quinze années, le point médian correspond à la publication, en 1927, d'*Être et temps*. Un ouvrage

---

1. «[...] *seit 15 Jahren diejenige Wandlung des Gesamten Seins sich vorbereitet, in der sich einmal die Bewegung verwurzeln muß* » (Martin Heidegger, *Überlegungen II-VI*, GA 94, *op. cit.*, p. 157).

2. Voir la lettre du 19 janvier 1919 à Engelbert Krebs mentionnée par H. Ott, *Martin Heidegger, op. cit.*, p. 112-113. Rappelons par ailleurs qu'historiquement 1919 est l'année de la création, le 5 janvier, du parti ouvrier allemand (DAP) d'où sortira la NSDAP.

que l'on peut difficilement considérer de façon isolée. Il est préparé par tout un ensemble de textes, comme la conférence et le traité de l'année 1924 sur *Le Concept de temps*, ainsi que les *Conférences de Cassel* d'avril 1925 intitulées *Le Travail de Wilhelm Dilthey et le combat actuel pour une vision du monde historique*. Il s'agit en outre d'un livre inachevé. Deux sections seulement de la première partie sont parues, soit le tiers de l'ouvrage projeté si l'on en croit le plan figurant au paragraphe 8 du livre. Certains textes ultérieurs, comme le livre de 1929 consacré à Kant, vont pallier très partiellement cet inachèvement, mais la «destruction» annoncée des ontologies aristotélicienne et cartésienne ne sera jamais philosophiquement réalisée. La raison profonde de cet état de fait tient sans doute à ce que les cibles de Heidegger correspondent bien moins à Aristote, Descartes et Kant, considérés dans leur philosophie même, qu'à la scolastique chrétienne, la phénoménologie husserlienne et le néo-kantisme, directement visés sous couvert de ces trois noms. Or, la promotion heideggérienne explicite, dans son cours de l'hiver 1933-1934, de la «vision du monde nationale-socialiste» suffira à brutalement récuser ces trois traditions, l'enseignement dans les université allemandes de Descartes avec son *moi* et son doute étant par exemple assimilé à une «déchéance spirituelle[1]» *(geistige Verlotterung)*.

À l'inachèvement d'*Être et temps* correspond une autre incomplétude. La série des *Cahiers noirs*, dont quatre volumes sont parus à ce jour, présente en effet un manque à ses débuts. Le premier des cahiers publiés, commencé en octobre 1931 selon la datation de son auteur, s'intitule *Signes x réflexions (II) et directives*[2]. La notation «réflexions (II)» suppose qu'un premier cahier de *Réflexions* serait actuellement manquant. Par ailleurs, du fait que le premier cahier publié comprend, ainsi que le suivant, plusieurs références importantes explicitant la signification d'*Être et temps* pour son auteur, une analyse de ces deux cahiers publiés, le second allant jusqu'à la démission du rectorat au printemps 1934, nous permet d'interroger à nouveaux frais l'évolution de Heidegger, de 1927 – année de la publication d'*Être et temps* – à 1934.

---

1. M. Heidegger, *Sein und Wahrheit*, GA 36/37, p. 39.
2. *Winke x Überlegungen (II) und Anweisungen*.

22. Catégories et existentiaux dans *Être et temps*

Du mode d'écriture de Martin Heidegger on peut dire qu'il est assertorique. Pas de doute, peu d'argumentation. Il affirme, tranche, récuse, annonce. Jaspers parlera à ce propos, en 1945, de « sa manière de penser non libre, dictatoriale, dépourvue de communication[1] ». L'aplomb dogmatique du discours heideggérien semble cependant tempéré par une rhétorique de la question. Questions multiples, qui ont pour effet de miner l'assurance du lecteur sans faire avancer la pensée, interrogations dont la réponse est indéfiniment différée, questions esquissées enfin, mais en réalité non développées. De ce dernier type est la plus célèbre des « questions » heideggériennes, celle dite « de l'être », ou « du sens de l'être ». C'est une question qui apparaît difficilement formulable[2]. En effet, l'interrogation « Qu'est-ce que l'être ? » ne saurait être posée ni instruite sans faire tomber l'être sous une détermination catégoriale et sans que soit ainsi perdue sa transcendance radicale affirmée dans *Être et temps*. De fait, ce n'est que de façon marginale que l'on peut trouver la question « Qu'est-ce que l'être ? » sous la plume de Heidegger, par exemple dans les notes additionnelles à son cours du semestre d'été 1933. On peut lire en effet (souligné par Heidegger) : « *L'engagement dans notre réalité. Qu'est-ce que l'être ?* » Nous sommes loin de l'ontologie pure. Ce qui est en jeu dans cette page, c'est la « lutte pour la clarté de l'essence *volklich*[3] authentique[4] ». Dans ses *Cahiers noirs*,

---

1. Karl Jaspers, lettre à Friedrich Oehlkers du 22 décembre 1945, citée dans *Martin Heidegger, Correspondance avec Karl Jaspers, 1920-1963*, Walter Biemel et Hans Saner éd., trad. par Claude-Nicolas Grimbert, Paris, Gallimard, 1996, p. 420.
2. Le « *Was ist Sein ?* » rythmiquement scandé de la satirique *Heidegger's Song* composée par Pigor et Eichhorn se révèle d'un haut effet comique, mais il ne correspond pas à la question directrice de ses écrits. C'est dans l'*Introduction à la métaphysique* de 1935 que Heidegger développe le plus la difficulté qu'il y a à formuler de façon satisfaisante la « question de l'être ». Il s'en tient à ce qu'il nomme « la question préalable : *"Qu'en est-il de l'être ?"(Wie steht es um das Sein ?)* » (M. Heidegger, *Einführung in die Metaphysik*, op. cit., p. 25 ; *Introduction à la métaphysique*, trad. fr. citée, p. 41).
3. Remarquons la progressivité du vocabulaire choisi par Heidegger. Au printemps 1933, il n'utilise que l'adjectif *volklich*, que l'on peut encore traduire par « populaire » et que Fichte utilise. C'est à l'automne suivant seulement qu'il fera usage du mot *völkisch* avec sa connotation nationaliste, raciste et antisémite. Voir p. 537.
4. M. Heidegger, *Sein und Wahrheit*, GA 36/37, p. 273.

Heidegger affirme d'ailleurs que « toute question de l'être compromet et détruit l'être[1] ».

Plus précisément, Heidegger récuse la question « Qu'est-ce que ? » *(Was)* au profit de la question « Qui ? » *(Wer)*. À la détermination catégoriale de l'essence d'un existant il substitue une question que l'on peut dire d'ores et déjà identitaire. Précisons que la distinction entre les deux manières d'interroger apparaît très tôt, dès la conclusion de la conférence de 1924 intitulée *Le Concept de temps*. Demeurée longtemps inédite, cette conférence est le pendant d'un texte de la même année portant le même titre, et qui peut être considéré comme la matrice d'*Être et temps*[2]. Heidegger y affirme que la question sur le temps s'est transformée. « Qu'est-ce que le temps ? est devenu la question : Qui est le temps ?, ou bien encore : Sommes-nous nous-mêmes le temps[3] ? » Cette distinction du *Was* et du *Wer* est ensuite reprise et thématisée dans *Être et temps*, à propos de la distinction entre catégories et existentiaux formulée au paragraphe 9 de l'ouvrage. On remarquera cependant que cette différenciation, fondatrice de toute la démarche du livre, entre catégories répondant à la question « Qu'est-ce que ? » et existentiaux répondant à la question « Qui ? » ne conduit pas dans *Être et temps* à la formulation complète d'une question. En 1927, le questionnement débutant par un « Qui ? » *(Wer ?)* demeure inchoatif. Seule est évoquée la question portant encore sur « ce que c'est que l'homme *(was der Mensch sei)*[4] ». Heidegger n'en a pas encore fini avec la question directrice de la philosophie selon Kant.

---

1. « *jede Seinsfrage das Sein gefährdet und zerstört* » (M. Heidegger, *Überlegungen II-VI*, GA 94, p. 93).

2. M. Heidegger, *Der Begriff der Zeit (1924)*, Friedrich-Wilhelm v. Herrmann éd., GA 64, 2004.

3. « *Was ist Zeit ? Wurde zur Frage : Wer ist die Zeit ? Näher : Sind wir selbst die Zeit ?* » *(ibid.*, p. 125). La dimension déjà présente du « nous » n'a pas encore supplanté entièrement celle du « je ». Heidegger poursuit en effet en ces termes : « Ou encore : suis-je mon temps ?/ *Oder noch näher : bin ich meine Zeit ?* »

4. Cette apparente contradiction entre le nouveau mode de questionnement annoncé et celui qui est de fait conservé a conduit Emmanuel Martineau au contresens ou au lapsus quand il traduit *was der Mensch sei* par : « qui est l'homme ? », alors que l'expression allemande signifie bien : « ce que c'est que l'homme ».

Cet inachèvement dans le déplacement du *Was* au *Wer* est-il le signe d'une pensée non encore aboutie? Vient-il confirmer l'interprétation la plus répandue d'*Être et temps*, développée notamment par Karl Löwith, qui conclut à l'indétermination des existentiaux tels que la «résolution»? «*Je suis résolu*, écrira Löwith en reprenant la plaisanterie d'un étudiant de Heidegger, *seulement j'ignore à quoi*[1].» Cette indétermination apparente ne relève-t-elle pas plutôt d'une stratégie d'écriture de la part d'un auteur qui ne veut pas se découvrir trop tôt? Rappelons ce qu'il affirmait, durant ces années 1920, au phénoménologue et raciologue Ludwig F. Clauß: «Ce que je pense, je le dirai lorsque je serai *ordinarius*[2].»

De fait, une fois obtenue la chaire de son maître Husserl à Fribourg en 1928, et la rupture aussitôt assumée avec lui, Heidegger se livre davantage, d'une part dans son livre de 1929 sur *Kant*, d'autre part dans son cours de l'hiver 1929-1930 sur *Les Concepts fondamentaux de la métaphysique*. Devrions-nous pour autant parler d'un tournant dans sa pensée? Ne pourrions-nous pas y voir plutôt une progression continue dans l'explicitation de la différence entre la question «Que?» *(Was?)* et la question «Qui?» *(Wer?)* à propos de laquelle, dans son cours du semestre d'été 1933 intitulé *Logique*, Heidegger parlera de *Werfrage*[3]? Cette différence ne sera en effet pleinement thématisée que durant les premières années de la prise de pouvoir du mouvement national-socialiste.

Dans le paragraphe 9 d'*Être et temps*, après avoir distingué deux modes d'interrogation, le premier, «Qui?» *(Wer)*, rapporté à l'existence, le second, «Qu'est-ce-que?» *(Was)*, à la «disponibilité», Heidegger renvoie à plus tard la clarification complète de

---

1. «"Ich bin entschlossen, nur weiß ich nicht wozu", *hieß der treffliche Witz, den ein Student eines Tages erfand*» (Karl Löwith, *Mein Leben in Deutschland vor und nach 1933. Ein Bericht*, Stuttgart, J. B. Metzler, 1986, p. 29; trad. fr.: *Ma vie en Allemagne avant et après 1933*, par Monique Lebedel, Hachette, 1988, p. 46).

2. «*Die Weisheit etwa eines Heidegger: "Was ich denke, das sage ich wenn ich Ordinarius bin", hat mir in der Jugend gefehlt, und heute ist es zu spät*» (lettre de Ludwig F. Clauß à Erich Rothacker, 1er décembre 1954, in Volker Böhnig, *Kulturanthropologie als Rassenlehre. Nationalsozialistische Kulturphilosophie aus der Sicht des Philosophen Erich Rothacker*, Wurtzbourg, Königshausen & Neumann, 2002, p. 131).

3. M. Heidegger, *Logik als die Frage nach dem Wesen der Sprache*, GA 38, p. 108.

la « connexion » entre existentiaux et catégories. Il faudrait, écrit-il, avoir auparavant clarifié l'horizon de la « question de l'être ». Cependant, cette « question de l'être » restée informulée représente-t-elle ici autre chose qu'une ligne de fuite et une échappatoire?

Le paragraphe suivant est programmatique. Au lieu d'élucider « l'horizon » de la « question de l'être », Heidegger évoque « une tâche dont l'urgence est à peine moindre » : « la libération de l'*a priori* » pour que la question « qu'est-ce que l'homme? » soit élucidée. Par un geste qu'il n'aura de cesse de répéter, il renvoie ainsi à une tâche présentée comme plus originaire que l'anthropologie. Dans une terminologie empruntée en partie à Kant, il annonce ce programme comme celui d'une « analytique existentiale », posée comme *préalable* à toute anthropologie, psychologie ou biologie. Or, qu'est-ce que ce *préalable*? Qu'en est-il de cet *a priori*? S'agit-il d'un transcendantal? L'analytique existentiale permet-elle de dégager des déterminations transcendantales *a priori* de l'existence, comme l'analytique transcendantale kantienne l'avait entrepris en ce qui concerne le pouvoir de l'entendement et sa capacité à penser et ordonner l'expérience[1]? Heidegger ne répondra jamais clairement à ces questions qui, de toute façon, se dérobent à toute explicitation de sa part puisqu'elles sont d'emblée disqualifiées, la thématisation appropriée de l'existence supposant, selon lui, de récuser toute question « qu'est-ce que? ».

Kant avait su dégager des déterminations *a priori* de l'expérience, qui se découvrent sous la forme de catégories dans notre entendement. Heidegger tout à la fois imite le geste kantien et le détruit dans son principe. Le *préalable*, l'*a priori*, est désormais posé comme un impensé dont on peut se demander s'il ne s'agit pas d'un

---

1. S'il y a un sens à parler d'un transcendantal dans la pensée par rapport à l'expérience, à savoir les formes de l'entendement, les catégories qui permettent à notre pensée d'ordonner l'expérience, y en a-t-il à parler d'un transcendantal pour l'existence? Chez Heidegger, repris et discuté par Oskar Becker qui va forger à ce propos le terme de « para-transcendance », cela cache en réalité une forme de pré-détermination d'ordre *völkisch* (voir E. Faye, « Heidegger et Oskar Becker: être, essence et race », *Heidegger, l'introduction du nazisme dans la philosophie, op. cit.*, p. 425-431, et Wolfram Hogrebe, « Von der Hinfälligkeit des Wahren und der Abenteuerlichkeit des Denkers. Eine Studie zur Philosophie Oskar Beckers », *Deutsche Zeitschrift für Philosophie*, 54, 2006/2, p. 221-253).

impensable, car il ne relève pas de notre entendement. En effet, dans la conclusion du paragraphe 31 d'*Être et temps* où l'on trouve la seconde occurrence du terme «existentiaux» *(Existenzialien)*, la première des déterminations du *Dasein*, ou le premier des «existentiaux», n'est pas de l'ordre de la pensée. Il s'agit de la «disposition affective» *(Befindlichkeit)*. Quant à l'entendement *(Verstand)*, Heidegger lui substitue le «comprendre» *(Verstehen)*, présenté comme un «existential» qui serait second par rapport à la disposition affective[1].

Plus généralement, il faut remarquer qu'il a su mettre en œuvre, dans *Être et temps*, une manière d'écrire suffisamment opaque pour pouvoir se réclamer tout à la fois, et sans que l'on s'en étonne, de l'analytique kantienne transposée de l'entendement au *Dasein*, de l'herméneutique de Schleiermacher revue par Dilthey[2] et de la description phénoménologique husserlienne, mais de façon beaucoup plus distanciée[3]. Finalement, Heidegger quittera ces habillages méthodologiques pour verser dans un style programmatique lorsqu'il abordera, au paragraphe 74, la «constitution fondamentale de l'historicité». Il appellera alors à la poursuite du «combat[4]», un terme déjà présent, nous l'avons vu, dans le titre des *Conférences de Cassel* de 1925. Faut-il rappeler à ce propos que ces deux éloges heideggériens du «combat» de 1925 et de 1927 sont contemporains de la publication en deux temps des deux parties de *Mein Kampf*? Sans doute les heideggériens récuseront-ils tout rapprochement, à propos de cette thématique du «combat», entre les publications de Martin Heidegger et celles d'Adolf Hitler durant les années 1920, mais ils n'ont, jusqu'à présent, donné aucune interprétation satisfaisante de ce programme de combat heideggérien, dont la teneur et la visée vont devenir pleinement explicites au début des années 1930[5].

---

1. «*Befindlichkeit und Verstehen charakterisieren als Existenzialien die ursprüngliche Erschlossenheit des In-der-Welt-seins*» (M. Heidegger, *Sein und Zeit*, op. cit., § 31, p. 148).
2. *Ibid.*, p. 37-38, 436, etc.
3. *Ibid.*, p. 64.
4. *Ibid.*, §74, p. 384.
5. Nous formulons notamment de grandes réserves à l'égard de l'une des lectures sans doute les plus brillantes, mais aussi les plus forcées de Heidegger, celle de Reiner

23. La disposition affective, tonalité antérieure à tout connaître

La disposition affective est posée comme une «tonalité» *(Stimmung)* première, elle-même affirmée comme constituant «le mode d'être originaire du *Dasein* où celui-ci est ouvert à lui-même *avant* tout connaître et tout vouloir et *au-delà* de leur portée d'ouverture[1]». Faut-il préciser que ces deux existentiaux, disposition affective et comprendre, énoncés dès le paragraphe 28, ne sont en aucune façon déduits, mais purement et simplement affirmés[2]?

Si, dans l'existence, la tonalité de la disposition affective est posée comme première, transcendant la connaissance et la volonté, nous comprenons pourquoi la démarche heideggérienne, chez celui qui l'a intégrée et faite sienne, résiste si bien à toute forme d'argumentation critique. Cependant, ce primat de l'affection sur la pensée, source d'emprise sur les âmes, les cœurs et les esprits, peut-il proprement fonder une philosophie? Parmi les étudiants de Heidegger, proches de leur professeur durant les années 1920, l'un des plus distanciés et lucides est à ce propos Hans Jonas, qui écrit de l'enseignement du maître de Meßkirch, dans ses *Mémoires*: «Ce n'était pas une philosophie mais une affaire sectaire, presque une nouvelle croyance[3].»

Schürmann. L'opposition heideggérienne entre catégories et existentiaux est en effet effacée par son interprétation, qui voit partout à l'œuvre une «déduction des catégories», laquelle ne ferait que se déplacer de l'analytique existentiale à ce qu'il nomme l'analytique «époquale». C'est faire peu de cas du mode assertorique et non déductif qui caractérise le discours heideggérien, et ne pas voir que le passage du «Qu'est-ce que?» au «Qui?» correspond à la récusation de la pensée catégoriale. Voir Reiner Schürmann, *Le Principe d'anarchie. Heidegger et la question de l'agir*, Bienne (Suisse), Diaphanes, 2013, p. 225-236.

1. «*Nur darf das nicht dazu verleiten, ontologisch die Stimmung als ursprüngliche Seinsart des Daseins zu verleugnen, in der es ihm selbst* vor *allem Erkennen und Wollen und* über *deren Erschließungstragweite hinaus erschlossen ist*» (M. Heidegger, *Sein und Zeit, op. cit.*, § 29, p. 136).
2. *Ibid.*, p. 133.
3. «*Das war nicht Philosophie, sondern eine sektiererische Angelegenheit, fast wieder ein neuer Glaube*» (Hans Jonas, *Erinnerungen*, Christian Wiese éd., Francfort et Leipzig, Insel, 2003, p. 108 *sq.*).

Si, dans le cercle des heideggériens, ce qui est premier n'est pas une pensée ni une volonté consciente, mais la tonalité d'une disposition affective, les écrits sans doute ne suffisent pas, et l'emprise de Heidegger s'explique en grande partie par la fascination qu'il savait susciter par son enseignement. Un enseignement non pas seulement académique, mais prolongé et intensifié par tout un mode de vie : randonnées à ski, veillées nocturnes, séjours partagés à la *Hütte*. Tout cela nous est suggéré par les récits de Günther Anders, le témoignage de Max Müller, la photo du jeune Gadamer sciant du bois avec son maître, ou encore les lettres à Elisabeth Blochmann. Il faut avoir présente à l'esprit cette dimension très *Jugendbewegung*, très propre aux « mouvements de jeunesse » allemands, cet aiguillon de l'*eros*.

En effet, lorsque l'on parle de disposition affective chez Heidegger, on se réfère généralement aux développements de la première partie d'*Être et temps* sur l'angoisse. Mais on réfléchit moins souvent à ce que deviennent la tonalité de l'existence et la disposition affective lorsque, dans le destin commun de la communauté du peuple, où les destins sont toujours déjà guidés *(geleitet)*, le *Dasein* s'accomplit dans la communication, le combat, et le choix de son héros[1]. Quelle est donc la disposition affective qui unit les « amis de l'essentiel » dans le « combat pour l'être », pour reprendre les expressions du livre sur Kant? Le séminaire hitlérien de l'hiver 1933-1934 apporte une réponse : c'est l'*eros* du peuple pour le *Führer*. Le seul et unique *Führer* qui, selon les termes du cours sur les *Hymnes* de Hölderlin de l'année suivante, fait signe vers le domaine *(Bereich)* des demi-dieux.

Cependant, comment s'accorder à une tonalité, comment susciter ou entretenir une disposition affective par des écrits? La dimension du non-dit se révèle essentielle. C'est par elle que Heidegger parvient à substituer, à la transmission d'une pensée, une forme de parcours initiatique réservée à « quelques-uns », seuls à même de répondre à l'appel de l'être[2]. C'est dans cette perspective que l'ina-

---

1. M. Heidegger, *Sein und Zeit*, op. cit., p. 384-385.
2. Cette dimension ésotérique, pour ne pas dire plutôt occulte, de l'enseignement heideggérien, et plus généralement de tout mode de transmission qui vise à la domination et à la possession des esprits, a été thématisée dans le colloque intitulé *Herrschaft durch Esoterik in der Intellektuellen Kultur der Weimarer Republik* (organisé

chèvement d'*Être et temps* prend tout son sens. La disproportion entre le plan présenté au paragraphe 8, avec notamment le projet de « destruction de l'histoire de l'ontologie » qui serait remonté de Kant à Descartes et Aristote, et la partie publiée – un tiers seulement de l'ensemble – participe de façon essentielle à la fascination qu'a exercée l'ouvrage. L'horizon de pensée de l'auteur, son potentiel « philosophique » apparaissent de ce fait comme bien plus amples et plus vastes que l'ouvrage publié. Cela crée un effet d'attente, ce que Gadamer eût nommé un « horizon d'attente » *(Erwartungshorizont)*, sur lequel Heidegger va jouer un quart de siècle durant avant d'annoncer, en 1953 seulement, dans l'avant-propos à la neuvième édition du livre, qu'il ne pouvait plus y avoir à proprement parler de seconde partie d'*Être et temps*, mais « un chemin qui demeure aujourd'hui encore plus nécessaire, si la question de l'être doit mettre en mouvement notre *Dasein*[1] ».

En lieu et place de cette seconde partie, il annonce, dans ce même avant-propos, la réédition simultanée du cours de l'été 1935 sur l'*Introduction à la métaphysique*[2], un cours dans lequel il prononce l'éloge de « la vérité interne et la grandeur de ce mouvement », à savoir le mouvement national-socialiste. Parler dans ce contexte de « mettre en mouvement notre *Dasein* », n'est-ce pas une façon à peine codée d'indiquer à qui s'adresse ce « nous », et quel « mouvement », quelle « vérité », seraient toujours en mesure et en charge de « nous » remettre en mouvement ?

À la fin des années 1920-1930, le livre sur Kant de 1929 semblait prendre à contre-pied le projet de destruction de l'histoire de l'ontologie. Le leitmotiv du livre porte en effet sur « l'instauration

---

par Emanuele Caminada, Sidonie Kellerer et Stefan Niklas, Internationales Kolleg Morphomata und A.R.T.E.S., Université de Cologne, 19 et 20 février 2015), lors duquel une partie des analyses de ce chapitre a été exposée.

1. « *Die in den bisherigen Auflagen angebrachte Kennzeichnung "Erste Hälfte" ist gestrichen. Die zweite Hälfte läßt sich nach einem Vierteljahrhundert nicht mehr anschließen, ohne daß die erste neu dargestellt würde. Deren Weg bleibt indessen auch heute noch ein notwendiger, wenn die Frage nach dem Sein unser Dasein bewegen soll* » (M. Heidegger, *Sein und Zeit*, op. cit., « Vorbemerkung », p. 5).

2. « *Zur Erläuterung dieser Frage sei auf die im gleichen Verlag erschienene "Einführung in die Metaphysik" verwiesen. Sie bringt den Text einer im Sommersemester 1935 gehaltenen Vorlesung* » (*ibid.*)

du fondement de la métaphysique», un thème destiné à remettre en question les interprétations néo-kantiennes de la *Critique de la raison pure* considérée comme une théorie de la connaissance. Le plus insolite, dans le livre sur *Kant et le problème de la métaphysique*, et qui intéresse tout particulièrement notre propos, c'est la quatrième et dernière section, la plus courte – une quarantaine de pages –, intitulée «Répétition de l'instauration du fondement de la métaphysique». Cette section est difficile à condenser car le propos n'est ni déductif, ni véritablement argumenté. Il demeure assertorique et particulièrement elliptique, comme si l'écriture de Heidegger tournait autour d'un non-dit.

À la toute fin de la troisième section, Heidegger parle de la «mise au jour des possibilités que recèle» la répétition de l'instauration du fondement de la métaphysique. Il s'agit de «transformer le problème considéré» et «par là même [de] lui conserver son contenu authentique»[1]. Avec une telle conception, où l'on modifie le sens d'une pensée pour en conserver le supposé «contenu authentique», on peut tout tirer d'une philosophie et faire d'elle ce que l'on veut. Heidegger l'assume. La visée polémique est d'ailleurs explicite: il prétend, contre les partisans de Kant – les néo-kantiens comme Cassirer –, répéter, en le transformant, le contenu supposé authentique de sa pensée, «au-delà des mots» mêmes employés par Kant. Ce qui signifie, admet-il, «fatalement user de violence[2]». De fait, nous le voyons mettre en œuvre cette violence interprétative dans son livre entier sur Kant, et particulièrement dans la conclusion de la troisième section, où il glisse du temps chez Kant à l'être selon *Être et temps*.

Cependant, la «question de l'être» constituant pour une grande part, comme nous l'avons montré, une question rhétorique et vide que Heidegger ne parviendra jamais à développer pour elle-même, c'est en réalité la «question de l'homme» qu'il reprend à Kant pour la transformer radicalement. Selon ses termes: «L'instauration

---

1. M. Heidegger, *Kant und das Problem der Metaphysik*, Francfort-sur-le-Main, Klostermann, 1998, p. 261. Pour cet ouvrage, comme pour *Être et temps* et pour le cours de 1934 intitulé *Logique*, nous citons et traduisons, sauf indication contraire, directement de l'allemand.

2. *Ibid.*, p. 256.

kantienne d'un fondement fait découvrir que fonder la métaphysique est une interrogation sur l'homme, est anthropologie[1]. » Il ne s'agit pourtant pas de répondre à la question kantienne « qu'est-ce que l'homme ? », mais de continuer à demander comment mettre l'homme en question. Par ce procédé des questions ouvertes et sans réponses, Heidegger se rend insaisissable[2]. Nous pouvons cependant suivre la façon dont il glisse de la question de l'homme à ce qu'il nomme la question existentiale de l'être du *Dasein*. Comme dans *Être et temps*, il met l'accent sur la relation entre *Dasein* et disposition affective[3].

Le style elliptique de cette fin du livre et la façon de faire tourner en rond le lecteur ne permettent pas de voir immédiatement où Heidegger veut en venir. C'est un finale crypté, qui ne saurait parler, selon l'expression de la fin du livre, qu'aux « amis de l'essentiel » *(die Freunde des Wesentlichen)* et non aux « fous de l'organisation » *(Narren der Organisation)*[4].

24. DE 1929 À 1934 : LA REFORMULATION *VÖLKISCH* DE LA « QUESTION DE L'HOMME »

Ce que Heidegger ne voulait pas exprimer dans un ouvrage publié peut commencer à se dire dans un cours demeuré longtemps inédit. La même année en effet que Davos et le livre sur Kant, dans son cours du semestre d'hiver 1929-1930 intitulé *Les Concepts fondamentaux de la métaphysique : monde, finitude, solitude,* il s'ouvre soudainement, quoique de façon encore incomplète, en évoquant « notre situation actuelle ». Il demande : « *Quelle* tonalité devons-

---

1. *Ibid.*, p. 262.
2. Voir par exemple la longue énumération de questions, *ibid.*, p. 269.
3. *Ibid.*, p. 283.
4. Cette dernière expression est traduite à tort en français par « la folie de la technique », un anachronisme qui dépersonnalise l'adversaire et injecte, dans ce texte de 1929, un motif principalement développé à partir des années 1940 (M. Heidegger, *Kant et le problème de la métaphysique,* trad. par Alphonse de Waelhens et Walter Biemel, Paris, Gallimard, 1953, p. 301).

nous éveiller? [...] Qui sommes-*nous* donc? Qu'entendons-nous par nous lorsque nous disons "nous"? [...] comme allemands...[1]?»

Mais c'est dans un cours prononcé après la prise de pouvoir des nationaux-socialistes que tout devient explicite. Il s'agit de l'enseignement dispensé durant l'hiver 1933-1934 sous le titre *De l'essence de la vérité*, et que nous avons déjà évoqué au chapitre précédent. Le recteur Heidegger y appelle ses étudiants en philosophie à «se donner pour but, sur le long terme», l'«extermination totale de l'ennemi» intérieur, «incrusté dans la racine la plus intime du peuple». Dans ce cours, il reprend à nouveaux frais la question posée par Kant: «Qu'est-ce que l'homme[2]?» pour, cette fois, amorcer une réponse: «L'homme est celui-là dont *l'histoire* présente *l'advenir de la vérité*. [...] Il ne peut alors être répondu à cette question que lorsqu'elle est *correctement présentée*. Il faut toujours avoir d'abord demandé: *Qui sommes-nous?* [...] La question: qui est l'homme est ainsi une question au caractère originaire[3].» La dimension identitaire et discriminatoire de la question apparaît maintenant nettement. Seul méritera d'être nommé «homme» le *Dasein* commun, le *nous* dont l'existence historique fait advenir la «vérité». Réciproquement, Heidegger affirme dans le même cours que «la vérité est toujours vérité *pour nous*[4]», ce qu'il assimile à une lutte *(Kampf)*. Il s'agit donc d'une captation *völkisch* de la vérité.

À la page suivante, Heidegger prétend fonder la corporéité «dans l'existence de l'homme» et non dans une «biologie animale», ce qui implique que «la race et la lignée aussi sont à comprendre ici et non à représenter par une biologie libérale vieillie»[5]. Loin de récuser

---

1. M. Heidegger, *Die Grundbegriffe der Metaphysik. Welt – Endlichkeit – Einsamkeit*, Friedrich-Wilhelm von Herrmann éd., GA 30, 1983, p. 103-104.

2. «*Was ist der Mensch?*» (Martin Heidegger, *Sein und Wahrheit*, GA 36/37, p. 175).

3. «*Der Mensch ist derjenige, dessen Geschichte das Geschehen der Wahrheit darstellt. [...] Diese Frage [wer ist der Mensch] kann nur dann beantwortet werden, wenn sie richtig gestellt ist. Es muß immer zuerst gefragt werden: Wer sind wir? [...] So ist die Frage, wer der Mensch ist, eine Frage von ureigenem Charakter...*» (*ibid.*, p. 176-177).

4. *Ibid.*, p. 262.

5. «*[...] auch Rasse und Geschlecht sind hierher zu verstehen und nicht von einer veralteten liberalistischen Biologie darzustellen*» (*ibid.*, p. 178).

toute pensée de la race, il entend fonder celle-ci dans sa conception de l'existence au lieu de céder sa détermination à la biologie darwinienne d'origine anglo-saxonne qu'il récuse dans un texte de la même époque où il s'en prend à l'écrivain nazi Guido Kolbenheyer[1]. Plus loin, il précise que saisir l'homme comme «historique», c'est comprendre qu'il «existe dans la communauté mutuelle d'un peuple historique[2]». Comme au paragraphe 74 d'*Être et temps*, mais de façon plus appuyée encore, le *Dasein* historique désigne l'existence non pas d'un individu mais bien d'un peuple uni dans une communauté déterminée, voire d'une lignée, d'une race.

Si donc le cours de l'hiver 1933-1934 pose enfin explicitement la question «Qui est l'homme?», et si cette question remplace désormais celle, «Qu'est-ce que l'homme?», reconnue par Kant comme directrice pour la philosophie, c'est dans le cours du semestre suivant que répond Heidegger. À vrai dire, il commence par déplacer la question. «Qui est l'homme?» est reformulé comme la question «Qui sommes-nous, nous-mêmes[3]?» À quoi il répond cette fois: «"Nous" sommes le peuple[4].»

---

1. *Ibid.*, p. 209-213. En réalité, la diatribe heideggérienne contre Kolbenheyer, que l'éditeur met curieusement en italique, n'a pas été prononcée par Heidegger dans la séance du 30 janvier 1934 de son cours, où le recteur entreprend une longue improvisation exaltée sur le discours de Hitler qui venait d'être radiodiffusé en direct. Il s'agit d'une grave falsification de l'éditeur, Hartmut Tietjen, qui a été révélée par les recherches inédites à ce jour du philosophe et germaniste Franck Jolles. Nous avons, avec l'accord de Jolles, malheureusement disparu le mois suivant, révélé ce fait capital dans un entretien paru dans la presse allemande («Die Krönung der Gesamtausgabe. Ein Gespräch mit dem französischen Philosophen Emmanuel Faye über die "Schwarzen Hefte" und Heideggers düsteres Vermächtnis. Von Iris Radisch», *Die Zeit*, 27 décembre 2013; http://www.zeit.de/2014/01/heidegger-schwarze-hefte-emmanuel-faye).

2. «[...] *der Mensch, und zwar der Mensch als geschichtlicher, im Miteinander eines geschichtlichen Volkes existiert*» (Martin Heidegger, *Sein und Wahrheit*, GA 36/37, p. 263).

3. M. Heidegger, *Logik als die Frage nach dem Wesen der Sprache*, GA 38, p. 39 et 64.

4. *Ibid.*, p. 56. L'affirmation: «"nous" sommes le peuple» (*"Wir" sind das Volk*) est menaçante dans le contexte historique de l'hiver 1933-1934, celui du peuple allemand uni sous la domination hitlérienne. Cette même expression sera entonnée comme un refrain libérateur en 1989, au moment où tombera le mur qui aura séparé en deux parties l'Allemagne pendant plus de trois décennies. D'une situation his-

Heidegger ne s'en tient pas là. Ce qu'il nomme désormais la *Werfrage* va mobiliser le peuple dans la question même. Comme il le précise : « ici aussi nous ne devons pas demander : "Qu'est-ce qu'un peuple ?", en vue de parvenir à une définition universelle, mais "Qui est ce peuple, que nous sommes nous-même ?" » Cela constitue, précise-t-il, « une question de décision[1] ». Ce qui est en jeu, c'est ce qu'il nomme, plus loin, le « s'affirmer-soi-même de la force du peuple allemand[2] » *(Selbstbehaupten der deutschen Volkskraft)*.

Les trois questions directrices de la *Critique de la raison pure* : « Que puis-je savoir ? Que dois-je faire ? Que m'est-il permis d'espérer ? » se posent à toute personne rationnelle et concernent tout être humain. Elles conduisent à une prise en considération de l'histoire de l'homme où peuvent être trouvées des actions conformes aux principes moraux. Dans la *Logique* de Kant, on sait que ces trois questions, dont est soulignée la « signification cosmopolite », se voient complétées par une quatrième, celle de l'anthropologie : « Qu'est-ce que l'homme ? »

Or, le premier des *Cahiers noirs* publiés débute, en octobre 1931, par une série de questions dont on peut dire qu'elles se substituent à celles de Kant. La première des interrogations heideggériennes semble en effet une réminiscence de la seconde question kantienne. Cependant, deux modifications en transforment de fond en comble l'esprit :

1. Un changement dans la formulation tout d'abord. À la seconde question de Kant : « Que dois-je faire ? » *(Was soll ich thun ?)* se voit en effet substituer celle que Heidegger met en premier : « Que devons-nous faire ? » *(Was sollen wir tun ?)*. Ce n'est plus *moi* qui suis concerné, mais *nous* : non plus une conscience rationnelle individuelle, mais un être-ensemble, une communauté.

---

torique à l'autre, l'expression a changé de sens. Il ne s'agit plus de se proclamer *le* peuple par excellence, le seul à avoir encore un destin, comme le soutient Heidegger en 1933, mais d'affirmer l'unité d'un seul et même peuple trop longtemps divisé par un mur. Certains auteurs ont cependant adopté à ce propos des accents heideggériens (voir Kai Haucke, « Welt oder Sein ? Die gebrochene Neutralität menschlichen Daseins und Heideggers Parteilichkeit », in *Intellektuelle im Nationalsozialismus*, *op. cit.*, p. 175.).

1. *Ibid.*, p. 69.
2. *Ibid.*, p. 75.

2. Un déplacement dans la priorité du questionnement et une suppression ensuite. La première question directrice de la philosophie selon Kant, « Que puis-je savoir ? », n'est plus mentionnée. Non seulement le problème de la connaissance n'est plus premier, mais il ne figure plus parmi les questions directrices pour le philosopher. Ce qui prime désormais, en 1931, c'est la question de l'action telle qu'elle s'impose à un « nous ».

Après la première question directrice énoncée par Heidegger viennent quatre questions mises typographiquement en retrait. La première est la fameuse *Werfrage* telle qu'il la formulait entièrement pour la première fois deux ans avant, dans le cours du semestre d'hiver 1929-1930 : « Qui *sommes*-nous ? » – avec cette différence que c'est le verbe « sommes » qui est cette fois souligné tandis que, deux ans auparavant, c'était le « nous ». La question suivante, « Pourquoi devons-nous être ? », condense à elle seule, en quelque sorte, la question initiale sur « notre » action et la *Werfrage*. Cette fusion des deux interrogations conduit au remplacement de la question morale par celle, ontologique, formulée ensuite en deux temps : une question « Qu'est-ce que ? » adressée à l'étant, suivie de l'interrogation « Pourquoi l'être advient-il ? ».

Dans la série des questions heideggériennes, toute mention du « je » et de l'homme a ainsi disparu. Seuls le « nous » et son « être » sont en jeu. Quant à la question finale en partie dérivée de Leibniz, « Pourquoi l'être advient-il ? », elle constitue la formulation heideggérienne tardive et désormais directrice de la « question de l'être », qui va le conduire à la mise en perspective d'une « histoire de l'être » en tant qu'histoire de ses modes de survenance.

Cette mise en place d'un questionnement nouveau au commencement du deuxième cahier pourrait impressionner celui qui n'aurait pas encore lu l'ensemble des *Cahiers* publiés, car le dispositif est cohérent à sa façon. On pourrait être tenté d'en conclure que Heidegger substitue à la conception kantienne de la philosophie un nouveau mode de philosopher qui écarte la connaissance et la morale au profit de l'ontologie et limite la question « Qu'est-ce que ? » à ce qui est – l'étant –, refusant toute substantialisation de l'être en posant à son propos non pas la question « Qu'est-ce que ? » *(Was ?)*, mais la question « Pourquoi ? » *(Warum ?)*. Cependant, nous ne devons pas perdre de vue ce qui est immédiatement problématique dans ce mode de questionner, à savoir la disparition de toute référence à l'être humain, de toute interrogation générale valant pour tout être pensant, et l'imposition non explicitée d'un «nous» comme étant seul concerné par ce questionnement.

Or, jusqu'à quel point peut-il y avoir une philosophie du «nous»? Et, si oui, à quel prix[1]? En outre, la question «Pourquoi?» renvoie à un certain *telos*, une certaine fin recherchée. Quelle est la fin, quel est le but que se donne Heidegger? Tout cela reste informulé, du moins au début des *Cahiers*. Le fondement universel et rationnel du questionner kantien est récusé sans que Heidegger explicite encore clairement ce qui vient le remplacer. Il y a donc un non-dit dans ce questionner heideggérien, tandis que la rationalité du questionnement kantien était explicite. Le statut des questions heideggériennes ne saurait donc être mis sur le même plan que celui du questionnement rationnel kantien valant en droit pour chacun.

Ce qui est exposé dans les *Cahiers noirs*, c'est une détermination appuyée d'un «nous» mis en jeu dans la relation à son «être» et à son «essence». Sans doute toute référence à l'homme n'a-t-elle pas disparu dans les développements qui suivent, mais c'est seulement en tant que l'homme s'est «redisposé dans le *Dasein*» et a dû «longtemps se taire»[2]. Quant à la «question de l'être», c'est son «dépassement» *(Überwindung)* qui est maintenant thématisé[3].

À nouveau Heidegger écarte la question de la connaissance, encore directrice dans la philosophie du néo-kantisme. Il revient plus loin sur cette récusation, cette fois sous la forme d'une question laissée sans réponse: «*Science*: avons-nous encore besoin de science

---

1. Ces questions de principe sont posées, mais, en l'occurrence, elles dépassent notre propos. Il faut voir que Heidegger ne formule pas une détermination générale du «nous». Nous sommes très loin du «nous» propre au style académique français, d'ailleurs non dépourvu d'ambiguïté car il peut correspondre à une manière dépersonnalisée par politesse de dire «je», par exemple dans la formulation: «Nous pensons que...», ou valoir pour tout lecteur, par exemple si l'on écrit: «Ne devrions-nous pas penser que...». Il faudra donc se rapporter à ce que Heidegger propose effectivement dans ses *Cahiers* et se limiter à la question suivante: ce qu'il affirme du «nous» peut-il ou non être légitimement considéré comme constitutif d'une philosophie?
2. M. Heidegger, *Überlegungen II-VI*, GA 94, p. 6.
3. *Ibid.*, p. 12.

– c'est-à-dire de ce qui, aujourd'hui, en tient lieu?» Et il enchaîne: «Qui sont ces "nous"?», question qu'il développe ainsi: «Les guides et gardiens – qui sont ces derniers...?» Par ce déplacement de l'interrogation, Heidegger laisse entendre que la question n'est plus celle de la science comme telle, mais celle des *Führer*, des guides qui sauront donner sens à ce «nous»[1]... «Être guide, écrit-il plus loin, c'est porter positivement au silence la soli-tude du *Dasein*[2].» De fait, ce thème du *silence* est récurrent dans ce cahier. En 1931-1932, la *sigétique* heideggérienne thématise avec insistance un silence qui sera bientôt brisé.

Si nous voulons condenser les analyses qui précèdent, nous pouvons dire maintenant que la question «Qui est l'homme?» manifeste ce qu'elle est: non le motif d'une recherche et d'un approfondissement philosophiques par la pensée, mais une question identitaire et discriminatoire, qui en réalité décide de *qui* est l'homme et de qui ne l'est pas, de qui est *le* peuple et de qui en est l'ennemi, comme on le voit avec le cours de l'hiver 1933-1934 désignant comme à anéantir ou à exterminer totalement l'ennemi incrusté dans la racine la plus intime du peuple. C'est pourquoi il importe de pointer ce qu'il y a de problématique dans le geste fondateur de cette pensée: la récusation des catégories au profit des «existentiaux», pour montrer qu'il ne s'agit pas d'un geste philosophique fondamental, mais d'une décision à visée discriminatoire et identitaire.

25. Les premiers *Cahiers noirs*: de la métaphysique du *Dasein* à la métapolitique du peuple historique

Heidegger a depuis longtemps abandonné la mention de l'analytique existentiale, utile en 1927 comme arme rhétorique contre le néo-kantisme. Dès le livre sur Kant de 1929, il lui a substitué le programme d'une «métaphysique du *Dasein*», reformulé de façon plus explicite, dans une lettre à son épouse Elfride du 19 mars 1933, comme la «métaphysique du *Dasein* allemand», lettre dans laquelle

---

1. *Ibid.*, p. 17.
2. *Ibid.*, p. 20.

nous le voyons affirmer que «lorsqu'il s'agit de grandes choses, il faut se taire le plus longtemps possible[1]».

Or, dans le deuxième des *Cahiers* publiés, celui qui correspond à la période du rectorat, il introduit à trois reprises un nouveau terme, celui de «métapolitique». On trouve tout d'abord une déclaration fracassante: «*La fin de la "philosophie"*. – Nous devons la mener à sa fin et préparer ainsi le tout autre – Métapolitique[2].» Un peu plus loin, une note brève: «Métaphysique comme méta-politique[3].» Enfin, un développement particulièrement explicite: «La *Métaphysique du Dasein* doit s'approfondir et s'élargir selon sa structure la plus intime à la *métapolitique "du" peuple historique*[4].»

Si nous considérons attentivement ce programme métapolitique heideggérien, nous voyons que la reformulation qu'il propose de la métaphysique du *Dasein* comme métapolitique du peuple germanique ne correspond pas à une transformation de sens, mais à l'explicitation de la «structure la plus intime» de cette «métaphysique». Une structure selon laquelle le mot *Dasein* ne désigne pas l'individualité humaine, mais le peuple germanique entendu comme *le* peuple historique. En outre, il est remarquable de voir Heidegger formuler à ce propos, dès 1933, un thème qui deviendra dominant treize ans plus tard, après la défaite militaire du IIIe Reich, celui de la «*fin de la philosophie*», sur lequel Heidegger conclura sa *Lettre sur l'humanisme*.

Il y a donc tout à la fois continuité affirmée et rupture apparente. Continuité, car parler de métapolitique, c'est assumer le fait que le *Dasein* dont il est question depuis *Être et temps* est, dans sa «struc-

---

1. M. Heidegger, «*Ma chère petite âme*». *Lettres de Martin Heidegger à sa femme Elfride 1915-1970, op. cit.*, p. 249-250.
2. M. Heidegger, *Überlegungen II-VI*, GA 94, p. 115.
3. *Ibid.*, p. 116.
4. *Ibid.*, p. 124. Outre les trois occurrences relevées dans les *Überlegungen III*, nous trouvons l'adjectif «métapolitique» dans les notes additionnelles au cours du semestre d'été 1933. Il est accolé aux termes «histoire, *polis*, fondement», ou encore «monde, *Dasein*», et opposé aux «préoccupations culturelles *(Kulturpflege)*»: «*Geschichte, πόλις, metapolitisch, "Grund". Nicht: Kulturpflege und dergleichen, sondern* Welt, Dasein» (M. Heidegger, *Sein und Wahrheit*, GA 36/37, p. 274). Ces notes contiennent plusieurs renvois aux *Überlegungen II* (M. Heidegger, *Überlegungen II-VI*, GA 94, p. 268, 270, 271), preuve que les premiers *Cahiers noirs* servaient à Heidegger de référence ou même de matrice pour certains énoncés de ses cours, notamment en ce qui concerne le couple *Ermächtigung/Entmächtigung* de l'être et finalement de l'essence.

ture la plus intime», non pas individuel mais *völkisch*. Rupture apparente, car il s'agit de remplacer la «philosophie» par le «tout autre». Plus tôt dans ses *Cahiers*, Heidegger affirmait abruptement: «La philosophie doit-elle encore être? Fin[1]!» Il reste à déterminer, avant de parler sur le fond de rupture, si le programme de substitution des existentiaux aux catégories, propre aux années 1920, constitue véritablement un geste philosophique.

À ce propos, dans le premier des *Cahiers noirs* publiés, Heidegger met le lecteur en garde contre le fait d'«interpréter à tort *Être et temps* comme une anthropologie ou comme une "philosophie de l'existence"». Suit une précision importante:

> [...] l'accent mis [dans *Être et temps*] sur l'individu et l'individualité de l'existence n'est qu'un contrecoup opposé à la mécompréhension du *Dasein* entendu comme «conscience», «sujet», «âme» ou «vie»; mais [...] ce n'est pas le problème de l'individualité de l'individu existant, seulement un passage accidentel vers la soli-tude *(Allein-heit)* du *Da-sein*, par lequel advient l'un-tout *(All-einheit)* de l'être[2].

Les interprétations longtemps dominantes d'*Être et temps* entendu comme une philosophie de l'existence individuelle, telles qu'elles ont cours par exemple chez Sartre ou Löwith, ou encore aujourd'hui chez Claude Romano, sont donc à réviser entièrement, ce qui est déjà manifeste si l'on n'arrête pas sa lecture du livre au thème de la «mienneté» *(Jemeinigkeit)*, mais si l'on tient compte des motifs essentiels du «sacrifice de soi» *(Selbstaufgabe)* – comme l'a bien vu Adorno – et de «l'advenir de la communauté, du peuple» – thématisé notamment par Johannes Fritsche[3].

Le jeu de mots heideggérien, intraduisible en français où l'homophonie n'existe plus, entre «soli-tude *(Allein-heit)* du *Dasein*»

---

1. «*Muß die Philosophie noch sein? Ende!*» (M. Heidegger, *Überlegungen II-VI*, GA 94, p. 77).
2. «*[...] die Betonung des Einzelnen und der Einzelnheit der Existenz nur ein Gegenstoß ist gegen "Bewußtseins"- und "Subjekts"- und "Seelen"- und "Lebens"- mißdeutung des Da-seins; daß aber nicht die Einzelnheit des existierenden Einzelnen Problem, sondern nur ein zufälliger Durchgang zur Allein-heit des Da-seins, worin die All-einheit des Seins geschieht*» (*ibid.*, p. 21).
3. Johannes Fritsche, *Geschichtlichkeit und Nationalsozialismus in Heideggers* Sein und Zeit, Baden-Baden, Nomos, 2014.

et «un-tout *(All-einheit)* de l'être» montre que ce qui est visé n'est autre que la totalité unifiante, désignée par lui sous le nom d'«être». Bref, le passage recherché de la «soli-tude» à l'«un-tout de l'être» atteste bien que l'authenticité de l'existence ne s'accomplit nullement dans l'individualité humaine, comme tant d'interprètes l'ont cru, mais dans la communauté historique du peuple. Ce qui est en vue, c'est la structure communautaire et *völkisch* du *Dasein*. Heidegger écrit en ce sens, dans ces mêmes *Cahiers* : «C'est seulement lorsque et aussi longtemps que cette *solitude* originelle du *Dasein* est apprise que la vraie communauté peut grandir enracinée dans son sol[1].» Telle est, écrit-il, «la consécration secrète de l'individu pour son peuple[2]». Ce qui renvoie à la vocation et au destin exclusifs de l'Allemand, exaltés dans ce même cahier : lui «seul peut poétiser et dire l'être de façon originellement neuve[3]». Heidegger peut ainsi glisser, peu après, de «l'être» à «*notre être*[4]».

C'est donc cet exclusivisme *völkisch* qu'il nous faut ressaisir sous la dénomination de «métapolitique». Le glissement du «métaphysique» au «métapolitique» marque le congé définitif donné à la question philosophique «Qu'est-ce que l'homme?» encore privilégiée par Kant, pour laisser place à la fondation du seul et unique «peuple historique» dans sa communauté d'essence et son destin. Ajoutons qu'il n'est pas sans signification que ce mot «métapolitique» soit également celui autour duquel s'est reconstruite l'extrême droite européenne après 1945.

26. NATIONAL-SOCIALISME ET PHILOSOPHIE

Que reste-t-il de la philosophie dans ce projet métapolitique? Il y a dix ans, nous appuyant sur un mot de Heidegger rapporté

---

1. «*Erst wenn und solange diese ursprüngliche Alleinheit des Daseins erfahren ist, kann wahre Gemeinschaft bodenständig erwachsen*» (M. Heidegger, *Überlegungen II-VI*, GA 94, p. 59).
2. «*[...] die geheime Weihe des Einzelnen für sein Volk*» (*ibid.*).
3. «*Der Deutsche allein kann das Sein ursprünglich neu dichten und sagen*» (*ibid.*, p. 27).
4. *Ibid.* (souligné par l'auteur).

par Max Müller selon lequel «dans la logique aussi, on peut introduire la *figure* du *Führer*[1]», nous avions parlé d'une introduction du national-socialisme ou de l'hitlérisme dans la philosophie. Nous n'entendions pas affirmer par là que Heidegger aurait conçu une philosophie hitlérienne et nazie, expression que nous récusons, tout comme le fera rétrospectivement Levinas. Un mouvement radicalement raciste et génocidaire ne saurait en effet être reconnu comme porteur d'une philosophie propre. Nous pensions donc qu'il importait que Heidegger fût lu avec plus de distance critique, et que l'on n'accordât pas trop vite que, sous sa plume, les mots «être», «vérité», «essence» auraient constitué des concepts philosophiques. Depuis lors, des textes nouvellement connus comme la correspondance avec Kurt Bauch, où Heidegger admet que la différence entre l'être et l'étant est souvent utilisée par lui comme une «formule» et un «mot couvert» *(Deckname)*, ont confirmé le bien-fondé de ces réserves. Il s'est en effet servi du langage philosophique et de l'autorité que confère le champ de la philosophie académique pour diffuser et légitimer un programme métapolitique et d'esprit national-socialiste, qui tend à la destruction de toute philosophie. Cela est manifeste en 1934, dans un fragment des *Réflexions et signes III*, où il oppose l'un à l'autre les deux termes de l'alternative suivante:

> Dans quelle mesure le national-socialisme ne peut jamais être principe d'une philosophie, mais seulement être toujours soumis à la philosophie comme principe.
> Dans quelle mesure au contraire le national-socialisme peut certainement occuper des positions déterminées et contribuer ainsi à prendre une nouvelle position fondamentale à l'égard de l'être[2]!

---

1. «*Auch in die Logik kann man die Gestalt des Führers hineinbringen*» («Ein Gespräch mit Max Müller», *Martin Heidegger. Ein Philosoph und die Politik*, Bernd Martin et Gottfried Schramm éd., Fribourg-en-Brisgau, Rombach, 2ᵉ éd. augmentée, 2001, p. 106).

2. «*Inwiefern der Nationalsozialismus niemals Prinzip einer Philosophie sein kann, sondern immer nur unter die Philosophie als Prinzip gestellt werden muß. Inwiefern dagegen der Nationalsozialismus wohl bestimmte Stellungen beziehen kann und so eine neue Grundstellung zum Seyn mitwirken kann!*» (M. Heidegger, *Überlegungen II-VI*, GA 94, p. 190)

Dans la première perspective, la philosophie demeure principielle et le national-socialisme lui reste soumis. Dans la seconde, qui a manifestement la faveur de Heidegger – d'autant qu'il s'agit d'une phrase exclamative et non pas interrogative –, le national-socialisme, magnifié, se voit reconnaître la capacité de «prendre une nouvelle position fondamentale à l'égard de l'être». «Cela, poursuit le texte, seulement à *la* condition qu'il se reconnaisse lui-même dans sa limite, c'est-à-dire qu'il comprenne qu'il n'est vrai que s'il est, s'il devient capable de libérer et de préparer une vérité originaire[1].»

Il est par conséquent envisageable, dans l'esprit de Heidegger, de considérer le national-socialisme comme principe d'accès à une «vérité originaire» et à une entente renouvelée de l'être! C'est donc à partir du national-socialisme, ainsi saisi dans sa «vérité» propre, que «être» et «vérité» pourraient recevoir un sens nouveau. Ce qui vient confirmer notre thèse de 2005 : c'est à partir de la dynamique discriminatoire et destructrice du mouvement national-socialiste et de son projet métapolitique, thématisé de façon tout d'abord elliptique et cryptée, puis très explicitement durant les années 1933-1935, que plusieurs mots clés de la philosophie reçoivent une signification entièrement nouvelle et que l'on peut dire nazie. Redoutable détournement de langage, dont il revient au philosophe d'effectuer la critique. Il s'agit bien, en effet, d'une forme d'introduction du national-socialisme dans le champ et le langage de la philosophie, sans qu'il soit pour autant question de parler à ce propos d'une «philosophie nazie», une expression dont nous avons toujours soutenu qu'elle était foncièrement contradictoire, la philosophie, avec la rectitude de pensée, les enjeux pratiques et humains qui la caractérisent, ne pouvant se donner pour *telos* un racisme exterminateur, pas plus que la médecine, par exemple, ne saurait être définie comme ayant pour fin la mort de ses patients.

---

1. «*Dieses aber auch nur unter der Voraussetzung, daß er sich selbst in seinen Grenzen erkennt — d.h. begreift, daß er nur wahr ist wenn er imstande ist, in den Stand kommt, eine ursprüngliche Wahrheit freizugeben und vorzubereiten*» (*ibid.*).

7.

Antisémitisme et « auto-extermination » du judaïsme : sur les *Cahiers noirs*

> Le chemin que l'être *(Seyn)* indique à la pensée
> court à la limite de l'extermination.
>
> Martin Heidegger, *Cahiers noirs*, 1938[1].

La question de l'antisémitisme dans la pensée et l'œuvre de Martin Heidegger a connu une nouvelle actualité avec la parution, dans l'*Œuvre intégrale*, des quatre premiers volumes de ses *Cahiers noirs* dans lesquels figurent, principalement durant les années 1938-1946, des énoncés antisémites explicites et d'une grande radicalité. Ces énoncés mettent en jeu les termes centraux du langage heideggérien : la distinction de l'être et de l'étant, l'opposition entre l'enracinement dans un sol et l'absence de sol, l'histoire et l'absence d'histoire, le monde et l'absence de monde. Cette publication a été programmée par Heidegger lui-même pour paraître après sa mort, à la fin de son *Œuvre intégrale* et à la suite de ses cours, traités et séminaires. Simultanément, une nouvelle ligne apologétique a pris forme, dans laquelle l'argumentation de l'éditeur des *Cahiers noirs*, Peter Trawny, a joué

---

1. « Hart an der Grenze der Vernichtung läuft der Weg, der vom Seyn dem Denken gewiesen » (M. Heidegger, *Überlegungen VII-XI*, Peter Trawny éd., GA 95, 2014, p. 50).

un rôle significatif dans la mesure où il a pu élaborer une interprétation de ces textes avant même que les lecteurs en aient pris connaissance[1].

Loin de se présenter comme un critique de Heidegger, l'éditeur des *Cahiers noirs* se campe en effet sans équivoque en défenseur : « Je dirais même, écrit-il, que mon livre et pas seulement sa fin montre combien je veux sauver Heidegger – bien qu'il se sauve d'ailleurs fort bien lui-même[2]. » De fait, cette ligne de défense est suffisamment soutenue par Klostermann, la maison d'édition de Heidegger, pour qu'elle publie l'essai de Trawny, tandis que son travail éditorial – avec les commentaires problématiques de ses postfaces rédigées dans le même esprit que son essai –, est apprécié positivement par le principal représentant des ayants droit, Hermann Heidegger, même si ce dernier se refuse à reconnaître l'antisémitisme de son père[3]. On décèle notamment une tendance à isoler ces *Cahiers noirs* antisémites du reste de l'œuvre pour mieux restreindre la période supposée de l'antisémitisme « histo-

---

1. Voir P. Trawny, *Heidegger und der Mythos der jüdischen Weltverschwörung*, Francfort-sur-le-Main, Klostermann, mars 2014 ; 3ᵉ éd. augmentée, mars 2015. Cet essai a connu une traduction française au titre édulcoré : *Heidegger et l'antisémitisme. Sur les Cahiers noirs*, traduit par Jean-Claude Monod et Julia Christ (Paris, Seuil, 2014). Trawny a également publié un second essai, *Irrnisfuge. Heidegger An-archie* (Berlin, Matthes & Seitz, 2014), traduit en français sous le titre : *La Liberté d'errer, avec Heidegger*, par Nicolas Weill (Montpellier, Indigène, 2014), dans lequel il reproche à Habermas d'avoir contribué à la « normalisation » de l'Allemagne après 1945 et s'efforce de promouvoir un mode de pensée sans argumentation ni responsabilité morale. « Auschwitz » y est assimilé à un « mythe » et Heidegger stylisé en philosophe ayant « sauvé "Auschwitz" ». Voir à ce propos l'essai critique de Michèle Cohen-Halimi et Francis Cohen, *Le Cas Trawny. À propos des « Cahiers noirs » de Heidegger*, Paris, Sens & Tonka, 2015.

2. « Ich würde sogar sagen, dass nicht nur das Ende meines Buches zeigt, inwie[f]ern ich Heidegger retten will - obwohl er sich übrigens ganz gut selbst rettet. » Peter Trawny à M. Semm (http://mehdibelhajkacem.over-blog.com/article-trawny-et-la-reception-francaise-de-son-oeuvre-124777036.html ; consulté le 9 octobre 2014). Le texte édité en ligne donne « *inwiegern* » mais nous suggérons de lire « *inwiefern* ».

3. Voir Hermann Heidegger, « "Schwarze Hefte", 1200 Seiten, 3 Fundstücke », entretien publié dans la revue d'extrême droite *Sezession*, n° 60, juin 2014, p. 52-53. On rappellera que lorsque Hermann Heidegger est confronté à un heideggérien devenu critique, il n'hésite pas à le censurer comme il l'a fait pour Franco Volpi. Peter Trawny prend d'ailleurs soin de remercier Hermann Heidegger de sa confiance à la fin de chacune de ses postfaces aux volumes des *Cahiers noirs*.

rial » de Heidegger à « une dizaine d'années »¹, alors que les propositions antisémites des *Cahiers* viennent confirmer et renforcer toute une série de remarques et d'analyses que l'on pouvait déjà effectuer sur l'antisémitisme heideggérien à partir des écrits parus alors. Nous proposons donc de revenir sur ce qui pouvait jusqu'alors être perçu de cet antisémitisme et de le confronter à quelques-unes des *Réflexions* et *Remarques* de ces *Cahiers noirs*.

27. Enjuivement et race allemande

Il y a longtemps que l'antisémitisme de Heidegger est documenté par un ensemble de témoignages, de lettres et de textes de sa main. Nous avons déjà mentionné le propos le plus ancien que nous connaissions, et qui est aussi l'un des plus virulents. Il forme comme un programme pour le futur de la « race allemande » : celui de lutter contre « l'enjuivement de notre culture et de nos universités » et de « trouver suffisamment de force intérieure pour parvenir au sommet »².

Heidegger ne renonce pas au mot « enjuivement » lorsqu'il est devenu l'un des vocables les plus marquants de *Mein Kampf*. Nous le retrouvons en effet employé par lui dans une lettre secrète adressée en 1929 au conseiller ministériel Viktor Schwoerer, qui nous apprend beaucoup sur la stratégie et la manière d'écrire de l'auteur d'*Être et temps* : « ce que je ne pouvais indiquer qu'indirectement dans mon rapport, écrit-il, je puis le dire ici plus clairement³ ». Telle est donc sa duplicité : suggérer de façon indirecte, dans ses écrits publics, ce qui ne saurait être acceptable sur le moment, et l'exprimer de façon plus abrupte dans des écrits privés ou tenus alors secrets, jusqu'à ce que les temps deviennent propices à une

---

1. P. Trawny, *La Liberté d'errer, avec Heidegger*, op. cit., p. 57.
2. « *Mein liebes Seelchen !* » *Briefe Martin Heideggers an seine Frau Elfride*, op. cit., p. 51.
3. La lettre a été publiée par l'historien Ulrich Sieg, « Die Verjudung des deutschen Geistes », *Die Zeit*, 28 décembre 1989 (http://www.zeit.de/1989/52/die-verjudung-des-deutschen-geistes).

expression plus directe[1]. Qu'a-t-il à dire à Schwoerer? Que nous sommes, en 1929, placés devant l'alternative suivante: doter «à nouveau notre vie spirituelle allemande de forces et d'éducateurs authentiques enracinés dans un sol», ou bien livrer «définitivement [celle-ci] à l'enjuivement croissant au sens large et au sens restreint du terme».

Nous voyons en quels termes pense Heidegger: la vision du monde dans laquelle il s'inscrit repose sur l'opposition frontale entre l'enracinement dans un sol et l'«enjuivement» grandissant de la vie spirituelle et des universités allemandes. Si cet enjuivement, qu'il déplore de façon inchangée en 1929 comme en 1916 dans une lettre à sa femme, est à prendre «au sens restreint» pour désigner ceux considérés comme juifs, il est à entendre «au sens large» pour inclure ainsi tout ce qu'il récuse, de l'individualisme et de la démocratie au libéralisme et à la raison dite calculante. Ce jeu constant entre les deux sens du mot permet tout à la fois de stigmatiser des personnes précises en raison de leur religion et de leur race supposée, et de dénoncer l'influence dissolvante du judaïsme conçu comme responsable tout à la fois du déracinement, de la rationalisation, de l'universalisation vide, de l'individualisation et de la démocratie.

On retrouve cette même façon de penser dans le rapport qui, quatre ans plus tard, va provoquer la révocation du philosophe juif Richard Hönigswald de l'Université de Munich, et qu'il importe d'évoquer de nouveau pour la terminologie qu'emploie Heidegger: récusation d'une conscience déracinée, en «libre suspension» et «diluée dans une raison mondiale logique et universelle». Ce double jeu entre les sens large et restreint du supposé «enjuivement» permet ainsi à Heidegger de dénoncer comme «un scandale» la présence de l'auteur des *Questions fondamentales de la*

---

1. Il nous faudra à ce propos nous demander pourquoi, sous le IIIe Reich, Heidegger semble n'avoir que rarement, sauf coupures dans ses textes publiés, prononcé dans ses enseignements de remarques sur le *Judentum* comparables à ce que nous pouvons lire aujourd'hui dans ses *Cahiers noirs*. Un cas d'exception est constitué par son énoncé sur les «nomades sémites», que nous avons fait connaître pour la première fois en 2007.

théorie de la connaissance[1] à l'Université de Munich, en déployant tous les stéréotypes de l'antisémitisme national-socialiste sans avoir besoin de rappeler en toutes lettres que Hönigswald est juif[2].

En outre, la façon dont Heidegger attaque, à travers son collègue juif, le libéralisme ainsi que le «système catholique» qui domineraient encore à Munich, montre, par les cibles visées qui leur sont communes, à quel point l'antisémitisme heideggérien et l'antisémitisme national-socialiste ne font qu'un. *A contrario*, c'est prendre le risque de légitimer le discours heideggérien que d'opposer, à l'antisémitisme proprement nazi, un antisémitisme prétendument différent parce que inscrit dans l'«histoire de l'être». Tout comme Heidegger, en effet, les nationaux-socialistes rapportent à une racine juive supposée ce qu'ils rejettent: non seulement, comme nous l'avons dit, toutes les manifestations du «libéralisme», mais aussi le christianisme même et tout particulièrement le catholicisme. On voit ainsi Heidegger s'en prendre, dans son cours du semestre d'été 1932, au judaïsme, accusé, avec la romanité et le christianisme, d'avoir entièrement altéré et faussé la pensée grecque[3].

Quel est, en définitive, le but de ce combat engagé contre le supposé «enjuivement»? Heidegger l'exprime sans détour dans sa lettre à Schwoerer: aider à «s'épanouir des forces fraîches», afin de «retrouver le chemin», celui que l'*Œuvre intégrale* va s'employer à frayer de façon posthume, avec la publication programmée des cours et séminaires les plus explicites et virulents des années 1933-1935. À ce propos, on ne soulignera jamais suffisamment un fait largement occulté, à savoir que, durant les dernières semaines de son activité de recteur, loin de prendre ses distances, Heidegger

---

1. Richard Hönigswald, *Grundfragen der Erkenntnistheorie, kritisches und systematisches*, Tübingen, Mohr, 1931, réédité en 1997 chez Meiner.
2. Le rapport antisémite qui a entraîné la révocation de Richard Hönigswald est cité, traduit et commenté dans E. Faye, *Heidegger, l'introduction du nazisme dans la philosophie, op. cit.*, p. 64-67.
3. «Römertum, Judentum und Christentum haben die anfängliche Philosophie – d. h. die griechische – völlig geändert und umgefälscht» (M. Heidegger, *Der Anfang der abendländischen Philosophie [Anaximander und Parmenides]*, Peter Trawny éd., GA 35, 2012, p. 1).

déploie une activité importante¹, à ce jour peu étudiée, et qui ne va pas dans le sens d'une opposition à la doctrine raciale nationale-socialiste. S'il brocarde dans ses cours une « biologie libérale vieillie² », il exige avec énergie, en tant que recteur-*Führer* de l'Université de Fribourg, la création prochaine d'« une chaire de doctrine raciale et de biologie héréditaire » : une création qu'il réclame, rappelle-t-il, « depuis des mois »³.

Pour revenir aux lettres à Elfride dont nous étions partis, on peut y lire d'autres énoncés antisémites⁴. Cependant, le propos de 1916 déjà cité demeure le plus significatif, car il montre comment l'antisémitisme heideggérien s'est structuré. Il ne s'agit pas d'un affect individuel n'ayant une signification que privée, mais de la conception d'une rivalité fondamentale entre la race allemande et les Juifs, censés submerger la culture et les universités allemandes.

En réalité, cette opposition va se révéler un motif structurant pour l'œuvre entière. Lorsque les nationaux-socialistes auront pris le pouvoir, c'est publiquement, dans son cours de l'hiver 1933-1934 intitulé *De l'essence de la vérité*, que Heidegger parlera de « conduire les possibilités fondamentales de l'essence de la souche originellement germanique vers la domination ». Le vocabulaire n'est pas identique à celui de 1916 : à la « race allemande » s'est substituée l'« essence de la souche originellement germanique ».

---

1. Dans le volume 16 de la *Gesamtausgabe* qu'il a édité, Hermann Heidegger cite dans le désordre trois lettres du recteur Heidegger datées du 13 avril 1933 et numérotées respectivement « 3077 » (p. 268), « 3079 » (p. 269) et « 3046 » (p. 270), ce qui voudrait dire, si la troisième numérotation n'est pas erronée, que ce dernier a envoyé trente-trois lettres au moins le 13 avril.

2. M. Heidegger, *Sein und Wahrheit*, GA 36/37, p. 178.

3. M. Heidegger, *Reden und andere Zeugnisse eines Lebensweges*, GA 16, p. 269. Heidegger impose la nomination de Heinz Riedel, ancien élève de l'eugéniste nazi Eugen Fischer et ancien directeur de « l'Office de la Race » *(Rassenamt)* de la SS de Fribourg (voir Arno Münster, *Heidegger, la « science allemande » et le national-socialisme*, Paris, Kimé, 2002, p. 29).

4. Ainsi déplore-t-il, le 12 août 1920, que « tout [soit] submergé par les Juifs et les profiteurs ». Treize ans plus tard, alors que les nationaux-socialistes ont conquis le pouvoir, il se dit choqué par le fait que Karl Jaspers, cet homme « originellement allemand », qui « perçoit notre destin et les tâches avec l'instinct le plus authentique et la plus haute exigence, est pourtant entravé par la femme », c'est-à-dire Gertrud Jaspers, qui est juive (12 mars 1933).

Cependant, le projet de domination de la race allemande ou de la souche germanique demeure identique dans les deux énoncés[1]. Il s'apparente en outre étroitement à ce que préconise Adolf Hitler dans *Mein Kampf*, lorsqu'il assigne au Reich allemand la tâche « non seulement de rassembler et de préserver les réserves les plus précieuses de ce peuple en éléments raciaux originels, mais de les conduire lentement et sûrement jusqu'à une position dominante[2] ». Nous retrouvons la même visée dans les *Cahiers noirs* lorsque, durant l'hiver 1933-1934, Heidegger indique aux Allemands comme objectif : « gagner la souveraine envergure de notre essence[3] ».

28. Le combat de l'Allemand pour son essence propre et la purification de l'être

De ce projet de domination raciale Heidegger va tirer, dans son séminaire de 1933-1934 intitulé *De l'essence et du concept de nature, d'histoire et d'État*, l'idée que le concept premier du politique est l'« affirmation de soi » d'un peuple. C'est le terme même qui apparaît dans le titre de son *Discours de rectorat : L'affirmation de soi de l'université allemande*. Dans le cours intitulé *De l'essence de la vérité*, Heidegger ne parle pas seulement de la souche, mais de l'« essence de la souche » *(Stammeswesen)*. À lui seul, ce mot « essence » recueille la signification raciale de son projet. Heidegger n'a donc pas besoin d'employer constamment le mot « race » qui,

---

1. M. Heidegger, *Sein und Wahrheit*, GA 36/37, p. 89. On remarquera que Heidegger fait en partie sienne, en la remodelant à sa façon, la terminologie employée dès 1931 par Alfred Baeumler dans son ouvrage sur *Nietzsche, der Philosoph und Politiker* (Leipzig, Reklam, 1931, p. 94) : « originellement germanique » *(urgermanisch)*, « l'essence du Germain ».
2. A. Hitler, *Mein Kampf, op. cit.*, p. 439. Cette comparaison entre les deux énoncés de Hitler et de Heidegger, que nous avions proposée dans la préface de 2007 à la réédition de *Heidegger, l'introduction du nazisme dans la philosophie (op. cit.)*, a fait l'objet depuis d'une analyse sémantique par François Rastier, « Heidegger aujourd'hui – ou le mouvement réaffirmé », in *Heidegger, le sol, la communauté, la race, op. cit.*, p. 273-275.
3. M. Heidegger, *Überlegungen II-VI*, GA 94, p. 144.

comme le mot «culture», est un mot d'origine non germanique. Il lui préfère souvent des termes allemands comme «souche» *(Stamm)*, «lignée» *(Geschlecht)* ou «genre» *(Art)*. Ou bien il parle tout simplement d'«essence» *(Wesen)*. En cela aussi, il demeure proche de la terminologie de Hitler qui, dans un discours décisif prononcé au congrès du Parti de septembre 1933, rapporte l'appartenance à une race déterminée à l'essence propre :

> En s'emparant des hommes qui, par leur disposition, font partie de cette vision du monde et en les incluant dans une communauté organique, le national-socialisme devient le parti de ceux qui appartiennent proprement selon leur essence à une race déterminée[1].

Dans les *Réflexions* de ses *Cahiers noirs*, Heidegger précise en 1938 que «le "principe" de l'Allemand est le combat pour son *essence* la plus propre». «C'est seulement pour cette raison, ajoute-t-il, que le combat pour sa "substance" est une nécessité[2].» Cette définition heideggérienne du «principe» de l'Allemand ouvre la voie à la conception de son disciple l'historien révisionniste Ernst Nolte – définition plus défensive, car forgée bien après 1945, mais en définitive très proche – du national-socialisme entendu comme «le phénomène par lequel l'existence historique serait devenue consciente d'elle-même comme étant menacée et aurait conduit un combat politique final[3]». On relèvera par ailleurs l'ironie qu'il

---

1. «*Der Nationalsozialismus ist eine Weltanschauung, indem er die ihrer innersten Veranlagung nach zu dieser Weltanschauung gehörenden Menschen erfaßt und in eine organische Gemeinschaft bringt, wird er zur Partei derjenigen, die eigentlich ihrem Wesen nach einer bestimmten Rasse zuzusprechen sind*» (A. Hitler, «Die deutsche Kunst als stolzeste Verteidigung des deutschen Volkes», Rede vom 1. September 1933 auf der Kulturtagung des Parteitages, in Erhard Klöss, *Reden des Führers. Politik und Propaganda Adolf Hitlers 1922-1945*, Munich, Deutscher Taschenbuch Verlag, 1967, p. 110).
2. «*[...] das "Prinzip" der Deutschen ist der Kampf um ihr eigenstes Wesen; und nur deshalb ist der Kampf um ihre "Substanz" eine Notwendigkeit*» (M. Heidegger, *Überlegungen VII-XI*, GA 95, p. 11).
3. «*[...] er dasjenige Phänomen war, in dem die historische Existenz sich als gefährdete ihrer selbst bewußt wurde und einen politischen Endkampf führte*» (Ernst Nolte, *Historische Existenz. Zwischen Anfang und Ende der Geschichte?*, Munich, Piper, 1998, p. 14).

y a à voir Heidegger utiliser la catégorie de substance à propos de l'essence de l'Allemand après qu'il a, du paragraphe 9 d'*Être et temps* aux premiers *Cahiers noirs*, prétendu récuser les catégories au profit des existentiaux pour qualifier le *Dasein*. On retiendra également cette volonté de spécifier le «principe» du peuple allemand. Combattre pour son essence la plus propre n'est pas un impératif universel, cela ne concerne donc pas chaque peuple, mais définit selon lui le «principe» du seul peuple allemand. Ce qui donnera à ce dernier un droit particulier dans la guerre. En effet, lutter non pour un but politique ou militaire limité et précis mais pour son essence et sa substance propre procure au peuple en question le droit d'anéantir ce qui menacerait celles-ci.

De l'essence, Heidegger glisse aussi bien à l'être. Dès 1932, dans ses *Cahiers noirs*, il soutient que «seul l'Allemand peut poétiser et dire l'être de façon originellement neuve[1]». Auparavant, dans la même page, il évoquait «l'établissement du sol d'une essence ensouchée[2]».

Sachant la façon dont Heidegger identifie ce qu'il nomme l'être à l'essence allemande, il est remarquable de le voir en 1941, au moment où l'Allemagne nationale-socialiste est entrée en guerre avec l'Union soviétique, mentionner positivement, dans une évocation apocalyptique de la possibilité de la fin de l'humanité dans sa forme actuelle, «la première purification *de l'être* de son détournement le plus profond par l'hégémonie de l'étant[3]». Dans la première édition de son essai paru en 2014 sur *Heidegger et l'antisémitisme*, Peter Trawny relève ce thème heideggérien, et il souligne avec pertinence que la «purification» signifie «l'anéantissement *(Vernichtung)* d'un corps étranger». Il affirme néanmoins, sans preuve à l'appui, que Heidegger n'aurait pas cela en vue[4]. N'eût-il pas fallu, au contraire, poursuivre l'interrogation et se

---

1. «*Der Deutsche allein kann das Sein ursprünglich neu dichten und sagen*» (M. Heidegger, *Überlegungen II-VI*, GA 94, p. 27).
2. «[...] *die Fügung des Bodens eines angestammten Wesens*» (*ibid.*)
3. M. Heidegger, *Überlegungen XII-XV*, P. Trawny éd., GA 96, 2014, p. 228.
4. P. Trawny, *Heidegger und der Mythos der jüdischen Weltverschwörung*, *op. cit.*, p. 23.

demander quel est le « corps étranger », quel est l'ennemi ici visé ? Bref, Trawny n'aurait-il pas dû citer l'appel à l'extermination que Heidegger a prononcé dans ses cours, et affronter ce thème présent de façon récurrente dans les *Cahiers noirs*[1] ? Nous l'avons vu en effet prescrire à ses étudiants en philosophie la tâche de débusquer l'ennemi intérieur en vue de son extermination « totale », donc tout à la fois physique et spirituelle[2]. En outre, loin de constituer un *hapax*, cette thématique de la *Vernichtung* – anéantissement ou extermination – se retrouve, positivement assumée, dans le cours rédigé mais non prononcé sur la *Métaphysique de Nietzsche*, destiné au semestre d'hiver 1941-1942 et contemporain des propositions antisémites notées dans ses *Cahiers noirs*[3].

29. De l'absence d'histoire à l'absence de monde

C'est dans une assez longue « réflexion » des années 1938-1939, que l'on peut désigner par ses premiers mots : « Ce qui advient maintenant » *(Was jetzt geschieht)*, que Heidegger s'en prend pour la première fois explicitement au judaïsme dans ses *Cahiers*. Cette libération de la parole antisémite est contemporaine des pogroms qui se déchaînent contre les Juifs avec la Nuit de Cristal. Heidegger récapitule en quelque sorte l'opposition manichéenne qui structure toute sa pensée depuis au moins sa déclaration de

---

1. Comme en réponse à ce reproche, que nous avons formulé lors du colloque sur les *Black Notebooks*, organisé par Richard Wolin à New York le 12 septembre 2014, Peter Trawny a finalement mis au centre de son propos le texte de Heidegger appelant à l'extermination totale de l'ennemi intérieur, dans un chapitre intitulé « Vernichtung und Selbstvernichtung », ajouté à la 3ᵉ édition de son essai. Nous avons commencé d'y répondre dans une tribune du *Monde* (E. Faye, « L'extermination nazie n'est pas une philosophie », *Le Monde des livres*, 29 janvier 2015, p. 8) et reviendrons sur la question dans les conclusions de ce livre, au § 58.
2. Nous avons traduit et commenté pour la première fois ce texte en 2005 (E. Faye, « Heidegger, Carl Schmitt et Alfred Baeumler : le combat contre l'ennemi et son anéantissement », *Heidegger, l'introduction du nazisme dans la philosophie*, *op. cit.*, p. 249-281).
3. Voir M. Heidegger, *1. Nietzsches Metaphysik 2. Einleitung in die Philosophie - Denken und Dichten*, GA 50, p. 70.

1916. Alors que nous serions « à la *fin* de l'histoire du grand commencement de l'homme occidental », le saut vers « l'autre commencement » suppose de « reconnaître ce qui est sans histoire comme la lie grise la plus extérieure d'une histoire cachée ». Ce qui est dit sans histoire, il le désigne également comme l'« absence de sol », la « non-essence », ce qui est « déchu dans l'uniquement étant et dans l'aliénation à l'égard de l'être ». Il accumule les périphrases impliquant la différence ontologique de l'être et de l'étant, ainsi que les termes négatifs dont il est coutumier depuis ses *Conférences de Cassel* de 1925, mais sous une forme maintenant personnifiée. Heidegger, en effet, ne parle plus, comme dans les années 1920, de l'« absence d'histoire » *(Geschichtslosigkeit)*, mais des « sans-histoire » *(Geschichtslose)*. Il n'évoque plus l'« absence de sol » *(Bodenlosigkeit)*, mais ceux qui sont les « sans-sol » *(Bodenlose)*. Et il ajoute le terme « sans essence » *(Unwesen)*, utilisé également dans sa conférence de 1938 sur *L'Époque des images du monde*[1]. Toutes ces négations tournent autour d'un non-dit. Mais, cette fois, Heidegger va nommer ce non-dit :

> Et dans ce « combat », où l'on combat sans restriction pour l'absence de but et qui ne peut être pour cette raison que la caricature du « combat », « triomphe » peut-être la plus grande absence de sol, qui n'est liée à rien, qui se soumet tout (le judaïsme). Pourtant, la victoire authentique, la victoire de l'histoire sur ce qui n'a pas d'histoire, ne sera remportée que là où ce qui est sans sol s'exclut soi-même, puisqu'il ne risque pas l'être, mais ne compte toujours qu'avec l'étant, et pose ses calculs comme la réalité[2].

---

1. Voir E. Faye, « La subjectivité et la race dans les écrits de Heidegger », art. cité, p. 80.
2. « *Und vielleicht "siegt" in diesem "Kampf", in dem um die Ziellosigkeit schlechthin gekämpft wird und der daher nur das Zerrbild des "Kampfes" sein kann, die größere Bodenlosigkeit, die an nichts gebunden, alles sich dienstbar macht (das Judentum). Aber der eigentliche Sieg, der Sieg der Geschichte über das Geschichtslose, wird nur dort errungen, wo das Bodenlose sich selbst ausschließt, weil es das Seyn nicht wagt, sondern immer nur mit dem Seienden rechnet und seine Berechnungen als das Wirkliche setzt* » (M. Heidegger, *Überlegungen VII-XI*, GA 95, p. 96-97).

Un seuil est franchi. La parole antisémite se libère, et, après le long paragraphe tortueux dont nous n'avons cité que des bribes et la conclusion, vient une franche déclaration, qui constitue le sixième fragment du cahier :

> L'une des figures les plus cachées et peut-être la plus ancienne du gigantesque est la tenace habileté à calculer, à trafiquer, à combiner, par laquelle se trouve fondée l'absence de monde du judaïsme[1].

Le « gigantesque » *(das Riesige)* ou encore le terme récurrent de « machination », ou « manigance » *(Machenschaft)*, constituent, dans l'« histoire de l'être » configurée par Heidegger à la fin des années 1930, des manifestations inauthentiques de la volonté de puissance qu'il oppose à la « grandeur » *(die Größe)* de l'essence et du destin allemands. Si l'absence de monde du judaïsme représente non seulement l'une des plus secrètes, mais la plus ancienne forme du « gigantesque », cela signifie que le judaïsme en constitue la forme première, à partir de laquelle pourra advenir ce que Heidegger nomme l'américanisme, le bolchevisme, etc., bref, les différentes formes de la « machination ». Dans l'histoire cachée et la guerre invisible qui se livrent, le judaïsme est donc désigné comme l'ennemi premier à partir duquel sont engendrées les formes dérivées de l'adversaire.

Il faut également souligner la radicalisation que représente le passage de la stigmatisation de l'absence de sol à celle de l'absence de monde. Le premier terme connotant la visée antisémite de Heidegger, qu'il reprend au comte Yorck von Wartenburg dans ses lettres à Dilthey, publiées en 1923 dans une collection nouvellement créée par Erich Rothacker, c'est celui de l'absence de sol *(Bodenlosigkeit)*, un terme récurrent dans *Être et temps*[2].

---

1. « *Eine der verstecktesten Gestalten des Riesigen und vielleicht älteste ist die zähe Geschicklichkeit des Rechnens und Schiebens und Durcheinandermischens, wodurch die Weltlosigkeit des Judentums gegründet wird* » (*ibid.*, p. 97).

2. Heidegger reprend le mot de Yorck à la page 401 de *Sein und Zeit* (édition originale de 1927). On trouve également le terme aux pages 21, 168 (où il est opposé à son contraire, la *Bodenständigkeit*), 170, 177 et 320. Jaehoon Lee montre que Yorck affirme dans ses écrits l'étroite corrélation entre la *Bodenlosigkeit*, l'absence

La récusation heideggérienne de l'absence de sol prend la forme d'un « combat contre le déracinement », selon la formulation qu'il emploie par exemple dans ses *Contributions à la philosophie (De l'événement)*[1]. Or, le mot « déracinement » apparaît déjà une décennie plus tôt dans *Être et temps*, à deux reprises et dans la même page 170 du livre.

Cependant, dans les *Cahiers noirs*, Heidegger utilise avec la même visée antisémite le terme « absence de monde » *(Weltlosigkeit)* pour qualifier à nouveau le judaïsme. Cette supposée « absence de monde du judaïsme » trouverait son fondement dans « la tenace habileté à calculer, à trafiquer, à combiner ». Outre la reprise du stéréotype antisémite du Juif calculateur, on peut dire qu'il s'agit d'une radicalisation : les Juifs ne sont plus seulement considérés comme déracinés ou apatrides, ils sont dits définitivement *sans monde (weltlos)*. Faut-il rappeler qu'être « sans monde » est une expression que Heidegger utilise dans ses cours pour désigner l'infra-humain ? Après avoir, dans son cours sur *Les Concepts fondamentaux de la métaphysique*, distingué l'animal « pauvre en monde » et la pierre, dite « sans monde », il affirme que l'animal lui-même n'est pas « configurateur de monde »[2]. Heidegger considère-t-il donc les Juifs comme infra-humains ? Il fait remarquer, dans le même cours, que tandis que les hommes meurent *(sterben)*, les animaux ne font que périr *(verenden)*[3]. Or, il dira la même chose des victimes des camps d'extermination, et donc avant tout des Juifs, dans ses *Conférences de Brême* de 1949. Dans cette déshumanisation complète du judaïsme, les Juifs, qui ne sont pas configurateurs de monde et n'ont peut-être « aucune révélation de notre espace allemand » (séminaire de l'hiver 1933-1934), n'ont plus de place dans le monde ou, plutôt, ils n'en ont jamais eu.

---

de sol supposée de « la conscience juive de Dieu » et la *Landlosigkeit*, l'absence de terre des exilés juifs : voir *Heidegger, le sol, la communauté, la race, op. cit.*, p. 30.

1. M. Heidegger, *Beiträge zur Philosophie (Vom Ereignis)*, Friedrich-Wilhelm von Herrmann éd., GA 65, 1989, p. 101. Nous nous abstenons de renvoyer à la traduction française actuelle du volume, inutilisable par son abus des néologismes.

2. M. Heidegger, *Die Grundbegriffe der Metaphysik. Welt-Endlichkeit-Einsamkeit*, GA 29/30, § 47, p. 289 sq.

3. *Ibid.*, § 61, p. 388.

Ils sont, peut-on dire, *immondes*[1]. On découvre ainsi, *a contrario*, que l'existential heideggérien de l'être-dans-le-monde *(In-der-Welt-Sein)* peut être utilisé par son créateur comme un terme discriminatoire à visée antisémite. Ne peuvent être-dans-le-monde ceux qui sont par essence dépourvus de sol, de monde et de toute racine les rattachant à l'être. Notons que Heidegger reprend la problématique de l'absence de monde dans ses *Cahiers noirs*, et il cite à ce propos les thèses de son cours de l'hiver 1929-1930 sur la détermination de l'absence de monde à propos de l'animal et de la pierre[2]. Ce que nous avons appelé le *négationnisme ontologique* de Heidegger trouve ici l'un de ses points d'origine. Rappelons que nous parlons de *négationnisme ontologique* lorsque ce dernier, dans les *Conférences de Brême*, dénie aux victimes des camps d'extermination la capacité de mourir *(sterben)*, non tant à cause de leur masse innombrable, que parce qu'elles ne sont pas, selon lui, dans « l'abri de l'être » et le « poème du monde ».

---

1. Cette analyse critique de « l'absence de monde » du judaïsme selon Heidegger, présentée en février 2014 de manière moins complète en conclusion du collectif *Heidegger, le sol, la communauté, la race (op. cit.)*, a été récemment reprise de façon presque littérale par Donatella Di Cesare, dans un ouvrage intitulé *Heidegger e gli Ebrei. I «Quaderni neri»* (Turin, Bollati Boringhieri Editore, novembre 2014, p. 205-207). Celle-ci reprend en outre, sans le mentionner, nombre de nos analyses sur les « nomades sémites », l'ennemi selon Heidegger et Schmitt, les *Beiträge*, les cours sur Nietzsche, etc., développées dans notre livre sur Heidegger publié en 2012 en italien, tout en nous prenant – avec Franco Volpi dont elle moque le titre de sa dernière conférence: « Goodbye Heidegger » (p. 18) – pour cible de ses attaques, d'une virulence peu commune. Elle nous reproche en effet de remettre en question le statut de philosophie accordé à la doctrine heideggérienne, dont la visée exterminatrice est maintenant établie. Pour étayer sa thèse d'un « antisémitisme métaphysique », elle va jusqu'à soutenir que le nazisme même serait une philosophie, et croit pouvoir s'autoriser à ce propos de l'article de 1933 de Levinas sur « La philosophie de l'hitlérisme », sans savoir, semble-t-il, que celui-ci exprimera, longtemps après 1945, sa « honte » d'avoir associé les mots « philosophie » et « hitlérisme ». Voir la mise au point de Levinas publiée par Roger Burggraeve dans *Emmanuel Levinas et la socialité de l'argent*, Leuven, Peeters, 1997, p. 91-92.

2. M. Heidegger, *Überlegungen VII-XI*, GA 95, p. 282.

30. La déracification totale de la germanité

On peut lire dans le volume suivant un développement encore plus tortueux et sur le fond tout aussi insoutenable. Le propos de Heidegger se situe à plusieurs niveaux, et l'agencement de ces niveaux est capital pour comprendre ce qui a fait croire à l'ambivalence de sa pensée, alors que sa position se révèle très déterminée. Dans un premier temps, Heidegger formule une critique de l'emprise du « principe de la race » sur l'histoire moderne : « [...] qu'à l'époque de la machination, la race soit érigée en "principe" explicite et spécialement institué de l'histoire (ou seulement de l'histoire événementielle) [...] est une *conséquence* de la puissance de la machination qui doit régir l'étant par le calcul planifié[1]. » Des formulations analogues dans des textes déjà publiés ont pu faire croire qu'il visait avant tout par ces termes les nationaux-socialistes. Dans les *Cahiers noirs*, cependant, la référence au calcul comporte une arrière-pensée explicitement antisémite. La suite de la réflexion nous confirme que ce sont bien les Juifs qui sont mis en cause et rendus responsables de la domination du « principe de la race » considéré comme une planification calculée de l'existence des peuples. Il poursuit en effet en ces termes :

> *Par leur talent prononcé pour le calcul,* les Juifs « vivent » depuis le plus longtemps déjà selon le principe de la race, c'est pourquoi ils sont aussi les plus acharnés à lutter contre l'application illimitée [de ce principe][2].

Heidegger parle alors d'une « usurpation de la vie par la machination » et dénonce une « planification » qui conduit à la « déra-

---

1. « *Daß im Zeitalter der Machenschaft die Rasse zum ausgesprochenen und eigens eingerichteten "Prinzip" der Geschichte (oder nur der Historie) erhoben wird, ist* [...] *eine* Folge *der Macht der Machenschaft, die das Seiende* [...] *in die planhafte Berechnung niederzwingen muß* » (*ibid.*, p. 56).
2. « *Die Juden "leben" bei ihrer betont rechnerischen Begabung am längsten schon nach dem Rasseprinzip, weshalb sie sich auch am heftigsten gegen die uneingeschränkte Anwendung zur Wehr setzen* » (*ibid.*). Heidegger met ici, où il s'agit des Juifs, « vivent » entre guillemets.

cification totale des peuples, bridés dans une institution de tout l'étant construite et taillée de façon égalitaire »[1]. Et il poursuit :

> Avec la déracification va de pair une auto-aliénation des peuples – la perte de l'histoire, c'est-à-dire des zones de décision pour l'être[2].

Il est remarquable de voir Heidegger utiliser ici à deux reprises le terme « déracification » *(Entrassung)* qui appartient au vocabulaire le plus marqué de la doctrine raciale du national-socialisme. Ce mot désigne en effet dans le contexte nazi, et pour reprendre la définition proposée par Thierry Feral, « l'effacement progressif de la composante raciale germanique au sein de la population allemande par des influences exogènes telles que la présence des Juifs[3] ». Dans la vision du monde antisémite du national-socialisme, la déracification n'a pas seulement une signification biologique, mais aussi et davantage encore « spirituelle », comme on le voit par exemple dans le propos suivant du *Stadtschulrat* Fritz Fink, extrait d'une plaquette publiée par la maison d'édition du *Stürmer* en 1937 qui met en cause la prédisposition supposée des Juifs à la réflexion et au calcul : « La violation et la déracification *(Entrassung)* des femmes non juives par des Juifs n'a pas son unique raison dans l'appétit sexuel conditionné par le sang des Juifs. Elle consiste bien plus encore dans l'écoulement de la réflexion diabolique et du calcul[4]. »

Heidegger précise ensuite que cette « déracification » menace « les peuples ayant en propre une force historique originaire ». Et il

---

1. « *Was diese mit solcher Planung betreibt, ist eine* vollständige Entrassung *der Völker durch die Einspannung derselben in die gleichgebaute und gleichschnittige Einrichtung alles Seienden* » *(ibid.).*

2. « *Mit der Entrassung geht eine Selbstentfremdung der Völker in eins – der Verlust der Geschichte – d. h. der Entscheidungsbezirke zum Seyn* » *(ibid.).*

3. Thierry Feral, *Le National-socialisme, vocabulaire et chronologie*, Paris, L'Harmattan, 1998, p. 39.

4. « *Die Schändung und Entrassung nichtjüdischer Frauen durch Juden hat ihren alleinigen Grund nicht etwa in der blutlich bedingten sexuellen Gier des Juden. Sie ist vielmehr noch der Ausfluß teuflischer Überlegung und Berechnung* » (Stadtschulrat Fritz Fink, *Die Judenfrage im Unterricht*, Nuremberg, Stürmer-Verlag, 1937, p. 44 ; cité par C. Schmitz-Berning, *Vokabular des Nationalsozialismus, op. cit.*, p. 625).

mentionne à ce propos la « germanité » et la « russité », *Deutschtum und Russentum* – une russité qu'il prend soin de distinguer du bolchevisme, avatar selon lui de la pensée de l'Ouest.

Quelles conclusions provisoires tirer de ces premières remarques et notes de lecture ? Tout d'abord, le fait qu'il faut se garder de présenter, comme le fait Peter Trawny, le judaïsme ou la « juiverie mondiale » *(Weltjudentum)* et le national-socialisme comme incarnant, pour Heidegger, deux visages symétriques de la machination et mis sur le même plan[1]. En effet, la distinction de Trawny entre les nazis et les « purs Allemands » en quête de leur essence authentique ne se retrouve pas dans les textes, où la thématique heideggérienne de l'essence ou de la souche allemande authentique et pure rejoint dans la même obsession Hitler et les nationaux-socialistes. Quant au parallèle que l'éditeur des *Cahiers noirs* institue entre judaïsme et nazisme, il ne correspond pas davantage au propos de Heidegger. Pour ce dernier, la machination prend différents visages que l'on ne saurait mettre sur le même plan ; il y a ceux qui manigancent : les Juifs et la « juiverie mondiale », placés par lui au principe même de l'intrigue, et il y a ceux qui sont manipulés, éventuellement les nationaux-socialistes eux-mêmes lorsqu'ils se laissent prendre au piège de la « machination » et du calcul. Il n'en reste pas moins que les *Cahiers noirs* sont émaillés d'éloges vibrants de ce que Heidegger nomme la « force essentielle du national-socialisme », et que par sa déploration de la « déracification » du peuple allemand, il apparaît bien loin d'en avoir fini avec le racisme nazi. Lorsqu'il brocarde le

---

1. Peter Trawny écrit en effet ceci : « Les Juifs et les nationaux-socialistes, subjugués par la machination, luttent pour dominer le monde, tandis que les vrais Allemands sont à la recherche de leur essence authentique. Le judaïsme n'est-il pas sorti vainqueur de cette lutte, puisqu'il a précipité dans l'abîme, avec les nazis, les purs Allemands ? Telle est la question posée par Heidegger, et elle est loin d'avoir un caractère rhétorique » (« Heidegger et l'antisémitisme », *Le Monde*, 20 janvier 2014 ; http://www.lemonde.fr/idees/article/2014/01/20/heidegger-et-l-antisemitisme_4350762_3232.html). Notre critique de cette interprétation est parue sous le titre : « Sa vision du monde est clairement antisémite », *Le Monde*, 28 janvier 2014 (http://www.lemonde.fr/idees/article/2014/01/28/heidegger-sa-vision-du-monde-est-clairement-antisemite_4355884_3232.html).

« *national-socialisme vulgaire* » mis entre guillemets[1], c'est pour lui opposer un « national-socialisme spirituel »[2] nullement récusé mais au contraire loué comme faisant barrage à « l'embourgeoisement menaçant du mouvement », par sa capacité à détruire l'esprit et la culture dites bourgeoises[3]. Plus généralement, il craint de voir évoluer le national-socialisme vers un « rational-socialisme[4] ». Nous avons vu d'ailleurs, au chapitre précédent, que dans un développement décisif sur la relation entre national-socialisme et philosophie, Heidegger considère que le national-socialisme peut certainement contribuer à « prendre une nouvelle position fondamentale à l'égard de l'être[5] » !

Nous voyons donc que le rapport du national-socialisme à ce qu'il nomme l'être et la vérité apparaît décisif pour Heidegger. Au contraire, jamais il ne formule une appréciation positive de la « juiverie mondiale » *(Weltjudentum)*, qu'il identifie au « déracinement de tout étant hors de l'être »[6]. La dépréciation ne saurait être plus radicale. Le judaïsme est mis chaque fois du côté de la non-essence, de l'absence de sol, d'histoire et de monde, bref, de l'étant déraciné. N'étant pas dans l'*être*, le judaïsme ne participe pas à proprement parler de l'*être-là (Dasein)*. Littéralement, le Juif n'existe pas. On comprend donc pourquoi il met le verbe « vivent » entre guillemets lorsqu'il parle des Juifs. Il y a donc bien, chez Heidegger, un déni d'existence radical à l'égard de ce qu'il perçoit comme une menace de déracification totale de la germanité. C'est pourquoi il apparaît problématique d'inscrire l'antisémitisme hei-

---

1. « *Man kann heute schon von einem* "Vulgärnationalsozialismus" *sprechen...* » (Martin Heidegger, *Überlegungen II-VI*, GA 94, p. 142).
2. « *Der geistige Nationalsozialismus ist nichts* "Theoretisches"... » (*ibid.*, p. 135).
3. « *Die drohende Verbürgerlichung der Bewegung wird gerade dadurch wesentlich unmöglich, daß der Geist des Bürgertums und der durch das Bürgertum verwaltete "Geist" (Kultur) von einem geistigen Nationalsozialismus her zerstört wird* » (*ibid.*, p. 136).
4. Voir M. Heidegger, *Überlegungen XII-XV*, GA 96, p. 195, et S. Kellerer, « Les *Cahiers noirs* et leur combat contre la "machination" juive », *Cités*, p. 139-146, citation p. 142.
5. Voir *supra*, la conclusion du chapitre 6, § 25.
6. « *die Entwurzelung alles Seienden aus dem Sein* » (M. Heidegger, *Überlegungen XII-XV*, GA 96, p. 243).

deggérien dans ce qu'il nomme l'«histoire de l'être». Le judaïsme, ou la «juiverie mondiale», s'il exprime «le déracinement hors de l'être», ne saurait en effet relever de l'histoire de l'être heideggérienne dans laquelle jamais les apports du judaïsme ne trouvent leur inscription. Dans la «guerre invisible» que Heidegger mène, avec les nationaux-socialistes dont il est, contre la «juiverie mondiale», celle-ci est décrite par lui comme à l'origine d'une «fabrication intrigante de l'"histoire"» – le mot «histoire» étant mis par lui entre guillemets –, qui «entremêle tous les protagonistes de façon égale dans ses filets»[1].

Plus odieux encore apparaît le rôle que Heidegger attribue aux Juifs dans la Seconde Guerre mondiale. Il écrit ainsi, à la fin de l'année 1941 :

> La juiverie mondiale, excitée par les émigrants autorisés à quitter l'Allemagne, est insaisissable partout et avec toute sa puissance déployée n'a nulle part besoin de participer aux actes de guerre, tandis qu'il ne nous reste qu'à sacrifier le meilleur sang des meilleurs de notre propre peuple[2].

Alors que l'extermination des Juifs d'Europe a largement commencé sur le front de l'Est, le peuple germanique est érigé par Heidegger en victime héroïque, obligée de se défendre contre un ennemi insaisissable et invisible, qui partout déploie sa puissance. Les Juifs sont désormais désignés sans détour comme l'ennemi, quoique secrètement ici, dans un journal – les *Cahiers noirs* – non publié du vivant de Heidegger, et l'extermination totale, que ce dernier présentait, au début de l'année 1934, comme le but à atteindre sur le long terme, se trouve ainsi légitimée.

---

1. *Ibid.*, p. 133. Sur la signification de la «guerre invisible», voir S. Kellerer, «À quelle "guerre invisible" Heidegger faisait-il référence?», *Le Nouvel Observateur*, 11 mai 2014 (http://bibliobs.nouvelobs.com/actualites/20140510.OBS6734/a-quelle-guerre-invisible-heidegger-faisait-il-reference.html).
2. «*Das Weltjudentum, aufgestachelt durch die aus Deutschland hinausgelassenen Emigranten, ist überall unfaßbar und braucht sich bei aller Machtentfaltung nirgends an kriegerischen Handlungen zu beteiligen, wogegen uns nur bleibt, das beste Blut der Besten des eigenen Volkes zu opfern*» (M. Heidegger, *Überlegungen XII-XV*, GA 96, p. 262).

Dans le cahier suivant, et dans le même esprit, la « communauté juive » est évoquée par Heidegger comme « le principe de destruction dans la période de l'Occident chrétien, c'est-à-dire de la métaphysique »[1]. Or, contrairement à ce qu'affirmait tout d'abord son possesseur, Silvio Vietta[2], nous découvrons maintenant que ce cahier, longtemps en la possession de la famille Vietta, ne date pas uniquement de l'après-guerre, mais a commencé d'être rédigé en 1942, à la suite du précédent. Une partie significative de son contenu est donc contemporaine de la « Solution finale ». Dans le contexte de guerre totale et de l'extermination des Juifs d'Europe des années 1942-1944, se représenter la communauté juive comme « le principe de destruction » n'est pas seulement insoutenable, c'est la désigner comme l'adversaire qu'il s'agit prioritairement de détruire.

31. L'AUTO-EXTERMINATION DU JUDAÏSME

Dans le courant de l'année 1938, et sans doute à l'automne, à un moment qui pourrait donc être contemporain de la Nuit de Cristal qui frappe les Juifs d'Allemagne, Heidegger affirme de façon énigmatique, dans le *Cahier VII* qui s'ouvre sur l'évocation du combat de l'Allemand pour son essence[3], que « le chemin que l'être indique à la pensée court à la limite de l'extermination[4] ». Trois ans plus tard, à l'automne 1941, alors que la ville de Theresienstadt est transformée en camp de concentration pour les Juifs, bientôt un lieu de transit vers les camps d'extermination de Pologne, et que se précise et se concrétise la politique des nationaux-socialistes consistant à contraindre les dirigeants des

---

1. « *Die Judenschaft ist im Zeitraum des christlichen Abendlandes, d.h. der Metaphysik, das Prinzip der Zerstörung* » (M. Heidegger, *Anmerkungen I-IV*, GA 97, p. 20).

2. « *Diese Notizen stammen vermutlich von 1945 und 1946* » (Silvio Vietta, « Eine grundlegende Entwurzelung », *Zeit-Online*, 30 janvier 2014 ; http://www.zeit.de/2014/05/interview-silvio-vietta-heidegger-schwarze-hefte).

3. Voir M. Heidegger, *Überlegungen VII-XI*, GA 95, p. 1.

4. « *Hart an der Grenze der Vernichtung läuft der Weg, der vom Seyn dem Denken gewiesen* » (*ibid.*, p. 50).

communautés juives à participer à l'organisation de leur propre destruction, Heidegger revendique positivement cette politique exterminatrice. Pour lui en effet :

> le genre le plus haut et l'acte le plus haut de la politique consistent à impliquer l'ennemi dans une situation où il se trouve contraint de procéder à sa propre auto-extermination *(Selbstvernichtung)*[1].

L'année suivante, tandis que la « frontière de l'extermination » a bel et bien été franchie par les nationaux-socialistes, Heidegger adapte à nouveau son propos. Il en vient à parler, en ce qui concerne « l'élément juif », du « summum de l'auto-extermination dans l'histoire »[2] lorsque ce qui apparaît, « au sens métaphysique », « essentiellement "juif" » — à savoir ce qu'il nomme ailleurs, nous l'avons vu, le « principe de la race » — se retourne contre le judaïsme même, pour l'exterminer. Ainsi la responsabilité de l'extermination des Juifs d'Europe n'est-elle pas imputée par Heidegger aux nationaux-socialistes allemands mais aux Juifs eux-mêmes !

L'évolution de l'usage par Heidegger de ce thème de l'auto-extermination dans les deux énoncés cités montre avec quelle rapidité il sait modifier son discours, selon le cours que prend le conflit mondial. En 1942, au moment des premiers revers militaires de la Wehrmacht sur le front de l'Est et de l'entrée en guerre des États-Unis, qui laissent présager la défaite militaire du IIIe Reich, il escamote opportunément la dimension intentionnelle de l'extermination nationale-socialiste des Juifs d'Europe, qu'il revendiquait un an auparavant, à demi-mots, dans son éloge de la haute politique.

Cependant, le discours de Heidegger continue d'évoluer. En 1945, dans une phrase hachée de tirets et de multiples guille-

---

1. « *Die höchste Art und der höchste Akt der Politik bestehen darin, den Gegner in eine Lage hineinzuspielen, in der er dazu gezwungen ist, zu seiner eigenen Selbstvernichtung zu schreiten* » (M. Heidegger, *Überlegungen XII-XV*, GA 96, p. 260).

2. « C'est seulement lorsque l'essentiellement "juif" au sens métaphysique combat contre l'élément juif que le summum de l'auto-extermination est atteint dans l'histoire. / *Wenn erst das wesenhaft "Jüdische" im metaphysischen Sinne gegen das Jüdische kämpft, ist der Höhepunkt der Selbstvernichtung in der Geschichte erreicht* » (M. Heidegger, *Anmerkungen I-IV*, GA 97, p. 20).

mets, il campe finalement le peuple allemand en victime d'une dévastation pire que les «chambres à gaz[1]». Cette réversibilité des bourreaux en victimes est un lieu commun utilisé par les nazis les plus endurcis après leur complète défaite militaire de 1945 : que Heidegger le stylise dans un langage pseudo-philosophique n'ôte rien au cynisme et à la barbarie qu'il dénote. On ne saurait donc remarquer sans exprimer à ce propos des réserves que ceux qui, les premiers, par leur fonction, ont eu accès à ces textes, à savoir l'éditeur des *Cahiers noirs*, Peter Trawny, ainsi que Donatella Di Cesare, vice-présidente jusqu'au printemps 2015 de la *Heidegger Gesellschaft*, ont tiré parti de leur position pour ne pas même attendre leur parution avant de les citer. Ils ont livré à l'avance des extraits du volume 97, accompagnés de gloses provocatrices. Les propos les plus sinistres de Heidegger ont en effet été présentés comme «l'occasion pour la philosophie de méditer sur la Shoah dans sa profondeur insondable[2]». Quant à «ceux qui voudraient s'opposer à l'action *(Wirkung)* de la pensée de Heidegger», ils se sont vus désignés comme des «ennemis de la philosophie»[3] ! Ainsi la pensée philosophique s'est-elle vue prise en otage des pires énoncés de l'auteur des *Cahiers noirs*[4].

---

1. «*Wäre z.B. die Verkennung dieses Geschickes – das uns ja nicht selbst gehörte, wäre das Niederhalten im* Weltwollen *– aus dem Geschick gedacht, nicht eine noch wesentlichere "Schuld" und eine "Kollektivschuld", deren Größe gar nicht – im Wesen nicht einmal am Greuelhaften der "Gaskammern" gemessen werden könnte; eine Schuld — unheimlicher denn alle öffentlich "anprangerbaren" "Verbrechen" – die gewiß künftig keiner je entschuldigen dürfte*» (*ibid.*, p. 99-100).

2. «*Sarebbe questa forse, per la filosofia, l'occasione per pensare nella sua profondità abissale la Shoah*» (D. Di Cesare, «Heidegger: "Gli ebrei si sono autoannientati"», *Corriere della Sera*, 8 février 2015). Dans un entretien accordé en allemand au magazine *Hohe Luft*, le 10 février 2015, et intitulé «Selbstvernichtung der Juden», celle qui était alors vice-présidente de la Heidegger Gesellschaft est allée jusqu'à affirmer que «nous avons besoin de Heidegger pour comprendre la Shoah / *wir brauchen Heidegger, selbst um die Shoah zu verstehen*».

3. «*Es gibt Feinde der Philosophie, die die Wirkung von Heideggers Denken gern verhindern würden*» (Peter Trawny, postface à la 3ᵉ édition de son essai sur l'antisémitisme de Heidegger, paru également à la mi-février 2015).

4. Voir sur ce point E. Faye, S. Kellerer et Fr. Rastier, «Heidegger und die Vernichtung der Juden», *Die Tageszeitung*, 9 avril 2015.

32. Hannah Arendt dans les *Cahiers noirs*

Nous avons voulu souligner la visée exterminatrice de l'antisémitisme heideggérien, afin que les nouveaux apologistes de Heidegger ne soient plus tentés de minimiser ou de rendre historiquement acceptable un antisémitisme prétendument sublimé et élevé au rang d'un motif inscrit dans l'« histoire de l'être » *(seinsgeschichtlich)*. Il reste qu'en travaillant comme nous sommes actuellement obligés de le faire à partir de l'édition Trawny de l'*Œuvre intégrale*, il se pourrait que nous avancions parmi bien des chausse-trapes. Très peu d'indications, en effet, sont données par l'éditeur sur l'état du manuscrit. Un premier examen de la graphie, des encres, par un éditeur familier de l'écriture manuscrite de Heidegger devrait pourtant permettre assez facilement – avant une analyse plus approfondie – de dire si l'on décèle les traces d'ajouts postérieurs à la rédaction première des annotations des *Cahiers*. Or, nous sommes trop avertis par les réécritures et falsifications de Heidegger lui-même et de certains de ses éditeurs pour accepter aujourd'hui une lecture non philologique et naïve des écrits publiés de Heidegger[1]. Dans les *Cahiers noirs*, lorsque l'intervention tardive de Heidegger devient trop voyante, Peter Trawny donne bien en note quelques indications, mais cela demeure insuffisant.

Un exemple : Heidegger recopie dans les *Cahiers noirs* une assez longue citation du livre d'Arendt publié pour la première fois par celle-ci en 1959 en allemand, sous le titre *Rahel Varnhagen*[2]. Il ne mentionne que le nom de Rahel Varnhagen, suivi des initiales « H. A. ». Une note précise qu'il s'agit de Hannah Arendt et

---

1. Voir, par exemple, la grave falsification du cours de l'hiver 1933-1934, découverte par le professeur Frank Jolles, et que nous avons mentionnée pour la première fois dans un entretien publié en allemand par *Die Zeit*, puis en français, dans une version un peu différente, par *Libération* (E. Faye, « L'antisémitisme des *Cahiers noirs*, point final de l'œuvre heideggérienne ? », *Libération*, 26 janvier 2014). Nous préparons actuellement l'édition de l'étude remarquable rédigée à ce propos par Frank Jolles, disparu en février 2014.

2. H. Arendt, *Rahel Varnhagen. Lebensgeschichte einer deutschen Jüdin aus der Romantik, op. cit.*

de sa monographie sur Rahel Varnhagen, mais nous n'avons droit à aucune explication, aucun éclaircissement sur les raisons d'être de cet ajout tardif[1]. L'éditeur se contente d'indiquer dans sa postface, de façon laconique, que dix-neuf « Suppléments » *(Beilagen)* – dont la citation d'Arendt – au neuvième cahier de *Réflexions*, ont été écrits « dans les années cinquante/soixante[2] ». Bref, tant que nous ne disposerons pas d'une édition – ou du moins, dans un premier temps, d'une étude – philologique et critique des manuscrits de Heidegger publiés dans l'*Œuvre intégrale*, nous serons toujours à la merci d'une possible manipulation des textes par Martin Heidegger lui-même et son frère Fritz, ou par ses éditeurs[3].

Voici la citation d'Arendt que Heidegger a choisi d'insérer dans ses *Cahiers noirs* :

> N'est-ce pas toujours à la fin, lorsque l'on est plus dispersé et absorbé par les détails, le présent, le bonheur et le malheur, lorsque tout est décidé, que le commencement revient impérieusement, tout ce qu'il vous a fallu oublier pour poursuivre sa voie, noyé comme on l'était par la richesse et la surabondance d'une vie humaine? Et le commencement ne prend-il pas toujours l'allure de l'authentique, l'indestructible, le noyau de l'être[4] ?

---

1. M. Heidegger, *Überlegungen VII-XI*, GA 95, p. 265. Signalons deux autres ajouts, aussi troublants qu'inexpliqués, cette fois dans le volume 94 : dans le premier des *Cahiers noirs* publiés, indiqué comme rédigé de l'automne 1931 à l'automne 1932, nous trouvons dans le corps du texte une référence au cours du semestre d'été 1934 (p. 23), et une autre au cours du semestre d'été 1935 (p. 86). Cela ne prouve-t-il pas que la rédaction des *Cahiers noirs* serait en réalité plus tardive que celle des dates chaque fois indiquées ? La graphie soignée des *Cahiers* correspond d'ailleurs à celle de textes recopiés et non à celles de notes prises au jour le jour et sur le vif.
2. M. Heidegger, *Überlegungen VII-XI*, GA 95, p. 453. Les 19 « Suppléments » se trouvent aux pages 260-267.
3. On donnera pour exemple la suppression d'une phrase antisémite au volume 69 de la *Gesamtausgabe*, tardivement révélée par son éditeur (P. Trawny, *Heidegger und der Mythos der jüdischen Weltverschwörung, op. cit.*, p. 51-52).
4. H. Arendt, *Rahel Varnhagen. La vie d'une Juive allemande à l'époque du romantisme, op. cit.*, p. 207-208. Donatella Di Cesare mentionne cet emprunt de Heidegger, mais sans relever le problème de date et sans s'interroger sur les raisons de cette insertion tardive dans les *Cahiers noirs* (D. Di Cesare, *Heidegger, les Juifs, la Shoah. Les* Cahiers noirs, Paris, Seuil, 2016, p. 342-344).

Le passage figure dans le chapitre intitulé «Banqueroute d'une amitié», consacré à la relation d'amitié intense entre Rahel Varnhagen et Alexander von der Marwitz, qui prit fin en 1811, lorsque Rahel décida de répondre à l'amour de son futur époux Karl August Varnhagen von Ense.

Cette citation ainsi que l'emprunt fait par Heidegger, une décennie plus tôt, à un autre ouvrage d'Arendt, *Sechs Essays*, auquel il avait repris, dans ses *Conférences de Brême* l'expression «fabrication de cadavres», nous permettent de mettre fin à l'idée reçue selon laquelle Heidegger aurait toujours refusé de lire les ouvrages d'Arendt. Il apparaît au contraire, avec ces deux cas avérés, qu'il a lu ses publications en allemand et en a retenu expressions et citations.

Pour quelles raisons Heidegger aurait-il éprouvé le besoin d'insérer cette citation d'Arendt dans ses *Cahiers noirs*? L'a-t-il choisie pour sa thématisation et sa terminologie d'allure heideggérienne? Il semble pertinent d'attendre la publication des *Cahiers* des années 1950 avant de tenter de répondre. Nous pouvons néanmoins formuler une hypothèse. Dans la même page de ses *Cahiers*, Heidegger mentionne le livre de Paul Hünerfeld, fort ironique à son égard, paru la même année que l'ouvrage d'Arendt sur Rahel Varnhagen[1]. En choisissant un passage où le «commencement», thème heideggérien s'il en est, est interprété en termes également heideggériens comme l'«authentique» et le «noyau de l'être», l'auteur du *Discours de rectorat* pouvait espérer allumer un contre-feu à la critique d'un auteur comme Hünerfeld, Juif allemand comme l'est Arendt. L'utilisation stratégique qu'il entend faire de la caution d'Arendt se trouverait ainsi confirmée par le contenu de cette page des *Cahiers noirs*. Cependant, les raisons de l'insertion dans un cahier de la fin des années 1930 d'un ensemble de remarques rédigées de façon indiscutable deux décennies plus tard ne sont pas résolues pour autant. Il nous faudrait notamment savoir qui a effectué ce collage: Heidegger lui-

---

1. Paul Hünerfeld, *In Sachen Heidegger, Versuch über ein deutsches Genie*, Hambourg, Hoffman und Kampe, 1959. Voir à ce propos S. Kellerer, «Les *Cahiers noirs* et leur combat contre la "machination" juive», art. cité, p. 140.

même ou, plus vraisemblablement, Dory Vietta à qui celui-ci avait confié ce cahier, avec peut-être ces pages volantes insérées ? Nous voyons à cet exemple et à ces interrogations à quel point une veritable édition critique des volumes de l'*Œuvre intégrale* reste nécessaire.

TROISIÈME PARTIE

ARENDT ET HEIDEGGER
OU LE DYNAMITAGE
DE LA « PENSÉE OCCIDENTALE »

8.
Arendt critique de Heidegger en 1946

33. Arendt et Heidegger : une relation asymétrique

Les relations personnelles entre Martin Heidegger et Hannah Arendt, qui fut tout à la fois son étudiante, son égérie et son amante, sont aujourd'hui assez bien connues et forment un thème populaire pour un nombre toujours croissant de romans, pièces de théâtre et films. De manière assez trouble, la liaison entre le « philosophe » nazi et la jeune étudiante juive continue de fasciner tout un public. Il n'est pas question d'entreprendre à notre tour le récit de cette idylle ou supposée telle, ni d'ajouter à la romance cultivée par plus d'un biographe d'Arendt[1], mais de sonder la nature des relations intellectuelles entre les deux auteurs et de confronter entre eux différents thèmes développés dans leurs écrits respectifs. La trame biographique n'est pas à négliger, mais elle ne comptera que dans la mesure où elle ne sera pas séparée des écrits privés et publics – lettres, notes, conférences, cours et essais – qui la ponctuent.

---

1. Elisabeth Young-Bruehl a donné le ton en magnifiant un Heidegger « d'une austère beauté », incarnant « l'union du Penser et du Vivre » (E. Young-Bruehl, *Hannah Arendt, op. cit.*, p. 61). L'essai déjà mentionné d'Elzbieta Ettinger, *Hannah Arendt et Martin Heidegger* (Paris, Seuil, 1995), restitue de façon plus exacte le comportement manipulateur de Heidegger.

Notons l'asymétrie de cette relation tout à la fois intellectuelle et personnelle. Tandis qu'Arendt a consacré plusieurs études à son ancien professeur et amant, il n'a pour ainsi dire rien écrit sur elle. Tandis qu'elle a scrupuleusement conservé les lettres de son correspondant, il n'a gardé aucune de celles qu'elle lui a adressées entre 1925 et 1960[1]. D'Arendt à Heidegger, nous ne connaissons de fait aucune lettre avant 1928, trois brouillons de lettres seulement pour les années 1928-1930 et deux pour les années 1950 et 1960. Ce n'est que très tardivement, à partir d'octobre 1966, que Heidegger va conserver les lettres de sa correspondante. Un changement d'attitude remarquable dont il nous faudra, le moment venu, comprendre les raisons[2].

Concernant les notes laissées par Arendt, l'ensemble le plus important est constitué par son *Journal de pensée*, ou *Denktagebuch*, lequel comprend vingt-huit cahiers rédigés de juin 1950 à 1973[3]. Elle entreprend la rédaction régulière de ces notes peu de mois après ses retrouvailles de février 1950 avec Martin Heidegger. N'y aurait-il pas un lien entre ces deux événements? Nous pouvons observer, à l'appui de cette hypothèse, que le premier sujet développé par Arendt dans son *Journal de pensée* est celui de la réconciliation, un thème suscité par ses retrouvailles avec l'auteur d'*Être et temps*. Heidegger lui aurait-il en outre parlé de sa pratique de consigner ses pensées dans des *Cahiers noirs*? Aurait-elle aperçu

---

1. Elisabeth Young-Bruehl écrit: «Les lettres d'amour qu'ils avaient échangées devaient être conservées mais gardées inaccessibles» (*Hannah Arendt, op. cit.*, p. 62). Le passage prête à confusion car, faisant suite à ce qui précède, il fait croire à un projet concerté entre les deux correspondants. En réalité, seule Arendt «avait pris des dispositions pour que les lettres [qu'elle détenait] y soient déposées après sa mort» (*ibid.*, p. 647, n. 10). Heidegger n'a déposé à Marbach pour toute cette période aucune lettre de sa correspondante: elles sont presque toutes perdues, sans doute détruites, pour toutes celles envoyées avant 1966 dont Arendt n'avait pas conservé les minutes.

2. Voir *infra*, le début du chapitre 12.

3. H. Arendt, *Journal de pensée (1950-1973)*, 2 vol., Ursula Ludz et Ingeborg Nordmann éd., trad. par Sylvie Courtine-Denamy, Paris, Seuil, 2005. La prise régulière de notes prend fin avec la mort soudaine de Blücher le 31 octobre 1970. Le mince cahier XXVIII, qui s'ouvre avec la mention «*Sans Heinrich*. Libre comme la feuille dans le vent» (*ibid.*, p. 993) et couvre les années 1970-1973, n'est pas comparable aux précédents. De rares notes de lecture alternent avec la liste des lieux traversés lors des voyages en Europe.

ou même consulté certains de ces *Cahiers*? Nous savons en effet qu'il n'a pas hésité à confier à l'une de ses relations amoureuses de l'après-guerre, Dory, la jeune épouse de son ami Egon Vietta, le cahier relatif aux années 1942-1948, un cahier que l'on a longtemps cru perdu, avant que Silvio Vietta, leur fils, ne révèle l'avoir en sa possession[1]. Et, au début des années 1950, Heidegger parle beaucoup à Arendt, lors de ses visites ou à travers leur correspondance, de son travail en cours. Nous le voyons ainsi lui demander de lui renvoyer un cahier qu'il lui avait adressé par mégarde[2]. Si donc Arendt a pris connaissance de l'existence des *Cahiers* heideggériens, il est possible que cette pratique l'ait inspirée, même si le mode d'écriture des deux auteurs n'apparaît pas identique. Heidegger, en effet, ne note pas directement ses pensées comme le fait Arendt dans son *Journal*, mais retranscrit soigneusement des notes déjà prises.

En ce qui concerne les essais publiés du vivant d'Arendt ou les conférences prononcées par elle, nous pouvons considérer qu'elle a consacré trois principaux textes à Heidegger[3]. Le premier corres-

---

1. Voir l'article d'Alexander Camann et Adam Soboczynski, « Es ist wieder da », *Die Zeit*, 30 janvier 2014, et l'entretien dans le même numéro avec Silvio Vietta, « Ein grundlegende Entwurzelung » (http://www.zeit.de/2014/05/interview-silvio-vietta-heidegger-schwarze-hefte). Dans le cours de son entretien, ce dernier se sert des retrouvailles de Hannah Arendt avec Heidegger en 1950 pour tenter de le disculper de l'accusation d'antisémitisme. Selon lui, « il est peu probable que Hannah Arendt se serait après la guerre réconciliée avec lui s'il avait été un antisémite convaincu ». Nous pouvons penser tout autrement que Heidegger a favorisé ces retrouvailles après 1945, précisément pour se disculper d'un antisémitisme foncier dont la publication, programmée par lui, de ses *Cahiers noirs* confirme aujourd'hui la persistance.

2. « Dans la hâte qui a précédé mon départ pour un séjour de travail prolongé à Meßkirch, je t'ai envoyé par mégarde un cahier qui m'était destiné ; les soulignements ne sont pas non plus de ma main. C'est pourquoi je te prie de bien vouloir me réexpédier à l'occasion le cahier, affranchi comme imprimé » (Hannah Arendt – Martin Heidegger, *Lettres et autres documents 1925-1975*, op. cit., p. 134-135). Ce fait est souligné par Laure Adler dans sa biographie qui cultive trop l'empathie avec son modèle mais contient une mine de remarques utiles (Laure Adler, *Dans les pas de Hannah Arendt*, Paris, Gallimard, 2005, p. 356).

3. Nous n'incluons donc pas dans cette liste l'important chapitre de *La Vie de l'esprit* consacré à Heidegger, qui ne sera publié que de manière posthume et que nous aborderons *infra*, « Conclusions », chap. 12, § 54.

pond à l'avant-dernière section de son article sur la philosophie de l'existence, rédigé en allemand à la fin de l'année 1945 et publié successivement dans une traduction américaine en janvier 1946[1], la même année dans une traduction française généralement passée sous silence[2], enfin deux ans plus tard dans l'original allemand[3].

Moins connu du public, mais reconnu comme important par plus d'un interprète, le deuxième texte correspond à la conférence de 1954 intitulée *L'Intérêt pour la politique dans la pensée philosophique européenne aujourd'hui* et prononcée devant l'Association américaine de sciences politiques[4]. Arendt s'y réfère de façon centrale à Heidegger. Cette conférence marque la reconnaissance académique de Hannah Arendt comme *political theorist* et le début d'une fulgurante carrière universitaire en sciences politiques aux États-Unis, qui va la conduire, tout d'abord comme conférencière et professeur invité, puis comme professeur en titre de Yale, Notre

---

1. H. Arendt, «What Is Existenz Philosophy?», trad. par William Barrett, *Partisan Review*, XVIII/1, 1946, p. 34-56. Une seconde édition retraduite de l'allemand par Robert et Rita Kimber est parue sous le titre moins exact «What Is Existential Philosophy?», *Essays in Understanding 1930-1954*, *op. cit.*, p. 163-187.
2. H. Arendt, «La philosophie de l'existence», trad. par Catherine Mendelssohn, *Deucalion. Cahiers de philosophie*, Jean Wahl dir., Éditions de la revue *Fontaine*, 2, 1947, p. 215-245. On notera que le mot *Dasein* y est diversement traduit, parfois même par «vie», mais le mot allemand est alors toujours mis entre parenthèses. Une nouvelle traduction du même article, mais cette fois à partir du texte allemand, est parue dans H. Arendt, *La Philosophie de l'existence et autres essais*, *op. cit.*, p. 111-141.
3. H. Arendt, «Was ist Existenz-Philosophie?», *Sechs Essays*, Heidelberg, Schriften der Wandlung 3, 1948, p. 48-80. Contrairement aux autres essais du même livre, celui-ci n'a jamais été réédité en Allemagne.
4. Le texte de la conférence a tout d'abord été publié dans une traduction française: H. Arendt, «L'intérêt pour la politique dans la pensée philosophique européenne récente», trad. par Joël Roman, André Scala et Étienne Tassin, *Hannah Arendt. Confrontations*, *Les Cahiers de philosophie*, n° 4, automne 1987, p. 7-28. L'original anglais a été publié par Jerome Kohn dans les *Essays in Understanding*, *op. cit.*, p. 428-447. Sa traduction française est parue dans H. Arendt, *La Philosophie de l'existence et autres essais*, *op. cit.*, p. 221-246. Nous prendrons cette édition comme référence. On trouve trois versions antérieures de cette conférence, dactylographiées et annotées, dans les Hannah Arendt Papers, à partir desquelles J. Kohn mentionne en note deux variantes. Une édition critique prenant en compte l'ensemble des variantes reste à réaliser.

Dame, Berkeley, Princeton, Chicago et Wesleyan University, à la New School of Social Research de New York.

Mieux connu, le troisième texte n'est autre que le discours apologétique intitulé « Heidegger a quatre-vingts ans », prononcé devant la radio allemande en septembre 1969 et publié la même année en allemand dans la revue *Merkur* et en américain[1]. Ce discours constitue, avec la feuille rédigée au même moment, dans le même esprit, et incluse dans le livre d'or remis à Martin Heidegger pour son quatre-vingtième anniversaire[2], le plaidoyer le plus efficace jamais écrit en faveur de l'ancien recteur national-socialiste. Comme tels, ces deux textes continuent d'être couramment cités par les apologistes en faveur de Heidegger[3].

À ces trois textes s'ajoutent d'autres écrits sur Heidegger moins connus ou, pour certains, encore inédits : lettres, notes de cours et de séminaires, auxquels nous devons accorder également une grande attention. Hannah Arendt a, par exemple, consacré en 1951, à l'Université de Yale, un séminaire sur l'être-dans-le-monde selon *Être et temps*, dont elle a conservé dans ses papiers plusieurs notes manuscrites et trois pages dactylographiées. Ces écrits permettent en effet d'éclairer de façon nouvelle l'évolution de l'interprétation arendtienne de Heidegger après 1945.

Entre le premier et le troisième texte indiqué, l'évolution est grande également. Ce fait est mis en valeur et analysé par Hassan Givsan dans un essai critique qui porte sur la façon dont a été considérée la relation de Heidegger au nazisme chez les « stars » de la philosophie contemporaine[4]. Givsan, cependant, ne retient que l'article de 1946, cité dans l'édition allemande de 1948, et le discours de 1969. Il ne dit mot de la conférence de 1954 et n'évoque

---

1. La version de référence en français, « corrigée par l'auteur », est parue dans H. Arendt, *Vies politiques*, *op. cit.*, p. 307-320.
2. H. Arendt – Martin Heidegger, *Briefe 1925-1975*, *op. cit.*, n° 117, p. 192-193 ; trad. fr., p. 188-189.
3. Voir sur ce point *infra*, « Conclusions », chap. 13, § 60.
4. Hassan Givsan, *Une histoire consternante. Pourquoi des philosophes se laissent corrompre par le « cas Heidegger »*, trad. de l'allemand par Denis Trierweiler, préface d'Emmanuel Faye, Paris, Presses universitaires de Paris-Ouest, 2011, § 13, p. 167-182.

pas non plus la recension du livre de Weinreich où, dès 1946, Arendt entreprenait de disculper en partie Heidegger. Par ailleurs, cherchant les raisons de la transfiguration de Heidegger dans le propos d'Arendt, laquelle est passée de l'analyse critique à ce qu'il nomme un « chant ivre », Givsan met assez classiquement l'accent sur la rencontre de 1950 entre les deux anciens amants pour expliquer le revirement apparent d'Arendt dans son regard porté sur Heidegger et sa pensée[1].

Notre propos va, en ce qui concerne la chronologie, doublement déplacer le problème. Nous allons en effet constater, d'une part, que le tournant dans l'évaluation arendtienne de son ancien professeur s'est en réalité produit avant les retrouvailles de février 1950[2] et, d'autre part, que la réévaluation positive de Heidegger est déjà assumée publiquement dans la conférence de 1954, quinze ans donc avant le discours apologétique pour ses quatre-vingts ans[3]. Mais arrêtons-nous d'abord sur l'article concernant la philosophie de l'existence, dans lequel Arendt expose sa vision de la philosophie moderne, développe une critique appuyée du « soi » dans *Être et temps* et reconnaît sa perplexité à l'égard de Heidegger dans l'immédiat après-guerre.

34. Une vue cavalière de la philosophie moderne de Kant à Jaspers

Alors que l'existentialisme est devenu la philosophie à la mode sur les deux rives de l'Atlantique, Philip Rahv demande en 1945 à Hannah Arendt d'écrire sur le sujet pour *Partisan Review*, dont il est rédacteur. Elle va publier deux articles. Traduit de l'allemand en anglais par le philosophe américain William Barrett, le premier s'intitule « Qu'est-ce que la philosophie de l'existence ? ». Barrett noue à cette occasion des liens d'amitié avec Arendt. Il relatera leur première rencontre dans un essai autobiographique publié en

---

1. *Ibid.*, p. 178-179.
2. Ce point capital sera établi au chapitre 9, § 39.
3. Ce sera l'objet du chapitre 10.

1982[1]. Barrett évoquera notamment l'« arrogance » d'Arendt, particulièrement à l'égard des Américains, son mépris des Juifs français si inférieurs à ses yeux aux Juifs allemands, et sa difficulté à admettre l'idée que « les pires persécutions des Juifs dans l'histoire moderne [aient] éclaté en Allemagne[2] ».

L'article traduit par Barrett paraît en janvier 1946 dans *Partisan Review*, juste après un texte de Sartre, « La racine du marronnier », tiré de *La Nausée*. Le second sera publié l'année suivante dans *The Nation*, avec pour titre « L'existentialisme français ». De loin le plus développé, le premier article traite de la philosophie de l'existence, de Schelling et Kierkegaard à Heidegger et Jaspers, tandis que le second, plus superficiel et journalistique, évoque Sartre et Camus sans dire un mot de l'œuvre philosophique de Sartre ni même citer *L'Être et le Néant*.

Arendt entreprend de faire publier ses articles en Europe. Elle envoie ses deux textes en France à Jean Wahl, qui vient de créer et dirige la revue *Deucalion*, et le premier article dans l'original allemand à Karl Jaspers, qui le propose à la rédaction de la revue mensuelle *Die Wandlung*. Cette revue est alors éditée par Dolf Sternberger, un philosophe et ami de jeunesse de Hannah Arendt, avec le concours de Werner Krauss, Alfred Weber et Jaspers lui-même. Celui-ci n'intervient pas directement dans le travail d'édition, mais représente l'autorité morale de la publication.

Fait largement oublié aujourd'hui, les deux articles seront donc publiés par Jean Wahl en 1947, dans le second numéro de la revue *Deucalion*[3]. On trouve d'ailleurs, dans les Archives Arendt de Washington, une lettre manuscrite adressée par Jean Wahl à Arendt, en anglais, avec l'en-tête de la revue[4]. Aucune lettre

---

1. William Barrett, *The Truants. Adventures among the Intellectuals*, New York, Anchor Press/Doubleday, 1982, chap. 5, p. 99 sq.
2. *Ibid.*, p. 103.
3. Rebaptisé « L'existentialisme français vu de New York », le second article est publié à la suite du premier dans *Deucalion*, *op. cit.*, p. 247-252.
4. Jean Wahl à Hannah Arendt, *Correspondence, General, 1938-1976*, « Wa-We » miscellaneous, 1956-1975, HAP n° 010478. Rédigée en anglais, d'une écriture peu lisible, la lettre n'est pas datée et aucun envoi d'Arendt à Jean Wahl n'est conservé dans ce fonds. Wahl affirme notamment aimer Sartre non comme l'auteur de *L'Être et le Néant*, mais comme tel : « I like Sartre », écrit-il par deux fois.

d'Arendt à Jean Wahl ne s'y trouve[1]. Cette publication française de l'article d'Arendt semble par exemple inconnue de Dominique Janicaud, qui ne la cite pas dans *Heidegger en France* – somme qui se veut pourtant aussi exhaustive que possible[2]. Or, les termes de la critique de Heidegger par Wahl, dans sa *Petite histoire de l'existentialisme* parue en 1947, qui parle de «philosophie mythique» et de «communion avec la terre», consonnent, nous le verrons, avec la critique d'Arendt et pourraient être en partie inspirés par celle-ci[3]. Par l'influence qu'elle a pu exercer sur ses premiers lecteurs

---

1. Dans le fonds des archives Jean Wahl de l'IMEC, une seule lettre, inédite, de Hannah Arendt à Jean Wahl est conservée. Datée du 20 octobre 1947, à l'en-tête des éditions Shooken, cette lettre dactylographiée et annotée est consacrée à des questions principalement éditoriales; elle témoigne, par son ton, des relations amicales nouées entre Jean Wahl, son épouse et Arendt, et de l'intérêt que celle-ci semble porter au Collège de philosophie, créé et animé par ce dernier, dont elle annonce s'être entretenu à New York avec Meyer Shapiro. Il n'est question ni de Heidegger ni des articles parus dans la revue *Deucalion*.

2. Cette omission est d'autant plus surprenante que Janicaud connaît et évoque la revue de Jean Wahl. Il mentionne en effet le numéro 1 de la revue à propos d'un article de Walter Biemel sur «Heidegger et Sartre», publié en tête du volume (D. Janicaud, *Heidegger en France. I. Récit, op. cit.*, p. 93). La publication française des articles d'Arendt sur la philosophie de l'existence n'est pas davantage mentionnée par Tom Rockmore dans *Heidegger and French Philosophy, Humanism, Antihumanism and Being* (Londres et New York, Routledge, 1995), ni par Michèle-Irène Brudny de Launay dans son étude par ailleurs fort utile de la première réception de l'œuvre arendtienne en France («Préface» à *La Nature du totalitarisme, op. cit.*, p. 7-32). Sa mention est absente enfin de la bibliographie des «Œuvres d'Hannah Arendt traduites en français» publiée par Sylvie Courtine-Denamy en annexe à l'édition française du *Journal de pensée, op. cit.*, t. II, p. 1271-1275. La version française est en revanche mentionnée par Étienne Tassin dans *Le Trésor perdu. Hannah Arendt, l'intelligence de l'action politique*, Paris, Payot & Rivages, 1999, p. 106, n. 2.

3. «Depuis *L'Être et le Temps*, Heidegger, dans certains de ses opuscules, a essayé d'édifier une sorte de philosophie mythique plutôt que mystique, nous enjoignant une communion avec la terre et avec le monde, en se réclamant, pour cela, de la pensée du poète Hölderlin» (Jean Wahl, *Petite histoire de l'existentialisme*, Paris, Éditions de la revue *Fontaine*, 1947, p. 45. Voir sur ce passage D. Janicaud, *Heidegger en France. I. Récit, op. cit.*, p. 94). La conférence est suivie de la retranscription d'une brève discussion entre Nicolas Berdiaeff, Georges Gurvitch et Jean Wahl, puis de la réédition d'observations sur la conférence par Alexandre Koyré, Maurice de Gandillac, Gabriel Marcel et Emmanuel Levinas, auparavant publiées dans le numéro 6 de la revue *Dieu vivant*. Personne ne relève ni ne discute la mention fort elliptique et sans référence précise, par Jean

français, la publication des articles d'Arendt en 1947 dans la revue *Deucalion* participe donc pleinement de la réception française de Heidegger.

En Allemagne, la publication du texte original sera différée à la suite de réserves exprimées par l'éditeur de la revue *Die Wandlung*, Lambert Schneider, dans une lettre inédite envoyée le 3 juin 1946 à Jaspers, concernant notamment ce qu'il nomme «l'agression contre Heidegger». Il devait se référer par ces termes aux trois phrases de la note décrivant le comportement du recteur Heidegger, qui seront finalement supprimées dans l'édition allemande[1]. C'est seulement deux années plus tard que l'article sera publié, sous le titre «Was ist Existenz-Philosophie?», dans *Sechs Essays*, le premier ouvrage d'Arendt publié après la guerre[2]. Or, jamais ce livre ne sera réédité sous sa forme originelle. En 1976 en effet, un an après la mort d'Arendt, paraîtra à Francfort un recueil intitulé *La Tradition cachée. Huit essais*, présenté comme la réédition du livre de 1948 augmenté de deux essais[3]. Cependant, l'essai sur la philosophie de l'existence n'y figure plus, sans que cette disparition soit indiquée. Aucune explication n'est donc apportée. L'essai est mentionné dans une brève note éditoriale au début de l'ouvrage, mais le titre n'apparaît plus dans la note finale. Le lecteur non informé ne peut même pas se rendre compte de cette dis-

---

Wahl, de l'évolution de Heidegger vers une mythologie de la terre. Seul Gurvitch évoque nommément le nazisme de Heidegger: «Chez Heidegger qui n'est pas un penseur honnête mais un habile constructeur et calculateur, dépourvu de scrupules intellectuels, aussi bien que moraux, la philosophie de l'existence a perdu de sa sincérité négative: elle n'est devenue qu'un moyen, employé avec dextérité, pour passer d'une philosophie scolastique, par laquelle il avait commencé, à la philosophie nazie» (*op. cit.*, p. 69).

1. Lambert Schneider à Karl Jaspers, 3 juin 1946, DLA, Marbach-sur-le-Neckar, cote: 74.10260/15.
2. H. Arendt, *Sechs Essays*, Heidelberg, Schriften der Wandlung 3, 1948, p. 48-80 (Unter Mitwirkung von Karl Jaspers, Werner Krauss und Alfred Weber, Herausgegeben von Dolf Sternberger); c'est ce texte allemand qui est retraduit en américain en 1994 avec un titre un peu modifié: «What Is Existential Philosophy?», dans les *Essays in Understanding*, et en français, en 2000, dans le recueil intitulé *La Philosophie de l'existence et autres essais, op. cit.*, p. 111-141.
3. H. Arendt, *Die verborgene Tradition. Acht Essays*, Francfort-sur-le-Main, Suhrkamp, 1976.

parition, le texte dédicatoire à Jaspers étant désormais inclus dans l'énumération des essais repris, ce qui donne toujours le nombre de six[1]. À cette date de 1976, trois décennies après sa première parution à New York, la critique arendtienne de Heidegger a disparu du paysage éditorial allemand.

Retenons dès à présent que l'essai de 1946 a été publié en anglais et le manuscrit allemand soumis aux éditeurs de *Die Wandlung* plusieurs mois avant que Heidegger ne rédige, à l'automne 1946, sa *Lettre sur l'humanisme*. Il est donc possible que ce dernier ait eu connaissance du texte d'Arendt avant de rédiger sa lettre. C'est d'un Heidegger considéré comme «philosophe existentialiste» qu'il est question dans ce premier article, un auteur que l'on a alors coutume de situer entre Kierkegaard et Jaspers.

Dans une brève introduction, Arendt commence par présenter l'histoire centenaire de la «philosophie de l'existence», qui aurait débuté avec le dernier Schelling et avec Kierkegaard pour se poursuivre avec Nietzsche, Bergson – curieusement enrôlé par elle dans ce courant – et la philosophie de la vie, et culminer en Allemagne avec Scheler, Heidegger et Jaspers[2]. Le fait de conclure sur Jaspers et d'écarter ainsi comme anecdotique l'existentialisme français de Sartre et de Camus, uniquement évoqué dans ce premier article comme une radicalisation problématique de la pensée heideggérienne, et de traiter ensuite de la France à part, dans un court essai au ton plus journalistique, dénote une intention polémique à l'égard des deux auteurs français[3].

Arendt brosse ensuite à grands traits le tableau d'une «philosophie occidentale dans son ensemble» qui, de Parménide à Hegel, n'aurait pas remis en question «l'unité de la pensée et de l'être». Tout à fait comme Heidegger lui-même jusqu'en 1935 – avant que Nietzsche ne supplante sur ce point Hegel dans son esprit –, elle évoque le système de Hegel comme «le dernier mot» de cette

---

1. «Quellennachweis» (*ibid.*, p. 169).
2. Dans la suite de l'article, il ne sera plus jamais question de Bergson, et à peine de Nietzsche et de Scheler.
3. Arendt évoluera dans son jugement sur Camus.

« philosophie occidentale[1] », au point que tout ce qui viendrait après lui ne serait que tentatives d'épigones ou révolte des philosophes contre la philosophie.

L'article est composé de cinq sections qui n'observent pas l'ordre chronologique et sont intitulées respectivement 1) « La tentative de reconstruction phénoménologique », 2) « La destruction par Kant du vieux monde et l'appel de Schelling d'un monde nouveau », 3) « La naissance du soi : Kierkegaard », 4) « Le soi comme être et néant : Heidegger », enfin, 5) « Indications de l'existence humaine : Jaspers ». Arendt met en valeur un fil directeur qui conduirait de Kant à Jaspers, le seul qui, par sa philosophie de la « communication », aurait su apporter une réponse valable aux apories suscitées dans la philosophie moderne par la critique kantienne de l'ontologie traditionnelle. La façon dont Arendt évoque Heidegger dans ces pages est, nous le verrons, particulièrement intéressante par son acuité critique, mais aussi par ses lacunes et sa perplexité finale.

Arendt se livre dans les premières sections à un exercice de synthèse qu'elle ne renouvellera pas. Nous pouvons ainsi nous faire une idée de la façon dont elle conçoit l'histoire de la philosophie moderne, qu'elle réduit plus ou moins dans cet article, comme nous l'avons montré, à la seule philosophie allemande, à l'exception de Kierkegaard. Arendt mentionne bien, au début de la deuxième section, « le pragmatisme et la phénoménologie » parmi les courants « les plus modernes et les plus intéressants », mais elle ne dira rien du pragmatisme, dont l'évocation si brève ne semble qu'une concession au lecteur américain. Elle ne sera pas plus

---

1. Heidegger affirme la même chose en 1934-1935 dans l'introduction de son séminaire sur Hegel et l'État : « [...] nous devons voir dans cette philosophie [Hegel] l'accomplissement de la philosophie occidentale tout entière. [...] Ce qui vient après Hegel n'est plus de la philosophie. Ni Kierkegaard, ni Nietzsche » (M. Heidegger, *Seminare. Hegel-Schelling*, Peter Trawny éd., GA 86, 2011, p. 550 ; voir la première édition de ce texte dans E. Faye, *Heidegger, l'introduction du nazisme dans la philosophie*, op. cit., p. 347-348). À partir de 1936, Heidegger, avec le même pathos, et sans jamais s'expliquer sur ce déplacement, transférera de Hegel à Nietzsche ce rôle d'être celui qui accomplit la philosophie ou métaphysique occidentale.

loquace sur Bergson, dont le nom seul est mentionné une fois, sans autre précision.

Pourquoi consacrer une section entière à Husserl dans un article sur la philosophie de l'existence? Sans doute Heidegger, mais aussi Scheler ou Sartre, sont-ils difficilement compréhensibles sans Husserl. Évoquer cependant celui-ci, à rebours de la chronologie, avant Kant, Schelling et Kierkegaard, apparaît comme une façon de le tenir à distance. L'article d'Arendt vise en effet à promouvoir Jaspers comme le seul véritable Moderne. Or, comme elle le rappelle, l'analyse husserlienne de la conscience intentionnelle a toujours été considérée par Jaspers comme «négligeable pour la philosophie». Arendt partage ce jugement[1]. Elle ne manque pas d'ironiser sur Husserl et son appel «aux choses mêmes» *(zu den Sachen selbst)*, qu'elle compare aux «petites choses» de Hoffmanstahl dans sa lettre d'adieu à Stefan George. Deux «formules magiques» qui ne permettent pas, selon elle, de rejoindre la réalité[2].

Si, avec son analyse de la conscience, et malgré son appel à retourner aux choses mêmes, Husserl ne parvient pas à rejoindre la réalité du monde ambiant — Arendt ne dit mot de sa théorisation de l'*Umwelt* —, son rejet de l'histoire aura du moins, selon elle, «arraché la philosophie moderne à la geôle de l'historicisme[3]». Cette libération se serait effectuée malgré, et même contre, lui, car elle estime que l'auteur de la *Krisis* «n'appartenait pas vraiment» à la philosophie moderne[4]. Or, comme la philosophie moderne commence, selon elle, avec le dernier Schelling, Husserl devient insituable dans sa topique, au point que l'on peut se demander si elle n'entreprend pas, comme l'a fait Heidegger, de congédier Husserl de la philosophie même. Rappelons en effet en quels termes Heidegger parlait de son maître Husserl à son étudiant Karl Löwith, le 20 février 1923, un an avant que Hannah

---

1. H. Arendt, «Qu'est-ce que la philosophie de l'existence?», art. cité, p. 114.
2. *Ibid.*
3. *Ibid.*
4. «[...] *die moderne Philosophie, zu der er selbst nicht eigentlich gehörte*» (H. Arendt, «Was ist Existenz-Philosophie?», *Sechs Essays, op. cit.*, p. 52; trad. fr., p. 114).

Arendt ne vienne à Marbourg suivre son enseignement : « Husserl n'a jamais été philosophe, écrivait-il à Löwith, pas même une seule seconde de sa vie[1]. » À lire cette première section de l'article, il semble donc difficile de considérer sérieusement Arendt comme une phénoménologue, sauf à prendre le mot de « phénoménologie » en un sens résolument et explicitement anti-husserlien.

La deuxième section de l'article porte sur Kant et le dernier Schelling. Par une curieuse inversion de la chronologie, Hegel est présenté comme « le dernier des vieux philosophes[2] », tandis que Kant est érigé en fondateur et en « roi secret » de la nouvelle philosophie pour avoir su briser, avec sa récusation de la preuve ontologique, l'unité de la pensée et de l'être[3]. Rappelons que deux décennies plus tard, en 1969, cette stylisation du penseur en « roi secret » de la philosophie sera purement et simplement transférée de Kant à Heidegger.

Suit une critique de Descartes, qui prend appui sur des allusions à Nietzsche et à Kant mais qui, par sa radicalité polémique et son caractère approximatif, est proche du style heideggérien. Descartes serait moderne par son questionnement mais traditionnel dans ses réponses. La réponse du *cogito ergo sum* serait une réponse inintéressante à la question de savoir si l'être *est*, car elle ne démontrerait pas l'existence de l'*ego cogitans* mais seulement celle du *cogitare*. Il ne s'agirait, selon Arendt, que d'un *moi* pensé et non du « réel moi vivant[4] ». Or, outre le fait que la question directrice de la *Méditation* seconde de Descartes n'est pas celle de savoir si l'être existe, on remarquera qu'Arendt ne voit pas que Descartes y affirme l'existence de son moi – *ego sum, ego existo* – avant de le définir par la pensée. *Je suis, j'existe* constitue bien une affirmation existentielle. Celle-ci prend appui sur l'expérience de la liberté dans le doute, acquise dès la fin de la *Méditation* première. Ce n'est donc pas un *cogitare* impersonnel

---

[1]. Cité par Enrico Donaggio, *Karl Löwith et la philosophie. Une sobre inquiétude*, Paris, Payot, 2013, p. 29.
[2]. H. Arendt, « Was ist Existenz-Philosophie ? », *Sechs Essays, op. cit.*, p. 56 ; trad. fr., p. 118.
[3]. *Ibid.*, p. 55 ; trad. fr., p. 117.
[4]. *Ibid.* ; trad. fr., p. 118.

qui est pris pour principe par l'auteur des *Méditations*. En outre, si l'on tient compte de l'ensemble des six *Méditations* – ce qui n'est pas le cas dans les approximations d'Arendt –, on découvre que loin de se résumer à la pensée et de pouvoir être opposé, comme elle le fait, au « réel moi vivant », le *moi* thématisé par Descartes s'étend, dans la *Méditation* sixième, à « moi-même tout entier *(me totum)*, en tant que je suis composé du corps et de l'âme », bref, à l'homme vivant[1]. Ce n'est d'ailleurs pas seulement la méconnaissance d'Arendt face à Descartes et la désinvolture avec laquelle elle récuse la pensée de l'auteur des *Méditations* que ce paragraphe de l'article rend manifestes, mais aussi, exprimé par elle à demi-mots, le préjugé philosophiquement plus discutable encore selon lequel la pensée ne serait rien de réel ni de vivant.

Le premier des Modernes, celui qui va révolutionner « le concept occidental de l'être », c'est, selon Arendt, Kant plutôt que Descartes. L'évocation du philosophe de Königsberg mérite notre attention car il sera désormais pour elle une référence constante. Or, elle manifeste, dans son article, un certain malaise à l'égard de ce qu'elle perçoit comme une tension majeure entre la première et la seconde *Critique*. Libre et cependant livré à la nécessité de la nature – Arendt emploie ici le terme de « destin », utilisé certes par Kant, mais qui prend un sens tout différent chez une lectrice de Heidegger –, l'homme exprime, dit-elle, « la structure antinomique de son *Dasein*, dans la mesure où celle-ci a lieu dans le monde[2] ». La philosophie moderne se caractériserait depuis lors par le geste héroïque consistant à défier cette antinomie et ce « destin ». C'est ici que Schelling, avec son concept de l'existence et de l'« individuel absolu » qui suppose la négation de l'universalité et fait de l'homme, pris individuellement, le « maître de l'être », aurait ouvert la voie à la philosophie moderne de l'existence, telle qu'elle va se constituer à partir du « soi » de Kierkegaard.

---

1. René Descartes, *Meditationes de prima philosophia*, in *Œuvres* de Descartes, Charles Adam et Paul Tannery éd., Paris, Vrin, 1983, vol. VII, p. 81 [abrégé désormais en AT VII, 81] ; trad. fr. par le duc de Luynes, AT IX-1, 65.
2. « *[...] die antinomische Struktur seines Daseins, sofern es sich in der Welt abspielt* » (*ibid.*, p. 58-59 ; trad. fr., p. 121 – trad. modifiée).

La problématique qu'Arendt met en scène peut être qualifiée tout à la fois de semi-heideggérienne et de semi-théologique : on trouve en effet évoquées, d'une part la relation de l'homme, ou plutôt du *Dasein*, à l'étrangeté du monde et, d'autre part, la volonté moderne de prendre la place de Dieu et de se poser sinon en créateur du monde, du moins en « maître de l'être ». Dans son article, Arendt utilise à trois reprises cette expression empruntée au dernier Schelling. Le « maître – ou le seigneur – de l'être » *(der Herr des Seins)* désigne chez lui l'existence transcendante, antérieure à toute relation à la raison, un vouloir qui se fait « le maître de l'être » par un acte de pure volonté[1]. Dans cette généalogie cavalière, où chaque auteur convoqué est caractérisé d'un mot, Schelling est apparu comme celui qui ne retient comme réel que l'individuel[2]. Il n'y a plus ni universel ni raison, et cet individuel n'a plus rien d'un individu rationnel. Quant à la « structure antinomique [du] *Dasein* » léguée par Kant, elle constitue pour Arendt le problème de la philosophie moderne : l'homme demeure assujetti au déterminisme de la nature dès lors qu'un acte n'est plus considéré selon la sphère subjective de la liberté mais selon celle, objective, de la causalité. Il sera dit alors « l'esclave de l'être[3] ». Face à cette antinomie, les philosophes après Kant auraient tous reculé, Heidegger compris, à l'exception de Jaspers, car ils auraient tous abandonné « le concept kantien fondamental de la liberté et de la dignité de l'homme[4] ».

N'est-ce pas cependant ce qu'Arendt effectuera elle-même cinq ans plus tard, dans *Les Origines du totalitarisme*, où, raillée comme « une belle notion imaginaire » au chapitre huit du livre[5], la dignité de l'homme sera considérée, dans le chapitre conclusif de la première édition de 1951, comme « le dernier mythe, vraisemblable-

---

1. Heidegger reprend l'expression de Schelling dans ses *Conférences de Brême* de 1949, ce qui pourrait correspondre à un autre emprunt volontaire au texte publié par Arendt en 1948 (Martin Heidegger, *Bremer und Freiburger Vorträge*, GA 79, p. 69).
2. H. Arendt, « Was ist Existenz-Philosophie ? », *Sechs Essays, op. cit.*, p. 56 ; trad. fr., p. 119.
3. *Ibid.*, p. 58-59 ; trad. fr., p. 121.
4. *Ibid.*, p. 60 ; trad. fr., p. 122.
5. H. Arendt, *Les Origines du totalitarisme, op. cit.*, p. 519.

ment le plus arrogant que nous ayons inventé dans toute notre histoire », si cette dignité n'est pas « *de facto* garantie par les autres hommes »[1] ? Si la dignité de l'homme n'est plus garantie de façon principielle mais seulement factuelle, c'est la validité même de la philosophie morale héritée de Kant qui se voit compromise.

Nous pouvons remarquer à ce propos le silence d'Arendt non seulement sur les néo-kantiens, mais aussi sur un philosophe allemand majeur comme Georg Simmel. Elle n'a pas un seul mot pour la philosophie morale de Hermann Cohen, ni pour Ernst Cassirer, qui a su tirer de sa relecture de Descartes, alors qu'il était en exil en Suède dans la seconde moitié des années 1930, les ressources d'une réflexion tout à la fois éthique et intellectuelle[2]. Bref, Hannah Arendt récuse – dans le cas de Husserl – ou passe entièrement sous silence – en ce qui concerne les philosophes néo-kantiens allemands d'origine juive tels que Cohen et Cassirer – toute la philosophie allemande qui s'est nourrie d'une confrontation en profondeur entre Descartes et Kant.

En 1946, néanmoins, toute référence à la raison n'est pas encore disqualifiée. Arendt se situe encore dans le sillage de Jaspers et de sa philosophie de la « communication », où ce qu'elle nomme, à son propos, « l'appel à la raison qui nous est à tous commune[3] » garantit un horizon d'universalité. À partir de 1951, ce ne seront plus la « communication » jaspersienne mais l'« être-dans-le-monde » et l'« être en commun » *(Mitsein)* heideggériens, où la dimension universelle de l'humanité se trouve détruite, sur lesquels elle prendra appui. Quels furent les motifs de ce tournant dans la vision d'Arendt, de 1946 à 1951 ? Il nous faut, avant de proposer une réponse à cette question, examiner de près la critique d'*Être et temps* exposée en 1946.

---

1. *Ibid.*, p. 873.
2. Voir sur ce point E. Faye, « L'invention cartésienne de la conscience », in Descartes, *La Recherche de la Vérité par la lumière naturelle*, trad. par E. Faye, Paris, Librairie générale française, 2010, p. 62.
3. H. Arendt, « Was ist Existenz-Philosophie ? », *Sechs Essays, op. cit.*, p. 77 ; trad. fr., p. 138.

35. Le « soi » heideggérien
ou l'anéantissement de l'humanité en chaque homme

La section concernant Heidegger débute par une présentation contrastée d'un auteur qui paraît révolutionnaire dans sa terminologie et peut-être aussi dans sa « révolte contre la philosophie », mais demeure à cette date, aux yeux d'Arendt, traditionnel dans son intention. Elle perçoit en effet l'auteur d'*Être et temps* comme ayant voulu, malgré et contre Kant, rétablir l'ontologie « dans son acception traditionnelle ». Tâche impossible selon elle, car on ne saurait rétablir l'ontologie traditionnelle à partir de la révolte contre la philosophie dont témoignerait par ailleurs Heidegger. Faut-il prendre au sérieux cette entreprise ? Oui sans doute, affirme Arendt, mais pour aussitôt remettre en question le sérieux heideggérien, dans une longue note caustique sur sa compromission politique, note qui connaîtra bien des tribulations et des omissions dans les différentes traductions de l'article[1].

Arendt souligne ensuite l'inachèvement du projet heideggérien, la seconde partie annoncée d'*Être et temps* n'étant jamais parue. Elle laisse entendre que cet inachèvement ne serait pas accidentel, mais la conséquence logique du caractère aporétique de ce projet. En effet, identifier le sens de l'être à la temporalité quand le *Dasein* humain est « déterminé par la mort », c'est en fin de compte rapporter le sens de l'être au néant ou à la « nullité » *(Nichtigkeit)*. Heidegger aurait donc été conséquent en publiant, en lieu et place de la suite de son livre, sa conférence de 1929 intitulée *Qu'est-ce que la métaphysique ?*, où l'être et le néant sont finalement déclarés identiques[2].

Dans les paragraphes qui suivent, le fil directeur de la pensée d'Arendt ne se laisse pas aisément restituer car, elle entremêle plusieurs lignes d'interprétation. La plus développée s'appuie sur des prémisses scolastiques et théologiques, qui correspondent à la formation première de Heidegger. Hassan Givsan estime à ce propos

---

1. Voir *infra*, chap. 8, § 37, l'analyse critique de cette note importante.
2. M. Heidegger, *Was ist Metaphysik?*, Bonn, Friedrich Cohn, 1930.

qu'Arendt s'inscrirait dans une certaine continuité avec l'interprétation d'*Être et temps* déjà esquissée par le jésuite polonais Erich Przywara, dans un article publié un an seulement après la parution d'*Être et temps* et intitulé «Trois directions de la phénoménologie». Przywara affirmait de l'ontologie de Heidegger qu'elle «a recours pour la créature à l'identité propre à l'essence divine de l'existence et de l'essence[1]». Dans la même lignée, il faut mentionner également l'ouvrage d'Alois Fischer paru en 1935 sur *La Philosophie de l'existence de Martin Heidegger*[2]. S'inspirant d'un mot de Romano Guardini selon lequel l'homme moderne tire à lui les attributs de Dieu, Fischer applique la formule à l'homme tel que l'entend Heidegger[3]. Plus abruptement encore que les deux théologiens, Arendt soutient qu'en définissant l'homme «comme identité de l'essence et de l'existence[4]», Heidegger met celui-ci «à la place même où l'ontologie traditionnelle situait Dieu[5]». L'auteur d'*Être et temps* viserait de la sorte à faire de l'homme «le maître de l'être» (*Herrn des Seins*), une expression qu'Arendt utilise à trois reprises en la mettant entre guillemets, sans préciser qu'elle n'est pas de Heidegger mais, comme nous l'avons rappelé, reprise au dernier Schelling.

Fischer avait montré, en conclusion de son livre, à quelle aporie – au moins du point de vue d'un théologien nourri de l'ontologie thomiste – pouvait conduire le geste heideggérien identifiant

---

1. «[...] *die Ontologie Heideggers [...] die wesensgöttliche Identität von Existenz und Essenz für die Kreatur in Anspruch nimmt*» (Erich Przywara, «Drei Richtungen der Phänomenologie», *Stimmen der Zeit*, 115, 1928, p. 252-264, citation p. 262; Hassan Givsan, *Heidegger – das Denken der Inhumanität: eine ontologische Auseinandersetzung mit Heideggers Denken*, Wurtzbourg, Königshausen & Neumann, 1998, p. 574).
2. Alois Fischer, *Die Existenzphilosophie Martin Heideggers. Darlegung und Würdigung ihrer Grundgedanken*, Leipzig, Meiner, 1935.
3. «*Ist etwa, so möchte man fragen, der Mensch Heideggers zu einem Gott geworden? Jedenfalls, dieser Mensch beginnt, "die Attribute Gottes an sich zu ziehen"*» (*ibid.*, p. 126); voir Romano Guardini, *Der Mensch und die Glaube, Versuch über die religiöse Existenz in Dostojewskis großen Romanen*, Berlin, Hegner, 1932, p. 251.
4. H. Arendt, «Was ist Existenz-Philosophie?», *Sechs Essays, op. cit.*, p. 67; trad. fr., p. 129.
5. *Ibid.*, p. 68; trad. fr., p. 130.

l'essence et l'existence en l'homme conçu comme un être fini et jeté dans le monde :

> pour autant que l'exister est la substance de l'homme, il tire à lui les attributs divins ; mais pour autant qu'il est jeté *(geworfen)*, il demeure captif de la finitude humaine. Qu'il soit fini, que son être ne soit pas le Dieu tout-puissant, telle est l'*hubris* et tel est le tragique de l'existence heideggérienne[1].

Réinterprétant le néant heideggérien à partir de sa radicalisation dans l'existentialisme français de Sartre et de Camus, Arendt souligne de façon différente le caractère nihiliste et destructeur de l'orientation de Heidegger et de ses épigones français ou supposés tels. « Puisque je ne peux pas être une essence créatrice de monde, je suis peut-être destiné à être une essence destructrice du monde[2] », écrit-elle, avant de renvoyer à Camus et à Sartre.

Cependant, les reproches d'Arendt s'adressent moins à cette visée destructrice comme telle qu'au fait de maintenir encore, comme le font Heidegger dans *Être et temps* et Sartre dans sa conférence de 1945 intitulée *L'existentialisme est un humanisme*, certaines déterminations de l'ancienne ontologie. Elle ne précise pas lesquelles, mais son propos laisse à penser qu'il s'agit de la reprise des notions d'essence et d'existence, et du fait de déplacer de Dieu à l'homme l'identification de l'essence à l'existence. Elle récuse en effet « la tentative hybride qui consiste à vouloir faire entrer les questions et les contenus nouveaux dans l'ancien cadre ontologique[3] ». C'est sur ce même reproche qu'elle conclura son article sur « L'existentialisme français ».

---

1. « [...] *insofern das Existieren die Substanz des Menschen ist, zieht er göttliche Attribute an sich ; insofern er aber geworfen ist, bleibt er in der menschlichen Endlichkeit gefangen. Ein endlicher, seines Seins nicht mächtiger Gott zu sein, das ist die Hybris und zugleich die Tragik der heideggerschen Existenz* » (A. Fischer, *Die Existenzphilosophie Martin Heideggers, op. cit.*, p. 129).
2. H. Arendt, « Was ist Existenz-Philosophie ? », *Sechs Essays, op. cit.*, p. 67 ; trad. fr., p. 129.
3. « [...] *der hybride Versuch, die neuen Fragen und Inhalte in den alten ontologischen Rahmen spannen zu wollen* » (*ibid.*).

En définitive, la vision d'Arendt n'est pas identique aux réserves théologiques d'un Fischer ou d'un Prszywara. Elle crédite en effet « la philosophie de Heidegger » d'être « absolument et sans aucun compromis la première philosophie mondaine *(weltliche Philosophie)* »[1]. L'être de l'homme est ainsi « déterminé comme être-dans-le-monde », et c'est une détermination qu'Arendt entendra bientôt faire sienne, comme nous le confirmeront son séminaire de Yale de 1951 et sa conférence de 1954.

Ce qui complique à nouveau l'intelligibilité du propos d'Arendt, c'est qu'elle juxtapose à l'interprétation « théologique » selon laquelle l'homme apparaît comme « une sorte de *summum ens* », de « maître de l'être », dans la mesure où en lui « essence et existence sont identiques », une seconde interprétation que l'on pourrait dire sociopolitique, selon laquelle se dissimulerait, derrière le « point de départ ontologique de Heidegger », un « fonctionnalisme qui n'est pas sans ressemblance avec le réalisme de Hobbes ». L'homme n'est alors, écrit-elle, « rien de plus que ses modes d'êtres ou fonctions dans le monde (ou dans la société, chez Hobbes)[2] ». En bref, l'homme s'est voulu le « maître de l'être », mais, ne disposant pas du pouvoir ontologique de création, il se retrouve simple « conglomérat de modes d'être » anarchiques, « dans son principe aléatoire » et privé de toute spontanéité[3].

À ce point de son propos, Arendt développe une critique d'*Être et temps* qui n'est pas sans force, même si, nous allons le voir, elle est fort lacunaire. De façon judicieuse en effet, elle prend comme fil directeur de sa lecture d'*Être et temps* la notion du « soi » *(Selbst)*. Le titre qu'elle choisit pour cette section, « Le soi comme être et néant : Heidegger », traduit bien le fait qu'elle relit *Être et temps* à

---

1. « *[...] so ist Heideggers philosophie die erste absolut und ohne Kompromisse weltliche Philosophie* » *(ibid.*, p. 70 ; trad. fr., p. 132 – trad. modifiée) ; *weltlich* est traduit couramment par « séculier », mais la référence au « monde » importe plus ici que la référence au « Siècle ».

2. H. Arendt, « Was ist Existenz-Philosophie ? », *Sechs Essays, op. cit.*, p. 68-69 ; trad. fr., p. 130.

3. Il est possible que cette interprétation « anarchique » de l'existentialisme heideggérien soit à l'origine des développements ultérieurs de R. Schürmann dans *Le Principe d'anarchie*.

partir de la conférence de 1929 centrée sur la tonalité de l'angoisse face au néant, et sans doute également, bien qu'elle ne le cite pas, à partir de l'amplification particulière que connaît ce thème dans *L'Être et le Néant* de Sartre.

N'oublions pas que nous sommes, en 1946, à un moment où le philosophe qui marque l'actualité intellectuelle n'est pas d'abord Heidegger, compromis par son national-socialisme et interdit d'enseignement, mais Jean-Paul Sartre. Rappelons aussi que Heidegger lui-même, au moment où Frédéric de Towarnicki, membre des forces d'occupation françaises du pays de Bade, tente d'organiser entre les deux hommes une rencontre à Baden-Baden[1], écrit à Sartre, le 28 octobre 1945, une lettre d'invitation aux éloges hyperboliques :

> M. Towarnicki m'avait amicalement laissé ici votre livre *L'Être et le Néant*, et j'ai aussitôt commencé à le travailler. Je rencontre ici pour la première fois un penseur indépendant qui a fait à fond l'expérience du domaine à partir duquel je pense. Votre livre est guidé par une compréhension immédiate de ma philosophie telle que je ne l'ai encore jamais rencontrée[2].

Découragé peut-être par l'échec du premier projet de visite, ou peu désireux de se prêter au rôle de disciple adoubé par le mage de Todtnauberg, Sartre ne répondra pas, semble-t-il, à cette invita-

---

1. À l'automne 1945, Jean-Paul Sartre et Simone de Beauvoir souhaitaient rendre visite à Heidegger. Tout semblait prêt pour leur voyage, organisé par Frédéric de Towarnicki, lorsque, au dernier moment, les ordres de mission, puis les places de train firent défaut. Ce voyage aurait vraisemblablement modifié le cours de la réception française de Heidegger. Voir Frédéric de Towarnicki, *À la rencontre de Heidegger. Souvenirs d'un messager de la Forêt-Noire* (Paris, Gallimard, 1993, p. 82), ouvrage très apologétique, pièce importante à ce titre pour comprendre comment prit naissance la réception fascinée de Heidegger en France.

2. « *Herr Towarnicki hatte mir freundlicherweise Ihr Werk* L'être et le néant *hier gelassen u. ich habe sofort begonnen, es durchzuarbeiten. Hier begegnet mir zum erstenmal ein selbständiger Denker, der von Grund aus den Bereich erfahren hat, aus dem heraus ich denke. Ihr Werk ist von einem so unmittelbaren Verstehen meiner Philosophie beherrscht, wie es mir noch nirgends begegnet ist* » (Hugo Ott, « Martin Heidegger schreibt an Jean-Paul Sartre », *Perspektiven der Philosophie*, Bd. 20, 1994, p. 413-417, citation p. 416).

tion et, l'année suivante, Heidegger modifiera radicalement, dans sa réponse à Jean Beaufret, son appréciation, à l'évidence plus stratégique que sincère, de l'auteur de *L'Être et le Néant*.

Arendt, quant à elle, perçoit bien que l'accent mis non plus sur l'homme mais sur le soi aboutit à remplacer la question du sens de l'être par celle, «manifestement plus originelle», du «sens du soi»[1]. Une question dont elle voit qu'elle n'est plus celle, kantienne encore, du «Qu'est-ce que?» *(Was?)* mais celle du «Qui?» *(Wer?)*. Arendt cite à propos, mais sans donner la référence et en modifiant le temps du verbe, une phrase du début du paragraphe 54 d'*Être et temps*: «Avec l'expression "soi", nous répondons à la question du *Qui* du *Dasein*[2].» Surtout, elle perçoit que cette question du soi conduit à une déshumanisation radicale de l'existence, à l'opposé de la philosophie morale de Kant. Tandis que, dans la philosophie de Kant, «chaque homme individuel représente l'humanité», l'impératif catégorique signifiant, selon les termes d'Arendt, que «tout acte devrait inclure la responsabilité à l'égard de l'humanité», le soi heideggérien est, écrit-elle, «le concept proprement opposé à l'homme»[3]. Dans son «isolement absolu», le «concept de soi [...] n'a besoin de représenter nul autre que soi-même – sa propre nullité *(Nichtigkeit)*»[4]. S'appuyant sur la détermination heideggérienne du *Dasein* comme «être-en-faute», elle va plus loin encore dans l'expression de la visée destructrice de Heidegger: «l'expérience de la nullité coupable insiste pour anéantir *(vernichten)* la présence de l'humanité en chaque

---

1. «*Mit der Rückführung des Daseins auf das Selbst ohne jeden Umweg über den Menschen ist die Frage nach dem Sinn von Sein im Grunde aufgegeben und durch die dieser Philosophie offenbar ursprünglichere Frage nach dem Sinn des Selbst ersetzt*» (H. Arendt, *Sechs Essays, op. cit.*, p. 71; trad. fr., p. 132 – trad. modifiée).

2. «*Mit dem Ausdruck "Selbst" antworteten wir auf die Frage nach dem Wer des Daseins*» (M. Heidegger, *Sein und Zeit, op. cit.*, § 54, p. 267; cité par Arendt dans *Sechs Essays, op. cit.*, p. 71; trad. fr., p. 132). Arendt, sans le signaler, modifie la phrase de Heidegger en mettant «*antworten*» au lieu de «*antworteten*». L'auteur d'*Être et temps* écrit «nous avons répondu», sans doute parce qu'il renvoie en note au paragraphe 25, p. 114 *sq.*, qui porte déjà sur «la question existentiale du *Qui* du *Dasein*».

3. «*[...] das Selbst der eigentliche Gegenbegriff zum Menschen ist*» (H. Arendt, *Sechs Essays, op. cit.*, p. 72; trad. fr., p. 134).

4. *Ibid.*, p. 73; trad. fr., p. 134.

homme[1] », écrit-elle ainsi. En bref, « l'être-soi s'est mis à la place de chaque homme ».

Plus haut dans son essai, Arendt avait judicieusement remarqué que parler du *Dasein* permettait à Heidegger d'« éviter de devoir recourir à l'expression "homme"[2] ». Elle estime cependant impossible ce projet d'une philosophie du « soi », toujours confrontée à l'aporie suivante : « considéré dans son isolement absolu, un soi n'a pas de sens ; non isolé, déchu à la quotidienneté du On, il n'est plus un soi[3] ». Heidegger aurait ainsi « réfuté lui-même cette passion hybride de vouloir être un soi[4] ».

La traduction française, qui mentionne « cette passion inspirée par l'*hubris* de vouloir être un soi » est inexacte. Le texte allemand de référence parle bien d'une « passion hybride » *(hybride Leidenschaft)*[5]. En regard du sens le plus immédiatement manifeste, le paragraphe qui précède pourrait sembler donner raison au traducteur, puisqu'il est question d'un homme qui aurait en vain convoité la place assignée à Dieu dans l'ancienne ontologie. Cependant, Arendt parlait plus haut, nous l'avons vu, de la « tentative hybride » à l'œuvre dans la philosophie moderne en général, et dans la pensée de Heidegger et des existentialistes français en particulier, qui consistait à déployer des questions et des contenus nouveaux dans les cadres de l'ontologie traditionnelle. Une tentative qui, pour avoir conduit l'homme moderne à vouloir prendre la place de l'*ens summum*, du Dieu créateur, ne lui laisse en fin de compte que le seul pouvoir de détruire[6]. C'est donc bien l'idée d'une « passion hybride », tissée d'être et de néant, de création apparente et de destruction de fait, qu'Arendt exprime ici.

---

1. « [...] *die Anwesenheit der Menschheit in jedem Menschen zu vernichten* » (*ibid.*, p. 73 ; trad. fr., p. 134).
2. *Ibid.*, trad. fr., p. 130.
3. *Ibid.* (trad. modifiée).
4. *Ibid.*, p. 71 ; trad. fr., p. 133 (trad. modifiée).
5. En parlant d'*hubris*, le traducteur se rabat en quelque sorte sur l'interprétation théologique d'un Fischer. Et sans doute a-t-il conclu à un lapsus d'Arendt, à moins qu'il n'ait confondu *hubris* et « hybride », le concept grec et le mot latin.
6. C'est la tentative et la passion lucifériennes visant à prendre la place de Dieu qui sont ici décrites dans un registre déthéologisé.

Cette quête de l'être-soi, ou de sa «soïté» *(Selbstischkeit)*[1] absolue – pour reprendre le néologisme ironique forgé par elle et que l'on ne trouve pas dans *Sein und Zeit* –, qui se voulait créatrice ou du moins semblait telle à un premier regard, apparaît en fin de compte radicalement destructrice[2]. En bref, cette «philosophie» qui se disait de l'être se révèle une doctrine du néant. La critique arendtienne de Heidegger apparaît plus pertinente, en ce qui concerne la déshumanisation destructrice à l'œuvre dans *Être et temps*, que la seule récusation de l'*hubris* humaine, qui demeure un classique de la théologie et pourrait s'adresser à toute pensée sécularisée.

Au terme de la section qu'elle lui a consacrée, la critique arendtienne de Heidegger s'est radicalisée. Tandis qu'elle le présentait tout d'abord comme celui qui aurait tenté, contre Kant, de réinstaurer l'ancienne ontologie, il apparaît maintenant comme celui qui en vient à détruire toutes les catégories humaines et morales : liberté, dignité de l'homme et raison, bien présentes chez l'auteur de la *Critique de la raison pratique*. Il fallait donc que vienne Jaspers, pour que la philosophie de l'existence quitte «la période de sa "soïté"[3]», cette volonté solipsiste et destructrice d'être soi qui caractérise, selon Arendt, la doctrine heideggérienne de l'existence.

36. Une interprétation tronquée d'*Être et temps*

Cette présentation acerbe de la déshumanisation inscrite dans l'affirmation heideggérienne du «soi» n'est pas, nous l'avons dit, sans pertinence. Elle s'accompagne cependant d'une lecture à ce point incomplète d'*Être et temps* qu'elle ne permet pas de com-

---

1. H. Arendt, «Was ist Existenz-Philosophie?», *Sechs Essays, op. cit.*, p. 71 ; trad. fr., p. 134.
2. En regard des textes aujourd'hui connus de Heidegger, nous pouvons estimer que c'est dès le départ que cette destruction et cet anéantissement de l'humanité étaient visés.
3. «*Damit ist die Existenzphilosophie aus der Periode ihrer Selbstischkeit herausgetreten*» (H. Arendt, «Was ist Existenz-Philosophie?», *Sechs Essays, op. cit.*, p. 80 ; trad. fr., p. 141).

prendre où Heidegger veut en venir. Arendt, en effet, ne retient de lui que l'opposition du « soi » et du « On », ainsi que le solipsisme existentiel d'un soi qui n'affirme rien d'autre que lui-même. Elle passe sous silence le chapitre décisif d'*Être et temps* consacré à l'historicité du *Dasein*, alors même que la présentation heideggérienne de la « constitution fondamentale de l'historicité » récapitule, au paragraphe 74, la plupart des « existentiaux » thématisés dans l'ouvrage, et, par un changement de ton qui passe de l'analytique au programmatique, éclaire l'orientation de tout l'ouvrage. Arendt fait également silence sur le paragraphe 77, le dernier du chapitre en question et le seul de tout l'ouvrage à se référer, dans son titre même, à des auteurs – en l'occurrence, Wilhelm Dilthey et le comte Paul Yorck von Wartenburg.

Cette omission et ce silence sont d'autant plus problématiques et surprenants qu'Arendt est particulièrement avertie de la dimension centrale et directrice du chapitre sur l'historicité et plus particulièrement du curieux paragraphe 77 d'*Être et temps*, longtemps négligé par les commentateurs. Elle évoquait en effet l'année précédente, dans la recension d'un ouvrage en anglais sur Wilhelm Dilthey, l'importance accordée par Heidegger au comte Yorck von Wartenburg dans sa conception du problème de l'histoire. Reprochant à l'auteur de l'ouvrage sur Dilthey, H. A. Hodges, de majorer l'influence de Dilthey sur Jaspers sans même mentionner celle, reconnue et avérée, de Dilthey sur Heidegger, Arendt corrigeait et nuançait sa remarque en ces termes :

> Heidegger affirme expressément (dans *Être et temps*) que son traitement du problème de l'histoire est né d'une interprétation de l'œuvre de Dilthey, bien que même dans ce cas un examen plus attentif montre que ce sont les lettres de Yorck von Wartenburg à Dilthey plutôt que Dilthey lui-même qui ont influencé l'analyse de Heidegger[1].

---

1. « *Heidegger expressely states (in Sein und Zeit) that his treatment of the problem of history has grown out of an interpretation of Dilthey's work, although even in this case a closer examination shows that it was Yorck von Wartenburg's letters to Dilthey, rather than Dilthey himself, which influenced Heidegger's analysis* » (H. Arendt, *Essays in Understanding, op. cit.*, p. 138. En dépit de cette mise au point d'Arendt stigmati-

Hannah Arendt a donc saisi que la thématisation du problème de l'histoire dans *Être et temps* se poursuit dans «l'esprit du comte Yorck[1]» et de ses lettres à Dilthey. Elle pouvait d'ailleurs difficilement l'ignorer, puisque les *Conférences de Cassel* auxquelles elle avait assisté en avril 1925 se terminaient déjà, comme deux ans plus tard le paragraphe 77 d'*Être et temps* qui leur sera consacré, sur des citations de ces lettres de Yorck. Pourquoi, dans ce cas, faire silence sur cette dimension centrale du livre et sur la vraie nature de ses sources? Faut-il chercher une raison biographique et psychologique? Arendt n'aurait-elle pas voulu voir, ou du moins reconnaître publiquement où en était déjà Heidegger à l'époque de leur relation amoureuse? Ou bien se serait-elle rangée à l'interprétation alors dominante qui, à la façon des existentialistes français, ne retenait d'*Être et temps* qu'une doctrine de l'authenticité de l'existence individuelle? Quoi qu'il en soit, il n'est pas faux de dire, comme elle le fait, que, dans *Être et temps*, le «soi» s'est mis à la place de l'humanité qui en effet a disparu de l'horizon. La conclusion d'Arendt se révèle cependant tout à fait fausse en ce qui concerne l'ouvrage de 1927. Voici ce qu'elle affirme:

> Heidegger a par la suite cherché dans différents cours à redonner un fondement commun, après coup, à ses sois isolés par de non-concepts mythologisants tels que «peuple» et «terre». Il est évident que de telles conceptions ne peuvent que conduire en dehors de la philosophie et vers quelque superstition naturaliste.

Qu'Arendt critique aussi nettement l'usage heideggérien des mots «peuple» et «terre» est bien venu. Cependant, ce n'est ni «par la suite», ni «après coup», mais dans le cours même d'*Être et temps* que son auteur introduit l'un et l'autre termes. Nous trouvons en effet, au paragraphe 74, dans un passage décisif de l'ouvrage où la plupart des existentiaux sont récapitulés en quelques lignes, la «communauté» et le «peuple» mentionnés comme les

---

sant un oubli, le nom de Yorck ne figure pas dans l'index des noms propres des *Essays in Understanding*).

1. M. Heidegger, *Sein und Zeit, op. cit.*, § 77, p. 404 – le nom de Yorck est souligné par Heidegger.

déterminations historiques fondamentales du *Dasein* entendu comme «être en commun» *(Mitsein)*. Quant à la «terre», le terme est bien présent dans l'ouvrage, et même à un moment stratégique, puisqu'il figure au centre de «l'explicitation de soi du *Dasein* comme souci». Heidegger fait à ce propos appel, au paragraphe 42 d'*Être et temps*, à une «vieille fable», celle du poète latin Hygin, selon laquelle le «souci» *(cura)* aurait façonné l'homme à partir d'un limon argileux, c'est-à-dire de la «terre» – «*Erde/ Tellus*», trouve-t-on en allemand et en latin dans le texte. D'où le nom d'*homo* pour cet être façonné à partir de l'humus.

Cette fable de la *cura* façonnant l'homme à partir d'un limon terreux permet à Heidegger d'illustrer le fait que «le *Dasein* est "historique" dans le fond de son être». Il présente la fable comme «un énoncé qui vient de l'histoire du *Dasein* et y retourne et qui en outre est *en deçà* de toute science[1]». En bref, il fait usage de la fable comme d'un mythe fondateur de l'historicité du «souci», lui-même entendu comme un «existential» constitutif du *Dasein*. Heidegger prend également soin d'élever la fable au niveau d'un mythe littéraire moderne, en précisant qu'elle a été transmise par Herder à Goethe avant que celui-ci ne l'exploite dans la seconde partie de son *Faust*.

Les omissions d'Arendt dans son évocation d'*Être et temps* posent donc problème, d'autant qu'elle n'ignore pas, nous l'avons vu, l'importance de l'historicité dans l'interprétation heideggérienne du *Dasein*, historicité dont nous venons de voir qu'elle figure au centre de l'évocation heideggérienne de la fable du «souci» et de la «terre», comme de sa notion du «peuple». Et c'est un fait que, par ces lacunes, Arendt manque la visée effective et le sens explicite d'*Être et temps* dans le chapitre sur l'historicité, où il apparaît clairement que le «soi» authentique du *Dasein* entendu comme un «être en commun» *(Mitsein)* ne renvoie pas à un destin individuel. Il s'accomplit dans la communauté du peuple, uni dans un destin commun, né de l'anticipation de la mort et scellé par la poursuite du combat et le choix de son héros.

---

1. *Ibid.*, p. 198.

Remarquons à ce propos que si elle met à juste titre en cause, comme de pseudo-concepts mythologisants, le « peuple » et la « terre », Arendt se garde de récuser le mot « communauté » *(Gemeinschaft)*, introduit par Heidegger en étroite association avec le « peuple » *(Volk)*. Ce point est important car il nous éclaire sur ce qu'elle retient de Heidegger dans ses écrits : s'il ne sera pas explicitement question du peuple au sens de Heidegger, il sera en effet toujours, de façon insistante, question de la communauté.

Quoi qu'il en soit, signalons le jugement formulé par Arendt en 1946 : utiliser, comme le fait Heidegger, les pseudo-concepts de « peuple » et de « terre » ne peut, « à l'évidence » *(obvious)*, que « nous conduire hors de la philosophie et vers quelque superstition naturaliste »[1]. Or, c'est bien ce que Heidegger effectue dès *Être et temps*. Le statut philosophique de l'ouvrage est donc indirectement remis en question par ce jugement d'Arendt.

Quels sont ces « différents cours » postérieurs au printemps 1927 auxquels pense Arendt et dans lesquels Heidegger aurait introduit les mots « peuple » et « terre » ? En 1946, il ne semble pas qu'Arendt ait pu connaître grand-chose de ces cours, tous inédits. Il est cependant possible que dès les années 1930, à Paris, ou bien ultérieurement dans son exil américain, elle ait eu accès à des notes d'étudiants. Il lui arrive en effet d'évoquer, par exemple dans sa correspondance avec Dolf Sternberger, les cours et conférences des années 1930 dont elle a pu consulter, ici ou là, les notes prises par des auditeurs. On sait aussi qu'elle a pu lire à New York des notes des cours de Heidegger sur Nietzsche, qu'elle trouve alors « tout à fait affreux et bavards[2] », ainsi que certains écrits sur Hölderlin. Outre ces notes manuscrites, Arendt pouvait de toute façon retrouver cette thématisation du peuple et de la terre dans *L'Affirmation de soi de l'université allemande*, le discours de rectorat prononcé et publié en 1933.

---

1. « [...] *it is obvious that concepts of that kind [like «folk» and «earth»] can only lead us out of philosophy and into some kind of nature-oriented superstition* » (H. Arendt, *Essays in Understanding, op. cit.*, p. 181 ; trad. fr., p. 134).

2. Hannah Arendt à Karl Jaspers, le 20 septembre 1949 (Hannah Arendt – Karl Jaspers, *Correspondance 1926-1969, op. cit.*, p. 213). Arendt ne s'exprimera plus en ces termes dans *La Vie de l'esprit*.

Lorsque Heidegger choisira de publier, en 1953, l'un de ses cours des années 1930, l'*Introduction à la métaphysique* de 1935, celui dans lequel il thématise, non sans *pathos*, la situation du peuple allemand comme « le peuple métaphysique » pris en étau entre la Russie et l'Amérique, et déplore la « décadence spirituelle de la terre, [...] si avancée que les peuples sont menacés de perdre [leur] dernière force spirituelle »[1], Arendt ne prendra nullement ses distances à l'égard de cette vision métapolitique du destin du peuple allemand.

37. La note controversée sur l'engagement nazi de Heidegger

Il nous reste à examiner la seule note de tout l'article de 1946, laquelle porte sur l'engagement politique de Heidegger dans le national-socialisme. À la différence de sa recension déjà évoquée du livre de Max Weinreich, *Les Professeurs de Hitler*, Arendt ne traite ici la question de la relation de Heidegger au nazisme que dans une note de bas de page, ce qu'elle fera à nouveau dans son discours apologétique de 1969 pour les quatre-vingts ans de son ancien amant. C'est une façon de présenter son national-socialisme comme chose annexe et subalterne. Le fait de séparer la question du nazisme de Heidegger de l'examen de sa pensée ne constitue-t-il pas en effet un geste en soi apologétique ? Quoi qu'il en soit, voici, pour la première fois, en traduction française intégrale, la note telle qu'elle est parue en anglais en 1946 :

> Une autre question, dont il est tout aussi intéressant de débattre, est de savoir si la philosophie de Heidegger n'a pas été à ce point prise au sérieux parce qu'elle s'est attachée à des choses très sérieuses. Heidegger, en tout cas, a tout fait, dans son comportement politique, pour nous mettre en garde de le prendre au sérieux. [Comme on le sait, il est entré au parti nazi de façon tout à fait sensationnelle en

---

1. M. Heidegger, *Einführung in die Metaphysik, op. cit.*, p. 28-29 ; trad. fr., p. 46-47.

1933 – un acte qui l'a très nettement distingué de ses collègues du même calibre. En outre, dans son activité comme recteur de l'Université de Fribourg, il a interdit à Husserl, son professeur et ami dont il avait hérité de la chaire universitaire, de pénétrer dans l'université parce qu'il était juif. Enfin, la rumeur a couru qu'il s'était mis à la disposition des autorités françaises d'occupation pour rééduquer le peuple allemand[1].]

Compte tenu du comique réel de cette évolution, et compte tenu de la non moins réelle bassesse de la pensée politique dans les universités allemandes, il semblerait naturel de laisser tomber toute cette histoire. Ce qui, entre autres, s'y oppose, c'est qu'il existe des parallèles si évidents à ce mode de comportement dans le romantisme allemand qu'on a du mal à croire à la coïncidence due à quelque faiblesse de caractère purement personnelle. Heidegger est de fait (espérons-le) le dernier romantique – semblable à un Friedrich von Schlegel ou à un Adam Müller aux gigantesques talents dont la totale irresponsabilité relevait d'une frivolité due en partie à la folie du génie, en partie au désespoir[2].

---

1. Nous mettons entre crochets les trois phrases supprimées dans l'édition allemande de 1948.

2. « *Eine andere und durchhaus diskussionswürdige Frage ist die, ob Heideggers Philosophie nicht überhaupt nur deshalb, weil sie sich mit sehr ernsten Sachen beschäftigt, ungebührlich ernst genommen worden ist. Heidegger jedenfalls hat in seiner politischen Handlungsweise alles dazu getan, uns davor zu warnen, ihn ernst zu nehmen.* [*As is well known, he entered the Nazi Party in a very sensational way in 1933 – an act which made him stand out pretty much by himself among colleagues of the same calibre. Further, in his capacity as rector of Freiburg University, he forbade Husserl, his teacher and friend, whose lecture chair he had inherited, to enter the faculty, because Husserl was a Jew. Finally, it has been rumored that he has placed himself at the disposal of the French occupational authorities for the re-education of the German People.*]/*Angesichts der realen Komik dieser Entwicklung und angesichts des nicht weniger realen Tiefstandes politischen Denkens aus den deutschen Universitäten liegt es natürlich nahe, sich um die ganze Geschichte überhaupt nicht zu kümmern. Dagegen spricht unter anderem, daß diese ganze Art des Sich-Verhaltens so genaue Parallelen in der deutschen Romantik hat, daß man an zufällige Koinzidenz rein personal bedingter Characterlosigkeit schwer glauben kann. Heidegger ist faktisch (hoffentlich) letzter Romantiker gleichsam ein gigantisch begabter Friedrich Schlegel oder Adam Müller, deren komplette Verantwortungslosigkeit bereits jener Verspieltheit geschuldet war, die teils aus dem Geniewahn und teils aus der Verzweiflung stammt* » (H. Arendt, *Sechs Essays*, op. cit., p. 66, n. 1 ; trad. fr., p. 127-128). Nous avons mis entre crochets et en anglais les trois phrases supprimées puisque nous ne disposons pas d'un texte en allemand.

Le rapprochement de Heidegger avec Adam Müller – et Friedrich von Schlegel – mérite particulièrement d'être relevé. Il permet à Arendt de rattacher le cas de Heidegger à une tradition intellectuelle et littéraire, celle du romantisme allemand, plus noble et moins compromise que celle de la cohorte des auteurs nazis auxquels il appartient en réalité et, en utilisant implicitement la critique schmittienne du romantisme politique considéré comme opportuniste et inconséquent en politique, de minimiser la portée de son engagement nazi. En même temps, lorsqu'elle parle de la « folie du génie », Arendt s'appuie sur une interprétation elle-même romantique du romantisme.

L'édition française publiée par Jean Wahl en 1946, dans *Deucalion*, de l'article d'Arendt omet l'ensemble de la note, sans s'expliquer sur cette curieuse omission. Quant à l'édition allemande de 1948, elle supprime sans le mentionner les trois phrases décrivant le comportement politique de Heidegger : son adhésion « sensationnelle » au parti nazi, la proscription de son ancien maître Husserl et son attitude à l'égard des autorités françaises d'occupation en 1945. La phrase suivante qui évoque une évolution en devient incompréhensible, le lecteur ne pouvant savoir de quelle évolution il est question. En ce qui concerne, enfin, l'édition française parue en 2000, elle reprend le texte tronqué de l'édition allemande, mais sans plus distinguer les deux paragraphes et sans mentionner non plus cette omission[1].

La suppression des trois phrases dans l'édition allemande est vraisemblablement l'effet des réserves exprimées par Jaspers à sa correspondante. Il estime que « la note sur Heidegger n'est pas exacte dans les faits », même si, « en substance », tout ce qu'Arendt rapporte « est naturellement vrai »[2]. De fait, si Heidegger n'a pas, de son propre chef et explicitement, interdit à Husserl de pénétrer dans l'Université de Fribourg – d'où la vaine querelle, constamment agitée par les apologistes après 1945, pour contester qu'il

---

1. H. Arendt, « Qu'est-ce que la philosophie de l'existence ? », art. cité, p. 127-128 et 141.
2. Jaspers à Arendt, Heidelberg, le 9 juin 1946 (Hannah Arendt – Karl Jaspers, *Correspondance 1926-1969*, *op. cit.*, p. 85).

lui ait interdit l'accès à la bibliothèque[1] –, il a, en sa qualité de recteur et avec sa signature, adressé le 3 mai 1933, à la Faculté de philosophie, une lettre en date du 28 avril du Dr Wacker, commissaire d'État au ministère de Karlsruhe, afin qu'elle soit signifiée aux intéressés. La lettre en question annonce, « en raison du décret du 6 avril 1933, la mise en congé des universitaires de race juive [...] pour les personnes suivantes ». Sont nommément mentionnés dans la lettre, entre autres, le « Professeur émérite et Docteur *Edmund Husserl* », ainsi que le « chargé de cours, Docteur *Werner Brock*, assistant au département de philosophie »[2]. Le ministère et Heidegger après lui ne se sont donc pas contentés de prononcer la révocation d'enseignants juifs en exercice. La lettre s'acharne également sur un enseignant à la retraite comme l'était Husserl.

Quelles furent les conséquences pratiques de la mise en congé d'un professeur émérite comme l'était Husserl ? Perdait-il *de facto* le droit de participer aux activités du département de philosophie et d'utiliser sa bibliothèque ? Si l'on suit l'indication formelle de l'historienne et germaniste Usha Swamy, dans son étude publiée par l'Université de Fribourg, tel fut indiscutablement le cas : les professeurs ordinaires révoqués pour raisons raciales avaient perdu tous leurs droits, y compris celui d'utiliser la bibliothèque universitaire[3]. *A fortiori* pour les professeurs déjà à la retraite. Or, le fait est que Heidegger n'a pas démissionné en signe de protestation comme l'avait fait son précédesseur, Wilhelm von Möllendorff. Il a au contraire accepté de mettre son autorité de recteur au service de cette mesure antisémite, dirigée nommément contre son maître Husserl et son assistant Brock.

---

1. Voir sur ce point *infra*, note 3, la mise au point générale d'Usha Swamy.
2. M. Heidegger, *Reden und andere Zeugnisse eines Lebensweges*, GA 16, p. 91-92.
3. « *Sie wurden all ihrer Rechte beraubt, die sie als Professoren hatten, nicht einmal die Benutzung der Bibliothek war ihnen weiterhin gestattet* » (Usha Swamy, « "Für Nichtarier bestehen besondere Bedingungen" – *Das Schicksal der jüdischen Studierenden und Professoren* », *550 Jahre Albert-Ludwigs-Universität Freiburg*, Band 3, *Von der Badischen Landesuniversität zur Horschule des 21. Jahrhunderts*, Bernd Martin éd., Fribourg-en-Brisgau et Munich, Karl Alber, 2007, p. 387).

Hannah Arendt répond longuement à Jaspers sur ce point, le 9 juillet 1946. Elle dit savoir qu'il s'agissait d'une « lettre circulaire », raison pour laquelle « beaucoup de personnes l'excusent »[1]. En toute précision, la lettre du commissaire d'État Otto Wacker n'est pas une circulaire mais une lettre nominative, qui mentionne le nom des personnes frappées par la mesure antisémite et qui est destinée à être signifiée personnellement à chacun des universitaires mentionnés *via* la voie hiérarchique : recteur, département de philosophie. Arendt a raison d'estimer que rien n'excuse Heidegger et qu'il « aurait dû démissionner ». Elle ajoute non sans force : « comme je sais que cette lettre et cette signature l'ont [Husserl] quasiment assassiné, je ne puis m'empêcher de tenir Heidegger pour un meurtrier potentiel[2] ». Arendt aborde ensuite « l'affaire de la "rééducation" ». Elle fait allusion à ce que lui a rapporté Sartre, à savoir que, peu de semaines après la défaite nazie, Heidegger a écrit à un professeur en Sorbonne, vraisemblablement Émile Bréhier, « parlé d'un "malentendu" entre la France et l'Allemagne et proposé une "entente" franco-allemande ».

Nous ne savons pas qui a pris la décision de supprimer les trois phrases en question : Arendt elle-même, ou bien les éditeurs de *Die Wandlung* ? Cette omission a quelque chose d'irresponsable, car il n'eût pas été difficile de reformuler les phrases de façon plus exacte. Cela eût mieux valu qu'une suppression qui en dit long sur le refus d'affronter précisément la réalité passée. En outre, une restitution moins approximative eût neutralisé le ton de moquerie qu'Arendt a voulu donner à toute sa note. Elle entend faire passer l'idée que le rapport de Heidegger à la politique ne saurait être pris au sérieux. Son attitude en 1933 et son revirement de 1945 font de lui, à ses yeux, un opportuniste irresponsable, dans la lignée des romantiques allemands Adam Müller ou Friedrich von Schlegel, surtout si on les considère, comme elle le fait implicitement, à partir de la thèse développé par Carl Schmitt dans son livre sur le *Romantisme politique*, attribuant aux romantiques allemands une attitude « occasionnaliste », au sens d'une

---

1. Hannah Arendt – Karl Jaspers, *Correspondance 1926-1969*, op. cit., p. 91.
2. *Ibid.*, p. 92.

capacité à s'adapter passivement aux circonstances politiques du moment. En considérant de la sorte Heidegger, en renvoyant son irresponsabilité supposée à la folie de son « génie » et à son « désespoir », Arendt procède bel et bien à une forme de disculpation, celle même que nous avons remarquée dans *Les Origines du totalitarisme*, où les élites intellectuelles du nazisme étaient présentées comme des « désespérés », sans nulle responsabilité ni efficace dans la légitimation du national-socialisme.

Aujourd'hui, tout au contraire, où nous pouvons analyser précisément, dans les écrits mêmes de Heidegger, ses stratégies d'auto-disculpation particulièrement efficaces et retorses, la responsabilité de ce dernier apparaît en pleine lumière. C'est pourquoi nous ne saurions trop critiquer la moquerie arendtienne, cette ironie disculpatrice qui tourne en dérision les choses les plus graves plutôt que de les affronter dans un esprit de précision et de vérité. C'est un trait constant de sa tournure d'esprit, que l'on retrouvera dans son *Eichmann*, puis dans son apologie de Heidegger de 1969, une tournure d'esprit revendiquée et stylisée par l'évocation, dans ce dernier texte, du rire de la servante de Thrace se moquant de Thalès tombé dans un puits. L'anecdote n'a pourtant rien à voir avec Heidegger. La chute de Thalès était involontaire. Rien de tel avec l'engagement national-socialiste de Heidegger et sa *Profession de foi envers Adolf Hitler*. En 1933, le recteur nazi n'avait les yeux fixés ni sur les étoiles ni sur le ciel des idées, mais, comme le rapportera Jaspers, sur Hitler et ses « magnifiques mains[1] ». Nous aurons à revenir sur ce texte plus tardif de 1969, où Arendt instrumentalise Platon pour excuser Heidegger, mais nous pouvons voir dès à présent qu'en ce qui concerne le ton utilisé il y a plus de continuité qu'on ne l'a dit entre les deux notes, de 1946 et de 1969. Le retournement arendtien concerne donc principalement son appréciation de la vision heideggérienne de l'existence et de la modernité. Quant à l'implication intellec-

---

1. « *[...] sehen Sie nur seine [Hitlers] wunderbaren Hände an!* » (Karl Jaspers, « Heidegger », *Philosophische Autobiographie*, erweiterte Neuausgabe, Munich, Piper, 1977, p. 92-111, citation, p. 101). Le chapitre posthume ajouté sur Heidegger n'a jamais été traduit en français.

tuelle et politique de Heidegger dans le national-socialisme, c'est d'emblée qu'Arendt a cherché, après 1945, à atténuer les responsabilités de l'auteur du *Discours du rectorat*, même si l'intention apologétique s'est faite toujours plus présente à partir de l'été 1949.

38. L'INTRODUCTION PAR ARENDT DU THÈME DE LA *HEIMATLOSIGKEIT* OU ABSENCE DE PATRIE

Il reste à examiner un thème mis en valeur par l'article d'Arendt, et non des moindres. Nous l'avons déjà rencontré à propos des convergences de vocabulaire et d'idée entre la *Lettre sur l'humanisme* de Heidegger de 1947 et l'édition allemande des *Origines du totalitarisme* de 1955[1]. Il s'agit du thème de l'absence de patrie *(Heimatlosigkeit)*. À deux reprises, Arendt introduit le terme dans les développements de son article. Une première fois, dans la section sur Kant et sa postérité, Arendt affirme que toute philosophie depuis Kant, «même celle de Marx», enferme «un élément d'insubordination d'un côté et de l'autre un concept de destin». Et Arendt de citer «l'*amor fati* de Nietzsche, la résolution *(Entschlossenheit)* de Heidegger, le défi de Camus d'essayer malgré tout de vivre cette vie en dépit de l'absurdité de la condition humaine, due à l'absence de patrie *(Heimatlosigkeit)* de l'homme dans le monde[2]». Une seconde fois, dans la section consacrée à Heidegger, Arendt effectue une mise au point approbatrice, déjà évoquée en partie, sur le caractère «séculier», ou «mondain» *(weltlich)*, de sa «philosophie». Voici ce qu'elle écrit:

> L'être de l'homme est déterminé comme être-dans-le-monde, et ce dont il s'agit pour cet être dans le monde n'est finalement que

---

1. Voir *supra*, chap. 4, § 15.
2. «[...] *der Absurdität der condition humaine, die in der Heimatlosigkeit des Menschen in der Welt besteht*» (H. Arendt, *Sechs Essays, op. cit.*, p. 59; trad. fr., p. 121 – trad. modifiée). Dans la version américaine retraduite de l'allemand, on lit, pour *Heimatlosigkeit*, l'anglais *rootlessness*, qui traduirait mieux l'allemand *Entwurzelung* (H. Arendt, *Essays in understanding, op. cit.*, p. 171). Plus loin dans l'article, *Heimatlosigkeit* est correctement traduit par *homelessness* (*ibid.*, p. 179).

de s'y maintenir. Or, c'est justement cela qui lui est refusé; c'est pourquoi le mode fondamental de l'être-dans-le-monde est l'inquiétant *(Unheimlichkeit)* au double sens de l'absence de patrie *(Heimatlosigkeit)* et de l'effroi[1].

Il est remarquable de voir Arendt reprendre un motif majeur tout à la fois d'*Être et temps* et de la conférence intitulée *Qu'est-ce que la métaphysique?*, celui de l'«inquiétant» *(Unheimlichkeit)*, pour réinterpréter cette tonalité existentielle comme une «absence de patrie» *(Heimatlosigkeit)*. C'est en effet, comme nous l'avons vu, ce que Heidegger va entreprendre lui-même, quelques mois plus tard, dans sa *Lettre sur l'humanisme*. Il est donc possible, et même probable, qu'il ait repris une terminologie et un motif de l'article publié par Arendt en janvier 1946 pour les faire siens, en ajoutant notamment sa réinterprétation de l'aliénation selon Marx comme une absence de patrie.

Après 1945, la thématisation de la *Heimatlosigkeit* consonne fortement aux oreilles allemandes. Non comme un concept abstrait, mais comme l'évocation du sort fait aux populations allemandes de l'Est et de l'Europe centrale qui ont fui dans des conditions souvent dramatiques l'avancée des armées soviétiques en Prusse orientale[2] et en Basse-Silésie ou qui devront, sur décision alliée et en application des décrets Beneš, quitter le territoire des Sudètes. Cette «perte de la patrie» prend alors le sens de la perte du sol natal (Prusse orientale, Silésie, Sudètes, etc.). Lorsque Marcuse évoque dans une lettre à Heidegger le destin des Juifs, celui-ci, sans un mot sur l'extermination des Juifs d'Europe, lui répondra qu'il serait d'accord avec lui à condition de remplacer

---

1. «*Das Sein des Menschen wird als In-der-Welt-sein bestimmt und das, worum es diesem Sein in der Welt geht, ist schließlich nicht anderes, als sich in derselben zu halten. Dies gerade ist ihm verwert; und darum ist die Grundart des In-der-Welt-seins die Unheimlichkeit in der doppelten Bedeutung von Heimatlosigkeit und furchteinflößend*» (H. Arendt, *Sechs Essays, op. cit.*, p. 70; trad. fr., p. 132 – trad. modifiée).
2. Nous renvoyons pour exemple à l'étude-témoignage de l'anthropologue et historienne du nazisme Karla Poewe, «German Childhood During and After World War II: Refugee and Chaos», en ligne sur https://www.academia.edu/15402530/German_Childhood_During_and_After_World_War_II_Refugee_and_Chaos

« Juifs » par « Allemands de l'Est », comme si ce déplacement dramatique de populations équivalait à un génocide[1].

Hannah Arendt elle-même, dans un article de 1950 intitulé « La conséquence de la domination nazie : un reportage d'Allemagne », critique l'action des Alliés à l'égard des populations allemandes déplacées comme augmentant l'« absence de patrie » dans le monde :

> On peut mettre en doute la sagesse de la politique des Alliés consistant à expulser toutes les minorités de langue allemande des pays non germaniques, comme s'il n'y avait pas déjà suffisamment d'absence de patrie *(homelessness)* dans le monde[2].

Dans aucun de ses écrits de l'après-guerre, et bien qu'elle soit chargée de parcourir l'Europe « pour le compte de la reconstruction culturelle juive[3] », Hannah Arendt ne dresse un tableau équivalent du sort bien plus terrible qui fut réservé aux communautés juives et à la culture juive sous le IIIe Reich. Elle apparaît plus sensible, dans ses publications, au destin fait aux Allemands après 1945 qu'à celui des Juifs d'Europe en général et des Juifs allemands en particulier. Il s'agit d'ailleurs, avec l'article en question, d'un texte dans lequel Arendt développe une critique ambivalente de la dénazification, prononce un éloge sans réserve d'Ernst Jünger qu'elle présente comme un modèle de l'Allemand conscient et responsable et comme « du début jusqu'à la fin un anti-nazi actif[4] », et évoque de façon uniquement positive la situa-

---

1. M. Heidegger, *Reden und andere Zeugnisse eines Lebensweges*, GA 16, p. 430-431.
2. « *The wisdom of Allied policy in expelling all German-speaking minorities from non-German countries – as thought there was not enough homelessness in the world already – may be doubted* » (H. Arendt, « The Aftermath of Nazy Rule: Report from Germany », *Essays in Understanding*, op. cit., p. 248 ; trad. fr. in Hannah Arendt, *Penser l'événement*, Claude Habib éd., Paris, Belin, 1989, p. 53 – trad. modifiée).
3. E. Young-Bruehl, *Hannah Arendt*, op. cit., p. 312.
4. H. Arendt, « The Aftermath of Nazy Rule… », art. cité, p. 260 ; trad. fr., p. 66. Qui a lu les Journaux de Jünger – non traduits en français – des années 1920, son enthousiasme après avoir écouté Hitler, son apologie de « l'idée *völkisch* » et du swastika dans un article publié en 1923 par le *Völkischer Beobachter*, etc., voit à quel

tion faite aux travailleurs sous le IIIe Reich[1], où pourtant la liberté syndicale et le droit de grève avaient été abolis. Pourtant, à lire le *Journal* de Viktor Klemperer, on peut se demander pourquoi c'est précisément chez les ouvriers qu'il trouva les appuis les plus constants dans la population allemande sous le IIIe Reich.

Si nous rapprochons l'une de l'autre la thématisation arendtienne de l'«absence de patrie» (*Heimatlosigkeit* ou *homelessness*) et celle de Heidegger, nous constatons une étonnante interpénétration entre leurs différents écrits, plusieurs années avant leurs retrouvailles personnelles de février 1950. La *Lettre sur l'humanisme* apparaît ainsi comme une réponse non seulement à la conférence de Sartre, *L'existentialisme est un humanisme*, mais aussi à l'article critique d'Arendt, «Qu'est-ce que la philosophie de l'existence?», que Heidegger pouvait avoir lu dans sa version anglaise. Ce point est capital, car c'est seulement ainsi que nous pourrons mieux comprendre l'impression décisive que la lecture de la *Lettre sur l'humanisme* fera sur l'esprit d'Arendt. Elle a pu y trouver une réponse à sa perplexité exprimée en 1946, et cette réponse l'a fascinée.

---

point Arendt s'égare dans cet éloge sans retenue (voir E. Faye, *Heidegger, l'introduction du nazisme dans la philosophie, op. cit.*, p. 478-480).

1. H. Arendt, «The Aftermath of Nazy Rule...», art. cité, p. 262; trad. fr., p. 68-69.

9.
Le tournant dans l'appréciation de Heidegger (1949-1954)

> Heidegger cherche les révélations originaires toujours plus haut dans la zone originaire de la pensée, détruit aussi Platon et Aristote ; enfin, toute cette affaire prend un aspect insensé, comme un chiliasme retourné, dynamitage *(Sprengung)* de toutes les déterminations et conditions historiques, dynamitage aussi de l'existence humaine elle-même.
>
> Dolf Sternberger à Hannah Arendt, le 19 août 1949 [2].

> Que, dans la *Lettre contre l'Humanisme [sic]*, il [Heidegger] porte atteinte aux fondements de la pensée occidentale ne m'effraie pas non plus. [...] Jaspers le fait aussi lorsqu'il veut, à tout prix, faire exploser *(sprengen)* le cadre de la culture de l'Ouest. De quel côté qu'on le prenne, c'est devenu aujourd'hui une prison dont Heidegger s'évade avec violence ; ce qui, comme tu le vois, n'a pas manqué de m'impressionner.
>
> Hannah Arendt à Dolf Sternberger, le 26 août 1949[3].

> Concernant Heidegger, tu es sur les chemins qui ne mènent nulle part, et c'est *très* regrettable.
>
> Dolf Sternberger à Hannah Arendt, le 6 décembre 1953.

---

2. Dolf Sternberger à Hannah Arendt, 19 août 1949, *Correspondence, General, 1938-1976, Sternberger Dolf, 1946-1953*, HAP n° 010155.

3. Hannah Arendt à Dolf Sternberger, lettre dactylographiée, 26 août 1949, DLA Marbach-sur-le-Neckar, cote : 74.11274/1. Cette lettre ne figure pas dans les Hannah Arendt Papers de la Library of Congress de Washington.

39. Un éloge inédit
de la Lettre sur l'humanisme en 1949

Nous avons vu la sévérité de la critique arendtienne d'*Être et temps* dans l'article de janvier 1946 : la façon dont Heidegger thématise le *Dasein* et le « soi » représente une déshumanisation radicale de l'existence, tandis que sa mythologisation du peuple et de la terre le conduit « en dehors de la philosophie ». Arendt, en même temps, exprime sa perplexité. Au début de la dernière section de son article consacrée à l'éloge de la philosophie de la communication de Karl Jaspers, elle note que les « points d'accroche » de Heidegger dans la pensée philosophique de l'après-guerre « ont ceci de particulier de ne pouvoir conduire qu'à des polémiques ou de provoquer une radicalisation du projet heideggérien – comme dans l'actuelle philosophie française ». Elle met alors Heidegger au pied du mur et le place devant l'alternative suivante : « soit Heidegger a dit son dernier mot sur l'état de la philosophie actuelle » et, dans ce cas – confronté à ce qu'elle considère comme les apories de l'existentialisme français qui radicalise selon elle la dimension nihiliste du projet heideggérien –, il n'a plus de perspective novatrice à apporter, « soit il lui faudra rompre avec sa propre philosophie »[1]. Cet ultimatum exprime le désarroi personnel de Hannah Arendt devant une « philosophie » qui avait constitué son point d'appui dès sa thèse sur Augustin, où elle avait fait sien l'existential de l'« être-dans-le-monde ». En 1946, elle ne voit plus vers quoi cette « philosophie » peut encore mener, entre l'introduction de mythologèmes d'esprit national-socialiste et ce qu'elle tient pour la radicalisation nihiliste des existentialistes français partiellement inspirés par Heidegger.

Placé devant une telle alternative, tout se passe comme si, dans sa réponse à Jean Beaufret rédigée à l'automne 1946, Heidegger répondait à l'ultimatum arendtien sans se laisser enfermer dans l'alternative énoncée par celle-ci. Il va rompre non pas avec « sa

---

1. « *Heidegger hat entweder sein letztes Wort zum Stand gegenwärtiger Philosophie gesagt oder er wird mit seiner eigenen Philosophie brechen müssen* » (H. Arendt, *Sechs Essays*, *op. cit.*, p. 74 ; trad. fr., p. 135).

propre philosophie» comme l'en sommait Arendt, mais, par un geste d'orgueil hyperbolique, avec *la* philosophie comme telle, et pour lui opposer *la* pensée. Il affirme en effet que «la pensée à venir n'est plus philosophie» ni «métaphysique». Quant à la «philosophie actuelle», c'est-à-dire, en 1946-1947, principalement celle de Sartre, à qui il réservait l'année précédente les plus grands éloges, il entend bien la dépasser en affirmant qu'elle pense encore de façon métaphysique. Un double dépassement donc, qui le place dans la situation d'une avant-garde de la pensée qu'Arendt réservait dans son article à la philosophie de Jaspers. Si l'auteur de *Philosophie* peut être considéré comme le dernier des Modernes – du moins selon Arendt, d'après son article de *Partisan Review* –, alors nous pourrions dire que Heidegger serait le premier des «post-modernes». Une appellation qui conviendrait également à Hannah Arendt. Celle-ci dira en effet plus tard, dans *La Vie de l'esprit*, avoir emboîté le pas à ceux qui ont entrepris le démantèlement des catégories de la philosophie, expression qui renvoie à l'évidence, et de façon prioritaire, à Heidegger[1].

Parce qu'il se contente d'inverser la priorité entre essence et existence, Sartre serait demeuré inscrit dans la métaphysique, tandis que le «chemin de pensée» de l'auteur d'*Être et temps* aurait accompli son dépassement. Heidegger, dans la *Lettre sur l'humanisme*, parvient tout à la fois à démentir le diagnostic d'Arendt lui reprochant d'avoir voulu restaurer l'ancienne ontologie ruinée par Kant et à refuser la responsabilité d'avoir engendré les thèses de l'existentialisme français, tout cela sans pour autant désavouer *Être et temps*, dont l'inachèvement même, loin d'être le signe d'une impasse *(Sackgasse)*, attesterait ses efforts pour surmonter le langage de la métaphysique.

Quelle sera la réaction d'Arendt à sa lecture de la *Lettre sur l'humanisme*? Ce sont ses lettres inédites à son ami de jeunesse Dolf Sternberger qui vont nous le révéler. Trop peu connu en France, Dolf Sternberger est une figure significative et à plus d'un égard remarquable de la vie intellectuelle et de l'espace public allemands pendant les années 1930 et qui refait surface après 1945, alors qu'il

---

1. Voir *infra*, «Conclusions», chap. 12, § 55.

a été mis sur la touche par les autorités nazies durant la Seconde Guerre mondiale[1]. Il avait commencé par étudier la philosophie auprès de Jaspers à Heidelberg et avait présenté dans le séminaire de Jaspers, en février 1928, un exposé sur Heidegger et son concept du temps[2]. Les *Notes sur Heidegger* de Jaspers débutent avec l'évocation lapidaire, en date du 2 mars 1928, de cet événement[3]. C'est dans le séminaire de Jaspers que Sternberger noue des liens d'amitié avec Arendt. À cette date, leurs trajectoires en quelque sorte se croisent. Arendt était venue de Heidegger à l'enseignement de Jaspers, tandis que, sur le conseil de ce dernier, Sternberger va aller à Fribourg pour suivre l'enseignement de Heidegger durant le semestre d'hiver 1929-1930. Il assiste à son cours consacré aux *Concepts fondamentaux de la métaphysique* et rend visite à l'auteur d'*Être et temps* dans sa *Hütte* de Todtnauberg. Sternberger revient de Fribourg, comme beaucoup d'autres, «heideggérianisé» *(verheideggert)*, selon ses termes[4]. Ayant cependant peu après pris ses distances avec Jaspers, mais aussi avec l'emprise intellectuelle de Heidegger, il choisit Francfort plutôt que Heidelberg et se rapproche d'Adorno durant les années 1930-1932. Il soutient en 1932, à l'Université de Francfort, sa thèse de philosophie sous la direction de Paul Tillich. La thèse de Sternberger, qui sera publiée en 1934, s'intitule *La Mort comprise. Une recherche sur l'ontologie existentielle de Martin Heidegger*[5]. Elle est consacrée à une lecture critique approfondie du paragraphe 47 d'*Être et temps*, qui porte sur «la possibilité d'expérimenter la mort des autres et de saisir un *Dasein* dans sa totalité[6]».

---

1. Rédacteur de la *Frankfurter Zeitung* depuis 1934, il sera interdit d'activité en 1943.
2. Voir Dolf Sternberger, *Gang zwischen Meistern*, Francfort-sur-le-Main, Insel, 1987, p. 457.
3. K. Jaspers, *Notizen zu Martin Heidegger*, Hans Saner éd., Munich et Zurich, Piper, 1989, p. 29. Ces notes critiques, fondamentales, n'ont jamais été traduites en français.
4. Voir William J. Dodd, *Jedes Wort wandelt die Welt, Dolf Sternbergers politische Sprachkritik*, Göttingen, Wallstein, 2008, p. 83.
5. D. Sternberger, *Der verstandene Tod. Eine Untersuchung zu Martin Heideggers Existenzial-Ontologie, mit einer monographischen Bibliographie Martin Heidegger*, Leipzig, S. Hirzel, 1934; rééd. dans D. Sternberger, *Über den Tod, Schriften I*, Francfort-sur-le-Main, Insel, 1977, p. 69-264.
6. M. Heidegger, *Sein und Zeit, op. cit.*, p. 237.

Dolf Sternberger côtoie alors Walter Benjamin à la Radio allemande du Sud-Ouest *(Südwestdeutscher Rundfunk)* de Francfort. Après l'exil de Benjamin, les deux hommes poursuivent quelque temps leurs échanges. Sternberger envoie sa thèse publiée à Benjamin, qui lui répond de Paris, le 10 janvier 1934, après avoir parcouru le livre le jour même où il l'a reçu[1]. Il en loue la méthode, appréciant la façon qu'a l'auteur de se concentrer, texte en main, sur un unique paragraphe[2]. Benjamin se réjouit particulièrement de ce que Sternberger écrit sur la langue de Heidegger[3]. Il apprécie également de se voir cité par Sternberger, qui mentionne en effet son livre sur le drame baroque[4], et il le félicite du choix d'une citation de Montaigne, qui évoque le rapport à la mort de Socrate. La citation figure au début du quatrième chapitre du livre :

> Il appartient à un seul Socrates d'accointer la mort d'un visage ordinaire, s'en apprivoiser et s'en jouer : il ne cherche point de consolation hors de la chose : le mourir lui semble accident naturel et indifférent ; il fiche là iustement la vue, et s'y resoult, sans regarder ailleurs[5].

Quelques jours plus tard, dans une lettre à Gretel Karplus, Benjamin précise tout le bien qu'il pense du travail de l'auteur de *La Mort compromise* :

> Quelques ouvrages remarquables sont arrivés. Il est étonnant que Dolf Sternberger ait trouvé un éditeur pour son dernier travail qui – à voix basse – règle ses comptes avec Heidegger et porte le titre plein d'esprit *La Mort comprise*. Après l'avoir feuilleté une première fois, je

---

1. « *Ihr Buch ist heute gekommen. Herzlichen Dank* » (Walter Benjamin, *Gesammelte Briefe*, Band IV, 1931-1934, Francfort-sur-le-Main, Suhrkamp, 1998, p. 332).
2. « *Überaus glücklich scheint mir das methodische Verfahren : mit einem Paragraphen Ernst zu machen und an Hand seines Textes vernehmbar zu machen, was die Glocke geschlagen hat* » (*ibid.*).
3. « *Besonders freue ich mich auf genaues Studium dessen, was Sie über die Sprache von H<eidegger> sagen* » (*ibid.*, p. 332-333). Benjamin ne cite pas le nom entier de Heidegger et ne le nomme d'ailleurs jamais dans la lettre, par prudence sans doute et pour parer à toute censure postale en cette deuxième année du IIIe Reich.
4. Voir D. Sternberger, *Über den Tod*, *op. cit.*, p. 252.
5. M. de Montaigne, *Essais*, livre III, chap. IV ; D. Sternberger, *Über den Tod*, *op. cit.*, p. 211 ; cité dans W. Benjamin, *Gesammelte Briefe*, *op. cit.*, p. 334.

l'ai félicité. Il me semble qu'il a fait tout ce qui est actuellement possible sur un terrain aussi difficile[1].

La thèse de Sternberger développe une étude critique de la langue et de la façon d'argumenter de Heidegger au paragraphe 47 d'*Être et temps*. Le compte rendu élogieux rédigé par Adorno en vue de la soutenance avec Paul Tillich met en valeur la remise en question de la pensée heideggérienne à partir de l'analyse critique de son rapport au langage[2]. En cela, il ne serait pas sans annoncer la démarche d'Adorno lui-même, trois décennies avant *Jargon de l'authenticité*.

Notons enfin que Sternberger assistera, en 1936, à trois conférences de Heidegger sur l'origine de l'œuvre d'art. Ses compte rendus plutôt critiques paraîtront dans la *Frankfurter Zeitung*, respectivement les 20, 27 novembre et 8 décembre de la même année[3]. Dans la réédition de ces textes un demi-siècle plus tard, Sternberger rapportera un propos de l'éditeur Klostermann

---

1. «*Einige bemerkenswerte Bücher sind eingegangen. Dolf Sternberger hat – erstaunlicherweise – einen Verleger für seine letzte Arbeit gefunden, die – im Flüsterton – mit Heidegger abrechnet und den sehr witzigen Titel hat "Der Verstandene Tod". Nach einem ersten Durchblättern habe ich ihn beglückwünscht. Mir scheint, er hat alles getan, was sich auf einem so schwierigen Terrain zur Zeit unternehmen läßt*» (W. Benjamin, *Gesammelte Briefe, op. cit.*, p. 341).
2. Th. W. Adorno, «Gutachten über die Dissertation von Sternberger», in Theodor W. Adorno – Max Horkheimer, *Briefwechsel 1927-1969*, Christoph Gödde et Henri Lonitz éd., Francfort-sur-le-Main, Suhrkamp, 2003, p. 546-551.
3. Les trois conférences sont rééditées dans D. Sternberger, *Gang zwischen Meistern, op. cit.*, p. 183-196. Durant la seconde moitié des années 1930, une rupture va se produire entre Sternberger, Adorno et Benjamin. Ces derniers reprochent à Sternberger, demeuré en Allemagne, d'avoir continué à écrire dans la *Frankfurter Zeitung*, et tout particulièrement un article publié le 19 juillet 1937 à l'occasion de l'inauguration par Hitler de la «Maison de l'art allemand» (voir William J. Dodds, «Der Adorno-Kreis», *Jedes Wort wandelt die Welt...*, *op. cit.*, p. 101-106; l'article incriminé est réédité en annexe, p. 313-314). Sans doute Dolf Sternberger ne pouvait-il publier ni poursuivre son métier de journaliste sous le IIIe Reich sans certaines concessions, comme ce fut d'ailleurs le cas pour Adorno lui-même en 1934. C'est aux historiens de la presse écrite qu'il appartiendra d'évaluer le contenu des articles de Sternberger dans le contexte de ces années. Sternberger fait brièvement le point sur sa relation avec Adorno et Benjamin dans *Gang zwischen Meister, op. cit.*, p. 459-460.

selon lequel sa critique aurait dissuadé Heidegger de publier ses conférences[1].

Après 1945, Dolf Sternberger s'est à nouveau rapproché de Jaspers et il compte désormais parmi les principaux éditeurs de la revue *Die Wandlung*. Il suit les publications américaines de son amie aux États-Unis et lui écrit par exemple, le 31 mai 1946 :

> Jaspers m'a parlé de votre situation d'après vos lettres, et je vois votre trace vigoureuse dans plusieurs revues américaines, surtout dans la *Partisan Review* qui trouve parfois son chemin jusqu'à chez nous, et je retrouve également la fidélité aux thèmes – tous les sujets de nos jours passés à Heidelberg et à Francfort, de Kafka à Heidegger[2].

Connaissant donc les positions critiques de Hannah Arendt exposées dans son article de janvier 1946, c'est tout naturellement que Dolf Sternberger pense à elle lorsqu'il songe à publier, à l'été 1949, une recension de la *Lettre sur l'humanisme* de Heidegger pour la *Neue Rundschau* dont il vient de prendre la direction. Un petit volume regroupant la *Lettre sur l'humanisme* et une conférence intitulée *La Doctrine platonicienne de la vérité* était en effet paru en 1947 en Suisse, à Bern, de façon très discrète, dans la collection d'Ernesto Grassi « Überlieferung und Auftrag », alors que Heidegger était interdit d'enseignement et sans possibilité concrète de publier en Allemagne. Il y avait une logique à cette publication car l'essai sur Platon avait déjà été publié par le même Grassi en 1942 à Berlin, l'année même où il inaugurait un nouvel Institut italien dans la capitale du Reich.

À l'été 1949, Dolf Sternberger souhaite donc publier dans le journal qu'il dirige une prise de position sur la première publication de Heidegger après 1945. Ayant pris connaissance du livre, il attend visiblement de cette recension qu'elle soit critique. Comme

---

1. *Ibid.*, p. 457.
2. «*Jaspers hat mir nach Ihren Briefen von Ihren Lebensumständen berichtet, und ich sehe in manchen amerikanischen Zeitschriften, vor allen in "Partisan Review", das sich gelegentlich herfindet, Ihre kräftige Spur, auch die thematische Treue – alle Gegenstände unserer alten Heidelberger und Frankfurter Tage von Kafka bis Heidegger finde ich wieder*» (Dolf Sternberger à Hannah Arendt, 31 mai 1946, *Correspondence, General, 1938-1976, Sternberger Dolf, 1946-1953*, HAP n° 010189).

l'ouvrage n'est pas diffusé en Allemagne et qu'il y demeure de ce fait à peu près inconnu, il souhaite d'ailleurs moins une recension qu'un essai ayant sa cohérence propre pour celui qui le lirait sans disposer du livre publié en Suisse. Connaissant non seulement, comme nous l'avons vu, l'article en anglais publié par Arendt en 1946, mais aussi sa version allemande parue deux ans plus tard dans la série *Die Wandlung* qu'il co-édite, on peut comprendre qu'il pense tout d'abord à elle comme à la femme de la situation. Il lui écrit donc de Heidelberg, le 19 août 1949, pour lui proposer d'écrire cette recension critique. Sa lettre commence en ces termes :

> Chère Hannah,
> Connais-tu le petit livre de Heidegger qui est paru l'an passé (*copyright* déjà de 1947) dans la collection de Grassi, « Tradition et mission », chez Francke à Berne? Il réunit deux travaux : son interprétation de l'allégorie de la caverne sous le titre *La Doctrine de Platon sur la vérité* et la *Lettre sur l'humanisme*, écrite en 1946 à l'attention d'un Français. Ce livre est resté jusqu'à présent presque inconnu chez nous – bien évidemment pour des questions de devises et de commerce extérieur. Toutefois, il me semble indiqué d'attaquer rapidement cette chose de front dans la *Neue Rundschau*, peut-être même dans le premier numéro, et de prendre ainsi d'emblée position[1].

Dolf Sternberger nous apprend au passage un fait éditorial méconnu et qui reste à vérifier, à savoir que la parution effective de la *Lettre sur l'humanisme* en Suisse n'aurait eu lieu qu'en 1948, même si le *copyright* indiqué dans la première édition mentionne l'année 1947. Qu'il fût alors à peu près impossible d'acheter l'ou-

---

1. « *Liebe Hannah, kennst Du eigentlich das kleine Buch von Heidegger, das voriges Jahr* (copyright *sogar schon 1947) in der Grassi'schen Sammlung "Ueberlieferung und Auftrag" bei Francke in Bern erschienen ist? Es sind darin zwei Arbeiten vereinigt, nämlich seine Interpretation des Höhlengleichnisses unter dem Titel "Platons Lehre von der Wahrheit" und der Brief "Ueber den Humanismus", der 1946 geschrieben und an einen Franzosen gerichtet ist. Das Buch ist hierzulande bisher kaum bekannt geworden – freilich aus reinen Devisen- und Aussenhandelsgründen. Trotzdem erscheint es mir geboten, in der "Neuen Rundschau" sehr bald, vielleicht schon im ersten Heft, diese Sache beim Schopfe zu ergreifen und so von vornherein Position zu beziehen* » (Dolf Sternberger à Hannah Arendt, 19 août 1949, *Correspondence, General, 1938-1976, Sternberger Dolf, 1946-1953*, HAP n° 010155).

vrage en Allemagne, faute de devises et de pouvoir d'achat suffisant – surtout avec la réforme monétaire de 1948 affectant le mark – est confirmé par le fait que, pour un séminaire tenu en 1948 à l'Université de Heidelberg et consacré à la *Lettre sur l'humanisme*, c'est une copie dactylographiée qui a été distribuée avec l'accord de l'éditeur suisse. En témoigne en effet un exemplaire dactylographié appartenant à Reinhart Koselleck, minutieusement souligné et annoté au crayon noir et rouge[1]. Il porte la mention : « Réservé à l'usage interne du séminaire de philosophie de l'Université de Heidelberg avec l'autorisation de la maison d'édition Francke A.G., Berne ». Koselleck est en outre particulièrement sensible aux passages qui visent selon lui Jaspers et il note alors en marge : « contre Jaspers ». L'existence de cet exemplaire dactylographié de 1948 montre que, si la *Lettre sur l'humanisme* demeurait, en 1949, à peu près inconnue du grand public allemand, elle avait fait l'objet, dès sa parution, d'une réception discrète mais soutenue dans le milieu académique, ce dont Sternberger n'avait, semble-t-il, pas eu connaissance ou qu'il ne mentionne pas dans sa correspondance.

La suite de sa lettre, nous l'avons déjà citée plus haut, exprime de vives réserves à l'égard du nouveau texte de Heidegger :

> Heidegger cherche les révélations originaires toujours plus haut dans la zone originaire de la pensée, détruit aussi Platon et Aristote ; enfin, toute cette affaire prend un aspect insensé, comme une sorte de chiliasme retourné, un dynamitage de toutes les déterminations et conditions historiques, un dynamitage aussi de l'existence humaine elle-même[2].

L'ancien condisciple d'Arendt a saisi le potentiel destructeur des deux textes de Heidegger. Il a vu que l'histoire heideggérienne de l'être pulvérisait le rapport de l'existence humaine à l'histoire effective et renversait le schéma hégélien du progrès historique en son contraire absolu, une régression vers un originaire mythifié. Ce qu'il dit du « dynamitage de l'existence humaine » va dans

---

1. Heidegger Martin. Über den Humanismus, DLA Marbach-sur-le-Neckar, cote : BRK 14 KPS.4°.
2. Dolf Sternberger à Hannah Arendt, 19 août 1949, lettre citée.

le sens de son exploration du «vocabulaire de l'inhumain» qu'il poursuit alors avec Gerhard Storz et Wilhelm E. Süskind dans les colonnes de *Die Wandlung* et qui conduira à la publication, en 1957, d'un remarquable *Vocabulaire de l'inhumain*[1]. Sans doute l'ancien camarade d'études d'Arendt à Heidelberg a-t-il pensé, en lisant dans l'essai sur la philosophie de l'existence les pages sur Heidegger et sa substitution du *Dasein* au mot «homme», que celle-ci partageait ses positions critiques sur la déshumanisation heideggérienne. Toujours est-il qu'il lui demande un véritable essai, tout particulièrement consacré à la *Lettre sur l'humanisme*. Il se dit certain qu'elle acceptera et lui assure que, malgré de longues réflexions, il n'a «pas trouvé, dans le monde entier, d'autre auteur» qu'elle pour cette tâche[2]. À cette date en effet, les critiques potentiels d'un Heidegger en plein retour en grâce dans la République fédérale d'Allemagne ne sont pas légion.

Dolf Sternberger attend d'Arendt, si possible, une réplique immédiate[3]. Celle-ci lui répond assez sèchement, le 26 août 1949[4]. Elle connaît la *Lettre sur l'humanisme* et en a déjà parlé avec Karl Löwith, qui lui aurait exprimé son estime pour cet écrit. La réponse d'Arendt constitue une défense en règle de Heidegger, un an seulement après la publication en allemand de son article acerbe sur l'auteur d'*Être et temps*. Le seul grief qu'elle retient encore contre lui, c'est son attitude inqualifiable envers le vieil Husserl, mais elle ne lui reproche pas d'avoir rejoint les nationaux-socialistes et n'a pas de critique philosophique à lui opposer! Cette lettre d'Arendt est donc capitale, car elle nous révèle que l'évolution de sa position à l'égard de Heidegger ne date pas de leurs retrouvailles mais lui est

---

1. Dolf Sternberger, Gerhard Stortz, W. E. Süskind, *Aus dem Wörterbuch des Unmenschen*, Munich, Deutscher Taschenbuch, 1962. Non encore traduit en français, ce livre mérite de prendre place aux côtés de *LTI (op. cit.)* de Klemperer.
2. «*Ich möchte Dich bitten, speziell den Brief über den Humanismus zum Anlass und Gegenstand eines Essays für die "Neue Rundschau" zu nehmen. [...] Ich bin sicher, dass Du dies übernehmen wirst – zumal wenn ich Dir sage, dass ich trotz langen Nachdenkens in der weiten Welt keinen anderen Autor dafür ausfindig zu machen weiss*» (Dolf Sternberger à Hannah Arendt, 19 août 1949, lettre citée).
3. «*Gib mir doch bitte möglichst umgehend Antwort*» *(ibid.)*.
4. Hannah Arendt à Dolf Sternberger, 29 août 1949, DLA Marbach-sur-le-Neckar, cote: 74.11274/1.

antérieure et largement liée aux impressions nées de sa lecture de la *Lettre* à Jean Beaufret.

Ainsi, après avoir félicité Dolf Sternberger de ses responsabilités nouvelles à la direction de la *Neue Rundschau*, Arendt regrette de devoir, pour la première fois, refuser une proposition de son ami. Elle connaît bien l'ouvrage de Heidegger et rappelle que son interprétation de la caverne remonte au début des années 1930 – ce qu'il indique lui-même dans son édition. Elle pense sincèrement qu'il s'agit de philosophie véritable, à la différence des productions, essais et cours des années 1930 qu'elle a pu lire[1]. Quant à la *Lettre sur l'humanisme*, voici en quels termes elle en parle :

> Que, dans la *Lettre contre l'humanisme [sic]*, il porte atteinte aux fondements de la pensée occidentale ne m'effraie pas non plus. À sa manière tranquillement distinguée et mesurée, Jaspers le fait aussi lorsqu'il veut, à tout prix, faire exploser le cadre de la culture de l'Ouest. De quel côté qu'on le prenne, c'est devenu aujourd'hui une prison dont Heidegger s'évade avec violence ; ce qui, comme tu le vois, n'a pas manqué de m'impressionner[2].

Nous voyons à ces lignes combien la perspective a changé depuis l'essai paru en Allemagne l'année précédente. Arendt n'oppose plus Jaspers à Heidegger. Bien au contraire, elle associe les deux hommes dans la même volonté de faire exploser ou de dynamiter *(sprengen)* l'un la «pensée occidentale», l'autre la «culture de l'Ouest» – la mise en parallèle des deux adjectifs *abendländisch* et *westlich* indiquant en quel sens critique est entendu ici le mot

---

[1]. «*Und es tut mir leid, dass Du erst mal eine Absage bekommst. Ich kenne die Heideggersche Schrift: die Interpretation des Hoehlengleichnis stammt uebringens aus den frueheren Jahren, so um 1930 herum. Ich bin ehrlich gesagt der Meinung, dass das echte Philosophie ist – und zwar im Gegensatz zu den Dingen, Aufsaetzen und Vorlesungen, die ich aus den dreissiger Jahren hier und da zu Gesicht bekommen habe.*» (*Ibid.*)

[2]. «*Dass er die Grundlagen des abendlaendischen Denkens in dem Brief gegen den Humanismus antastet, schreckt mich auch nicht. Auf seine, vornehm gelassene und masshaltente, Weise tut das Jaspers doch auch, wenn er den Rahmen der westlichen Kultur auf jeden Fall sprengen will. Wie man es auch dreht und wendet, das ist heute ein Gefaengnis geworden, aus dem Heidegger gewaltartig ausbricht; was auf mich, wie Du siehst, seinen Eindruck nicht verfehlt hat*» (Hannah Arendt à Dolf Sternberger, 26 août 1949, DLA Marbach-sur-le-Neckar, cote: 74.11274/1).

«Occident» *(Abendland)*. La «pensée occidentale» est perçue comme une prison, Heidegger est maintenant campé en libérateur, et Arendt admet être sous le coup de la violence du geste. Elle va même jusqu'à revendiquer positivement le «dynamitage» *(Sprengung)* heideggérien déploré par Sternberger.

Si Dolf Sternberger reproche au contraire à Heidegger son «dynamitage» de toutes les déterminations historiques et de l'existence humaine elle-même, il n'utilise pas, à la différence de Heidegger, l'expression «pensée occidentale» qui présuppose une forme de géopolitique de la pensée qui ne va pas de soi. Car la question n'est pas de savoir s'il faut défendre ou récuser l'«Occident», mais de bien saisir que l'emploi même de l'expression «pensée occidentale» nous fait sortir de l'histoire effective pour laisser place à une forme de mythologisation de l'histoire à la façon d'un Spengler et de son *Déclin de l'Occident*. Nous retrouverons un tel usage du mot chez bien des auteurs qui s'inspirent de Heidegger, par exemple, nous le verrons, chez Jean-Luc Nancy[1].

En outre, si l'on entend, ainsi qu'Arendt, l'Occident comme l'«Ouest», c'est que l'on prend position dans ce qu'Aurel Kolnai avait appelé, dès 1938, la «guerre contre l'Ouest[2]». La mythologisation de l'histoire se fait alors en même temps géopolitique de la culture et de l'esprit, et c'est dans cette voie que s'engageront successivement l'heideggérianisme politique d'Ahmad Fardid en Iran, stigmatisant l'«intoxication occidentale», et celui d'Alexandre Douguine en Russie, en quête d'un «nouveau commencement», qu'il situe désormais à l'Est[3]. Parler en termes de «pensée occidentale», à la façon d'Arendt et de Heidegger, c'est, Sternberger l'a bien vu, avoir déjà quitté les déterminations historiques effectives de la pensée, qui sont autrement plus fines et plurielles, pour

---

1. Voir *infra*, «Conclusions», chap 13, § 59.
2. En reprenant ce terme aux auteurs nationaux-socialistes, Kolnai ne participe pas à une mythologisation de l'histoire mais soumet au contraire leur usage du terme à une analyse critique.
3. Alexandre Douguine, *Martin Heidegger. The Philosophy of Another Beginning*, éd. et trad. par Nina Kouprianova, préface de Paul E. Gottfried, Washington, Radix, 2014.

cultiver une mythologisation de l'histoire qui, lorsqu'elle se traduit dans l'action politique, radicalise les tensions géopolitiques.

Comment Arendt apprécie-t-elle l'orientation prise par Heidegger ? Voici en quels termes elle poursuit :

> Mais quand bien même ce serait à nouveau un chemin qui ne mène nulle part *(Holzweg)*, même si c'est à la limite de la vraie philosophie, polémiquer n'a aucun sens. Contre la philosophie, la philosophie seule peut nous aider. Et je ne dispose d'aucune qui me soit propre. Je ne suis en outre nullement portée à la polémique. J'étais et suis toujours en un certain sens en fureur contre lui, mais pas pour des raisons philosophiques, et pas non plus parce qu'il s'est collé comme un âne aux nazis, mais parce qu'il s'est conduit d'une façon inqualifiable à l'égard du vieil Husserl[1].

Peu lui importe, donc, que la voie tracée par Heidegger représente ou non un chemin sans issue. Il est curieux de la voir employer, à ce propos, le mot même que ce dernier va retenir, l'année suivante, comme titre de ses *Holzwege*. Arendt admet franchement ne pas avoir, de toute façon, les moyens philosophiques ni la volonté de s'opposer au chemin qu'il fraye « à la limite de la vraie philosophie ».

De la « fureur » exprimée contre Heidegger, les lettres d'Arendt envoyées à la même époque à Jaspers nous donnent un aperçu. L'intensité de la charge personnelle ne doit cependant pas faire oublier qu'elle formule un jugement partiellement positif sur la *Lettre sur l'humanisme* ; si la lettre à Jean Beaufret lui apparaît « très équivoque [...] et souvent à double sens », il s'agit néanmoins, déclare-t-elle à Jaspers, de « la première chose qui se retrouve au

---

1. « *Aber selbst wenn das wieder ein Holzweg sein sollte, wenn es auch nur im mindesten echte Philosophie ist, hat Polemisieren gar keinen Sinne. Gegen Philosophie hilft nur Philosophie. Und ich habe keine eigene auf Lager. Ich bin auch zur Polemik gar nicht aufgelegt. Ich war und bin immer noch in gewissem Sinn wuetend auf ihn, aber nicht aus philosophischen Gruenden, und noch nicht einmal weil er solch ein Esel war, den Nazi auf den Leim zu gehen, sondern nur weil er sich zum alten Husserl unqualifizierbar benommen hat* » (Hannah Arendt à Dolf Sternberger, 26 août 1949, DLA Marbach-sur-le-Neckar, cote : 74.11274/1).

niveau d'autrefois »[1]. Plus tard, dans *La Vie de l'esprit*, elle ne tarira plus d'éloges sur cette lettre et parlera à son propos d'« éclaircissements immenses[2] ».

L'intention de Heidegger était manifeste lorsqu'il publia ce petit recueil : montrer la continuité de pensée de ses enseignements, du début des années 1930 sur la caverne de Platon à sa réponse à Jean Beaufret de 1946, et tirer ainsi un trait sur les douze années de son adhésion à la NSDAP parvenue au pouvoir, en les ravalant tacitement au rang de tribulations circonstancielles qui n'auraient pas affecté la continuité inaltérée de sa pensée. Ce qui nous apparaît aujourd'hui comme particulièrement trouble de sa part, c'est qu'il ne renvoie pas seulement à son cours intitulé *De l'essence de la vérité* de l'hiver 1931-1932, il se réfère aussi à celui de l'hiver 1933-1934, lequel porte le même titre et reprend des éléments du premier, mais avec un contenu ouvertement national-socialiste. Il s'agit en effet, comme nous le savons depuis sa publication posthume en 2001, du cours dans lequel le recteur Heidegger appelle ses étudiants en philosophie à préparer sur le long terme et à se donner pour but l'« extermination totale » de l'ennemi intérieur.

Avant même d'avoir revu son ancien professeur et amant, Arendt adhère ainsi sans réserve à ce qu'il faut bien appeler la stratégie magistrale de Heidegger. Mais pour nous qui savons aujourd'hui ce qu'il enseignait à propos de la caverne platonicienne durant l'hiver 1933-1934, cette stratégie apparaît comme particulièrement retorse – le mot n'est pas trop fort.

Arendt a donc renoncé aux réserves philosophiques et aux critiques acerbes qu'elle développait dans son essai sur la philosophie de l'existence. Jaspers n'est plus opposé à Heidegger mais lui est désormais associé. L'un et l'autre ont voulu briser les cadres devenus prison de la pensée et de la culture de l'Occident ou de l'Ouest, l'un et l'autre pratiquent la même destruction libératrice, mais seul Heidegger effectue ce dynamitage avec violence. Arendt n'aurait pu s'éloigner davantage de l'argument directeur de l'essai

---

1. Hannah Arendt à Karl Jaspers, le 20 septembre 1949 (Hannah Arendt – Karl Jaspers, *Correspondance 1926-1969*, *op. cit.*, p. 213).
2. H. Arendt, *La Vie de l'esprit*, *op. cit.*, p. 506.

sur la philosophie de l'existence, où Jaspers était présenté comme le seul à avoir surmonté les apories destructrices de la « soïté » heideggérienne et ses implications nihilistes et déshumanisantes. Et même si le chemin tracé par Heidegger ne menait nulle part, même s'il s'agissait, écrit-elle, d'un *Holzweg*, c'est de toute façon de « philosophie », à laquelle on ne peut opposer que de la philosophie, qu'il serait question.

Il est par ailleurs remarquable de voir Arendt reconnaître qu'elle-même ne dispose pas d'une philosophie qui lui serait propre et qu'elle pourrait opposer à Heidegger. Son attitude rappelle la façon dont, une fois reçue la réponse à sa lettre, Jean Beaufret, dans sa correspondance avec Heidegger, avait aussitôt rendu les armes et battu en retraite à propos de ses questions, pourtant sensées, sur l'éthique, l'humanisme et la conscience[1]. Après avoir lu la *Lettre sur l'humanisme* – dont elle modifie le titre pour parler, non sans pertinence d'une « lettre contre l'humanisme » –, Arendt oublie pareillement les réserves qu'elle exprimait dans son essai sur la philosophie de l'existence et reconnaît la fascination que la violence heideggérienne exerce à nouveau sur elle à travers ses écrits. C'est donc bien sa lecture de Heidegger qui a déterminé le changement d'appréciation d'Arendt, avant même qu'elle ne le revoie. Il s'agit d'une transmission dans la fascination de la destruction et non pas simplement d'une forme de séduction amoureuse. Il nous faut donc, pour le meilleur et pour le pire, prendre Arendt beaucoup plus au sérieux qu'on ne le fait d'ordinaire lorsque l'on ne retient de sa relation avec Heidegger que l'apparence d'une passion romantique.

Fort désobligeant pour Dolf Sternberger, le propos d'Arendt ravale les réserves exprimées par ce dernier dans sa lettre du 19 août 1949 au rang d'une polémique non philosophique. Une tactique du mépris qui se révélera l'une des meilleures armes, émoussées à la longue, des apologistes. Cette attaque porte d'au-

---

[1]. Jean Beaufret écrit en effet à Martin Heidegger que ses questions sur l'humanisme et l'éthique n'étaient motivées que par une insuffisance d'analyse, et il développe assez longuement comment il entend désormais corriger ces « insuffisances » (Jean Beaufret à Martin Heidegger, 30 mai 1947, lettre dactylographiée, f.3, DLA Marbach-sur-le-Neckar, cote : 88.62.6).

tant mieux que Sternberger est, par la force des choses, professionnellement devenu un publiciste et non un universitaire. L'ascendance juive de sa femme lui avait en effet interdit toute carrière universitaire sous le IIIe Reich. Dolf Sternberger avait épousé à Francfort, le 31 mars 1931, Ilse Bella Blankenstein, née Rothschild, avec Hannah Arendt pour témoin. Journaliste artistique, correspondante pour l'art de la *Frankfurter Zeitung*, l'épouse de Dolf Sternberger avait été contrainte de cesser toute activité professionnelle à partir de mars 1933.

Dans sa lettre d'août 1949, Arendt pratique donc une stratégie de disqualification de toute critique portée contre la supposée «philosophie» de Heidegger, stratégie qui consiste à considérer comme relevant de la polémique non philosophique toute remise en question de la «philosophie» du maître. Ce procédé, qui vise à rendre intouchable la supposée «philosophie» de Heidegger exprimée dans ses écrits d'après 1945, est sur le fond inconséquente, puisque Heidegger a, dans la conclusion de sa lettre à Jean Beaufret, définitivement donné congé à la philosophie en affirmant que «la pensée à venir n'est plus philosophie[1]».

Ajoutons, ce qu'Arendt ne pouvait encore savoir à cette date, que Heidegger avait fait publier simultanément, chez le même éditeur, sa *Lettre* et, de façon plus confidentielle encore, son petit écrit intitulé *L'Expérience de la pensée (Aus der Erfahrung des Denkens)*. Dans cet écrit, parfaitement kitsch dans ses amorces forestières et pseudo-poétiques, mais inquiétant par les essais d'auto-disculpation qui leur succèdent[2], il présente le «philosopher» comme «le

---

1. «*Das künftigen Denken ist nicht mehr Philosophie, weil es ursprünglicher denkt als die Metaphysik*» (M. Heidegger, *Lettre sur l'humanisme*, op. cit., p. 119). Dans sa traduction partielle de la lettre parue dans la revue *Fontaine*, Joseph Rovan commet une erreur sur le temps des verbes en traduisant ainsi: «La pensée future ne sera plus philosophie, car elle pensera plus originellement que la métaphysique (nom qui dit la même chose)» (M. Heidegger, «Lettre à Jean Beaufret», *Fontaine*, n° 63, novembre 1947, p. 803). Et le traducteur ne dit pas si la parenthèse explicative, que l'on ne retrouve pas dans le texte allemand, est de Heidegger ou de lui. Le *künftigen Denken* n'est pas la pensée future mais la pensée à venir, au sens de la pensée qui vient, qui ouvre l'avenir et dont Heidegger peut déjà parler au présent.

2. On y trouve notamment la proposition arrogante, souvent citée en défense par maints heideggériens: «Qui pense grandement doit se tromper grandement»

danger nocif et trompeur »[1], et promeut « le pas en retrait hors de la philosophie dans la pensée de l'être *(Seyn)*[2] ». Ce recueil, originellement de douze pages, fait l'objet d'un tirage hors commerce, daté du 18 septembre 1947 et limité à cinquante exemplaires numérotés à l'encre noire de la main de l'auteur. Moins d'un mois après leurs retrouvailles, Heidegger offrira à Arendt le dernier exemplaire de ce tirage avec pour dédicace :

> Un quart de siècle /de paix et de tempête/de la hutte
>
> Pour Hannah/en souvenir
>
> Martin
>
> le 4 mars 1950[3].

Cette dédicace écrite en 1950 pouvait donner à croire que Heidegger se référait au commencement de leur relation amoureuse un quart de siècle plus tôt, en 1925, et il est probable qu'Arendt a cru cela, elle qui reprendra le motif de la tempête *(Sturm)* dans son apologie de 1969 pour les quatre-vingts ans de l'auteur d'*Être et temps*. En réalité, tel n'est pas le cas. En effet, deux autres exemplaires conservés au Deutsches Literatur Achiv de Marbach, l'exemplaire n° 12 dédicacé à son collègue et camarade

---

(M. Heidegger, « L'Expérience de la pensée », trad. par André Préau, *Questions III*, Paris, Gallimard, 1966, p. 31 – trad. modifiée).

1. *« Die schlechte und darum wirre Gefahr ist das Philosophieren »* (M. Heidegger, *Aus der Erfahrung des Denkens*, Berne, Francke, 1947, p. 7 ; trad. fr., p. 31 – trad. modifiée).

2. « *Den Schritt zurück aus der Philosophie in das Denken des Seyns dürfen wir wagen, sobald wir in der Herkunft des Denkens heimisch geworden sind* » (ibid., p. 9 ; trad. fr., p. 33).

3. « *Ein Vierteljahrhundert/Stille und Sturm/der Hütte//Hannah/zum Andenken// Martin//den 4. März 1950.* » L'exemplaire est conservé au DLA (Marbach-sur-le-Neckar). L'éditrice de la correspondance Arendt-Heidegger, Ursula Ludz, n'a pas relevé la date et le lieu de publication de la plaquette puisqu'elle indique *« ohne Datum »*. Le traducteur français n'a pas corrigé l'erreur (Hannah Arendt – Martin Heidegger, *Briefe 1925-1975*, *op. cit.*, p. 411 ; trad. fr., p. 377). Cette édition de mars 1947 n'est mentionnée ni dans l'édition française du recueil (M. Heidegger, *Questions III*, *op. cit.*, p. 18), ni dans la « Bibliographie chronologique » utile, mais très lacunaire, publiée par Christian Sommer sur le site des Archives Husserl.

de parti Kurt Bauch et envoyé, trois ans plus tôt, de la *Hütte* le 5 octobre 1947, et celui adressé la même année aux époux Krohn sous le n° 30, évoquent pareillement ce « quart de siècle de paix et de tempête *(Stille und Sturm)* ». Cette formule renvoie donc, vingt-cinq ans plus tôt, à l'année 1922, celle de l'édification du chalet de Todtnauberg[1]. Heidegger a sans doute volontairement joué de l'ambiguïté dans sa dédicace à Arendt.

Après la fin de non-recevoir d'Arendt, Sternberger va chercher une autre plume pour faire le point sur la publication de Heidegger. Dans un ensemble de notes de travail classées sous le titre « Plan Neue Rundschau[2] », on trouve une page rayée d'une croix sur laquelle, après la mention « Heidegger = Humanismus », figure le nom entouré d'un cercle du philosophe Helmut Plessner (1892-1985), suivi de celui d'Arendt, puis de deux philologues, Karl Reinhard (1886-1958) et Franz Dornseiff (1888-1960). Nous savons aussi que Sternberger a fait la même demande à Otto Regenbogen (1891-1966), professeur de philologie antique à l'Université de Heidelberg, car celui-ci lui répond, le 15 novembre 1949, par une lettre fort ironique également conservée.

Arendt, quant à elle, propose à son correspondant de faire appel à Karl Löwith – dont elle signale qu'il a apprécié, comme elle, la *Lettre sur l'humanisme* – ou à Alexandre Koyré, et elle va jusqu'à lui donner leurs adresses. Nous n'avons pas retrouvé de traces d'un échange épistolaire entre Löwith, Koyré et Sternberger, mais on peut relever que Löwith publiera deux ans plus tard un article sur Heidegger dans la *Neue Rundschau* intitulé « Le "tournant" de Heidegger[3] ». Quant à Koyré, rappelons la critique lucide et condensée qu'il avait publiée dès 1946 :

> Le *Da-sein* – je l'ai dit plus haut – est l'essence, ou la structure essentielle, de l'homme, plus exactement, d'un être tel que l'homme. Mais quel homme ? Est-ce l'homme en général, l'être biologique

---

1. L'édification de la *Hütte* remonte à l'été 1922. Voir Adam Sharr, *Heidegger's Hut*, Cambridge (Mass.) et Londres, MIT, 2006, p. 54.
2. DLA Marbach-sur-le-Neckar, cote : 74.11352. Merci à Sonja Begalke pour l'indication de ces documents.
3. K. Löwith, « Heideggers "Kehre" », *Die Neue Rundschau*, 62, 1951, p. 48-79.

que nous appelons homme? L'actualisation du *Dasein* se ferait alors dans le genre humain. Ou est-ce seulement l'homme «historique»? L'actualisation de l'essence du *Da-sein* serait alors «limitée» à l'existence des porteurs *[Träger]* de l'histoire. Si c'est cette dernière interprétation qui est la bonne on comprend bien comment M. Heidegger a pu, d'étapes en étapes, en réduisant la masse des «hommes historiques», en arriver à identifier l'«homme historique» et donc le *Da-sein* avec la race aryenne, le «peuple allemand», Hitler, et, sans tomber dans le biologisme, devenir nazi[1].

Précisons enfin qu'une autre note de Sternberger comprend, sous le titre «Non encore décidé» *(Unentschieden)*, la mention de l'article d'un autre ancien étudiant, proche de Heidegger et devenu, comme Löwith, mais à partir d'une position différente et plus théologique, un semi-critique de son ancien maître: «Gerhardt Krüger: Martin Heidegger et l'humanisme[2]». L'essai de Krüger ne sera finalement pas publié dans la *Neue Rundschau* mais dans une revue philosophique à Bâle, la même année[3].

Dans le premier cahier de «Remarques» de ses *Cahiers noirs*, au tout début de l'après-guerre, Heidegger se déchaîne contre la revue de Jaspers et de Sternberger, *Die Wandlung*, et il écrit une méchante attaque contre Dolf Sternberger, accusé de parler à la place de la jeunesse allemande réduite au silence. C'est en même temps une façon, pour Heidegger, de répondre au fait que Jaspers a recommandé qu'il soit interdit d'enseigner après 1945 pour épargner, justement, les jeunes Allemands, de l'endoctrinement par une pensée que Jaspers estime «non libre, dictatoriale»:

> Au lieu de cela ne se répandent que ceux qui se donnent une légitimité pour ce qui est éventé *(das Abgestandene)* [...] ils s'étaient tenus à l'écart et n'avaient déjà rien compris en 1932, et ont maintenant

---

1. Alexandre Koyré, «L'évolution de Heidegger», paru en 1946 dans *Critique*, repris dans les *Études d'histoire de la philosophie*, Paris, Gallimard, 1971, p. 299.
2. «Gerhardt Krüger: Martin Heidegger u. der Humanismus» (Dolf Sternberger, «Plan Neue Rundschau», DLA Marbach-sur-le-Neckar, cote: 74.11352).
3. G. Krüger, «Martin Heidegger und der Humanismus. Zur Auseinandersetzung mit den Schriften "Platons Lehre von der Wahrheit". Mit einem "Brief über den Humanismus"», *Studia philosophica*, 9, 1949, p. 93-129.

fait commerce de ce qui est éventé. Le bavardage inconsistant de M. Sternberger vaut-il vraiment mieux, est-il vraiment autre chose que l'étalage bavard d'un ancien auteur et publiciste national-socialiste ? Comment – avec un tel « humanisme » – serait-il possible que notre propre jeunesse en train de grandir puisse reconnaître le rang et les critères, comment pourrait-elle expérimenter, voire penser, le *danger* d'une « spiritualité » qui n'est plus troublée – mais simplement entretenue ou soutenue par la terreur planétaire de la presse mondiale[1] ?

C'est un fait que Sternberger s'est « tenu à l'écart », c'est-à-dire qu'il n'a pas suivi le mouvement nazi et n'y a pas adhéré non plus. En même temps, du fait qu'il a continué à travailler comme journaliste sous le IIIe Reich jusqu'à être finalement interdit de publication, Heidegger, qui ne lui pardonne pas sa thèse sur *Être et temps* si appréciée de Benjamin et d'Adorno, le stigmatise tout à la fois comme ancien journaliste « national-socialiste » et comme participant maintenant de la terreur d'une *Weltpresse* qu'il estime certainement « enjuivée ».

40. LA CONTROVERSE ARENDT-STERNBERGER AUTOUR DE L'*INTRODUCTION À LA MÉTAPHYSIQUE*

Quatre années après ce premier échange sur Heidegger entre les deux anciens amis du temps de Heidelberg, une seconde discussion se noue, plus polémique encore et plus développée, mais tout aussi essentielle, à l'occasion de la publication, en 1953, du cours de 1935 : *Introduction à la métaphysique*. Cette fois, il n'est plus question de solliciter Arendt pour une recension. Dolf Sternberger se charge de rédiger l'article.

C'est Antonia Grunenberg qui, pour la première fois, a attiré l'attention sur la correspondance entre Hannah Arendt et Dolf Sternberger relative à Martin Heidegger et publié quelques extraits des lettres échangées entre la fin de novembre et le début de décembre 1953[2]. Et c'est le principal mérite de sa monographie

---

1. M. Heidegger, *Anmerkungen I-IV*, GA 97, p. 88.
2. A. Grunenberg, *Hannah Arendt et Martin Heidegger...*, *op. cit.*, p. 342-345.

consacrée à Arendt et Heidegger que de citer ainsi plusieurs textes inédits et importants. Cependant, Antonia Grunenberg n'a pas approfondi l'étude de ce corpus. Elle ne dit rien de l'échange capital de l'année 1949 et ne mentionne pas la lettre inédite et décisive du 26 août 1949, qui ne figure pas dans les Hannah Arendt Papers de Washington mais uniquement au Deutsches Literaturarchiv de Marbach et dont elle ne semble pas avoir consulté les fonds relatifs à Sternberger et à la revue *Die Wandlung*. Elle se trompe à propos de la publication de l'article de Sternberger en affirmant – sans en indiquer le titre ni dire quoi que ce soit de son contenu – qu'il serait paru «dans le numéro de *Wandlung* de l'été 1952[1]». La revue *Die Wandlung* a cessé de paraître trois ans avant, en 1949, et Sternberger a publié en réalité son article le 26 septembre 1953 dans le journal *Gegenwart*, avant de le rééditer en 1987, au volume VIII de ses *Écrits*[2]. Sur le fond, Antonia Grunenberg adopte dans cette controverse le point de vue d'Arendt, sans étudier la critique de Heidegger développée par Sternberger dans son article. Elle mentionne à la suite les «professeurs de philosophie et de sociologie (l'École de Francfort)» qui, à ses yeux, ne seraient «tout simplement pas prêts à se soumettre à l'effort que demandait une approche critique du cheminement de pensée heideggérien»[3]. Une façon bien rapide d'escamoter les critiques approfondies menées, selon des voies différentes, par Adorno et par Sternberger.

Or, il apparaît, tout au contraire de ce que laisse entendre la présentation de Grunenberg, que Dolf Sternberger propose, dans son texte, une critique élaborée et longtemps mûrie de Heidegger. Auteur d'une thèse sur *Être et temps* et de recensions critiques des conférences de Heidegger portant sur l'œuvre d'art, il est bien armé pour entreprendre l'examen critique de l'*Introduction à la métaphysique* éditée en 1953, plus qu'il ne pouvait l'être peut-être,

---

1. «[...] *seines Artikel über Heidegger in der Sommernummer von* Die Wandlung 1952» (A. Grunenberg, *Hannah Arendt und Martin Heidegger. Geschichte einer Liebe*, Munich, Piper, 2006, p. 319; trad. fr., p. 342).

2. D. Sternberger, «Heidegger bleibt unverständlich», *Gegenwart*, 26 septembre 1953, p. 639-642; rééd. dans D. Sternberger, *Gang zwischen Meistern*, op. cit., p. 202-214.

3. A. Grunenberg, *Hannah Arendt et Martin Heidegger*..., op. cit., p. 345.

n'étant pas helléniste, pour le volume publié à Bern en 1947 et regroupant le texte d'une conférence sur Platon et la *Lettre sur l'humanisme*. L'article s'intitule « Heidegger demeure incompréhensible ». Il comprend quatre sections laconiquement titrées « Colère », « Pompe », « Oracle », « Brouillard ». L'importance de ce texte ne saurait être sous-estimée, bien qu'il soit injustement oublié de la critique et inconnu hors d'Allemagne. Il nous semble donc indispensable d'évoquer quelques-uns de ses arguments.

Dolf Sternberger relève que le « penseur » campé par Heidegger se caractérise par un questionnement sans réponses, au point qu'il disparaît *in fine* dans le brouillard. Dans la première section intitulée « Colère », il reproche à Heidegger de s'en prendre à tout instant, par de multiples allusions dépréciatives, à un adversaire méprisé comme « dépourvu de pensée » *(gedankenlos)* mais jamais précisément identifié. Or, c'est cette opposition entre Heidegger et l'homme caractérisé par son absence de pensée que Sternberger décèle dans le cours de Heidegger, qui sera reprise et érigée en mythe moderne par Hannah Arendt, lorsqu'elle opposera ce dernier à Eichmann dans *La Vie de l'esprit*. Nous tenons donc, avec cet article de Sternberger, une source possible pour l'interprétation arendtienne d'Eichmann.

Dans la troisième section dénommée « Oracle », l'auteur relève que presque jamais Heidegger « ne dit "je", ne se présente comme personne humaine et ne s'adresse à quelqu'un ». Bien que, dans la langue allemande, « l'être existe dans la flexion et la relation au pronom personnel », l'auteur d'*Être et temps* ne respecte pas cette ressource de l'allemand et, « des formes de conjugaison du verbe être, il s'intéresse tout juste au "est" impersonnel, [...] à l'infinitif "être" et à la forme élevée au substantif l'"être" ». Ainsi, « les personnes ont disparu ». Et « comme le paysage de cette métaphysique est privé d'hommes et comme il ne peut pas être extra-humain, il devient inhumain ».

Sternberger note enfin, dans la quatrième et dernière section intitulée « Brouillard », le « déplacement dans la relation du *Dasein* à l'être » que Karl Löwith avait remarqué. Désormais, « l'être s'est fait indépendant de l'homme », de sorte que l'homme lui est « totalement assujetti ». Sternberger formule déjà le reproche que

Hans Blumenberg énoncera en 1966 dans *La Légitimité des temps modernes*: l'histoire de l'être n'enseigne rien d'autre à l'homme que la soumission. L'auteur de l'article de 1953 s'inquiète également de la «justification [...] de la violence en tant que telle», dans un cours où l'on peut lire un éloge de la «grandeur véritable du mouvement national-socialiste». Et il cite une phrase caractéristique de Heidegger:

> Ce faire-violence contre la surpuissance de l'être *doit* se briser sur celle-ci, si l'être déploie son essence comme ce qui règne, comme *physis*, pouvoir qui se lève[1].

Avec l'«extinction de la personne humaine» enfin, disparaît aussi dans le brouillard «la responsabilité de ses actes».

Sternberger envoie de façon très officielle à Arendt son article, accompagné d'une lettre tapée à la machine. Il est assez clair qu'il s'attend à une contre-offensive de la part de son amie. En quoi il se sera pas déçu. Arendt, de son côté, se méfie, soupçonnant Sternberger d'anticiper la publication de leur échange. Cependant, dans une longue missive envoyée le 28 novembre 1953, elle se dit prête comme lui à une réconciliation. Ce qui complique sa réponse, c'est qu'elle procède d'emblée à un amalgame. Généralités et diversions vont tenir lieu de réponse précise aux analyses critiques opposées par Sternberger au cours de 1935. Arendt lui reproche en effet de faire l'éloge démesuré de leur ami commun, l'économiste Alexander Rüstow, et de blâmer outremesure Heidegger. Rüstow aurait affirmé, contre ce dernier, que la métaphysique était superflue. Arendt fait allusion à une discussion ayant opposé à l'Université de Heidelberg, en juillet 1952, Rüstow et Sternberger à elle-même et Löwith[2]. L'étude critique de

---

1. «*Die Gewalttätigkeit gegen die Übergewalt des Seins* muß *an dieser zerbrechen, wenn das Sein als das waltet, als was es west, als* phusis, *aufgehendes Walten*» (M. Heidegger, *Einführung in die Metaphysik, op. cit.*, p. 124).
2. Les positions à l'Université de Heidelberg sont campées dans une lettre d'Arendt à Blücher du 18 juillet 1952, qui montrent où vont les sympathies intellectuelles d'Arendt: «Löwith n'est finalement pas si mal, parce qu'il sait beaucoup de choses et peut expliquer. De l'autre côté de la barricade il y des gens comme Rüstow,

Sternberger se situe pourtant à un tout autre niveau, où l'on ne trouve ni éloge de Rüstow ni récusation de la métaphysique. Il est en outre surprenant de voir Arendt se faire l'avocate de la métaphysique alors qu'elle se réjouissait, en août 1949, que Heidegger fasse exploser avec violence les cadres de la pensée occidentale. C'est d'ailleurs en contradiction avec le fait qu'elle a fort bien vu, comme elle l'écrit à Sternberger, que le cours de 1935 « est moins une introduction à la métaphysique qu'une "extroduction" ».

Quant à Sternberger, « 80 % » de ce qu'il objecte à Heidegger coïnciderait, selon elle, « avec des objections que l'on pourrait avancer contre n'importe quel philosophe ». Par exemple, les « débordements » que Sternberger lui reproche se retrouveraient, estime-t-elle, « en termes plus clairs et plus méchants chez Nietzsche ». Et Arendt de prononcer l'éloge de l'« entêtement souvent désespéré » de celui qui se heurte à « la difficulté objective immense d'écrire contre la tradition avec les moyens conceptuels de la tradition ». Elle met alors emphatiquement les « débordements » heideggériens sur le compte du désespoir et de l'effroi : « Quand ceux qui sont encore véritablement enracinés dans la tradition sont obligés de découvrir que le fil de cette tradition est rompu et que la grande sagesse du passé ne répond à nos questions que par un silence d'airain, ils s'effraient et se mettent à proférer des paroles à tue-tête comme les enfants qui sifflent dans les bois[1]. » Mais Heidegger est-il véritablement, en 1935 comme en 1953, comparable à un enfant irresponsable et perdu ? Ni la lecture de ses *Cahiers noirs* ni la connaissance que nous avons aujourd'hui de ses stratégies de relégitimation après 1945 ne nous autorisent à le penser.

Arendt réduit l'article de son ami à une « analyse linguistique », sans affronter ni réfuter ses analyses critiques précises, qui portent bel et bien sur le fond du propos : la déshumanisation heideggérienne, son goût de la violence, son éloge de la vérité interne du mouvement nazi. Éludant le fond du problème, elle

---

qui s'allie à Sternberger » (Hannah Arendt – Heinrich Blücher, *Correspondance 1936-1968*, trad. par Anne-Sophie Astrup, Paris, Calmann-Lévy, 1999, p. 281).

[1]. La lettre est citée par A. Grunenberg, *Hannah Arendt et Martin Heidegger...*, *op. cit.*, p. 343.

contre-attaque avec virulence, de façon tour à tour personnalisée et politique. Arendt affirme que «les dissonances qui parcourent la pensée de Heidegger sont bien moins graves que l'escroquerie professionnelle de Rüstow et compagnie». Et elle reproche à Sternberger de vouloir se «normaliser» au moment où s'effectuerait, en Amérique et ailleurs, une «mise au pas» bien plus sûre, selon elle, que celles, démodées, des «appareils bolcheviques et fascistes». En stigmatisant ainsi la supposée *Gleischaltung* américaine et occidentale – ce qu'elle se garde alors d'effectuer aussi nettement dans ses écrits publics –, Arendt pratique l'argument de la diversion politique qui sera abondamment repris par tous les apologistes. Par ailleurs, intellectuellement et philosophiquement parlant, c'est tout le contraire d'une «normalisation» qu'accomplit Sternberger dans son article. En ce début des années 1950, rétabli dans son enseignement, Heidegger triomphe en Allemagne et Dolf Sternberger apparaît bien seul, dans sa critique approfondie et sans concession de la déshumanisation heideggérienne, dans la pensée comme dans la langue.

Sternberger répond à Arendt que «le style est la pensée même». Par ailleurs, il conteste, entre autres choses, sa vision de l'Allemagne d'après guerre. C'est une erreur considérable que de croire que des gens comme Rüstow ont le dessus. Au contraire, «des milliers d'auditeurs bouche bée viennent écouter Heidegger». Il n'y a, déplore Sternberger, «presque plus personne qui ose contredire le *magus*»[1].

En ce début des années 1950, Hannah Arendt participe activement à cette restauration, et pas seulement en Allemagne. On ne trouve alors guère de critique philosophique articulée en Allemagne contre Heidegger à part celle, pertinente sur l'historicité mais passablement ambivalente, de Löwith, et celle, plus mesurée encore, de Krüger. Rüstow constitue donc une exception, mais ses critiques demeurent principalement orales ou noyées dans ses traités volumineux; Dolf Sternberger plus encore, dont la critique est davantage approfondie et bien mieux construite. Arendt s'emploie par ses lettres à neutraliser en privé les critiques de son ami. Elle y parvient suffisamment pour que, après une recension critique

---

1. *Ibid.*, p. 344.

des textes de Heidegger sur la technique parue l'année suivante, Sternberger ne s'exprime plus sur ce dernier du vivant d'Arendt, à l'exception d'une très courte intervention télévisée en 1969.

Au moment de la célébration du quatre-vingtième anniversaire du *magus*, Sternberger, dans un propos bref et sobre, aux antipodes du discours arendtien, rappelle son propre itinéraire intellectuel et sa distance inchangée en ces termes :

> Les personnes humaines m'apparaissaient alors et m'apparaissent aujourd'hui plus importantes que la structure du *Dasein*, l'histoire effective que l'« historicité » abstraite et l'expérience du monde que l'effort pour découvrir de purs phénomènes. Et non seulement plus importante, mais avant tout plus véridique, si nous considérons notre *conditio humana*[1].

La référence à la *conditio humana*, cette expression dont Arendt avait fait le titre d'un livre heideggérien et pour laquelle elle proposait comme synonyme, dans sa version allemande, le mot *Dasein*[2], peut être perçue comme une réserve discrètement exprimée à l'égard des positions heideggériennes de son amie et du dithyrambe qu'elle venait de prononcer à la radio allemande. Notons enfin qu'une décennie après la mort d'Arendt Dolf Sternberger reviendra une dernière fois sur Heidegger dans une recension caustique et distanciée, à nouveau principalement centrée sur le choix et l'usage des mots, de la réédition, par Hermann Heidegger, du *Discours de rectorat*, accompagné d'un texte apologétique rédigé par Heidegger en 1945[3]. C'est de l'examen de ce texte de 1945 que procéderont les recherches critiques de Hugo Ott.

---

1. « *Mir schienen damals und scheinen heute die menschlichen Personen wichtiger als die Strukturen des "Daseins", die wirkliche Geschichte wichtiger als die abstrakte "Geschichtlichkeit" und die Welterfahrung wichtiger als die Bemühung, reine Phänomene aufzudecken. Und nicht nur wichtiger, sondern vor allem wahrhaftiger, wenn wir unsere conditio humana bedenken* » (D. Sternberger, « Bekenntnis an Heideggers 80. Geburtstag », *Gang zwischen Meistern, op. cit.*, p. 220).

2. Voir *infra*, chap. 10, § 44.

3. L'auteur s'arrête sur les mots et expressions « *Kampf* », « *Im Sturm* » et « *Größe* » (D. Sternberger, « Die großen Worte des Rektors Heidegger. Eine philologische Untersuchung », *Gang zwischen Meistern, op. cit.*, p. 221-231).

41. Désolation du monde et incrimination de la logique : Heidegger et Arendt au début des années 1950

Au début des années 1950, le succès éditorial des *Origines du totalitarisme*, avec sa critique des totalitarismes mettant en cause l'Union soviétique, ouvre à Hannah Arendt des opportunités considérables dans le cadre de la guerre froide. Elle est invitée par le Congrès pour la liberté de la culture (CCF), fondé en 1950 à Paris et largement financé par la CIA, et participe au colloque de Milan du CCF de 1955 sur «L'avenir de la liberté». Ce sont également les universités américaines qui lui ouvrent leurs portes. Dès 1951, elle se voit invitée à Yale où elle dispense un séminaire sur Jaspers et Heidegger. À l'automne 1953, elle est la première femme invitée à Princeton dans le cadre du prestigieux séminaire Christian Gauss, où elle intervient sur «Karl Marx et la tradition de la pensée politique occidentale[1]». En janvier 1954, elle se voit, peu avant la mort de son ami Waldemar Gurian, conviée par ce dernier à l'Université Notre Dame, pour une série de conférences sur «Philosophie et politique». Elle avait déjà donné dans la même université, en décembre 1950, une conférence sur «Idéologie et propagande[2]». Et en février-mai 1954, la voici professeur invité à Berkeley, pour un cours sur «Les théories politiques européennes». Elle donnera dans la même université, l'année suivante, un cours sur «L'histoire des théories politiques» de Machiavel à Tocqueville et Marx, dont le manuscrit est consultable sur le site des Hannah Arendt Papers[3].

---

1. Les Hannah Arendt Papers contiennent deux versions dactylographiées et enrichies de notes manuscrites de ces conférences («Karl Marx and the Tradition of Western Political Thought», lectures, Christian Gauss Seminar in Criticism, Princeton University, 1953; voir à ce propos l'essai de Talma Weisman, *Hannah Arendt and Karl Marx: On Totalitarianism and the Tradition of Western Political Thought*, Lanham, Boulder et New York, Lexington Books, 2013).
2. H. Arendt, HAP, «Ideology and Propaganda», lecture, University of Notre Dame, 1950.
3. H. Arendt, Courses, University of California, Berkeley, History of Political Theories-Lectures: Introduction, Machiavelli, Locke, Hobbes, Rousseau, Transition to Modern Age, Montesquieu, Tocqueville, Marx, Conclusion. Dans la bibliographie donnée au début du cours, Jaspers n'est pas mentionné et Heidegger n'apparaît

Dans sa conclusion, Arendt, pour illustrer l'«absence de monde» *(wordlessness)* qui s'étend, reprend la métaphore nietzschéenne du désert qui croît, que Heidegger avait déjà faite sienne dans son cours intitulé *Qu'appelle-t-on penser?* et que l'on citera plus bas.

Comme l'a bien perçu l'un de ses premiers critiques, Philip Rieff[1], Arendt avait eu l'ambition – avec son volumineux triptyque de 1951 qu'elle a songé un temps à intituler «Le Fardeau de l'homme moderne» – de proposer, après la Seconde Guerre mondiale, une sorte d'équivalent de ce que *Le Déclin de l'Occident* d'Oswald Spengler avait représenté en 1918, à l'issue de la Première Guerre mondiale : le diagnostic d'une nouvelle crise de civilisation dans l'esprit des *Kulturkritiker* allemands. Dans l'*opus* arendtien, cependant, il n'est plus seulement question de déclin mais de désespoir, et la peinture spenglérienne de la plèbe a laissé place à celle du triomphe de la populace dans nos «sociétés de masse».

Cependant, le fond de la vision arendtienne ne puise pas aux mêmes sources que celle de Spengler. Celui-ci s'appuyait sur une interprétation historicisée de la morphologie goethéenne appliquée à l'histoire des civilisations quand Arendt thématise le déracinement, l'absence de patrie et le «délaissement» *(Verlassenheit)* de l'homme moderne, en s'inspirant de la conception heideggérienne de l'être-dans-le-monde exposée dans *Être et temps*. Les chapitres conclusifs des *Origines du totalitarisme*, terminés à la fin des années 1940, marquent d'ailleurs une rupture à l'égard des références intermittentes au fond d'humanisme kantien que l'on apercevait encore dans l'article de 1946. La correspondance inédite avec Dolf Sternberger a montré combien la lecture de la *Lettre sur l'humanisme* a été déterminante dans l'évolution intellectuelle d'Arendt. Fascinée par ce «dynamitage» de l'Occident et de sa tradition philosophique, n'ayant pas de philosophie propre à lui opposer, elle s'est consciemment et résolument mise dans les pas de Heidegger.

Les retrouvailles de février 1950 ont scellé cette réconciliation et ce retour, mais nous avons vu que l'adhésion intellectuelle

---

que pour le chapitre des *Chemins qui ne mènent nulle part* consacré à «Hegel et son concept de l'expérience» (HAP, n° 023969).

1. Ph. Rieff, «The Theology of Politics...», art. cité.

à la lecture des derniers écrits parus a précédé de plusieurs mois ces retrouvailles. Il ne s'agit pas seulement d'un nouvel attachement passionnel, et l'amour d'Arendt pour son ancien professeur et amant de jeunesse n'explique pas tout. Sans doute est-ce cette adhésion au propos de la *Lettre sur l'humanisme* qui a rendu possible la fameuse rencontre de Fribourg, en permettant à Arendt de surmonter ses réticences face à l'idée de revoir Heidegger.

Que Hannah Arendt ait revu Martin Heidegger est une chose. Qu'elle ait accepté de rencontrer son épouse Elfride, de se confier à elle et de l'embrasser comme une amie alors qu'elle connaissait son antisémitisme et son nazisme viscéral en est une autre, et c'est la dimension la plus trouble de la rencontre de Fribourg. Celle-ci est donc loin de se résumer aux retrouvailles entre deux anciens amants. Dans sa correspondance avec Arendt, Heidegger évoque en effet d'emblée ce qu'il nomme « le dialogue entre ma femme et toi » dans lequel auraient trouvé à s'accorder les « bonnes volontés qui, de part et d'autre, avaient cœur à s'entendre »[1]. Il se réjouit du « climat serein de confiance réciproque entre nous trois[2] ». C'est ainsi, écrit-il, que « l'accord a pris vie[3] ».

Arendt écrit le lendemain à Heidegger, alors qu'elle n'a pas encore reçu sa lettre, évoquant pour sa part, à propos d'Elfride, le « sentiment soudain de solidarité avec elle ; et de sympathie profonde et croissante » qu'elle a « soudainement éprouvé pour elle »[4]. Le jour d'après, alors qu'elle a reçu la lettre de Heidegger, Arendt écrit cette fois directement à Elfride. Elle rappelle que cette dernière « n'a jamais fait mystère de [ses] convictions, aujourd'hui tout aussi peu qu'hier, même en ce qui [la] concerne », et notamment le fait d'être d'emblée « catalogué – juif, allemand, chinois ». Arendt se dit prête à une « franche discussion politique » à condition qu'elle ne comporte pas d'« argument *ad hominem* », et elle

---

1. Martin Heidegger à Hannah Arendt, le 8 février 1950 (*Lettres et autres documents 1925-1975, op. cit.*, p. 76).
2. *Ibid.*
3. *Ibid.*, p. 77.
4. Hannah Arendt à Martin Heidegger, le 9 février 1950 – copie dactylographiée conservée par Arendt (*ibid.*, p. 79).

exprime son étonnement à propos du fait qu'Elfride a mentionné Jaspers comme un possible arbitre de leurs échanges.

À chacune de ses lettres de cette période, Martin Heidegger revient non sans insistance sur cette connivence supposée entre Elfride et Hannah. Le 19 février, il enjoint à Hannah de demeurer « aussi proche d'Elfride[1] » qu'elle a pu l'être à Fribourg. Le 12 avril, il lui rappelle la contribution d'Elfride à leur « proximité » retrouvée et estime que leur amour a « besoin du sien »[2]. Par ailleurs, à côté du flot de poèmes kitsch ponctués de *Ach!* qu'il adresse à Arendt les premiers mois de leurs « retrouvailles[3] », ce qui est sérieusement en jeu apparaît dans la lettre d'auto-disculpation qu'il lui adresse le 6 mai 1950. On y apprend tout d'abord – fait peu relevé par les biographes – qu'Arendt lui aurait écrit dès 1948, pour lui retourner un manuscrit jadis confié. Heidegger laisse ensuite entendre qu'il aurait pris ses distances avec l'engagement du rectorat dès 1934, et avec l'évolution politique de l'Allemagne dès 1937-1938. Il se justifie de ses attaques contre Jaspers et son « écriture chiffrée » et lui dicte sa définition de la « réconciliation » mettant en jeu le « monde », bel exemple de ce qu'Adorno nommera le *Jargon de l'authenticité*[4].

Si nous ne possédons pas les lettres d'Arendt qui suivront sa lettre à Elfride, la « solidarité » et la « sympathie » exprimées, selon ses termes, pour cette antisémite notoire et demeurée nazie, que les réponses perdues ne semblent pas avoir démenties si l'on en croit les lettres de Heidegger, ne vont pas sans poser problème. Intégrer Elfride dans un « accord » à trois, c'est en effet intégrer dans la relation amoureuse le nazisme passé et présent du couple Heidegger. Bientôt, c'est ensemble que les deux femmes œuvre-

---

1. *Ibid.*, p. 90.
2. *Ibid.*, p. 93.
3. « Retrouvailles » est le titre d'un poème que Heidegger lui adresse ce même 6 mai 1950, trois mois après la fameuse soirée du 7 février dans un hôtel de Fribourg (*ibid.*, p. 107). Il se trompe d'ailleurs d'un jour et met en sous-titre du poème : « Pour le 6 février 1950 ».
4. « Par réconciliation, Hannah, il faut entendre : cela qui abrite en soi une richesse qu'il nous faut porter à son terme jusqu'à l'ultime revirement par lequel le monde surmonte l'esprit de ressentiment » (*ibid.*, p. 105). Sur le *Jargon* selon Adorno, voir *infra*, chap. 11, § 51.

ront à la réhabilitation et à la défense de l'ancien recteur nazi qui est aussi leur époux et ancien amant. Elles iront jusqu'à correspondre directement l'une avec l'autre à ce propos lorsque Heidegger sera mis sur la touche dans la seconde moitié des années 1960. Comme le souligne bien Elzbieta Ettinger, Arendt « était à la fois juive et célèbre, et son soutien pouvait par conséquent neutraliser dans une certaine mesure les accusations persistantes d'antisémitisme qui visaient Heidegger[1] ». Ce pacte à trois, ou même à quatre si l'on inclut Blücher – qui admire Heidegger malgré certaines réserves[2] –, montre que la relation Arendt-Heidegger après 1950 recèle d'autres dimensions que la romance à laquelle bien des biographes la réduisent.

Les notes conservées des premiers enseignements universitaires d'Arendt, au printemps 1951 à Yale, portent la trace de ce retour assumé à Heidegger. Elle consacre en effet un séminaire à présenter *Être et temps* à ses étudiants. Ses notes manuscrites, très didactiques, qui ne comportent aucune trace des critiques acerbes développées dans l'article de 1946, comprennent notamment un long glossaire où elle écrit comment rendre en anglais les principaux termes du livre – rappelons en effet qu'*Être et temps* ne sera traduit en anglais pour la première fois qu'en 1962, par une ancienne étudiante américaine de Heidegger, Joan Stambaugh. Trois pages dactylographiées par Arendt exposent de façon relativement précise, mais scolaire, la conception heideggérienne de l'être-dans-le-monde[3]. On y lit que les déterminations ontologiques de l'être-là doivent être fondées *a priori* dans la constitution de l'être qui a été nommée l'être-dans-le-monde. Il s'agit donc d'interpréter cette constitution et de se mettre pour cela en quête du «Qui?» *(Who?)* en demandant: «Qui est le *Dasein*?» Arendt insiste sur

---

1. E. Ettinger, *Hannah Arendt et Martin Heidegger*, op. cit., p. 89.
2. À propos des réserves de Blücher, voir notamment sa discussion de Heidegger dans la troisième séance enregistrée de son cours de l'été 1952 à Bard College intitulé «Why and How Do We Study Philosophy?» (http://www.bard.edu/bluecher/lectures/why_study/why_study_page2.htm).
3. Hannah Arendt, Courses-Yale University, New Haven, Conn. Heidegger, Martin, and Karl Jaspers, seminar-1951, HAP n° 024229, 02431, 02430 [erreur de numérotation des archives, la page 3 est numérotée avant la page 2].

le fait qu'«être-dans» ne désigne pas une relation ontique entre deux choses étendues, comme l'eau dans le verre, le banc dans la classe ou la classe dans l'université, mais une relation ontologique. Il ne s'agit pas d'une catégorie, mais d'un existential où le «dans» exprime l'habiter, ce que rend bien l'anglais *to dwell*. Par toute une série de remarques maniant termes allemands et expressions anglaises, Arendt peut alors glisser de l'«être-dans» à l'«être-avec»: l'être-dans-le-monde est au fond un être-avec-le-monde.

Nous ne savons pas comment cette première acclimatation des existentiaux heideggériens en langue anglaise fut accueillie par les étudiants. Le fait est qu'Arendt n'a pas prolongé l'expérience de Yale et que ses conférences et enseignements ultérieurs vont prendre un tour plus conforme, sans doute, à ce que l'on pouvait alors attendre de l'auteur des *Origines du totalitarisme*.

C'est en 1952, durant cette période de transition entre la publication de son ouvrage sur le totalitarisme et sa reconnaissance académique, qu'Arendt va rédiger en allemand son article sur «Idéologie et terreur», pour un recueil de *Mélanges* en l'honneur de Karl Jaspers[1], article qui formera le chapitre conclusif de l'édition allemande des *Origines du totalitarisme* et des rééditions actuelles. Elle publiera en outre en anglais, en juillet 1953, une version plus étendue du texte dans *The Review of Politics*, sous le titre développé: «Idéologie et terreur. Une nouvelle forme de gouvernement». Arendt reprend dans cet essai des thèmes déjà exposés dans sa conférence à Notre Dame de 1950 intitulée «Idéologie et propagande», comme le rôle de la «terreur totalitaire» et de l'idéologie. Mais on remarque plusieurs nouveautés.

Un changement de registre tout d'abord. Arendt ne se limite plus, comme dans le chapitre conclusif de 1951, à exposer le diagnostic d'une critique de la culture à l'allemande, elle propose un essai de théorisation politique. La typologie des régimes politiques développée dans la philosophie politique occidentale d'Aristote à Montesquieu ne serait pas exhaustive. Le totalitarisme correspondrait selon elle à un nouveau type de régime politique, à ne pas confondre avec la tyrannie ni avec la dictature. Arendt s'essaie à

---

[1]. H. Arendt, «Ideologie und Terror», *Offener Horizont, op. cit.*

définir, à la façon de Montesquieu, un principe et une essence à ce nouveau type de régime. Le texte est divisé en trois parties séparées par deux espaces blancs dans la version longue en langue anglaise, tandis que dans la version en langue allemande, plus concise, les deux premières parties n'en forment qu'une seule[1]. Arendt entend montrer, dans la première partie de la version anglaise suivie par la traduction française, que la terreur serait l'essence du régime totalitaire[2], tandis que, dans sa deuxième partie, elle soutient que son principe ne consisterait pas dans l'idéologie elle-même, mais dans la « logique inhérente[3] » à cette idéologie[4]. On assiste alors à une véritable criminalisation de la logique, considérée comme principiellement responsable de la domination totalitaire[5].

Ce dernier thème, et d'autres encore, participent de la seconde caractéristique de cet essai, à savoir l'influence manifeste et déterminante de Heidegger sur la vision que développe désormais Arendt. Cette influence se voit déjà dans la mise en cause radicale de la pensée logique, exposée par Heidegger le 23 mai 1952, lors de la première des deux séances de son cours intitulé *Qu'appelle-t-on penser?* auxquelles Arendt avait assisté à l'occasion de son séjour à Fribourg[6]. Comprendre la pensée comme « "représentations" logiques et rationnelles » apparaît à Heidegger comme un appauvrissement maximal du « penser » *(Gedanc)* original[7] – Heidegger utilise ici une forme archaïque du terme allemand *Gedanke*. Ce cours du 23 mai 1952 et les conséquences qu'Arendt va en tirer

---

1. H. Arendt, *Elemente und Ursprung totalitäre Herrschaft*, op. cit., p. 944-971.
2. H. Arendt, *Les Origines du totalitarisme*, op. cit., p. 813-824.
3. *Ibid.*, p. 830.
4. *Ibid.*, p. 824-832.
5. Blücher développe une semblable mise en cause de la logique dans la formation du totalitarisme dans un cours non daté dispensé à Bard College et intitulé « The Hidden Principles of Totalitarianism : Logos and Nihilism ». Il n'en existe pas à ce jour de transcription mais un enregistrement audio (http://www.bard.edu/library/audio/bmn/EMtape2a.mp3).
6. Hannah Arendt a assisté aux troisième et quatrième séances de ce cours, les vendredis 23 et 30 mai 1952 (Hannah Arendt – Martin Heidegger, *Lettres et autres documents 1925-1975*, op. cit., p. 314).
7. M. Heidegger, *Was heisst Denken?*, Tübingen, Max Niemeyer, 1984, p. 91 ; *Qu'appelle-t-on penser?*, trad. de l'allemand par Aloys Becker et Gérard Granel, Paris, PUF, 1959, p. 145.

se révéleront déterminants pour l'élaboration de ses thèses directrices. En effet, si l'on se donne comme prémisses l'opposition heideggérienne entre pensée et logique, d'une part, et la thèse arendtienne selon laquelle le « système logique » est constitutif du totalitarisme, d'autre part, nous pouvons mieux comprendre comment elle a pu en venir à ses conclusions de 1963 sur l'« absence de pensée » d'Eichmann, planificateur de la « Solution finale ».

L'ascendant exercé par Heidegger sur Arendt se voit également au thème développé dans la troisième partie de l'essai. Elle annonçait, au début du nouveau chapitre, que la domination totalitaire révélait une « expérience fondamentale » que les hommes peuvent faire lorsqu'ils vivent ensemble[1]. C'est dans la troisième partie qu'elle revient sur cette expérience pour la décrire[2]. Il s'agit de l'« abandon » *(Verlassenheit)*, ou, dans la version anglaise, de la « solitude » *(loneliness)*, de celui qui se voit séparé des autres hommes mais aussi de son propre « soi[3] ». Comme l'écrit Arendt dans la version allemande, souvent proche de la terminologie heideggérienne :

> La destruction de la pluralité, accomplie par la terreur, a pour conséquence le sentiment qu'éprouve chaque individu d'être complètement abandonné *(verlassen)* par tous les autres (l'institution des camps de concentration dont les détenus devaient, chacun, être oubliés par tous, et de leur propre famille, repose sur l'exacte inversion du principe en vigueur dans toute communauté normale [...]). Le raisonnement qui procède d'un tel abandon *(Verlassenheit)* est le processus de la déduction logique qui [...] s'en tient à une unique prémisse [...]. L'expérience fondamentale de la vie commune réalisée par un régime totalitaire est celle de l'abandon *(Verlassenheit)*[4].

---

1. H. Arendt, *Les Origines du totalitarisme*, op. cit., p. 814.
2. *Ibid.*, p. 832-838 ; *Elemente und Ursprünge totaler Herrschaft*, p. 971-979.
3. Dans la version française de l'édition Bouretz, le mot *loneliness* de la version anglaise est traduit par « désolation », terme qui consonne bien avec la métaphore nietzschéenne du désert qui s'étend. « Désolation » est cependant moins proche du mot allemand *Verlassenheit*, utilisé dans la version originelle du texte en allemand, et qui signifie avant tout l'abandon, le délaissement. C'est un terme que Heidegger a pu trouver dans les sermons allemands de Maître Eckhart.
4. H. Arendt, *Elemente und Ursprünge totaler Herrschaft*, op. cit., p. 975 : nous suivons en la modifiant quelque peu la traduction de l'article allemand « Idéologie

Arendt pose cette *loneliness* ou *Verlassenheit*, cette solitude ou abandon, comme le contraire de la communauté et du vivre-ensemble, que l'institution des camps aurait pour objectif de produire dans les régimes totalitaires. Mais il s'agit en même temps, dans sa vision, de la condition propre à l'homme moderne et qui le pousse à rejoindre ces mêmes mouvements totalitaires :

> Ce qui précipite si facilement les hommes modernes vers les mouvements totalitaires et les prépare si bien à une domination de ce type, c'est l'état d'abandon *(Verlassenheit)* partout croissant[1].

Par ailleurs, Arendt considère la logique comme la forme même du *verlassenen Denken*, de la pensée abandonnée et solitaire. Enfin, dans son *Journal de pensée*, elle rapproche cet abandon de l'être-jeté, ou *Geworfenheit* heideggérienne[2].

La diversité de ces énoncés arendtiens ne doit pas nous empêcher de discerner le centre de son propos et ce qu'il induit. Car cette interprétation du totalitarisme fausse radicalement la compréhension que nous pouvons avoir du national-socialisme. Celui-ci vise en effet à produire non pas du tout une atomisation des individus, mais au contraire la cohésion essentielle, organique ou ontologique, selon les différentes versions de sa vision du monde, de la communauté du peuple. Dans ses *Cahiers noirs*, Heidegger parle à ce propos, nous l'avons vu, et en jouant sur le déplacement du trait d'union entre les syllabes, du passage de la solitude *(Allein-heit)* à l'unité du tout *(All-einheit)* du peuple. En inversant radicalement les choses, Arendt prend le risque de présenter la dérive de cette fusion communautariste et *völkisch* du national-socialisme comme représentant *la* solution la plus radicale à la prétendue atomisation totalitaire, et de faire de Heidegger celui qui nous aide à surmonter la « pensée abandonnée » de la

---

et terreur », plus proche de la version allemande que l'original en anglais : *Idéologie et terreur, op. cit.*, p. 113-114, trad. modifiée.

1. *Ibid.*, p. 978 ; trad. fr., p. 121 (trad. modifiée).
2. H. Arendt, *Journal de pensée, op. cit.*, cahier XI, 11, octobre 1952, t. I, p. 287. Ce rapprochement est signalé par Pierre Bouretz (H. Arendt, *Idéologie et terreur, op. cit.*, p. 114).

logique, principe selon elle du totalitarisme, au profit de l'acquiescement *(Gelassenheit)* heideggérien à l'être. Bref, Arendt nous fait prendre le mal pour le remède.

Ce qui selon Arendt rend effectif cet abandon, c'est la destruction de toute pluralité par la terreur totalitaire et la contrainte de son «système logique». Arendt rapporte l'abandon au «déracinement[1]» et utilise à son propos la métaphore de la «tempête de sable», capable de «mettre le désert lui-même en mouvement»[2]. Nous sommes tout à fait dans la tonalité du cours de Heidegger déjà cité, d'autant que, outre les deux séances auxquelles elle a pu assister, ce dernier lui a lu «la majeure partie de son cours magistral», comme elle le rapporte à Blücher dans une lettre du 24 mai 1952[3]. Elle doit donc connaître la teneur des premières séances du cours, dispensées au semestre précédent. Or, dans la troisième séance du cours du semestre d'hiver 1951-1952, Heidegger, après avoir mentionné le thème spenglérien du «déclin de l'Occident[4]» – dans lequel il verra plus loin une parole «juste[5]» –, remonte au mot fameux de l'auteur du *Zarathoustra*:

> Nietzsche dit sur ce sujet cette parole simple, parce que pensée: «Le désert croît...» Ce qui veut dire: la désolation s'étend. Désolation est plus que destruction. Désolation est plus sinistre qu'anéantissement. [...] Le Sahara en Afrique n'est qu'une forme de désert. La désolation de la terre peut s'accompagner [...] de l'organisation d'un état de bonheur uniforme de tous les hommes[6].

Dans son exemplaire dédicacé du cours, Arendt a souligné la citation de Nietzsche ainsi qu'une phrase du commentaire de Heidegger sur la destruction et la désolation[7]. Ainsi les deux textes

---

1. H. Arendt, *Les Origines du totalitarisme, op. cit.*, p. 834.
2. *Ibid.*, p. 838.
3. Hannah Arendt – Heinrich Blücher, *Correspondance 1936-1968, op. cit.*, p. 250.
4. M. Heidegger, *Qu'appelle-t-on penser?, op. cit.*, p. 35.
5. *Ibid.*, p. 39.
6. *Ibid.*, p. 35-36.
7. Voir aux pages 11 et 14 de l'exemplaire numérisé déjà cité et conservé à Bard College.

de Heidegger et d'Arendt développent-ils, l'un et l'autre, cette expérience fondamentale de la « désolation » qui caractériserait selon eux l'homme moderne[1], et l'un et l'autre prennent appui sur la métaphore du désert qui s'étend. Ce qui signifie que la condition de possibilité du régime totalitaire tel que l'entend Arendt ne réside en réalité ni dans son principe supposé – la logique de l'idéologie –, qui perd sa dimension principielle, ni dans son essence – la terreur –, mais bien dans l'expérience « pré-totalitaire » de la désolation qui marque, selon elle, nos sociétés de masse modernes.

Arendt écrit en ce sens :

> Ce qui, dans le monde non encore totalitaire, prépare les hommes à la domination totalitaire, c'est le fait que la désolation, qui jadis constituait une expérience limite [...] est devenue l'expérience quotidienne des masses toujours croissantes de notre siècle[2].

En bref, au principe de la domination totalitaire, c'est bel et bien l'expérience fondamentale et quotidienne de la désolation ou du délaissement, « étroitement liée au déracinement et à la superfluité[3] », que l'on rencontre.

Par ailleurs, Arendt décrit l'« aptitude au raisonnement logique dont la prémisse est l'évident en soi », comme « entièrement indépendante de la pensée ». Elle tend ainsi à dissocier radicalement, voire à opposer l'une à l'autre, à la suite de Heidegger, raison et pensée. Arendt refuse en outre que les « règles élémentaires de l'évidence », qui « ne peuvent devenir fausses même dans l'état de désolation absolue », soient abusivement confondues avec la « vérité »[4]. S'inspirant de la conception heideggérienne de la vérité entendue comme « dévoilement » *(aletheia)*, elle soutient que l'évidence « n'est aucunement la vérité car elle ne dévoile rien ».

---

1. Si les traductions françaises de « Idéologie et terreur » et de *Qu'appelle-t-on penser ?* emploient le même mot « désolation », nous avons vu qu'Arendt parle de *Verlassenheit*, tandis que Heidegger parle ici de *Verwüstung*, qui a la même racine que *die Wüste*, « le désert ».
2. H. Arendt, *Les Origines du totalitarisme*, op. cit., p. 837.
3. *Ibid.*, p. 834.
4. *Ibid.*, p. 836.

Quel rapport y a-t-il entre cette récusation toute heideggérienne de la raison et de l'évidence et l'expérience de la désolation ? C'est que, selon Arendt, « dans l'état de désolation, l'évident en soi [...] commence à être productif ». La logique d'une idée peut ainsi se déployer sans limites et donner lieu à la domination d'une idéologie avec son corollaire, la terreur totalitaire.

Dans les conférences qu'elle donne en 1954 à la New School of Social Research sur « La nature du totalitarisme », Arendt va plus loin. Mettant en cause la « logique du raisonnement », elle en vient à parler du « dispositif meurtrier des opérations de pure logique[1] ». Désormais, ce n'est plus l'idéologie, mais la seule « cohérence logique » qui est présentée comme le principe des régimes totalitaires[2]. Bref, à partir du début des années 1950 et sous l'influence de Heidegger, Arendt va jusqu'à remettre en question la logique comme telle, et à ressasser une thèse tout à la fois caricaturale et excessive, en outre affirmée sans démonstration ni analyse du corpus des textes idéologiques nationaux-socialistes, celle de la responsabilité de la raison logique dans la formation du totalitarisme.

Il est certes possible de montrer que la vision du monde nationale-socialiste tient dans un petit nombre d'idéologèmes : affirmation de soi de la communauté du peuple allemand ou *Volksgemeinschaft*, vocation de l'essence ou de la race germanique à dominer les autres peuples, désignation de l'ennemi intérieur et extérieur comme à exterminer, criminalisation de ce que les nazis appelleront la « juiverie ». Ces idéologèmes se retrouvent à l'identique dans les différents registres de textes nazis, qu'ils soient exprimés sans détour dans les discours et écrits d'un Ernst Krieck par exemple, ou de façon plus sophistiquée dans les enseignements d'un Martin Heidegger, qui ne sont pas, dans leur teneur, les moins radicaux ni les moins violents. Mais ce *nucleus* nazi est nocif par son contenu et son appel au passage à l'acte. Considéré du point de vue de la pensée logique, sa pauvreté est extrême. Le langage de Heidegger, par exemple, est assertorique et non pas

---

1. H. Arendt, *La Nature du totalitarisme*, édition, traduction et préface de Michèle-Irène Brudny de Launay, Paris, Payot, 2006, p. 104-105.
2. *Ibid.*, p. 104.

déductif, même lorsqu'il en vient à promouvoir « une seule idée », comme dans le séminaire hitlérien dispensé lors du semestre d'hiver 1933-1934 :

> Ce n'est que là où le *Führer* et ceux qu'il conduit se liguent en un *unique* destin et combattent pour la réalisation d'*une* idée que peut croître l'ordre vrai. [...] Alors l'existence et la supériorité du *Führer* se sont enfoncées dans l'être, dans l'âme du peuple pour le lier originellement et passionnément à sa tâche[1].

S'il est bien question d'*une* idée commune, c'est la relation du guide et de sa suite : *Führung* et *Gefolgschaft*, c'est le « principe du Führer » *(Führerprinzip)* hitlérien et nazi qui est ici présenté comme assurant la réalisation de cette idée. L'emprise et la domination hitlériennes et nazies, telles que les thématise positivement Heidegger, relèvent d'une relation existentielle de domination et de possession radicales de l'âme et de l'être du peuple par le *Führer*, unis dans l'action et le combat, et non de la contrainte d'une déduction rationnelle et logique.

En bref, nous avons pu montrer à quel point le propos arendtien, dans « Idéologie et terreur », s'inspire de la vision heideggérienne, où la « désolation » propre à l'époque moderne est décrite en relation étroite avec la récusation de la raison logique. Après la lecture de la *Lettre sur l'humanisme*, des essais et conférences réunis dans les *Chemins qui ne mènent nulle part* et après les retrouvailles avec Heidegger et l'assimilation de l'essentiel de son cours intitulé *Qu'appelle-t-on penser ?*, Hannah Arendt a repris et infléchi le propos des *Origines du totalitarisme* dans ce nouveau chapitre ainsi que dans les pages ajoutées au chapitre précédent, en prenant appui sur un fond tout heideggérien. Ses notions d'absence de patrie *(Heimatlosigkeit)* dans ces pages ajoutées, de déracinement ou d'absence de sol *(Bodenlosigkeit)*, de désolation ou de délaissement *(Verlassenheit)* dans le chapitre intitulé « Idéologie et terreur » constituent tout à la fois la reprise et la transposition de notions

---

1. Cité dans E. Faye, *Heidegger, l'introduction du nazisme dans la philosophie*, *op. cit.*, p. 230.

heideggériennes comme la désolation et l'oubli ou le délaissement de l'être *(Seinsverlassenheit)*.

Ce qu'Arendt apporte de nouveau, c'est le fait de mettre ces termes au service d'un essai de théorisation d'un nouveau régime politique. Cependant, si ce n'est plus l'oubli de l'être, mais l'oubli du monde et de l'espace politique qui est désormais thématisé, la vision fondamentale d'Arendt et la façon dont cette vision est structurée demeurent celles mêmes de Heidegger. Ce point capital est trop rarement perçu par les commentateurs d'Arendt, qui la créditent trop vite d'avoir pris ses distances théoriques avec lui, alors que les quelques points de critique qui affleurent dans son propos apparaissent en réalité secondaires en regard du fond de vision qu'elle a tiré de lui.

42. L'INTRODUCTION DE HEIDEGGER
DANS LES SCIENCES POLITIQUES

La continuité profonde entre Heidegger et Arendt se vérifie à propos d'une conférence de l'année 1954, qui va marquer la reconnaissance publique d'Arendt comme théoricienne politique. Certes, toutes les déterminations d'*Être et temps* n'y sont pas reprises. Nous avons vu ainsi que, dans son article de 1946 sur la philosophie de l'existence, Hannah Arendt ne disait mot de l'historicité. Après la publication de la *Lettre sur l'humanisme* où ce terme est remis en valeur dans la perspective, non plus de la constitution fondamentale du *Dasein* mais de l'« histoire de l'être », il est devenu difficile d'évoquer Heidegger sans aborder ce thème, d'autant qu'il va bientôt figurer au cœur de la critique développée par Karl Löwith. En 1952 paraît en effet, dans la *Neue Rundschau*, un article de ce dernier intitulé « Martin Heidegger. Penseur en temps de détresse[1] ». Löwith critique dans son essai le passage de

---

1. K. Löwith, «Martin Heidegger. Denker in dürftiger Zeit», *Die Neue Rundschau*, LXIII, 1952, p. 1-27. Il rééditera cet article en 1960 comme la seconde partie d'un livre portant le même titre et réunissant aussi deux autres essais critiques sur Heidegger parus dans la *Neue Rundschau*. En 1952, Löwith est à la pointe de la critique à l'égard de Heidegger. Ni l'article ni le livre ne seront jamais traduits

l'histoire *(Geschichte)* au destin *(Geschick)*[1]. Et, dans une lettre du 7 juin 1952 adressée à Hannah Arendt, Heinrich Blücher évoque l'article de Löwith en ces termes :

> Löwith a écrit un nouvel article dans la *Rundschau* sur Heidegger, philosophe des temps de détresse, qui est mieux que le premier[2]. Il remet en question le concept d'histoire de Heidegger, qui, comme je te l'ai toujours dit, a là son point faible. [...] Heidegger n'aurait pas tort d'être attentif à ces critiques, et ça te donnerait peut-être l'occasion de remettre un peu en question son concept d'historicité[3].

À Blücher qui l'invite ainsi à un regard plus distancié sur Heidegger et son existential de l'historicité, Arendt répond, le 13 juin 1952, par une dure critique de Löwith :

> J'ai lu le second article de Löwith chez Jaspers. Je ne suis pas tout à fait de ton avis, je te suis sur ce que tu dis de son concept d'histoire, qui est lamentable, mais il faut dire qu'en ce moment il n'a pas un rôle bien important ; la tactique de Löwith, qui consiste à déboulonner Heidegger en utilisant ses propres concepts, me semble n'avoir pas beaucoup de sens. Et le concept d'histoire de Löwith, qui consister à s'arranger avec Overbeck et le christianisme, ne me semble pas de taille à en finir avec Heidegger. Ça ne sert pour ainsi dire à rien d'en parler[4].

---

en français alors qu'il s'agit de l'une des premières discussions critiques importantes de l'œuvre heideggérienne. L'ouvrage d'Arendt, *Men in dark Times*, paru en 1968, semble par son titre et sa préface une forme de réponse au livre de Löwith. Comme lui, mais de façon bien plus apologétique, elle historicise l'œuvre de Heidegger et voit dans les analyses d'*Être et temps* « certaines expériences fondamentales de l'époque et leur description conceptuelle » (H. Arendt, *Vies politiques, op. cit.*, p. 9).

  1. « L'"histoire" est maintenant le mot pour le "destin d'un envoi" (*"Geschichte" ist nun das Wort für das "Geschick einer Schickung"*) », écrit ainsi Löwith, « Martin Heidegger. Denker in dürftiger Zeit », art. cité, p. 24.
  2. Blücher fait allusion au premier article allemand sur Heidegger de Löwith intitulé « Le tournant de Heidegger *(Heideggers Kehre)* », *Die Neue Rundschau*, LXII, 1951, p. 48-79.
  3. Hannah Arendt – Heinrich Blücher, *Correspondance 1936-1968, op. cit.*, p. 259 (trad. modifiée).
  4. *Ibid.*, p. 261.

La suite de la lettre montre qu'Arendt s'inquiète avant tout de Heidegger, avec lequel elle a parlé de Löwith, et qui se montre « terriblement blessé » par les articles de son ancien étudiant. Arendt ne songe qu'à protéger Heidegger qu'elle a « essayé de [...] stabiliser pour les années à venir », et elle n'envisage en aucune façon de le critiquer. Tout en partageant avec Arendt sa réserve à l'égard de Löwith, Blücher revient à la charge :

> Je voulais simplement dire que Löwith avait trouvé là le point faible de Heidegger et que le maître ferait mieux d'oublier sa douleur et de se concentrer sur ça. Parce que malheureusement son concept d'histoire, qui est très discutable et mensonger, joue encore un grand rôle chez lui. Il renvoie maintenant le peuple allemand à sa *Geschicklichkeit*, et il suffit d'une lettre pour que tout explose[1].

Et Blücher d'ajouter :

> Malheureusement Löwith n'a, une fois de plus, pas pu s'empêcher de parler concrètement, mais pourquoi les Juifs justement devraient-ils oublier vite. *Tant pis*[2].

Ce parler concret, que Blücher semble considérer comme une faute de goût excusable uniquement de la part d'un auteur juif, renvoie au fait que Löwith évoque en 1952, comme auparavant dans son article paru en 1947 en français dans les *Temps modernes*, les formules nazies du *Discours de rectorat* et de l'hommage à Albert Leo Schlageter, fusillé par les Français et élevé au rang de héros national par les nationaux-socialistes. À la différence d'Arendt, Löwith ne cantonne pas les écrits nazis de Heidegger à une note de bas de

---

1. Blücher pense à la substitution de la lettre *k* aux deux lettres *ht* par laquelle, jouant tout à la fois sur les homophonies et les racines des mots, Heidegger transforme l'historicité *(Geschichtlichkeit)* du *Dasein* en *Geschicklichkeit* (Blücher à Arendt, 21 juin 1952, *ibid.*, p. 268 – trad. modifiée). Arendt reprendra cette critique dans sa conférence de 1954. Le mot *Geschicklichkeit* est difficile à traduire en français : il signifie couramment dans la langue allemande « habileté », mais Heidegger l'utilise aussi au sens de « destinée », en jouant de la racine commune aux deux mots *Geschick* et *Schicksal* (« destin »).

2. *Ibid.*, p. 259.

page, comme s'ils ne relevaient que d'une « escapade » extérieure à son œuvre. Pour lui, ces textes montrent à quelles conséquences pratiques s'expose cette pensée lorsqu'elle révèle sa disposition à se décider pour le « destin historique » *(geschichtliche Schicksal)* du peuple allemand, ce qui signifie dans les faits adhérer au parti nazi.

En dépit de ses critiques, Löwith continue à s'inscrire dans le cercle enchanté des disciples pour lesquels Heidegger demeure le penseur clé d'une époque troublée. C'est pourquoi Arendt le préfère en fin de compte à ces « crânes d'œuf » que sont désormais pour elle Rüstow et Sternberger[1], un langage qui manifeste son intolérance grandissante à l'égard de toute critique qui refuse de se laisser captiver par le *magus*. Hannah Arendt va d'ailleurs travailler dans ses écrits et conférences à défendre Heidegger et à faire oublier sa propre critique des années 1946-1948, tout en tenant compte de l'avertissement répété de Blücher remettant en question l'historicité heideggérienne.

Nous avons vu que la publication en 1953 du cours de 1935 faisant l'éloge de la « vérité interne et grandeur » du mouvement national-socialiste n'a pas éloigné Arendt de Heidegger. Elle connaît pourtant cet éloge heideggérien du nazisme, qu'elle a marqué d'un trait appuyé dans la marge de son exemplaire personnel du cours[2]. Tout au contraire, l'année suivante, c'est plutôt positivement, quoique de façon prudente et hypothétique, qu'elle évoque l'apport possible des « existentiaux » heideggériens à la science politique, au cours d'une conférence prononcée lors du colloque annuel de l'American Political Science Association qui s'est tenu du 9 au 11 septembre 1954 sur le thème : « Recent Developments in Foreign Political Thought ». Ce texte est donc important car il marque l'une des toutes premières tentatives publiques d'Arendt de transposer dans les sciences politiques quelque chose des existentiaux de Heidegger. Il est significatif de voir que l'éditeur d'Arendt, Jerome Kohn, a perçu l'importance de ce texte demeuré inédit du

---

1. Hannah Arendt à Heinrich Blücher, lettre du 1ᵉʳ août 1952 (Hannah Arendt – Heinrich Blücher, *Correspondance 1936-1968*, op. cit., p. 289).
2. Voir la page 152 dans l'exemplaire personnel d'Arendt (http://www.bard.edu/library/arendt/pdfs/Heidegger-EinfuhrungMetaphysik.pdf).

vivant d'Arendt, au point de le publier en conclusion du recueil fort bien conçu, *Essays in Understanding 1930-1954*[1].

D'emblée, Arendt se range parmi les « politologues » ou théoriciens politiques : *we political scientists...*, écrit-elle. D'emblée, elle distingue la science politique de la philosophie politique et s'oppose frontalement, en tant que politologue, aux philosophes qui se caractériseraient par leur attitude négative ou même hostile envers la Cité et les affaires humaines. Pour illustrer cette hostilité supposée, Arendt évoque le procès et la mort de Socrate, la condamnation à mort du philosophe par la *polis*. Une référence qui contredit en vérité sa thèse, car, avec son souci des affaires humaines et sa fidélité aux lois de la Cité, Socrate n'apparaît nullement indifférent ni hostile à sa Cité. C'est l'assemblée des Athéniens qui le condamne à mort, ce qui est tout à fait différent. L'hostilité ne vient pas du philosophe, mais de la Cité même. Quant à Platon, il argumente bien, dans la *République*, sur la nécessité d'un retour du philosophe dans la caverne, preuve que le sort de la Cité ne lui est pas indifférent.

Nous avons vu Blücher attirer de façon insistante l'attention d'Arendt sur la nécessité, après la critique par Löwith de l'historicité selon Heidegger, de marquer les limites de ce terme tel que ce dernier en a fait usage. C'est effectivement ce qu'elle va faire dans cette conférence. Elle présente l'usage contemporain du concept d'histoire hérité de Hegel comme une tentative pour éluder la question du politique[2]. Puis elle introduit Heidegger comme celui qui, dans *Être et temps*, a réinterprété l'historicité *(Geschichtlichkeit)* comme « destination[3] » *(Geschicklichkeit)*, en

---

1. Ce recueil a été démembré dans les éditions françaises. Ainsi, l'ouvrage intitulé *La Philosophie de l'existence et autres essais* (Paris, Payot, 2000), présenté comme la traduction des *Essays in Understanding* et qui s'ouvre sur la traduction de l'introduction de Jerome Kohn, ne comprend que seize textes là où le recueil américain en réunit quarante et un. L'index indispensable manque également. Voir H. Arendt, « Concern with Politics in Recent European Philosophical Thought », *Essays in Understanding*, *op. cit.*, p. 428-447 ; « L'intérêt pour la politique dans la pensée philosophique européenne d'aujourd'hui », *La Philosophie de l'existence et autres essais*, *op. cit.*, p. 221-245.

2. *Ibid.*, p. 224.

3. Ou : « être jeté vers un destin ». Le traducteur français traduit par « être jeté », une traduction à réserver plutôt au mot *Geworfenheit*.

jouant sur le changement d'une seule lettre – d'un *h* en *k* –, ce que Blücher, nous l'avons vu, avait bien remarqué. À la différence de Hegel, « aucun esprit transcendant et aucun absolu ne sont révélés dans cette histoire ontologique[1] ». Arendt interprète cela comme un abandon salutaire des prétentions du philosophe à la sagesse, oubliant que la figure du philosophe s'est constituée, avec Socrate et Platon et contre la sophistique, dans le refus de se prétendre un sage. Cet abandon heideggérien, selon ses termes, « ouvre la voie à un réexamen de l'entière sphère politique à la lumière des expériences humaines élémentaires à l'intérieur de cette sphère elle-même ». Quelles sont ces expériences élémentaires? Arendt n'explicite pas ce qu'elle entend par cet « élémentaire », mais on reconnaît un adjectif employé plus d'une fois par Heidegger dans *Être et temps*[2]. De fait, c'est aux « existentiaux » déployés dans la description phénoménologique de la quotidienneté que pense Arendt, et c'est l'introduction de ces existentiaux dans la sphère de la science politique qu'elle entend faciliter. À un premier regard, pense-t-elle, on peut se laisser arrêter par l'« équivoque » née de l'opposition heideggérienne entre le « On » et le « soi ». Cette opposition semble en effet reproduire « la vieille hostilité du philosophe envers la *polis* ». Ce propos d'Arendt, dont on retrouvera l'écho dans maints de ses textes, est à l'origine des interprétations qui, telle celle de Taminiaux, croient déceler chez elle une attitude fondamentalement critique envers la conception heideggérienne de l'espace public et son prétendu apolitisme. C'est ne pas tenir compte de ce qu'Arendt affirme aussitôt après. Elle procède en effet à un double éloge d'*Être et temps*, bien éloigné des réserves exprimées en 1946 sur le solipsisme du « soi » heideggérien :

[…] ces descriptions phénoménologiques offrent les aperçus les plus pénétrants de l'un des aspects les plus fondamentaux de la société et,

---

1. *Ibid.*, p. 226.
2. Le premier usage du mot, au § 6, p. 20, est relié justement à l'historicité, Heidegger parlant de l'« historicité élémentaire du *Dasein* ». Si l'on suit Heidegger comme le fait Arendt, on voit que le fait de se référer aux « expériences élémentaires » ne nous libère nullement de l'historicité. Ajoutons que l'on trouve aussi le terme « élémentaire » dans *Être et temps* à propos de la fable du « souci » (*ibid.*, p. 197).

qui plus est, mettent l'accent sur le fait que ces structures de la vie humaine sont inhérentes à la condition humaine même, d'où on ne peut s'échapper dans une « authenticité » qui serait la prérogative du philosophe[1].

Arendt considère en définitive les descriptions heideggériennes du « On », en tant qu'elles rapportent les structures de la vie publique à la condition même du *Dasein*, dont il ne peut s'échapper – une allusion à ce que Heidegger appelle son « être-jeté », sa *Geworfenheit* –, comme offrant une pénétration et une profondeur inégalées. Ces descriptions ont donc leur place, selon elle, dans la science politique. Comme l'exprime assez clairement la suite du texte, ce ne sont pas tant les descriptions heideggériennes de l'espace public et du « On » qu'elle remet en question, que la notion d'historicité dont elle a bien perçu, après les critiques de Löwith et les mises en garde de Blücher, qu'il s'agissait d'un terme hautement problématique. Encore reconnaît-elle cette notion comme utile pour saisir « les tendance générales de l'époque ». Mais elle ne permettrait pas d'atteindre « le centre de la politique ».

Cependant, plus profondément que ces réserves sur l'historicité, Arendt fait crédit à Heidegger d'avoir rompu avec « l'arrogance de tous les absolus » *(die Anmassung alles Unbedingten)*, selon les termes qu'il emploie dans ses *Essais et conférences* parus cette même année 1954 et dans une phrase qu'elle a soulignée dans son exemplaire dédicacé du livre[2], où Heidegger joue sur les dérivés du mot « chose » *(Ding)*, qu'il retrouve jusque dans le terme « absolu » *(unbedingt)*. S'inscrivant visiblement dans cette lignée heideggérienne, elle évoque comme relevant du point de vue opposé non seulement des philosophes catholiques français et allemands comme Jacques Maritain, Étienne Gilson, Romano Guardini ou Josef Piper, mais aussi les rivaux américains d'Arendt en sciences politiques, Eric Voegelin d'une part, qu'elle cite nommément dans une note et considère comme incarnant une forme de renaissance

---

1. *Ibid.*, p. 227.
2. M. Heidegger, « Das Ding », *Vorträge und Aufsätze*, Pfullingen, Neske, 1976, IIe partie, p. 53 (http://www.bard.edu/library/arendt/pdfs/Heidegger-Vortragev2.pdf).

du platonisme¹, Leo Strauss d'autre part, qui n'est pas nommé mais dont la présence transparaît entre les lignes lorsqu'elle évoque « ceux qui plaident pour un retour à la tradition » et dont les interprétations des grands textes du passé « sont souvent marquées par l'influence de Heidegger [...] alors qu'ils rejettent ses propres principes philosophiques »². Nous aurions donc ici l'une des toutes premières expressions de la rivalité sourde qui ne va pas manquer de s'exacerber entre deux héritages heideggériens très contrastés, celui d'Arendt et celui de Strauss, qui furent l'un et l'autre les auditeurs de son cours de 1924 sur le *Sophiste* de Platon. Le second entend renouer avec la tradition et faire rupture avec les « principes » heideggériens, sans pour autant parvenir à s'affranchir pleinement de sa manière de lire les Anciens, tandis que la première entérine la rupture heideggérienne avec la tradition et reste fidèle à ce qu'elle appelle ici ses « principes philosophiques ». Dans cette lutte entre Arendt et Strauss, celle-ci n'hésitera pas, par la suite, à rechercher une forme d'alliance stratégique avec Voegelin, malgré ce qui les sépare, car elle n'entérine pas sa notion des « religions politiques » pour expliquer les totalitarismes, reprise notamment par son ami Waldemar Gurian³. Hannah Arendt, en effet, acceptera de co-éditer des *Mélanges* pour les soixante ans de Voegelin, ouvrage dont le titre même – *Ordre politique et existence humaine*⁴ – tire un trait d'union entre la conception de l'ordre politique de Voegelin et l'« existentialisme » heideggérien, et dans lequel sera notamment publié un texte d'un proche de Voegelin, Armin Moehler, l'un des principaux mentors de la reconstitution de la « nouvelle droite » après 1945⁵.

---

1. H. Arendt, « L'intérêt pour la politique dans la pensée philosophique européenne récente », art. cité, n. 7, p. 244-245.
2. *Ibid.*, p. 229.
3. Voir sur ce sujet H. Arendt, « Religion et politique », *La Nature du totalitarisme, op. cit.*, p. 117-138.
4. *Politische Ordnung und menschliche Existenz: Festgabe für Eric Voegelin zum 60. Geburtstag*, Alois Dempf, Hannah Arendt, Friedrich Engel-Janosi éd., Munich, Beck, 1962.
5. Armin Mohler, « Die Rolle der Ideologie in der Fünften Republik », *Politische Ordnung...*, *op. cit.*, p. 417-429. Mohler y développe une critique du gaullisme.

Mais venons-en à ce qui nous apparaît comme l'essentiel de la conférence de 1954. Son objectif n'est pas seulement de prendre pied dans le champ des sciences politiques, mais également de désamorcer les critiques de Heidegger exprimées dans l'article de 1946. Arendt commence par renverser l'ordre d'exposition de son précédent article sur les philosophies de l'existence. Elle ne va plus de Heidegger à Jaspers pour mieux valoriser ce dernier, mais au contraire de Jaspers à Heidegger. Au moment où elle introduit l'auditeur à Jaspers et à Heidegger, Arendt commence par les présenter, ainsi qu'en 1946, comme résumant à eux seuls la philosophie allemande contemporaine, dans laquelle ils auraient « tenu la première place depuis plus de trente ans ». Dans cette conférence de sciences politiques, Arendt n'a pas un mot pour l'apport d'Ernst Cassirer, par exemple, et de son ouvrage remarquable de 1945 sur *Le Mythe de l'État*, dans lequel il prenait position sur les origines et causes principales du nazisme. Silence également sur l'École de Francfort et sur Adorno qui avait pourtant publié, deux ans auparavant, ses *Minima moralia*. Par ailleurs, évoquer Jaspers en même temps que Heidegger permet à Arendt d'énoncer la contre-vérité selon laquelle les « convictions politiques » ne joueraient « pratiquement aucun rôle » dans cette philosophie allemande réduite aux seuls Jaspers et Heidegger[1]. De fait, on ne trouve, dans la conférence de 1954, plus aucune allusion, même réduite à une note, à l'engagement de Heidegger dans le mouvement national-socialiste.

Arendt valorise, comme en 1946, la philosophie de la communication de Jaspers, mais pour conclure, cette fois, sur ses « limites [...] concernant la politique[2] », qu'il partagerait avec toute la philosophie politique. Celle-ci aurait le tort de « s'occuper de l'homme au singulier, alors que la politique ne pourrait même pas être conçue si les hommes n'existaient pas au pluriel ». Remarquons qu'Arendt ne va pas publier cette critique de Jaspers, qui aurait probablement conduit à une rupture avec ce dernier. En

---

1. H. Arendt, « L'intérêt pour la politique dans la pensée philosophique européenne récente », art. cité, p. 237.
2. *Ibid.*, p. 240.

regard de Jaspers, Heidegger va au contraire être crédité d'avoir entrepris de sortir de cette impasse supposée de la philosophie politique. Voici en effet ce qu'écrit Hannah Arendt :

> Il se peut – mais je me contenterai de le suggérer – que le concept de «monde» de Heidegger qui, à bien des égards, est au centre de sa philosophie, accomplit un pas hors de cette difficulté. À ce point, parce que Heidegger définit l'existence humaine comme être-dans-le-monde, il attribue une signification philosophique aux structures de la vie quotidienne qui sont totalement incompréhensibles si l'homme n'est pas d'abord compris comme un «être-ensemble» avec les autres. Et Heidegger lui-même a été très conscient du fait que la philosophie traditionnelle «est toujours passée à côté, a toujours négligé» ce qui était le plus immédiatement apparent. Pour la même raison, Heidegger, dans ses premiers écrits, évitait soigneusement le terme «homme», tandis que dans ses derniers essais il est enclin à emprunter aux Grecs le terme «mortels». Ce qui importe ici, ce n'est pas l'insistance mise sur la mortalité mais l'usage du pluriel. Toutefois, puisque Heidegger n'a jamais défini les implications de ce point, il peut être présomptueux de donner une trop grande signification à son usage du pluriel[1].

Arendt reste prudente dans ses formulations, ce qui est la moindre des choses lorsque l'on mesure l'énormité du revirement qu'elle exprime. En 1946 en effet, elle présentait le fait d'éviter le mot «homme» au profit du terme *Dasein* comme conduisant à une forme de «fonctionnalisme» comparable au «réalisme de Hobbes[2]», et elle considérait que la thématisation solipsiste du «soi» dans *Être et temps*, le fait de le mettre «à la place de l'être-homme», relevait d'une démarche visant à «anéantir la présence de l'humanité en chaque homme»[3]. Désormais, Heidegger est tout au contraire dépeint comme le penseur de l'«être-ensemble» ou *Mitsein*, qui aurait su éviter les difficultés de la philosophie politique en ne parlant pas de l'homme et aurait même ouvert la

---

1. *Ibid.*
2. H. Arendt, «Qu'est-ce que la philosophie de l'existence ?», art. cité, p. 130.
3. H. Arendt, «L'intérêt pour la politique dans la pensée philosophique européenne récente», art. cité, p. 314.

voie, dans ses derniers écrits, à la pensée arendtienne de la *pluralité* constitutive du politique!

Ce jugement d'Arendt est essentiel. Il nous révèle en effet qu'elle conçoit sa notion de la pluralité dans la continuité de l'«être-ensemble» heideggérien et non pas du tout, comme l'affirme la majorité des commentateurs, en rupture avec lui. C'est ainsi que l'un des interprètes américains les plus avertis d'Arendt, Dana R. Villa, présente la conférence de 1954 dans la continuité des critiques de l'article de 1946, sans relever le tournant fondamental dans l'appréciation d'Arendt. Il se contente d'indiquer qu'elle se montre «très optimiste quant à une possible contribution de Heidegger à la philosophie politique[1]». Dana R. Villa se concentre sur l'évocation par Arendt de l'historicité, sans voir que cette évocation constitue la reprise atténuée des réserves de Blücher[2] et qu'elle apparaît bien moins sévère et approfondie que la critique formulée par Karl Löwith deux années auparavant[3]. Dana R. Villa passe sous silence l'évocation positive, par Arendt, des existentiaux heideggériens comme l'être-dans-le-monde et l'être-ensemble, et de son ouverture supposée à une pensée de la pluralité[4].

De peu antérieur à la thèse de Dana R. Villa, un article de Jeffrey A. Barash a le mérite de citer une partie du texte d'Arendt

---

1. D. R. Villa, *Arendt et Heidegger. Le destin du politique, op. cit.*, p. 423.

2. Précisons en toute justice que l'ouvrage de Dana. R. Villa est paru la même année 1996 que la correspondance Arendt – Blücher, qu'il n'avait donc probablement pas pu consulter. Mais il ne devait pas ignorer les textes critiques de Löwith. Et l'on s'étonne de le voir affirmer qu'Arendt après 1946 «n'a rien dit d'autre sur Heidegger avant 1954» *(ibid.)*, sans tenir compte par conséquent des enseignements explicitement heideggériens dispensés à partir de 1950 à Yale et ailleurs, ni de la présence de notions manifestement heideggériennes à la fin des *Origines du totalitarisme* et dans «Idéologie et terreur».

3. L'article de Löwith de 1952 mettant en cause l'historicité heideggérienne n'est pas mentionné par Dana R. Villa et n'apparaît pas dans la bibliographie de l'édition américaine de son livre.

4. Quinze ans plus tard, dans l'article «Martin Heidegger» du *Arendt Handbuch* de 2011, Dana R. Villa se rangera à la perspective de Taminiaux et soutiendra, sans tenir compte du passage clé sur la pluralité dans les écrits de Heidegger, qu'avec sa notion anti-platonicienne de la pluralité Arendt aurait dépassé son maître (p. 251-252).

sur le *Mitsein* heideggérien[1]. Mais il ne reprend pas la fin du paragraphe dans lequel elle envisage Heidegger en penseur de la pluralité, ce qui permet à Barash d'opposer plus loin la «pluralité originelle» selon Arendt à la pensée de Heidegger[2]. En outre, l'auteur soutient qu'Arendt reprocherait à Heidegger «l'absence de toute réflexion sur le politique dans *Sein und Zeit*», et il renvoie à ce propos tout à la fois à l'article critique de 1946 et au discours apologétique de 1969[3]. Or, dans son article sur la philosophie de l'existence de 1946, pas une fois Arendt ne reproche à *Être et temps* son apolitisme supposé. Le rapprochement qu'elle propose avec Hobbes donne au contraire à penser qu'elle n'ignore pas la dimension politique du livre. En outre, la valorisation du politique n'est pas encore un thème directeur d'Arendt en 1946. Cette interprétation ne prend donc pas suffisamment en compte les évolutions considérables dans la vision d'Arendt, depuis l'article critique de 1946 jusqu'à la conférence de 1954 puis le discours radiophonique de 1969. Et le contenu de la conférence de 1954 est évoqué de façon lacunaire et même inexacte.

S'ils comptent parmi les spécialistes d'Arendt les plus avertis, ces deux interprètes demeurent néanmoins sur ce point représentatifs d'un défaut répandu lorsqu'il s'agit de dégager des écrits de celle-ci les motifs d'une distanciation à l'égard de Heidegger. Trop souvent, les argumentations reposent sur une prise en considération très incomplète des textes arendtiens invoqués. Nous retrouvons ce problème dans un autre article où Jeffrey A. Barash évoque à nouveau la conférence de 1954, mais également *Condition de l'homme moderne*: l'auteur ne veut marquer que l'«opposition radicale [d'Arendt] à la perspective ontologique d'*Être et temps*», mais sans prendre en considération sa valorisation de l'être-dans-le-monde et de l'être-ensemble *(Mitsein)*, deux existentiaux consti-

---

1. J. A. Barash, «L'exposition du monde public comme problème politique: au sujet de l'interprétation de Heidegger par Hannah Arendt», *Heidegger et son siècle*, *op. cit.*, p. 51.
2. *Ibid.*, p. 61-62.
3. *Ibid.*, p. 52, n. 1.

tutifs du politique tel qu'elle le comprend[1]. Il arrive également que la façon dont Arendt transpose un fond de vision heideggérien dans son propre domaine et son propre langage soit entendu comme une véritable prise de distance et une façon de s'opposer à Heidegger. Or, la lecture attentive des pages et du chapitre sur «Idéologie et terreur» ajoutés aux *Origines du totalitarisme*, ainsi que de la conférence de 1954, nous montre au contraire qu'Arendt partage la vision heideggérienne de la «dévastation» moderne et de l'«absence de patrie» de l'homme moderne.

En ce qui concerne la conception arendtienne de la pluralité, certains auteurs contemporains, sans doute parce qu'ils sont tout aussi heideggériens qu'arendtiens, ont compris qu'Arendt fonde en 1954 sa notion de la pluralité dans l'être-ensemble ou l'être en commun, bref, dans le *Mitsein* heideggérien. C'est le cas de Roberto Esposito dans son article sur «La communauté originaire». Il a bien perçu que la pluralité arendtienne demandait à être comprise comme «communauté[2]». Esposito prend cependant cela positivement tandis que, pour notre part, si notre lecture des textes d'Arendt nous a également conduit à penser qu'elle a voulu refonder le politique à partir de la communauté telle que l'a conçue Heidegger, nous estimons que cette introduction des existentiaux heideggériens dans le champ de la science politique pose de redoutables problèmes. Il nous faut donc suivre maintenant Hannah Arendt dans la première élaboration théorique importante qu'elle a publiée après *Les Origines du totalitarisme*, à savoir, sept ans plus tard, son livre sur la *Condition de l'homme moderne*.

---

1. J. A. Barash, «Heidegger et Arendt: intrications de la mémoire et de l'oubli», *Politiques de l'histoire. L'historicisme comme promesse et comme mythe*, Paris, PUF, 2004, p. 240.
2. Roberto Esposito, «Die ursprüngliche Gemeinschaft», trad. de l'italien par Dieter Thomä et Dominique Godor, *Deutsche Zeitschrift für Philosophie*, 45 (4), 1997, p. 551-558.

10.

Aristocratie et servitude

> Dans cette société [de travailleurs] qui est égalitaire [...] il ne reste plus de classe, plus d'aristocratie politique ou spirituelle, qui puisse provoquer une restauration des autres facultés de l'homme.
>
> Hannah Arendt, *Condition de l'homme moderne*[1].
>
> La distinction entre l'homme et l'animal recoupe le genre humain lui-même : seuls les meilleurs *(aristoi)*, qui constamment s'affirment les meilleurs [...] et « préfèrent l'immortelle renommée aux choses mortelles », sont réellement humains [...].
>
> *Ibid.*[2].
>
> Les plaisirs du bonheur public et les responsabilités des affaires publiques deviendraient alors le lot des rares individus de tous les horizons qui ont un goût pour la liberté publique et ne peuvent être « heureux » sans elle. Politiquement, ce sont eux les meilleurs [...]. Certes, une telle forme « aristocratique » de gouvernement signifierait la fin du suffrage universel tel que nous l'entendons aujourd'hui [...].
>
> Hannah Arendt, *De la révolution*[3].

---

1. H. Arendt, *Condition de l'homme moderne*, *op. cit.*, Prologue, p. 37.
2. *Ibid.*, chap. I, p. 55.
3. Hannah Arendt, *De la révolution*, in *L'Humaine Condition*, Paris, Gallimard, 2012, chap. VI, p. 583.

> Après tout, la théorie politique des Anciens n'avait peut-être pas tort lorsqu'elle affirmait que l'économie, liée comme elle est aux nécessités de la vie, requérait pour bien fonctionner la domination des maîtres.
>
> Hannah Arendt, « Réflexions sur la révolution hongroise »[1].

43. *The Human Condition*, livre heideggérien

Hannah Arendt publie *The Human Condition* en 1958. Elle en rédige une version allemande qu'elle envoie à Martin Heidegger au moment de sa parution, à l'automne 1960, accompagnée d'une courte lettre. L'un et l'autre ne s'étaient plus écrit depuis 1954, à l'exception d'un bref échange à la fin de l'année 1959. C'était Arendt une fois encore qui avait fait le premier pas. Elle avait adressé à Heidegger ses vœux, vraisemblablement de Bâle où elle avait rendu visite à Jaspers, et il lui avait fait parvenir en retour deux ouvrages dédicacés, *Sérénité*[2] et *Acheminement vers la parole*, accompagnés d'un court billet daté du 17 décembre. Il précisait sèchement : « C'est à dessein que je ne t'ai pas écrit à Bâle », expression probable d'une distance assumée à l'égard de Jaspers qui, après 1945, avait pris la décision de quitter l'Allemagne pour la ville et l'Université de Bâle.

Lorsque Arendt adresse à Heidegger près d'un an plus tard la version allemande de son nouveau livre, c'est un mélange d'amertume et de reconnaissance qu'elle exprime :

> J'ai demandé à la maison d'édition de te faire parvenir un livre de moi [...]. Tu verras que le livre ne comporte pas de dédicace. Si tout s'était passé toujours entre nous comme cela aurait dû – et en disant *entre nous*, je ne vise ni toi ni moi[3] –, je t'aurais demandé la permis-

---

1. H. Arendt, « Réflexions sur la révolution hongroise », *Les Origines du totalitarisme, op. cit.*, p. 922.
2. M. Heidegger, *Gelassenheit*, Pfullingen, G. Neske, 1959. L'exemplaire dédicacé par Heidegger et numérisé, très souligné par Arendt, peut être consulté en ligne (http://www.bard.edu/library/arendt/pdfs/Heidegger-Gelassenheit.pdf).
3. Cette allusion peut être comprise comme une critique tacite de la « jalousie » d'Elfride, dont Arendt rapporte à Blücher une « scène plus ou moins antisémite »

sion de te le dédier ; sa conception remonte au tout début de mon séjour à Fribourg, et pour ainsi dire, il te doit tout à tous égards. Mais vu la situation, cela ne m'a pas semblé pouvoir se faire ; d'une façon ou d'une autre, je tenais au moins à te le dire[1].

Cette lettre sera suivie d'un long silence de son correspondant, qui durera près de cinq ans. Arendt elle-même, dans ce billet, fait état tout à la fois de l'étendue de sa dette et d'un échange devenu si difficile, presque interrompu, que le fait d'exprimer publiquement ce qu'elle doit à Heidegger se révèle impossible. Plusieurs commentateurs ont supposé un lapsus de la part d'Arendt, qui aurait écrit Fribourg au lieu de Marbourg[2]. Ce qu'Arendt a retenu de Heidegger semble en effet remonter au cours du semestre d'hiver 1924-1925 sur le *Sophiste*, où il fut beaucoup question de la valeur respective de l'action politique et de la contemplation selon Aristote et Platon[3]. Remarquons cependant que sa lettre n'évoque pas le début de l'influence exercée par l'enseignement de Heidegger sur sa propre pensée, mais le moment où elle a conçu son nouveau livre. Or, le projet initial d'où est issu

---

lors de son passage à Fribourg de mai 1952 (Hannah Arendt – Heinrich Blücher, *Correspondance 1936-1968*, op. cit., p. 249). Heidegger lui écrira, le 5 juin 1952 : « il est actuellement préférable que tu *n'écrives pas* et que tu *ne passes pas* non plus » (Hannah Arendt – Martin Heidegger, *Lettres et autres documents 1925-1975*, op. cit., p. 134). De fait, Heidegger et Arendt ne se reverront plus pendant quinze ans. Cet éloignement est-il uniquement le fait d'Elfride ? Comme en 1926, c'est bien Heidegger lui-même qui assume l'éloignement d'Arendt. N'est-ce pas une façon de l'instrumentaliser ? Hannah Arendt en effet a joué le rôle que Martin et Elfride attendaient d'elle : rendre Jaspers plus conciliant et ne pas poursuivre dans la veine critique du texte de 1946-1948.

1. « *Ich habe den Verlag angewiesen, Dir ein Buch von mir zu schicken. [...] es ist unmittelbar aus den ersten Freiburger Tagen entstanden und schuldet Dir in jeder Hinsicht so ziemlich alles* » (Hannah Arendt à Heidegger, 28 octobre 1960, *Briefe 1925-1975*, op. cit., p. 149 ; trad. fr., p. 147).

2. Elzbieta Ettinger corrige Fribourg en Marbourg et parle d'une « erreur très révélatrice » (E. Ettinger, *Hannah Arendt et Martin Heidegger*, op. cit., p. 132). Voir également É. Tassin, *Le Trésor perdu...*, op. cit., p. 96.

3. M. Heidegger, *Plato : Sophistes*, Ingeborg Schüßler éd., GA 19, 1992 ; *Platon : Le Sophiste*, trad. par Jean-François Courtine, Pascal David, Dominique Pradelle et Philippe Quesne, Paris, Gallimard, 2001 (voir respectivement § 19, p. 132-136 et § 25, p. 171).

le livre, à savoir une critique de Marx, n'a pu être envisagé qu'en ce début de l'année 1950, lorsque, la rédaction des *Origines du totalitarisme* terminée, elle songe à une suite. Arendt se rend à deux reprises à Fribourg, tout d'abord en février 1950, moment des retrouvailles, puis à nouveau, et plus longuement, en mars de la même année pour revoir Heidegger. Et elle y retourne en mai de l'année suivante. L'évocation du tout début de son séjour à Fribourg, si Arendt n'a pas commis de lapsus, ferait donc allusion aux premiers échanges de février 1950. Le fait de lire Marbourg au lieu de Fribourg peut trouver une justification intellectuelle chez un interprète souhaitant mettre l'accent sur le rapport d'Arendt et de Heidegger à Aristote et à Platon. Cependant, la genèse de *Condition de l'homme moderne* n'est pas liée en priorité à la volonté de réinterpréter la philosophie grecque, même si la référence à la Cité grecque sera privilégiée, mais, comme nous l'avons rappelé et comme Arendt elle-même l'exprime au début du troisième chapitre de son nouveau livre, au projet de critiquer Marx[1]. C'est en effet le moment où elle propose à la fondation Guggenheim un projet de recherche sur « Les éléments totalitaires dans le marxisme[2] », qu'elle ne mènera pas à son terme.

Il apparaît en outre peu probable que la conception de *Condition de l'homme moderne* remonte à 1924, alors que la thématique arendtienne de l'action distinguée de l'effet est proche des indications sur lesquelles s'ouvre, en 1947, la *Lettre sur l'humanisme*[3]. Proche, mais, faut-il ajouter, pas identique. Que l'essence de l'action n'ait pas été encore pensée de façon suffisamment décisive, c'est une affirmation qu'Arendt partage avec Heidegger. Qu'il faille distinguer l'action de l'effet *(Wirkung)* dont la réalité est appréciée suivant son utilité, voilà également une thèse qu'elle

---

[1]. « On trouvera dans ce chapitre une critique de Karl Marx » (H. Arendt, *Condition de l'homme moderne, op. cit.,* chap. III, p. 123).

[2]. Voir sur ce point D. R. Villa, « Introduction: the Development of Arendt's Political Thought », *The Cambridge Companion to Arendt,* D. R. Villa éd., Cambridge, Cambridge University Press, 2000, p. 7.

[3]. « *Man kennt das Handeln nur als das Bewirken einer Wirkung* » (M. Heidegger, *Lettre sur l'humanisme,* texte allemand traduit et présenté par Roger Munier, Paris, Aubier Montaigne, 1957, p. 24).

lui reprend. Cette thèse contient en germe la distinction entre action et œuvre, dans la mesure où « effet » *(Wirkung)* et « œuvre » *(Werk)* ont en allemand la même racine. Néanmoins, la suite du propos de Heidegger semble moins nette si nous la considérons du point de vue de la distinction d'Arendt. Il ajoute que « l'essence de l'agir est l'accomplir », et définit cet accomplir par le fait de déployer la plénitude de son essence, comme un *producere*. Même s'il ne conçoit pas ce *producere* au sens usuel et comme la production d'un effet, son propos contient, du point de vue où se place Arendt, le risque d'une confusion entre agir et produire.

Il est à ce sujet significatif de trouver dans l'exemplaire de la *Lettre sur l'humanisme*, qu'Arendt possède dans l'édition publiée par Francke à Bern, une note marginale. Elle souligne en effet la phrase : « l'essence de l'agir est l'accomplir », et observe en marge : « il s'agit de l'essence du fabriquer. L'agir ne peut *jamais* accomplir, il ne produit rien[1] ». À ses yeux, le propos de Heidegger contiendrait donc le risque d'une confusion entre l'agir *(Handeln)* et le fabriquer *(Herstellen)*. Cette critique est cependant discutable, tant Heidegger utilise, comme nous l'avons indiqué, le verbe *producere* en un sens éloigné de la signification latine usuelle. Et l'accomplissement *(Vollbringen)* heideggérien se distingue nettement du fabriquer *(Herstellen)*.

Si Arendt conserve, au littéral comme au figuré, une marge critique à l'égard de Heidegger, elle reconnaît que son nouveau livre lui doit tout sur le fond. Nous pouvons donc légitimement considérer la *Condition de l'homme moderne*, avec sa survalorisation de l'« action », comme une réponse à la proposition heideggérienne déjà évoquée sur laquelle s'ouvre la *Lettre sur l'humanisme* : « nous considérons l'essence de l'action d'une façon qui de loin n'est pas assez décisive ».

Cette affirmation de Heidegger ne se comprend bien elle-même que si nous voyons qu'elle fait écho à la critique exprimée

---

[1]. « *Das ist das Wesen des Herstellens. Handeln kann* nie *vollbringen, es hat kein Produkt* » (H. Arendt, note marginale à M. Heidegger, *Platons Lehre von der Wahrheit, Mit einem Brief über den «Humanismus»*, Berne, A. Francke, AG, p. 53. Hannah Arendt Collection : http://www.bard.edu/library/arendt/pdfs/Heidegger-Platons Lehre.pdf).

par Sartre en 1943, à la fin du chapitre de *L'Être et le Néant* consacré au *Mitsein* – cet «être-avec», comme le traduit littéralement Sartre, ou cet «être en commun» –, qui reprend un «existential» d'*Être et temps*. Sartre reproche en effet à Heidegger «l'insuffisance de ses descriptions herméneutiques[1]». Il ne suffit pas de privilégier ce qui détermine «statiquement la configuration d'un monde». Sartre critique le fait de passer sous silence la «possibilité perpétuelle d'*agir*, c'est-à-dire de modifier l'en-soi dans sa matérialité ontique, dans sa "chair"». Et il poursuit en ces termes:

> Qu'est-ce qu'*agir*? Pourquoi le pour-soi agit-il? Comment *peut-il* agir? Telles sont les questions auxquelles il nous faut à présent répondre[2].

Ces interrogations de Sartre sont restées dans les esprits de l'après-guerre. Et Jean Beaufret, dont les questions sont en partie suscitées par des thématiques trouvées chez Sartre – comme la question du rapport entre l'ontologie et une éthique possible –, soumet à Heidegger la question de l'action. Précisons qu'il ne lui oppose pas frontalement l'objection de Sartre, mais joint à sa lettre un texte de Paul Valéry sur ce thème de l'action.

Dans la réponse de Heidegger, l'allusion à Sartre est d'autant plus transparente que le long premier paragraphe de la *Lettre* inclut l'évocation de la «condition et situation humaine», que «détermine et porte l'histoire de l'être». Une façon, pour Heidegger, de laisser entendre que les concepts les plus centraux de Malraux et de Sartre, ceux de «condition humaine» et de «situation», n'ont pas d'autonomie mais procèdent de sa propre conception de l'existence, d'autant que le terme «situation» apparaît déjà de façon récurrente dans *Être et temps*[3]. En se donnant

---

[1]. J.-P. Sartre, *L'Être et le Néant*, Paris, Gallimard, 1948, p. 503.
[2]. *Ibid.*
[3]. Sur l'usage du mot «Situation» dans *Sein und Zeit*, voir notamment le paragraphe 60, p. 299-300 ainsi que le paragraphe 63. C'est le terme latin le plus utilisé par Heidegger dans son ouvrage de 1927. Avant lui, Jaspers parlait de «situation limite» *(Grenzsituation)* à propos de la mort (voir *Sein und Zeit*, § 50, p. 249, n. 1). On trouve également l'expression latine *hominis conditio* dans une phrase de Calvin citée dans le même ouvrage, § 10, p. 49.

comme objet le réexamen de la condition humaine rapportée à une façon nouvelle de considérer l'action, Arendt ne fait donc pas œuvre originale. Sans le dire, elle reprend à son compte les interrogations de Sartre et la question de Heidegger.

Si nous considérons maintenant le prologue du livre d'Arendt, nous la voyons défendre une conception toute heideggérienne de la séparation entre savoir et pensée. Sa vision de la science est pareillement réductrice. Elle confond le langage des mots et la pensée, et ne voit dans la science que des formules mathématiques susceptibles de preuves technologiques. C'est ne reconnaître ni l'existence de langages mathématiques ni le fait que la pensée peut s'articuler autrement que par des mots. Arendt développe à sa façon le postulat de Heidegger selon lequel «la science ne pense pas», formulé au début du cours des années 1951-1952 intitulé *Qu'appelle-t-on penser?* – un cours dont nous verrons qu'il a particulièrement marqué celle-ci[1].

Ce qui paraît plus discutable encore dans ce prologue, c'est la dépréciation par Arendt de la «société égalitaire», qui correspondrait à la seule manière de vivre rendue possible dans le travail, et la déploration de cette société du travail où, écrit-elle :

> il ne reste plus de classe, plus d'aristocratie politique ou spirituelle, qui puisse provoquer une restauration des autres facultés de l'homme[2].

Cette déclaration ne trace-t-elle pas *a contrario* un véritable programme politique? Il s'agit de surmonter l'égalitarisme des sociétés de travailleurs, devenues sociétés de masse où les différences de classes sont effacées, en créant une nouvelle division de classes qui se modèlera sur la hiérarchie supposée des activités humaines : travail, œuvre et action politique. Cela afin de rétablir une aristocratie susceptible de restaurer le sens de l'œuvre et surtout de l'action. Il nous faut donc voir clair dans la notion arendtienne du «spirituel» et déterminer ce qu'elle entend par «aristo-

---

1. Dans l'exemplaire dédicacé du cours, que Heidegger lui a envoyé le 7 juin 1954, Arendt a souligné à la page 4 la phrase : «*Die Wissenschaft denkt nicht*». Voir http://www.bard.edu/library/arendt/pdfs/Heidegger-WasHeisstDenken.pdf
2. H. Arendt, *Condition de l'homme moderne, op. cit.*, p. 62.

cratie politique». S'agit-il d'une forme de nietzschéisme vulgarisé, transmis par la lecture d'Oswald Spengler ? L'expression est-elle plutôt directement reprise aux premiers écrits de Nietzsche, à commencer par son essai de jeunesse sur «L'État chez les Grecs», dont les thèses aristocratiques annoncent celles d'Arendt ? Le propos d'Arendt consonne-t-il par ailleurs avec les déclarations aristocratiques d'un Jaspers ? Témoigne-t-il enfin de quelque affinité avec la volonté heideggérienne de créer une nouvelle «noblesse politique» ? Quoi qu'il en soit de ses sources d'inspiration, reconnaissons que le programme arendtien de «restauration» des facultés de l'action n'est ni égalitaire ni, dans son principe, démocratique, mais bel et bien aristocratique.

En ce qui concerne la façon de procéder d'Arendt, nous garderons à l'esprit sa manière non véritablement argumentée de distiller, dans ses textes, des thèses fortement problématiques mais centrales dans sa vision – comme ici son éloge de l'aristocratie politique –, sans que les termes clés ni tous les présupposés en soient explicités. À force de répétitions, ces thèses peuvent s'instiller dans les esprits sans donner prise à la critique. Arendt livre ainsi au lecteur, dans ses écrits, des prémisses éparses, sans construire un raisonnement menant à une conclusion démontrée, mais, comme telle, susceptible également d'être réfutée. L'effet recherché dans l'esprit du lecteur est de l'ordre de la «cristallisation» des éléments ainsi distillés. Dans la lecture que nous allons proposer des thèmes directeurs de *Condition de l'homme moderne*, il nous faudra donc prêter attention non seulement au contenu du propos d'Arendt, mais à la manière dont elle entend transmettre sa vision.

Le dernier paragraphe du prologue mérite toute notre attention. Arendt y formule une distinction entre les Temps modernes *(Neuzeit)* et le monde moderne *(moderne Welt)*[1]. Pour elle, les Temps modernes ont commencé au XVIIe siècle et se sont achevés «politiquement [...] avec les premières explosions atomiques». On remarque qu'elle ne mentionne de 1945, comme politique-

---

1. H. Arendt, *Vita activa oder Vom tätigen Leben*, Munich, Piper, 2013, p. 14; *Condition de l'homme moderne*, trad. de l'anglais (modifiée) par Georges Frazier, préface de Paul Ricœur, Paris, Pocket, 1983, p. 38-39.

ment marquant, que ses événements les plus dramatiques, les bombardements atomiques d'Hiroshima et Nagazaki, et ne dit mot de la défaite nazie. Aucune autre justification n'est donnée à cette périodisation que l'emploi de l'adverbe « scientifiquement ». Ce qui laisse entendre que les Temps modernes auraient débuté avec la constitution de la physique mathématique et pris fin avec l'usage de l'arme atomique[1]. N'est-ce pas une façon de rendre les premiers penseurs et savants de l'époque moderne intellectuellement et moralement responsables de la conception et de l'usage d'armes d'extermination collective comme les bombes atomiques, en omettant de dire que la course à l'acquisition de ces armements fut étroitement liée aux conditions de la Seconde Guerre mondiale et à la crainte que les nationaux-socialistes soient les premiers à en disposer ?

Nous serions donc depuis 1958, année de la parution du livre, dans une autre période que celle des Temps modernes, une période laissée sans nom et qualifiée, à la fin du prologue, de « nouvelle et encore inconnue ». Un temps de latence qui ne fait pas véritablement époque et dont l'indétermination ne permet pas de qualifier la période autrement que venant après les Temps modernes : *post-moderne*, en un mot. Si l'on accepte, au moins provisoirement, la césure d'Arendt, si nous lui accordons que pour les Européens qui ont survécu à la Seconde Guerre mondiale, « le fil de la tradition est rompu », nous pourrons appeler « post-moderne » cette période nouvelle et qui fait suite aux Temps modernes. Nous utiliserons ainsi un terme repris à l'architecture et popularisé par Jean-François Lyotard dans son ouvrage à la connotation très arendtienne par son titre, *La Condition post-moderne*. À cet égard, le prologue d'Arendt pourrait être reçu comme une forme de manifeste post-moderne avant la lettre, avant donc que le terme ne soit popularisé.

Il reste à déterminer si la post-modernité, telle qu'elle prend forme dans la vision d'Arendt, constitue réellement une époque

---

1. Sur les débuts des Temps modernes, nous ne trouvons chez Arendt rien qui puisse être comparé aux fines recherches de Hans Blumenberg dans la quatrième partie de *La Légitimité des Temps modernes* (1966).

distincte des Temps modernes, ou s'il ne s'agit pas plutôt d'une manière de penser devenue peut-être dominante au fil des décennies, mais qui, pour autant, ne va pas de soi et dont il n'est pas certain qu'elle ait une consistance suffisante pour faire historiquement époque.

Qu'est-ce qui caractérise, selon elle, ce « monde moderne » qui viendrait après la fin des Temps modernes et se révélerait donc, littéralement, post-moderne ? Arendt formule une détermination purement négative : « l'aliénation moderne du monde[1] ». Elle s'inspire visiblement de la *Lettre sur l'humanisme* qui reprenait déjà, comme nous l'avons vu, le concept marxiste d'aliénation *(Entfremdung)* pour le réinterpréter comme une absence de chez-soi et de patrie, une *Heimatlosigkeit*[2].

Pour Arendt comme pour Heidegger, l'aliénation moderne ne réside plus, comme pour Marx, dans l'aliénation des travailleurs dépossédés des fruits de leur force de production, mais dans la perte du « monde » ou encore de la « Terre ». Cette aliénation procède, selon elle, d'une double fuite : « de la Terre pour l'univers, et du monde pour le moi » – le texte allemand parlera de « la fuite hors du monde dans la conscience de soi[3] ». D'un côté donc, le déracinement de l'existence par la science et la technique conjuguées, dont Arendt impute la responsabilité à l'invention du télescope et à son utilisation par Galilée ; de l'autre, le repli dans l'espace privé de la subjectivité individuelle et de la conscience de soi – le *moi* humain, pris par Descartes comme point d'Archimède[4].

---

1. « *Die neuzeitliche Weltentfremdung* » (H. Arendt, *Vita activa, op. cit.*, p. 15). Dans la version allemande que nous avons suivie ici car elle nous semble mieux restituer la vision d'Arendt, « moderne » se rapporte à l'aliénation et non pas au monde. La traduction par « aliénation du monde moderne » est justifiée par rapport au texte anglais « *modern world alienation* » (H. Arendt, *The Human Condition, op. cit.*, p. 6 ; trad. fr., p. 39).
2. Notons à ce propos que Heidegger parlait déjà, dans *Sein und Zeit*, du fait de ne pas être chez soi *(Nicht-zuhause-sein)* (M. Heidegger, *Sein und Zeit, op. cit.*, p. 188).
3. « *Der Flucht von der Erde in das Universum und der Flucht aus der Welt in das Selbstbewußtsein* » (H. Arendt, *Vita activa..., op. cit.*, p. 15).
4. Cette double incrimination de Galilée et de Descartes est développée par Arendt au sixième chapitre de son livre.

On ne saurait trouver motifs de pensée plus heideggériens que ces deux lignes de fuite supposées.

Ce n'est donc pas en se recentrant sur sa subjectivité, sa conscience et son *moi* que le *Dasein* cesserait d'être étranger à lui-même, mais en retrouvant tout au contraire son enracinement dans la Terre et son séjour dans un monde commun. En mobilisant de la sorte le thème de la Terre, Arendt semble avoir oublié qu'elle parlait à ce propos, dix ans plus tôt, de superstition naturaliste et de non-concept mythologisant.

La double thématisation du prologue renvoyant dos à dos la métaphysique cartésienne et l'aventure spatiale exprime le sens arendtien de l'actualité journalistique ainsi que son utilisation du contexte de la guerre froide. La mention de l'objet terrestre, fait de main d'homme, lancé en 1957 dans l'univers sur laquelle s'ouvre son prologue se réfère en effet à la mise en orbite, le 4 octobre 1957, par l'URSS, du premier engin spatial, Spoutnik 1, un exploit technique qui va traumatiser l'Amérique. Le caractère russe de l'événement est souligné par la citation d'une phrase gravée sur la stèle d'un savant russe : « L'humanité ne sera pas toujours rivée à la terre[1]. » Ces allusions ne pouvaient que toucher un lecteur de l'époque.

44. Natalité et « seconde naissance » : Arendt et Gehlen

La provenance heideggérienne de la terminologie d'Arendt apparaît dans le fait que l'expression même de « condition humaine », qui donne son titre au livre en anglais ainsi qu'au pre-

---

[1]. *Ibid.*, p. 34. Arendt ne donne aucune précision sur la provenance de cette phrase qui sera fréquemment reprise après elle, ni sur l'esprit dans lequel elle a été rédigée. Rêve scientiste ou spéculations plus ésotériques, propres au « cosmisme » qui s'est développé en Russie soviétique ? Voir à ce propos Marlène Laruelle, « Totalitarian Utopia, the Occult and Technological Modernity in Russia : the Intellectual Experience of Cosmism », *The New Age in Russia, Occult and Esoteric Dimensions*, Birgit Menzel, Michael Hagemeister et Berenice Glatzer Rosenthal éd., Munich et Berlin, Otto Sagner, 2011, p. 238-258.

mier chapitre, a pour équivalent le mot *Dasein* dans la version allemande. Tandis qu'Arendt évoque en 1958 le fardeau du travail comme « un aspect fondamental de la condition humaine », la version allemande de 1960 évoque « un aspect fondamental du *Dasein* humain[1] ». Le fonds heideggérien du vocabulaire et de la vision d'Arendt est pourtant rarement perçu par les commentateurs du livre, dans la mesure où la topique qu'elle propose, à savoir la tripartition célèbre entre travail, œuvre et action, s'articule à sa critique de Marx et n'est pas directement reprise à Heidegger. L'argumentation d'Arendt, en outre, n'est pas exempte d'une certaine confusion, sans parler de la manière souvent approximative dont elle cite les auteurs. Son peu de goût pour la logique se voit aussi à la façon décousue dont souvent elle développe sa vision. Plusieurs relectures permettent néanmoins de dégager le substrat de cette vision, à condition de prendre en considération l'ouvrage dans son ensemble[2]. C'est ainsi, comme nous le verrons, que la typologie et les notions du premier chapitre ne deviennent intelligibles que si l'on a déjà présentes à l'esprit certaines distinctions seulement énoncées dans les chapitres ultérieurs. Quant aux enjeux de la séparation du politique et du social au deuxième chapitre, nous verrons qu'ils n'apparaissent pleinement que dans certaines mises au point formulées dans d'autres publications contemporaines de la *Condition de l'homme moderne*, comme l'essai de 1958 sur la Révolution hongroise.

---

1. « *Auch hier handelt es sich um einen Grundaspekt menschlichen Daseins* » (H. Arendt, *Vita activa…*, *op. cit.*, p. 12 ; la traduction française, p. 37, suit le texte anglais et ne permet donc pas d'apercevoir cette terminologie heideggérienne). Remarquée pour la première fois par Christian Ferrié (« Une politique de lecture : Arendt en allemand », *Tumultes*, 30, 2008, p. 244), cette équivalence entre condition humaine et *Dasein* humain est mentionnée après lui par Philippe Raynaud dans la Préface à son édition du livre d'Arendt (Philippe Raynaud, « Le monde, l'action, la pensée », in Hannah Arendt, *L'Humaine Condition*, Paris, Gallimard, 2012, p. 55, n. 4, avec une coquille dans la citation allemande et une traduction imprécise rendant *Grundaspekt* par un pluriel).

2. C'est cette lecture synthétique que nous proposons, ne pouvant, pour ne pas accroître démesurément le volume de ce livre, proposer une analyse chapitre par chapitre de *Condition de l'homme moderne*, ce que nous avons voulu mener à bien, à titre d'exemple, pour le premier des grands livres d'Arendt, *Les Origines du totalitarisme*.

Aristocratie et servitude

Dans le premier chapitre, de loin le plus court du livre, et qui reprend le titre de l'édition américaine, « La condition humaine[1] », Arendt pose d'emblée sa distinction entre les trois « conditions » de la *vita activa*. Elle n'affirme ni ne décrit de prime abord ce que serait la condition de l'homme, mais commence par distinguer : la condition humaine du travail, à savoir la vie ; la condition humaine de l'œuvre, à savoir ce qu'elle nomme l'appartenance au monde ; et la condition humaine de l'action, à savoir la pluralité[2]. C'est seulement ensuite qu'elle évoque « la condition la plus générale de l'existence humaine », à savoir « la vie et la mort, la natalité et la mortalité »[3].

Natalité, ou « naissance au monde », et mortalité ne sont donc pas opposées l'une à l'autre, mais mentionnées ensemble. Nous verrons bientôt l'importance de ce point. Par ailleurs la vie, condition humaine du travail, se retrouve comme la condition la plus générale de l'existence. Il pourrait donc sembler logique de conclure que des trois activités mentionnées par Arendt, c'est la condition du travail, c'est-à-dire la vie, qui serait la plus propre à l'existence humaine, mais il n'en est rien. Arendt, en effet, gratifie les Grecs de n'avoir attribué « ni au travail ni à l'œuvre assez de dignité pour constituer une *bios*, un mode de vie autonome, authentiquement humain[4] », tel qu'il s'accomplit au contraire dans l'existence politique, le *bios politikos*. Sa conception se précise au quatrième chapitre, lorsqu'elle en vient à distinguer deux termes grecs que traduit le mot « vie », à savoir *zôê* et *bios*[5]. La *zôê* désignerait la vie animale partagée par toutes les espèces vivantes, à l'égard de laquelle l'espèce dite humaine ne formerait, pour Arendt, qu'une espèce animale parmi les autres. Le *bios* correspondrait au mode d'existence proprement humain qui, selon elle, s'effectue principalement dans le monde partagé de l'action ou *praxis*

---

[1]. Notons que le chapitre s'intitule dans la version allemande « *Vita activa und* Condition humaine » (en français dans le texte) (H. Arendt, *Vita activa...*, *op. cit.*, p. 16).
[2]. H. Arendt, *Condition de l'homme moderne*, *op. cit.*, p. 41.
[3]. *Ibid.*, p. 43 ; le texte allemand parle de « naissance au monde » *(Geburt zur Welt)* (H. Arendt, *Vita activa...*, *op. cit.*, p. 17).
[4]. *Ibid.*, p. 48.
[5]. *Ibid.*, p. 143.

politique. Il s'agirait, selon sa terminologie, de la vie « emplie d'événements, qui à la fin peuvent être racontés, peuvent fonder une biographie[1] ». La distinction arendtienne du *bios* et de la *zôê* sera reprise notamment par Giorgio Agamben, pour qualifier respectivement la « vie politique » et la « vie nue »[2].

Laurent Dubreuil, cependant, a précisément montré l'arbitraire et l'absence de fondement philologique dans la langue et la littérature grecques de cette distinction arendtienne[3]. Un arbitraire qui se voit d'ailleurs au fait que, dans nos langues latines, ce que nous nommons d'ordinaire la vie biologique correspond à ce qu'Arendt entend par *zôê*.

La conclusion qui découle de l'application par Arendt de cette distinction à l'être humain, c'est que la vie de travail, propre à celui qu'elle nomme l'*animal laborans*, est littéralement une vie animale, qui procède de la *zôê*. Cette déshumanisation du travailleur apparaît comme une thèse redoutable, qui restreint l'humanité proprement dite à un tout petit nombre. Or il s'agit bien, indiscutablement, d'une thèse centrale dans la vision d'Arendt. Cependant, la façon dont elle en éparpille dans ses écrits les éléments et les implications fait que cette thèse ne laisse pas facilement prise à la critique. De fait, nombre de ses commentateurs, séduits par telle ou telle formulation, se sont extasiés sur le « trésor perdu » de l'action politique, et se sont laissés prendre à chercher dans sa vision du politique et sa valorisation de l'action des ressources pour refonder le « vivre-ensemble » démocratique. Il nous paraît donc indispensable d'introduire plus d'esprit critique dans l'usage des notions que l'on peut tirer des écrits d'Arendt.

Prenons pour exemple le mot « natalité », qui a séduit tant de lecteurs d'Arendt. Un examen attentif va nous montrer que celle-

---

1. H. Arendt, *Condition de l'homme moderne*, op. cit., p. 143.
2. G. Agamben, *Homo sacer*, vol. I, *Le Pouvoir souverain et la vie nue*, Paris, Seuil, 1997. La terminologie arendtienne a inspiré également l'ouvrage de Roberto Esposito, *Bios. Biopolitica e filosofia*, Turin, Einaudi, 2004.
3. Laurent Dubreuil, « De la vie dans la vie : sur une étrange opposition entre *zôê* et *bios* », *Labyrinthe*, n° 22, 2005/3 (http://labyrinthe.revues.org./1033). Dans la littérature de langue grecque en effet, « en aucun cas, *bios* n'est *réservé* aux humains, ni à l'exercice politique ». Dubreuil montre notamment qu'Agamben s'appuie sur une conception imaginaire du *logos* grec cautionnée par Arendt, qui ne tient pas compte de la réalité historico-philologique.

ci joue des deux sens qu'elle donne au terme, ce qui procure une apparence d'universalité à une vision politique en réalité aristocratique et sélective. Rappelons que le privilège qu'Arendt reconnaît à l'action vient de son lien étroit à la «condition humaine de natalité», dans la mesure où le commencement inhérent à la naissance serait indissociable de la «faculté d'entreprendre du neuf, c'est-à-dire d'agir». Cette corrélation étroite entre natalité et action est fondamentale, et, si on l'examine attentivement, elle nous révèle toute l'ambiguïté de la notion de «natalité» développée ici. En effet, ce n'est pas uniquement en tant qu'il vient à la vie que cet existant, ce *Dasein* que l'on appellera humain, exprime la condition humaine de natalité, mais principalement, ou même seulement, en tant qu'il agit. Arendt fait indiscutablement sienne cette conception lorsqu'elle parle, à propos de la natalité, d'une «seconde naissance dans laquelle nous confirmons et assumons le fait brut de notre apparition physique originelle[1]». À la naissance que l'on pourrait qualifier de «zoologique» au sens où elle relève de la seule *zôê* telle que l'interpète Arendt, succède la véritable «natalité», celle du *Dasein* s'exerçant à l'action en commun dans le *bios* politique. On ne saurait donc pleinement parler de natalité que pour les êtres humains capables d'accéder à cette «seconde naissance» que constitue l'action politique[2]. En bref, la natalité ainsi comprise ne constitue pas une catégorie anthropologique exprimant le propre de l'homme. Elle désigne la «seconde naissance» de ceux-là seuls qui sauront s'accomplir dans l'action et la vie politique. Centrale entre toutes, cette thèse arendtienne a de lourdes implications politiques, d'où sans doute le fait que certains commentateurs ont entrepris purement et simplement de la nier[3].

---

1. *Ibid.*, p. 233. Cette thèse centrale, qui éclaire la signification de tout le livre, n'est formulée qu'au cinquième chapitre.

2. La natalité comme seconde naissance est précisément analysée par Livia Profeti en relation avec Heidegger dans sa conférence inédite, «Arendt et Heidegger. Natalité et *Geworfenheit*: une généalogie cachée», conférence de l'ERIAC, Université de Rouen, 9 avril 2013 (http://eriac.univ-rouen.fr/natalite-et-geworfenheit-une-genealogie-cachee/).

3. Pour Françoise Collin par exemple, en dépit de ce qu'Arendt soutient explicitement au cinquième chapitre de *Condition de l'homme moderne*, «la naissance biographique et donc politique (appartenant à la *polis*) n'est pas une seconde naissance»

Il semble donc difficile de présenter la *Condition de l'homme moderne* comme une anthropologie philosophique, ainsi que le proposent par exemple Paul Ricœur dans sa préface à l'édition française de 1983, ou Pierre Bouretz dans son édition de la version allemande de «Idéologie et terreur»[1]. Arendt refuse en effet de parler de nature humaine, et nous avons vu qu'elle écarte la question «Qu'est-ce que l'homme?» comme étant théologique.

Si l'on veut néanmoins préciser les rapports que le livre d'Arendt entretient avec l'anthropologie, il faut rechercher à quelle anthropologie philosophique elle se réfère[2]. Le texte d'Arendt nous apporte une réponse précise. Au début du chapitre central sur l'action, sa thèse des deux naissances ou des deux commencements: la venue au monde et l'initiative de l'action, se réfère dans une longue note au livre d'Arnold Gehlen, *L'Homme: sa nature et sa position dans le monde*[3]. Rappelons que Gehlen, comme Heidegger et Schmitt, adhère à la NSDAP le 1er mai 1933. Deux semestres durant, il occupe la fonction de *Führer* de l'Union des enseignants *(Dozentenbundführer)*. En 1933-1934, il rédige une «Philosophie du national-socialisme» demeurée inédite[4]. La première édition, en 1940, de son ouvrage majeur, *L'Homme*, contient des développements sur la «doctrine de la race» *(Rassenkunde)*, préconise la mise en place d'une «"vision du monde" institutionnalisée à partir d'en haut» *(von oben her institutionalisierten "Weltanschauung")* et de «systèmes de guidage suprêmes» *(oberste Führungssysteme)*. Il

---

(«Agir et donné», *Hannah Arendt et la modernité*, Anne-Marie Rovioello et Maurice Weyembergh éd., Paris, Vrin, 1992, p. 44). L'auteur propose une version très adoucie du propos arendtien, en relativisant à l'extrême la distinction entre *bios* et *zôê*. Mais s'agit-il encore de la vision d'Arendt?

1. Pierre Bouretz, «Pour dire encore deux mots du totalitarisme», in *Idéologie et terreur, op. cit.*, p. 15.
2. Ce qu'aucun des deux auteurs que nous venons de citer n'a fait.
3. Voir H. Arendt, *Condition de l'homme moderne, op. cit.*, p. 233, n. 1.
4. On peut lire un fragment du manuscrit, avec notamment un développement sur le «mythe de la race» qui se réfère positivement à Eric Voegelin et Ludwig F. Clauß, dans Arnold Gehlen, *Gesamtausgabe, Der Mensch, Textkritische Edition, Teilband 2*, Karl-Siegbert Rehberg éd., Francfort-sur-le-Main, Klostermann, 1993, p. 789-795. L'éditeur scientifique soutient que Gehlen, inscrit au parti nazi, auteur d'une «Philosophie du national-socialisme», «n'était pas un philosophe nazi», sans d'ailleurs justifier son affirmation (*ibid.*, p. 753).

précise que cette dernière expression est « très proche du "modèle de dressage" *(Zuchtbild)* utilisé par Rosenberg[1] ». Gehlen crédite en outre le pouvoir national-socialiste d'avoir montré qu'un tel « modèle de dressage immanent » est « capable d'établir et de mettre en œuvre des principes constitutifs pour l'action »[2]. On ne s'étonnera donc pas de voir cette anthropologie d'esprit national-socialiste continuer, après 1945 et jusqu'à aujourd'hui, d'inspirer plusieurs mentors de la « nouvelle droite » allemande[3].

Même si Arendt cite l'édition édulcorée de 1955 – dans laquelle Gehlen a pris soin de supprimer ses éloges explicites de la vision du monde nationale-socialiste – et non celle de 1940, il nous faut prendre acte du fait qu'elle valorise le livre de Gehlen sans exprimer de réserve à l'égard des corrélations politiques explicitement nazies de ses thèses anthropologiques, qui ne pouvaient être entièrement ignorées après 1945 où Gehlen, quelque peu sur la touche, demeure un universitaire intellectuellement influent[4]. De fait, les

---

1. *Ibid.*, p. 710-712 et 752.
2. « [...] *ein immanentes Zuchtbild imstande ist, tragende Grundsätze des Handelns aufzustellen und durchzuführen* » (*ibid.*, p. 752).
3. Voir Karlheinz Weißmann, *Arnold Gehlen. Vordenker eines neuen Realismus*, Perspektiven, Band 2, Bad, Vilbel, Edition Antaios, 2000, et Günter Rohrmoser, « Arnold Gehlen – Philosoph des deutschen Idealismus », *Konservatives Denken im Kontext der Moderne*, Bietigheim/Baden, Gesellschaft für Kulturwissenschaft, 2006. En France aujourd'hui, Jean-Claude Monod s'efforce de populariser l'anthropologie de Gehlen en reprochant aux Français de ne pas l'avoir suffisamment accueilli. Par ailleurs, s'appuyant sur une image fausse de Voegelin présenté comme un critique du racisme, il se sert du fait que Gehlen cite Voegelin dans son essai sur « La philosophie du national-socialisme » pour « faire l'hypothèse que Gehlen a vu l'inconsistance théorique du racisme ». Il n'a pas compris que la valorisation par Voegelin, comme par Gehlen, du « mythe de la race » se rattache en droite ligne au *Mythe du XXe siècle* d'Alfred Rosenberg, auquel l'un et l'autre se réfèrent positivement (A. Gehlen, *Essais d'anthropologie philosophique*, préface de Jean-Claude Monod, introduction des textes et postface de Wolfgang Essbach, trad. de l'allemand par Olivier Mannoni, Paris, Éditions de la Maison des sciences de l'homme, 2009, respectivement p. VIII et p. 153-154). Pour une critique de Voegelin et l'amorce d'une étude de son rapport à Gehlen, avec lequel il correspond lorsqu'il cherche un poste universitaire dans l'Allemagne nazie, voir E. Faye, « Eric Voegelins Haltung zum Nationalsozialismus... », art. cité.
4. Gehlen doit se contenter, après 1945, d'une carrière académique dans l'Université technique d'Aix-la-Chapelle. La controverse télévisée fameuse qui l'oppose à Adorno en 1967 contribue à sa célébrité.

éloges hyperboliques qu'elle adresse à Gehlen sont à rapprocher de ses appréciations positives de Carl Schmitt dans *Les Origines du totalitarisme*. Arendt vante l'« excellent exposé » qu'offre le livre de Gehlen, et affirme qu'il « contient un trésor d'idées précieuses »[1]. En retour, celui-ci publiera dans la revue *Merkur* une recension du livre d'Arendt où les éloges l'emporteront sur les quelques réserves[2]. La thèse fondamentale de Gehlen est que l'homme est au commencement un être en manque, déficit qui lui permet une « ouverture au monde » *(Weltoffenheit)* et appelle le concours d'une discipline ou dressage *(Zucht)* et d'institutions – c'est là qu'intervient son concept de *Führungssystem*. Nous pouvons voir ce que la notion de « natalité » comprise à la façon d'Arendt peut devoir à certaines des conceptions de Gehlen, ou du moins ce qui peut entrer en résonance avec elles : ce n'est pas, nous l'avons vu, la naissance comme telle, mais la « seconde naissance » ou « commencement » de ceux qui ouvrent par leur parole et leur action un monde commun, celui de la vie politique ou *bios politikos*, qui constitue pour elle la vie « authentiquement humaine ». La façon dont Arendt conçoit, à ce propos, la corrélation entre parole et action trouve, selon elle, une confirmation dans les développements du livre de Gehlen[3]. Il y a d'ailleurs, chez ce dernier, une valorisation forte de l'action, corrélée à la culture et plus encore à la communauté[4]. Si Heidegger et Gehlen partagent la notion

---

1. H. Arendt, *Condition de l'homme moderne*, op. cit., p. 233. Si Arendt indique qu'elle n'est pas concernée par la dimension « biologique » de ses thèses, elle ne dit mot de leur signification politique. Dans les tensions intellectuelles qui caractérisent alors la République fédérale, la note d'Arendt vaut comme une prise de position en faveur de Gehlen et contre Adorno.

2. A. Gehlen, « Vom tätigen Leben (Hannah Arendt) », *Merkur*, vol. 159, 1961, p. 482-486. Dans un essai d'« éthique pluraliste », Gehlen se référera à plusieurs reprises à Hannah Arendt et la rangera, aux côtés de la figure controversée de Margret Boveri, parmi ces « dames qui savent décider dans les labyrinthes » (A. Gehlen, *Moral und Hypermoral. Eine pluralistische Ethik*, Zweite Auflage, Francfort-sur-le-Main et Bonn, Athenäum Verlag, 1970, p. 171).

3. L'ouvrage de Gehlen illustre selon elle « la profonde affinité entre la parole et l'action, leur spontanéité et leur absence de finalité pratique » (H. Arendt, *Condition de l'homme moderne*, op. cit., p. 233, n. 1).

4. Voir l'essai de 1942, « Pour une systématique de l'anthropologie », trad. fr. dans A. Gehlen, *Essais d'anthropologie philosophique*, op. cit., p. 11-13.

d'ouverture au monde à partir de démarches distinctes, la première existentielle, la seconde anthropologique, il est important de noter qu'Arendt conjugue ici ces deux sources. Sa valorisation d'auteurs nationaux-socialistes considérés comme des sources privilégiées ne se limite donc pas aux historiens nazis – un point bien mis en valeur par Bernard Wasserstein[1] –, mais s'étend également à sa réflexion sur la condition humaine et la constitution de l'espace du politique[2].

45. WERFRAGE ET MONDE COMMUN : ARENDT ET HEIDEGGER

On ne saurait trop souligner le fait que l'action politique est, pour Arendt, la condition *sine qua non* de l'apparition de la natalité dans le monde, qui exprime donc autre chose et plus que la naissance d'un membre de l'espèce humaine : « le commencement inhérent à la naissance ne peut se faire sentir au monde que parce que le nouveau venu possède la faculté d'entreprendre du neuf, c'est-à-dire d'agir[3] ». Ce n'est donc pas dans le travail, ni même dans l'œuvre, mais bien dans l'action qui est avant tout, pour Arendt, action politique, que la natalité vient au monde. L'auteur de *Condition de l'homme moderne* peut donc affirmer que « la natalité est la catégorie centrale de la pensée politique[4] ». Dans cet énoncé, le mot « catégorie » demeure cependant employé de façon non définie et non rigoureuse[5]. Arendt, en effet, ne parle plus de nature humaine, mais de condition, et même, nous l'avons vu, au

---

1. B. Wasserstein, « Blame the Victim... », art. cité.
2. Arendt fait également l'éloge des publications « remarquablement exemptes de préjugés et d'idéalisations » d'Helmut Schelski, professeur de sociologie et élève de Gehlen, plus impliqué encore que lui dans le nazisme (H. Arendt, *Condition de l'homme moderne, op. cit.*, p. 178).
3. *Ibid.*, p. 43.
4. *Ibid.*
5. Dans le texte allemand, Arendt parle d'un « fait formant catégorie » (*Kategorien-bildendes Faktum*), ce qui n'est pas conceptuellement beaucoup plus clair, mais apparaît plus conforme à ce qu'elle veut dire, la « natalité » arendtienne relevant du fait plus que du concept (H. Arendt, *Vita activa..., op. cit.*, p. 18).

pluriel, de « conditions ». La dimension d'universalité qui caractérise la prédication des catégories est donc absente de son horizon. Considérés comme « des spécimens de l'espèce la plus évoluée de la vie organique », nous ne pouvons affirmer beaucoup plus que le fait que les hommes sont des « êtres conditionnés »[1]. Et Arendt d'insister sur ce conditionnement, sans véritablement l'éclaircir à ce stade. Cette insistance nous montre que, selon elle, les hommes ne naissent pas libres naturellement, thèse que nous avons déjà rencontrée dans le second volume des *Origines du totalitarisme*[2]. En outre, ces conditions, nous l'avons vu, étant diverses, la question « Qu'est-ce que l'homme ? », à laquelle il pourrait être répondu de façon universelle et donc catégoriale, a perdu sa raison d'être. Arendt peut donc, comme avant elle Heidegger, remplacer le « Qu'est-ce que ? » par un « Qui ? ».

Nous avons vu que la distinction entre la question « Qu'est-ce que ? » ou « Que ? » *(Was)* et la question « Qui ? » *(Wer)* est thématisée dans *Être et temps* en relation avec la distinction entre catégories et « existentiaux[3] ». Évitant à l'évidence de mentionner le nom de Heidegger, Arendt trouve un biais pour étayer d'un précédent faisant autorité le passage du « Qu'est-ce que ? » au « Qui ? ». Elle consacre à ce propos une longue note à Augustin qui aurait su, dans les *Confessions*, distinguer la question « Qui suis-je ? » et la question « Que suis-je ? ». Ce dernier formule et développe la seconde question en ces termes : « Que suis-je donc, mon Dieu ? Quelle est ma nature ? » *(Quid ergo sum, Deus meus ? Quae natura sum ?).* C'est, commente Arendt, une question que l'homme n'adresse pas à lui-même mais à Dieu. Elle en conclut que « la question de la nature de l'homme n'est pas moins théologique que la question de la nature de Dieu[4] ». Or, selon elle, il est impossible de répondre à cela en dehors de la révélation divine.

Avec Arendt, la question de la nature humaine a donc cessé d'être une question philosophique. Seule subsiste la question

---

1. H. Arendt, *Condition de l'homme moderne*, op. cit., p. 45.
2. Voir *supra*, chap. 3.
3. Voir *supra*, chap. 6.
4. H. Arendt, *Condition de l'homme moderne*, op. cit., p. 45, n. 1.

qu'un homme peut s'adresser à lui-même: «Toi, qui es-tu?» *(Tu, qui es?)*. Mais est-ce bien Augustin que suit Arendt? Car ce dernier pose ses questions au singulier. Si elle cite Augustin en note, Arendt, tout comme Heidegger, reformule dans son texte les questions à la première personne du pluriel. Elle écrit en effet: «nous ne demandons plus ce que nous sommes, mais *qui* sommes-nous» *(wir nicht mehr fragen: Was sind wir, sondern: Wer sind wir*[1]*)*. C'est la formulation même que nous avons plusieurs fois rencontrée sous la plume de l'auteur d'*Être et temps* et jusque dans ses premiers *Cahiers noirs*[2]. La récusation arendtienne de la question «Qu'est-ce que?» au profit de la question «Qui?», de ce que Heidegger nommait, en 1934, la *Werfrage*, demeure bien, jusqu'à un certain point, dans l'esprit de ce dernier, même si Arendt ne lui donne pas, comme lui, une réponse ouvertement *völkisch*. Augustin apparaît donc ici pour une grande part comme un prête-nom pour Heidegger, dont l'empreinte est particulièrement visible dans les formulations de l'édition allemande de l'ouvrage d'Arendt.

Si celle-ci n'apporte pas ici de réponse à la question «Qui sommes-nous?», nous comprenons bien qu'avec elle, comme avec Heidegger, il n'est plus question de nature mais d'existence et de condition, bref, de *Dasein*. En outre, nous ne sommes plus dans le «je» individuel, mais dans un «nous» communautaire. Certes, toute pensée du «nous» et de la communauté n'est pas à récuser comme telle. Ce qu'il importe de voir, c'est qu'il existe une différence radicale entre la démarche socialement et humainement légitime qui consiste à former des associations et des communautés sur un fond d'humanité commune, et soutenir, comme le fait Arendt dans *Les Origines du totalitarisme* et dans *Condition de l'homme moderne*, que l'on n'accède à un statut proprement humain que par l'appartenance à une communauté politique déterminée. Lorsque l'on a récusé tout horizon d'universalité, lorsque l'on soutient que «la distinction entre l'homme et l'animal

---

1. H. Arendt, *Vita activa oder Vom tätigen Leben, op. cit.*, p. 21 (le *Wer* est souligné par Arendt).
2. Voir *supra*, chap. 6.

recoupe le genre humain lui-même[1] », ce qui revient à nier la réalité du genre humain, il ne reste que la détermination particulière des existentiaux propres à ce « nous », qui peut aisément prendre une dimension discriminatoire. Or, c'est le cas avec la déshumanisation radicale de l'*animal laborans* qui, estime Arendt, n'accède pas à l'espace commun de l'agir politique.

Un autre point reste à éclaircir dans ce chapitre. Du fait qu'Arendt présente la natalité comme une « catégorie centrale pour la pensée politique » et l'oppose ici à la mortalité, affirmée comme déterminante pour la « pensée métaphysique », les commentateurs concluent souvent qu'elle s'oppose en cela à Heidegger, avec sa thématisation célèbre de l'être-pour-la-mort. N'est-ce pas oublier qu'elle sait de longue date que ce dernier ne conçoit plus sa pensée comme « métaphysique », de sorte que l'opposition que nous venons de citer peut difficilement le concerner de façon privilégiée ? Ne vise-t-elle pas ici autre chose que la vision heideggérienne de l'être-pour-la-mort ? Effectivement, nous voyons, à la fin du chapitre, Arendt opposer entre elles l'immortalité temporelle fondée sur la réputation, propre à l'espace politique, et l'éternité, notion qui n'a rien d'heideggérien[2]. C'est donc une métaphysique platonicienne ou plus encore chrétienne – à la façon, pourrions-nous mentionner par exemple, d'Édith Stein[3] – qui est ici récusée, liée à ce qu'Arendt a nommé la question « théologique » de la nature de l'homme, et non pas l'analytique existentiale de Heidegger, dont elle s'inspire au contraire directement dans son ouvrage.

La pertinence de cette rectification est confirmée en outre par le fait que la thématisation de la naissance est déjà présente dans *Être et temps*. Heidegger écrit notamment que « le *Dasein* factuel existe

---

1. Elle ajoute sans ambiguïté que de ce fait « seuls les meilleurs », qui s'affirment comme tels, « sont réellement humains » (H. Arendt, *Condition de l'homme moderne*, *op. cit.*, p. 55). Cette thèse confondant humanité et excellence, présente encore chez Héraclite, aurait été selon elle perdue par les philosophes après Socrate.

2. H. Arendt, « Éternité contre immortalité », *Condition de l'homme moderne*, *op. cit.*, p. 53-57.

3. Édith Stein, *L'Être fini et l'Être éternel. Essai d'une atteinte du sens de l'être*, Louvain, Nauwelaerts, 2002.

nativement¹», ce qui veut dire que la naissance n'est pas perçue par lui comme quelque chose de passé mais comme constitutive de l'existence, tout autant que l'anticipation de la mort. Il s'agit d'un point fondamental, trop rarement pris en compte par les commentateurs². Nous devons d'autant plus tenir compte, à propos d'Arendt, de cette mise en valeur heideggérienne de la naissance pour la compréhension du *Dasein*, que la version allemande du livre d'Arendt nous a montré qu'elle utilise le mot *Dasein* comme un équivalent de l'expression « condition humaine ». De fait, plus loin dans son chapitre, Arendt n'oppose pas entre elles mais, tout comme Heidegger, mentionne conjointement la natalité et la mortalité parmi les « conditions de l'existence humaine³ ». Nous pouvons enfin penser que la notion heideggérienne de l'être-jeté-dans-un-monde, de la *Geworfenheit*, qu'il relie explicitement à la naissance, constitue une source d'inspiration directe pour la conception arendtienne de la natalité⁴.

Toujours à propos de la relation étroite à la terminologie et aux conceptions de Heidegger qui s'exprime dans l'ouvrage d'Arendt, notons que, dès la première phrase du deuxième chapitre, elle met en avant l'existential heideggérien du « monde » dans lequel s'enracine ou se meut la vie active⁵. Comme pour le prologue et le premier chapitre, c'est dans le texte allemand que la reprise du vocabulaire heideggérien est la plus visible. Arendt y parle de l'organisation pratique des relations politiques « dans

---

1. « *Das faktische Dasein existiert gebürtig* » (M. Heidegger, *Sein und Zeit, op. cit.*, § 72, p. 374).
2. Ce point est bien mis en évidence par Livia Profeti, « L'être jeté dans un monde : le fondement raciste du *Dasein* », *Cités*, n° 61, mars 2015, p. 151.
3. H. Arendt, *Condition de l'homme moderne, op. cit.*, p. 46.
4. Heidegger écrit ainsi : « Dans l'unité de l'être-jeté *(Geworfenheit)* et de l'être pour la mort fugitif, ou plutôt devançant, naissance et mort "s'enchaînent" à la mesure du *Dasein* » (M. Heidegger, *Sein und Zeit, op. cit.*, p. 374). Sur l'être-jeté heideggérien et la natalité arendtienne, voir la conférence de Livia Profeti déjà citée.
5. La version américaine privilégie la métaphore de l'enracinement tandis que l'édition allemande retient la notion plus dynamique du mouvement (H. Arendt, *The Human Condition*, 2ⁿᵈᵉ éd., introduction de Margaret Canovan, Chicago et Londres, The University of Chicago Press, 1998, p. 22 ; *Vita activa..., op. cit.*, p. 33).

des communautés *(Gemeinschaften)* humaines¹». Telle est donc la forme politique du monde de l'agir : celui des «communautés». Or, on sait que le mot *Gemeinschaft* apparaît dans un passage central du chapitre d'*Être et temps* sur l'historicité², tandis que le mot «société» *(Gesellschaft)* n'est jamais utilisé par Heidegger dans son livre. Dans *Être et temps*, en effet, il radicalise l'opposition classique issue de Ferdinand Tönnies entre communauté et société³, en opposant l'espace public du «On» à l'historicité du *Dasein* qui n'accomplit son destin que dans la communauté du peuple. Heidegger n'en a pas moins fait sienne l'opposition entre communauté et société, qu'il expose par exemple dans ses conférences d'août 1934 sur «L'université allemande». Il caractérise en effet le passage aux Temps modernes en ces termes :

> La séparation de l'homme de la communauté et des ordres originaires. L'homme *individuel*, conscient de lui-même, devient l'élément déterminant et le fondement qui donne forme au nouvel ordre. La communauté devient maintenant société, c'est-à-dire une association de nombreux individus sur la base des accords et des contrats. L'État est fondé sur un contrat⁴.

Ce passage de la communauté à la société, qui peut être reçu comme une émancipation de l'individu, aurait conduit au contraire, selon Heidegger, à l'«impuissance politique» du peuple allemand. Contre la liberté individuelle dans nos sociétés modernes, il fait appel au mythe, issu de Stefan George, de l'«Allemagne cachée⁵» et entend réenraciner «la puissance de

---

1. H. Arendt, *Vita activa...*, *op. cit.*, p. 33.
2. M. Heidegger, *Sein und Zeit*, *op. cit.*, § 74, p. 384.
3. Ferdinand Tönnies, *Communauté et société : catégories fondamentales de la sociologie pure*, trad. par Joseph Leif, Paris, PUF, 2010.
4. «*Die Loslösung des Menschen aus der Gemeinschaft und den ursprünglichen Ordnungen. Der seiner selbst gewisse einzelne Mensch wird das maßgebende Element und der Gestaltungsgrund für die Neuordnung. Die Gemeinschaft wird jetzt zur Gesellschaft, d.h. zu einem Verband vieler Einzelner auf Grund vernunftgemäßer Verabredung und Vertrag. Der Staat ist auf Vertrag gegründet*» (M. Heidegger, «Die deutsche Universität», *Reden und andere Zeugnisse eines Lebensweges*, GA 16, p. 290).
5. *Ibid.*

l'État dans la nature et l'histoire d'un peuple¹». Si Arendt ne reprend pas à Heidegger sa thématisation de l'existence *völkisch*, elle partage sa vision négative de l'individualisme des sociétés modernes, sa valorisation des communautés politiques, et met au centre de son propos la réflexion sur la perte de l'autorité.

Quant au privilège de l'action, «prérogative de l'homme exclusivement» selon Arendt, il ne peut, écrit-elle, s'exercer sans la présence d'un «monde commun *(Mitwelt)*²». Ce terme de *Mitwelt*, que l'on trouve à deux reprises dans *Être et temps*³, est introduit dans l'ouvrage de Heidegger en ces termes: «Le *Dasein* propre, tout comme le *Dasein* commun *(Mitdasein)*, rencontre l'autre de prime abord et le plus souvent à partir du monde commun *(Mitwelt)* ambiant et soucieux⁴.» Nous retrouvons donc bien, sous la plume d'Arendt, un néologisme central d'*Être et temps*.

Dans sa présentation de la réédition de *Condition de l'homme moderne*, Philippe Raynaud reconnaît à juste titre que «la pensée d'Arendt se situe dans la lignée de celle de l'auteur d'*Être et temps*», et, s'appuyant sur l'étude de Christian Ferrié déjà citée⁵, il indique que «les références phénoménologiques et l'héritage heideggérien sont naturellement plus visibles dans la version allemande de l'œuvre»⁶. Malgré cela, il croit pouvoir affirmer, de façon d'ailleurs littéralement contradictoire, que, «de Heidegger à Arendt, nous entrons dans un autre monde, celui d'une pensée fondamentalement *politique*, qui est fondée sur l'idée de la *pluralité* des hommes et non plus sur celle de la solitude du *Dasein* et dans lequel c'est la *natalité* plus que la *mortalité* qui définit la condition humaine⁷».

Cette affirmation, qui résume la conception aujourd'hui la plus répandue du rapport entre la vision politique d'Arendt et les

---

1. *Ibid.*, p. 294.
2. H. Arendt, *Vita activa...*, *op. cit.*, p. 34.
3. *Ibid.*, § 26, p. 125 et § 29, p. 129.
4. «*Das eigene Dasein ebenso wie das Mitdasein Anderer begegnet zunächst und zumeist aus der umweltlich gesorgten Mitwelt*» (*ibid.*, p. 125).
5. Voir *supra*, chap. 5, § 18.
6. Ph. Raynaud, «Le monde, l'action, la pensée», préface citée, p. 55.
7. *Ibid.*, p. 55-56.

conceptions existentielles de Heidegger, et que nous avons déjà rencontrée à propos des interprétations de la conférence tenue par Arendt en 1954, est exposée à de sérieuses objections. La première objection tient à l'interprétation inexacte d'*Être et temps*. L'idée que cet ouvrage développerait une notion solipsiste et apolitique de l'existence se heurte en effet à la réalité des thèses exposées dans le chapitre sur l'historicité concernant l'effectuation du *Dasein* authentique dans la communauté du peuple, ainsi qu'aux mises au point de Heidegger dans ses *Cahiers noirs* contredisant les lectures individualistes et dépolitisées de son livre[1]. Et nous venons de montrer que la notion même de monde commun *(Mitwelt)* sur laquelle s'appuie Arendt est directement reprise à la terminologie de Heidegger, qui relie étroitement ce terme à celui de «*Dasein* commun» *(Mitdasein)*. La seconde objection s'appuie sur le fait décisif que nous avons montré au chapitre précédent, à savoir que, lorsque Arendt introduit dans la théorie politique en 1954 la notion de pluralité, c'est sous le signe de Heidegger qu'elle le fait. Nous avons signalé enfin ce que la notion arendtienne de la natalité doit à l'«être-jeté» heideggérien. On voit combien il est nécessaire de se reporter méthodiquement à la version allemande, toutes les fois où l'on entend mettre au clair ce qui rattache le vocabulaire et la vision d'Arendt à Heidegger. La réédition de l'ouvrage d'Arendt aurait donc dû être l'occasion d'une traduction de l'édition allemande, indiquant en note les principales variantes avec la première version américaine. Cette occasion n'a pas été saisie par l'édition Raynaud, qui perpétue un contresens sur la pensée de Heidegger et une vision de ce fait inexacte du rapport d'Arendt à Heidegger.

46. Aristocratisme et héroïsation du politique séparé du social

Dans le deuxième chapitre de *Condition de l'homme moderne*, l'un des plus importants du livre avec celui sur l'action, car c'est là que l'auteur nous livre ses présupposés majeurs, Hannah Arendt

---

1. Voir notamment M. Heidegger, *Überlegungen II-VI*, GA 94, p. 21.

associe une thèse déjà affirmée par Carl Schmitt, celle de la séparation radicale du politique et du social, à une herméneutique de l'histoire – reproduisant un schéma d'inspiration heideggérienne –, celle de la perte d'une conception originellement grecque, en l'occurrence la conception du politique. La distinction du politique et du social développée par Arendt figure en effet en toutes lettres dans l'ouvrage de Carl Schmitt, *Le Concept du politique*, où l'on peut lire qu'« en vérité *il n'existe pas de "société politique"*[1] ». Ce qui a fait la séduction du propos d'Arendt, c'est qu'au lieu de reprendre explicitement la distinction schmittienne et comme venant de lui – ce qui l'aurait placée dans un rapport épigonal particulièrement sujet à caution en ce qui concerne l'influence d'un auteur comme Schmitt –, elle historicise cette distinction et l'inscrit dans une perspective herméneutique tacitement empruntée à Heidegger. En effet, à la chute loin de l'être, selon ce dernier, répond chez elle la perte de la « conception originellement grecque de la politique » par la « substitution du social au politique »[2]. Dans les deux cas, nous sommes confrontés à un récit fondé sur l'affirmation d'une perte originelle, et que la modernité n'aurait fait qu'aggraver.

Comme souvent chez Heidegger, cette perte serait manifeste dans le passage du grec au latin. Arendt souligne que « le mot "social", d'origine romaine, n'a pas d'équivalent dans la langue ni dans la philosophie grecque[3] ». C'est Sénèque qui, le premier, aurait exprimé cette perte du politique en traduisant le « *zoon politikon* d'Aristote par *animal socialis* », une traduction ensuite consacrée « depuis saint Thomas d'Aquin »[4]. Cette stigmatisation arendtienne de Sénèque et du passage du grec au latin a été sou-

---

1. « *In Wahrheit* gibt es keine politische "Gesellschaft" [...] *es gibt nur eine politische Einheit, eine politische "Gemeinschaft"* » (Prof. Dr. Carl Schmitt, *Der Begriff der Politischen*, Hambourg, Hanseatische Verlagsanstalt, 1933, p. 27 – c'est Hannah Arendt qui souligne). Nous citons le *Concept du politique* dans l'édition allemande de 1933, mise au goût du jour par l'auteur après la prise du pouvoir par les nationaux-socialistes – une version jamais rééditée par lui après 1945 –, car c'est cette édition que possède Arendt, soulignée et annotée de sa main. Voir http://www.bard.edu/library/arendt/pdfs/Schmitt-Begriff.pdf
2. H. Arendt, *Condition de l'homme moderne, op. cit.*, p. 60.
3. *Ibid.*
4. *Ibid.*

vent reprise par les commentateurs. Barbara Cassin notamment, dans un passage exemplaire de la façon dont le propos d'Arendt peut être paraphrasé sans beaucoup de recul critique ni de précision philologique, fait reproche à Sénèque d'avoir, en traduisant ainsi Aristote, « fait perdre complètement de vue l'expérience grecque[1] ». Cependant, ni Arendt ni Barbara Cassin ne renvoient à un texte précis dans l'œuvre de Sénèque corroborant la pertinence de ce reproche. En toute précision, celui-ci n'a jamais utilisé l'expression *animal socialis* pour traduire la définition aristotélicienne de l'essence de l'homme. On lit à deux reprises, sous sa plume, l'expression *sociale animal*, ou « animal sociable », dans les traités *Des bienfaits* et *De la clémence*. Au cœur d'une longue période énumérant les conditions permettant d'acquérir « la science utile et nécessaire » au bonheur, Sénèque mentionne dans *Des bienfaits*, comme l'une de ces conditions et dans l'esprit du Portique : « si, animal sociable et né pour le bien commun, il [l'homme] considère le monde comme une demeure commune à tous[2] ». Dans ce développement relevant de la philosophie morale, l'intention de Sénèque n'est pas de procurer une définition de l'essence de l'homme ni de traduire la formule d'Aristote[3]. L'intention est également morale dans le traité *De la clémence* : montrer qu'« aucune parmi les vertus ne convient plus à l'homme » que la clémence, pour « nous qui voulons que l'on considère l'homme comme un être vivant sociable, né pour le bien commun »[4].

---

1. « Un deuxième exemple, plus strictement heideggérien, est celui de la traduction latine d'Aristote. Rendre *zoon politikon* par *animal socialis*, avec Sénèque ou saint Thomas, fait perdre complètement de vue l'expérience grecque » (Barbara Cassin, « Grecs et Romains : les paradigmes de l'Antiquité chez Arendt et Heidegger », *Politique et pensée*, colloque Hannah Arendt, Paris, Payot, 3ᵉ éd., 2004, p. 31).
2. « *Si, sociale animal et in commune genitus, mundum ut unam omnium domum spectat* » (Sénèque, *De beneficiis*, VII, 1, 7).
3. La citation de Thomas d'Aquin est également inexacte, mais, cette fois, Arendt le reconnaît, donne sa source et tente de se justifier dans une note (H. Arendt, *Condition de l'homme moderne*, op. cit., p. 60).
4. « *Nos qui hominem sociale animal communi bono genitum videri volumus* » (Sénèque, *De la clémence*, I, III, 2, texte établi et traduit par François-Régis Chaumartin, Paris, Les Belles Lettres, 2005, p. 7).

Il faut noter la complexité de la démarche arendtienne. En ce qui concerne le rapport au langage, elle suit le plus souvent le schéma heideggérien et, hormis quelques citations d'Augustin ou de Caton d'Utique maintes fois reprises, elle présuppose que le passage du grec au latin marque une déperdition de sens. Ce qui, trop souvent, ne correspond à rien d'autre qu'à un préjugé qui barre l'accès à la richesse de la philosophie latine, bien trop méconnue encore de nos jours. Mais en ce qui concerne le paradigme du politique, elle alterne les références à la *polis* grecque – en réalité, comme nous allons le voir, réinterprétée à partir d'historiens du XXe siècle dont la fiabilité prête à discussion – et les références à la romanité.

Quelle est cette «conception originellement grecque du politique» qui aurait été perdue? Arendt s'appuie sur la distinction du public et du privé qui aurait eu cours dans les cités grecques. Elle y voit une séparation nette entre, d'un côté, le domaine public, la *polis* et les activités relatives à un monde commun et, de l'autre, le domaine privé qui comprend le ménage, la famille, le foyer *(oikos)* et, plus généralement, tout ce qui concerne l'entretien de la vie[1]. L'erreur moderne aurait consisté à considérer les peuples et les communautés politiques comme des familles. D'où la naissance de l'économie sociale. Quant à l'économie politique, Arendt estime qu'elle eût été, pour les Anciens, une contradiction dans les termes[2]. De l'opposition antique entre organisation politique et domaine familial privé, Arendt tire celle entre liberté et contrainte. Dans le domaine privé, marqué par le gouvernement des esclaves, règnent la violence et la force. Arendt justifie la violence comme l'«acte pré-politique de se libérer des contraintes de la vie pour accéder à la liberté du monde[3]». Or, cette justification de la domination et de la violence pré-politiques inclut de fait une justification de l'esclavage. Des hommes se libèrent de la nécessité – pourvoir aux besoins de la vie – et accèdent au *bios politikos* en faisant porter le poids de cette nécessité à ceux qui n'accéderont pas à la «liberté du monde»: les travailleurs, les esclaves. Et

---

1. H. Arendt, *Condition de l'homme moderne*, op. cit., p. 66.
2. *Ibid.*, p. 66-67.
3. *Ibid.*, p. 69.

Arendt de souligner que, dans la pensée antique, l'esclave ou le barbare « n'était pas pleinement humain[1] ». Dans la sphère privée, l'homme n'existe pas « en tant qu'être véritablement humain mais en tant que specimen de l'espèce animale appelée humanité[2] ».

Dans cette vision ne sont dit « égaux » entre eux que ceux qui ont pu accéder au monde libre du politique. C'est donc une conception aristocratique et très restrictive de l'égalité, qui ne vaut que pour les citoyens et non pour tous les hommes. Comme le précise Arendt : « Cette égalité [...] supposait l'existence d'hommes "inégaux" qui constituaient toujours la majorité de la population d'une Cité. » Pour Sparte par exemple, Arendt rapporte, comme une proportion tout de même « exagérée », que selon Xénophon on pouvait y compter soixante hommes libres pour quatre mille personnes[3]. Réservée à un petit nombre, l'égalité dans la Cité grecque serait donc sans commune mesure avec l'égalité dans nos démocraties modernes, où Arendt ne voit que nivellement social et conformisme, où la normalisation du comportement aurait remplacé l'action[4]. Cet écart est accru dans l'édition allemande par l'usage – qui rappelle Heidegger – de deux mots différents, l'un germanique et valorisé : *Gleichheit*, l'autre d'origine latine et déprécié : *Egalität*[5].

Nous pouvons donc parler d'un aristocratisme de l'égalité. Il s'agit, pour appartenir au petit nombre des égaux *(homoioi)*, de se distinguer, de se montrer le meilleur de tous. Arendt va jusqu'à évoquer un « esprit férocement agonal » propre au domaine public[6]. La traduction française de Georges Fradier, qui parle

---

1. *Ibid.*, p. 77.
2. *Ibid.*, p. 85.
3. *Ibid.*, p. 70, n. 3.
4. *Ibid.*, p. 79.
5. « *Diese* Gleichheit *innerhalb des Polis hat sehr wenig mit unserer Vorstellung von* Egalität *gemein* » (H. Arendt, *Vita activa*…, *op. cit.*, p. 42 – nous soulignons).
6. H. Arendt, *Condition de l'homme moderne*, *op. cit.*, p. 92. En anglais, Arendt parle de *« fiercely agonal spirit »*, ce que Christophe David et David Munich traduisent littéralement comme nous l'avons fait (voir D. R. Villa, *Arendt et Heidegger. Le destin du politique*, *op. cit.*, p. 111 et 214). Dans la version allemande, il est question de *« heftigsten und unerbittlichsten Wettstreits »* (H. Arendt, *Vita activa*…, *op. cit.*, p. 53).

d'un « farouche esprit de compétition », adoucit trop les angles : la dimension de lutte est estompée et l'on ne perçoit plus suffisamment la représentation agonale de la politique chez Arendt, qui demande à être confrontée à la conception schmittienne de l'*agôn*.

Dans la première longue note que l'on peut lire dans l'édition de 1933 du *Concept du politique*, Carl Schmitt évoque en effet le « caractère fondamentalement agonal » de la vie grecque[1]. Et dans son exemplaire personnel de l'ouvrage, Arendt a marqué ce passage d'un trait vertical particulièrement appuyé. Or l'*agôn*, pour Schmitt, n'est pas seulement de l'ordre de la compétition. Il s'agit d'une forme de guerre entre semblables, comme celle qui opposait les Grecs aux Grecs avant la guerre du Péloponnèse. Arendt va-t-elle jusque-là ? Lorsque l'on interprète la conception arendtienne de l'action politique comme une conversation délibérative à la façon de Habermas, on en est loin[2]. Mais Arendt parle bien de risquer sa vie, et ses références positives à Machiavel pour illustrer le courage politique vont dans le sens d'une action belliqueuse. Évoquant « les dangers sans merci de la *polis* » et voyant dans « la vertu de courage l'une des attitudes politiques les plus élémentaires », Arendt fait crédit à l'auteur du *Prince* d'avoir montré comment « le condottiere s'élève d'une basse condition jusqu'aux premiers rangs, [...] des conditions communes à la gloire du principat[3] ». Or, cette ascension s'effectue par la force des armes. C'est par la violence de la guerre et de la guerre civile que le condottiere s'impose. Par cet exemple, Arendt inscrit dans sa notion de l'action politique, mais sans l'assumer de façon entièrement explicite, une dimension guerrière et violente, ce qui vient contredire le fait

---

1. C. Schmitt, *Der Begriff des Politischen*, op. cit., p. 10. Voir E. Faye, *Heidegger, l'introduction du nazisme dans la philosophie*, op. cit., p. 266, où la note est citée et traduite.
2. La conception arendtienne du rôle de l'opinion en politique est d'ailleurs bien différente de la conception de la raison communicationnelle développée par Habermas. Arendt va jusqu'à soutenir l'existence d'un divorce radical entre politique et vérité. Gérald Sfez a bien montré que cela ne correspond pas à la pensée politique de Machiavel dont Arendt se réclame dans *Condition de l'homme moderne* (voir H. Arendt, « Vérité et politique », *La Crise de la culture*, Paris, Gallimard, 1972, p. 289-336, et Gérald Sfez, *Machiavel et la vérité politique*, Paris, Démopolis, 2016, p. 6-18).
3. H. Arendt, *Condition de l'homme moderne*, op. cit., p. 74.

qu'elle réserve la violence au domaine social et privé. Sur ce point, il y a dans la pensée de Machiavel une cohérence assumée que l'on ne retrouve pas chez Arendt.

Le propos d'Arendt n'est pas le décalque de celui de Schmitt. En effet, pour ce dernier, comme on le sait, le politique ne commence qu'avec la relation ami-ennemi. La relation agonale dans une même unité politique comme celle des Hellènes n'est donc pas encore partie prenante du politique selon lui, et Schmitt distingue ce qu'il nomme pompeusement la «grande opposition métaphysique entre pensée *agonale* et pensée *politique*». Il faudrait donc parler d'un déplacement arendtien du champ de la rivalité agonale par rapport aux thèses de Schmitt. L'une le situe au cœur du politique quand l'autre le laisse en dehors. Cependant, la distinction chez Smitt n'est pas parfaitement nette, car il conclut sa note en évoquant la controverse entre Ernst Jünger et Karl Adam sur le rapport de l'homme et du politique à la guerre et à la paix, et présente Jünger comme le défenseur du «principe agonal: "l'homme n'est pas fait pour la paix"». Si donc le principe agonal consiste dans la nécessité existentielle de la guerre, qui relève pour Schmitt du politique, la «grande opposition métaphysique» proclamée par lui en ressort singulièrement émoussée.

Il faut souligner la radicalité de l'héroïsation de la lutte chez Arendt. Plus d'un commentateur, à la suite de Martin Jay[1], a souligné les points communs entre sa conception de l'action politique et l'«existentialisme politique» de l'Allemagne des années 1920 et 1930. Certes, tous les constituants d'une vision «fasciste» du politique, comme le culte du chef, sont loin d'être repris par Arendt. Néanmoins, son esthétisation de la lutte est bien un trait distinctif du fascisme. Cette esthétisation et cet héroïsme atteignent leur acmé dans le chapitre sur l'action, où Arendt distingue la conduite, qui répond à des «normes morales», et l'action politique qui s'affranchit de ces normes pour s'élever au rang d'un art, «atteindre l'extraordinaire» et ne reconnaître pour critère que la «grandeur»[2].

---

1. Sur l'interprétation critique de Martin Jay, voir *infra*, chap. 10, § 48.
2. H. Arendt, *Condition de l'homme moderne*, op. cit., p. 266-267.

Certains commentateurs parmi les défenseurs d'Arendt les plus scrupuleux, tel Dana R. Villa, ont exprimé non sans raison leur embarras à l'égard de la conception arendtienne de l'action politique, et cru reconnaître une « contradiction fondamentale et inévitable au cœur de sa théorie de l'action ». On aurait d'un côté « une politique délibérative fondée sur l'égalité, la pluralité et l'absence de coercition », et de l'autre un « éloge machiavélien de la grandeur, de l'agonisme et de la virtuosité »[1]. Il apparaît pourtant que, dans *Condition de l'homme moderne*, la lutte prend nettement le pas sur la délibération, tandis que la conception de l'égalité qui s'y exprime est éminemment restrictive et aristocratique. La contradiction n'est donc pas dans le propos d'Arendt. Elle n'apparaît que lorsque l'on prend les mots « égalité » et « pluralité » dans un sens qui n'est plus celui d'Arendt, en confondant par exemple la pluralité arendtienne et le pluralisme de la démocratie représentative, sans tenir compte du fait qu'elle ne craint pas d'envisager, dans son essai *De la révolution*, la fin du suffrage universel[2].

L'héroïsation et l'exaltation arendtiennes de l'action politique ont pour contrepartie la déshumanisation non seulement du travail humain, mais également de l'existence privée et de la vie intérieure. Arendt souligne en effet l'absence d'humanité reconnue au privé dans l'Antiquité : « L'homme n'existait pas dans cette sphère en tant qu'être vraiment humain mais en tant que spécimen de l'espèce animale appelée humanité[3]. » Cette affirmation vient confirmer ce que nous avions relevé, à savoir que ce n'est pas la naissance biologique qui assure l'humanité de l'homme, mais bien cette seconde naissance, réservée au petit nombre de ceux qui se haussent au niveau de ce qu'elle nomme l'« action ». De fait, si « la société de masse où règne l'homme-animal social peut assurer mondialement la survie de l'espèce », elle « peut dans le même temps menacer d'anéantir l'humanité »[4]. L'opposition arendtienne entre l'« espèce humaine » comme espèce simplement animale et

---

1. D. R. Villa, *Arendt et Heidegger. Le destin du politique*, op. cit., p. 113.
2. Voir la citation mise en exergue à ce chapitre, et l'essai *De la révolution*, op. cit., chap. VI, p. 583.
3. H. Arendt, *Condition de l'homme moderne*, op. cit., p. 85.
4. *Ibid.*

l'«humanité» uniquement acquise dans l'action politique est donc structurante pour l'ensemble de son propos[1].

Cette façon de dévaluer radicalement un mode d'existence, le privé ou le social, et de surévaluer le public ou le politique n'est pas sans rappeler la manière dont Heidegger oppose l'une à l'autre, dans *Être et temps*, l'existence inauthentique et l'existence authentique. Ce point, fondamental pour comprendre l'orientation de la pensée d'Arendt, est rarement perçu car l'on s'en tient généralement à l'idée superficielle selon laquelle elle aurait su réhabiliter l'espace public déprécié par Heidegger sous les espèces du «On» *(das Man)*, et redonner sens au «vivre-ensemble», là où *Être et temps* se serait cantonné dans le solipsisme du «Soi» et de l'«être mien» *(Jemeinigkeit)*. On ne voit pas que la conception arendtienne de l'espace public procède directement, et même explicitement, comme on peut le constater dans la version allemande de son livre, des existentiaux heideggériens de l'«être commun» *(Mitsein)* et de la «communauté» *(Gemeinschaft)*. Inversement, sa dépréciation à la fois de la société et de l'existence privée est tout à fait dans la tonalité de la description heideggérienne du «On» dans *Être et temps* et de sa caractérisation, au début de la *Lettre sur l'humanisme*, du privé par son «impuissance» *(Ohnmacht)*.

C'est dans la section intitulée «Domaine public: le commun» qu'Arendt va le plus loin dans la dépréciation non plus seulement de l'espace privé, mais de la vie intérieure et de l'individualité humaine. Elle parle des «grandes forces de la vie intime», dont les pensées mais aussi les passions et les plaisirs des sens mènent «une vague existence d'ombres» lorsqu'elles ne sont pas «arrachées au privé, désindividualisées pour ainsi dire», et portées à l'apparence par «la présence des autres voyants»[2]. Plus loin, elle évoque les «ténèbres de la vie cachée[3]» et la «futilité de la vie individuelle[4]».

---

1. Arendt conclut la section sur une apologie de l'excellence (*ibid.*, p. 98), un terme dont nous voyons aujourd'hui les ravages dans l'éducation.
2. *Ibid.*, p. 90.
3. *Ibid.*, p. 91.
4. *Ibid.*, p. 96.

Cette dépréciation radicale de l'individualité pensante et sensible, ramenée à une existence spectrale lorsqu'elle n'est pas éclairée par la lumière du public, semble fort contestable. Arendt va jusqu'à écrire que «l'homme privé n'apparaît point, c'est donc comme s'il n'existait pas[1]». Sans doute exprime-t-elle ainsi une tendance grandissante de nos sociétés contemporaines, caractérisées par la soif de se mettre en scène et de s'exposer pour se sentir exister. Mais elle va à rebours de tout l'effort philosophique pour approfondir et renforcer la consistance et la richesse de la vie subjective et de l'individualité consciente, tout à la fois sensible et pensante. Que l'on songe à la peinture du *moi* de Montaigne, au discernement cartésien de l'*union*, ou aux efforts d'un Maine de Biran pour approfondir l'expérience de la vie subjective et du sens intime dans ses différents *Mémoires*, rédigés en réponse aux questions mises au concours par plusieurs Académies.

Certes, comme le dit Descartes dans une lettre à Élisabeth, «on ne saurait subsister seul[2]». On n'insistera donc jamais suffisamment sur le fait que, dans le domaine pratique des relations intersubjectives, l'auteur des *Passions de l'âme*, le philosophe de la générosité, n'a rien d'un penseur solipsiste. Il sait évoquer notre relation aux autres et au monde de façon subtile et équilibrée[3]. Quant à Maine de Biran, il éprouve le besoin d'une vie politique

---

1. *Ibid.*, p. 99.
2. «[...] bien que chacun de nous soit une personne séparée des autres, et dont, par conséquent, les intérêts sont en quelque façon distincts de ceux du reste du monde, on doit toujours penser qu'on ne saurait subsister seul, et qu'on est, en effet, l'une des parties de l'univers, et plus particulièrement encore l'une des parties de cette terre, l'une des parties de cet État, de cette société, de cette famille, à laquelle on est joint par sa demeure, par son serment, par sa naissance. Et il faut toujours préférer les intérêts du tout, dont on est partie, à ceux de sa personne en particulier; toutefois avec mesure et discrétion [...]» (Descartes à Élisabeth, 15 septembre 1645, *Œuvres*, AT IV, 293).
3. Pas plus d'ailleurs dans celui de la pensée métaphysique, lorsque l'on voit l'importance qu'il accorde aux *Objections et réponses*, qu'il publie en même temps que ses *Méditations métaphysiques*. Il y a toujours un moment de solitude dans la recherche fondamentale en philosophie, mais, dans la vérification des résultats, nous ne pensons jamais seuls.

et publique[1] — non sans de grandes frustrations d'ailleurs, car il redoute de perdre le contact avec sa vie intérieure. Mais l'évidence selon laquelle nous avons besoin des autres pour exister et sans doute aussi pour penser pleinement n'implique nullement cette dépréciation radicale de l'intériorité individuelle à laquelle procède Arendt — et avant elle Heidegger. Une dépréciation qui conduit à une vision déséquilibrée et mutilée de l'existence humaine.

Comme toujours cependant, les observations d'Arendt sont ambivalentes. Dans les deux sections qui suivent, elle semble réhabiliter par instants la sphère de l'intime, qui apparaît comme une façon de résister à l'absorption du privé dans le social. On trouve des pages d'une certaine force, évoquant la nécessité, pour la bonté, de rester inapparente et inconnue[2]. Néanmoins — nous l'avons vu dans *Les Origines du totalitarisme* avec les pages sur les droits de l'homme —, nous devons demeurer attentifs aux conclusions qu'Arendt tire de telles pages. Passant sans transition de la bonté au bien, elle affirme, à la façon de Machiavel, que le bien est l'«ennemi mortel» du domaine public. Elle estime que le seul critère de l'action publique n'est pas le bien mais la gloire[3], et elle récuse toute influence de l'Église dans la politique et toute «domination religieuse dans le domaine séculier». Cependant, ce glissement de l'évocation du bien, valeur morale, à l'évaluation de l'influence de l'Église et de la domination religieuse dans le domaine politique, problème théologico-politique, n'est pas davantage explicité. Enfin, ce qui manque cruellement, c'est l'examen de la légitimité d'une politique au service du bien public. Car on a trop vu, à l'époque moderne, ce que peut donner une politique héroïque en quête de la gloire. On en vient toujours, *in fine*, à une politique belliqueuse et fauteuse de guerres.

---

1. Nous renvoyons à l'étude éclairante d'Agnès Antoine, *Maine de Biran. Sujet et politique*, Paris, PUF, 1999.
2. H. Arendt, *Condition de l'homme moderne, op. cit.*, p. 118-119.
3. *Ibid.*, p. 120-121.

47. Justification de la « domination des maîtres » et déshumanisation de l'« *animal laborans* »

Nous avons vu comment Arendt promeut, dans le deuxième chapitre de la *Condition de l'homme moderne*, les principaux constituants de sa vision : le « monde » et le « politique ». Le premier repose sur les existentiaux heideggériens de l'être-dans-le-monde et du monde commun *(Mitwelt)*, tandis que le second est structuré par la séparation radicale de Schmitt entre le politique et le social. Nous avons vu cependant que le propos d'Arendt n'est pas un simple décalque de Schmitt. De fait, ce dernier met l'accent sur l'unité du politique, tandis qu'Arendt met la pluralité au centre du politique. C'est ainsi qu'elle met en avant des termes qui ont pu sembler une critique de Heidegger et de Schmitt : natalité *versus* être-pour-la-mort, pluralité *versus* unité. Cependant, si l'on creuse la signification des deux termes arendtiens de natalité et de pluralité, il n'apparaît pas certain que l'on y trouve des traits foncièrement anti-heideggériens et anti-schmittiens. Nous avons déjà montré les continuités entre la conception arendtienne de la natalité et celle heideggérienne de la naissance et de l'« être-jeté ». En ce qui concerne la pluralité, certes, Arendt ne propose pas une doctrine de l'État à la façon de Schmitt. Mais elle ne cherche pas à restaurer le pluralisme démocratique et libéral combattu par Schmitt, qui marque selon lui l'irruption des intérêts privés dans la sphère du politique. Elle partage au contraire avec lui la même récusation de la prévalence du privé sous les formes du social sur le politique. Pour Arendt, ce que nous nommons « sociétés » correspond en effet à « ce curieux hybride dans lequel les intérêts privés prennent une importance publique »[1]. En outre, fait trop méconnu, Schmitt conçoit lui-même explicitement le politique comme un *pluriversum*. On peut lire en effet, dans l'édition de 1933 du *Concept du politique*, l'affirmation suivante, où le mot *pluriversum* est souligné de la main d'Arendt : « Le monde poli-

---

1. *Ibid.*, p. 73.

tique est un *pluriversum*, pas un universum[1]. » On peut donc se demander si la pluralité arendtienne ne fait pas de quelque façon écho au *pluriversum* schmittien. Une différence, peut-être, c'est que le *pluriversum* exprime pour Schmitt la lutte entre les différentes unités politiques, tandis qu'Arendt situe la relation agonale dans la constitution même de la communauté politique.

Arendt a su prolonger, transposer et adapter certains des principaux constituants de la vision de Heidegger et de Schmitt au monde d'après 1945. Ce qui ne manque pas d'être redoutable. En effet, les gestes fondateurs de Heidegger : substituer l'être-dans-le-monde et l'être en commun à la conscience de soi, le *Mitsein* au *Bewußtsein*, et de Schmitt : séparer radicalement le politique du social, sont bel et bien repris et perpétrés dans le paradigme arendtien du politique.

Que reste-t-il du politique, lorsqu'il se voit ainsi séparé du social, de l'économique et même du juridique ? Et, d'autre part, que deviennent les rapports sociaux et économiques, lorsqu'ils ne sont plus considérés comme un enjeu majeur de la délibération politique ?

L'action politique, héroïsée à la façon d'Arendt, qui cherche la grandeur et non la justice et le bien commun, l'extraordinaire et non la stabilité sociale, peut-elle faire contrepoids à la dynamique du « mouvement », caractéristique, selon elle, du totalitarisme ? Et que reste-t-il au politique ainsi conçu, sinon le fait de décider de l'exception ? En quoi Arendt rejoindrait Schmitt.

Quant au social et à l'économique laissés à eux-mêmes, Arendt ne cache pas qu'elle les conçoit, non seulement dans l'Antiquité à propos de l'esclavage, mais aussi pour notre époque, comme le lieu où règne la nécessité liée aux besoins de la vie, et qui ne peut s'exprimer que par des rapports de domination et de sujétion. Son idée de fond, c'est que le travail représente la soumission à la nécessité naturelle. Ceux qui acceptent de s'adonner à une vie de travail sont donc en quelque sorte esclaves de la nécessité, et il

---

[1]. « *Die politische Welt ist ein* Pluriversum, *nicht Universum* » (C. Schmitt, *Das Begriff des Politischen, op. cit.*, chap. 7, p. 36 – c'est Arendt qui souligne le mot Pluriversum sur son exemplaire conservé à la bibliothèque de Bard College).

n'y a pas lieu de vouloir les en affranchir. Toute politique d'émancipation sociale se trouve ainsi disqualifiée comme un mirage qui ne ferait qu'étendre le domaine de la nécessité au détriment de l'espace politique. Si, comme le croit Arendt, l'humanisation de l'homme ne commence que lorsqu'il s'affranchit de la nécessité du travail, cela implique une déshumanisation radicale du travail. Elle n'hésite pas à affirmer que «l'emploi du mot "animal" dans le concept d'*animal laborans* [...] est pleinement justifié. L'*animal laborans* n'est, en effet, qu'une espèce, la plus haute si l'on veut, parmi les espèces animales qui peuplent la terre[1]». Dans cette vision déshumanisée du travail et donc des travailleurs, la question de savoir comment améliorer les conditions de travail ne reçoit plus ni reconnaissance ni légitimité. Pour Arendt, l'émancipation des travailleurs à l'époque moderne n'aboutit qu'à «courber toute l'humanité pour la première fois sous le joug de la nécessité[2]».

Arendt considère en effet que «travailler, c'est l'asservissement à la nécessité», de sorte que «les hommes [...] ne pouvaient se libérer qu'en dominant ceux qu'ils soumettaient à la nécessité»[3]. Elle confond nécessité naturelle – les besoins vitaux qu'il nous faut satisfaire comme celui de nous alimenter – et contrainte humaine. La contrainte exercée sur les autres ne vient que redoubler la nécessité naturelle, mais elle ne se confond pas avec elle et ne se voit pas légitimée par elle.

Or, ces thèses sur la déshumanisation du travail et le caractère inévitable de la domination humaine des citoyens libres sur les travailleurs asservis ne constituent pas uniquement une description de l'Antiquité et donc d'une situation passée. Elles demeurent sous-jacentes à la préférence qu'Arendt exprimera, dans son essai *De la révolution*, à l'égard de la Révolution américaine qui n'a pas institué l'égalité civique ni aboli l'esclavage dans les États du Sud, comparée à la Révolution française, qui a bel et bien aboli en 1794 l'esclavage dans les colonies. Le fait que, dans ce même essai, elle passe sous silence la Révolution haïtienne de 1791, pre-

---

1. H. Arendt, *Condition de l'homme moderne*, op. cit., p. 129.
2. *Ibid.*, p. 181.
3. *Ibid.*, p. 128.

mière révolte d'esclaves aboutie à l'époque moderne, mérite également d'être mentionné, d'autant que, dans *Condition de l'homme moderne*, elle ne craint pas d'affirmer « l'absence remarquable de sérieuses révoltes d'esclaves dans l'Antiquité comme aux Temps modernes[1] ». Ce qui pose problème, ce n'est donc pas seulement l'omission d'une référence historique importante, mais l'affirmation d'une thèse que réfute cette existence d'une révolution d'esclaves aboutie.

C'est dans l'essai sur la Révolution hongroise, publié la même année que *Condition de l'homme moderne*, qu'Arendt apporte sa justification la plus complète et la plus explicite de la « domination des maîtres ». Dans son étude de l'insurrection de 1956, elle distingue assez artificiellement les conseils révolutionnaires et les conseils ouvriers, comme elle entend séparer les fonctions politiques et les fonctions économiques[2]. Il apparaît pourtant que les conseils ouvriers jouèrent dans l'insurrection un rôle aussi bien politique qu'économique[3]. En outre, pour justifier le fait qu'elle n'entend pas traiter du rôle des conseils ouvriers, et souhaite laisser sans réponse la question de savoir « s'il est possible [...] de faire marcher des usines dont les ouvriers seraient les dirigeants et les

---

1. *Ibid.*, p. 277 (nous avons rétabli les majuscules). À l'appui de cette affirmation, Arendt cite en note un passage d'un article qui n'affirme en réalité cela que de l'Antiquité (voir William L. Westermann, « Sklaverei », Pauly Wissowa, *Real-Encyclopädie der classischen Altertumswissenschaft*, supp. VI, Stuttgart, 1935, p. 894 *sq.*, 1010 *sq.*). Sur Arendt et la révolution haïtienne, voir Kathryn T. Gines, *Hannah Arendt and the Negro Question*, Bloomington et Indianapolis, Indiana University Press, 2014, p. 12-13, 74-75, 76, 128, 153-154, n. 51. Nous reviendrons sur cet ouvrage *infra*, chap. 11, § 50.

2. La même tentative historiquement problématique de séparer « objectifs politiques et revendications économiques » à propos de la Révolution hongroise se retrouve dans *Condition de l'homme moderne, op. cit.*, chap. 5, p. 278-279.

3. Dans l'édition Bouretz, une note remarquable des éditeurs rappelle que les émeutes ouvrières qui furent le point de départ de tout, le 18 juin 1956 à Poznan en Pologne, eurent lieu « au cri de "Pain et liberté" », et que « le mouvement hongrois se déclenche en solidarité à l'"Octobre polonais" ». Cette mise au point réfute dans les faits les thèses arendtiennes de la séparation de l'économique et du politique, des revendications liés aux besoins de la vie et de l'action révolutionnaire, et d'une révolution hongroise qui, selon elle, ne « s'est pas du tout inscrite dans le prolongement des événements de Pologne » (H. Arendt, « Réflexions sur la révolution hongroise », art. cité, p. 898).

propriétaires», elle finit en réalité par prendre position, en s'autorisant des «Anciens», dans une mise au point tendant à justifier, de façon très explicite, la «domination des maîtres» dans le domaine économique:

> En réalité, il n'est pas sûr du tout que les principes politiques d'égalité et d'autonomie puissent s'appliquer à la sphère de la vie économique. Après tout, la théorie politique des Anciens n'avait peut-être pas tort lorsqu'elle affirmait que l'économie, liée comme elle est aux nécessités de la vie, requérait pour bien fonctionner la domination des maîtres[1].

Cette prise de position se situe dans la continuité des thèses développées la même année dans *Condition de l'homme moderne*, qui réservent l'égalité et la liberté à l'espace restreint du politique et admettent comme une nécessité liée à la satisfaction des besoins de la vie l'exercice de la contrainte et de la domination, de la violence, et jusqu'à l'esclavage, dans le domaine des rapports économiques et sociaux radicalement séparés par elle du politique.

Au fondement de cette conception déshumanisée du travail et de l'*animal laborans*, et de la déploration du «triomphe de l'*animal laborans*[2]» qui caractériserait selon elle notre époque, nous trouvons la reprise par Arendt de thèses élaborées auparavant par Heidegger à propos de ce qu'il nomme, dans ses *Essais et conférences* publiés en 1954, «l'animal laborieux» *(arbeitendes Tier)*. Dans l'essai intitulé «Dépassement de la métaphysique», Heidegger voit en effet dans l'époque moderne le moment où la «dévastation de la terre», issue selon lui de la métaphysique, coïnciderait avec l'établissement de «l'homme issu de la métaphysique, l'*animal rationale*, comme animal laborieux»[3]. Cette continuité

---

1. *Ibid.*, p. 922. Cette prise de position d'Arendt n'est pour ainsi dire jamais prise en compte par les commentateurs. Seul Jules Steinberg, à notre connaissance, a perçu son importance (Jules Steinberg, *Hannah Arendt on the Holocaust. A Study of the Suppression of Truth*, Lampeter, The Edwin Mellen Press, 2000, p. 79 et 236-237).
2. C'est le titre du dernier paragraphe de son ouvrage (H. Arendt, «Le triomphe de l'*animal laborans*», *Condition de l'homme moderne, op. cit.*, p. 398 *sq.*).
3. «Effondrement et dévastation trouvent l'accomplissement qui leur convient en ceci que l'homme de la métaphysique, l'*animal rationale*, est établi comme ani-

dans la vision et la terminologie nous confirme donc à quel point *Condition de l'homme moderne* reprend et prolonge la conception heideggérienne de la modernité.

48. *Polis*, communauté, peuple et puissance : Arendt et l'existentialisme politique

La conception arendtienne du politique telle que nous la trouvons exposée dans la *Condition de l'homme moderne* saurait-elle nous fournir le paradigme du « vivre-ensemble » démocratique ? N'assistons-nous pas, tout au contraire, à la destruction des fondements humains de la vie sociale ? Sans doute la question de savoir si l'anthropologie marxiste aurait trop valorisé le travail et la production mérite-t-elle d'être discutée, mais, ce qui est certain, c'est que la vision d'Arendt va très loin dans l'excès contraire, lorsqu'elle promeut tout à la fois une conception radicalement déshumanisée du travail et des travailleurs et la justification de la domination économique et sociale présentée comme inéluctable. C'est pourquoi le paradigme du « vivre-ensemble » et du politique, tel qu'Arendt le constitue dans la vision de la Cité *(polis)* qu'elle expose, mérite examen.

Heidegger, dans *Être et temps*, finissait par affirmer en peu de mots, au paragraphe 74, sa conception du vivre-ensemble authentique, lequel n'advient que dans la communauté, le peuple, uni dans la « communication » *(Mitteilung)*, la poursuite du combat et le choix de son héros[1]. Or, c'est de manière structurellement comparable qu'Arendt, dans *Condition de l'homme moderne*, exprime

---

mal laborieux » (M. Heidegger, *Essais et conférences*, trad. par André Préau, Paris, Gallimard, 1958, p. 82 – trad. modifiée). « *Einsturz und Verwüstung finden den gemäßen Vollzug darin, daß der Mensch der Metaphysik, das animal rationale, zum arbeitenden Tier fest-gestellt wird* » (M. Heidegger, *Vorträge und Aufsätze*, Pfullingen, Günther Neske, 1990, p. 68).

1. Johannes Fritsche a consacré un ouvrage, que nous avons déjà mentionné, à démontrer que la conception heideggérienne de la communauté du peuple était déjà hitlérienne en 1927. L'ouvrage n'est toujours pas traduit en français. Voir également Johannes Fritsche, « La communauté, l'historicité et la mort dans *Être et temps* selon Heidegger et Löwith », in *Heidegger, le sol, la communauté, la race, op. cit.*, p. 49-67.

le centre de sa vision, aux paragraphes 27 et 28 du livre et dans une série d'énoncés laconiques[1]. On y voit que la politique arendtienne n'est pas centrée sur la constitution d'une société démocratique. C'est une politique de la communauté *(Gemeinschaft)* et de la structure d'organisation du peuple, une politique de la puissance *(Macht)*, qui trouve notamment à s'exprimer dans la domination impériale. Précisons ces deux points.

Arendt affirme que «la *polis* proprement dite n'est pas la Cité en sa localisation physique, c'est l'organisation du peuple comme elle survient de l'agir et du parler ensemble[2]». Or, elle emploie deux pages plus loin l'expression «communautés politiques» *(politische Gemeinschaften)*, de sorte que la conjonction des deux expressions synonymes désignant l'une et l'autre la *polis*: «organisation du peuple» et «communautés politiques», nous confirme qu'elle pense cette structure d'organisation du peuple sur le mode de la *Gemeinschaft*. En outre, cette *Organisationsstruktur*, selon le terme choisi dans l'édition allemande[3], présente une caractéristique majeure de la *Volksgemeinschaft*, celle d'être constitutivement exclusive et excluante. Arendt précise en effet, à propos de cet espace de la *polis*, que:

> la plupart d'entre eux [les hommes] n'y vivent pas: tels sont dans l'antiquité l'esclave, l'étranger et le barbare; le travailleur ou l'ouvrier avant les temps modernes; l'employé et l'homme d'affaires dans notre monde[4].

Cette énumération de termes: l'esclave, l'étranger, le barbare, le travailleur, l'ouvrier, l'employé et jusqu'à l'homme d'affaires,

---

[1]. La numérotation des paragraphes, présente dans les éditions américaine et allemande, est supprimée dans l'édition française, ce qui n'aide pas pour l'analyse de la structure interne de l'ouvrage. Les paragraphes 32 et 33 du chapitre 5 qui porte sur l'action s'intitulent en français «La solution des Grecs» et «La puissance et l'espace de l'apparence».

[2]. «*The organization of the people as it arises out of acting and speaking together*» (H. Arendt, *The Human Condition*, op. cit., p. 198; trad. fr., p. 258 – trad. modifiée).

[3]. «*[...] die Organisationsstruktur ihrer Bevölkerung, wie sie sich aus dem Miteinanderhandeln und -sprechen ergibt*» (H. Arendt, *Vita activa...*, op. cit., p. 250).

[4]. *Ibid.*, p. 258.

regroupe à chaque époque la masse immense de tous ceux qui, exclus de la communauté politique et de la structure d'organisation du peuple, relèvent ainsi de ce qu'Arendt nomme l'*animal laborans* et se voient à ce titre refuser la spécificité d'êtres humains. Nous voyons aussi, au choix de ses termes, qu'elle renvoie dos à dos marxisme et capitalisme libéral. Ce qui ne peut manquer de séduire aujourd'hui. Cette quête d'une troisième voie politique n'est cependant pas originale. Nous trouvons déjà une exigence de cet ordre en Allemagne, dans les années 1920, notamment avec le paradigme de l'Empire développé par Arthur Moeller van den Bruck[1].

Sans doute cette organisation du peuple sur le mode de la communauté politique que thématise et promeut Arendt n'est-elle pas explicitement fondée sur une base ethnique, mais sur l'agir en commun et la parole partagée. C'est pourquoi nous devons nous garder de lui attribuer trop vite la conception ouvertement *völkisch* de la communauté revendiquée par Heidegger dans ses cours et *Cahiers* des années 1932-1934. Pour autant, la conception d'Arendt, avec son héroïsation de l'action en commun et de la puissance *(Macht)*, nous semble plus proche de la « communication » ou du « prendre part en commun » *(Mitteilung)* d'*Être et temps*, qui libère la « puissance *(Macht)* du destin » commun[2], que de la *Mitteilbarkeit*[3] ou *Kommunikation*[4] jaspersienne, fondée sur « l'appel à la raison qui nous est à tous commune », plus cosmopolite et ouverte sur l'humanité et non limitée par l'espace commun de la *Gemeinschaft* politique[5].

---

1. Nous renvoyons à ce propos à l'article à paraître de Leonore Bazinek, « La *polis* d'Hannah Arendt : un paradigme d'irréalité ? ». L'auteur propose une confrontation précise entre le paradigme de l'Empire chez Moeller van den Bruck et le paradigme arendtien de la *polis*, cet espace sans lieu qu'Arendt identifie à l'être même dans *Condition de l'homme moderne*.
2. « *In der Mitteilung und im Kampf wird die Macht des Geschickes erst frei* » (M. Heidegger, *Sein und Zeit, op. cit.*, p. 384).
3. H. Arendt, *Sechs Essays, op. cit.*, p. 75 ; trad. fr., p. 136
4. *Ibid.*, p. 80 ; trad. fr., p. 141.
5. « *[...] den Appel an die uns allen gemeinsame Vernunft* » (*ibid.*, p. 77 ; trad. fr., p. 138). L'expression d'Arendt demeure cependant ambivalente. Le « nous tous » peut s'entendre non pas comme une prise en compte de l'universalité humaine, mais de la seule communauté. Seule la mention de la raison, que l'on ne retrouvera guère chez

Ce n'est donc pas sans justification que Martin Jay avait rapproché la conception arendtienne du politique et de l'action de l'existentialisme politique apparu en Allemagne sous la République de Weimar et contre elle :

> on peut situer à juste titre la philosophie politique d'Arendt dans la tradition politique existentialiste des années 1920, même s'il s'agit de l'une de ses variantes «douces» plutôt que «dures». Souligner ce lien est utile, non parce que cela établit quelque forme de culpabilité par association, mais plutôt parce que cela fournit le contexte historique dans lequel sa position apparemment impossible à déterminer commence à prendre sens. Au niveau le plus général, cela nous permet de voir le large mouvement dont elle faisait partie, un mouvement qui affirmait la primauté du domaine politique sur la société, la culture et l'économie ou la religion comme le domaine dans lequel la qualité humaine la plus essentielle, son aptitude à la liberté, pouvait se réaliser. [...] Ses *leaders* incluaient Pareto et Mosca en Italie, le groupe de l'Action française en France et l'existentialisme politique en Allemagne. Sur un plan pratique, on trouve une affirmation semblable de l'autonomie du politique chez Lénine et les fascistes italiens[1].

Sous le nom d'«existentialisme politique», Martin Jay renvoie à Martin Heidegger, Carl Schmitt, Ernst Jünger et Alfred Baeumler[2]. Plus loin, il montre précisément que la conception arendtienne de l'action est identique à celle exprimée par Baeumler dans ses écrits[3].

En ce qui concerne la dimension ethnique, elle est loin d'être absente de la vision d'Arendt. Nous voyons celle-ci, plus d'une fois, discriminer et hiérarchiser les êtres humains selon leur

---

Arendt dans ses écrits ultérieurs, se laisse plus difficilement réduire au seul espace de la *Gemeinschaft*.

1. Martin Jay, «The Political Existentialism of Hannah Arendt», *Partisan Review*, n° 45/3, 1978 ; réédité dans *Permanent Exiles. Essays on the Intellectual Migration from Germany to America*, New York, Columbia University Press, 1986, p. 237-256, citation p. 240-241. Nous traduisons la citation de cet article inédit en français.
2. *Ibid.*, p. 240.
3. *Ibid.*, p. 242.

appartenance nationale ou ethnique. Il faut renvoyer à ce propos aux analyses critiques développées par Kathryn T. Gines de la relation qu'Arendt entretient à ce qu'elle nomme elle-même la *« Negro question »*, en refusant toute dimension politique aux revendications des familles américaines d'origine africaine en faveur des droits civiques[1]. Mentionnons également la lettre à Jaspers, envoyée par Arendt de Jérusalem où elle s'est rendue pour le procès d'Eichmann. Elle se prend à hiérarchiser les Israéliens en ces termes :

> En haut, les juges, l'élite du judaïsme allemand. En dessous, les procureurs, des Galiciens, mais toujours des Européens. Le tout organisé par une police qui n'est pas rassurante, ne parle que l'hébreu et a le type arabe ; parfois des types à l'air particulièrement brutal. Ils obéissent à n'importe quel ordre. Et aux portes, la populace orientale, comme si on était à Istanbul ou dans un autre pays semi-asiatique[2].

Par ailleurs, si la distinction arendtienne entre puissance *(Macht)*, rapportée au possible, et violence *(Gewalt)* est connue, il faut voir qu'elle contribue à rendre mieux acceptable la valorisation de la puissance comme constitutive du politique. Ce n'est pourtant pas une conception anodine et neutre que celle qui fait résider la constitution du politique, non pas par exemple dans le respect et le service du bien commun mais dans le surgissement de la *Macht*. Il faut en effet souligner l'héroïsation arendtienne de la *Macht*. « C'est la puissance, écrit-elle, qui assure l'existence du domaine public [...], la puissance jaillit parmi les hommes lorsqu'ils agissent ensemble[3]. » La dimension immatérielle de cette puissance se voit, écrit Arendt, à ce qu'« un groupe relativement peu nombreux mais bien organisé peut dominer presque indéfiniment de vastes empires populeux[4] ». Sans s'en expliquer, elle superpose ici au paradigme de la Cité une référence aux empires. De fait, ce qui singu-

---

1. Nous présentons ces analyses décisives *infra*, chap. 11, § 50.
2. Hannah Arendt à Karl Jaspers, Jérusalem, le 13 avril 1961, *Correspondance 1926-1969, op. cit.*, p. 586-587.
3. *Ibid.*, p. 260.
4. *Ibid.*

larise Arendt par rapport à Heidegger, c'est qu'elle ne se rapporte pas seulement à un commencement grec, mais valorise au moins autant, comme paradigme de la fondation politique et de la durée, l'*imperium* romain. Une référence qui, elle aussi, a toute une tradition dans la pensée politique des premières décennies du XXᵉ siècle, et qui passe par des auteurs comme Moeller van den Bruck. Certes, Arendt ne revendique pas directement l'influence d'auteurs aussi compromettants politiquement. Dans *Les Origines du totalitarisme*, elle tourne en dérision l'affirmation de Moeller van den Bruck selon laquelle il n'existe qu'un seul Empire[1]. Il faut cependant faire attention aux moqueries récurrentes d'Arendt : ses pointes contre Heidegger n'ont pas empêché l'influence profonde de celui-ci sur sa pensée. Plus loin dans les *Origines*, une fois désamorcé par sa moquerie le fait de se référer au *Troisième Reich* de Moeller van den Bruck, Arendt peut s'appuyer positivement sur son livre, notamment pour sa description de l'antiparlementarisme censé s'être répandu dans le peuple allemand après 1918[2]. On la voit ainsi utiliser la référence au *Troisième Reich* pour favoriser la thèse historiquement discutable selon laquelle la République de Weimar n'aurait pas eu de bases populaires, thèse qui permettait à ceux qui la combattaient de contester la légitimité de cette République.

Nous pensons donc qu'il y a tout un champ de recherches critiques à constituer sur la façon dont Arendt surinterprète la *polis* et l'*imperium*, et sur les références explicites ou tacites sur lesquelles elle se fonde. Ce travail demande que l'on prenne appui sur les historiens spécialistes de l'étude de l'histoire politique des Grecs et des Romains telle qu'elle s'est développée en Allemagne dans les années 1920-1940. Ainsi, il n'est pas certain que la Cité politique telle qu'Arendt la présente corresponde historiquement à

---

1. H. Arendt, *Les Origines du totalitarisme*, op. cit., p. 506.
2. *Ibid.*, p. 540. Pour sa critique de l'unicité de l'Empire, Arendt s'appuyait sur l'édition anglaise de 1934. Cette fois, elle se réfère à l'édition allemande originale de 1923 de *Das Dritte Reich*. Toutes les références à Moeller van den Bruck ne figurent pas dans l'index de l'édition Bouretz. Ainsi, la page où Arendt cite Moeller van der Bruck pour illustrer ce qu'elle nomme « l'hostilité des Autrichiens envers l'État » est absente de cet index (*ibid.*, p. 551).

ce qu'elle appelle « la solution des Grecs », titre du paragraphe 27 de *Condition de l'homme moderne*.

Dans tout le paragraphe, Arendt ne mentionne qu'une seule source : le spécialiste autrichien de l'histoire antique Fritz Schachermeyr. Son nom n'est pas connu du public comme celui de Moeller van den Bruck et aucun spécialiste de la pensée politique d'Arendt n'a prêté attention à cette source, qui vient pourtant seule cautionner historiquement le paradigme arendtien de la *polis*[1]. Arendt soutient en effet qu'il ne faut pas, chez les Grecs, chercher le « contenu de la politique » dans les « entités concrètes » que sont le lieu effectif de la Cité – sa « localisation physique » et sa législation –, mais, nous l'avons vu, dans « l'organisation du peuple ». En d'autres termes, « la *polis* n'était pas Athènes, mais les Athéniens ». Une conception qu'Arendt tient de Fritz Schachermeyr. Or, ce dernier compte parmi les plus racistes et les plus nazis des historiens de l'Antiquité. Dès 1933, Schachermeyr devient *Gauleiter*, pour la Thuringe, du Cercle de combat des Autrichiens allemands dans le Reich *(Kampfrings der Deutschösterreicher im Reich)* et il publie le 13 avril 1933 dans le *Völkischer Beobachter*, le journal de la NSDAP, un article sur l'histoire antique[2]. Son national-socialisme militant est tel que, sous le chancelier Dollfuss, son nom n'est pas retenu en 1934 pour un poste universitaire à Vienne. Il va alors faire carrière dans l'Allemagne nazie, d'abord à l'Université d'Iéna, puis, à partir de 1936, à l'Université de Heidelberg, enfin, à partir de 1941, à l'Université de Gratz en Autriche. Il va coopérer tout à la fois pour les deux institutions nazies concurrentes, l'*Ahnenerbe* de Himmler et de la SS et la *Dienststelle* d'Alfred Rosenberg. En 1945, Schachermeyr sera interdit d'enseignement, une interdiction levée seulement en 1952 après une auto-justification dont, comme pour celle de Heidegger, les recherches historiques récentes ont montré le caractère mensonger. Schachermeyr publiera en 1940, à Francfort chez Klostermann, son *opus magnum*, *Légalité*

---

1. Leonore Bazinek a la première questionné cette source dans « La *polis* d'Hannah Arendt : un paradigme d'irréalité ? », art. cité.
2. Martina Pesditschek, « Die Karriere des Althistorikers Fritz Schachermeyr im Dritten Reich und in der Zweiten Republik », *Mensch, Wissenschaft, Magie*, n° 25, 2007, p. 41-71, p. 47.

de la vie dans l'histoire. Essai d'introduction à la pensée historico-biologique[1]. Sa thèse sur l'histoire antique consiste en une réinterprétation explicitement raciale et raciste du concept spenglérien de « déclin » *(Verfall)*. Le déclin de la culture hellénique à la période hellénistique serait la conséquence directe du mélange des races *(Rassemischung)*, synonyme aussi pour lui de « désorganisation » *(Entordnung)*. Serait directement en cause la démocratie, responsable de ce qu'il nomme « la dégradation contre nature de la race » *(naturwidrigen Rassenverfall)* à propos des Hellènes[2].

À ce propos, l'historienne Martine Pesditschek, qui a consacré sa thèse de doctorat à Fritz Schachermeyr, évoque conjointement deux jugements de Schachermeyr et de Heidegger, qui attribuent l'un et l'autre à la démocratie une responsabilité centrale dans le déclin chez les Grecs. Schachermeyr écrit en 1940, à propos des Hellènes, que « c'est dans la démocratie qu'une classe inférieure insuffisamment rendue nordique a accédé à la puissance *(Macht)* politique et en fin de compte aussi spirituelle[3] ». Quant à Heidegger, sans reprendre le nordicisme de l'historien, il écrit néanmoins à Hugo Friedrich en 1973 :

> En prenant de l'âge, je tiens de plus en plus à certaines convictions de façon « unilatérale ». Ainsi, je pense par exemple qu'en Grèce, le jour du déclin s'est levé avec la démocratie. La grande force mise en réserve pouvait encore survivre durant quelques décennies, suffisamment pour entraîner l'illusion qu'elle aurait été l'œuvre de la démocratie. Puis l'on a compris[4].

---

1. Fritz Schachermeyer, *Lebensgesetzlichkeit in der Geschichte. Versuch einer Einführung in das geschichtsbiologische Denken*, Francfort-sur-le-Main, Klostermann, 1940.
2. M. Pesditschek, « Die Karriere des Althistorikers Fritz Schachermeyr im Dritten Reich und in der Zweiten Republik », art. cité, p. 50 ; voir également, du même auteur, *Barbar, Kreter, Arier. Leben und Werk des Althistorikers Fritz Schachermeyr*, 2 vol., Saarbrücken, Südwestdeutscher Verlag für Hochschulschriften, 2009.
3. Fr. Schachermeyer, *Lebensgesetzlichkeit in der Geschichte. Versuch einer Einführung in das geschichtsbiologische Denken*, op. cit., p. 159.
4. Cité par M. Pesditschek, « Die Karriere des Althistorikers Fritz Schachermeyr... », art. cité, p. 50, n. 76.

Lorsque nous indiquons la nature intellectuelle et politique de la source sur laquelle s'appuie Arendt, nous n'entendons pas procéder, précisons-le à la suite de Martin Jay, à une forme de « culpabilité par association ». Arendt n'est pas Schachermeyr, et il n'est pas question de lui attribuer toutes les thèses de son auteur de référence. D'ailleurs, Schachermeyr, comme plus d'un érudit national-socialiste, effectuera une belle carrière académique après 1952. Il édulcorera alors ses thèses racistes en réexposant ses postulats ethniques sous une forme culturaliste. Toute la question à ce propos est de déterminer ce qui demeure ou non des thèses ethniques et racistes originelles dans les formulations ou reformulations anthropologiques et culturalistes de l'après-guerre[1]. C'est une question à étudier sans parti pris. En prenant appui, dans *Condition de l'homme moderne*, et à des moments décisifs de son propos, sur des sources telles que Arnold Gehlen, Helmut Schelsky ou Fritz Scharchmeyr, Arendt s'expose à voir ses propres thèses devenir l'objet d'analyses critiques mieux informées. Un tel champ de recherche ne fait aujourd'hui que s'entrouvrir[2].

---

1. Une seconde question, plus actuelle encore, se pose lorsque l'on voit, comme aujourd'hui, avec la « nouvelle droite » et sa réception, des thèses culturalistes réinterprétées en un sens ethnique et même racialiste qui avait souvent constitué leur socle d'origine.

2. À cet égard, nous considérons ce nouveau livre sur Arendt et Heidegger, exactement comme notre livre sur Heidegger de 2005, non comme un ouvrage conclusif qui mettrait un terme à une question controversée, mais comme un travail avant tout destiné à ouvrir de nouveaux champs à la recherche. La controverse a certes son utilité et son importance, mais, *in fine*, ce qui importe le plus, c'est le progrès de la recherche. Nos débats publics avec Philippe Lacoue-Labarthe, Hermann Philipse, Manuel Carbonell, Gregory Fried, etc., ont leur intérêt, la confrontation entre les analyses et les arguments participant de la vérification du bien-fondé des travaux et des thèses de tel ou tel, mais, avec le recul, nous pensons que ce sont les recherches nouvelles réalisées par Sidonie Kellerer, Franck Jolles et d'autres, qui apportent le plus à la connaissance et à la réflexion. Bref, si nous nous intéressons à la controverse et continuons de lui accorder une place significative, c'est seulement dans la mesure où elle stimule et aiguise l'esprit de recherche.

11.

L'histoire faussée, la philosophie disparue : Hannah Arendt dans le regard de ses critiques

> À vrai dire, dans le domaine des sciences historiques, la causalité n'est qu'une catégorie totalement déplacée et source de distorsion.
>
> Hannah Arendt, « Compréhension et politique »[1].

> [...] la situation, après la disparition de la métaphysique et de la philosophie, pourrait bien représenter un double avantage. Elle nous permettrait de regarder le passé d'un œil nouveau, dégagé des contraintes et du poids de la tradition, et par là même de disposer d'un foisonnement d'éléments bruts d'expériences sans que s'imposent de *dicta* quant à l'exploitation de ces trésors.
>
> Hannah Arendt, *La Vie de l'esprit*[2].

49. LES ORIGINES DU TOTALITARISME DANS LE REGARD DES HISTORIENS

Pour rétablir les conditions d'un rapport plus distancié et critique aux écrits d'Arendt, il importe, en complément des analyses

---

1. H. Arendt, *La Nature du totalitarisme, op. cit.*, p. 47.
2. H. Arendt, « Introduction », *La Vie de l'esprit, op. cit.*, p. 31. Le caractère séduisant de ce congé donné à la philosophie n'a d'égale que sa désinvolture. Arendt entend exploiter à sa guise les données du passé, sans s'embarrasser du souci de vérité de la connaissance historique et de la pensée philosophique.

proposées dans ce livre, de revisiter certaines des principales critiques existantes de l'œuvre arendtienne. On relève par exemple un fort contraste entre la présentation élogieuse de son livre sur le totalitarisme qui a généralement cours dans le public, et les grandes réserves avec lesquelles il a été accueilli par la majorité des historiens spécialisés dans l'étude du national-socialisme. Il apparaît nécessaire d'évoquer quelques-unes de ces critiques, car elles sont généralement passées sous silence par les commentateurs et éditeurs actuels d'Arendt[1].

Dans son bilan de 1979, *La Question nazie. Les interprétations du national-socialisme, 1922-1975*, l'historien français Pierre Ayçoberry évoque le livre d'Arendt. Il commence par relever ce qu'il nomme son «faux-semblant»: «signe révélateur, écrit-il, la prise du pouvoir, transition d'un système à l'autre, n'est pas étudiée. Il n'y a pas, à proprement parler, d'histoire du nazisme[2]». Plus loin, il parle d'«une description grandiloquente, qui reprend les lieux communs bien connus depuis Ortega y Gasset: "masse informe d'individus furieux", etc.[3]». Puis il conclut en ces termes:

[...] le lecteur, fatigué par beaucoup d'illogismes, irrité par l'assimilation des victimes aux bourreaux, heurté par des erreurs et par une chronologie incertaine, se pose bien des questions[4]: qu'est-ce que ce

---

1. À titre d'exemple, aucun des jugements critiques d'historiens pourtant réputés pour leur expertise sur le nazisme ou le fascisme comme Ayçoberry, Hilberg, Kershaw, Laqueur, Gentile, Wasserstein, que nous allons évoquer dans les pages qui suivent, ne sont mentionnés ni examinés dans un ouvrage qui se veut pourtant de synthèse comme le *Arendt Handbuch. Leben-Werk-Wirkung*, édité par Wolfgang Heuer, Bernd Heiter et Stefanie Rosenmüller, Stuttgart, J. B. Metzler, 2011. On n'en trouve pas trace non plus dans l'«Introduction aux *Origines du totalitarisme*» de Pierre Bouretz. Ce dernier relève bien «la tonalité du livre souvent irritante» (H. Arendt, *Les Origines du totalitarisme, op. cit.*, p. 174), mais il souligne en même temps la «puissance conceptuelle» déployée dans la troisième partie de son livre consacrée au totalitarisme (*ibid.*, p. 165), et se réjouit de ce que «la facture incertaine du livre [...] lui a fait grâce d'échapper aux discussions académiques sur son objet», sans dire un mot de la critique des historiens (*ibid.*, p. 174).
2. Pierre Ayçoberry, *La Question nazie, Les interprétations du national-socialisme, 1922-1975*, Seuil, coll. «Points Histoire», 1979, p. 177.
3. *Ibid.*, p. 178.
4. «On néglige ici, par principe, celles qui concernent le communisme», précise l'historien en note (*ibid.*, p. 180). Nous avons fait généralement de même dans ce

système intemporel qui traverse des phases successives ? cet appareil destructeur qui échappe à tout conditionnement historique et social ? cette méthode purement descriptive qui colle à son objet au point de récuser, comme lui, toute référence à ce qui n'est pas lui, et de tourner à la tautologie[1] ?

La disqualification, par Arendt, de toute référence extérieure qui pourrait nous inciter à nuancer ou à relativiser sa vision est bien observée par l'historien français. Pierre Ayçoberry parle ensuite du « caractère choquant, scandaleux même, du livre ». Il tempère néanmoins sa critique en admettant que ce scandale ne ferait que « révéler les lacunes de la recherche au moment de sa parution », comme le fait que les camps de concentration n'auraient jusqu'alors – en 1951 – été étudiés, selon lui, « que par des rescapés, parfois d'esprit analytique et rigoureux (D. Rousset, E. Kogon), mais imprégnés par leur expérience personnelle »[2].

Sur ce dernier point, nous ne suivrons pas complètement Ayçoberry. Nous avons vu en effet que *Le Livre noir* de 1946, qui comprend notamment l'évocation par Grossman des deux camps de Treblinka, mais également bien d'autres descriptions relatives à l'extermination nazie, était connu d'Arendt. Quant à David Rousset et Eugen Kogon, nous avons montré qu'Arendt avait davantage filtré et faussé leur témoignage qu'elle ne s'y était conformée.

Après Ayçoberry, Raul Hilberg, dans *La Politique de la mémoire*, examine à son tour le triptyque d'Arendt, pour le récuser comme idéologiquement surdéterminé et peu original :

> Aux États-Unis, elle [Arendt] assuma peu à peu le rôle de théoricienne de la politique. Elle comptait deux spécialités : le totalitarisme et la révolution. Deux concepts en vogue à l'époque. Le totalitarisme, en particulier, constituait un mot de passe aux États-Unis où les Américains s'efforçaient de trouver un dénominateur commun

---

livre, qui porte sur le rapport de Heidegger et d'Arendt au national-socialisme. Une autre étude reste à écrire sur Arendt et le communisme.
1. *Ibid.*, p. 180.
2. *Ibid.*

entre l'Allemagne nazie, qu'ils venaient d'aider à vaincre, et l'Union soviétique, leur nouvel ennemi. Je jetai évidemment un coup d'œil au traité de Hannah Arendt sur l'origine du totalitarisme, mais, quand je vis qu'il se limitait à une série d'essais sans originalité sur l'antisémitisme, l'impérialisme et des thèmes généraux liés au totalitarisme, comme les «masses», la propagande et la «domination totale», je lâchai le livre[1].

Du point de vue des recherches d'Hilberg, effectivement, Arendt n'apporte rien de nouveau à la connaissance historique exacte de la destruction des Juifs d'Europe. En outre, leurs conceptions respectives de l'histoire de l'antisémitisme sont opposées, Hilberg soulignant, nous l'avons dit, les continuités entre l'antijudaïsme religieux et l'antisémitisme contemporain, ce qu'Arendt refuse radicalement.

Dans un essai de synthèse sur l'historiographie du nazisme, l'historien anglo-saxon et biographe de Hitler, Ian Kershaw, conclut de façon critique son évocation de l'ouvrage d'Arendt :

[...] elle ne parvient pas à élaborer une théorie claire ou une conception satisfaisante des systèmes totalitaires. Enfin, son argument essentiel pour expliquer le développement du totalitarisme – la disparition des classes et leur remplacement par une «société de masse» – est à l'évidence erroné[2].

---

1. R. Hilberg, *La Politique de la mémoire*, trad. de l'anglais par Marie-France de Paloméra, Paris, Gallimard, 1994, p. 141. L'édition originale en anglais est de 1992.
2. Ian Kershaw, *Qu'est-ce que le nazisme? Problème et perspectives d'interprétation*, Paris, Gallimard, 1997, p. 61. À l'appui de sa critique, Kershaw se réfère aux travaux de trois historiens respectivement allemand, anglais et français: Klaus Hildebrandt, «Stufen der Totalitarismus-Forschung», *PVS*, 9, 1968, p. 406-408; Martin Kitchen, *Fascism*, Londres, 1976, p. 30-31; et Pierre Ayçoberry, déjà cité. Il cite par ailleurs une remarque d'un historien allemand qui explique pour une grande part pourquoi Arendt est devenu très tôt une icône en Allemagne fédérale: «la théorie du totalitarisme qui rapproche fascisme et communisme au point de les identifier peut être considérée comme l'idée maîtresse au fondement de la constitution et même, jusqu'à un certain point, comme l'idéologie officielle de la République fédérale» (voir Wolfgang Wippermann, «The Post-War German Left and Fascism», *Journal of Contemporary History*, vol. 11, 1976, p. 13, et I. Kershaw, *Qu'est-ce que le nazisme?*, op. cit., p. 45).

De fait, dans l'Allemagne nationale-socialiste, et comme nous l'avons déjà montré, on ne saurait dire que les classes sociales ont disparu[1].

Si Pierre Açoberry a pointé les défauts de méthode du livre d'Arendt, Raul Hilberg son absence d'apport historique nouveau et Ian Kershaw son explication erronée du totalitarisme, c'est, à notre sens, Saul Friedländer qui, parmi les historiens du national-socialisme, est allé au plus profond de la critique en montrant que la façon dont Arendt articule entre eux le totalitarisme et l'antisémitisme nazi repose sur une interprétation fausse de cet antisémitisme. Celui-ci n'est pas d'abord un moyen au service de la terreur, mais une fin en soi pour l'élite des nazis. L'objection de Friedländer ne pointe pas seulement des insuffisances dans la manière d'argumenter et dans la méthode, mais une erreur fondamentale d'interprétation. Ainsi écrit-il :

> La théorie classique du totalitarisme, telle que Hannah Arendt l'a exposée au début des années cinquante, postule un vide idéologique croissant au fur et à mesure que l'on pénètre au centre du système : l'élite totalitaire ne croit pas en l'idéologie ; celle-ci n'est bonne que pour leurrer et galvaniser les masses. Le système nazi ne semble guère répondre à ce critère. Mais, de plus, si l'idéologie antisémite est une motivation centrale et prioritaire de l'élite du régime nazi, la persécution des Juifs doit trouver son explication première hors des éléments constitutifs du système totalitaire : *le cadre totalitaire ne devient alors qu'un moyen de la destruction, non son explication.*
>
> [...] Contrairement à la théorie du totalitarisme qui assigne à l'ennemi (interchangeable) la fonction de renforcer le pouvoir totalitaire en permettant un usage massif de la terreur contre les uns pour effrayer et avertir les autres, l'ennemi juif est, lors de la phase finale, exterminé dans le plus grand secret : but sacré et non pas moyen utilisé à d'autres fins[2].

---

1. L'historien Fabrice d'Almeida, par exemple, a bien dépeint les rapports entre la haute société allemande et les nazis (*La Vie mondaine sous le nazisme*, Paris, Perrin, 2006).
2. S. Friedländer, « De l'antisémitisme à l'extermination : esquisse historiographique et essai d'interprétation », *L'Allemagne nazie et le génocide juif*, Paris, Gallimard/Seuil, 1985, p. 19-20.

Plus loin, Saul Friedländer évoque à propos du nazisme « l'émergence, unique en son genre, d'une foi messianique et d'une vision apocalyptique de l'histoire au sein du système politique, bureaucratique et technologique d'une société industrielle avancée. Une bureaucratie de la destruction, indifférente, occupe l'avant-scène, mais poussée par les ordres d'un chef, mû, lui, par la plus intense des convictions[1] ». L'historien réunit dans une synthèse claire et précise les deux dimensions du phénomène nazi : la vision du monde qui le guide et la machine d'extermination qu'il mobilise. Le fait de privilégier l'une ou l'autre de ces dimensions a donné naissance aux deux écoles opposées des « intentionnalistes » et des « fonctionnalistes ». À ce propos, la vision arendtienne du totalitarisme national-socialiste a pu contribuer à légitimer l'interprétation fonctionnaliste du système nazi. Celle-ci a connu un grand crédit chez nombre d'historiens allemands mais, en ce qui concerne le mode de fonctionnement interne du pouvoir national-socialiste, elle apparaît aujourd'hui dépassée par les analyses lumineuses de Ian Kershaw sur la façon que les nazis avaient de « travailler en direction du Führer[2] ».

Il faudrait évoquer également les analyses critiques de l'historien et politologue allemand Walter Laqueur, à propos de ce qu'il a nommé en 1998 le « culte d'Arendt[3] ». Faisant vraisemblablement écho à une critique développée en 1996 par Daniel J. Goldhagen dans *Les Bourreaux volontaires de Hitler*, Laqueur estime que, dans *Les Origines du totalitarisme*, Arendt a « exagéré l'atomisation de la

---

1. *Ibid.*, p. 32-33.
2. Voir I. Kershaw, *Hitler 1889-1936 : Hubris*, Paris, Flammarion, 1999, p. 33-34 et 748-750.
3. Walter Laqueur, « The Arendt Cult : Hannah Arendt as Political Commentator », *Journal of Contemporary History*, vol. 33, n° 4, octobre 1998, p. 483-496. Voir Daniel Jonah Goldhagen, *Les Bourreaux volontaires de Hitler. Les Allemands ordinaires et l'Holocauste*, Paris, Seuil, 1998, trad. de l'américain [1996] par Pierre Martin, p. 761-762, n. 23. Goldhagen montre par ailleurs, contrairement à Arendt et à ce qu'il nomme « l'interprétation dominante », que « l'idée que les bourreaux étaient totalement neutres est une impossibilité psychologique » (*ibid.*, p. 644, n. 43). Nous reviendrons sur ce dernier point à propos d'Eichmann dans nos conclusions.

société sous le totalitarisme[1] ». Plus généralement, il soutient que « la réputation des *Origines* comme un travail novateur, pour ne pas dire définitif, n'apparaît pas justifiée[2] ».

L'étude critique fondamentale, par l'historien italien Emilio Gentile, de la thèse d'Arendt selon laquelle le fascisme italien ne serait pas totalitaire mérite également d'être mentionnée[3]. Gentile estime cette critique d'autant plus nécessaire que cette thèse a été reprise par nombre d'auteurs, par exemple Raymond Aron qui a « modifié [son] interprétation des régimes fascistes » après avoir lu *Les Origines du totalitarisme*[4], ou l'historien italien spécialiste de Mussolini, Renzo De Felice, qui a un temps fait sienne la thèse d'Arendt, avant que ses propres recherches ne le conduisent à réaffirmer le caractère foncièrement totalitaire du fascisme italien[5]. Emilio Gentile entreprend de montrer « la superficialité et la faiblesse de l'argumentation d'Arendt » en regard des études qui existaient déjà sur le fascisme italien lorsqu'elle a rédigé *Les Origines du totalitarisme*[6]. Et l'historien de relever le « silence de Hannah Arendt sur la plupart des grands auteurs qui l'avaient

---

1. *Ibid.*, p. 486.
2. « *The reputation of the* Origins *as a path-breaking, let alone definitive, work seems unwarranted* » (*ibid.*, p. 486-487).
3. Emilio Gentile, « Le silence de Hannah Arendt : l'interprétation du fascisme dans *Les Origines du totalitarisme* », *Revue d'histoire moderne et contemporaine*, n° 55-3, 2008/3, p. 11-34, disponible sur https://www.cairn.info/revue-d-histoire-moderne-et-contemporaine-2008-3-page-11.htm (nous citons donc les paragraphes et non les pages)
4. *Ibid.*, § 65-69. Il n'est cependant pas exact d'affirmer sans nuance que « le jugement sur le fascisme exprimé par Hannah Arendt en 1951 est [...] toujours accepté par les historiens, les politologues, les sociologues et les philosophes adhérant aux orientations théoriques et idéologiques les plus variées ; assertions qu'ils reprennent à la lettre, sans le moindre recul, comme s'il s'agissait d'une interprétation historiquement et théoriquement irréfutable, définitive » (*ibid.*, § 3). En effet, Jean-Pierre Faye avait, dès 1973, centré sa recension du *Système totalitaire* d'Arendt sur la critique de ses thèses concernant le fascisme italien, pour évoquer « l'absence regrettable de rigueur, sur les notions les plus décisives » (Jean-Pierre Faye, « Mais qu'est-ce donc que le "totalitarisme" ? », *La Quinzaine littéraire*, n° 160, 15 mars 1973 ; repris dans *La Critique du langage et son économie*, Paris, Galilée, 1975, chap. 3, p. 63-71).
5. *Ibid.*, § 70-72.
6. *Ibid.*, § 34.

précédée dans l'analyse du totalitarisme[1] ». Il parle d'« affirmations aussi péremptoires qu'infondées[2] » et de « l'inconsistance des bases historiques sur lesquelles Hannah Arendt a fondé sa vision du fascisme, en niant sa nature totalitaire[3] ». Bref, on peut parler, selon lui, d'« un brouillard théorique, d'où se dégagent uniquement quelques assertions que n'étaye aucune argumentation cohérente[4] ». Cette critique de l'historien italien demanderait à être complétée par une étude des motifs qui ont conduit Arendt à refuser, de façon aussi péremptoire et peu fondée, de considérer le fascisme italien comme totalitaire. Il se pourrait en effet que, sans vouloir l'admettre explicitement, et sans partager le culte du *Duce*, elle ne soit pas fondamentalement critique à l'égard de ce régime qui entendait bien perpétuer, à sa façon, la tradition de l'autorité romaine[5].

L'année suivante, un historien anglais spécialiste du XXe siècle, Bernard Wasserstein, à qui il avait été demandé de prononcer une conférence sur Arendt en décembre 2008 à l'Université de Nimègue, a développé une critique dévastatrice de ses écrits sur le nazisme[6]. Il décèle une conception « confuse » de la « dynamique du mouvement historique », « méli-mélo de structurel, de sociopsychologique et de théorie du complot », et parle d'un « irrépressible rouleau compresseur rhétorique ». Wasserstein note une propension à « blâmer les victimes juives plutôt que les bourreaux

---

1. *Ibid.*, § 46. Selon Gentile, Arendt se borne à reprendre l'argumentation de l'ouvrage contestable de Franz Borkenau, *The Totalitarian Enemy*, Londres, Faber and Faber, 1940.
2. *Ibid.*, § 52.
3. *Ibid.*, § 64.
4. *Ibid.*, § 89.
5. Relevons également le fait qu'Arendt néglige la question du rapport de l'Italie fasciste à l'antisémitisme, lequel apparaît plus ambivalent qu'on ne l'a longtemps dit, comme le montrent les travaux actuels de l'historien Jérémy Guedj (voir « Les Juifs de France, l'Italie fasciste et la "question juive", 1932-1939 », *Archives juives*, 2010/1, vol. 43, p. 114-125).
6. B. Wasserstein, « Blame the Victim... », art. cité. Une version longue annotée de son étude est parue en néerlandais, avec les réponses de trois arendtiens : Bernard Wasserstein, Dirk De Schutter, Remi Peeters, Irving Louis Horowitz, *Hannah Arendt en de geschiedschrijving. Een controverse*, préface de Joos van Vugt, Nijmegen, Damon, Soeterbeeck Programma, Radbout Universiteit Nijmegen, 2010.

antisémites » et montre qu'« elle [Arendt] a lu trop de littérature nazie pour son propre bien », d'Ernst Schultze à Walter Frank et Eduard Pichl. S'il reconnaît que « le rejet par Arendt de l'histoire apologétique juive était louable », il estime qu'« elle est tombée dans l'extrême opposé, en enrôlant dans son entreprise quelques alliés fâcheux ». En bref, estime Wasserstein, « s'en remettre à des historiens nazis comme autorités sur l'histoire juive moderne était plus qu'une erreur méthodologique : c'était symptomatique d'une vision du monde perverse contaminée par une surexposition au discours de mépris collectif et de stigmatisation qui formait l'objet de son étude ».

Si donc *Les Origines du totalitarisme* n'ont pas convaincu les historiens du nazisme de leur pertinence, quel statut pouvons-nous reconnaître à ce triptyque ? Un philosophe et éditeur d'Arendt comme Pierre Bouretz estime qu'« il est aisé de percevoir le recours à deux disciplines : l'histoire dans les deux premières parties, la philosophie pour la troisième[1] ». L'auteur de cette remarque a bien perçu le changement de ton entre les deux premiers volumes et le troisième. Nous avons vu cependant que plus d'un historien ne reconnaîtrait pas l'ouvrage d'Arendt comme relevant de la discipline historique. Arendt elle-même ne s'est d'ailleurs pas plus reconnue historienne qu'elle ne s'est dite philosophe. Pierre Bouretz précise sa remarque en parlant d'une « recherche des causes plus ou moins lointaines du totalitarisme propre aux deux premiers moments[2] ». Cette affirmation n'est-elle pas contredite par les déclarations très fermes d'Arendt elle-même, rejetant toute causalité dans l'examen des événements historiques ? Elle écrit en effet, au début de son *Journal de pensée*, vouloir « oublier toute causalité » dans les sciences historiques au profit de « l'analyse des éléments de l'événement », au point de considérer le titre américain de son livre comme « fondamentalement faux »[3]. Il

---

1. P. Bouretz, « Préface », *Les Origines du totalitarisme*, op. cit., p. 41.
2. *Ibid.*
3. H. Arendt, *Journal de pensée*, op. cit., p. 115. Plus loin, Arendt cite un mot tiré de *La Volonté de puissance* de Nietzsche contre l'« écriture causale de l'histoire » (*ibid.*, p. 131). Voir également H. Arendt, « Comprendre le totalitarisme », art. cité, p. 47.

aurait dû, selon elle, s'intituler *Les Éléments du totalitarisme*, et elle modifiera en ce sens le titre de son livre pour la version allemande, adoptant cependant une forme de compromis puisqu'elle parlera d'*Éléments et origines de la domination totale*.

Le troisième volume relève-t-il quant à lui véritablement de la philosophie ? Pierre Bouretz parle d'une « approche phénoménologique doublée d'un essai d'interprétation développée ». Cependant, en quoi ce volume serait-il plus phénoménologique dans sa démarche que les deux premiers ? Arendt ne prétendra décrire une « essence » que dans l'étude de 1953, postérieure donc à la publication originale. Et cette typologie relèvera pour elle des sciences politiques, non de la philosophie. La seule justification de l'usage du terme « phénoménologie » – qui ne saurait renvoyer ici à Husserl, dont on sait qu'il a fort peu marqué Arendt – serait d'exprimer grâce à lui une influence possible de Heidegger, ce qui, nous pensons l'avoir montré, est effectivement le cas. Cette influence rend-elle le propos d'Arendt plus philosophique ? Nous pouvons en douter, puisque la *Lettre sur l'humanisme* de 1947, dont il est en l'occurrence question, conclut sur une mise à distance explicite de la philosophie comme étant de quelque façon révolue.

Comme Spengler dans *Le Déclin de l'Occident*, comme Heidegger lui-même dans ses conférences d'avril 1925 intitulées *Le Travail de Dilthey et le combat actuel pour une vision du monde historique*, auxquelles la jeune Arendt avait assisté, celle-ci propose bien moins une philosophie digne de ce nom qu'une vision globalisante et hallucinée : celle d'une époque où les masses des individus atomisés, déracinés et « superflus » sont à la merci des régimes totalitaires qui tout à la fois révèlent, assument et radicalisent un monde dépourvu de sens.

Or, sans doute parce qu'ils n'ont pas pris suffisamment de distances avec la supposée « phénoménologie » heideggérienne, nombre de commentateurs, de nos jours, ne discernent plus à ce propos ce qui distingue foncièrement une vision du monde d'une philosophie. C'est ainsi que l'antisémitisme heideggérien est aujourd'hui qualifié sans autre considération par certains de « métaphysique », sans que l'on prenne la mesure du fait que, dès

1934, Heidegger affirme dans ses *Cahiers noirs* que la « métaphysique » doit laisser place au « méta-politique », et précise que la métapolitique, telle qu'il la conçoit, constitue « le tout-autre » de la philosophie qu'il s'agit de « conduire à sa fin »[1]. La promptitude avec laquelle, au moment où Ernst Krieck, devenu son adversaire, lui reproche son « nihilisme métaphysique[2] », Heidegger passe du « métaphysique », ou prétendu tel, à ce qu'il nomme la « métapolitique » nous apprend pourtant beaucoup sur la vision toute stratégique du « philosophique » qui est en réalité la sienne.

En ce qui concerne la composition des *Origines du totalitarisme*, nous considérons les deux premières parties, d'une part comme prolongeant les écrits d'Arendt de la fin des années 1930 sur l'antisémitisme, mais dans une perspective inversée, et d'autre part, sur le thème de l'impérialisme, comme portant la marque de sa lecture du *Behemoth* de Franz Neumann. L'accent mis sur l'impérialisme permet à Arendt de rejeter la responsabilité de la domination du Reich nazi sur une forme d'impérialisme d'abord apparu dans les empires coloniaux anglo-saxon et français. Cela suppose notamment de ne pas tenir compte de l'impérialisme colonial allemand et de la dimension génocidaire qu'il a prise au début du XXᵉ siècle. La troisième partie, quant à elle, porte en plusieurs lieux l'empreinte de la lecture de la *Lettre sur l'humanisme*, dont Arendt a choisi de partager pour une grande part la vision. Nous retrouvons, sous sa plume, le même diagnostic de la modernité et de la dévastation liée à l'« absence de patrie *(Heimatlosigkeit)* de l'homme moderne ».

Philosophe et historien des idées politiques, Domenico Losurdo a bien perçu ce que l'évolution dans l'écriture du triptyque d'Arendt doit au contexte politique de son temps. Voici ce qu'il remarque :

---

1. Sur ces mises au point décisives de Heidegger en 1934, voir *supra*, chap. 6, § 24.

2. Voir J.-P. Faye, « Attaques nazies contre Heidegger », *Médiations*, été 1962, p. 137-154.

> Le livre d'H. Arendt est en réalité formé de deux strates différentes, qui renvoient à deux périodes de composition différentes, séparées par une césure faisant époque, celle de la guerre froide. [...] Dans le passage des deux premières parties, écrites encore sous l'émotion de la lutte contre le nazisme, à la troisième, qui renvoie à l'éclatement de la guerre froide, la catégorie d'impérialisme (qui réunit en premier lieu la Grande-Bretagne et le Troisième Reich, cette sorte de stade suprême de l'impérialisme) cède la place à la catégorie de totalitarisme (qui réunit l'URSS stalinienne et le Troisième Reich)[1].

Il ne s'agit cependant que de l'une des dimensions de l'évolution d'Arendt. Il importe de voir également comment elle a modifié sa vision de la genèse de l'antisémitisme et transformé son appréciation de Heidegger après 1946, deux points que nous pensons avoir établis dans ce livre.

En ce qui concerne enfin la « méthode » adoptée, si l'on admet le postulat anti-rationnel et non causaliste d'Arendt, il devient difficile d'envisager qu'une science historique digne de ce nom soit seulement possible. Il est visible qu'Arendt partage à l'égard de la connaissance historique le même mépris que Heidegger, dont nous avons vu de quelle façon il distingue la *Geschichte*, l'histoire élevée à la hauteur d'un destin, et l'*Historie*, ravalée au rang de simple historiographie sans « pensée ».

Il importait de rappeler la sévérité des reproches de nombre d'historiens à propos de la méthode et des thèses mises en œuvre dans *Les Origines du totalitarisme*. Et les critiques sont plus dures encore pour son *Eichmann à Jérusalem*[2]. Ce n'est pas la qualité d'historienne de Hannah Arendt qui fait véritablement débat. Celle-ci, en effet, ne s'est jamais revendiquée telle et la majorité des historiens ne lui ont pas accordé un grand crédit. Néanmoins, les développements volumineux et en apparence très référencés de la trilogie des *Origines du totalitarisme* ont fait naître dans le

---

1. Domenico Losurdo, « Pour une critique de la catégorie de totalitarisme », *Actuel Marx*, n° 35, 2004/1, p. 115-147, consultable sur https://www.cairn.info/revue-actuel-marx-2004-1-page-115.htm
2. Voir *infra*, « Conclusions », chap. 13, § 56 et § 58.

public la conviction qu'Arendt aurait élaboré une somme faisant autorité sur les « totalitarismes » nazi et soviétique. Ce qui mérite aujourd'hui d'être mentionné et discuté, c'est d'une part le fait que ces critiques des historiens demeurent insuffisamment prises en compte dans les éditions et interprétations des *Origines du totalitarisme*, et d'autre part le fait de penser qu'un ouvrage historiquement et intellectuellement aussi discutable puisse être considéré, selon le mot de Paul Ricœur, comme consacrant son auteur « penseur politique de premier ordre[1] ».

50. Deux critiques majeures d'Arendt : Jules Steinberg et Kathryn T. Gines

Parmi les interprétations critiques existantes de l'œuvre d'Arendt, l'essai publié en 2000 par un spécialiste américain de la pensée politique moderne, Jules Steinberg, et intitulé *Hannah Arendt sur l'Holocauste. Une étude de la destruction de la vérité*, mérite une attention particulière[2]. Il s'agit en effet de l'une des critiques les plus argumentées et les plus sévères de Hannah Arendt que l'on puisse lire aujourd'hui. Que l'existence de cet essai ait été presque entièrement passée sous silence dans les études arendtiennes internationales peut apparaître comme un effet de ce « culte d'Arendt », évoqué en 1998 par l'historien Walter Laqueur, et qui n'admet guère la critique[3]. Steinberg a deux principaux mérites : d'une part, il se confronte à des énoncés d'Arendt trop

---

1. Paul Ricœur, « Préface », *Condition de l'homme moderne, op. cit.*, p. 6.
2. Jules Steinberg, *Hannah Arendt on Holocaust. A Study of the Suppression of Truth*, Lewiston et New York, The Edwin Mellen Press, 2000.
3. Ce silence s'explique aussi en partie par le fait qu'il est paru chez un éditeur qui ne connaît pas une grande diffusion, mais ce fait participe également d'une situation d'ostracisme. L'auteur, que nous avons joint, nous a expliqué que des éditeurs plus importants avaient reculé devant le contenu critique du livre. La seule mention de son titre que nous avons pu trouver dans la littérature sur Arendt en France figure dans la bibliographie d'un livre de Martine Leibovici paru en 2003, et dans une section intitulée « Hannah Arendt et la Shoah » (Martine Leibovici, *Hannah Arendt et la tradition juive. Le judaïsme à l'épreuve de la sécularisation*, Genève, Labor et Fides, 2003, p. 88). Cela laisse à penser que le livre n'est mentionné que pour la première

rarement pris en compte par les commentateurs, comme sa justification, dans son essai sur la Révolution hongroise, de la « domination des maîtres »; d'autre part, il examine, à partir de plusieurs exemples, comment des arendtiens de bonne foi, choqués par certains des énoncés manifestement aristocratiques, inégalitaires, pour ne pas dire fascisants de l'auteur de *Condition de l'homme moderne*, ne parviennent pas à en tenir pleinement compte parce que l'image communément reçue aujourd'hui de sa pensée et qu'ils ont faite leur ne concorde pas avec ces énoncés. Ces spécialistes d'Arendt reculent devant ce qu'il nomme à juste titre les « évidences textuelles » et les « contradictions flagrantes », et ils ne parviennent pas à admettre ce qui est textuellement manifeste, arrêtés qu'ils sont par l'icône qu'Arendt représente aujourd'hui dans notre culture[1].

Steinberg rejoint en outre, par d'autres voies, certaines des conclusions critiques de notre travail, à savoir le fait que convergent, chez Arendt, deux visées aussi discutables l'une que l'autre et qu'il nomme « la dé-germanisation du nazisme et la dé-nazification de Heidegger[2] ». Sur la « dégermanisation du nazisme », cet essai offre ainsi par avance un utile contrepoids à un ouvrage comme celui de Peter Trawny, *L'Holocauste pensable. L'éthique politique d'Hannah Arendt*, qui fait fond au contraire et renchérit sur ce point, en reprenant à son compte les affirmations d'Arendt en faveur d'une dé-germanisation du national-socialisme[3].

Par ailleurs, Steinberg estime non sans raison que la vision politique et sociale d'Arendt n'a rien de démocratique, et il entend montrer, en s'appuyant principalement sur ses publications de 1958, qu'« elle a fait revivre, après 1945, une conception fasciste

---

partie de son titre et sans avoir été lu, car l'ouvrage de Steinberg représente en réalité une étude générale des conceptions d'Arendt.

1. J. Steinberg, *Hannah Arendt on Holocaust, op. cit.*, p. 247.
2. Nous avons découvert le livre de Jules Steinberg alors que nous rédigions les derniers chapitres de notre livre et avons tenu compte de ses recherches à propos de la justification arendtienne de la « règle des maîtres ».
3. Voir particulièrement le dernier chapitre du livre intitulé « L'Holocauste est-il allemand ? » (« Ist der Holocaust deutsch ? ») (P. Trawny, *Denkbarer Holocaust, op. cit.*, p. 165-173).

du politique issue de la même tradition de l'extrême droite allemande que celle d'où le nazisme était lui-même issu[1] ». Une thèse aussi sévère aura peine à convaincre aujourd'hui où critiquer la vision politique d'Arendt et sa conception du « vivre-ensemble » apparaît comme un sacrilège, mais le sérieux de l'argumentation et les sources textuelles convoquées à l'appui font que ce livre courageux mériterait – que nous soyons ou non d'accord avec son auteur – d'être lu, traduit, et sa thèse commentée et débattue.

L'auteur s'aventure sur une pente plus délicate lorsqu'il donne à sa critique un tour personnel. Il met l'accent non seulement sur la façon, selon lui, malhonnête dont Arendt manipule la vérité, mais aussi et surtout, en s'appuyant sur différents textes, sur « la façon dont elle exploite et manipule le fait de sa propre judéité », lorsqu'elle « présente très habilement ses attitudes antijuives comme une expression de sa judéité [...], s'inventant elle-même comme une sorte de "Socrate juif" »[2].

C'est un fait que Hannah Arendt a plus d'une fois utilisé sa judéité comme un argument, et c'est un fait également, comme nous l'avons nous-même constaté, que cet argument « identitaire », philosophiquement discutable, est souvent repris par des défenseurs de la vision d'Arendt, pour stigmatiser ceux qui se risquent à la critiquer. Pour notre part, nous ne nous situons pas sur le plan d'une critique personnelle. C'est l'étude critique des textes et des énoncés, ainsi que de leur possible traduction effective, qui nous importe. Cependant, du fait qu'Arendt utilise l'argument identitaire dans ses propres textes, la critique de Steinberg mérite d'être prise en considération[3].

Par ailleurs, nos analyses divergent sur un point important. Steinberg pense qu'Arendt fut, de 1933 à la publication des *Origines du totalitarisme* en 1951, un auteur de gauche, proche du

---

1. J. Steinberg, *Hannah Arendt on Holocaust, op. cit.*, p. 31.
2. *Ibid.*, p. 247.
3. Arendt n'utilise pas seulement sa judéité. Elle se sert également du fait qu'elle est femme pour humilier ironiquement Gershom Scholem, en lui lançant, dans une lettre du 21 avril 1946, qu'« après tout vous êtes *masculi generis* et donc, par nature, (peut-être) plus vulnérable » (Hannah Arendt – Gershom Scholem, *Correspondance*, Paris, Seuil, 2012, p. 106).

marxisme révolutionnaire, et que, sous l'impulsion de ses lectures de Heidegger et de Nietzsche, elle aurait radicalement changé d'orientation politique au cours des années 1950 pour adopter une vision inégalitaire et fascisante du politique en 1958. De ce fait, il tient la réponse d'Arendt à Gershom Scholem de 1963, lors de leur controverse autour de son livre sur Eichmann, pour un mensonge délibéré. Arendt lui écrit: « Je ne fais pas partie des «intellectuels issus de la gauche allemande [...]. Si je suis issue de quelque chose, c'est de la tradition philosophique allemande[1]. » Cependant, cette conception d'une Arendt tout d'abord proche du marxisme révolutionnaire de Bernard Lazare et qui aurait été « de gauche » jusque dans les années 1950, pour se convertir ultérieurement à une conception fascisante du politique, si elle contient peut-être quelques éléments de vérité — principalement l'apologie arendtienne de la « révolution » comme événement et comme rupture, que l'on trouve également chez Heidegger[2] —, se heurte néanmoins à plusieurs objections. Tout d'abord, c'est dès 1946, et donc avant la rédaction de l'essentiel des *Origines du totalitarisme*, qu'Arendt avait, pour la première fois, mis en garde Scholem à propos de l'appréciation politique erronée qu'il faisait d'elle en affirmant qu'elle n'avait jamais été marxiste. La considérer comme une «anti-marxiste » serait, estime-t-elle dès cette date, «beaucoup plus proche de la vérité »[3]. Jules Steinberg aurait donc dû tenir compte de cette lettre qui réfute sa chronologie. D'autre part, une lecture attentive des *Origines du totalitarisme* nous a montré que les thèses inégalitaires d'Arendt y sont déjà présentes, quoique de façon moins appuyée que dans certains énoncés de *Condition de l'homme moderne* ou de l'essai sur la Révolution hongroise. Enfin, Arendt demeure plus ambivalente que ne le laisse supposer le schéma du tournant politique proposé par Steinberg. Cette ambivalence apparaissait déjà au début des

---

1. Hannah Arendt à Gershom Scholem, 24 juillet 1963 (*ibid.*, p. 427).
2. Un certain *ethos*, ou *pathos*, «révolutionnaire», n'a jamais suffi à caractériser un auteur comme de gauche. Il existe des révolutions conservatrices, en réalité des contre-révolutions. Il existe aussi des révolutions d'esprit fasciste. Bref, le mot «révolution» n'est pas nécessairement synonyme d'émancipation humaine.
3. Hannah Arendt à Gershom Scholem, 21 avril 1946 (*ibid.*, p. 104).

années 1930, dans les articles que nous avons analysés sur Adam Müller et Friedrich von Genz, et elle continue de se manifester en 1958, dans *Condition de l'homme moderne*, où une vision en apparence égalitaire de l'espace politique s'articule en réalité à une conception radicalement inégalitaire, aristocratique et déshumanisante de l'organisation sociale. Car l'égalité arendtienne est toujours une égalité pour *happy few*. Dans cette perspective, et même s'ils apparaissent plus sincères que dans le cas de Heidegger, les quelques éloges du Marx révolutionnaire que l'on peut lire sous sa plume ne font pas davantage d'elle une marxiste que celui, piégé, du Marx philosophe de l'histoire que l'on peut lire dans la *Lettre sur l'humanisme* ne nous permet de parler d'un Heidegger devenu marxiste en 1947. La façon dont en 1958, dans son essai sur la Révolution hongroise, elle sépare les conseils révolutionnaires des conseils ouvriers et le politique de l'économique montre clairement que le fond de sa vision n'a rien de marxiste.

Le livre de Kathryn T. Gines, *Hannah Arendt et la question noire*, bien que méthodologiquement beaucoup plus prudent, propose, sur un autre plan, des analyses précises et étayées, aux conclusions tout aussi dévastatrices pour la prétention arendtienne à refonder la liberté politique des Modernes[1]. L'auteur montre que la séparation rigide d'Arendt entre ce qui est proprement politique et ce qui relève de la vie sociale et de l'existence privée fausse son appréciation de la « question noire » *(the Negro question)*, selon l'expression utilisée par Arendt elle-même dans une lettre à Mary McCarthy, fort critique à l'égard de « l'enthousiasme général pour les droits civiques[2] ». Arendt en fait une question sociale et privée, ce qui l'empêche de reconnaître que le racisme anti-noir est un phénomène politique, ce qu'elle admet au contraire pour l'antisémitisme[3]. Arendt affirme en effet, dans un entretien de 1964, qu'« appartenir au judaïsme » est un problème « purement politique ». Comment peut-elle soutenir, dans

---

1. Kathryn T. Gines, *Hannah Arendt and the Negro Question, op. cit.*
2. « [...] *our speciality – the Negro question* », Hannah Arendt à Mary McCarthy, 21 décembre 1968 (*Between Friends. The Correspondence of Hannah Arendt and Mary McCarthy, 1949-1975, op. cit.*, p. 229).
3. K. T. Gines, *Hannah Arendt and the Negro Question, op. cit.*, p. 1-2.

ce cas, que la « question noire » est uniquement sociale ? Arendt, en effet, à l'opposé des leçons qu'elle a retenues de sa mère face à l'antisémitisme lorsqu'elle était enfant, estime que les revendications des familles noires lors des troubles de Little Rock n'expriment, de la part des parents des enfants noirs scolarisés dans des écoles auparavant réservées aux Blancs, qu'une ambition d'ascention sociale et non la revendication légitime à l'égalité des droits civiques[1]. N'est-ce pas l'expression d'une mentalité raciste, pour laquelle l'homme noir ne saurait accéder à l'espace politique des égaux[2] ? Par ailleurs, elle stigmatise la violence des étudiants noirs, mais se montre insensible à celle qui procède des Pères fondateurs de l'Amérique et du colonialisme européen en Afrique[3]. Or, le silence d'Arendt sur le fait que la Révolution américaine n'a pas aboli l'esclavage à la différence de la Révolution française, ainsi que sur la Révolution haïtienne, pèse lourd dans une conception du politique qui n'hésite pas à affirmer, pour reprendre les termes mêmes d'Arendt dans son essai, *De la révolution*, que « seules la violence et la domination exercées sur les autres pourraient rendre quelques hommes libres[4] ». Penser la révolution comme la « fondation de la liberté », et présenter à ce propos la Révolution américaine comme un modèle accompli de révolution sans dire un mot sur l'effectivité de l'esclavage maintenu dans nombre d'États américains manifeste les limites de la vision politique d'Arendt.

À la fin des années 1960, la mentalité d'Arendt n'a guère évolué en ce qui concerne la « question noire », bien au contraire. Elle se fait toujours plus critique à l'égard du mouvement des droits civiques et va jusqu'à estimer que l'intégration croissante de « Nègres » dans la vie académique représente « une menace bien plus grande pour nos institutions universitaires que les manifestations d'étudiants[5] ».

---

1. *Ibid.*, p. 18-24.
2. *Ibid.*, p. 10-11.
3. *Ibid.*, p. 3.
4. *Ibid.*, p. 13, ainsi que le chapitre 6 du livre, fondamental sur la conception arendtienne de la violence.
5. *Ibid.*, p. 113.

Non sans finesse ni raison cependant, Kathryn T. Gines s'abstient de personnaliser ses analyses critiques et de qualifier Arendt de raciste. Elle se limite à montrer de façon convaincante que celle-ci n'accède pas à ce que, reprenant une expression de Kant, elle nomme, dans *La Crise de la culture*, la «pensée élargie[1]», cette capacité à «penser à la place de quiconque». Arendt l'identifie au «jugement» et la considère comme la condition pour parvenir à un accord dans l'espace public et politique[2].

Kathryn T. Gines rejoint nos conclusions lorsqu'elle constate qu'avec Arendt «l'espace commun du domaine public (le politique) est un monde exclusif ouvert seulement à quelques-uns[3]». Le point de vue de ceux qui sont absents de l'espace politique n'est de fait ni représenté ni admis, dans cette prétendue «pensée élargie». Ce qu'Arendt promeut *de facto* lorsqu'elle traite de la «question noire», c'est en réalité un «modèle de pensée exclusive et non représentative[4]». Kathryn T. Gines en vient à montrer que lorsqu'«elle [Arendt] défend le droit des Blancs à la ségrégation dans l'éducation publique contre le droit des Noirs à avoir accès à la même éducation, [...] la position qu'elle occupe et représente dans l'essai sur Little Rock est en réalité la position des racistes blancs[5]». Nous constatons ainsi la faillite du modèle de jugement désintéressé promu par Arendt. Les Noirs américains sont en effet écartés *a priori* de l'espace commun du politique – le seul où une revendication d'égalité est reconnue par elle comme légitime – et cantonnés dans celui, privé, du social, régi par des rapports d'inégalité, de domination et de violence.

51. Un nouveau «jargon de l'authenticité»?

En 1964, à la suite de trois conférences sur Heidegger données au Collège de France en 1961 à l'invitation de Robert Minder,

---

1. *Ibid.*, p. 125. Voir H. Arendt, *La Crise de la culture, op. cit.*, p. 281.
2. K. T. Gines, *Hannah Arendt and the Negro Question, op. cit.*, p. 124.
3. *Ibid.*, p. 124-125.
4. *Ibid.*, p. 126.
5. *Ibid.*, p. 127.

Theodor Adorno publiait l'un des tout premiers ouvrages critiques sur Heidegger de l'après-guerre – après les essais de Karl Löwith et de Paul Hünerfeld – intitulé *Le Jargon de l'authenticité. De l'idéologie allemande*[1]. Adorno montrait que la langue parlée par Heidegger, à partir des années 1920 et d'*Être et temps*, mais aussi, jusqu'à un certain point, par d'autres auteurs allemands de l'époque comme Gundolf ou Jaspers, relevait de ce qu'il convenait d'appeler le « jargon de l'authenticité » : langage de la « connivence à un plus haut niveau », qui exclut celui qui ne se montre pas suffisamment « authentique » parce qu'il ne partage pas l'« emphase » des « intellectuels anti-intellectuels » réunis par l'usage du même « jargon » et professant la même « confession par laquelle eux-mêmes se port[ent] témoignage mutuellement », à savoir la conviction de faire partie du cercle des « authentiques »[2]. Face à cette sacralisation d'un *ethos* commun, la « pensée critique » apparaît comme une « faute subjective », sans aucun fondement objectif[3]. Le jargon de l'authenticité ne relève pas du discernement de la pensée mais de la transmission et du culte d'un langage choisi. Celui-ci « dispose d'un nombre modique de mots qui se referment sur eux-mêmes et deviennent des signaux[4] ». On observe « la désintégration de la langue en mots en soi[5] », cultivés pour leur *aura*, « comme s'ils disaient quelque chose de plus haut que ce qu'ils signifient[6] ». Ainsi en va-t-il, chez Heidegger, avant tout du mot « être » diversement écrit *(Sein* ou *Seyn)*, parfait mot couvert ou *Deckname*, mais aussi des mots « existence » ou « être-là » *(Dasein)*, « communauté » *(Gemeinschaft)*, « destin » *(Schicksal)*, « historique » *(geschichtlich)*, « événement » *(Ereignis)*, etc.

La puissance de fascination du propos d'Arendt tient à ce qu'elle a su, à l'exemple de Heidegger, constituer comme un nouveau « jargon de l'authenticité », ou désormais de la « spontanéité »

---

1. Th. Adorno, *Le Jargon de l'authenticité. De l'idéologie allemande*, trad. et préface d'Éliane Escoubas, postface de Guy Petitdemange, Paris, Payot, 1989.
2. *Ibid.*, p. 41-42.
3. *Ibid.*, p. 42.
4. *Ibid.*, p. 43.
5. *Ibid.*, p. 44.
6. *Ibid.*, p. 45.

pour notre temps. Elle conserve certains termes du « premier » Heidegger en leur procurant une nouvelle jeunesse, comme ceux de « monde » *(Welt)* et de « monde commun » *(Mitwelt)*, et des termes du « dernier » Heidegger comme celui d'« événement », mais congédie les mots trop usés et compromis dans la langue du IIIe Reich, comme « historicité » ou « destin ». Plutôt que de parler trop souvent de « communauté » – un terme qu'elle ne se résout pas à abandonner entièrement –, elle évoquera le « vivre-ensemble » *(Zusammenleben)*. « Natalité » *(Gebürtlichkeit)* et « pluralité » *(Pluralität)* comptent parmi les « mots signaux » les plus caractéristiques de ce nouveau « jargon », repris à l'envi sans être clairement définis. Le dédoublement de la « natalité » arendtienne, sa conception aristocratique de la « seconde naissance » réservée aux seuls acteurs du politique et référée en 1958 à Gehlen, ne sont que trop rarement perçus. La remise en question du concept universel d'humanité par l'usage arendtien du mot « pluralité », qu'elle introduit en 1954 dans la science politique en se référant à Heidegger, n'est pas davantage entrevue.

On ne prête pas suffisamment attention à l'équivalence postulée par Arendt entre la « pluralité », la « communauté » et le « nous »[1]. Rares sont en effet ceux qui ont pris conscience de la façon dont agit ce que l'on peut appeler le double langage arendtien et sa conception à deux niveaux, où l'affirmation de l'égalité politique a pour contrepartie la récusation radicale de l'aspiration à l'égalité économique et sociale. Trop souvent, on se satisfait d'utiliser aujourd'hui les mots « natalité », « pluralité », « vivre-ensemble » comme on parlait, dans les années 1920 et 1930, de « destin », de « mission » et de « communauté ». Il s'agit, chaque fois, de termes réunissant les locuteurs d'un même exister authentique ou, dans un langage plus actuel, « spontané ». La signifi-

---

1. Cette équivalence apparaît nettement dans les « Conclusions » de l'ouvrage posthume *Vouloir*. Arendt pose que l'égalité politique « n'apparaît qu'en communauté », « à l'échelon de la pluralité humaine », avec « le Nous, vrai pluriel de l'action » (H. Arendt, *La Vie de l'esprit, op. cit.*, p. 522-523). Ainsi, pour le dire en allemand : *Pluralität, Gemeinschaft, Wir*, disent dans le langage d'Arendt la même chose. À quoi l'on voit bien que la « pluralité » arendtienne ne nous fait pas entrer dans un autre monde que celui promu par Heidegger.

cation effective des termes d'Arendt, dont nous avons vu qu'ils renvoient à des conceptions inégalitaires, discriminatoires et déshumanisantes de la vie sociale et économique, n'est plus aperçue.

Le même usage non critique et piégé d'une terminologie sacralisée se retrouve aujourd'hui chez bien des commentateurs d'Arendt comme de Heidegger, avec cette différence que le double langage arendtien a su conquérir le champ politique de nos démocraties, tandis que le « jargon » heideggérien, trop compromis politiquement pour être directement repris sans euphémisation, exerce davantage son emprise dans les champs de la philosophie, de la théologie et de la poésie, d'où il peut cependant rayonner ensuite en tous domaines. C'est pourquoi il importe de s'affranchir de tout rapport de fascination et de « connivence », et de recréer les conditions d'une pensée critique, qui soit en mesure de discerner les points les plus obscurs et contestables de la vision d'Arendt.

La difficulté de la tâche à accomplir, notamment en France, se mesure au fait que le *Jargon de l'authenticité* d'Adorno a été publié en 1989, dans la collection même qui va éditer ensuite certaines des plus importantes études françaises ou disponibles en français sur Arendt, celles de Jacques Taminiaux, de Dana R. Villa et d'Étienne Tassin. Il nous apparaît aujourd'hui contradictoire de promouvoir simultanément Adorno et Arendt, à moins de céder à la légende d'une Arendt critique de Heidegger après 1946, comme c'est le cas avec l'interprétation de Taminiaux, sur laquelle nous allons revenir. Quoi qu'il en soit, nous mesurons la difficulté qu'il pouvait y avoir à publier une telle critique de Heidegger dans les années 1980 en France, lorsque nous lisons la préface et la postface à l'ouvrage[1]. Le texte d'Adorno est en effet enca-

---

[1]. Le *Jargon de l'authenticité* ne sera publié en poche, dans la « Petite Bibliothèque Payot », qu'en 2009, vingt ans après sa première édition française et cinq ans après notre *Heidegger*. La différence entre les textes des quatrièmes de couverture de l'édition de 1989 et de celle de 2009 permet de mesurer l'évolution dans la réception française de Heidegger en deux décennies. Dans le texte de présentation de 2009, la « proximité » postulée par la traductrice entre Adorno et Heidegger n'est plus mise en avant. Sur la réception française d'Adorno, voir Miguel Abensour, « Malheureux comme Adorno en France ? », *La Théorie critique. Héritages hérétiques, Variations, Revue internationale de théorie critique*, Lyon, Parangon/Vs, octobre 2005, p. 17-30.

dré par deux études qui multiplient les réserves et tendent l'un et l'autre à défendre Heidegger. Constatant que, « dans le *Jargon*, il ne reste rien du chantier Heidegger », l'auteur de la postface, Guy Petitdemange, continue en ces termes : « la mauvaise humeur frise la mauvaise foi. L'irritation s'emporte en procès dévastateur »[1]. Il campe Adorno en « raisonneur déraciné et polyglotte[2] » et conclut qu'il « en résulte de l'intolérable » dans sa philosophie[3]. Quant à la traductrice et auteure de la préface, Éliane Escoubas, elle présente d'emblée le *Jargon* comme un « texte sans doute trop rapide, excessif parfois, de parti pris souvent[4] », et conclut en suggérant, malgré tout, une « proximité » Adorno-Heidegger[5], ce qui apparaît comme une façon de désamorcer la charge critique de l'ouvrage.

Nous pensons quant à nous que l'essai d'Adorno a su, avec les articles pionniers de la même époque de Robert Minder et de Jean-Pierre Faye, ouvrir la voie à la critique tout à la fois philosophique et philologique du « langage Heidegger ». Celle-ci sera remarquablement poursuivie par Henri Meschonnic, Georges-Arthur Goldschmidt et François Rastier, ce dernier plus attaché à étendre l'analyse critique à la réception de Heidegger. L'esprit de cette critique mérite d'être actualisé à propos du *novlangue* arendtien mettant au goût du jour le peuple, la communauté et le vivre-ensemble, qui sature aujourd'hui la quasi-totalité des discours politiques, des plus officiels aux plus contestataires[6].

---

1. Th. Adorno, *Jargon de l'authenticité*, op. cit., p. 160.
2. *Ibid.*, p. 193.
3. *Ibid.*, p. 198.
4. *Ibid.*, p. 9.
5. *Ibid.*, p. 33.
6. Le sociologue Geoffroy de Lagasnerie note que « les notions de "peuple", de "communauté des citoyens", d'"être-ensemble" », qui saturent les discours officiels de la classe politique, se retrouvent également chez ceux qui les combattent (« Nuit debout, le mythe du peuple », *Le Monde*, 28 avril 2016, p. 20). Cette remarque ne disqualifie pas les luttes de ces mouvements, mais elle traduit bien la prégnance d'un langage qui circule aujourd'hui dans l'ensemble du corps social et jusqu'à la contestation des pouvoirs dominants.

CONCLUSIONS

HEIDEGGER ET EICHMANN DANS L'APOLOGÉTIQUE D'ARENDT

12.
« Pensée » et « absence de pensée »

> Pour ce petit nombre, peu importe finalement où peuvent les jeter les tempêtes de leur siècle. Car la tempête que fait lever le penser de Heidegger [...] vient de l'immémorial et ce qu'elle laisse derrière elle est un accomplissement qui, comme tout accomplissement, fait retour à l'immémorial.
>
> Hannah Arendt, « Heidegger a quatre-vingts ans »[1].

> Tout ce qui est grand se tient dans la tempête.
>
> Martin Heidegger, *Discours de rectorat*.

> Tout a commencé quand j'ai assisté au procès Eichmann à Jérusalem. [...] C'est cette absence de pensée [...] qui éveilla mon intérêt.
>
> Hannah Arendt, « Heidegger a quatre-vingts ans »[2].

> [...] il existe Quelqu'un qui *traduit en actions* le sens caché de l'Être et introduit ainsi dans le cours désastreux des événements un contre-courant de salubrité.
>
> Hannah Arendt, *La Vie de l'esprit*[3].

---

1. H. Arendt, *Vies politiques, op. cit.*, p. 320.
2. *Ibid.*, p. 20-21.
3. H. Arendt, *La Vie de l'esprit, op. cit.*, p. 505.

> [...] Mussolini et Hitler, les deux hommes qui ont déclenché des contre-mouvements en Europe – et de façon différente –, à partir de la forme politique de la nation et par conséquent du peuple [...].
>
> Martin Heidegger, Schelling[1].

Nous avons voulu, dans ce livre, reconsidérer les relations intellectuelles entre Arendt et Heidegger, en ne suivant pas le seul fil directeur de la biographie, mais en partant du fait de la longue séparation entre les deux anciens amants. De 1933 à 1945 en effet, ces deux existences, qui avaient vécu le nœud d'une passion commune, ont été radicalement éloignées l'une de l'autre par la réalité politique et historique du IIIe Reich. Arendt a pu l'observer dans l'éloignement de l'exil, tandis que Heidegger s'identifiait à ce qu'il nommera, en 1935, la « vérité interne » du mouvement national-socialiste. Aussi avons-nous analysé de façon distincte, dans chacune des deux premières parties de l'ouvrage, la façon propre à chacun de considérer le mouvement national-socialiste et sa dynamique destructrice. Nous avons ensuite voulu reconstituer précisément, de la critique à l'apologie, le retournement arendtien dans son rapport à Heidegger après 1945. Nous avons alors pris au sérieux l'aveu de la lettre où Arendt présente *Condition de l'homme moderne* comme un livre devant à peu près tout à Heidegger.

Durant le quart de siècle qui suit l'année 1950, la correspondance apporte certains éléments éclairants pour saisir le tempo des retrouvailles entre Arendt et Heidegger. La première à avoir eu accès à ces textes, Elzbieta Ettinger, a su composer un portrait croisé qui, par sa pertinence et sa sobriété, n'a pas été à ce jour égalé[2]. Cette rescapée héroïque du ghetto de Varsovie, qui a connu ensuite le communisme de l'après-guerre en Pologne avant

---

1. M. Heidegger, *Schelling. Vom Wesen der menschlichen Freiheit (1809)*, Ingrid Schüßler éd., GA 42, 1988, p. 41-42.
2. Nous renvoyons donc le lecteur à son livre, déjà mentionné, sobrement intitulé *Hannah Arendt et Martin Heidegger*. Les Archives Ettinger sont conservées à la Schlesinger Library à Harvard.

de s'exiler aux États-Unis, est elle-même une figure remarquable, qui demanderait à être mieux étudiée[1]. Elzbieta Ettinger a vécu la domination nazie plus directement que Hannah Arendt. Elle sait de quelle réalité elle parle et le discernement des êtres et des situations dont témoigne son livre apparaît d'une grande justesse.

Cette correspondance, cependant, est presque totalement interrompue entre 1953 et 1966. Heidegger ne renoue pour la seconde fois qu'au moment où le *Jargon* d'Adorno, le livre d'Alexander Schwan sur *La Philosophie politique dans la pensée de Heidegger*[2], parus l'un en 1964 et l'autre en 1965, puis une recension anonyme du livre de Schwan, très critique à l'égard de l'auteur du *Discours de rectorat* et publiée dans le *Spiegel* – un hebdomadaire qu'aime à lire Heidegger –, inquiètent fortement ce dernier et le conduisent à accorder, au même journal, un entretien intitulé, d'un vers de Hölderlin : « Seul un dieu peut nous sauver »[3]. Le texte paraîtra, de façon posthume, dix ans plus tard. Dans ce contexte, le soutien public et privé d'Arendt redevient indispensable à son ancien professeur. De son côté, celle-ci n'hésitera pas à écrire directement à Elfride pour organiser la défense de Martin.

Hannah Arendt a élaboré entre-temps, en 1961-1963, entre le procès, la parution du reportage dans le *New Yorker* et celle du livre, une figure d'Adolf Eichmann dont l'absence de pensée postulée apparaît comme l'ombre portée et l'envers de sa façon d'en-

---

1. En France, il faudrait aller jusqu'à parler de réhabilitation. Nous pensons notamment à une émission radiodiffusée, « Répliques », de 2001, dans laquelle Martine Leibovici recommande de « ne plus jamais lire Elzbieta Ettinger », tandis que François Fédier affirme, pour tout argument critique, que « si elle [Elzbieta Ettinger] avait eu Hannah Arendt devant elle, elle aurait pris une paire de claques et ça aurait été réglé ». Voilà une conception étrange du débat intellectuel, dont on peut douter qu'Arendt l'eût approuvé.

2. Alexander Schwan, *Politische Philosophie im Denken Heideggers*, Opladen, Westdeutscher Verlag, 1965. Une seconde édition augmentée sera publiée en 1989.

3. Sur les conditions et enjeux de cet entretien, voir l'essai instructif de Lutz Hachmeister, *Heideggers Testament. Der Philosoph, der Spiegel und die SS*, Berlin, Propyläen, 2014. On y apprend également que c'est dans la maison du fils, Hermann Heidegger, qu'a pris corps en 1971 le projet du journal de la « nouvelle droite » allemande, *Junge Freiheit*. Comme c'est le plus souvent le cas pour les ouvrages réellement critiques sur Heidegger, ni le livre de Schwan en son temps ni celui de Hachmeister n'ont été traduits en français.

visager la stature de Heidegger. Elle construira sur cette base une forme de défense de Heidegger érigé, dans sa *laudatio* de 1969, en paradigme de la pensée. L'analyse critique de cette apologie est le sujet central de ces conclusions. Il s'agira de déterminer jusqu'où Arendt a pu aller dans son adhésion au «penser» heideggérien. Dans ces conclusions plurielles s'entrecroiseront, dans le regard d'Arendt, les deux figures contrastées d'Eichmann et de Heidegger. Nous commencerons par examiner le bien-fondé de thèses qui dépeignent Arendt en critique de ce dernier.

52. Dans le piège d'Arendt.
À propos de l'interprétation de Jacques Taminiaux

Une thèse apologétique présente Heidegger comme un grand penseur fourvoyé et Arendt comme celle qui aurait su lui tenir tête jusqu'au bout. Défendue par Jacques Taminiaux, cette thèse s'est progressivement imposée comme une *doxa* à force d'être reprise, de façon de plus en plus caricaturale et discutable, dans maintes conférences et maints articles et entretiens[1]. Nous assistons en effet à ce que l'on peut appeler un double tour de passe-passe: le discours de rectorat de mai 1933 – texte national-socialiste s'il en est – se voit transfiguré en discours platonicien et le texte apologétique prononcé par Arendt pour les quatre-vingts ans de Heidegger se voit transformé en texte critique. La thèse de Taminiaux obtient ainsi un double effet: Hannah Arendt est campée en critique de Heidegger et ce dernier se voit réhabilité autant qu'il est possible dans sa période la plus ouvertement nationale-socialiste, l'auteur ne lui reconnaissant pour torts que son sup-

---

1. Jacques Taminiaux, «La déconstruction arendtienne des vues politiques de Heidegger», *Les Cahiers philosophiques*, n° 111, octobre 2007, p. 16-30; «La philosophie est-elle soluble dans le nazisme? Entretien avec Jacques Taminiaux», *Philosophie Magazine*, hors série n° 13: «Les philosophes face au nazisme», février-mars 2012, p. 75-77; «Comment Arendt a déconstruit Heidegger. Entretien», *Philosophie Magazine*, hors série n° 28: «Hannah Arendt. La passion de comprendre», février-avril 2016, p. 86-90, ainsi que ses conférences sur Heidegger et Arendt sur http://www.akadem.org/

posé platonisme et son nationalisme. La réputation d'Arendt et, dans une large mesure, celle de Heidegger, sont ainsi préservées, et l'apologie arendtienne de Heidegger en vient à passer pour la critique de fond qu'elle n'est pas.

Taminiaux relate comment l'œuvre de Heidegger l'a «tout de suite ébloui» avant qu'il entreprenne, par la suite, sa «critique prolongée» après avoir fait l'expérience de la «manière très [...] autoritaire» qu'avait Heidegger d'enseigner dans ses séminaires[1]. En réalité, la critique, si elle est prolongée, n'est guère approfondie. L'auteur continue de considérer comme «génial» le langage de l'ontologie heideggérienne. Il ne lui fait reproche que d'avoir «transposé [ce langage] au *Dasein* d'un peuple[2]». Il ne voit pas ce qu'a de problématique la récusation de la pensée catégoriale au profit des «existentiaux» amorcée dès *Être et temps*, et il ne tient pas compte du fait que le langage ontologique de l'ouvrage est explicitement conçu pour montrer, au paragraphe 74, que la «constitution fondamentale de l'historicité» du *Dasein* ne saurait s'accomplir que dans «la communauté, le peuple». Il ne s'agit donc nullement de la transposition politique d'un langage auparavant constitué. Le langage même d'*Être et temps* énonce un programme d'esprit *völkisch*.

Certes, plus d'une interprétation de la relation entre Arendt et Heidegger mériterait une analyse critique développée. Si nous avons choisi de nous concentrer sur les thèses de quelque façon paradigmatiques de Jacques Taminiaux, c'est d'une part parce qu'il s'agit de l'interprétation de la relation entre Arendt et Heidegger la plus élaborée et la plus influente dans l'espace francophone depuis un quart de siècle, d'autre part et surtout parce que cette interprétation perpétue largement un piège tendu par Arendt elle-même aux auditeurs et lecteurs de son discours de 1969. L'examen de cette thèse sera ainsi pour nous l'occasion d'étudier de plus près plusieurs écrits majeurs de Hannah Arendt sur Heidegger, et de contribuer à ouvrir un espace de discussion critique en ce qui

---

1. J. Taminiaux, «La philosophie est-elle soluble dans le nazisme?», entretien cité, p. 75-76.
2. *Ibid.*

concerne l'interprétation de ces textes. Que le discours de rectorat soit considéré comme platonicien et non nazi, c'est en effet, nous l'avons déjà vu et Taminiaux le rappelle, la thèse que Hannah Arendt énonce elle-même *privatim* dans une lettre à son ami le traducteur américain de Heidegger, J. Glenn Gray. Elle la distille en outre plus subtilement dans sa célébration des quatre-vingts ans de son ancien professeur et amant.

L'auteur, cependant, ajoute à la thèse d'Arendt l'affirmation selon laquelle le discours de Heidegger n'aurait rien de raciste[1]. L'éloge, sans ambiguïté, des « forces de la terre et du sang » *(erd- und bluthaften Kräfte)*[2] se voit réduit sous sa plume à « des allusions très vagues[3] ». Il ignore en outre, malgré plusieurs travaux récents[4], la signification manifestement antisémite, pour ses auditeurs et lecteurs de l'époque, de l'apologie heideggérienne du « nouveau droit des étudiants », qui impose un *numerus clausus* drastique pour l'inscription des étudiants juifs dans les universités allemandes.

Le premier point d'ancrage de la thèse de Taminiaux, c'est la référence au cours du semestre d'hiver[5] 1924-1925 sur le *Sophiste* de Platon, auquel la jeune Arendt, fraîchement arrivée à l'Université de Marbourg, a assisté. L'auteur a certes raison de mettre l'accent sur l'importance de ce cours pour Arendt, et sa discussion de ce texte demeure la partie la plus intéressante de son interprétation. Cependant, il reste à déterminer quelles conclusions tirer de cette référence. Il s'agit d'un cours au rythme particulièrement dense – quatre à cinq séances tôt le matin chaque semaine –, qui

---

1. « Heidegger ne verse pas dans l'idéologie racialisante » (J. Taminiaux, « Comment Arendt a déconstruit Heidegger », entretien cité, p. 90).

2. M. Heidegger, *Die Selbstbehauptung der deutschen Universität, Reden und andere Zeugnisse eines Lebensweges*, GA 16, p. 112.

3. J. Taminiaux, « Comment Arendt a déconstruit Heidegger », entretien cité, p. 90. Taminiaux est si convaincu du bien-fondé de sa thèse qu'il minimise ou escamote les évidences textuelles qui la contredisent.

4. Voir notamment Reinhard Brandt, *Universität zwischen Selbst- und Fremdbestimmung. Kants « Streit der Fakultäten »*, Berlin, Akademie Verlag, 2003, p. 169-170 et 179.

5. Et non le « semestre d'été » comme le mentionne par erreur la traduction française, p. 619.

a marqué de façon décisive plusieurs de ses auditeurs comme Hans-Georg Gadamer et Leo Strauss, et contribué à leur fascination pour la philosophie grecque. Arendt elle-même se remémore cet enseignement lorsqu'elle évoque, dans son discours de 1969, comment il s'agissait de « suivre pendant tout un semestre le cours d'un dialogue et de l'interroger pas à pas, jusqu'à ce qu'il n'y eût plus une doctrine millénaire, mais seulement une problématique hautement présente[1] ».

Quel est, dans l'esprit d'Arendt, la problématique « hautement présente » qu'elle a retenue de cet enseignement[2] ? Nous pensons qu'il s'agit de l'accent mis par Heidegger sur l'interrogation concernant « la diversité des genres de vie *(bioi)*[3] » dans le *Sophiste*, une interrogation reprise et transposée plus tard par Arendt, dans *Condition de l'homme moderne*, pour s'appliquer aux différentes activités humaines, action, œuvre et travail. Une des très rares lettres antérieures à 1966 d'Arendt à Heidegger que nous pouvons connaître par ses minutes conservées, celle du 8 mai 1954, confirme cette interprétation. Voici en effet ce qu'elle lui écrit, à propos de la deuxième des trois questions auxquelles elle travaille à cette date :

---

1. « [...] *daß ein Dialog durch ein ganzes Semester Schritt für Schritt verfolgt und abgefragt wurde, bis es keine tausendjährige Lehre mehr gab, sondern nur eine höchst gegenwärtige Problematik* » (Hannah Arendt – Martin Heidegger, *Briefe 1925-1975*, op. cit., p. 182). Barbara Cassin et Patrick Lévy commettent à ce propos un contresens en traduisant : « qu'un dialogue fût poursuivi et soutenu pas à pas pendant un semestre entier ». Il ne s'agit pas en effet de poursuivre un dialogue avec Platon, mais d'interroger pas à pas un *Dialogue* de Platon, en l'occurrence le *Sophiste*. Sur ce point, Taminiaux est plus précis dans sa traduction de la phrase en question. Nous avons suivi au contraire, pour la fin de la phrase, la traduction de Cassin-Lévy, plus proche du texte, Taminiaux glosant plus qu'il ne traduit « eine Problematik » par « un ensemble de problèmes », ce qui le dispense de faire le point précisément sur la problématique en question. Voir respectivement H. Arendt, « Martin Heidegger a quatre-vingts ans », art. cité, p. 310, et J. Taminiaux, *La Fille de Thrace et le Penseur professionnel*, op. cit., p. 14.

2. La question est compliquée par le fait que, malgré son titre, Heidegger ne s'est pas tenu à interroger le texte du *Sophiste*, mais a consacré une large part de ses séances à l'*Éthique à Nicomaque* d'Aristote.

3. *Ibid.*, p. 234.

[...] en partant peut-être, d'une part, de Marx et, d'autre part, de Hobbes, une analyse des activités foncièrement différentes qui, vues à partir de la *vita contemplativa*, se retrouvent généralement confondues pêle-mêle dans le fourre-tout de la *vita activa*, à savoir : travailler – produire – agir, où le travail et l'action ont été inféodés à la production : le travail a été interprété comme « productif », et l'agir selon la connexion moyens-fins (ce que je ne serais pas en mesure d'accomplir, à supposer que je le sois, sans ce que j'ai appris, dans mon jeune temps, grâce à toi)[1].

Arendt entend actualiser, à partir de Hobbes et surtout de Marx, c'est-à-dire dans le contexte de la pensée politique moderne, une interrogation déjà thématisée au moins en partie par Heidegger dans son enseignement du semestre d'hiver 1924-1925. Ne fait-elle que lui emprunter un questionnement, ou bien s'inspire-t-elle de distinctions ou de thèses qu'il aurait lui-même dégagées dans son enseignement ? Si nous nous reportons à la séance où Heidegger évoque l'interrogation du *Sophiste* portant sur la diversité des *bioi*, nous voyons qu'il pose une distinction qui va devenir principielle dans *Condition de l'homme moderne*, celle qui sépare, selon lui, la *zôê*, qu'il définit comme « la vie au sens de la subsistance propre aux hommes en liaison avec les bêtes et les plantes », et le *bios*, « la vie au sens de l'existence », caractérisée par un certain but ou une certaine fin, « un *télos* qui, à titre d'objet de l'action *(praxis)*, anime le *bios* lui-même »[2]. L'opposition arendtienne entre la vie purement animale, ou *zôê*, que mènent les êtres humains attachés à leur seule subsistance, et la vie proprement humaine, ou *bios*, qui s'accomplit dans l'action, apparaît donc comme une reprise de cette distinction heideggérienne. En outre, s'appuyant cette fois sur l'*Éthique à Nicomaque* d'Aristote, Heidegger entend montrer que, contrairement à ce qui a lieu

---

1. Hannah Arendt – Martin Heidegger, *Briefe 1925-1975*, *op. cit.*, p. 145-146 ; trad. fr., p. 143-144 (ponctuation modifiée). Il est intéressant de noter qu'à cette date Arendt ne met pas encore en cause, comme en 1958, le travail comme tel, mais son interprétation marxiste comme « production ».
2. *Ibid.* Dans le texte du cours, les mots de Platon et d'Aristote sont en caractères grecs. Pour le lecteur non helléniste, nous traduisons les mots grecs et mettons en italique et en caractères latins le terme grec.

dans la production, la fin, le *télos* de l'action ne lui est pas extérieur : c'est « l'action même[1] ». Une thèse que l'on retrouve dans la conception de la *vita activa* exposée en 1958, qui différencie radicalement l'action et la production. Ainsi, tant les deux lettres à Heidegger de 1954 et de 1960, dans lesquelles Arendt reconnaît sa dette, que la distinction principielle entre *zôê* et *bios* et la conception de l'action distinguée de la production nous amènent à voir une continuité manifeste entre le cours de Heidegger sur le *Sophiste* et l'essai d'Arendt sur la *Condition de l'homme moderne*.

Taminiaux, cependant, conclut à l'opposé. Pour lui, « c'est dans ce livre *[Condition de l'homme moderne]* qu'Arendt prend l'exact contre-pied de Heidegger[2] ». Que faut-il en penser ? Selon lui, « toute l'interprétation heideggérienne de Platon et d'Aristote fait signe vers un primat accordé à la vie contemplative, à la *theoria*, primat qui va de pair avec une dévaluation de la vie active[3] ». En réalité, cette formulation ne restitue pas exactement l'enseignement de Heidegger. Celui-ci met en effet en scène, dans son cours, une tension constitutive de la philosophie hellénique, que l'on trouve notamment exprimée dans l'*Éthique à Nicomaque* et que les commentateurs ont d'ailleurs toujours thématisée, entre le privilège reconnu à la science politique et le primat accordé à l'activité de la pensée pure dans la *theoria*. Pour citer Heidegger : « Pour autant que l'homme n'est pas seul, pour autant que les hommes sont les uns avec les autres, c'est la politique *(politikê)* (*Éth. Nic.*, VI, 7 ; 1141 a 21) qui est la *science la plus haute*. Par conséquent, la science politique *(politikê epistêmê)* est la véritable sagesse *(sophia)* et le politique *(politikos)* le vrai philosophe *(philosophos)* ; telle est la conception de Platon[4]. » Dans ce passage de son cours, Heidegger annonce la façon dont Arendt privilégiera la politique. Et cependant, au livre X de l'*Éthique à Nicomaque*, c'est cette fois la pure contemplation de la pensée *(noûs)* qui, selon les

---

1. « [...] le *télos* de l'action est l'action elle-même » (M. Heidegger, *Platon :* Le Sophiste, *op. cit.*, p. 144).
2. J. Taminiaux, « Comment Arendt a déconstruit Heidegger », entretien cité, p. 88.
3. M. Heidegger, *Platon :* Le Sophiste, *op. cit.*, p. 89.
4. *Ibid.*, p. 132.

termes de Heidegger, est reconnue comme la « possibilité ontologique la plus élevée du vivant nommé homme[1] ».

Cette tension entre science politique et contemplation et, plus généralement, la question de la relation entre politique et philosophie ont fasciné Arendt, et, dans la lettre de 1954 déjà citée, elle indique s'être donné comme troisième question, en partant de l'interprétation heideggérienne de l'allégorie de la caverne, « une présentation des rapports traditionnels entre philosophie et politique, qui consiste, plus précisément, à envisager la position de Platon et d'Aristote à l'égard de la *polis* comme la base de toute théorie politique[2] ». Elle fait allusion, cette fois, à la conférence de Heidegger sur *La Doctrine de Platon sur la vérité*, publiée en 1947 dans le même volume que la *Lettre sur l'humanisme*, mais nous voyons qu'elle se situe, une fois de plus, dans la continuité de Heidegger et non en opposition à lui.

Il reste à déterminer ce qui a pu conduire Taminiaux à soutenir une thèse aussi directement contredite par les lettres conservées d'Arendt à Heidegger, et que le contenu effectif du cours sur le *Sophiste* invite pour le moins à reconsidérer et à nuancer. En réalité, comme l'indique le titre de son livre intitulé *La Fille de Thrace et le Penseur professionnel*, Taminiaux s'est laissé prendre au piège tendu par le discours apologétique prononcé par Arendt en 1969. Il n'existe pas de texte plus élogieux sur Heidegger que ce discours, dans lequel ce dernier se voit campé en « roi secret [...] dans le royaume du penser[3] ». Désormais, pour tous ceux qui se laisseront séduire par ce dithyrambe arendtien, l'ancien recteur-*Führer* de l'Université de Fribourg apparaîtra comme le paradigme du « penseur » et de la « pensée ».

Cependant, Arendt se heurtait à deux difficultés en écrivant cet éloge. La première tenait au fait que le seul écrit sur Heidegger qu'elle avait jusqu'alors publié en allemand était son article critique de 1946. Bien qu'elle eût refusé qu'il fût réédité, et bien

---

1. *Ibid.*, p. 171.
2. Hannah Arendt – Martin Heidegger, *Lettres et autres documents 1925-1975*, *op. cit.*, p. 144.
3. H. Arendt, *Vies politiques*, *op. cit.*, p. 310.

que la disparition récente de Karl Jaspers lui laissât le champ libre pour prononcer un éloge qu'elle n'eût sans doute pas osé présenter du vivant de ce dernier, il lui fallait de quelque manière justifier sa palinodie et l'accompagner d'un zeste de critique. La seconde tenait à l'engagement national-socialiste de Heidegger, qu'elle ne pouvait entièrement passer sous silence mais qu'il lui fallait minorer autant qu'il lui était possible pour ne pas affaiblir son dithyrambe.

La stratégie disculpatrice d'Arendt a consisté à associer deux comparaisons en réalité inconciliables, parce que contradictoires : la première, empruntée au *Théétète* de Platon, suggère de rapprocher Heidegger et Thalès à propos de l'anecdote fameuse de la servante de Thrace, riant de voir le philosophe tombé dans une citerne ou un puits alors qu'il contemplait les étoiles. La seconde, explicite et appuyée, consiste à comparer les voyages de Platon à Syracuse auprès du tyran Denys à ce qu'elle nomme l'« escapade » de Heidegger, qui l'aurait conduit à « dix courts mois de fièvre ».

La première comparaison est à l'évidence aussi déplacée qu'infondée. À la différence de philosophes aussi significatifs qu'Aristote, Descartes ou Kant, jamais Heidegger ne s'est intéressé à l'astronomie ou au cosmos. Arendt elle-même a théorisé et justifié ce désintérêt en stigmatisant, dans *Condition de l'homme moderne*, tout à la fois la connaissance scientifique et tout ce qui s'apparenterait à une fuite hors de la terre pour l'univers. Si l'on prend maintenant la comparaison de façon métaphorique, la contemplation des étoiles par Thalès figurant ce qu'Arendt appelle le « séjour du penser », nous rencontrons une autre difficulté puisque, au début de son discours, elle fait crédit au « penser de Heidegger » d'être une « activité absolument non contemplative[1] ». Ce « penser actif » a contribué, précise-t-elle, à « la mise à bas de la métaphysique »[2]. Nous sommes donc à l'opposé du regard tourné « vers le haut » de Thalès, qu'il s'agisse du cosmos étoilé ou du ciel des idées.

Si incohérente qu'elle se révèle à la réflexion, cette comparaison poursuit à l'évidence, dans l'esprit d'Arendt, un double objec-

---

1. *Ibid.*
2. *Ibid.*, p. 311.

tif : suggérer que l'engagement nazi de Heidegger est comparable à la chute involontaire de Thalès, et styliser sa propre position en jouant de l'analogie avec le rire de la servante de Thrace, ce qui marque en outre une certaine continuité avec la précédente note sur le « comportement politique » de Heidegger qu'elle se refusait déjà, en 1946, à « prendre au sérieux », pour en souligner le « comique ». Présenté comme involontaire et sa gravité tournée en dérision, l'engagement nazi de Heidegger se voit doublement minoré.

La seconde comparaison, celle de Heidegger et de Platon, contredit la première puisqu'elle présuppose une intention et une volonté dans l'engagement heideggérien en faveur de Hitler, semblable au souci platonicien de former Denys, le jeune disciple. Arendt ne résout pas cette incohérence. Elle n'approfondit pas davantage le sens de la comparaison qui, pour avoir un semblant de sens, supposerait que Heidegger ait voulu non seulement rejoindre Hitler mais bien de quelque façon, comme l'écrira Gadamer en s'inspirant du début du *Discours de rectorat*, « guider le *Führer*[1] ». Le but de la comparaison, cette fois encore, est obvie. Élever l'engagement national-socialiste de Heidegger au même niveau que la tentative de Platon pour éduquer Denys est en effet une comparaison élogieuse et partiellement disculpante. Cette tentative a en outre quelque chose de grinçant lorsque l'on se rappelle que le rapprochement entre l'épisode du rectorat nazi et les voyages de Platon à Syracuse proviendrait d'un mot de Wolfgang Schadewaldt, philologue national-socialiste et collègue de Heidegger à l'Université de Fribourg, qui fut l'un des principaux artisans de son élection comme recteur en avril 1933. Relevons enfin qu'en évoquant ensemble, à la suite de son analogie douteuse entre les relations de Platon à Denys et de Heidegger à Hitler, le « recours aux tyrans et aux *Führer*[2] » Arendt semble avoir tout oublié de ses propres thèses – défendues dans son essai

---

1. Hans-Georg Gadamer, « Den Führer führen ? Heidegger und kein Ende », *Philosophische Rundschau*, vol. 32, n° 1/2, 1985, p. 26-67.
2. H. Arendt, *Vies politiques*, *op. cit.*, p. 320 (trad. modifiée). Barbara Cassin et Patrick Lévy traduisent de façon contestable le mot *Führer* par « dictateurs », ce qui ne permet plus d'apercevoir la contradiction entre la théorisation arendtienne distin-

sur « Idéologie et terreur » ajouté aux *Origines du totalitarisme* – sur le national-socialisme rapporté à un nouveau type de régime, le totalitarisme, qui serait irréductible à la tyrannie déjà décrite dans la *Politique* d'Aristote.

Arendt ne craint pas de charger la barque au détriment de Platon. Au lieu d'admettre que Hitler n'apparaît guère comparable à Denys ni les voyages de Platon au rectorat de Heidegger, elle souligne le fait que Platon est parti « trois fois en Sicile et à un âge déjà avancé », tandis que Heidegger n'aurait cédé qu'« une fois » à ce qu'elle appelle « la tentation de [...] s'"insérer" dans le monde des affaires humaines » – formule bien générale et vague pour désigner des faits tels que l'adhésion de Heidegger à la NSDAP et sa *Profession de foi envers Adolf Hitler*. Heidegger aurait été en outre, contrairement à Platon, « encore assez jeune pour [...] tirer leçon » de son expérience[1]. Bref, le dépassement supposé de la « volonté de volonté » au profit du « laisser-être » de la sérénité *(Gelassenheit)* nous permettrait, passé les « dix courts mois de fièvre », de tourner la page du nazisme de Heidegger.

Quel aurait été, somme toute, le tort de ce dernier ? Avoir cédé à la « *déformation professionnelle* » propre au « penseur » ! Cette thèse, qui met la responsabilité du nazisme et de l'hitlérisme de Heidegger sur le compte de la pensée et disculpe ce dernier à titre personnel, permet à Arendt, qui passe par pertes et profits les incohérences que nous avons déjà relevées, d'effectuer, en quelque sorte, la « synthèse » de ses deux comparaisons. Comme si la fascination, relatée par Jaspers, de Heidegger pour les « belles mains » de Hitler, ou encore son éloge de Horst Wessel et de la terreur hitlérienne dans sa lettre de mars 1933 à Maria Scheler[2] procédaient de la pensée !

Jacques Taminiaux a pris au mot cette apologie et cette disculpation. Il a stylisé à son tour le rapport d'Arendt à Heidegger en le rapprochant de l'ironie de la servante de Thrace à l'égard du

---

guant tyrannie et totalitarisme nazi et le fait d'associer dans la même énumération tyrans et *Führer*.
1. *Ibid.*, p. 319.
2. Voir *infra*, l'Épilogue.

« penseur professionnel » au point d'en tirer le titre de son livre. En 1969 pourtant, Hannah Arendt, docteur en philosophie de l'Université de Heidelberg, courtisée par les plus prestigieuses universités américaines, de Princeton à Chicago et à la New School, n'avait rien d'une paysanne ni d'une servante, et elle apparaissait elle-même, tout autant que Heidegger, comme un « penseur professionnel ».

Sur le fond, l'auteur se prévaut d'avoir su proposer « une enquête non plus historique – à la manière sans doute de Hugo Ott et de Victor Farías – mais philosophique sur les chemins qui l'ont conduite [la pensée de Heidegger] à l'engagement nazi[1] ». En réalité, toute la construction de la thèse de Taminiaux repose sur une interprétation erronée d'*Être et temps*, d'ailleurs récusée, comme nous l'avons vu, par Heidegger lui-même dans ses premiers *Cahiers noirs*, et sur une profonde méconnaissance de l'évolution intellectuelle d'Arendt après 1946.

C'est en effet une interprétation radicalement individualiste d'*Être et temps* que défend Taminiaux, au point de rabattre la distinction heideggérienne entre existence authentique et existence inauthentique sur la distinction entre public et privé. Il ne retient que la récusation heideggérienne de la domination du « On » dans l'espace public, opposée à la « mienneté » du « soi » dans l'anticipation de la mort. La conception heideggérienne de l'historicité du *Dasein*, centrale dans *Être et temps* puisque la temporalité de l'existence est rapportée à son historicité, n'est pas sérieusement prise en compte. Or, cette historicité ne se constitue de façon fondamentale que dans l'« être en commun » (*Mitsein* ou *Miteinandersein*) de la communauté, du peuple, dans la « communication » (*Mitteilung*) et la poursuite du combat. Taminiaux passe entièrement à côté de la thèse communautariste et *völkisch* d'*Être et temps*, qui constitue pourtant, de façon condensée mais explicite, le programme de combat de l'ouvrage.

Par ailleurs, l'auteur n'a effectué aucune recherche approfondie sur l'évolution d'Arendt dans son appréciation de Heidegger après l'article critique de 1946. Même des documents édités

---

1. Selon les termes de la présentation de son livre en quatrième de couverture.

et connus comme la lettre à Heidegger du 8 mai 1954 ne sont pas pris en compte. Quant à la lettre du 28 octobre 1960, dans laquelle Arendt confie à Heidegger que son nouveau livre lui « doit à peu près tout à tous égards » *(es schuldet Dir in jeder Hinsicht so ziemlich alles)*, Taminiaux n'en retient que le *so ziemlich* pour en faire le signe d'un « écart critique[1] ». S'il avait voulu montrer qu'Arendt continuait de critiquer Heidegger à la marge, il n'y aurait rien eu à redire. Nous avons vu, par exemple, qu'elle a partiellement tenu compte de la mise en garde de Blücher et exprimé en 1954 quelques réserves à l'égard de l'historicité heideggérienne, dont Löwith avait montré qu'elle avait partie liée avec son nazisme. Mais Taminiaux affirme sans nuance que, dans *Condition de l'homme moderne*, Arendt « prend l'exact contre-pied de Heidegger » et, parce qu'il ne veut pas voir qu'elle a désavoué sa critique de 1946, il soutient qu'elle rejette « en bloc » la pensée de Heidegger[2]. L'auteur affirme enfin qu'« il n'y a pas de place pour la pluralité dans la pensée de Heidegger[3] », sans tenir compte du fait qu'Arendt fait au contraire crédit à ce dernier, en 1954, de rendre possible une telle pensée en parlant des « mortels » au pluriel.

En réalité, les mises au point de Heidegger lui-même, dans ses *Cahiers noirs*, confirment aujourd'hui que les interprétations individualistes de l'authenticité heideggérienne se sont laissé prendre à un leurre, et que les lectures critiques comme celle de Johannes Fritsche, qui ont mis l'accent sur les fondements communautaires et *völkisch* du *Dasein* heideggérien, ont vu juste. Quant à Hannah Arendt, loin de prendre le contre-pied de Heidegger et de s'opposer à lui en bloc, elle a construit sa vision de l'espace politique en se fondant sur les existentiaux heideggériens de l'être en commun *(Mitsein)*, de l'être-ensemble *(Miteinandersein)* et du monde commun *(Mitwelt)*. Elle lui a même repris, en 1960, le questionnement identitaire et discriminatoire du « Qui sommes-nous ? » *(Wer*

---

1. J. Taminiaux, « Comment Arendt a déconstruit Heidegger », entretien cité, p. 89.
2. *Ibid.*, p. 88-89.
3. *Ibid.*, p. 89.

sind wir[1]*?),* qui tend à détruire tout horizon d'universalité dans la constitution du politique.

Loin donc d'être opposée à Heidegger, la « pluralité » arendtienne traduit à sa façon l'« être-ensemble », le *Miteinandersein* heideggérien. Dans l'action propre au *bios* politique, assimilée par Arendt à une « seconde naissance », l'émulation réciproque et la reconnaissance mutuelle d'un petit nombre d'« égaux » se constituent dans la séparation radicale d'avec la masse de tous ceux qui n'accèdent pas à cette existence politique seule reconnue par elle comme proprement humaine, et qui ne relèvent que d'un mode de subsistance proprement animal, la *zôê* de l'*animal laborans*. Certes, par les ambiguïtés de son langage, Arendt possède cet art, qui a fait son succès, de faire passer pour démocratique – du moins pour une lecture rapide et superficielle – une vision radicalement sélective et aristocratique, si ce n'est même fascisante par son approbation de la « domination des maîtres » dans la sphère économique et sociale. Elle qui pense avoir déjoué tous les pièges du « renard[2] », nous propose en réalité, à son tour, toute une série de leurres. Nous disposons cependant désormais de moyens critiques suffisants pour discerner les mécanismes de ce langage piégé et ne plus nous y laisser prendre.

53. La pensée qui se remémore *(Andenken)* face à la banalité de l'absence de pensée

Le discours apologétique de 1969, dans lequel Heidegger est stylisé comme la figure par excellence du « penseur », comparable à ce que fut Platon dans l'Antiquité grecque, se trouve au cœur d'un dispositif apologétique plus vaste dont *Eichmann à Jérusalem*, publié en 1963, et *La Vie de l'esprit*, ouvrage posthume paru quinze ans plus tard, forment les deux pôles. De façon analogue à la relation entre *Les Origines du totalitarisme* de 1951 et

---

1. H. Arendt, *Vita activa...*, *op. cit.*, p. 21 et 219-224.
2. H. Arendt, « Heidegger le renard », *La Philosophie de l'existence et autres essais*, p. 219-220.

Condition de l'homme moderne de 1958, nous trouvons un essai historico-politique, suivi d'un ouvrage dont l'objet, à défaut de l'esprit, apparaît plus philosophique : trois activités de l'esprit, à savoir penser, vouloir, juger.

Nous pouvons parler d'une structure en miroir construite par Arendt avec ces deux ouvrages. Celle-ci oppose d'un côté l'« absence de pensée » *(thoughtlessness)* supposée d'Adolf Eichmann, l'un des principaux maîtres d'œuvre avec Himmler et Heydrich de l'extermination des Juifs d'Europe, et de l'autre la « pensée », incarnée de façon paradigmatique par Martin Heidegger[1]. Arendt met en effet en exergue au premier volume de *La Vie de l'esprit*, qui s'intitule lui-même *Penser (Thinking)*, quatre propositions concernant la pensée, tirées du cours *Qu'appelle-t-on penser ?* auquel elle a en partie assisté[2] :

> La pensée ne conduit à aucun savoir comme le font les sciences.
> La pensée ne procure aucune sagesse utile à la vie.
> La pensée ne résout aucune énigme du monde.
> La pensée ne nous donne immédiatement aucune force pour l'action[3].

Formulées comme des sentences se suffisant à elles-mêmes et sans qu'il soit besoin de les justifier par une argumentation, ces propositions constituent en réalité des négations. Il s'agit d'ailleurs de quatre réponses numérotées – Arendt a supprimé la numérotation – à quatre questions posées par Heidegger sur la pensée au début de la séance. Celui-ci décrète dans ses réponses ce que « la pensée » n'est pas, sans dire un mot de ce qui la constitue ou la caractérise. Ce qu'il appelle « la pensée » est ici dissociée des sciences, de la sagesse et du rapport immédiat à l'action, et l'on peut considérer que les questions directrices de la philosophie selon Kant : « Que puis-je savoir ? Que dois-je faire ? Que m'est-il

---

1. Dans le chapitre de *La Vie de l'esprit* qui lui est consacré et qui s'intitule « La Volonté-de-ne-pas-vouloir de Heidegger » (*op. cit.*, p. 487-515).
2. La traduction française propose *La pensée*, mais l'infinitif substantivé anglais, *Thinking*, plus abrupt, nous paraît mieux rendu par l'infinitif *Penser*.
3. M. Heidegger, *Was heisst Denken ?*, *op. cit.*, p. 161 ; trad. fr., p. 243 (trad. modifiée).

permis d'espérer?» s'en trouvent implicitement récusées. On ne saurait séparer plus radicalement «la pensée» de la philosophie que ne le fait ici Heidegger.

Mentionner ces propositions en tête de son volume intitulé *Penser* leur procure plus de poids encore et place l'ensemble de l'investigation d'Arendt sous l'autorité du «penser» heideggérien. Or, il faut savoir que Heidegger énonce ces quatre formules durant la séance du 20 juin 1952, qui débute par un appel solennel aux auditeurs de son cours afin qu'ils se rendent à une exposition inaugurée le même jour dans un grand magasin de Fribourg[1]. Il commence par ces mots :

> Mesdames, Messieurs,
> Aujourd'hui, à Fribourg, a été inaugurée l'exposition «Les prisonniers de guerre parlent».
> Je vous prie d'y aller. Afin d'entendre cette voix muette et de ne la plus laisser sortir de votre voix intérieure.
> Penser, c'est se remémorer. *(Denken ist Andenken)* [...].
> La pensée qui se remémore *(Andenken)* considère ce qui nous atteint. Nous ne sommes pas encore dans l'espace qui convient pour réfléchir sur la liberté, ni même pour en parler, tant que nous fermons les yeux *aussi* sur cet anéantissement de la liberté[2].

À Francfort, à Berlin, dans toute l'Allemagne de l'Ouest tournaient alors des expositions très suivies, toutes intitulées pareillement «Des prisonniers de guerre parlent». Elles avaient pour objet de garder la mémoire des conditions de vie des soldats allemands dans les camps de prisonniers russes[3]. Dans ce contexte lourd –

---

[1]. Une photo de l'inauguration de l'exposition, le 20 juin 1952, est conservée à Fribourg, dans les Archives du Land de Baden-Württemberg. Voir «Leo Wohleb bei der Führung durch die Ausstellung "Kriegsgefangene reden" im Kauersaal des Kaufhauses in Freiburg (Repro Willy Pragher, Freiburg)», Landesarchiv Baden-Württemberg, Staatsarchiv Freiburg- 1 (Zugang 1976/0049), n° 498.

[2]. M. Heidegger, *Was heisst Denken?*, op. cit., p. 159; trad. fr., p. 240 (trad. modifiée).

[3]. Voir sur ce point Jörg Echternkamp, *Soldaten im Nachkrieg: Historische Deutungskonflikte und westdeutsche Demokratisierung (Beiträge zur Militärgeschichte), 1945-1955*, Oldenbourg, De Gruyter, 2014, p. 239.

tous les prisonniers de guerre de la Wehrmacht n'étaient pas rentrés de Russie –, Heidegger formule, en jouant sur les racines de la langue allemande, une définition ou plutôt un équivalent à «penser»: *Denken ist Andenken* – «Penser, c'est se remémorer». Une mémoire sélective en vérité si l'on se remémore que trois millions de soldats russes étaient morts de faim dans les camps de prisonniers allemands et si l'on remarque que jamais Heidegger n'appellera à se rendre à une exposition évoquant les camps de concentration et d'extermination du IIIe Reich, anéantissement non seulement de la liberté mais de l'existence même de millions d'hommes, de femmes et d'enfants.

Le cours intitulé *Qu'appelle-t-on penser?*, que d'aucuns ont pris non sans candeur pour un profond enseignement de philosophie renouvelant notre compréhension de la pensée, est en réalité porteur d'un tout autre message, déployé de façon plus explicite encore dans les *Cahiers noirs*. Au moment de la défaite militaire du IIIe Reich, nous avons déjà vu comment Heidegger s'inquiète du destin du peuple allemand, dont il disait en 1933 qu'il était le seul capable de penser l'être. Il écrit en 1945:

> On ne parle maintenant continuellement que des Américains et des Français, des Anglais et des Russes [...]. Personne ne pense *(denkt)* à ce qu'il en est des Allemands, [...] s'ils savent donc qui ils sont, s'ils sont capables de penser *(Denken)* pour parvenir à ce savoir, s'ils parviennent à s'immerger dans le temps long de la remémoration *(Andenken)* dans lequel uniquement mûrit la vérité de leur essence, laquelle vérité signifie: être *(seyn)* dans l'Occident la bergerie [...][1].

C'est dans cet esprit qu'il dit redouter la «trahison de la pensée *(Verrat am Denken)* qui menace le *Dasein*», en l'assimilant à la trahison par les Allemands de leur essence[2]. Pour lui, ce sont ces derniers qui accomplissent cette trahison au point de risquer l'«auto-anéantissement *(Selbstvernichtung)* de leur essence[3]». Heidegger vise avant tout, par ce propos, Karl Jaspers, explici-

---

1. M. Heidegger, *Anmerkungen I-IV*, GA 97, p. 51.
2. *Ibid.*, p. 84-85.
3. *Ibid.*, p. 156.

tement mentionné et qui venait de publier *La Culpabilité allemande*. Heidegger, qui n'avait eu de cesse de stigmatiser la «juiverie mondiale», s'en prend maintenant au concept jaspersien de «faute collective»[1] appliquée aux Allemands. Et l'opposition affirmée par l'auteur des *Cahiers noirs* entre «pensée» et «philosophie» apparaît plus d'une fois comme une charge dirigée avant tout contre Jaspers[2], lequel se consacre en ces années à rédiger une histoire mondiale de la philosophie (à cet égard, le choix arendtien de suivre «la pensée» et de faire sien le congé donné à la philosophie apparaît comme une rupture tacite, sur le fond, avec son maître Jaspers). Heidegger présente même la philosophie comme l'auto-anéantissement de la pensée[3]!

Le ressentiment heideggérien se trouve mêlé à ses récriminations contre son interdiction d'enseignement sur laquelle Jaspers avait eu à se prononcer[4]. Dans une longue lettre en six points adressée au nouveau recteur de l'Université de Fribourg, Friedrich Oehlkers, et datée du 15 décembre 1945, Jaspers avait analysé le cas présenté par Martin Heidegger[5]. S'inquiétant de «sa manière de pensée [...] essentiellement non libre, dictatoriale, dépourvue de communication» et «aujourd'hui funeste dans l'enseignement», Jaspers avait conclu à l'impératif, pour la jeunesse allemande, d'éloigner de l'enseignement l'auteur de la *Profession de foi envers Adolf Hitler*, tout en lui laissant les moyens de poursuivre son œuvre. Heidegger ne cesse dans ses *Cahiers noirs* de fulminer contre l'intervention de Jaspers. Il va jusqu'à suggérer que la lettre de ce dernier, qu'il désigne comme un «rapport secret» *(Geheimbericht)*, mériterait d'être comparée aux rapports du SD – les services secrets de la Gestapo – sous le IIIe Reich[6].

---

1. *Ibid.*, p. 99.
2. Notamment *ibid.*, p. 91.
3. *Ibid.*, p. 153.
4. Les récriminations et les pointes de Heidegger contre Jaspers, notamment à propos de son rôle dans l'interdiction qui lui a été faite en 1945 d'enseigner, sont nombreuses dans ces *Anmerkungen* (voir *ibid.*, p. 22, 61-62, 82, 91, 127, 133, 199-200, 208-209).
5. M. Heidegger, *Correspondance avec Karl Jaspers, op. cit.*, p. 419-422.
6. M. Heidegger, *Anmerkungen I-IV*, GA 97, p. 61.

Plus généralement, Heidegger va jusqu'à écrire que ce qu'il nomme la «trahison de la pensée» serait plus destructrice que «l'horreur qui s'étale sur les affiches». Comme le précise l'éditeur des *Cahiers noirs*, il s'agit d'une allusion aux photographies des camps récemment libérés, par lesquelles les Alliés rappelaient aux Allemands les atrocités commises sous le IIIe Reich[1]. Par une réversibilité caractéristique des nazis les plus endurcis, Heidegger victimise alors «le peuple allemand et sa terre», au point de les assimiler à un «unique camp de concentration»[2].

Même si Arendt ne précise pas la référence de sa citation[3], il n'est pas indifférent qu'elle ait choisi d'ouvrir son essai intitulé *Penser* sur une citation tirée de la séance déjà évoquée, à la tonalité si particulière, du cours de Heidegger intitulé *Qu'appelle-t-on penser?* La «pensée» y est en effet assimilée à la «remémoration», par le peuple allemand, des souffrances endurées par ses soldats prisonniers des Russes.

Arendt historicise par ailleurs également, à sa façon, l'origine et le contexte de ses réflexions sur l'activité du penser. Elle affirme en effet par deux fois, dans l'introduction à *Penser*[4], avoir commencé à s'intéresser aux activités de l'esprit lorsqu'elle a assisté à Jérusalem au procès d'Eichmann[5]. Il s'agit en réalité d'une stylisation pour le lecteur et non d'une reconstitution de son itinéraire intellectuel, car son livre de 1958 se concluait déjà, trois ans avant le procès d'Eichmann, sur des considérations concernant la pensée distinguée de l'action, tandis que son *Journal de pensée*, commencé en juin 1950, contient nombre d'annotations sur les modalités et

---

1. *Ibid.*, p. 84.
2. *Ibid.*, p. 100.
3. Un lecteur américain de l'époque et non germanophone ne pouvait donc pas percevoir le contexte – qui aurait pu le choquer – de la citation. Quant à la traduction américaine du cours de Heidegger par son ami J. Glenn Gray, publiée en 1968 chez Harper sous le titre *What is called Thinking?*, elle ne contient pas les importantes reprises de séances d'où est tiré le passage en question et qui figurent dans l'édition allemande.
4. Nous traduisons plus littéralement *Thinking* par *Penser* et non par *La Pensée*, comme le fait la traduction française actuelle. De même pour *Vouloir* qui traduira *Willing*.
5. H. Arendt, *La Vie de l'esprit*, *op. cit.*, p. 20 et 23.

l'interprétation de la pensée dont l'une des premières, datée de juillet 1950, procède explicitement de Heidegger[1].

Cette stylisation permet à Arendt de mettre l'accent sur la figure d'Eichmann telle qu'elle l'a tracée dans son rapport de 1963 et telle qu'elle la récapitule dans son introduction à *Penser*, rédigée une décennie plus tard : un homme « tout à fait ordinaire », sans traces de « convictions idéologiques solides », et dont seuls les actes et non les motifs apparaissent « monstrueux ». Un homme qu'elle entend caractériser d'un mot : l'« absence de pensée » *(thoughtlessness)*. Il manquerait à Eichmann non seulement « les motifs répréhensibles », mais également « les motifs tout court »[2] !

Mais laissons pour l'instant la question de savoir si cette interprétation correspond ou non à la personnalité et aux propos connus d'Eichmann. Il importe tout d'abord de comprendre quel objectif vise ici Arendt, et, pour cela, de discerner le sens de la corrélation qu'elle établit entre les réflexions que lui suggère l'absence de pensée supposée d'Adolf Eichmann et l'essai d'investigation des activités de l'esprit qu'elle propose dans son ouvrage posthume.

En caractérisant Eichmann par son « absence de pensée », Arendt ne l'érige pas en figure singulière, mais le réintègre au contraire dans l'humanité ordinaire. Elle souligne en effet à quel point cette absence de pensée serait « courante dans la vie de tous les jours ». Dans sa vision radicalement aristocratique, c'est la pensée qui demeure l'exception. Cela concorde avec la conclusion de son essai sur la *Condition de l'homme moderne*, où elle présentait comme une opinion reçue le fait d'admettre, à tort ou à raison, que la pensée est « réservée à un petit nombre[3] ».

Cette banalisation d'Eichmann ne fait pas moins de lui un archétype de la modernité. En regard d'un Martin Heidegger érigé par Arendt, en 1969, en roi secret dans le royaume du penser, Adolf Eichmann est maintenant campé en représentant type de l'humanité courante caractérisée par son absence de pensée. Tel

---

1. H. Arendt, *Journal de pensée*, *op. cit.*, p. 25.
2. H. Arendt, *La Vie de l'esprit*, *op. cit.*, p. 21 ; elle-même glose cette *thoughtlessness* comme une *absence of thinking* (Hannah Arendt, *The Life of the Mind*, San Diego, New York et Londres, Harcourt, 1978, p. 4).
3. H. Arendt, *Condition de l'homme moderne*, *op. cit.*, p. 403.

est le dispositif à deux termes dans lequel nous enferme ce que nous appellerons la *structure bipolaire* développée par Arendt, qui oppose le penseur par excellence, censé régner sur le « royaume de la pensée », Heidegger, à l'homme sans pensée, Eichmann.

Cette bipolarité laisse le lecteur d'autant plus démuni qu'Arendt le dépouille de tout point d'appui historique et philosophique auquel se raccrocher. Elle affirme en effet, avec l'aplomb de celle qui assène une évidence indiscutable, que nous nous situerions désormais « après la disparition de la métaphysique et de la philosophie », ces « "morts", dit-elle, de l'époque moderne »[1]. Quant à Heidegger, elle le crédite d'avoir « lutté en vue du "dépassement de la métaphysique" », ce qu'il aurait « clamé à plusieurs reprises depuis 1930 »[2]. Dans cette perspective, où l'auteur du discours de rectorat se voit héroïsé pour avoir combattu aux avant-postes de la modernité, loin de s'opposer à lui, comme l'affirme par exemple Taminiaux, Hannah Arendt se place en réalité dans son sillage lorsqu'elle dit n'avoir « ni la prétention, ni l'ambition d'être "philosophe" »[3]. Par une forme de surenchère, elle fait certes au passage reproche à Heidegger d'avoir continué d'employer le mot « vérité » au lieu de ne plus parler que du « sens »[4], et, en quête de nouveaux alliés, elle rapprochera plus loin le terme de *fallacies*, qu'elle utilise à propos des arguments supposés spécieux de la métaphysique, des « bosses *(bumps)* de l'entendement » selon Wittgenstein, alors même que rien, dans le propos d'Arendt, ne vise à défendre les droits de l'entendement[5]. Cependant, le dernier chapitre de *Penser* comme les conclusions du second volume, consacré au *Vouloir*, nous confirment, comme nous allons le voir, que ses pensées vont toujours et avant tout à Heidegger.

---

1. H. Arendt, *La Vie de l'esprit, op. cit.*, p. 30-31.
2. *Ibid.*, p. 27. Nous verrons plus loin que cette datation est sans fondement.
3. *Ibid.*, p. 19.
4. *Ibid.*, p. 35.
5. Voir *ibid.*, p. 155, où Arendt rapproche les « arguments spécieux de la métaphysique » *(metaphysical fallacies)* des « bosses » ou *bumps* dont parle Wittgenstein dans ses *Investigations philosophiques*. En réalité, la façon dont Arendt conduit son évocation de ces *fallacies* est passablement éloignée de Wittgenstein.

54. Le démantèlement de la philosophie et le fil rompu de la tradition

À la fin de *Penser,* nous pouvons lire une déclaration d'intention de Hannah Arendt qui mérite d'être retraduite et citée :

> Permettez-moi maintenant, au terme de ces longues réflexions, d'attirer l'attention […] sur ce qui, à mon avis, constitue la supposition de base de cette recherche. J'ai parlé des *fallacies* de la métaphysique qui, comme nous l'avons vu, contiennent des indications importantes de ce que peut bien être cette activité curieuse, hors de l'ordre, appelée pensée. Autrement dit, je me suis clairement mise dans les rangs de ceux qui, depuis quelque temps déjà, ont essayé de démanteler la métaphysique et la philosophie, avec toutes ses catégories, telles que nous les connaissons toutes deux, depuis leurs débuts en Grèce et jusqu'à ce jour. Un tel démantèlement n'est possible qu'à partir du postulat selon lequel le fil de la tradition est rompu et nous ne pourrons pas le renouer. Historiquement parlant, ce qui a en réalité cédé c'est la trinité romaine qui, pendant des millénaires, a uni religion, autorité et tradition. La perte de cette trinité ne détruit pas le passé, et le processus de démantèlement lui-même n'est pas destructeur ; il ne fait que tirer les conclusions d'une perte qui est un fait et, comme tel, ne fait plus partie de « l'histoire des idées », mais de notre histoire politique, l'histoire de notre monde. Ce qui a été perdu, c'est la continuité du passé tel qu'il a semblé se transmettre de génération en génération, développant au fur et à mesure sa propre cohésion. Le processus de démantèlement a sa technique propre, et je n'ai pénétré ici dans ce processus que de façon périphérique. Ce qui vous reste alors est toujours le passé, mais un passé *fragmenté*, qui ne peut plus être évalué avec certitude[1].

---

1. *Ibid.*, p. 270-271 (trad. modifiée). « *Let me now at the end of these long reflections draw attention […] to what in my opinion is the basic assumption of this investigation. I have spoken about the metaphysical "fallacies", which, as we found, do contain important hints of what this curious out-of-order activity may be all about. In other words, I have clearly joined the ranks of those who for some time now have been attempting to dismantle metaphysics, and philosophy with all its categories, as we have known them from their beginning in Greece until today. Such dismantling is possible only on the assumption that the thread of tradition is broken and that we shall not be able to renew*

Il s'agit d'une exceptionnelle déclaration d'intention de la part d'Arendt, et même d'un véritable *coming out* posthume. Celle-ci, en effet, dit extrêmement rarement «je», et elle n'a pas coutume de dévoiler de façon trop explicite ses orientations intellectuelles et politiques. Cette fois pourtant, elle se situe «clairement» dans une voie déjà frayée par ceux qui ont entrepris de démanteler la métaphysique. Le lecteur averti songe à Heidegger, avec son double projet de «destruction de l'histoire de l'ontologie», qui forme le titre de la seconde partie non publiée mais annoncée d'*Être et temps*, et de «dépassement de la métaphysique», affirmé dans l'introduction de 1949 à la réédition de *Qu'est-ce que la métaphysique ?* et repris dans le chapitre intitulé «Dépassement de la métaphysique» des *Essais et conférences*. Trois points nous confirment en outre cette référence tacite à Heidegger : l'équivalence postulée entre métaphysique et philosophie, la référence au démantèlement des catégories de la philosophie, enfin l'évocation d'ensemble de l'histoire de la métaphysique ou philosophie – les deux mots étant pris par Arendt comme synonymes – depuis leur commencement grec jusqu'à nos jours.

Nietzsche, qui a beaucoup inspiré Arendt dans sa conception du politique dans la Cité grecque, ne saurait être invoqué ici, celle-ci soulignant, dans *La Vie de l'esprit*, le «manque de radicalisme caractéristique de l'inversion nietzschéenne du platonisme», lequel «conserve intact l'assemblage des catégories»[1]. Cette critique s'inspire de ce que Heidegger lui-même a pu affirmer plus d'une fois dans ses derniers cours sur Nietzsche. Le pluriel arendtien – «ceux qui ont entrepris» – n'est donc sans doute

---

it. Historically speaking, what actually has broken down is the Roman trinity that for thousands of years united religion, authority, and tradition. The loss of this trinity does not destroy the past, and the dismantling process itself is not destructive; it only draws conclusions from a loss which is a fact and as such no longer a part of the "history of ideas" but of our political history, the history of our world. What has been lost is the continuity of the past as it seemed to be handed down from generation to generation, developing in the process its own consistency. The dismantling process has its own technique, and I did not go into that here except peripherally. What you then are left with is still the past, but a fragmented past, which has lost its certainty of evaluation » (H. Arendt, *The Life of the Mind, Thinking, op. cit.*, p. 211-212).

1. H. Arendt, *La Vie de l'esprit, op. cit.*, p. 492.

pas à prendre à la lettre. C'est Heidegger avant tout qui est ici invoqué. Et si l'on voulait lui adjoindre Wittgenstein, il faudrait mentionner combien superficiel est l'usage qu'Arendt en fait dans son *opus* posthume.

Il reste à voir pourquoi elle a choisi le verbe *dismantle*, qui signifie mettre en pièces un édifice ou une structure, décomposer, déconstruire. C'est une parfaite anticipation de ce que Derrida appellera la «déconstruction» et que Heidegger lui-même nommait tantôt *Destruktion*, tantôt *Abbau*. Sans doute Arendt a-t-elle choisi le mot «démanteler» comme Derrida lui-même choisira le mot «déconstruction», pour ne pas reprendre le trop abrupt «destruction» et se rapprocher de la métaphore architecturale de l'*Abbau*.

Qu'est-ce qu'Arendt entend par «rejoindre les rangs»? Veut-elle dire qu'elle a elle-même participé à cette entreprise de démantèlement de la philosophie et de ses catégories? Oui certes, puisqu'elle se compte parmi ceux qui ont entrepris ce démantèlement. En même temps, elle relativise sa propre contribution en indiquant n'avoir pénétré dans ce processus que de façon «périphérique». Sa participation au démantèlement de la philosophie se limite dans *Penser*, pour l'essentiel, à l'évocation de cinq *metaphysical «fallacies»*:

1) «interpréter la signification sur le modèle de la vérité[1]» – un glissement auquel Heidegger lui-même aurait succombé;

2) «la théorie des mondes duels[2]» (être/apparence);

3) «la croyance qui veut qu'une cause ait préséance sur son effet[3]»;

4) le supposé «solipsisme» cartésien selon lequel «le moi et la conscience qu'il a de lui-même constituent l'objet premier du savoir véritable»: il s'agirait de «l'argument le plus fallacieux et peut-être le plus pernicieux de la philosophie»[4];

---

1. *Ibid.*, p. 35.
2. *Ibid.*, p. 42.
3. *Ibid.*, p. 45.
4. *Ibid.*, p. 72.

5) « dernier en date » de ces « arguments spécieux » ou *fallacies*, « les thèses de Marx et de l'existentialisme qui [...] soutiennent que l'homme s'engendre et se fait lui-même »[1].

Arendt fait flèche de tout bois. Sur les mondes duels, elle reprend la critique nietzschéenne du platonisme; la remise en question du concept de cause semble faire écho au scepticisme de Hume, mais on sait l'importance du rejet de toute causalité dans la conception arendtienne de l'histoire; la récusation radicale du *moi* cartésien et de la conscience de soi vu comme point de départ est reprise à Heidegger; enfin, l'existentialisme de Sartre est amalgamé à Marx pour être mieux récusé. Nous remarquons aussi qu'Arendt n'hésite pas à surenchérir sur Heidegger à propos de sens et vérité. Néanmoins, dans le second volume, *Vouloir*, il sera positivement présenté comme celui qui conçoit la volonté de façon non métaphysique, *id est* non fallacieuse[2]. Parler de *« fallacies »* lorsque l'on a récusé le concept de vérité apparaît de toute façon comme une contradiction qui n'est pas supprimée par le fait de mettre le mot entre guillemets.

La critique arendtienne des *metaphysical «fallacies»* procède d'une énumération désordonnée plutôt que d'une analyse méthodique. En réalité, de même que Heidegger n'a pas véritablement réalisé son programme de destruction de l'histoire de l'ontologie d'Aristote à Kant en passant par Descartes, annoncé mais non publié comme une deuxième partie d'*Être et temps*, de même Arendt n'est en mesure, comme elle le reconnaît, de participer au démantèlement des catégories de la philosophie que de façon « périphérique ». Mais c'est par sa superficialité même et sa façon désinvolte de glisser à la surface des problèmes qu'elle se montre destructrice.

Ordinairement, les *metaphysical fallacies* se distinguent des *logical fallacies*. Les secondes sont des erreurs de raisonnement, des inférences mal faites, tandis que les premières résultent d'une

---

1. *Ibid.*, p. 275.
2. *Ibid.*, p. 467. Voir nos développements *infra*, « Conclusions », chap. 12, § 55.

confusion dans l'usage des catégories et des concepts. Par exemple, le fait d'attribuer une valeur aux nombres en confondant quantité et qualité, ou, pour les adversaires de la preuve ontologique, de mettre au même niveau essence et existence, un concept et une position, et de déduire une existence de la considération d'une essence. Pour Arendt, il en va autrement : les errements ou sophismes de la métaphysique ne signifient plus que l'on utilise mal les catégories ou les concepts du point de vue de l'exactitude de pensée du philosophe, mais au contraire, et tout à fait comme Heidegger, que l'on pense de façon *encore* métaphysique ou philosophique, que ce soit à la façon de Platon, de Descartes, de Marx ou de Sartre.

Par ailleurs, cette entreprise de démantèlement ne constitue pas comme telle le « postulat de base » des réflexions d'Arendt. Ce qui est supposé par elle, c'est la rupture du fil de la tradition. Il s'agit d'un leitmotiv dans ses écrits d'après 1950, central dans son recueil intitulé *Between Past and Future. Eight Exercises in Political Thought*, publié d'abord en 1961 avec six essais, puis réédité en 1968 avec cette fois huit essais et traduit en français en 1972 sous un titre repris à l'un des chapitres : *La Crise de la culture*, mais néanmoins mal choisi, car la vision d'Arendt n'a rien d'une philosophie de la culture. Celle-ci se conçoit et se dit, à partir de 1954 et du commencement de sa reconnaissance académique aux États-Unis, politologue *(political scientist)*. Et le sous-titre américain, supprimé dans l'édition française, rappelle la dimension politique de ces « exercices ».

Le postulat est double : non seulement le fil est rompu mais « nous ne pourrons pas le renouer ». Bref, la « continuité du passé » est perdue. Nous ne pouvons plus disposer que d'un passé *fragmenté*. Remarquons d'ailleurs qu'Arendt présente cette rupture, de façon assez confuse, tour à tour comme un « postulat » et comme un « fait », ce qui ne signifie pas la même chose. À quel moment se serait produite cette rupture de la tradition ? Dans *Between Past and Future*, elle a été précédée par la perte de l'autorité. Arendt estime ainsi que « Kierkegaard, Marx et Nietzsche se situent à la fin de la tradition, juste avant que la rupture n'eût lieu [...] pour le meilleur et pour le pire, ils furent encore retenus par le cadre des catégories de la grande tradition¹». Et dans *Vouloir*, s'inspirant des cours de Heidegger sur Nietzsche – qui le présentent comme le dernier métaphysicien –, elle affirme de même le «manque de radicalisme caractéristique de l'inversion nietzschéenne du platonisme, qui [...] conserve intact l'assemblage de catégories où peuvent jouer de tels retournements²».

Selon Arendt, la rupture avec la tradition aurait donc eu lieu non pas au XIXe, mais au XXe siècle. Mais quand? Rien de très précis ne peut être dégagé de ses écrits à cet égard. Vers la fin de la préface au recueil de 1968, intitulée «La brèche entre le passé et le futur», Arendt parle déjà de la rupture du fil de la tradition³, sans assigner de datation particulière. Cependant, cette préface s'ouvrant sur une citation de René Char: «Notre héritage n'est précédé d'aucun testament», et la période évoquée étant celle de la Résistance telle qu'elle prend fin à la Libération, il n'est pas incohérent de penser qu'elle situe cette rupture à la fin de la Seconde Guerre mondiale, lorsqu'elle apprend l'existence d'Auschwitz⁴. L'évocation de Char renvoyant à Heidegger, on pense alors à la *Lettre sur l'humanisme*, qui proclame, avant Arendt, la fin de la philosophie. La rupture évoquée constamment serait celle-là même qu'elle a vécue à la lecture de cette lettre qu'elle a interprétée, ainsi que Dolf Sternberger, mais en un sens positif, comme un dynamitage de la culture de l'Occident. Le démantèlement revendiqué n'est donc pas tant une déconstruction méthodique de la philosophie et de la culture que le fait de prendre acte d'un passé désormais reçu comme fragmenté.

Arendt reprend le motif heideggérien de la fin de la métaphysique et de la philosophie telle qu'elle s'est constituée depuis ses commencements grecs, mais en lui superposant un autre motif, celui de la fin de ce qu'elle nomme la «trinité romaine» unissant religion, autorité et tradition. C'est une façon de transposer, de l'histoire de la métaphysique à l'histoire de la pensée politique, le

---

1. H. Arendt, «La tradition et l'âge moderne», *La Crise de la culture, op. cit.*, p. 41-42.
2. H. Arendt, *La Vie de l'esprit, op. cit.*, p. 492.
3. H. Arendt, *La Crise de la culture, op. cit.*, p. 25.
4. Voir sur ce point *infra*, l'Épilogue.

schéma heideggérien d'un oubli originel qui ne serait plus celui de l'être, mais la perte supposée du politique. Ce geste est donc indissociable de la revendication arendtienne de parler non pas comme philosophe mais comme politologue. Mais de quelle vision politique Arendt est-elle porteuse ?

Dans la première moitié du XXe siècle, la romanité est principalement célébrée en politique par différentes formes de la révolution conservatrice allemande et du fascisme européen, de Moeller van den Bruck à Mussolini et de Giovanni Gentile à Charles Maurras et Julius Evola. Certes, Arendt, qui a constamment refusé de se laisser catégoriser politiquement, n'évoque positivement – à l'exception de Moeller van den Bruck qu'elle mentionne de diverses façons[1] – aucun de ces auteurs, ce qui l'aurait irrémédiablement compromise[2]. Nous avons remarqué cependant que sa description critique du « totalitarisme » exempte le fascisme italien d'où le terme est pourtant issu. Sans doute Arendt n'adhère-t-elle ni au césarisme de Mussolini ni au royalisme de Maurras, mais on peut parler néanmoins de références communes à une romanité perçue comme paradigme de l'autorité politique.

Nous partageons donc à ce propos, mais avec plus de nuances, une partie des conclusions de Jules Steinberg. Par son aristocratisme et son héroïsation de l'action politique, sa justification de la domination sociale pouvant aller jusqu'à l'esclavage, et, nous pouvons ajouter maintenant, le fait d'élever l'autorité romaine au rang de paradigme culturel et politique, il existe en effet chez Arendt une orientation que l'on ne dira pas conservatrice, car il ne s'agit pour elle ni de conserver ni de restaurer le passé, mais bien fas-

---

1. Sur ce point, voir *supra*, chap. 10, § 48.
2. Un auteur comme Julius Evola, par exemple, est politiquement trop compromettant et universitairement trop peu reconnu pour être cité par un académique. Cela ne signifie pas nécessairement qu'on ne l'a pas lu et que l'on n'a rien retenu de lui. Il a ainsi été récemment montré que Heidegger citait sans le dire, dans ses *Cahiers noirs*, un long passage d'un ouvrage d'Evola (Thomas Vašek, « Ein spirituelles Umsturzprogramm », *Frankfurter Allgemeine Zeitung*, 30 septembre 2015, p. 3 ; voir également la mise au point de Micha Brumlik, « Il pensiero vecchio delle nuove destre. Heidegger ed Evola contro la società aperta », *MicroMega*, avril 2016, p. 119-133).

cisante des rapports entre politique et société. Cette orientation n'est pas immédiatement apparente, du fait qu'Arendt ne partage pas le césarisme et le culte du chef propres au fascisme italien.

Tout comme Friedrich von Genz tel qu'elle le dépeignait en 1932, la personnalité même d'Arendt, sa vivacité caustique et cette dualité décrite notamment par William Barrett – mélange de spontanéité ironique et d'arrogance péremptoire – ont contribué à faire écran au discernement de ses orientations de fond. Nous n'entendons pas, par cette remarque, « psychologiser » la vision politique d'Arendt. Il s'agit de mieux saisir les raisons du manque d'esprit critique avec lequel ses thèses et ses références politiques sont le plus souvent commentées et, plus généralement, de reconnaître que la vie intellectuelle et la personnalité ne sauraient être entièrement dissociées l'une de l'autre. C'est particulièrement vrai à propos d'une figure comme celle d'Arendt, qui a donné le meilleur d'elle-même dans sa peinture des « vies politiques ».

Nous avons parlé d'une tendance fascisante dans la vision d'Arendt, dans la mesure où ses thèses concernant le politique séparé du social, profondément inégalitaires dans leur hiérarchisation des activités humaines et peu sensibles à l'égard des problèmes sociaux, manifestent une radicalité qui rend peu crédibles les tentatives pour repenser le politique et refonder nos démocraties à partir de sa vision de l'« être-ensemble ». Pour le lecteur qui refuse de se payer de mots et de se satisfaire de l'aspect séduisant de termes tels que « natalité » ou « pluralité » sans sonder davantage ce qu'ils signifient chez Arendt, il y a au contraire quelque chose d'inquiétant dans ces tentatives, comme dans leur popularité actuelle dans le champ des sciences politiques. En effet, cette vision du politique ne correspond que trop bien à l'évolution actuelle de nos sociétés toujours plus inégalitaires, où le corps politique apparaît trop souvent comme une élite de privilégiés dont les discours, si performatifs qu'ils se prétendent, ne règlent pas les problèmes économiques et sociaux grandissants que connaissent nos démocraties. L'obsession de la réputation, de la *fama* si chère à Arendt, a remplacé le souci de faire évoluer les rapports humains vers plus d'équité.

Notre livre, cependant, ne se veut pas d'abord et uniquement une critique politique de Hannah Arendt. Sur la base des analyses développées dans les paragraphes qui précèdent, le point central de notre critique porte sur les conséquences de sa vision sur la pensée. Car ce n'est pas seulement la philosophie qui est démantelée, c'est la pensée elle-même qui se voit captive de la mythologisation du penseur « à l'écoute de l'appel de l'être », opposé à l'absence de pensée supposée de l'homme ordinaire dont Eichmann est devenu, depuis Arendt, un paradigme moderne.

55. Le mythe du penseur à l'écoute de l'appel de l'être

C'est dans les conclusions du second volume de *La Vie de l'esprit* qu'Arendt revient sur Heidegger pour lui consacrer une ample section. Elle prend comme fil conducteur la question fameuse de la détermination du « renversement » *(Kehre)* ou *reversal* heideggérien[1].

Rappelons que le motif de la *Kehre* est tardif dans les écrits que Heidegger publie de son vivant. Il n'est thématisé par lui dans ses publications qu'après 1945. C'est en 1947, dans la *Lettre sur l'humanisme*, qu'il utilise pour la première fois dans un texte imprimé le mot *Kehre* à propos du renversement de *« Être et temps »* en « Temps et être ». « La pensée ne parvint pas, écrit-il, à exprimer de manière suffisante » ce renversement. Il entend ainsi justifier l'inachèvement d'*Être et temps*. Nous remarquons à ce propos que Heidegger identifie son propre parcours et sa propre insuffisance à « la pensée » même[2]. Il reprend le terme en 1949, pour en faire le titre de l'une des quatre *Conférences de Brême*. Le mot *Kehre* n'est plus alors directement associé à son propre cheminement. Il désigne la présence d'un « renversement » dans l'histoire de l'être.

---

1. Il y a bien des façons possibles de traduire le mot *Kehre*. On peut parler de « tournant ». On évitera le « tournement » choisi par Fédier. Arendt traduit *Kehre* par *reversal*, ou « renversement », ce qui est pertinent, notamment en regard de l'usage du mot dans la *Lettre sur l'humanisme* (H. Arendt, *The Life of the Mind, op. cit.*, p. 172 ; trad. fr., p. 487, où *reversal* est traduit par « retournement »).
2. M. Heidegger, *Lettre sur l'humanisme, op. cit.*, p. 64.

On considère souvent qu'en 1963 Heidegger thématise à nouveau la même notion dans sa préface à la thèse du jésuite William J. Richardson, en réponse à une question de ce dernier, pour l'appliquer cette fois à son propre chemin de pensée. Heidegger écrit en effet : « La pensée du renversement *(Kehre)* est un tournant *(Wendung)* dans ma pensée[1]. » Il faut cependant remarquer qu'il n'utilise pas alors le terme *Kehre* seul et l'associe au mot *Wendung*. Depuis la publication des volumes de l'*Œuvre intégrale* enfin, nous savons que Heidegger utilisait le mot *Kehre*, en relation au mot « événement » *(Ereignis)*, dans ses notes des années 1936-1938, partiellement reclassées et éditées de façon posthume dans ses *Beiträge zur Philosophie*.

Sans nous arrêter davantage aux usages du mot dans les écrits posthumes qu'Arendt ne pouvait pas connaître, puisque nous ne voulons thématiser ici que son interprétation du terme, nous voyons que le mot *Kehre* peut désigner l'inversion d'« *Être et temps* » en « Temps et être » (1947), un retournement dans l'« histoire de l'être » (1949), ou, réinterprété comme une *Wendung*, un tournant ou une conversion dans la pensée de Heidegger lui-même (1963). Ces trois significations peuvent bien entendu se recouper ou même se fondre les unes dans les autres.

Arendt ne prend pas en considération de façon précise les énoncés successifs de Heidegger lui-même. C'est dans la plus grande confusion qu'elle procède. Présupposant que le retournement désignerait un événement biographique, elle le situe tour à tour au « milieu des années 1930 », puis au moment des « cours [sur Nietzsche] professés de 1936 à 1940 », enfin, à la suite d'un commentateur hindou, Jarava Lal Mehta, comme un « événement biographique concret entre les deux volumes » du *Nietzsche*[2] ! Arendt

---

1. M. Heidegger, « Ein Vorwort. Brief an Pater William J. Richardson (1962) », *Identität und Differenz (1955-1957)*, Friedrich-Wilhelm v. Herrmann éd., Francfort-sur-le-Main, Klostermann, 2006, p. 149.

2. H. Arendt, *La Vie de l'esprit, op. cit.*, p. 487-488. En réalité, si Mehta cite le mot de Heidegger à Richardson : « la pensée du tournant *est* un changement dans ma pensée » (Jarava Lal Mehta, *Martin Heidegger : The Way and the Vision*, Honolulu, The University Press of Hawaii, 1976, p. 75, n. 64), il met, dans l'édition révisée de 1976 de son ouvrage, bien davantage l'accent sur l'idée selon laquelle « le tournant

va jusqu'à estimer cette dernière datation «parfaitement pertinente». Mais ce n'est pas tout, elle fait ensuite remonter les prémisses du retournement au *Discours de rectorat* de 1933 lorsque, évoquant Prométhée, Heidegger s'en serait pris à «l'homme dans son affirmation de lui-même[1]».

En réalité, l'évocation heideggérienne de Prométhée en 1933 n'a rien de critique, et, pour les auditeurs et dans le contexte du temps, l'allusion positive au mot connu de Hitler faisant, dans *Mein Kampf*, de l'Aryen le «Prométhée de l'humanité[2]» était transparente. En suggérant que la référence heideggérienne à Prométhée aurait été critique, Arendt semble vouloir laisser entendre, contre toute vraisemblance, que ce discours aurait déjà contenu une critique discrète de l'hitlérisme, cela quelques mois avant la *Profession de foi envers Adolf Hitler*.

Dans cette énumération brouillonne de dates diverses et variées, Arendt en privilégie une, celle de l'année 1940 reprise à Metah, entre les deux volumes du *Nietzsche* – publié, rappelons-le, seulement en 1961. Elle peut ainsi développer l'argument favori des apologistes, déjà exposé à la fin de son discours de 1969, selon lequel c'est le volontarisme métaphysique, c'est la «volonté de puissance[3]» ou, en d'autres termes, la «volonté de régir et de dominer[4]», qui auraient conduit Heidegger à s'engager dans le nazisme. Il s'en serait dégagé assez rapidement pour thématiser, au moment de «s'accommoder de son bref passé dans le mouvement nazi[5]», le dépassement de la métaphysique conduisant à la sérénité ou à l'acquiescement *(Gelassenheit)*[6] du penseur à l'écoute de la dictée de l'être.

---

doit être compris en un sens historique, non comme un événement personnel (une conversion) dans la vie de Heidegger» (*ibid.*, p. 350, n. 23).

1. *Ibid.*, p. 488.
2. A. Hitler, *Mein Kampf*, *op. cit.*, p. 317.
3. H. Arendt, *Vies politiques*, *op. cit.*, p. 319.
4. H. Arendt, *La Vie de l'esprit*, *op. cit.*, p. 488.
5. *Ibid.*
6. Ce thème est présent tout à la fois dans H. Arendt, *Vies politiques*, *op. cit.*, p. 320, et dans *La Vie de l'esprit*, *op. cit.*, p. 495.

Arendt met alors l'accent sur la soumission du penser: « c'est l'être [...] qui ordonne à l'homme de penser[1] », de sorte que « ce que pense l'homme [...] c'est la réaction docile aux commandements de l'être ». En d'autres termes encore, « l'esprit de l'homme est soumis à une histoire de l'être[2] ». Ainsi entérine-t-elle, sans exprimer de réserve, l'identification heideggérienne, destructrice de toute autonomie humaine, de la pensée à la soumission à la dictée de l'être.

L'auteur de *La Vie de l'esprit* revient ensuite sur le « soi » et sur le « solipsisme existentiel » dans *Être et temps*, mais, cette fois, sans les accents critiques de l'article de 1946 sur la philosophie de l'existence. En ce sens, cet article tourne définitivement la page des critiques dévastatrices qu'elle avait publiées trois décennies plus tôt.

Faisant crédit à Heidegger d'avoir su dépasser l'opposition d'où il était parti entre la pensée et le vouloir, et d'être parvenu à concevoir la pensée comme un remercier *(Danken)* et comme un agir silencieux, elle salue, non sans complaisance, ce qu'elle appelle « l'attrait considérable exercé par l'œuvre de Heidegger auprès d'une élite intellectuelle » dans laquelle à l'évidence elle s'inclut elle-même[3]. Arendt estime cependant que la signification ultime de l'unité de l'agir et du penser n'a pas encore été suffisamment comprise. Il ne s'agit pas seulement de « désubjectiver l'*ego* cartésien ». Il s'agit de « fondre réellement les changements de "l'*histoire* de l'être" et l'activité de penser des penseurs ». Elle stylise alors le rôle du « penseur » tel que Heidegger lui-même l'incarnerait de façon exemplaire:

> [...] il existe Quelqu'un qui *traduit en actions (acts out)* le sens caché de l'Être et introduit ainsi dans le cours désastreux des événements un contre-courant de salubrité./Ce Quelqu'un, le penseur qui s'est sevré du vouloir pour passer au « laisser être », est effectivement le « Soi authentique » d'*Être et temps*, maintenant à l'écoute de l'appel de l'être plutôt que de la conscience. [...] Dans ce contexte, le « tournant » signifie que le Soi n'agit plus en lui-même [...], mais, obéissant

---

1. H. Arendt, *La Vie de l'esprit, op. cit.*, p. 489.
2. *Ibid.*, p. 495-496.
3. *Ibid.*, p. 505.

à l'être, ordonne *(enacts)* par la seule pensée le contre-courant d'être sous-jacent à l'«écume» des étants – simples apparences dont le courant est gouverné par la volonté de puissance[1].

C'est par la pensée seule que le penseur, lorsqu'il entend «l'appel de l'être» et obéit à l'histoire de l'être au point de se confondre avec elle, introduirait ainsi, dans le cours des événements, un «contre-courant», ou un «contre-mouvement», d'action salutaire. Remarquons à ce propos qu'Arendt reconnaît ici que la pensée n'est pas séparée de l'action, sans voir que cette conception va à l'encontre de sa thèse, défendue dans *Les Origines du totalitarisme*, de l'absence de responsabilité des «élites intellectuelles» allemandes qui ont participé à la légitimation et à la domination du mouvement national-socialiste.

Le mot anglais *counter-current* correspond dans ce passage au terme allemand *Gegenbewegung*, ou «contre-mouvement», qu'emploie seul Heidegger. Arendt demeure fort évasive sur la signification que prend ce «contre-courant», ou «contre-mouvement», dans les écrits de ce dernier. Il nous faut donc signaler qu'il utilise généralement le mot *Gegenbewegung* en référence à Nietzsche, auquel il le reprend d'ailleurs explicitement au début de son cours du semestre d'été 1940 intitulé *Nietzsche, le nihilisme européen*. Heidegger rappelle que Nietzsche pense sa propre «métaphysique», comme «*le* "contre-mouvement"» au nihilisme européen. En outre, quatre ans plus tôt, dans son cours de 1936 consacré à Schelling, Heidegger avait déjà parlé de «contre-mouvements» en référence à Nietzsche, dans une remarque si politiquement compromettante après 1945 qu'il l'avait supprimée dans l'édition de 1971 de son cours. Elle sera réintroduite dans l'édition posthume du cours sur Schelling réédité en 1988 dans son *Œuvre intégrale*. Voici donc ce qu'il affirmait à ses étudiants en philosophie en 1936 :

---

1. *Ibid.*, p. 505-506 (trad. modifiée). Hannah Arendt utilise ici en anglais des verbes *(acts out, enacts)*, qui font référence à l'action (voir *The Life of the Mind, Willing, op. cit.*, p. 186-187).

Il est en outre notoire que Mussolini et Hitler, les deux hommes qui ont déclenché des contre-mouvements en Europe – et de façon différente –, à partir de la forme politique de la nation et par conséquent du peuple, ont été tous deux, à divers égards, déterminés par Nietzsche de façon essentielle, et cela sans que le domaine métaphysique propre à la pensée nietzschéenne ait été pour autant directement pris en compte[1].

Lorsque l'on utilise, à propos de Hitler, le mot « contre-mouvement », il faut entendre dans ce mot composé le terme « mouvement » *(Bewegung)* qui en était venu à désigner si communément le mouvement national-socialiste sous le IIIe Reich ; ce terme ne sera plus guère utilisé en Allemagne après 1945 dans un contexte politique. Concernant le rapport de Heidegger au national-socialisme, on ne constate de prise de distance sérieuse et de « tournant » significatif à l'égard de la politique du IIIe Reich ni en 1936, année où Heidegger salue le *Führer* et le *Duce* pour leur action politique salutaire, ni dans le cours du semestre d'été 1940, deuxième texte à être publié dans le second volume du *Nietzsche* de 1961. Comme nous l'avons déjà vu, c'est dans la conclusion de ce cours, opportunément supprimée en 1961, mais rétablie de façon posthume dans son *Œuvre intégrale*, que Heidegger salue dans la motorisation de la Wehrmacht un « acte métaphysique », qu'il estime plus important et significatif que ne saurait l'être la suppression de la philosophie dans l'enseignement universitaire[2].

Sans doute Arendt a-t-elle pu être piégée par les coupures effectuées par Heidegger dans les cours des années 1930 et 1940 qu'il a publiés de son vivant. Cependant, même tronqués, ces

---

1. « *Es ist überdies bekannt, daß die beiden Männer, die in Europa von der politischen Gestaltung der Nation bzw. des Volkes her – und zwar in je verschiedener Weise – Gegenbewegungen eingeleitet haben, daß sowohl Mussolini wie Hitler von Nietzsche wiederum in verschiedener Hinsicht wesentlich bestimmt sind und dieses, ohne daß dabei der eigentliche metaphysische Bereich des Nietzscheschen Denkens unmittelbar zur Geltung käme* » (M. Heidegger, *Schelling. Vom Wesen der menschlichen Freiheit (1809)*, GA 42, p. 40-41 – dans sa postface, l'éditrice ne mentionne pas l'omission initiale de cette phrase).

2. M. Heidegger, *Nietzsche, der Europäische Nihilismus*, GA 48, p. 333.

cours ne pouvaient apparaître à une lecture attentive comme exprimant une prise de distance effective à l'égard du pouvoir national-socialiste. Le développement par exemple, au moment de l'invasion de la France par les armées du Reich, sur le peuple qui n'est plus à la hauteur de la métaphysique – celle de Descartes – issue de son histoire, et l'exaltation de la « nouvelle humanité » capable de se laisser dominer par « la technique moderne et sa vérité métaphysique » pour la dominer à son tour, ne manque pas d'être transparent[1]. Nous ne voyons donc nulle *Kehre* entre le premier et le début du second volume du *Nietzsche*.

Encore faut-il se méfier des datations anachroniques. Arendt fait ainsi remonter, dans l'introduction à *Penser*, ce qu'elle appelle « la lutte en vue du "dépassement de la métaphysique" » à l'année 1930, sur la foi d'une lecture bien trop rapide de la conférence intitulée *De l'essence de la vérité*[2]. En réalité, le motif du « *dépassement* de la métaphysique » – le premier mot étant souligné par Heidegger – est absent de la conférence et n'apparaît que dans la courte note ajoutée à l'édition de 1943. Nous savons aujourd'hui, par les *Cahiers noirs*, qu'il réinterprète *privatim*, dès 1934, la « métaphysique du *Dasein* » comme la « *métapolitique "du" peuple historique*[3] ». Dans cette perspective, le mot « métaphysique » continue à être utilisé positivement dans ses cours, jusqu'au moment où, avec la défaite de Stalingrad, la capitulation prochaine du IIIe Reich le conduit à prendre une certaine distance.

Qu'Arendt ne soit pas entièrement dupe des leurres heideggériens concernant la supposée *Kehre* des années 1930 se voit au fait qu'elle entreprend de relier ce motif aux conséquences de la défaite nazie sur la vie et la pensée de Heidegger. Voici ce qu'elle écrit :

---

1. Voir M. Heidegger, *Nietzsche II*, trad. de l'allemand par Pierre Klossowski, Paris, Gallimard, 1971, p. 165-166.
2. H. Arendt, *La Vie de l'esprit, op. cit.*, p. 27.
3. M. Heidegger, *Überlegungen II-IV*, GA 94, p. 124. Voir sur ce point nos développements *supra*, chap. 6, § 25.

> Mais il y a dans sa vie, aussi bien que dans sa pensée, une autre interruption, peut-être encore plus radicale, à laquelle personne, autant que je sache, pas même lui, n'a fait publiquement allusion.
> Elle coïncide avec la défaite catastrophique de l'Allemagne nazie et les difficultés sérieuses qu'il a rencontrées aussitôt après avec la communauté universitaire et les autorités d'occupation. Pendant une période d'environ cinq ans, il a été si bien réduit au silence qu'il n'a publié que deux longs essais – la *Lettre sur l'humanisme*, écrite en 1946 et publiée en Allemagne et en France, et « La parole d'Anaximandre » *(« Der Spruch des Anaximander »)*, écrite également en 1946 et publiée en 1950 à la fin des *Chemins qui ne mènent nulle part*[1].

Arendt a certes raison de mettre l'accent sur la rupture tout à la fois historique et biographique de l'année 1945, qui marque de fait un changement non pas dans la vision directrice de Heidegger, mais dans la façon dont il adapte sa présentation aux conditions de la défaite nazie. Il est cependant étrange de la voir présenter la coupure de 1945 comme une « catastrophe », et nous éprouvons à cet égard le même malaise qu'à la lecture de la courte préface de 1951 aux *Origines du totalitarisme*, qui n'avait pas un mot de positif à propos de la capitulation nazie ; un malaise accru par sa façon de victimiser Heidegger comme ayant été « réduit au silence » par ses pairs académiques et les autorités alliées. Cette présentation est inexacte et injurieuse pour Jaspers, puisque celui-ci avait au contraire permis à Heidegger de poursuivre son œuvre.

Désormais, la complaisance exprimée par Arendt à l'égard du penseur à l'écoute de l'appel de l'être ne comporte même plus l'expression d'une réserve sur son engagement nazi, comme c'était encore le cas dans la note ajoutée aux textes de 1946 et de 1969. Quant au « contre-courant de salubrité » que ce « penseur », c'est-à-dire Heidegger en personne, aurait introduit dans le cours des événements, c'est le nazisme même, comme on le voit à l'éloge qu'il fait des « contre-mouvements » déclenchés en Europe par Mussolini et Hitler, et dont il s'est fait personnellement le héraut avec sa *Profession de foi envers Adolf Hitler*. En prononçant, pour

---

1. H. Arendt, *La Vie de l'esprit, op. cit.*, p. 507-508 (trad. modifiée).

conclure son discours de 1969, l'éloge de la « tempête » *(Sturm)* que ferait lever le penser heideggérien[1] – ce *Sturm* exalté par Heidegger, dans son *Discours de rectorat*, comme une marque de grandeur[2] –, Hannah Arendt a pris le risque de magnifier indirectement le pire.

---

1. « [...] der Sturm, der durch das Denken Heideggers zieht [...] kommt aus dem Uralten » (Hannah Arendt – Martin Heidegger, *Briefe 1925-1975*, op. cit., p. 192).
2. « Tout ce qui est grand se tient dans la tempête » *(Alles Große steht im Sturm)*. C'est ainsi que Heidegger traduit, en conclusion de son *Discours de rectorat* et de façon contestable, un mot de Platon tiré de la *République*, 497 d, 9 (M. Heidegger, *Reden und andere Zeugnisse eines Lebensweges*, GA 16, p. 117). Rappelons que l'on retrouve le mot *Sturm* dans l'appellation des SA, abréviation pour « section d'assaut » *(Sturmabteilung)*.

13.
Eichmann à Jérusalem comme livre-écran

56. La défense d'Eichmann et le parti pris d'Arendt

Que penser maintenant de la façon dont Hannah Arendt présente Adolf Eichmann, celui qui, de 1942 à 1944, après l'assassinat de Heydrich, fut le principal maître d'œuvre de l'extermination des Juifs d'Europe[1]? Quel fondement y a-t-il à le faire figurer, en opposition au « penseur » Heidegger, comme l'incarnation également paradigmatique de l'« absence de pensée » propre, selon Arendt, à la « vie de tous les jours » dans sa banalité?

C'est dans le « Post-scriptum » ajouté à la publication d'*Eichmann à Jérusalem* qu'Arendt caractérise pour la première fois l'*Obersturmbannführer SS* Eichmann par sa supposée « pure absence de pensée » *(sheer thoughtlessness)*[2] – un terme qui sera repris, nous l'avons vu, au début de *La Vie de l'esprit*. Cela ne signifie pas, précise-t-elle, qu'il aurait été « stupide », mais qu'il n'aurait eu « aucun mobile »[3]. Arendt voit dans cette absence

---

[1]. « Eichmann présida, entre 1942 et 1944, la machinerie de la déportation » (David Cesarani, *Adolf Eichmann*, trad. de l'anglais par Olivier Ruchet, Paris, Tallandier, 2010, p. 24).

[2]. H. Arendt, *Eichmann à Jérusalem*, trad. d'Anne Guérin, revue par Michelle-Irène Brudny de Launay et Martine Leibovici, in *Les Origines du totalitarisme*, *op. cit.*, p. 1296.

[3]. *Ibid.*, p. 1295.

de pensée supposée quelque chose de «"banal"» et même de «comique». Eichmann ne serait pas un «monstre», mais un «clown». Nous remarquerons qu'elle met entre guillemets le mot «banal» et concède, dans ce «Post-scriptum», que cette supposée «banalité» d'Eichmann ne serait pas «ordinaire». Quoi qu'il en soit, nous savons aujourd'hui qu'Arendt s'est trompée, si tant est qu'il faille ici parler d'erreur. Adolf Eichmann ne fut pas l'homme «sans convictions idéologiques solides» et sans aucun mobile ni motif politique qu'elle dit avoir vu dans la cage de verre de son procès. Depuis une décennie en effet, les recherches successivement réalisées par plusieurs historiens et philosophes ont montré en Eichmann une tout autre réalité.

L'historien anglais David Cesarani a écrit le premier en 2004[1], dans sa remarquable biographie de l'accusé de Jérusalem, que «l'idée qu'Eichmann aurait simplement suivi les ordres sans y penser, comme Hannah Arendt l'a soutenu, relève bel et bien du mythe[2]». Eichmann fut un «complice conscient et volontaire du génocide», et l'historien suit pas à pas, dans sa complexité, ce qu'il nomme «la formation d'un *génocidaire*» dont il dresse, en cinq cents pages, un portrait précis et nuancé[3]. Cesarani montre notamment comment en 1944, en Hongrie, Eichmann entreprit d'agir en dépit des ordres de Himmler et «fit preuve d'un fanatisme indubitable dans ses efforts pour déporter ceux qui restaient[4]». Parmi les conclusions de Cesarani, la plus importante à nos yeux est celle où il soutient que «la clé pour comprendre Adolf Eichmann ne réside pas dans l'homme mais dans les idées qui s'emparèrent de lui», ainsi bien entendu que dans le contexte social et les circonstances historiques qui rendirent acceptables ces idées. Il aura fallu, pour que les actes d'Eichmann soient possibles, que «la déshumanisation des juifs, la représentation du peuple juif

---

1. L'ouvrage de Cesarani est d'abord paru en Angleterre sous le titre *Eichmann: his Life and Crimes*, Londres, Heinemann, 2004, avant d'être réédité aux États-Unis sous le titre : *Becoming Eichmann: Rethinking the Life, Crimes, and Trial of a «Desk Murderer»*, Boston, Da Capo Press, 2006.
2. *Ibid.*, p. 22.
3. *Ibid.*, p. 16.
4. *Ibid.*, p. 24.

en ennemi politique et en une menace biologico-raciale et la levée des inhibitions contre le meurtre» se soient inscrites dans la mentalité des bourreaux[1].

En ce qui concerne la thèse d'Arendt, Cesarani rappelle que son portrait d'Eichmann en «bureaucrate terne» repose sur la seule première phase du procès à laquelle elle a assisté, celle où il fut «délibérément passif» pour contredire l'image d'un fanatique que l'accusation souhaitait donner de lui. Selon Cesarani, «la description qu'elle fit de ce dernier était en grande partie destinée à servir sa propre cause, pétrie de préjugés, et somme toute assez fausse[2]». La formation d'un génocidaire comme Eichmann est en effet moins à chercher dans la structure totalitaire d'un régime politique que dans la vision du monde capable de susciter un fanatisme exterminateur. Or, Arendt écarte tout élément pourtant avéré allant dans ce sens, comme le mot d'Eichmann à ses hommes à la fin de la guerre, qui manifeste son fanatisme nazi : «Je sauterai dans ma tombe en riant, car c'est une satisfaction extraordinaire pour moi que d'avoir sur la conscience la mort de cinq millions de Juifs.» Elle tourne en dérision son propos et le réduit à une «pure rodomontade[3]». En définitive, il conviendrait mieux de parler, à propos du Eichmann d'Arendt, d'un parti pris délibéré plutôt que d'une erreur d'interprétation.

Après Cesarani, les travaux de la philosophe et historienne allemande Bettina Stangneth sur la période argentine d'Eichmann ont également fait date, qui relèvent à travers les textes les talents de manipulateur d'Eichmann, son cynisme et son amoralité. Celle-ci a en effet montré comment, à la fin des années 1950, dans ses entretiens enregistrés avec le journaliste Willem Sassen, ancien Waffen-SS néerlandais, Eichmann avait construit un long argumentaire révisionniste, minimisant son rôle dans la mise en œuvre de la «Solution finale» et dans l'ampleur de l'extermination. Dans son esprit, il s'agissait de préparer un possible retour en

---

1. *Ibid.*, p. 466.
2. *Ibid.*, p. 27.
3. H. Arendt, *Eichmann à Jérusalem*, *op. cit.*, p. 1063.

Allemagne, le procès qui se serait ensuivi, et il avait rédigé en ce sens une lettre destinée au chancelier Adenauer.

Cependant, croyant venue la dernière séance de leurs entretiens, Eichmann n'avait pu s'empêcher de réaffirmer sa vraie nature et ses convictions. Le «bureaucrate prudent» qu'il était ou semblait être n'aurait représenté qu'un aspect de sa personnalité. Il s'était alors confié en ces termes à Sassen :

> À ce bureaucrate prudent s'était adjoint un... un combattant fanatique pour la liberté de mon sang [...]. Ce qui sert mon peuple est pour moi un commandement et une loi sacrés. [...] Je dois vous dire de bonne foi que si nous avions tué les 10,3 millions de Juifs, j'aurais été satisfait et aurais dit : bien, nous avons anéanti un ennemi[1].

Comme on le voit, le véritable Eichmann était loin d'être sans motif ni conviction idéologiques.

À Jérusalem, celui-ci s'est attaché à ne faire paraître que le bureaucrate et non l'antisémite fanatique aux intentions génocidaires. À cet égard, Arendt s'est faite en quelque sorte, par son interprétation banalisée du personnage, la porte-parole de la stratégie de défense d'Eichmann et de son avocat. Ce point est bien souligné, après Hilberg et Cesarani, par la philosophe Isabelle Delpla. Celle-ci montre que l'Eichmann qui ne pense pas est une création de sa défense judiciaire, qui visait à nier l'«élément intentionnel du crime[2]». Isabelle Delpla évoque opportunément à ce propos un échange qui eut lieu lors de la session 107 du 24 juillet 1961[3]. Celui-ci mérite, par son importance, d'être précisément évoqué.

---

1. «*Zu diesem vorsichtigen Bürokraten gesellte sich ein... ein fanatischer Kämpfer für die Freiheit meines Blutes [...]. Was meinem Volke nützt, ist für mich heiliger Befehl und heiliges Gesetz. [...] Ich muß Ihnen ganz ehrlich sagen, hätten wir von den 10,3 Millionen Juden [...] getötet, dann wäre ich befriedigt und würde sagen, gut, wir haben einen Feind vernichtet*» (Bettina Stangneth, *Eichmann vor Jerusalem. Das unbehelligte Leben eines Massenmörders*, Zurich et Hambourg, Arche, 2011, p. 391-392).
2. Isabelle Delpla, *Le Mal en procès. Eichmann et les théodicées modernes*, Paris, Hermann, 2011, p. 16, et chap. II, p. 47-68.
3. L'auteur écrit qu'Eichmann est «interrogé sur son opinion envers la solution finale durant la guerre» (*ibid.*, p. 52). En réalité, comme nous allons le voir, l'inter-

Au juge Landau qui lui demande :

> Quel était votre point de vue sur la vision nationale-socialiste selon laquelle les Juifs devaient être éloignés de l'Allemagne ?

Eichmann répond :

> Durant les années 1934-1935, je n'y ai pas du tout pensé ; en 1937 seulement[1]...

Hannah Arendt, qui avait quitté Jérusalem dès le 7 mai 1961 pour rejoindre Jaspers à Bâle, n'a pu assister à cette audience. Mais elle a lu plus tard une partie des minutes du procès, et il est possible que ce soit cet échange qui lui ait suggéré l'idée d'une absence de pensée d'Eichmann. Ce dernier, dans la suite de la session, laisse entendre que l'idée d'éloigner les Juifs de l'Allemagne lui serait venue de la lecture d'un ouvrage sioniste, et donc que c'étaient les Juifs eux-mêmes qui souhaitaient alors quitter l'Allemagne.

Les recherches récentes de l'historien Fabien Théofilakis sur les quelque huit mille pages rédigées à Jérusalem, avant et durant son procès, par ce « graphomane exceptionnel » qu'est Eichmann, nous confirment qu'il a déployé une véritable stratégie de défense[2]. De fait, celui-ci s'implique entièrement dans la conduite de sa défense et désigne son procès, dans ses notes personnelles, comme

---

rogatoire à propos duquel Eichmann affirme son absence de pensée porte sur l'émigration forcée des Juifs d'Allemagne durant les années 1934-1935.

1. « *Vorsitzender : Was war überhaupt Ihre Einstellung dazu zu der nationalsozialist<isch>en Ansicht, dass die Juden aus Deutschland entfernt werden müssen ?/ Angeklagter : In den Jahren 34-35 hatte ich mir überhaupt noch keine Gedanken diesbezüglich gemacht, erst 1937...* » (24.7.1961, Sitzung 107, Fortsetzung J 1 : http://www.archive.org/stream/adolfeichmannb001f020#page/n125/mode/1up ; la traduction anglaise de la transcription peut être consultée à la page suivante : http://www.nizkor.org/hweb/people/e/eichmann-adolf/transcripts/Sessions/Session-107-03.html ; l'enregistrement filmé est également disponible : https://www.youtube.com/watch?v=GC8J3GclRJ4).

2. Fabien Théofilakis, « Adolf Eichmann à Jérusalem ou le procès vu de la cage de verre (1961-1962) », *Vingtième siècle. Revue d'histoire*, n° 120, 2013/4, p. 71.

un «combat[1]». Théofilakis propose de lire ces notes comme «des écrits de guerre», armes discursives par lesquelles l'accusé livre son dernier combat contre les ennemis du Reich[2]. Étonnamment, ces milliers de feuillets n'ont guère été utilisés par les historiens. Une raison majeure, selon Théofilakis, tient à l'influence exercée sur les esprits par le *Eichmann à Jérusalem* d'Arendt: «l'auteur des *Origines du totalitarisme* a vu le Eichmann qu'elle est venue chercher[3]». Peut-être la formulation va-t-elle trop loin. Ce qui est certain, c'est qu'Arendt a vu le Eichmann que sa propre conception du national-socialisme et de la modernité, déjà fixée dans ses principales lignes dès les derniers chapitres des *Origines du totalitarisme*, lui permettait de voir.

Que l'interprétation arendtienne de l'absence de pensée et de la «banalité» d'Eichmann, dont Johann Chapoutot souligne qu'elle est «presque devenue une *doxa*», ne corresponde pas à la réalité du personnage apparaît aujourd'hui comme une vérité acquise[4]. Il reste à déterminer ce qu'Arendt serait «venue chercher» à ce procès ou ce qu'elle y aurait trouvé pour forger son interprétation. Fabien Théofilakis estime qu'elle a voulu y voir une «confirmation de sa théorie du totalitarisme[5]», tandis qu'Isabelle Delpla conclut qu'il s'agit pour Arendt de disculper la pensée, par une forme moderne de théodicée: «si Eichmann ne pense pas, la pensée est sauve[6]».

Il semble difficile au premier regard de soutenir qu'*Eichmann à Jérusalem* aurait été conçu comme la confirmation des *Origines du totalitarisme* puisque, sur la question du mal, Arendt a explicitement, selon sa remarque à Scholem, «changé d'avis», au risque de paraître se contredire. Elle ne parle plus, comme on le sait, de mal radical mais de banalité du mal. Néanmoins, nous pensons,

---

1. «À vrai dire, c'est un combat, certes inégal [...]» (*ibid.*, p. 74).
2. *Ibid.*, p. 73.
3. *Ibid.*, p. 72, n. 2.
4. Cela apparaît notamment à la lecture de l'entretien cité de l'historien (Johann Chapoutot, «Eichmann, un pantin ou un comédien?», *Philosophie Magazine*, hors série n° 28 cité, p. 54-57).
5. *Ibid.*
6. I. Delpla, *Le Mal en procès, op. cit.*, p. 71 et 174.

comme l'historien, qu'il y a une continuité de vision sur le fond dans son interprétation du national-socialisme[1].

En ce qui concerne l'interprétation d'*Eichmann à Jérusalem* comme une «théodicée moderne», elle se heurte à des difficultés plus sérieuses. Isabelle Delpla estime que le fait d'attribuer une absence de pensée à Eichmann permet de conclure que «la confiance en la pensée peut être restaurée» et que «le salut qui nous éloigne et console du mal» peut être «trouvé dans la philosophie»[2]. Or, ces conclusions ne s'accordent pas avec les thèses antiphilosophiques de *La Vie de l'esprit*, où ce n'est pas la philosophie comme telle, démantelée et jugée disparue, qu'Arendt entend sauver. Isabelle Delpla précise son propos en ne parlant plus de la philosophie en général, mais de la philosophie allemande et, plus particulièrement encore, de «Kant, Heidegger, Jaspers[3]». Cependant, nous le montrerons, Arendt est bien éloignée de défendre la philosophie de Kant dans son reportage sur le procès de Jérusalem. La référence à Jaspers est également discutable. La façon dont Arendt oppose, à la suite de Heidegger, la «pensée» à la philosophie montre qu'elle ne cherche plus à promouvoir la philosophie de Jaspers comme elle le faisait en 1946. Ce n'est donc ni la philosophie allemande en général ni Kant, ou Jaspers en particulier, mais bien Heidegger qu'Arendt entend désormais défendre.

Dans le face-à-face qu'Arendt met en place, du *Eichmann à Jérusalem* au discours de 1969 et à *La Vie de l'esprit*, ce qui est à sauver, c'est la figure antagoniste de celle d'Eichmann, celle du «penseur [...] à l'écoute de l'appel de l'être», à savoir Martin Heidegger. En ce sens, les trois écrits cités s'inscriraient moins dans une théodicée que, pour parler ironiquement, dans une *heideggérodicée*. Car c'est bien le «roi caché» dans le royaume du penser qu'Arendt va entreprendre de disculper de ses responsabilités dans la légitimation du mouvement nazi.

---

1. Voir sur ce point *infra*, l'Épilogue.
2. I. Delpla, *Le Mal en procès, op. cit.*, p. 174.
3. *Ibid.*

57. La « grandeur » de Heidegger et du mouvement nazi : Arendt et l'antinomisme sabbatéen

Tel que forgé par Arendt, le contraste entre le « penseur » et l'exécutant « sans pensée » demeure cependant inscrit dans une structure complexe. À y regarder de plus près, il ne s'agit pas exactement de disculper radicalement l'un, le « penseur », c'est-à-dire Heidegger, pour accabler exclusivement l'autre, l'homme « sans pensée », à savoir Eichmann. Cela constituerait d'ailleurs une position intenable car l'un et l'autre furent indiscutablement des nationaux-socialistes et tous deux furent reconnus tels, même si ce qui a été retenu de leurs responsabilités respectives a conduit à ne frapper le premier que d'une sanction académique – son interdiction d'enseigner de 1945 à 1951 – quand l'autre a été condamné à être pendu et la sentence exécutée.

Arendt, pour sa part, soutient dans sa *laudatio* de 1969 qu'il existerait, chez « presque tous les grands penseurs », un « penchant au tyrannique » et à frayer avec les *Führer*. Cela expliquerait le recours à Hitler pour Heidegger et le recours à Denys pour Platon. Seul Kant se voit exempté de ce penchant[1]. L'hitlérisme du recteur de Fribourg viendrait en quelque sorte confirmer historiquement sa supposée grandeur. Arendt glose ici l'affirmation auto-disculpante du petit texte de 1947 intitulé *L'Expérience de la pensée* : « Qui pense grandement doit se tromper grandement[2]. » Arrivé à ce point du discours d'Arendt, l'engagement nazi de Heidegger n'apparaît plus comme un problème. Elle va en effet jusqu'à écrire que « pour ce petit nombre [les grands penseurs], peu importe, finalement, où peuvent les jeter les tempêtes de leur siècle[3] ».

---

1. On pourrait s'étonner que Montaigne, Descartes, Bruno, Hume et beaucoup d'autres philosophes encore ne soient pas pris en considération. Sans doute ne figurent-ils pas dans le panthéon gréco-germanique des « grands penseurs », commun à Arendt et à Heidegger.
2. Cet argument est un *topos* des apologistes. Il fait le fond de l'*Irrnisfuge* de Peter Trawny.
3. H. Arendt, « Heidegger a quatre-vingts ans », art. cité, p. 320.

Nous savons néanmoins qu'à la différence d'Elfride, Arendt n'avait par elle-même, dans les années 1930, rien de nazi. Loin d'avoir participé, de quelque manière que ce soit, à l'acceptation de la venue au pouvoir du mouvement national-socialiste, elle a pris le risque, en 1933, de rassembler des documents sur l'antisémitisme du mouvement et a connu pour cela brièvement les prisons de la Gestapo. Il n'y a rien de commun non plus chez elle avec l'attitude pathétique d'Elisabeth Blochmann, proche du mouvement des *Artamanen* et amie d'Elfride, que l'on voit dans sa correspondance avec Heidegger prête à accepter toutes les démarches, même auprès d'Alfred Baeumler, pour être autorisée à demeurer en Allemagne. De façon bien différente, Arendt a demandé, dans une lettre perdue à laquelle il a répondu, des comptes à Heidegger à propos de la réputation qui lui était faite d'être un «antisémite enragé». Aussi la question jadis posée par *Le Nouvel Observateur*: «Hannah Arendt est-elle nazie?» nous apparaît-elle aujourd'hui, pour cette raison, bien trop brutale.

Cependant, la question de savoir comment Arendt a pu en venir à faire de l'engagement pour Hitler un signe de la grandeur de pensée de Heidegger n'en devient que plus aiguë. La réponse de Hans Jonas, qui met tout sur le compte de l'amour, nous paraît insatisfaisante. C'est ne pas rendre entièrement justice à celle que fut Arendt, et ne voir en elle qu'une femme de passion, entièrement mue par ses affects, alors que sa correspondance inédite de 1949 avec son ami Dolf Sternberger nous a montré une attitude relevant de l'adhésion intellectuelle. Nous pensons donc qu'il faut envisager cette question autrement.

L'une des explications pourrait se trouver dans sa correspondance avec Gershom Scholem. Nous y lisons qu'Arendt fut fortement impressionnée par son essai de 1943 sur *Les Grands Courants de la mystique juive*, qui met particulièrement en valeur la kabbale d'Isaac Louria avec sa notion du *tikkun* («réparation») et l'importance historique du sabbataïsme. Rappelons que Sabbataï Tsevi est ce messie juif du XVIIe siècle qui se convertit en 1666 à l'islam et dont l'apostasie fut reconnue par certains de ses disciples, selon les mots de Scholem, comme «l'accomplissement de la partie la plus difficile de sa mission¹». Il s'agit moins, dans cette vision, d'une tension dialectique que de l'idée antinomiste, assumée par un autre messie inspiré par Tsevi, Jacob Frank, selon laquelle il serait « méritoire de pécher afin de surmonter la puissance du mal du dedans² ». Celui qui s'affronte aux tendances les plus noires de son temps apparaît alors comme le mieux à même de lui opposer, de façon salutaire, « une action secrète intérieure³ ».

Arendt annonce à Scholem, le 4 novembre 1943, qu'elle a lu plusieurs fois son livre au printemps et ne cesse depuis de « revenir y butiner⁴ ». Elle lui redit le 20 mai 1944 que son livre sur la mystique juive et le sabbataïsme ne lui « sort plus de l'esprit et [l']accompagne, d'une manière inexprimée (mais [...] pas inconsciente) dans [s]es propres travaux⁵ ». Or, la vision antinomiste du sabbataïsme et du frankisme peut être rapprochée de l'affirmation arendtienne selon laquelle le moment hitlérien de Heidegger viendrait, somme toute, confirmer la « grandeur » de sa pensée. C'est en outre le « penseur » ainsi distingué qui se révèle, selon elle, capable d'insuffler, par l'action cachée de sa pensée, le mystérieux « contre-courant de salubrité » qu'elle évoque dans *La Vie de l'esprit*. L'interprétation quasi mystique qu'elle tire ainsi de la *Gelassenheit*, de l'acquiescement heideggérien, pourrait être vue comme portant la marque de la conception antinomiste rapportée par Scholem.

Cette façon de magnifier Heidegger en « grand penseur », en dépit ou plutôt à cause de son nazisme même, s'accompagne d'une conception historiquement et intellectuellement faussée du national-socialisme. Arendt ne veut voir en effet dans Auschwitz et le génocide des Juifs qu'une « politique permanente de dépeuplement⁶ » ! Elle se refuse à y reconnaître la traduction en actes d'une vision du monde, élaborée et légitimée – dans des registres de langage différents mais qui plus d'une fois se croisent et se

---

1. Gershom Scholem, *Les Grands Courants de la mystique juive*, Paris, Payot, 1994, p. 329.
2. *Ibid.*, p. 337.
3. *Ibid.*
4. Hannah Arendt – Gershom Scholem, *Correspondance, op. cit.*, p. 38.
5. *Ibid.*, p. 48.
6. H. Arendt, « Heidegger a quatre-vingts ans », art. cité, p. 319.

recoupent – tout à la fois dans les écrits des idéologues et acteurs directs du nazisme comme Alfred Rosenberg et Adolf Hitler, mais également dans les œuvres de l'« élite » intellectuelle du mouvement exemplairement représentée par Martin Heidegger et Carl Schmitt. Dans la vision arendtienne, l'intentionnalité du génocide des Juifs d'Europe s'estompe au profit d'une conception fonctionnaliste indéfiniment reprise après elle, pour laquelle l'extermination nazie n'aurait fait que porter à son paroxysme et à son point de rupture la dévastation de la modernité technicienne[1].

Arendt aura ainsi pu passer, sans se contredire sur le fond, d'une interprétation du totalitarisme nazi comme expression d'un « mal radical » dont l'« absence de patrie » de nos sociétés modernes serait porteuse, à la description des acteurs de l'extermination comme de simples exécutants, dépourvus de tout motif, incarnant la « banalité du mal ». Une conception fonctionnaliste qui anticipe les thèses sur la modernité de Zygmunt Bauman et de bien d'autres auteurs.

Dans cette conception, Martin Heidegger n'apparaît plus pour ce qu'il est véritablement, à savoir celui qui porte la responsabilité d'avoir procuré à la vision du monde et au mouvement nazis une légitimité d'apparence philosophique, comme Carl Schmitt a su le faire pour le droit, Eugen Fischer pour la biologie et la médecine et Gerhard Kittel pour la théologie. Il se voit au contraire magnifié comme celui dont l'engagement hitlérien même confirmerait la « grandeur » et dont la pensée ouvrirait la voie à de salutaires contre-mouvements.

Arendt ne saurait pourtant effacer un fait qu'elle n'ignorait pas, à savoir que Heidegger est bien celui qui a prononcé, en 1935, un vibrant éloge de la « vérité interne et grandeur » du mouvement national-socialiste, puis estimé son *come-back* suffisamment assuré en 1953 – en grande partie grâce à la médiation d'Arendt elle-même auprès de Jaspers – pour publier son apologie du nazisme.

---

1. Dans le discours d'Arendt sur le totalitarisme et la modernité, il y a à la fois continuité et discontinuité. Continuité en tant qu'elle s'inspire de la conception heideggérienne de la technique planétaire qui étend sa dévastation comme une tempête de sable, discontinuité dans la typologie politique en ce que le national-socialisme, comme le communisme soviétique, représente pour elle un nouveau type de régime inconnu jusqu'alors.

Que, dans la note ajoutée au discours de 1969 sur l'«escapade» heideggérienne, elle cite de façon incomplète – à la différence par exemple de Jean Wahl[1] – le passage en question de l'*Introduction à la métaphysique*, en ne mentionnant que le contenu de la parenthèse ajoutée en 1953 sur «la rencontre de la technique planétairement déterminée et de l'homme des Temps modernes[2]», ne fait pas disparaître, pour autant, l'éloge heideggérien du nazisme.

Or, peut-on exalter la grandeur de pensée de Heidegger jusque dans son hitlérisme, sans valider par là même, au moins indirectement, l'éloge heideggérien de la «vérité interne et grandeur» du mouvement national-socialiste? Nous connaissons à ce propos la question de Jacob Taubes, qui s'est plu à jouer avec le feu, taquinant et magnifiant les bourreaux au risque d'ouvrir la voie à une possible réévaluation du nazisme: «Qu'est-ce que le national-socialisme pour qu'il puisse attirer des gens comme Heidegger et Schmitt[3]?» À quoi l'on aurait pu lui rétorquer: «Que sont réellement Heidegger et Schmitt, pour avoir pu adhérer à un mouvement tel que le national-socialisme?»

La seule manière efficace de contrer l'éloge heideggérien du mouvement nazi eût été de couper court à sa mythologisation de la «grandeur». Arendt, au contraire, a choisi de reprendre celle-ci à son compte et de la porter jusqu'à son paroxysme.

58. *Eichmann à Jérusalem*, livre diffamatoire, livre-écran?

Avec ses reportages sur le procès d'Eichmann, parus tout d'abord dans le *New Yorker* avant d'être réunis en un livre, Arendt renoue avec ses activités plus anciennes de publiciste. La significa-

---

1. Jean Wahl a dispensé en Sorbonne un cours ensuite publié sur l'*Introduction à la métaphysique* qui venait de paraître en allemand. Il exprime ses réserves à l'égard de l'éloge heideggérien du mouvement nazi, qu'il juge «profondément déplaisant» (Jean Wahl, *Vers la fin de l'ontologie, étude sur l'*Introduction dans la métaphysique [Einführung in die Metaphysik] *par Heidegger*, Paris, Société d'édition d'enseignement supérieur, 1956).
2. *Ibid.*
3. Jacob Taubes, *En divergent accord. À propos de Carl Schmitt*, trad. de l'allemand par Philippe Ivernel, préface d'Elettra Stimilli, Paris, Rivages Poche, 2003, p. 78.

tion de l'ouvrage est difficile à appréhender d'emblée car les thèses et interprétations d'Arendt sont distillées tout au long du récit sans être nettement assumées ni revendiquées comme telles. Le genre du reportage lui permet de donner des citations non référencées, ce qui ne facilite pas l'analyse critique du livre et du montage de citations sur lequel il repose.

Prenons un exemple : l'une des thèses les plus provocatrices et controversées du livre consiste dans la mise en cause des victimes elles-mêmes, les Juifs, qui, par leur passivité et pour certains leur collaboration avec les autorités nazies, auraient, selon Arendt, considérablement facilité la tâche des exécuteurs. En ce qui concerne la passivité supposée des victimes, elle laisse au procureur Hausner la responsabilité d'avoir lui-même posé la question. Il aurait ainsi voulu exploiter, selon Arendt, « le contraste entre l'héroïsme des Israéliens et l'humble soumission des Juifs allant à la mort[1] ». Elle limite en effet le rôle du procureur à celui de porte-parole des intentions politiques qu'elle prête, dans la tenue du procès, au Premier ministre d'Israël, David Ben Gourion. Une accusation grave, qui réduit la signification du procès d'Eichmann à représenter moins un acte de justice qu'une instrumentalisation politique par l'État d'Israël et son Premier ministre, présenté comme le « metteur en scène invisible des débats[2] ».

Or, sur un sujet aussi sensible que l'attitude des victimes, la façon dont Arendt rend compte de l'interrogatoire et de la déposition des témoins est doublement contestable. Elle affirme que Gideon Hausner « demandait à tous les témoins : "Pourquoi n'avez-vous pas protesté ?", "Pourquoi êtes-vous monté dans le train ?" », et elle conclut plus loin que « le tribunal ne reçut aucune réponse à cette question bête et cruelle »[3]. En réalité, comme l'a démontré Stewart Tryster, ancien président du Steven Spielberg Jewish Film Archive à l'Université de Jérusalem, et qui a « passé plusieurs jours à éplucher la transcription du procès », « sur une centaine de témoins », il n'y en a que « quatre à qui une question semblable fut

---

1. H. Arendt, *Eichmann à Jérusalem*, *op. cit.*, p. 1029.
2. *Ibid.*, p. 1022.
3. *Ibid.*, p. 1029.

posée». En outre, loin d'avoir laissé sans réponse l'interrogation du procureur Hausner, «tous fournirent des explications[1]».

C'est de façon au départ indirecte que Stewart Tryster est arrivé à cette mise en cause des inexactitudes d'Arendt à propos d'un exemple précis. Son travail critique porte en effet non pas sur le livre d'Arendt, mais sur l'un des films les plus connus parmi ceux qui ont pu être produits sur le procès d'Eichmann, *Un spécialiste*, réalisé en 1999 par Eyal Sivan et Rony Brauman, qui affirment «s'être fondés sur l'ouvrage d'Arendt[2]». Or, Tryster montre que la façon dont ils ont manipulé les archives du procès relève de la «contrefaçon[3]» et du «faux[4]», notamment lorsqu'ils inventent un face-à-face en s'inspirant du passage que nous avons évoqué du livre d'Arendt. C'est ainsi que, pour reprendre une expression de Fabien Théofilakis, une «œuvre écran[5]» ou, comme nous l'avons nommé, un *livre-écran*, celui d'Arendt, a servi de source à un «film-écran», l'un comme l'autre faisant obstacle à une appréhension exacte du procès.

Une analyse critique accomplie d'*Eichmann à Jérusalem* demanderait donc un examen non seulement de ses thèses principales, mais également de la façon dont le livre a été agencé en regard des audiences effectives du procès. Un tel travail exigerait le concours d'historiens, de juristes et de philosophes. Nous nous limiterons, pour notre part, à formuler quelques remarques critiques à propos du chapitre VII. Celui-ci porte – du moins si l'on en croit son titre – sur la conférence de Wannsee du 20 janvier 1942, destinée à s'assurer le soutien de l'administration du Reich dans l'organisation de la «Solution finale» de la question juive, c'est-à-dire l'extermination programmée des Juifs d'Europe. En réalité, Arendt

---

1. Stewart Tryster, «De l'usage de l'archive dans *Un spécialiste*», in *Le Moment Eichmann*, Sylvie Lindeperg et Annette Wieviorka éd., Paris, Albin Michel, 2016, p. 240.
2. *Ibid.*, p. 227.
3. *Ibid.*, p. 231.
4. *Ibid.*, p. 227.
5. «[...] la réception de l'œuvre écran qu'a constitué Eichmann à Jérusalem» (F. Théofilakis, «Adolf Eichmann à Jérusalem ou le procès vu de la cage de verre (1961-1962)», art. cité, p. 72.

consacre à peine plus de trois pages à évoquer cette réunion, qu'elle dépeint comme un rassemblement formel et presque mondain, lequel aurait eu pour effet de déresponsabiliser Eichmann, assuré de l'assentiment des plus hauts responsables nazis à l'égard de la « Solution finale[1] ». Cette brève évocation de « Wannsee » est suivie dans le même chapitre d'un véritable réquisitoire de plus de neuf pages[2] contre le rôle des Juifs dans la « Solution finale », qu'elle considère comme « le plus sombre chapitre de toute cette sombre histoire[3] ». Arendt les désigne en effet comme de véritables co-responsables dans la mise en œuvre de l'extermination de leur peuple. Placer en outre un tel réquisitoire dans un chapitre consacré par son titre à la conférence de Wannsee où fut organisée leur extermination a quelque chose de choquant. Certes, l'action des conseils juifs méritait un examen historique et critique qui a depuis largement été mené à bien[4]. Cependant, la façon péremptoire et virulente dont Arendt accable les victimes va bien au-delà de cette exigence et frise la diffamation.

L'auteur d'*Eichmann à Jérusalem* prend les plus grandes libertés avec la vérité historique lorsqu'elle va par exemple jusqu'à affirmer, en conclusion de son chapitre, que Heydrich, le principal maître d'œuvre de la « Solution finale », serait lui-même « demi-juif »[5]. C'est présenter comme une réalité une rumeur que les historiens ont toujours considérée comme sans fondement[6]. En outre, parler comme elle le fait de « demi-juif », c'est reprendre explicitement

---

1. H. Arendt, *Eichmann à Jérusalem*, op. cit., p. 1127-1130 (première moitié).
2. *Ibid.*, p. 1130 (deuxième moitié)-1139.
3. *Ibid.*, p. 1132.
4. Voir notamment l'étude fondamentale d'Isaiah Trunk, *Judenrat. The Jewish Councils in Eastern Europe under Nazi Occupation*, New York, Stein & Day, 1977, ainsi que, du même auteur, *Jewish Responses to Nazi Persecution : Collective and Individual Behavior « in extremis »*, New York, Stein & Day, 1979.
5. *Ibid.*, p. 1147.
6. Arendt va jusqu'à supposer qu'avant de succomber aux blessures infligées par les patriotes tchèques, Heydrich se serait repenti d'« avoir trahi son propre peuple ». Cette rumeur jamais étayée d'un Heydrich « demi-juif » était née du fait que sa grand-mère paternelle avait épousé en secondes noces, donc après la naissance du père de Heydrich, un homme dont le patronyme, Süss, pouvait faire penser à une ascendance juive. La désinvolture avec laquelle Arendt transforme une rumeur en certitude sur un sujet aussi sensible est confondante.

une dénomination nazie, fondée sur la classification raciale établie par les lois de Nuremberg. Du point de vue de la *Halakha*, c'est-à-dire de la loi juive, on est juif ou on ne l'est pas, mais on ne saurait être « demi-juif ».

C'est un fait qu'en créant les ghettos et en imposant l'existence de « conseils juifs » *(Judenräte)* les nationaux-socialistes ont sciemment œuvré de façon à contraindre les Juifs de participer à l'organisation de leur propre extermination. Pour autant, la responsabilité de cette manière de procéder revient à ceux qui l'ont imposée par une violence sans merci, les nazis eux-mêmes. Et nous avons vu Heidegger lui-même se rendre moralement complice du procédé lorsqu'il fait l'éloge en 1941, dans ses *Cahiers noirs*, de l'« auto-extermination » programmée de l'adversaire comme représentant l'acte « le plus haut » de la politique[1]. C'est pourquoi, à la différence de ce qui a pu se produire dans les pays occupés par la Wehrmacht, il apparaît contestable de parler, dans cette situation forcée, de collaboration, puisque les membres des conseils juifs dans les ghettos étaient tôt ou tard, comme tous les Juifs, promis à une mort certaine. Le cas de Benjamin Murmelstein, dernier responsable du Conseil juif du camp de concentration de Theresienstadt et seul doyen d'un *Judenrat* rescapé de la Shoah, comme le souligne Claude Lanzmann dans le film d'entretiens qu'il lui a consacré, *Le Dernier des injustes*, apparaît à cet égard comme une exception.

Or, le témoignage de Murmelstein précise et rectifie bien des choses. Il décrit un Eichmann soufflant le chaud et le froid, faisant irruption dans son bureau un revolver pointé sur lui, prêt à tirer, pour exiger que l'émigration des Juifs autrichiens continue[2]. Il dit la peur qu'il ne fallait pas montrer. Murmelstein s'étonne que le procès d'Eichmann à Jérusalem, auquel il n'a pas été appelé à témoigner bien qu'il se soit mis à la disposition des juges et leur ait envoyé son livre sur Eichmann et Theresienstadt[3], ait conduit

---

1. M. Heidegger, *Überlegungen XII-XV*, GA 96, p. 260
2. Claude Lanzmann, *Le Dernier des injustes*, Paris, Gallimard, 2015, p. 44. Il s'agit de la publication du script du film du même nom sorti en 2013.
3. Benjamin Murmelstein, *Terezin. Il ghetto-modello di Eichmann*, Bologne, Cappelli, 1961 ; 2ᵉ éd., Milan, La Scuola, 2013, avec une postface de Wolf Murmelstein : « Benjamin Murmelstein, "Il testimone mai sentito" », p. 237-246.

à conclure que la participation d'Eichmann à la Nuit de Cristal n'avait pu être établie. Lui-même rapporte que, dans la nuit du 9 au 10 novembre 1938, arrêté alors qu'il se rendait à la synagogue de la Seitenstettengasse où se trouvait le consistoire central de la communauté juive, il a pu voir une troupe de maintien de l'ordre de la SS, en uniformes *feldgrau*, en train de détruire avec application, avec des marteaux et des haches, les objets du culte. Eichmann dirigeait l'opération, une barre de fer à la main, mettant lui-même en pièces les objets de culte dans le temple[1]. On notera cet acharnement contre les synagogues et les objets du culte, preuve du fait que l'antisémitisme nazi n'est pas seulement, comme on le dit trop souvent, «biologique», mais qu'il vise tout autant la religion et l'esprit du judaïsme.

Le même Eichmann réapparaîtra quelques jours plus tard, pour se présenter comme un «protecteur de la communauté» juive, venu en personne, la Nuit de Cristal, pour sauvegarder bâtiments et bureaux. Murmelstein conclut en ces termes: «Le fait est que l'image d'Eichmann, lors du procès, a été complètement faussée. Comme par exemple la théorie de Mme Arendt, selon laquelle Eichmann était banal, c'est risible! Lui,... banal? Eichmann, banal... Par exemple, la facette du Eichmann corrompu n'a absolument pas été démontrée.»

La façon dont Arendt évoque Murmelstein dans son *Eichmann* participe également de la face sombre de son reportage. Elle fait de lui l'un des «anciens associés juifs à l'émigration» d'Eichmann, et elle fait mine de s'étonner de ce que l'avocat d'Eichmann, le Dr Servatius, n'ait pas mentionné ce fait pour remettre en question «le tableau général dessiné par l'accusation, avec sa distinction claire entre bourreaux et victimes[2]». Lorsque nous pensons aux conditions dans lesquelles Murmelstein était contraint d'agir à Vienne, nous pouvons estimer que le fait de le présenter comme un «associé» d'Eichmann au moment de l'émigration forcée des Juifs d'Autriche frôle également la diffamation. Si le Dr Servatius n'a pas invoqué Murmelstein, n'est-ce pas parce qu'il savait,

---

1. Cl. Lanzmann, *Le Dernier des injustes*, op. cit., p. 45-46.
2. H. Arendt, *Eichmann à Jérusalem*, op. cit., p. 1134.

comme Eichmann lui-même, que cela aurait pu conduire la Cour à le convoquer, puisqu'il était en vie, comme témoin – un témoignage qui n'aurait, de toute évidence, pas plaidé en faveur de la défense d'Eichmann.

59. Jean-Luc Nancy, l'antisémitisme et le Smartphone : de la banalité à l'« historialité »

Que reste-t-il aujourd'hui du dispositif apologétique d'Arendt opposant le penseur, Heidegger, à l'exécutant sans pensée, Eichmann ? Qu'en reste-t-il lorsque le progrès de la recherche historique, de David Cesarani à Fabien Théofilakis, nous montre que le livre d'Arendt fut un *livre-écran*, faisant obstacle à la compréhension du procès d'Eichmann ? Et qu'en reste-t-il lorsque la critique philosophique de la métapolitique développée dans les *Cahiers noirs* et de l'éloge heideggérien, en 1941, de la politique conduisant l'ennemi à son auto-extermination, confirme l'exclusivisme *völkisch* de la « pensée de l'être » *(Seyn)* ?

Nous assistons à de nouveaux efforts pour récupérer quelque chose du potentiel disculpant, pour Heidegger, de l'opposition arendtienne entre Eichmann, l'exécutant « banal », et le « penseur » à l'écoute de l'être. Cependant, le terme de « banal » est désormais appliqué à Heidegger lui-même. Il reste à savoir si la signification du mot est conservée. C'est dans un essai intitulé *Banalité de Heidegger* que cette nouvelle attribution est proposée. L'auteur de l'essai, Jean-Luc Nancy, indique avoir « directement et très clairement » repris « l'expression choisie par Arendt », à savoir le slogan de la banalité. Sans doute son travail, comme celui de Derrida auquel il se rattache en partie, comporte-t-il une dimension critique, plus manifeste que dans les écrits d'Arendt postérieurs à 1948, et augmentée par la lecture des *Cahiers* heideggériens. Néanmoins, il s'agit toujours de préserver la stature du « grand penseur »[1].

---

1. Du moins est-il possible d'amorcer une discussion philosophique des thèses en présence. Cela apparaît plus difficile avec Alain Badiou, qui ne fait rien d'autre que nous poursuivre de ses diatribes tout en proclamant qu'il ne nous lira pas,

La *Banalité de Heidegger* représente la version écrite d'une conférence du même titre prononcée le 30 octobre 2014, lors d'un colloque sur « Heidegger et les juifs » à l'Institut Martin-Heidegger de Wuppertal[1]. Au début de sa conférence, Nancy s'explique sur la signification qu'il attribue au mot « banal » dans l'expression d'Arendt :

> [...] la banalité du mal, à propos d'Eichmann, ça ne veut pas dire du tout que le mal est banal, cela veut dire que le mal, l'idée même du mal, le projet du mal, la complicité dans le mal peuvent très facilement devenir aussi banals que n'importe quelle habitude, manière de penser, que l'usage du *Smartphone* aujourd'hui[2].

Comparer la « banalité du mal » incarné par Eichmann à « n'importe quelle habitude, manière de penser », et même à « l'usage du Smartphone aujourd'hui », c'est aller le plus loin qu'il se peut dans la trivialisation de ce que fut réellement l'organisation de l'extermination des Juifs d'Europe. Pour avoir quelque sens, la comparaison présuppose en effet que c'est par automatisme et par habitude, sans autre intention que fonctionnelle, exactement comme nous-mêmes pianotons quotidiennement sur nos Smartphones, qu'Eichmann aurait organisé la rafle et la déportation des hommes, femmes et enfants juifs vers les camps de la mort. La comparaison de ce mal exterminateur avec la manipulation de nos objets techniques les plus familiers indique que Nancy, tout

---

depuis sa préface à l'édition des lettres de Heidegger à Elfride, pilonée par les ayants droit, jusqu'à sa récente lettre à Jean-Clet Martin (« Lettre d'Alain Badiou à propos d'une recension autour de Faye/Heidegger sur *Actu Philosophia* », 6 avril 2014 : http://strassdelaphilosophie.blogspot.fr/2014/04/lettre-dalain-badiou-propos-dune.html). François Rastier, indirectement mis en cause, lui a répondu (« Philosophie et extermination : en réponse à Alain Badiou » : http://bibliobs.nouvelobs.com/essais/20140428.OBS5423/philosophie-et-exterminations-en-reponse-a-alain-badiou.html).

1. Jean-Luc Nancy, « Die Banalität Heideggers », *Heidegger und die Juden*, Wuppertal, 30 octobre 2014. C'est en réalité en français que Nancy a prononcé sa conférence : « "La banalité de Heidegger", Jean-Luc Nancy, 2014 » (https://www.youtube.com/watch?v=c8zxB9NKIOU).

2. *Ibid.* (nous avons corrigé une tournure de la langue orale).

comme Arendt, demeure en phase avec la vision de la technique développée après 1945 par Heidegger.

L'auteur, cependant, s'écarte d'Arendt en plusieurs façons. En parlant d'«idée», de «projet», de «manière de penser» tout en cultivant la comparaison technique, il ébranle la thèse de l'absence de pensée d'Eichmann, sans jamais d'ailleurs s'expliquer sur ce point. Par ailleurs, par le titre de sa conférence et de son essai, il use de ce que Scholem a bien appelé le *slogan* de la banalité, non plus seulement à propos d'Eichmann, mais aussi et surtout de Heidegger lui-même. Enfin, ce n'est pas seulement, comme Arendt, à propos de l'organisation de l'extermination qu'il parle de banalité, mais à propos de l'antisémitisme.

Nancy ne déplace pas seulement le dispositif arendtien, il le brouille en surface. Déjà passablement confus, propice à toutes les équivoques, le mot «banalité» perd toute consistance et devient ployable à merci lorsqu'il n'est plus adossé à la thèse originale et problématique d'Arendt, celle de la *thoughtlessness*, de l'absence de pensée des exécutants. Sans doute est-ce la condition pour que le slogan de la banalité puisse s'appliquer au «penseur» Heidegger.

Il faut donc rappeler que, au sens que lui prête Arendt, le mot «banal» ne signifie «ni une bagatelle, ni quelque chose qui se produit fréquemment» – comme pianoter sur son Smartphone, pour reprendre la comparaison malheureuse de Nancy. Par le mot «banal» appliqué au «cas Eichmann», elle voulait signifier «la mesquinerie de cet assassinat collectif sans conscience de culpabilité et la médiocrité *dépourvue de pensée* de son prétendu idéal[1]». À nouveau, l'accent est mis sur l'absence supposée de pensée du génocide des Juifs, conception éminemment discutable, mais centrale pour Arendt et que Nancy, dans sa conférence, tend à oublier.

Si, malgré ce brouillage de Nancy, l'amorce d'une discussion de la *Banalité de Heidegger* mérite de figurer dans les conclusions d'un travail critique consacré de façon prioritaire aux écrits d'Arendt, c'est que l'auteur conserve tout à la fois la tension bipolaire pré-

---

1. H. Arendt, «Le cas Eichmann et les Allemands», *Politique et pensée*, actes du colloque organisé par le Collège international de philosophie, Paris, Payot & Rivages, 1996, p. 248 (souligné par nous).

sente chez son inspiratrice et – pour une part au moins – l'intention apologétique de cette dernière. À l'opposition entre «absence de pensée» – *id est* banalité – et «pensée» représentée par le couple Heidegger-Eichmann, l'auteur substitue l'opposition entre un terme repris à Arendt, celui de «banalité», et un néologisme forgé à partir de la traduction française de Trawny, l'«historialité[1]». Nancy peut ainsi, chez Heidegger même, thématiser l'opposition entre un antisémitisme *banal* et un antisémitisme *historial*. Cette tension introduit dans l'antisémitisme heideggérien un jeu qui permet à l'auteur d'espérer, tout comme avant lui Arendt, sauver l'éclat de «la pensée qui me[t] l'être en question[2]». D'où les questions directrices de la conférence: «Comment peut-on être à la fois dans la banalité et dans l'historialité?», ou encore: «Que se passe-t-il dans ce très étrange nœud où la banalité se tresse avec l'historialité?»

L'auteur vient porter secours à la formule contestable de Trawny, celle de l'«antisémitisme historial» ou *seinsgeschichtlicher Antisemitismus*, c'est-à-dire, plus exactement traduit, inscrit dans «l'histoire de l'être». Nancy entend s'appuyer sur l'un des passages les plus cités des *Cahiers noirs*, à savoir la phrase qui conclut le quatorzième cahier et que nous proposons de traduire ainsi:

> La question du rôle de la juiverie mondiale *(Weltjudentum)* n'est pas raciale, mais c'est la question métaphysique du genre de modalité humaine qui, *par excellence déchaînée*, peut assumer comme «tâche» historico-mondiale *(weltgeschichtliche «Aufgabe»)* le déracinement de tout étant hors de l'être[3].

---

1. Ce néologisme substantive l'adjectif «historial», choisi en 1938 par Henry Corbin pour traduire *geschichtlich*, et repris par les traducteurs de l'essai de Peter Trawny sur les *Cahiers noirs* pour traduire, cette fois, l'adjectif *seinsgeschichtlich* utilisé par ce dernier lorsqu'il attribue à Heidegger un *seinsgeschichtlicher Antisemitismus*.
2. J.-L. Nancy, *Banalité de Heidegger*, op. cit., p. 15.
3. «*Die Frage nach der Rolle des Weltjudentums ist keine rassische, sondern die metaphysische Frage nach der Art von Menschentümlichkeit, die schlechthin ungebunden die Entwurzelung alles Seienden aus dem Sein als weltgeschichtliche "Aufgabe" übernehmen kann*» (M. Heidegger, *Überlegungen XII-XV*, GA 96, p. 243). Pour *Menschentümlichkeit*, nous reprenons la proposition de Nancy qui a raison de pointer ce curieux néologisme. Heidegger a visiblement pour intention de déshumaniser les Juifs, qui ne parviennent pas à accéder à l'humanité *(Menschentum* – un mot

Nancy choisit, sans autre justification, de rendre en français l'adjectif *weltgeschichtlich* par « historial[1] », ce qui est non seulement inexact, puisque le mot *Welt* n'est pas traduit, mais constitue un contresens tout à la fois sur la signification des termes heideggériens et sur la pensée de l'auteur des *Cahiers noirs*. Selon Nancy, Heidegger considérerait les Juifs comme un peuple ayant une position appropriée en regard du «destin» ou de l'«historialité» de l'Occident[2]. Or, ce n'est pas en ces termes que s'exprime ce dernier. L'auteur des *Cahiers noirs* ne considère nullement les Juifs comme un peuple. Jamais on ne trouve, dans les quatre volumes publiés de *Cahiers noirs*, l'expression *jüdisches Volk*. Toute glose sur le « peuple juif» dans ces *Cahiers* apparaît donc hors sujet[3]. Le judaïsme n'a pas davantage un destin *(Schicksal)* propre, à la différence du peuple allemand. Il a tout au plus un rôle *(Rolle)* – mot non germanique, issu du latin *rotula* – ou une « tâche » *(« Aufgabe »)*, mais à condition de mettre le terme entre d'ironiques guillemets.

Dans la phrase citée de Heidegger, la «"tâche" historico-mondiale» *(weltgeschichtliche « Aufgabe »)* fait écho à l'appellation antisémite de «juiverie mondiale» *(Weltjudentum)*. Trop mondiale pour former un peuple, la «juiverie» apparaît, dans les *Cahiers noirs*, sans sol ni destin. Sans enracinement *völkisch* et sans lien avec la terre, dépourvue de toute *Heimat*, exemplairement «déchaînée» *(ungebunden)*, elle accomplit le «déracinement de tout étant»[4]. Nous ne voyons donc pas que le *Weltjudentum* puisse

---

que Heidegger emploie par exemple pour le peuple allemand dans son cours sur *Nietzsche* de 1940), mais tout au plus à un «genre de modalité humaine».

1. J.-L. Nancy, *Banalité de Heidegger, op. cit.*, p. 21-22.
2. «Ce peuple approprié est le peuple juif. Heidegger l'énonce très explicitement *[sic]* et dans les termes qui conviennent à l'ensemble de sa position à l'égard du problème constitué par l'Occident, c'est-à-dire du destin ou de l'historialité de ce dernier» *(ibid.*, p. 21).
3. Plus loin dans son essai, Nancy reconnaît que pour Heidegger, «le Juif est [...] sans peuple» *(ibid.*, p. 47). Au lieu de tirer au clair, pour le lecteur, la contradiction manifeste de son propos puisqu'il disait le contraire à la page 28, il croit se sortir de la difficulté en forgeant l'oxymore: «ce peuple du sans-peuple» *(ibid.*, p. 48). Ce tour de passe-passe rhétorique élevé à la dignité d'une méthode de pensée est usuel chez Nancy.
4. Pour *ungebunden*, nous pensons qu'il faut traduire par «déchaînée» et non par le trop positif «libérée», comme le font Nancy et d'autres.

relever de l'« histoire de l'être », sinon de façon détournée, par ses supposées « manigances ». Le « déracinement » juif ne saurait opérer que sur l'étant. Il n'a aucune prise sur l'être. C'est donc commettre un autre faux sens que de passer, comme le fait l'auteur, du « déracinement de tout l'étant hors de l'être », formulation heideggérienne, au « déracinement de l'être »[1].

Qu'en est-il maintenant de la « banalité » appliquée conjointement à l'antisémitisme et à Heidegger ? Nancy complexifie la donne en convoquant une analyse pertinente de Danièle Lochak, mais fort éloignée du slogan arendtien, tant par son concept directeur que par le champ historique de son analyse. Car ce n'est pas la banalité, mais la « banalisation » qu'étudie la juriste. Danièle Lochak distingue, à propos non pas du national-socialisme, mais des lois antijuives de Vichy, « deux processus convergents » de banalisation, celui du droit antisémite et celui de l'antisémitisme même. Elle décrit les effets d'euphémisation produits par « la conversion de la logique antisémite en logique juridique » : « les mesures antijuives perdent [...] tout contenu concret, leurs conséquences tragiques disparaissent derrière un traitement formel des problèmes qu'elles soulèvent[2] ». Transposant l'analyse de Lochak « du plan juridique au plan philosophique » et reprenant la structure de l'énoncé que nous avions choisi en 2005 pour titre d'un livre, Nancy en vient à parler de « l'introduction en philosophie d'une banalité », celle du « discours antisémite ». Est-ce à dire que l'auteur, cette fois, nous rejoindrait, dans la mesure où il laisse entendre qu'il serait légitime de parler, à propos de Heidegger, d'une introduction de l'antisémitisme dans la philosophie tout comme nous avions parlé de l'introduction du nazisme dans la philosophie ?

---

1. *Ibid.*, p. 26. Croyant, en traduisant *weltgeschichtlich* par « historial », avoir fourni « la justification entière » de l'appellation d'« antisémitisme historial », l'auteur se fait polémique. Il oppose à l'« analyse réfléchie » – bien entendu la sienne – un supposé « désir d'accusation véhémente et de dénonciation cinglante » qui, tel le chien de Pavlov, aurait entrepris, « par une sorte de réflexe conditionné », de « condamner » là où il s'agirait d'« analyser » (*ibid.*, p. 22-23).

2. Danièle Lochak, « Écrire, se taire... Réflexions sur la doctrine antisémite de Vichy », *Le Genre humain*, n° 30-31 : « Le Droit antisémite de Vichy », mai 1996 ; cité dans J.-L. Nancy, *Banalité de Heidegger, op. cit.*, p. 12.

Il faut préciser le contresens de Nancy par rapport à Arendt. Pour elle, Eichmann est banal en ce qu'il est, dit-elle, « sans motif ». Elle ne lui reconnaît pas une intention antisémite. En quoi, certainement, elle se trompe. Mais telle est sa conviction. La banalité telle que l'entend Arendt est donc tout autre chose que la banalisation d'un discours antisémite ambiant qui aurait pénétré jusqu'aux *Cahiers noirs* et dont nous parle la *Banalité de Heidegger*.

Parvenu à ce point de son essai, Nancy ne formule pas de thèse parfaitement explicite et claire. Cependant, si nous tenons compte tout à la fois de la conférence et de l'essai, nous pouvons discerner quelque chose de ses intentions. Dans l'exposé oral de Wuppertal, à propos de la question de savoir si la pensée de Heidegger est compromise ou non dans son ensemble, il évoque et commente le titre de notre livre en ces termes :

> Vous savez peut-être que, en France, sans doute plus qu'en aucun autre pays [...], il y a une opinion qui est presque majoritaire dans la rumeur publique, dans la conscience publique [...] il semble que ce qui est dominant, c'est le mot d'ordre qui a été lancé par Emmanuel Faye, l'*introduction du nazisme dans la philosophie*. [...] Emmanuel Faye a lancé cette formule avant la publication des *Schwarze Hefte*, mais maintenant, je crois que c'est rentré dans la tête de beaucoup de gens : Heidegger égale philosophie nazie. Ou plus que philosophie nazie, c'est quelque chose d'encore plus vicieux, pernicieux, c'est l'introduction du nazisme dans la philosophie. Et une fois qu'il est là-dedans, il ronge tout[1].

Nous laissons à Nancy la responsabilité de son affirmation selon laquelle notre critique de Heidegger serait devenue une opinion dominante dans l'espace public en France. En lecteur d'*Être et temps*, l'auteur estime sans doute que ce qui est reçu dans l'espace public, l'*Öffentlichkeit*, se voit par là même disqualifié comme relevant d'un « On » inauthentique, celui précisément, selon ses termes, de l'opinion et de la rumeur, voire du « mot d'ordre », quand bien même il ne s'agirait – ce qui en l'occurrence est le cas – en rien d'une vague rumeur, mais d'un travail de recherche

---

1. « "La banalité de Heidegger", Jean-Luc Nancy, 2014 », conférence citée.

de plus de cinq cents pages. Pour nous au contraire, le titre d'un livre n'a pas d'autre valeur que celle que lui confère la solidité du contenu de l'ouvrage. En l'occurrence, l'*introduction du national-socialisme dans la philosophie* ne nous est pas apparue comme un « mot d'ordre », mais comme la position d'un problème[1].

À ce propos, le conférencier a raison de corriger son premier énoncé. Nous nous refusons en effet à parler de « philosophie nazie », contradiction dans les termes ou oxymore. C'est, très précisément, l'introduction, l'*Einführung* heideggérienne qui a fait l'objet de notre recherche. Comme le titre allemand du cours de 1935 l'exprime mieux que la traduction française, l'*Einführung in die Metaphysik*, c'est une introduction non seulement à, mais aussi *dans* la métaphysique. De quoi, en l'occurrence ? De l'éloge heideggérien de la « vérité interne et grandeur » du mouvement nazi. Prononcer cette *innere Wahrheit*, exalter cette *Größe*, c'est effectivement, si nous reprenons les mots de Nancy, aussi vicieux que pernicieux, surtout lorsque l'on choisit de publier cet éloge après 1945, ce qui veut dire que la vérité du « mouvement » a, pour l'auteur d'*Être et temps*, survécu à la défaite militaire du IIIe Reich et qu'elle se perpétue en esprit dans ses cours ainsi édités.

La suite du propos indique que le conférencier entend retenir quelque chose de notre titre, mais à condition de le transformer :

> Bien entendu, cette question doit rester à l'horizon[2], mais, je dirais, pas sous cette forme. Pour une raison très simple et qui est très importante pour la suite de notre interrogation, c'est que dans les *Schwarze Hefte*, il y en a autant contre le nazisme que contre le *Judentum*, et même plus. Il y a un face-à-face des deux comme s'il s'agissait de deux représentants, également disqualifiés du point de

---

1. Nous pouvons nous demander avec quel sérieux Nancy évoque, pour contester son titre, un livre dont il semble n'avoir pas même regardé la table des matières. Il mentionne en effet assez longuement dans sa conférence l'antisémitisme manifeste dans deux passages des *Beiträge* pour conclure, à deux reprises, que « personne n'en a parlé ». Or, notre livre consacre toute une section à la question. Voir E. Faye, « Le "principe *völkisch*" et l'antisémitisme de Heidegger dans les *Beiträge zur Philosophie* », *Heidegger, l'introduction du nazisme dans la philosophie, op. cit.*, p. 441-455.

2. Nancy reconnaît donc finalement que notre titre représente une question plutôt qu'un mot d'ordre. Sur ce point, nous nous accordons.

vue de la vérité de l'être, deux représentants, même pas d'une pensée, mais d'une attitude raciste, ce qui veut dire bêtement, platement, empirique, biologiste, et même, on pourrait dire, comptant sur l'identité du peuple, en un sens qui est par exemple pour Heidegger, dans les *Cahiers*, le sens de la *Volksgemeinschaft*[1].

Non seulement Nancy fait sienne la thèse défendue par Trawny et que nous jugeons trop schématique et teintée d'une intention apologétique, celle selon laquelle, dans les *Cahiers*, nazis et Juifs seraient pareillement attaqués, mais il l'exagère en affirmant que ces derniers le seraient plus encore. La fragilité de la thèse se voit par exemple au fait que, si Heidegger critique le «national-socialisme vulgaire» comme trop bourgeois, c'est pour lui opposer la grandeur du «national-socialisme spirituel». Sa critique effectue donc une radicalisation du nazisme, destinée à contrer sa dérive vers un «rational-socialisme[2]». Et l'on ne voit pas que Heidegger ait entrepris, ne serait-ce qu'une seule fois, de faire l'éloge d'un *Judentum* spirituel! Il n'y a donc nulle symétrie entre les attaques heideggériennes contre le judaïsme ou la juiverie, et les critiques à l'égard de nationaux-socialistes, déconsidérés lorsqu'ils ne se montrent plus à la hauteur de la vérité et grandeur du mouvement, lorsqu'ils se laissent à leur tour gagner par les «manigances» attribuées à la «juiverie mondiale».

Nous n'allons pas davantage reprendre une démonstration déjà conduite dans la deuxième partie du présent livre. Notons seulement que l'insistance avec laquelle la mise en vis-à-vis des Juifs et des nazis est évoquée verse dans le non-sens historique lorsque Nancy laisse entendre, dans le passage cité de sa conférence, que Heidegger aurait attribué aux Juifs la même notion: celle de «communauté du peuple» *(Volksgemeinschaft)*, que pour les nationaux-socialistes. Nous voyons à cet exemple à quel point les éléments d'une discussion sérieuse sur le texte même des *Cahiers noirs* manquent à la conférence et à l'essai de Nancy, lesquels ne font qu'effleurer le texte de ces *Cahiers*, alors même que

---

1. «"La banalité de Heidegger", Jean-Luc Nancy, 2014», conférence citée.
2. M. Heidegger, *Überlegungen XII-XV*, GA 96, p. 195.

des thèses généralisatrices et englobantes sont affirmées[1]. Sur la *Volksgemeinschaft* par exemple, nous observons, pour nous limiter au volume 94, que Heidegger peut certes critiquer certains mésusages ou abus à ses yeux du terme, plus d'une fois mis par lui entre guillemets[2]. Il continue néanmoins à faire sienne, de façon toute positive, cette même notion lorsqu'il évoque « le *but prochain*, la création de la communauté du peuple *(Volksgemeinschaft)* – comme le *soi* du peuple[3] ». On ne saurait donc affirmer sans nuance qu'il rejette en bloc le concept de *Volksgemeinschaft* pour le laisser aux nazis dont il ne ferait pas partie, et moins encore qu'il l'attribue au *Judentum*.

Nous touchons ici à une difficulté dans l'analyse des textes heideggériens durant les années 1935-1945. C'est un fait, comme nous l'avons analysé en 2005, que la terminologie de Heidegger évolue. Ce dernier va prendre certaines distances à l'égard de mots qu'il avait longtemps mis au centre de son propos, comme celui de « vision du monde », un terme central dans plusieurs de ses conférences et cours des années 1920. Il se forge un langage plus ésotérique : la *Fügung* (destin) des *Beiträge* remplace, pourrait-on dire, la *Führung* des discours contemporains de la période du rectorat. Ou, pour mieux dire encore, la question de l'Être *(Sein)* a désormais laissé place à l'« histoire de l'être » *(Seynsgeschichte)*[4].

---

1. Le contraste est grand avec l'essai volumineux de Stéphane Domeracki qui a courageusement entrepris de traduire et de commenter un nombre considérable de lieux de ces *Cahiers*. Domeracki propose d'ailleurs une discussion de l'essai de Nancy, avec notamment une pertinente « Conclusion amusée » (*Heidegger et sa solution finale. Essai sur la violence de « la » « pensée »*, Paris, Connaissances et savoirs, 2016, p. 741).
2. Voir M. Heidegger, *Überlegungen II-VI*, GA 94, p. 164, 271 et 329.
3. « *Das nächste Ziel, die vorläufige Schaffung der Volksgemeinschaft – als das Selbst des Volkes* » (*ibid.*, p. 74).
4. Dans les *Cahiers noirs*, l'expression « histoire de l'être » *(Seinsgeschichte)* apparaît pour la première fois dans le sixième cahier de « Réflexions » (*ibid.*, p. 480-481, 485, 520, 532). Nous trouvons le même terme, écrit cette fois avec un *y (Seynsgeschichte)*, à partir du cahier suivant (M. Heidegger, *Überlegungen VII-XI*, GA 95, p. 56, 154, 208, 335, 345, 385). On voit alors coexister les deux orthographes. On trouve en effet *Seinsgeschichte* aux p. 59, 68, 76, 153, 382, 387. Quant au terme *Seyn* avec un *y*, c'est plus tôt qu'il est apparu (voir M. Heidegger, *Überlegungen II-VI*, GA 94, p. 168-170).

Heidegger écrit en effet, dans le quatrième volume paru des *Cahiers noirs*, que « l'Être *(Sein)* est depuis *Être et temps* un mot couvert *(Deckname)* pour l'être *(Seyn)*[1] ».

Que le langage directement politique de Heidegger laisse place à celui d'un discours hiératique et crypté est donc avéré. Il serait cependant téméraire d'en conclure que ce dernier a rompu toute amarre avec le national-socialisme. Toute continuité n'est pas brisée sur le fond, loin s'en faut. Ainsi, le terme clé de *Vernichtung*, présent dès 1934, resurgit de façon toujours plus insistante au début des années 1940. La preuve de la continuité est d'ailleurs donnée par les éloges publiés après 1945, une fois connues pourtant de tous les atrocités du IIIe Reich. C'est, en 1953, la « vérité interne » du mouvement national-socialiste crédité en outre, dans l'entretien donné en 1966 au *Spiegel*, d'être allé dans la direction d'un « rapport suffisant » à l'essence de la technique.

Avec les analyses de Lochak, Nancy disposait des moyens conceptuels pour décrire la forme de « banalisation de l'antisémitisme » effectuée par Heidegger dans ses *Cahiers*, notamment lorsque ce dernier présente « la question du rôle de la juiverie mondiale » comme une question « métaphysique ». Cela permet en effet à Heidegger de manipuler les concepts de *Vernichtung* ou de *Selbstvernichtung* de façon tantôt claire et explicite lorsque le IIIe Reich va de victoire en victoire, comme au tout début des années 1940, tantôt suffisamment euphémisée pour que leur signification concrètement meurtrière n'apparaisse pas directement pour qui se satisferait d'une lecture en surface. Il ne nous faut donc jamais oublier que, dans les *Cahiers*, « métaphysique » est un mot pour « méta-politique ». L'antisémitisme heideggérien peut être dit « métaphysique » si l'on veut, mais à condition de ne pas être dupe de son langage et de savoir y reconnaître ce que nous avons appelé

---

1. « *"Sein" seit "Sein und Zeit" als der Deckname für Seyn* » (M. Heidegger, *Anmerkungen I-IV*, GA 97, p. 218). À ce propos, Stéphane Domeracki a, le premier de façon aussi nette, remarquablement thématisé dans son *opus* la distinction heideggérienne de l'Être *(Sein)* et de l'être *(Seyn)* (S. Domeracki, *Heidegger et sa solution finale, op. cit.*, p. 19, 21, 32, 43, 435, 552, 559-560, 586, 675-676, 710).

une *métapolitique de l'extermination*[1]. Pour Heidegger, les Juifs n'ont pas d'autre « destin » que d'être promis à la *Vernichtung*[2].

La pensée de Heidegger n'est pas, comme celle de Hegel, dialectique, elle est tautologique et identitaire[3]. Or, Nancy s'efforce, en quelque sorte, d'*hégélianiser* Heidegger. Sans qu'il le dise explicitement, c'est bien de façon dialectique qu'il interprète le concept d'auto-extermination thématisé par Heidegger, lorsqu'il veut y voir l'expression achevée de la « haine de soi de l'Occident[4] » – tel est le fond de sa thèse. Le Juif devient celui qui, tout à la fois au centre du destin de l'Occident et étranger à lui, mène à son terme cette « haine de soi » et accomplit par là même la vérité supposée et le destin de l'Occident. Ici, Nancy ne parle pas *sub specie* Heidegger. Il fait sienne cette façon de parler et expose son interprétation.

Parler ainsi *en gros* de « l'Occident », lui attribuer l'identité d'un *soi*, le poser comme le sujet d'une intentionnalité et lui prêter une forme d'affect collectif est particulièrement discutable. Cela n'est pas manier un concept, mais contribuer à alimenter un mythe historique, largement forgé par Spengler et son *Déclin de l'Occident*, et repris ensuite jusqu'à Heidegger et Arendt. Or, nous savons suffisamment aujourd'hui quel parti des heideggériens politiques comme Fardid en Iran ou Douguine en Russie ont su tirer de cette mythologie pour ne pas souhaiter perpétuer cette façon de parler.

La thèse de Nancy le conduit à poser non seulement que le terme du processus se trouverait dans la supposée « haine de soi juive », mais qu'Edmund Husserl représenterait un point culmi-

---

1. La double erreur de Donatella Di Cesare à ce propos, c'est de prendre à la lettre le mot « métaphysique » sans tenir suffisamment compte des énoncés de Heidegger reliant entre eux « métaphysique » et « méta-politique », et de proposer des rapprochements sommaires et hasardeux avec des philosophes comme Kant.

2. C'est ce que Di Cesare ne veut pas voir lorsqu'elle soutient – c'est le fond de sa thèse – que, chez Heidegger, le Juif ne serait pas, comme pour Schmitt, l'adversaire ou l'ennemi, mais « l'Autre ». Cela lui permet à son tour d'euphémiser et de ne voir, chez l'auteur des *Cahiers noirs*, qu'un « massacre ontologique ».

3. Nous ne saurions trouver chez Heidegger ne seraient-ce que les prémisses d'une « dialectique négative ». C'est dire à ce propos, mais c'est une autre question, combien les tentatives multiples pour rapprocher Heidegger d'Adorno sont promises à l'échec.

4. J.-L. Nancy, *Banalité de Heidegger*, op. cit., p. 54.

nant de l'antisémitisme en Occident. Cela apparaît clairement dans la « chute » de sa conférence de Wuppertal quand il conclut sur ce point. Nancy s'appuie, pour ce faire, sur un passage du livre de Theodor Lessing, *Der jüdische Selbsthaß*[1]. Lessing y rapporte un mot de Husserl à Otto Weininger qui lui avait rendu visite à Göttingen en 1906 : « le judaïsme n'est pas une nation, mais un malheur ».

On ne saurait commenter sérieusement ce propos sans y reconnaître l'écho manifeste et presque la reprise, à un mot près, d'une phrase célèbre de Heinrich Heine, lequel n'avait certes rien d'antisémite. Or, Nancy n'en dit mot. Heine fait parler l'un des personnages des *Bains de Lucques* en ces termes : « Je vous le dis, ce [le judaïsme] n'est pas du tout une religion, mais un malheur[2]. » Le mot sera repris et commenté dans toute la culture allemande et juive allemande, particulièrement à partir du début du XXᵉ siècle. Dans ses *Souvenirs intimes*, Heine précisera : « J'ai dit quelque part que le judaïsme était, non une religion, mais un malheur, j'aurais dû dire le judaïsme allemand[3]. » À l'évidence, comme le montre la suite du texte, le poète pense à la détestation dont il faisait alors l'objet en Allemagne en tant qu'écrivain juif. Il poursuit en effet en estimant qu'il aurait « préféré être né en France ». Dans l'esprit de Heine, son mot, devenu fameux, loin de traduire une quelconque « haine de soi » de sa part, exprime avant tout la difficulté d'être juif, dans un contexte d'antijudaïsme croissant.

Si le judaïsme peut être considéré comme un malheur, c'est donc en regard de ce que les Juifs subissent, tout particulièrement en Allemagne. Comme nous sommes loin de la haine de soi ! Il eût été plus à propos de rappeler l'usage antisémite que fait Heidegger d'un mot de Nietzsche sur Heine, « un Juif », dans son cours sur

---

1. Theodor Lessing, *Der jüdische Selbsthaß*, Berlin, Jüdische Verlag, 1930 ; *La Haine de soi ou le Refus d'être juif*, traduit et présenté par Maurice-Ruben Hayoun, Paris, Pocket, 2011. Rappelons que Theodor Lessing sera assassiné par des nazis à Marienbad, le 30 août 1933. Il n'a donc pu connaître les écrits rédigés par Husserl en 1935, qui confirment l'abîme séparant sa pensée de Heidegger.
2. « *Ich sage Ihnen, es ist gar keine Religion, sondern ein Unglück* » (Heinrich Heine, *Die Bäder von Lucca*, Kapitel VII : http://www.heinrich-heine.net/lucca7.htm).
3. *Souvenirs intimes de Henri Heine*, Alexandre Weill éd., Paris, E. Dentu, 1883, p. 53.

Nietzsche de l'automne 1944, interrompu par l'avancée des Alliés sur Fribourg. Heidegger utilise en effet une citation de Nietzsche associant Heine à Goethe, pour récuser l'auteur du *Faust* et ne retenir que Hölderlin comme le « poète de l'Allemagne[1] ».

S'il est possible que son mot exprime, dans l'esprit de Husserl, des réserves à l'égard d'une nation religieuse dont il s'est séparé pour se convertir au protestantisme, cette éventuelle distance demeure de toute façon incommensurable avec l'antisémitisme heideggérien, en réalité d'esprit exterminateur et nazi. C'est dire à quel point il nous apparaît inacceptable de camper Edmund Husserl en représentant par excellence de l'antisémitisme de l'Occident « incorporé par des Juifs[2] ».

Le montage théorique de Nancy se brise sur la réalité du fait que, pour Heidegger comme pour Schmitt, et comme pour tout autre auteur national-socialiste, si « spirituel » soit-il, l'ennemi racial, culturel ou politique – le Juif, le libéral, le marxiste – demeure à jamais l'adversaire du « soi » du peuple germanique, celui qui menace l'affirmation de soi de la communauté du peuple, la préservation de son essence et l'accomplissement de son destin propre. C'est ce qu'exprime la menace de « déracification » *(Entrassung)* pointée dans les *Cahiers noirs*. Le négatif ne saurait être intégré ni conservé dans cet affrontement. En d'autres termes, il n'y a pas de vérité dans la contradiction pour Heidegger. À l'*Aufhebung* hégélienne, à la négation qui prétend conserver la vérité de ce qu'elle nie, l'auteur des *Cahiers noirs* préfère la *Sammlung*[3], la réunion ou l'« accumulation des forces véritables[4] ».

---

1. M. Heidegger, *Dichten und Denken*, Petra Jaeger éd., GA 50, 1990, p. 150-151 ; voir à ce propos E. Faye, *Heidegger, l'introduction du nazisme dans la philosophie*, op. cit., p. 485.

2. C'est en ces termes que s'exprime Nancy à propos de Husserl (J.-L. Nancy, *Banalité de Heidegger*, op. cit., p. 44-45).

3. « [...] nicht nur *Aufhebung der Unterschiede* [...] sondern *Sammlung* » (M. Heidegger, *Überlegungen II-VI*, GA 94, p. 246). Si les tentatives de lecture hégélienne de Schmitt et de Heidegger nous apparaissent forcées, la question d'une relecture plus critique de l'*Aufhebung* hégélienne et de sa réception reste ouverte. L'une des pierres d'achoppement sur cette question, c'est le fameux cours de Kojève des années 1930, suivi tout à la fois par Sartre et par Arendt.

4. *« Aufspeicherung der wirklichen Kräfte »* (ibid.).

Ce recueillement ne retient rien d'un adversaire privé de vérité. Le cours de l'hiver 1933-1934 intitulé *De l'essence de la vérité* reste sans ambiguïté : l'ennemi demeure l'ennemi, il faut l'anéantir totalement. Rien ne devra subsister de lui dans l'«autre commencement» annoncé[1].

60. L'écroulement de l'apologétique arendtienne

Dans le film que la cinéaste israélienne Ada Ushpiz a consacré à Hannah Arendt[2], après la scène où nous lisons à sa demande, pour montrer sa radicalité meurtrière, l'appel de Heidegger à l'«anéantissement [ou extermination *(Vernichtung)*] total» de l'ennemi intérieur, «incrusté dans la racine la plus intime du peuple», un dialogue se noue entre Jerome Kohn, ancien assistant d'Arendt à la New School, responsable de l'édition de ses écrits, et la cinéaste. Kohn minimise la portée de cet appel – Heidegger n'aurait jamais tué personne. Il défend l'importance de sa pensée pour mieux charger l'homme : comme recteur, Heidegger n'aurait pas su dire non au pouvoir nazi, etc. La cinéaste lui rétorque judicieusement : n'est-ce pas là ce qu'Arendt eût appelé l'«absence de pensée»? Dans un fort éclat de rire, Jerome Kohn semble hésiter, puis il finit par acquiescer.

---

1. Nous aurons à revenir ailleurs sur le rapport de Heidegger à l'*Aufhebung*, objet d'une mise au point détaillée dans un fragment intitulé «Dialectique» (M. Heidegger, *Überlegungen VII-XI*, GA 95, p. 28-30). Dans ses *Annotations I*, il se fait tranchant : «le "dépassement" [...] n'est pas une simple *Aufhebung* – mais un événement qui a commencé *(eingefangene Ereignis)*» (M. Heidegger, *Anmerkungen I-IV*, GA 97, p. 75).

2. Ada Ushpiz, *Vita Activa : The Spirit of Hannah Arendt*. Une version courte du documentaire a été diffusée le 9 mars 2016 sur Arte. La cinéaste entend lutter avec raison contre ce qu'elle nomme «la normalisation du mal» qui, de ce fait, n'est plus perçu comme tel. Elle s'inquiète également à bon droit de l'évolution des rapports entre Israéliens et Palestiniens. Mais est-il certain que le recours à Arendt soit éclairant sur ce sujet? Lorsque l'on voit en quels termes celle-ci parle à Jaspers des Israéliens qu'elle juge de «type arabe»... Nous avons accepté de participer au documentaire parce que la cinéaste se montrait fort critique envers Heidegger. Mais elle n'a retenu aucune de nos analyses critiques adressées à Arendt.

Cet épisode illustre la situation intellectuelle tout à fait nouvelle qui prévaut. Avec les textes publiés depuis une quinzaine d'années dans l'*Œuvre intégrale*, du cours vantant l'extermination totale aux *Cahiers noirs*, accorder à Heidegger la stature du penseur, présenter ses écrits et sa vie comme paradigmes du penser, tout cela apparaît chaque jour davantage comme une prétention usurpée[1]. Bien des apologies, qui durant plus d'un demi-siècle auront agi comme de véritables écrans de fumée, se dissipent aujourd'hui pour laisser place à une appréhension plus exacte de Heidegger et, conjointement, de la pensée qui a orienté et légitimé la dynamique exterminatrice du mouvement nazi. Bien qu'il ait été interdit d'enseignement jusqu'en 1951, longtemps il ne fut guère envisageable, sauf pour une minorité de critiques, d'associer le nom de Heidegger à celui des mentors du nazisme. Aujourd'hui, c'est comme une évidence qu'un historien français, biographe de Heidegger, peut conclure son récit en associant Heidegger à Hitler, à Rosenberg et à Goebbels[2]. Le dispositif apologétique bipolaire élaboré par Arendt, fondé sur l'opposition entre le penseur apolitique et l'exécutant sans motif ni pensée, s'est donc écroulé, sapé tout à la fois par le travail des historiens restituant les vraies motivations d'Eichmann, les recherches de philosophes critiques récusant le paradigme de la haute pensée du *Seyn* heideggérien, et l'épreuve que représente la lecture des quatre volumes parus des *Cahiers noirs*.

---

1. Qu'il y ait une pensée de Heidegger, fût-elle radicalement destructrice, personne ne le nie. Nous ne cherchons donc pas à étendre à ce dernier le concept de l'«absence de pensée» appliqué par Arendt à Eichmann. Mais qu'il mérite le nom de «penseur», terme qui se dit d'un esprit dont l'activité de penser, les enseignements, les écrits sont si éclairants qu'ils peuvent être reçus comme un paradigme du penser, voilà qui fait pour le moins question.

2. «Heidegger développait une théologie politique, à l'image d'un Hitler ou d'un Rosenberg [...]. À l'instar d'un Goebbels [...] le nazisme de Heidegger fondait l'obéissance de la suite sur une liberté conçue de manière antilibérale, en l'occurrence ontologique» (Guillaume Payen, *Martin Heidegger. Catholicisme, révolution, nazisme*, Paris, Perrin, 2016, p. 583). L'auteur, cependant, s'enferre dans une aporie en voulant coûte que coûte maintenir l'image du grand philosophe. Comment, en effet, considérer cette théologie politique et cet hitlérisme ontologisé de Heidegger comme une grande philosophie, sauf à attribuer quelque chose de cette *aura* au nazisme même?

Pour autant, nous ne tirerons pas les mêmes conclusions que la cinéaste et l'éditeur d'Arendt. Nous ne parlerons, à propos du national-socialisme et de l'antisémitisme heideggériens, ni de banalité ni d'absence complète de pensée. Même si nous relevons l'ironie qu'il y a à voir un mot de Heidegger lui revenir de la sorte, nous nous refusons à reprendre l'accusation d'« absence de pensée » *(Gedankenlosigkeit)* qu'aimait trop manier ce dernier. C'est avec pertinence que Dolf Sternberger lui reprochait, dans son remarquable article critique paru en 1953 dans *Gegenwart*, cet usage méprisant qui stigmatisait un adversaire « dépourvu de pensée » *(gedankenlos)*. Surtout, un antisémitisme qui se donne explicitement comme but une visée exterminatrice n'a, dans le fond, rien de banal, même s'il peut afficher une expression impersonnelle et euphémisée pour tenter de se rendre acceptable. On est en effet bien au-delà d'un préjugé ou d'un affect antijuifs. Nous estimons donc qu'il existe une certaine structure de pensée ou, mieux, de *vision* nationale-socialiste qu'il est possible de reconstituer, d'analyser, de critiquer[1]. Une vision dont la virulence n'a cependant d'égale que la pauvreté, une pensée non de la profondeur, mais des bas-fonds. Pensée minée par le fanatisme, déchirée par la haine, qui se détruit elle-même dans son obsession d'anéantir spirituellement et physiquement l'ennemi, une pensée ou vision hallucinée dont on ne saurait tirer une once de philosophie. C'est cette vision pétrie de ressentiment, dont la « grandeur » proclamée ne reflète que la paranoïa, que l'on retrouve dans chacun des *Cahiers noirs* publiés et, si l'on est attentif, dans l'œuvre entière de Heidegger.

En ce qui concerne Hannah Arendt, nous avons principalement voulu proposer dans ce livre un apport de méthode et d'esprit critique. Celle-ci, en effet, pratique constamment l'antiphrase.

---

1. Le philosophe comme l'historien peuvent l'un et l'autre, selon la formule de Johann Chapoutot, étudier précisément ce que signifie « penser en nazi ». Et sans doute les approches des deux disciplines, sans se recouper entièrement, sont-elles complémentaires. C'est aux philosophes qu'il reviendrait plus particulièrement de montrer comment une vision exterminatrice, comme celle qui habite Heidegger, en vient à détruire la pensée humaine dans sa consistance, sa rectitude et son respect de la vie.

Elle débute par exemple sa recension du livre de Max Weinreich par un éloge de sa thèse, pour ensuite la détruire à peu près entièrement. Le lecteur pressé qui ne retiendrait que cet éloge passerait à côté des intentions d'Arendt. Or, il en va de même pour des points fondamentaux comme son rapport aux droits de l'homme ou au racisme. Il faut donc étudier la composition d'ensemble de l'article ou de l'ouvrage pour saisir le point d'accroche de sa vision. Il faut également, le cas échéant, confronter entre elles les versions successives ainsi que les éditions américaine et allemande. Nous avons entrepris ce travail pour son livre fondateur, *Les Origines du totalitarisme*, pour des articles clés comme la double recension critique de 1946 et l'essai sur la philosophie de l'existence de la même année, et plus synthétiquement pour *Condition de l'homme moderne* et *Eichmann à Jérusalem*. De pareilles mises au point restent à réaliser pour l'essai *De la révolution*, dans ses deux versions américaine et allemande, et pour les articles souvent portés aux nues mais en réalité parmi les plus discutables sur la culture, l'autorité ou l'éducation. Des correspondances éclairantes sont à publier, à commencer par celle échangée entre Dolf Sternberger et Hannah Arendt. Nous avons montré son importance majeure pour comprendre l'évolution de celle-ci à la fin des années 1940. Enfin, il faut attendre la publication des *Cahiers noirs* pour les années postérieures à 1948. Ces textes apporteront sans doute des éléments nouveaux qui permettront de saisir de façon plus complète encore le contexte et la nature de la relation retrouvée entre Arendt et Heidegger après 1945.

Le champ des recherches n'est donc pas clos. Cependant, certains points majeurs nous semblent établis. L'essentiel est de ne pas se laisser leurrer par la terminologie d'Arendt, si séduisante soit-elle. Le nouveau langage qu'elle a constitué pour les sciences politiques, aujourd'hui repris dans un nombre incalculable d'ouvrages – « natalité », « pluralité », « vivre-ensemble », « droit à avoir des droits » –, ne doit plus nous détourner de rechercher quelle vision du politique et de l'existence est en réalité diffusée à travers ces termes. Il aura donc fallu montrer sa vision déshumanisée de l'humanité au travail et l'aristocratisme de sa conception du « vivre-ensemble », en réalité une politique pour *happy few*, sa disculpation des « penseurs » du nazisme et sa façon d'accabler au contraire les victimes juives. Il aura fallu montrer sa déréalisation de la *polis* grecque érigée en paradigme avec l'appui d'un historien national-socialiste, sa récusation de la recherche des causes en histoire et son refus de prendre en compte l'intentionnalité du mouvement nazi, réduit à une forme d'exaspération de la fonctionnalité sans intention des sociétés de masse. Il aura fallu montrer sa façon désinvolte de donner congé à la philosophie en prenant acte de l'anathème heideggérien lancé contre le philosopher, et sa façon de faire sienne la mythologisation du « penseur de l'être » pour l'opposer à la figure tout aussi fallacieuse de l'exécutant sans pensée. Cette apologétique arendtienne est aujourd'hui en ruine, le « roi » dans le « royaume du penser » est nu, et l'œuvre d'Arendt ne saurait plus longtemps faire écran à cette réalité.

Épilogue

De l'extermination nazie à la destruction de la pensée

Ce qui a le plus contribué à la renommée planétaire de Hannah Arendt, à sa *fama*, c'est qu'au lieu de se cantonner à traiter de questions académiques elle fut l'une des premières à se confronter, dans *Les Origines du totalitarisme,* au système de domination national-socialiste, puis, dans *Eichmann à Jérusalem*, à la mentalité de ses exécutants. Cependant, Arendt n'aborde la question du nazisme ni en historienne ni, à proprement parler, en philosophe. C'est à partir de la vision heideggérienne de la modernité qu'elle interprète le nazisme et l'action d'Eichmann. Cette réalité a jusqu'à aujourd'hui été masquée par le fait qu'elle utilise à plusieurs reprises en 1955, dans une addition au douzième chapitre des *Origines du totalitarisme*, l'expression kantienne de « mal radical ». On n'a pas vu suffisamment qu'elle attribuait à ces mots un sens qui n'avait plus rien de kantien. Arendt historicise le « mal radical » et elle le rapporte à ce que Heidegger a stigmatisé comme une absence de sol et de patrie de l'homme moderne.

Portée par la conception heideggérienne de la technique, Arendt en vient à considérer les camps comme les « laboratoires » où aurait été expérimentée, de façon radicale, la condition de l'homme de nos sociétés égalitaristes, qu'elle considère comme atomisées. Devenus superflus, les hommes y seraient frappés d'isolement *(loneliness)* et d'abandon *(Verlassenheit).* Ils seraient coupés même de leur « soi ». Ce diagnostic tout heideggérien la conduit à préconiser une forme de salut, fondée sur une vision superficiellement séduisante, mais heideggérienne également, de l'être en commun *(Mitsein)*. Cette vision l'entraîne à concevoir un paradigme de la *polis* qui exclut la majeure partie de l'humanité : jadis l'esclave, l'étranger, le barbare, aujourd'hui le travailleur, l'employé, bref, la multitude de ceux que n'immortalise pas la grandeur héroïque de l'agir politique.

Or, il s'agit d'un diagnostic erroné. Ce ne sont ni la conquête de l'égalité sociale, ni l'émancipation moderne de l'homme individuel qui ont engendré le national-socialisme. Quant au remède, nous pouvons nous demander s'il ne risque pas de paver la voie au retour, sous d'autres formes, du même mal.

Avec le procès d'Eichmann, Arendt a vu qu'une période nouvelle s'ouvrait dans la perception du phénomène national-socialiste. Tandis qu'elle traitait séparément, en 1951, de l'antisémitisme et de la domination totalitaire, elle a compris que, désormais, la destruction des Juifs se trouverait légitimement mise au centre de la perspective. Or, comme elle le faisait déjà dans *Les Origines du totalitarisme*, elle écarte tout examen de la spécificité de la vision du monde, de la *Weltanschauung* nationale-socialiste. Actualisant le schéma explicatif déjà élaboré une décennie plus tôt, pour l'appliquer cette fois à Eichmann, elle décrit un exécutant, un bureaucrate sans motif ni pensée qui obéit tout simplement aux ordres. Arendt ne voit, ou ne veut pas voir l'antisémite fanatique qui travaille au salut de son sang et à la domination sans partage de son *Volk*.

Pis, les victimes sont considérées comme co-responsables, si ce n'est même comme les plus responsables. Arendt accable les Juifs plus qu'elle ne stigmatise Eichmann et sa vision du monde. Si parler de banalité n'est qu'un slogan, celui-ci fait mouche et fascine. La cage de verre séparant symboliquement le criminel génocidaire de l'humanité commune s'en voit abolie. Chacun de nous, dans des conditions analogues, aurait pu, se dit-on, agir comme il l'a fait. On ne perçoit plus le rôle déterminant de la vision du monde exterminatrice, condition nécessaire de la formation d'un génocidaire.

Un autre point tout aussi discutable mérite d'être souligné. Arendt rapporte dans un entretien de 1964 à la télévision allemande comment le sol s'est ouvert sous ses pieds lorsqu'elle a appris l'existence d'Auschwitz[1]. C'était en 1943. Elle et son mari étaient tout d'abord restés incrédules, avant de se rendre à la réalité six mois plus tard. « Cela n'aurait jamais dû arriver », affirme-t-elle à son interlocuteur Günter Gaus : « Auschwitz n'aurait pas dû se produire[2]. » L'extermination nationale-socialiste marque pour elle une rupture sans retour. Ce qu'elle exprime maintes fois dans ses écrits en affirmant que « le fil de la tradition est rompu ».

Arendt aurait raison de parler de rupture si elle avait entendu par là qu'une destruction telle que celle des Juifs d'Europe par les nationaux-socialistes ne saurait être réparée. C'est en effet tout un monde de la culture et de la vie juives et yiddish de l'Europe qui s'est vu anéanti et ne pourra jamais être reconstitué comme il avait existé avant le IIIe Reich. Cependant, Arendt soutient tout autre chose et son affirmation se situe sur un autre plan. Par le fil rompu, elle entend que les principes moraux, philosophiques, religieux, civilisateurs, partagés et transmis avant Auschwitz seraient désormais caducs. Jamais ils n'auraient dû permettre ce qu'elle appelle « la fabrication de cadavres ».

Or, cette fois encore, c'est une vision heideggérienne qu'elle reprend et diffuse par ses propos. Nous l'avons vue citer, dans sa conférence de septembre 1954, l'expression utilisée par Heidegger dans ses *Essais et conférences* parus la même année, à savoir que « nous avons rompu avec l'arrogance de tous les absolus[3] ». Arendt cependant répond par une arrogance plus péremptoire encore que celle récusée par Heidegger lorsqu'elle affirme que les principes moraux, humains et spirituels, qui constituent le fonds de nos cultures et de notre civilisation et que la philosophie s'attache à penser et transmettre, seraient désormais détruits et obsolètes ainsi que la philosophie même.

---

1. H. Arendt, « Gespräch mit Günter Gaus » : https://www.youtube.com/watch?v=J9SyTEUi6Kw

2. H. Arendt, « Seule demeure la langue maternelle » [traduction de la transcription de l'entretien avec Günter Gaus], *La Tradition cachée. Le juif comme paria*, trad. par Sylvie Courtine-Denamy, Paris, Bourgois, 1987, p. 241-242.

3. Voir *supra*, chap. 9, § 41. Nous avons vu dans ce paragraphe qu'Arendt souligne encore cette phrase dans son exemplaire conservé de la réédition du même ouvrage de Heidegger de 1967. Mais elle l'avait certainement déjà lue dans la première édition de 1954.

C'est trop attribuer au national-socialisme, que de le créditer d'une telle rupture. Après tout, le régime national-socialiste a capitulé sans condition en 1945 et la constitution d'un tribunal international à Nuremberg pour juger les principaux responsables a permis de former un nouveau concept du droit, celui de crime contre l'humanité. Ce concept prend appui sur les principes philosophiques et moraux dont nos traditions sont porteuses. Il y a tout à la fois continuité sur le fond dans la façon de se rapporter à la conscience de l'humanité et évolution dans l'élaboration du droit et dans la prise de conscience de ses principes philosophiques. Il s'agit d'un apport fondamental, que les affirmations péremptoires d'Arendt sur la disparition de la philosophie ne sauraient annuler.

Sans doute Arendt ne récuse-t-elle pas l'expression «crime contre l'humanité». Elle l'emploie notamment en 1946, dans sa recension intitulée «L'image de l'enfer», et à nouveau dans l'épilogue d'*Eichmann à Jérusalem*[1]. Mais elle ne se réfère à ce propos au tribunal de Nuremberg que pour affirmer son «échec», ainsi que celui du tribunal de Jérusalem. Et son recours à l'expression «crime contre l'humanité», dans les deux usages évoqués, est conçu avant tout comme une critique des Juifs dans le premier cas, et du procès de Jérusalem dans le second, qui verraient trop exclusivement le tort fait au seul peuple juif ou à des «groupes ethniques entiers – Juifs, Polonais ou Tziganes[2]», au lieu de reconnaître que «l'humanité tout entière[3]» est atteinte et menacée. Malgré cette déclaration, Arendt n'élabore à ce propos aucun concept déterminé de l'humanité. Son usage du terme demeure largement polémique. Ce dont il s'agit dans son esprit, c'est d'attribuer aux Juifs, plus encore qu'aux nazis, un mode de pensée trop étroitement ethnique.

L'essai sur le procès d'Eichmann aurait dû être l'occasion de préciser le concept d'humanité. Au lieu de cela, Arendt propose un étrange réquisitoire. Elle se met à la place du procureur et prononce qu'Adolf Eichmann doit être pendu pour avoir refusé «de

---

1. Voir *supra*, chap. 1, § 1, et H. Arendt, *Eichmann à Jérusalem, op. cit.*, p. 1282-1283.
2. *Ibid.*, p. 1284.
3. *Ibid.*

partager la terre avec le peuple juif et les peuples d'un certain nombre d'autres nations[1] ». Voici donc ce qu'elle entend sous le nom d'« humanité » : le droit des peuples à « partager la terre », ou encore celui d'« habiter le monde ». Dans cette vision, aujourd'hui susceptible de séduire, car c'est ce langage qui est devenu notre nouveau « jargon de l'authenticité », il n'y a plus d'individualisation du droit. Il semble donc particulièrement aporétique de vouloir refonder aujourd'hui la défense des droits de l'homme sur les écrits d'Arendt[2]. Comment, en effet, fonder juridiquement les droits de l'être humain, reconnu dans sa valeur et sa dignité tout à la fois individuelles et universelles, qui subsistent indépendamment de tout lieu et de toute appartenance à une communauté dont il a pu être exclu, sur ces seules notions de « peuple », de « terre » et de « monde » ?

Arendt a-t-elle à ce point tourné le dos à sa critique lucide de 1946, lorsqu'elle reprochait à Heidegger de verser « à l'évidence » *(obvious)*, avec les pseudo-concepts de « peuple » et de « terre », « hors de la philosophie et vers quelque superstition naturaliste »[3] ? Ou a-t-elle à ce point pris congé de la pensée philosophique qu'elle n'a plus d'autre recours à sa portée que ce qu'elle nommait elle-même des « pseudo-concepts mythologisants » *(mythologizing and muddled concepts)*, venus de Heidegger ?

Comment attendre en outre, de la vision d'Arendt, une défense des droits de l'être humain, quand on connaît sa conception explicitement déshumanisante du travail et du travailleur, son refus de reconnaître comme un droit politique l'aspiration des Américains

---

1. *Ibid.*, p. 1287.
2. Voir par exemple Justine Lacroix, « Arendt, Human Rights and French Philosophy », Prepared for delivery at the 2013 Annual Meeting of the American Political Science Association, August 29-September 1, 2013 : http://papers.ssrn.com/sol3/papers.cfm?abstract_id=2300419. Comment espérer élaborer « la conceptualisation d'une citoyenneté cosmopolite » à partir d'une vision qui ruine l'individualité humaine du droit et se réclame du rapport des peuples à la terre (J. Lacroix, art. cité *supra*, p. 9) ?
3. « ... it is obvious that concepts of that kind [like "folk" and "earth"] can only lead us out of philosophy and into some kind of nature-oriented superstition » (H. Arendt, *Essays in Understanding*, *op. cit.*, p. 181 ; trad. fr., p. 134. Voir également *supra*, chap. 8, § 37).

d'origine africaine à obtenir les mêmes conditions d'éducation que les Américains dits «blancs», et sa critique de la Révolution française et de la Déclaration des droits de l'homme, qui ont pourtant permis l'abolition de l'esclavage? En réalité, la vision arendtienne ne correspond que trop bien à la contradiction de nos sociétés actuelles : un discours politique qui reprend des «éléments de langage» d'allure démocratique comme le «vivre-ensemble», mais se révèle profondément coupé des réalités sociales, en porte-à-faux avec des inégalités humaines, économiques et sociales chaque jour grandissantes.

De même est-il indispensable de ne pas suivre Arendt dans son incrimination de la logique, qu'elle charge de tous les maux en détournant l'attention de l'examen critique nécessaire du contenu de la vision du monde nationale-socialiste. C'est pourtant bien cette *Weltanschauung* exterminatrice et génocidaire qui a préparé et réalisé Auschwitz. Ce qui importe n'est pas d'affirmer que cela n'aurait jamais dû se produire, puisqu'une pareille destruction était programmée et inscrite dans cette vision du monde, mais de tout faire pour que cela ne se produise pas à nouveau. Résister s'effectue dans l'action, mais aussi en pensée. Jean Cavaillès révoqué de la Sorbonne par le gouvernement de Vichy et continuant à travailler imperturbablement sur son *Traité de logique*, Jean Cavaillès prononçant le 29 novembre 1942, dans le camp où il est interné, une conférence sur «Descartes et sa méthode», manifeste cette rectitude de la pensée accompagnant la Résistance en actes[1].

Comment donc un auteur qui a professé des vues politiques aussi aristocratiques et excluantes que celles développées par Arendt dans ses écrits a-t-il pu être reçu comme susceptible de refonder le «vivre-ensemble», ou même, nous venons de le voir, comme une référence pour repenser les droits de l'homme? Sans doute comprendrons-nous mieux cette contradiction si nous prenons conscience de la forme d'argumentation indirecte privilégiée par Arendt, laquelle a beaucoup contribué à neutraliser l'esprit critique de plus d'un interprète. En voici deux exemples. Celle-ci suggère, dans *Les Origines du totalitarisme*, qu'en voulant surmonter des inégalités naturelles qu'elle

---

1. Alya Aglan, «La Résistance», *Jean Cavaillès résistant ou la pensée en actes*, Alya Aglan et Jean-Pierre Azéma éd., Paris, Flammarion, 2002, p. 108.

considère comme insurmontables les États-nations, en quête d'égalité, n'auraient fait qu'aggraver les différences et ouvrir la voie à la radicalisation *völkisch*. De même laisse-t-elle entendre, dans ses écrits ultérieurs, de *Condition de l'homme moderne* à l'essai *De la révolution*, qu'en voulant réaliser l'égalité sociale, la Révolution française et les mouvements modernes d'émancipation qui en procèdent n'auraient fait qu'étendre à la société entière la sujétion de l'espèce humaine aux besoins de la vie et à la nécessité de la nature. Précipitant la venue de nos sociétés d'employés, la démocratisation sociale aurait pavé la voie au totalitarisme. Cette démocratisation marquerait le triomphe de l'homme au travail, qu'Arendt refuse de considérer comme proprement humain et désigne par l'expression d'*animal laborans*.

Il s'agit d'une forme de « chantage théorique » par lequel Arendt nous invite à renoncer, dans *Les Origines du totalitarisme*, au principe universel d'égalité, et, dans *Condition de l'homme moderne* puis dans l'essai *De la révolution*, à tout projet d'émancipation économique et sociale. Or, ce rejet de toute politique fondée sur le principe d'égalité considéré comme un droit naturel, et favorisant l'émancipation humaine, se rattache à des courants d'idées déterminés. Aux XVIIIe et XIXe siècles anglais et allemands, on mentionnera les contre-révolutionnaires inspirés par les idées de Burke et, dans les premières décennies du XXe siècle allemand, la galaxie des révolutionnaires-conservateurs dont Spengler fut l'un des inspirateurs et Moeller van der Bruck l'un des chefs de file.

Cependant, au lieu de formuler expressément des positions aussi controversées que celles de ces auteurs – ce qui l'eût exposée à un possible rejet –, Arendt a su transmettre sa vision de façon indirecte. Procédé plus persuasif, dont l'efficace a beaucoup contribué, depuis les années 1980, à la suite de la déroute politique du marxisme en Europe, au glissement d'une fraction de la gauche culturaliste et post-moderne vers des positions empruntant une partie de leurs concepts et de leur potentiel prétendument révolutionnaire à des auteurs de l'extrême droite allemande des années 1930, de Heidegger à Gehlen et à Schmitt. Il est frappant de voir comment la plupart des théoriciens du politique ont besoin de se prévaloir de l'autorité d'un nom reconnu. Lorsque la référence à Marx a cessé d'être dominante, c'est Arendt qui est devenue la nouvelle icône de ces mêmes auteurs. Ceux-là mêmes qui, deux décennies plus tôt, se référaient aux *Thèses sur Feuerbach* comme à leur bible ont pris désormais appui sur le paradigme arendtien du vivre-ensemble et de l'action politique. Il ne s'agit plus de « transformer le monde », mais de le faire advenir par l'action commune.

Si elle ne manifeste pas une pensée aussi construite que celle de l'auteur du *Capital*, Arendt présente en politique un atout fédérateur qui a beaucoup contribué à son succès. La stratégie indirecte que nous avons décrite lui a en effet permis de se rendre non seulement théoriquement, mais aussi politiquement, insaisissable. Aucune position déterminée dans le spectre politique ne saurait aisément lui être attribuée. De ce fait, Hannah Arendt est sans doute aujourd'hui le seul auteur politique tout à la fois apprécié de doctrinaires de la gauche la plus radicale bien qu'elle soit foncièrement anti-marxiste, de politologues libéraux bien qu'elle ait toujours fait du libéralisme sa cible, et de communautaristes et d'auteurs ultra-conservateurs[1].

Ce n'est cependant pas sur le plan d'une critique politique que nous avons principalement voulu nous situer. Nous avons notamment laissé de côté le conflit qui oppose, dans les sciences politiques, straussiens et arendtiens et qui mérite à lui seul d'être étudié comme tel[2]. C'est, en philosophe, au sort fait à la pensée dans l'apologétique arendtienne de Heidegger que nous nous sommes intéressé en priorité, ainsi qu'à l'interprétation du national-socialisme et à la déresponsabilisation de ses « élites » pensantes, qui nous sont apparues comme parties prenantes de cette apologétique.

Comment Hannah Arendt, qui connaît sa réputation d'« antisémite enragé » et le tient pour un « meurtrier en puissance », a-t-elle

---

1. En France, on peut citer à titre d'exemple des intellectuels aussi contrastés qu'Alain Badiou (auteur d'une apologie d'Arendt en prophète de la modernité), Philippe Raynaud (éditeur et préfacier d'Arendt) et Chantal Delsol (fondatrice d'un Institut Hannah Arendt).

2. L'ouvrage de Carole Widmaier, *Fin de la philosophie politique ? Hannah Arendt contre Leo Strauss* (Paris, CNRS Éditions, 2012), épouse sans beaucoup de distance la vision arendtienne. Pour un approfondissement récent de la pensée de Leo Strauss, on peut notamment se reporter à la thèse très fouillée de Bruno Quélennec, *Retour dans la caverne. Philosophie, religion et politique chez le jeune Leo Strauss*, soutenue à l'Université de Paris-Sorbonne le 19 février 2016.

pu élever Heidegger au niveau d'un Kant ou d'un Platon ? Quelle est cette « salubrité » qu'elle a pu attendre du « contre-courant » instillé par le « penseur » à l'écoute de l'appel du *Seyn* ? La réponse habituellement donnée pour justifier l'attitude d'Arendt consiste à tout mettre au compte de la passion amoureuse. Une telle explication peut-elle aujourd'hui nous satisfaire ? Ne recouvre-t-elle pas une adhésion intellectuelle plus délibérée à la vision heideggérienne de l'existence et de la modernité ?

Pour éclairer ces interrogations, une meilleure connaissance de l'itinéraire intellectuel d'Arendt, avec ses évolutions et ses retournements, nous est apparue nécessaire. Nous avons voulu montrer l'intérêt de la période des années 1932-1946, où, dans l'adversité de l'exil, elle tente de surmonter le saccage de sa jeunesse qu'aura représenté, comme on le voit à la lecture du fragment intitulé « Ombres », sa relation cachée avec son mentor Heidegger. Elle se débat dans les apories de l'assimilation qu'elle radicalise, développe une lecture mi-approbatrice, mi-critique du « romantisme politique », et se rebelle un temps contre le livre dont elle a favorisé l'écriture, *Être et temps*. Contre l'autarcie du « soi » heideggérien, Arendt revendique la valeur de l'*Öffentlichkeit*, de l'espace public et de la communication jaspersienne. Cependant, le fond de sa vision concernant l'être jeté dans le monde, le salut dans la communauté partagée et le rejet de l'humanité universelle demeure marqué du sceau de Heidegger et, plus généralement, d'une vision du monde particulièrement cultivée en Allemagne dans les premières décennies du XXe siècle, comme nous avons pu le voir avec son article de 1932 sur Adam Müller.

Le point de bascule de l'itinéraire arendtien après la Seconde Guerre mondiale devient visible dans la lettre à Dolf Sternberger, jusqu'à présent inédite, d'août 1949, où l'on découvre Arendt ravie par le Heidegger de la *Lettre sur l'humanisme*. La défense, l'apologie, bientôt le dithyrambe vont prendre le pas sur l'esprit critique. S'il ne s'était agi que de défendre un homme, le parti pris d'Arendt n'eût pas mérité que l'on s'y attarde beaucoup. Mais c'est la conception même de la pensée qui se voit prise en otage. Le point culminant se situe en septembre 1969, dans la feuille remise à Heidegger pour le livre d'or de ses quatre-vingts ans. La page vient compléter le discours radiodiffusé bientôt publié dans *Merkur* :

> L'œuvre et la vie [de Heidegger] nous ont appris, me semble-t-il, écrit-elle, ce qu'est PENSER, et que les écrits demeureront à cet égard paradigmatiques ; paradigmatiques aussi du courage qu'il y a à se risquer dans la contrée énorme de l'inexploré, à s'exposer entièrement à l'impensé [...][1].

Ainsi Arendt aura-t-elle pris la responsabilité intellectuelle d'élever les écrits de Heidegger, dont elle sait qu'ils comportent un vibrant éloge du mouvement national-socialiste, au rang de paradigme du penser. C'est ce geste, avec le pathos, la rhétorique et la mythologie qu'il mobilise, qui constitue pour nous l'inacceptable. Cette *laudatio* a égaré trop d'esprits. Car l'œuvre de Heidegger ne représente pas la promotion du penser, mais bien sa négation et sa destruction. Nous avons montré ce que nous appellerons la *destructivité* du penser heideggérien, en analysant une séance de son cours intitulé *Qu'appelle-t-on penser?* Nous aurions pu tout aussi bien convoquer d'autres textes clés, comme cette page, bien représentative du style des *Cahiers noirs* de l'après-guerre :

> La pensée n'est pas pour la publicité,
> pas pour l'érudit et ses esclaves,
> pas pour la personne en l'homme,
> pas pour la culture,
> pas pour la science,
> pas pour la philosophie,
> pas pour les pensants ;
> la pensée disparaît en *sa* pensée *(Gedachte).*
> C'est en faveur de l'ê~~tre~~ *(S~~ein~~)*[2].

---

1. Hannah Arendt – Martin Heidegger, *Lettres et autres documents 1925-1975*, op. cit., p. 188-189. Après la mort de Heidegger, le texte est publié par les Éditions Klostermann en tête du mémorial intitulé *Dem Andenken Martin Heideggers. Zum 26. Mai 1976*, Francfort-sur-le-Main, 1977, p. 8-9. Souvent repris en défense de Heidegger, ce texte a par exemple été utilisé par un apologiste qui le cite en exergue à son essai, lequel débute par la discussion du titre de notre livre sur Heidegger (Holger Zaborowski, « "Das Geniale ist zwielichtig." Hermeneutische Überlegungen zur Diskussion über das Verhältnis Heideggers zum Nationalsozialismus», *Heidegger und der Nationalsozialismus. Interpretationen, Heidegger Jahrbuch 5*, Fribourg et Munich, Karl Alber, 2009, p. 13).
2. M. Heidegger, *Anmerkungen I-IV*, GA 97, p. 451-452. Heidegger barre ici le mot «être» d'une croix d'André. Merci à Stéphane Domeracki de nous avoir signalé ce passage.

Cette noétique négative, cette litanie hiératique et tautologique pourrait nous faire sourire par sa soumission à l'être, si l'on ne savait quel «principe *völkisch*» est présent dans le *Seyn* heideggérien[1]. Il en vient à absorber toute pensée, avant de se dérober sous la biffure d'une croix d'André[2]. Que reste-t-il alors à la «pensée»? Un chemin, nous l'avons vu, qui «conduit à la limite de la *Vernichtung*», selon l'une des premières formulations des *Cahiers noirs*, ou plutôt, faut-il ajouter, qui mène droit à la réalisation historique de la *Vernichtung*, lorsque l'on voit l'approbation heideggérienne de la haute politique consistant à contraindre l'adversaire à procéder à son «auto-extermination» *(Selbstvernichtung)*.

Il est aujourd'hui presque admis de mettre au centre de la discussion les textes de Heidegger sur l'anéantissement, l'annihilation ou l'extermination, trois manières possibles de traduire en français le mot *Vernichtung*, un terme que l'on retrouve dans le mot composé *Vernichtungslagern* qui désigne les camps d'extermination nazis. En réalité, il faut rappeler que cette thématisation de la *Vernichtung* chez Heidegger aura été conquise de haute lutte. Nous avons plus d'une fois mentionné, dans ce livre, le cours de l'hiver 1933-1934, publié en 2001, où Heidegger enjoint à ses étudiants en philosophie d'identifier l'ennemi qui s'est «incrusté dans la racine la plus intime» de leur peuple. Il s'agit, leur dit-il, de «préparer, sur le long terme, l'agression *(Angriff)*, avec pour objectif la *Vernichtung* totale» de cet ennemi. Or, la réception, en Allemagne, de ce cours n'a pas été à la hauteur de son contenu[3]. Dans la presse écrite, seul Dieter Thomä, à notre connaissance, a brièvement mentionné le passage en question, ce qui est déjà important, mais il l'a fait sans en souligner la radicalité. Thomä, en effet, ne parle à ce propos que d'«une destruction de la "tradition"[4]», comme si l'enjeu n'avait été que culturel et l'ennemi désincarné. Pourtant, le vocabulaire employé, avec l'appel à l'agression, est

---

1. M. Heidegger, *Beiträge zur Philosophie*, GA 65, p. 42.
2. Il s'agit également d'une perdition de la langue allemande, mais cela, d'autres l'ont précisément montré, de Dolf Sternberger, Georges-Arthur Goldschmidt, Robert Minder et Theodor Adorno à Henri Meschonnic.
3. Ne parlons pas de la France où, quinze ans après sa parution, la traduction de ce cours décisif pour comprendre le «chemin» heideggérien n'est toujours pas annoncée.
4. «[...] *ein Zerstören der "Überlieferung"*» («Dieter Thomä, «Wer schweigt, über den wird geredet», *Süddeutsche Zeitung*, n° 67, 20 mars 2002, p. 19).

d'une grande brutalité. Thomä ajoute aussitôt, après sa citation, que Heidegger ne dit rien des Juifs dans ce cours[1]. Ainsi, la virulence meurtrière de l'appel heideggérien à l'extermination prise comme but « sur le long terme » s'en trouve largement neutralisée, au point que, l'année suivante, dans le volumineux *Manuel Heidegger* publié par le même auteur, rien ne transparaît plus du passage en question, même dans l'article que Thomä lui-même intitule « Heidegger et le national-socialisme », dans lequel il cite pourtant le volume en question[2]. Seul un historien non académique, Reinhard Linde, a, dans un ouvrage dont la diffusion et la réception sont demeurées confidentielles, consacré un chapitre important à ce texte capital[3].

Pour rendre compte de la portée de ce texte de l'hiver 1933-1934 sur la *Vernichtung*, nous avons entrepris d'approfondir la relation de Martin Heidegger à Carl Schmitt, ce qui nous a conduit à décider de consacrer un ouvrage entier à deux séminaires alors inédits dans lesquels Heidegger prend explicitement position sur la conception schmittienne du politique. Nous nous sommes ainsi donné les moyens, dans le livre en question, de consacrer un chapitre central au thème de l'anéantissement de l'ennemi dans l'enseignement de Heidegger[4]. Malgré ces efforts[5], le texte sur la

---

1. « [...] über die Juden verliert Heidegger an dieser Stelle kein Wort » (ibid.).
2. D. Thomä, « Heidegger und der Nationalsozialismus. In der Dunkelkammer der Seinsgeschichte », in *Heidegger Handbuch. Leben-Werk-Wirkung*, Dieter Thomä éd., Stuttgart et Weimar, J. B. Metzler, 2003, p. 141-162.
3. Reinhard Linde, « Das Stehen gegen den Feind. Heideggers Ontologie des totalen Krieges und der "völligen Vernichtung" der Feinde des Nationalsozialismus von 1933 », *Bin ich, wenn ich nicht denke ? Studien zur Entkräftung, Wirkung und Struktur totalitären Denkens*, Herbolzheim, Centaurus, 2003, p. 300-329. Nous n'avons eu connaissance du livre de Linde, dans le titre duquel le nom de Heidegger n'apparaît pas, que lorsqu'il nous l'a fait parvenir, après la parution de notre *Heidegger*. L'auteur publiera par la suite une mise au point cinglante sur la réception allemande de notre livre : « Devil's Power's Origin. Zur Problematik der "Einführung des Nazismus in die Philosophie" durch Heidegger », *Tabula Rasa. Jenenser Zeitschrift für Kritisches Denken*, Ausgabe 30, octobre 2007 : http://www.tabvlarasa.de/30/Linde.php
4. E. Faye, « Heidegger, Carl Schmitt et Alfred Baeumler : le combat contre l'ennemi et son anéantissement », *Heidegger, l'introduction du nazisme dans la philosophie*, op. cit., p. 249-281.
5. Et malgré le fait que Roger-Pol Droit, seul entre tous en France à comprendre l'importance centrale de ce texte, l'avait cité séparément, le 25 mars 2005, au centre de son article du *Monde* sur « Les crimes d'idées de Schmitt et Heidegger ».

Vernichtung est demeuré, à de rares exceptions près[1], étonnamment absent des discussions et controverses, parfois virulentes, qui ont accompagné la sortie de notre livre en France et ailleurs[2]. Il était alors trop tôt pour que les esprits affrontent cet appel à la *Vernichtung*, énoncé dans un cours se disant de philosophie.

Une décennie plus tard, avec le retour insistant d'énoncés sur l'anéantissement et sur l'auto-anéantissement *(Selbstvernichtung)* dans les *Cahiers noirs*, ce texte sur l'extermination totale est devenu incontournable. Les tentatives se sont alors multipliées, suggérant que la *Vernichtung* programmée ne serait *que* spirituelle et non pas physique[3], ou encore qu'elle ne concernerait nullement les Juifs, ou, du moins, pas de façon prioritaire[4]. Ces essais d'atténuation ou de dénégation sont infirmés pour trois raisons. La première, c'est qu'un objectif d'anéantissement *total* vise par définition tous les plans : physique, moral, psychique, spirituel. La deuxième, c'est que la volonté d'anéantissement spirituel ne nous apparaît pas comme une atténuation, mais au contraire comme une radicalisation en regard de l'objectif d'une extermination physique. Contre une agression physique, il est possible de lutter, de perdre mais aussi de gagner. Hitler a voulu que la guerre à l'Est fût une guerre d'extermination, mais la campagne de la Wehrmacht s'est brisée

---

1. Voir Gregory Fried, « A Letter to Emmanuel Faye », *Philosophy Today*, vol. 55, n° 3, 2011, p. 219-252, en particulier p. 226-228.
2. La monographie volumineuse de Holger Zaborowski par exemple, qui examine et discute amplement nos analyses, se contente de renvoyer en note aux pages en question, sans citer ni discuter sérieusement leur contenu (Holger Zaborowski, « Eine Frage von Irre und Schuld ? », *Martin Heidegger und der Nationalsozialismus*, Francfort-sur-le-Main, Fischer, 2010, p. 271, n. 28).
3. Ainsi par exemple, Peter Trawny a ajouté un nouveau chapitre à son essai consacré à l'antisémitisme des *Cahiers noirs*, avec une note d'une page discutant notre lecture du cours sur l'« extermination totale » (P. Trawny, « Vernichtung und Selbstvernichtung », *Heidegger und der Mythos der jüdischen Weltverschwörung*, 3., überarbeitete und erweiterte Auflage 2015, Francfort-sur-le-Main, Klostermann, 2015, p. 99-111, en particulier p. 103).
4. De rares études ont au contraire pris au sérieux cet appel à l'extermination. Ainsi Livia Profeti, qui a montré que dans l'ontologie négative de Heidegger, l'anéantissement physique et spirituel des Juifs était nécessaire à la réalisation du « second commencement » (Livia Profeti, « Quaderni neri si spiegano alla luce della ontologia e della logica heideggeriane », *La filosofia futura*, n° 4, 2015, p. 97-111).

sur la victoire russe de Stalingrad. L'anéantissement de toute autonomie spirituelle, au contraire, neutralise toute capacité de résistance. Nous avons vu à ce propos Heidegger décrire pour l'exalter, dans son séminaire hitlérien de l'hiver 1933-1934, la manière dont la volonté du *Führer* s'approprie et domine, de façon entière et radicale, l'âme et l'être de tout un peuple. C'est une complète destruction de la pensée et de l'esprit qui se trouve recherchée.

Enfin, on ne soulignera jamais assez à quel point les intentions de Martin Heidegger n'ont rien d'éthéré. Dès 1931, il approuve, devant son étudiant Hermann Mörchen, le « document Boxheim », plan nazi de conquête du pouvoir par la violence radicale. Le 7 mars 1933, six semaines avant d'être élu recteur, il écrit à Maria Scheler, veuve du philosophe Max Scheler, une lettre manuscrite à l'en-tête du Séminaire de philosophie de l'Université de Fribourg. Dans ce texte, pour une grande part inédit en français, Heidegger légitime la terreur hitlérienne et la brutalité de l'assaut *(Ansturm)*. Il s'inclut dans le *nous* de ceux qui auront à « épurer » et à « décanter ». Reprenant le paradigme « grec » du politique, promouvant une conception *völkisch* du « penser », il exalte la jeunesse « au service de la *polis* » et précise que ce dont il s'agit ne concerne pas seulement le « spirituel ». Pis encore, il invoque comme modèle pour la jeunesse allemande la biographie de l'activiste nazi Horst Wessel, aguerri dans les combats de rue et érigé en martyr par les nationaux-socialistes après sa mort violente. Ces derniers ont tiré de son nom et de sa vie l'hymne de leur parti, le *Horst Wessel Lied*. Heidegger prévoira de le faire chanter lors de son investiture comme recteur[1].

Voici le texte :

> Hitler avait dit un jour : « Seule la terreur peut briser la terreur. » Si vous vous rappelez *vraiment* l'œuvre atroce du communisme durant ces dernières années, vous ne serez pas étonnée par la manière de l'assaut actuel. Il *nous* revient maintenant de prendre part à la reconstruction, d'épurer et de décanter, de rendre efficaces les objectifs et les mesures. Le « politique » – le « penser » de la jeunesse au service de la *polis* et voulant la modeler est une nouvelle réalité et le commencement d'une

---

1. Voir M. Heidegger, *Reden und andere Zeugnisse eines Lebensweges*, GA 16, p. 83.

nouvelle grandeur intérieure de notre peuple. Ici, les bonnes vieilles conceptions du « spirituel » ne conduisent pas assez loin.

Lisez la vie d'un jeune homme comme *Horst Wessel* et vous apprendrez comment, au milieu de la réalité la plus dévastée, le cœur et l'esprit résistent, car ils veulent se former de manière nouvelle. Il s'agit de l'exigence déjà ancienne d'écouter attentivement le trait intérieur de notre destin allemand et d'agir en conséquence, d'autant plus que vont s'atteler maintenant et se mettre en avant bien des hommes de « conjoncture »[1].

Six ans plus tard, en octobre 1939, débutent les premières déportations de Juifs du Reich sous la coordination d'Adolf Eichmann. Elles ont lieu dans le district de Lublin du Gouvernement général de Pologne. Ces déportations sont aujourd'hui connues sous le nom de « plan Nisko ». Le rabbin Murmelstein, qui fit partie des convois de Juifs déportés dans cette région de marécages, où les puits étaient infestés par le typhus et le choléra, précise à Claude Lanzmann, dans *Le Dernier des injustes*, les choses en ces termes :

> Car les Allemands camouflent encore [...]. On camoufle encore Nisko sous les termes d'opération de regroupement. Si vous lisez les documents qu'on a retrouvés dans les bureaux de la Gestapo de Mehrisch-Ostrau en 1965, vous verrez les instructions pour ce qui concerne la presse. Qu'on devait si possible charger les Juifs de tout lors de l'expédition. Et que les organisations juives étaient à l'arrière-plan, que des fonctionnaires juifs y participaient. Ça devait se passer

---

[1]. « *Hitler hat einmal gesagt: "Terror kann nur durch Terror gebrochen werden." Wenn Sie sich die grauenhafte Arbeit des Kommunismus in den letzten Jahren* wirklich *vergegenwärtigen, dann werden Sie sich über die Art des heutigen Ansturmes nicht wundern. An uns ist es jetzt, dem Aufbau beizustehen, zu reinigen und zu klären, die Ziele und Maßstäbe wirksam zu machen. Das "Politische"* – der *polis dienende und sie gestaltenwollende "Denken" der Jugend ist eine neue Wirklichkeit und der Anfang zu einer neuen inneren Größe unseres Volkes. Die alten und selbst guten Begriffe des "Geistigen" tragen hier nicht weit genug –. Lesen Sie das Leben eines jungen Menschen wie* Horst Wessel *und Sie werden erfahren, wie inmitten der wüstesten Wirklichkeit Herz und Geist sich erhalten, indem sie sich neu bilden wollen. Es gilt seit langem, auf den inneren Zug unseres deutschen Schicksals zu lauschen und ihm gemäß zu handeln, um so mehr als jetzt viele "Konjunktur"-Leute sich hervortun und sich vorspannen werden* » (Max Scheler [1874-1928] Nachlass: Briefe von Martin Heidegger an Maria Scheler – BSB Ana 315.E.IV.1 Heidegger, Martin. Handschrift Freiburg [u.a.] : 1933-1952, 7 Briefe).

de telle sorte que les Juifs se déportaient eux-mêmes. Ça devait être une auto-déportation *(Selbstdeportierung)*. À l'époque nous l'ignorions. Aujourd'hui c'est clair à la lecture de ces documents.

Sa relation mérite d'être confrontée à ce que Heidegger écrit dans ses *Cahiers*[1] :

> [...] le genre le plus haut et l'acte le plus haut de la politique consistent à impliquer l'ennemi dans une situation où il se trouve contraint de procéder à sa propre auto-extermination *(Selbstvernichtung)*[2].

Ainsi se réjouit-il de cet état de fait au point d'en faire le *summum* de la politique, ce qui nous confirme la conception exterminatrice qu'il a de celle-ci. La connaissance des intentions politiques et des plans des nationaux-socialistes que Heidegger manifeste contraste singulièrement avec l'ignorance de Murmelstein. Un esprit aussi intelligent que l'ancien rabbin de Vienne, et aussi directement partie prenante, contre son gré, de la réalisation concrète des plans de déportation mis en œuvre par Eichmann, ne comprendra pleinement le caractère prémédité de cette action, avec sa dimension de propagande à l'égard de la presse, que plusieurs décennies plus tard.

S'il apparaît, en regard des énoncés contenus dans les *Cahiers noirs*, impossible de nier que Heidegger approuve une politique conduisant à l'extermination physique de l'ennemi supposé du peuple allemand – dans une situation qui est moins celle du conflit armé également valorisé que celle de la contrainte exercée contre un « ennemi » à la merci des nazis –, il faut également mesurer ce que pareille mentalité produit dans la pensée. Prenons pour exemple la façon dont Heidegger altère, dans son enseignement, les principes et la signification de la morale kantienne.

---

1. Nous l'avons déjà mentionné, mais dans un autre contexte. Voir *supra*, chap. 7, § 30.
2. « *Die höchste Art und der höchste Akt der Politik bestehen darin, den Gegner in eine Lage hineinzuspielen, in der er dazu gezwungen ist, zu seiner eigenen Selbstvernichtung zu schreiten* » (M. Heidegger, *Überlegungen XII-XV*, GA 96, p. 260).

C'est très tôt qu'il réécrit à sa façon l'impératif catégorique kantien, dans celle de ses formulations qui se réfère à l'humanité. En 1930, dans un cours qui s'intitule *De l'essence de la liberté humaine* et porte sur Kant, Heidegger commence par affirmer que « la confrontation philosophique est l'interprétation entendue comme destruction[1] ». De fait, il rapporte l'impératif moral à un pur vouloir de soi et au devoir de son *Da-sein* – écrit avec un trait d'union pour mettre l'accent sur la détermination du *Da*, « là ». Heidegger ne fait plus fond, comme Kant, sur l'universalité et la légalité rationnelle de l'obligation morale, mais sur l'ipséité et l'authenticité de son propre *Da-sein*, ou encore, passant du « soi » *(Selbst)* au « nous » *(Wir)*, sur « le déploiement de notre essence ». Heidegger commence par citer la formulation célèbre que l'on trouve notamment dans la *Fondation de la métaphysique des mœurs* : « Agis de telle sorte que tu traites l'humanité, dans ta personne comme dans la personne de tout autre, toujours en même temps comme une fin, jamais simplement comme un moyen[2]. » Sous sa plume, l'impératif est reformulé en ces termes : « Sois dans ton action toujours en même temps, c'est-à-dire avant tout, essentiellement dans ton essence[3]. » Sans référence, ni à la personne rationnelle ni au concept d'humanité, la teneur proprement morale de l'impératif n'apparaît plus. Aucune mention n'est faite du rapport à l'autre personne, dans un horizon d'universalité. Quant à la distinction de la fin et des moyens, elle est également abolie, suppression qui emporte avec elle le concept kantien cardinal de « fin en soi ». Il ne reste qu'un « se lier soi-même à soi-même », un pur décisionnisme de l'affirmation de soi. De fait, l'impératif que Heidegger légitime

---

[1]. « *Philosophische Auseinandersetzung ist Interpretation als Destruktion* » (M. Heidegger, *Vom Wesen der menschlichen Freiheit. Einführung in die Philosophie*, Hartmut Tietjen éd., GA 31, 1994, p. 292).

[2]. « *Handle so, daß du die Menschheit, sowohl in deiner Person als in der Person eines jeden anderen, jedezeit zugleich als Zweck, niemals bloß als Mittel brauchst* » (Immanuel Kant, *Grundlegung zur Metaphysik der Sitten*, Akademie-Ausgabe Kant Werke IV, Berlin, Walter de Gruyter, 1968, p. 429).

[3]. « *Sei in deinem Handeln jederzeit zugleich, d.h. zuerst, wesentlich in deinem Wesen* » (M. Heidegger, *Vom Wesen der menschlichen Freiheit*, *op. cit.*, p. 293).

ne porte plus que sur l'essence du « soi ». Dans cette perspective, c'est la dimension rationnelle de la liberté qui est détruite.

Dans les *Cahiers noirs*, où Heidegger définit le «"principe" de l'Allemand» comme le «combat pour son *essence* la plus propre»[1], aussi bien que dans le séminaire hitlérien[2] ou dans le cours sur l'extermination de l'ennemi de l'hiver 1933-1934[3], la signification du discours heideggérien sur l'«essence propre» *(eigene Wesen)* apparaît très explicite. Il exprime la lutte du peuple allemand pour la sauvegarde de son essence et contre le danger de sa « déracification[4] ».

En 1939, Heidegger revient sur l'impératif kantien. Dans une lettre à son épouse Elfride, il s'exprime en ces termes :

> Hermann tend l'oreille ; hier j'ai traité du concept de la personnalité, de l'impératif catégorique de Kant, d'après lequel l'homme ne doit jamais être considéré comme un moyen mais uniquement comme sa propre fin – c'est-à-dire la fin de son essence *(Wesen)* dans le respect de la loi – en faisant une petite incursion du côté de Scharnhorst-Clausewitz[5].

Heidegger fait allusion à son séminaire sur la *Seconde considération intempestive* de Nietzsche, suivi et pris en note par son fils Hermann Heidegger, bientôt mobilisé. Dans cet enseignement, la loi morale kantienne a fait place à la loi de son essence. La référence aux généraux prussiens Carl von Clausewitz, l'auteur de *L'Art de la guerre*, et Gerhard Johann David von Scharnhorst, réformateur de l'armée prussienne et fondateur de l'Académie de guerre de Prusse, indique, aussi clairement qu'il est possible dans un séminaire de philosophie, de quelle « essence » il est question, entendue en un sens non pas moral mais pour le moins nationaliste et guerrier. Dans le séminaire, c'est en outre la pensée de la *Vernichtung* qui est à nouveau valorisée lorsque Heidegger utilise le mot de

---

1. Voir *supra*, chap. 7, § 27.
2. Voir *supra*, chap. 5, § 17.
3. *Ibid.*, § 16.
4. Voir *supra*, chap. 7, § 28 et § 30.
5. Martin Heidegger à Elfride, lettre du 26 janvier 1939 (M. Heidegger, *« Ma chère petite âme ». Lettres de Martin Heidegger à sa femme Elfride 1915-1970, op. cit.*, p. 267).

Nietzsche évoquant la justice comme « manière de penser constructive, éliminatrice, destructrice¹ ».

À la fin du dernier chapitre de son important essai sur *La Loi du sang. Penser et agir en nazi*, Johann Chapoutot cite « un manuel SS destiné aux officiers du SD et de la police allemande » :

> La valeur fondatrice de l'avenir allemand, la plus haute loi morale pour l'État, le peuple et chacun d'entre nous, est bien formulée dans cette phrase : « Agis toujours de telle sorte que la maxime de ta volonté puisse toujours valoir comme maxime fondamentale d'une législation raciale nordique » [qui commande de tout faire pour que la race vive]².

Le racisme de Heidegger n'étant pas nordiciste mais germanique³, si, au lieu de *« législation raciale nordique »*, on entend « la loi de l'essence du peuple allemand », on trouve, à cette différence près, une altération semblable de l'impératif catégorique kantien dans les cours et séminaires de Heidegger durant les années 1930 et dans le manuel d'instruction de la SS et de la Gestapo. Dans les deux cas, la forme est conservée pour mieux détruire le fond⁴.

---

1. M. Heidegger, *Interprétation de la « Deuxième considération intempestive » de Nietzsche*, trad. par Alain Boutot, Hans-Joachim Friedrich éd., Paris, Gallimard, 2009, p. 400.
2. J. Chapoutot, *La Loi du sang, op. cit.*, p. 516.
3. Sur les divergences parmi les nationaux-socialistes entre tenants de la race nordique et défenseurs de la race germanique, voir Édouard Conte et Cornelia Essner, *La Quête de la race*, Paris, Hachette, 1995.
4. J. Chapoutot aurait eu les moyens d'amorcer lui-même ce rapprochement. L'historien cite en effet comme ayant fait date le recueil collectif intitulé *Moralité du mal* et dirigé par le philosophe allemand Werner Konitzer et l'historien suisse Raphael Gross (*La Loi du sang, op. cit.*, p. 20). Parmi les contributions figurait l'article où nous avons proposé une première analyse de la destruction heideggérienne de la pensée morale de Kant (Emmanuel Faye « Heidegger gegen alle Moral », *Moralität des Bösen. Ethik und nationalsozialistische Verbrechen*, Werner Konitzer et Raphael Gross pour le Fritz Bauer Institut éd., *Jahrbuch 2009 zur Geschichte und Wirkung des Holocaust*, Francfort et New York, Campus, 2009, p. 201-231). Chapoutot est donc excessif lorsqu'il affirme que les philosophes se seraient désintéressés des questions qu'il traite (*La Loi du sang, op. cit.*, p. 17). Le collectif cité représente en effet un exemple abouti de coopération entre historiens et philosophes étudiant la pensée nazie (voir également les contributions des philosophes Werner Konitzer, Micha Brumlik, etc.).

Nous retrouvons un dévoiement comparable de la morale kantienne dans la discussion par Arendt du rapport d'Eichmann à Kant. Elle consacre à cette question une partie du chapitre qui suit celui portant sur la conférence de Wannsee. Le chapitre s'intitule « Les devoirs d'un citoyen respectueux de la loi ». Arendt rappelle qu'Eichmann lui-même avait déclaré, durant l'interrogatoire de police, avoir vécu « toute sa vie selon les préceptes moraux de Kant[1] ». Interrogé, lors du procès, sur cette déclaration, Eichmann produit une formulation correcte de l'impératif catégorique kantien. Il affirme en outre avoir lu la *Critique de la raison pure*. Néanmoins, point essentiel, il reconnaît avoir cessé de vivre selon les principes de Kant « à partir du moment où il avait été chargé de mettre en œuvre la Solution finale[2] ».

Arendt ne reconnaît pas comme pertinente cette déclaration de l'accusé. Il est vrai que si Eichmann se montre capable de discerner les moments où il aurait agi selon l'impératif catégorique et ceux où il l'aurait enfreint, il ne saurait être dit dépourvu de pensée. Arendt ne pourrait plus, dans ce cas, lui appliquer le concept qu'elle a repris à Heidegger, celui de *Gedankenlosigkeit* ou « absence de pensée ».

L'auteur d'*Eichmann à Jérusalem* est donc conduite à affirmer que l'*Obersturmbannführer* de la SS n'aurait pas écarté mais déformé l'impératif formulé par Kant, soit qu'il ait pris comme principe de ses actes non plus la loi morale mais « la loi du pays », soit qu'il ait réglé son action sur la reformulation hitlérienne de l'impératif catégorique proposée par Hans Frank : « Agis de telle façon que le *Führer*, s'il avait connaissance de ton action, l'approuverait[3]. »

L'interprétation arendtienne du « kantisme » reformulé d'Eichmann appelle plusieurs remarques. Arendt a la présomption d'en savoir plus sur Eichmann que lui-même. Elle prétend décrypter la « déformation inconsciente » qu'il aurait fait subir à la législation morale selon Kant. D'autre part et non sans arbitraire, elle choisit, pour l'appliquer à l'inconscient d'Eichmann, une reformulation

---

1. H. Arendt, *Eichmann à Jérusalem, op. cit.*, p. 1149.
2. *Ibid.*, p. 1150.
3. Hans Frank, *Die Technik des Staates*, Berlin, Deutscher Rechtsverlag, 1942, p. 15-16, cité par Arendt (*Eichmann à Jérusalem, op. cit.*, p. 1150).

hitlérienne de l'impératif catégorique, et non, par exemple, celle en usage dans la formation de la SS et citée par Johann Chapoutot. Elle se dispense ainsi d'avoir à affronter le rapport d'Eichmann à la vision du monde nationale-socialiste, telle que celui-ci l'exprime à Sassen en Argentine : « se battre pour la liberté de [s]on sang », et se donner, pour « loi sacrée », ce qui sert son peuple[1]. Arendt s'en tient à une substitution de volonté, ce qui lui permet de préserver sa thèse d'un Eichmann sans volonté propre, qu'il obéisse aux lois de son pays ou se conforme à ce qu'il croit être la volonté du *Führer*.

Arendt aurait donc réinterprété les déclarations d'Eichmann pour préserver sa propre interprétation de la mentalité de ce dernier. Mais ce n'est pas tout. Loin de défendre la philosophie morale de Kant contre ses déformations hitlériennes et nationales-socialistes, Arendt, que l'on dit souvent kantienne, affirme qu'« il ne fait aucun doute que, dans un certain sens, Eichmann suivait effectivement les préceptes de Kant[2] ». Et elle ajoute, sommairement : « la loi, c'était la loi ; on ne pouvait faire d'exceptions ».

Parce qu'elle présuppose un Eichmann sans pensée ni motif, Arendt ne cherche pas à déterminer ce qu'il pouvait entendre sous le mot « loi » lorsque, transgressant les ordres de Himmler, il continuait à procéder, de son propre chef, à la déportation des Juifs de Hongrie. Elle joue sur la polysémie du mot « loi », sans se soucier du sens rationnel et moral de ce concept dans la philosophie de Kant. En cela, Arendt prend part à la destruction de la pensée kantienne.

C'est dire combien il importe de réfuter son affirmation selon laquelle Eichmann suivait, dans un certain sens, les préceptes de Kant. En effet, substituer à l'humanité prise comme fin la loi sacrée de son peuple et de son sang (Eichmann à Sassen), ou, ce qui revient au même dans un langage différent, la loi de l'essence propre et le « principe » de l'Allemand (Heidegger), c'est anéantir les principes philosophiques et moraux qui fondent l'existence sociale et politique de tous les êtres humains. Une destruction qui ne demande pas à être seulement constatée mais combattue : la défaite militaire

---

1. Cité par Bettina Stangneth, *Eichmann vor Jerusalem*, op. cit., p. 391-392.
2. H. Arendt, *Eichmann à Jérusalem*, op. cit., p. 1151.

du IIIe Reich ne nous dispense pas de nous opposer à la destruction en pensée de l'humanité même.

Rappelons à ce propos que le geste symbolique d'Arendt, auquel on n'a pas suffisamment prêté attention, a été, dans ce qu'elle appelle le « royaume du penser », de détrôner Kant. Certes, nous ne partageons pas cette métaphore et cette façon monarchique de parler de la pensée. Mais c'est ainsi qu'Arendt s'exprime. Si nous suivons jusqu'au bout sa métaphore, nous pouvons dire qu'elle ôte le sceptre et la couronne du « penser » à Kant pour les remettre à Heidegger, *le* penseur. Or, ce dernier s'est voulu moins le roi que le *Führer* spirituel du mouvement nazi. S'en remettre à ce dernier pour penser, c'est prendre le risque d'avaliser le « national-socialisme spirituel » qu'il promeut dans ses *Cahiers noirs*.

Mentionnons à ce propos un exemple bien actuel. C'est à Moscou que nous avons pris le plus nettement conscience de ce qu'il peut advenir lorsque, après la publication des *Cahiers noirs*, Heidegger continue d'être enseigné comme un auteur majeur aux étudiants en philosophie. Les universités moscovites sont aujourd'hui un lieu de discussion ouvert. Le refus d'imposer une manière unique de penser est partout présent. Il faut donc souhaiter que cette situation perdure. En même temps, on constate une omniprésence de la référence à Heidegger, comme si celle-ci venait combler, comme c'est déjà le cas dans plusieurs lieux de l'Europe de l'Est, le vide laissé par la déshérence du marxisme officiel.

Lors d'un colloque sur « Heidegger, les *Cahiers noirs* et la Russie », auquel nous avons participé en octobre 2015[1], l'un des conférenciers moscovites, Egor Falev, professeur à la Faculté de philosophie de Moscou, a présenté le « national-socialisme spirituel » promu par Heidegger comme une perspective à considérer. À l'intention de ses étudiants présents, il a évoqué, après son intervention, le « principe du *Führer* » comme un concept également digne d'intérêt et susceptible d'être aujourd'hui repris.

---

1. Organisé par Marlène Laruelle et le Centre d'études franco-russe de Moscou, le colloque s'est tenu à la Faculté de philosophie de l'Université d'État Lomonossov de Moscou (MGU), le 22 octobre 2015 : http://www.centre-fr.net/events/503/. Ses actes seront publiés en russe.

Dans sa thèse en russe sur Heidegger que nous avons consultée, les ouvrages sur Heidegger d'Alexandre Douguine, doctrinaire en Russie de la «nouvelle droite» et chantre de l'«eurasisme», sont mentionnés en bonne place, comme une référence importante pour les études heideggériennes. Et, dans le texte très polémique de sa conférence, destiné à paraître dans les actes du colloque, Falev cite dans sa bibliographie, sans réserve critique, un article d'un suprématiste américain, Greg Johnson[1]. Ce dernier est l'auteur de plusieurs textes sur Heidegger dans lesquels il affirme que l'auteur des *Cahiers noirs* peut «contribuer au salut métapolitique des Blancs». Que donnera, dans les esprits et dans sa traduction concrète sur le long terme, un enseignement comme celui de ce collègue moscovite qui ne connaît plus de points d'arrêt et cite, pêle-mêle, philosophes et idéologues radicaux?

Ces interrogations sur le nouveau rôle prépondérant de «guide de la pensée» que certains universitaires moscovites tendent à attribuer aujourd'hui à Heidegger ne comportent aucune nostalgie à l'égard de l'idéologie officielle de l'ancienne URSS[2]. Sans complaisance aucune ni à l'égard de Staline, ni à l'égard du communisme soviétique et de son archipel de camps, il nous faut cependant historiquement reconnaître l'absence en Union soviétique de camps d'extermination comparables à ceux mis en place par l'*Aktion Reinhardt* en Pologne. Si dévastatrices et atroces furent-elles, les persécutions staliniennes n'étaient pas fondées sur des principes raciaux et ne planifiaient pas d'exterminer jusqu'aux enfants.

---

1. Е. В. Фалёв, «Чёрные тетради Хайдеггера»: мышление после «Machenschaft» (E. V. Falev, «Les *Cahiers noirs* de Heidegger: penser après le "Machenschaft"»).

2. Cette mise au point apparaît nécessaire du fait que Falev accuse, avec beaucoup de démagogie, les critiques de Heidegger d'opérer à la manière des procès staliniens. En réalité, le «cas Heidegger» a déjà été examiné en 1945 par ses pairs de l'Université de Fribourg, lesquels ont interdit d'enseignement pendant sept ans l'auteur de la *Profession de foi envers Adolf Hitler*. Il n'est donc pas question d'ouvrir un second procès. Pour notre part, nous ne cherchons en aucun cas à «détruire» Heidegger mais à contribuer au travail critique, tout à la fois philosophique et historique, qui permettra de considérer l'homme et l'œuvre pour ce qu'ils sont véritablement. Ce qui est à renverser de son socle, c'est la statue fallacieuse du «grand penseur» érigée par Arendt et les apologistes.

C'est un point qui empêche de situer historiquement sur le même plan et de regrouper aisément sous le même terme, ainsi que le fait Arendt, communisme soviétique et national-socialisme. En outre, la lutte mondiale contre le nazisme aurait-elle été gagnée sans la victoire de Stalingrad ? Il est donc difficile de partager la facilité avec laquelle Arendt se débarrasse, en 1951, de l'allié de la veille pour le désigner, sans l'ombre d'une nuance, comme l'ennemi du jour[1].

Nous conclurons cet épilogue sur une ultime question. À suivre le démantèlement arendtien, qui récuse toute notion de vérité et réserve l'activité du penser à un petit nombre, que devient la pensée, comprise dans sa rectitude et son horizon d'humanité ? Considérer que ce démantèlement affecterait la philosophie et la métaphysique et non la « pensée », ce serait d'une part méconnaître que la vocation même de la philosophie est de défendre la pensée, et, d'autre part, avaliser l'opposition heideggérienne du penser et du philosopher que Heidegger a voulu ériger, après la défaite militaire du IIIe Reich, en nouveau mythe moderne. Cette opposition, qu'Arendt a faite sienne, implique d'élever le « penser » heideggérien à la hauteur d'un paradigme pour toute pensée. Une forme de prise en otage de la pensée dont nous avons voulu montrer la destructivité.

S'appropriant les dénégations heideggériennes qui répondent à la question de son cours intitulé *Qu'appelle-t-on penser ?*, Arendt les a mises en exergue de son livre posthume sur *La Vie de l'esprit*. Sa mort trop brusque a laissé en suspens la thématisation du « juger », troisième volet annoncé mais non rédigé du triptyque. Nous n'entendons donc pas clore abruptement la question restée en suspens du « juger » arendtien. Et, plus généralement, nous ne prétendons pas avoir formulé des conclusions définitives sur tous les aspects de cette œuvre protéiforme. Ce que nous avons souhaité apporter aux études arendtiennes, c'est un nouveau discernement critique et une nouvelle base de discussion.

---

1. Nous avons vu qu'Arendt va jusqu'à légitimer une intervention contre l'URSS, ce qui eût déclenché, si son conseil avait été suivi, une Troisième Guerre mondiale (H. Arendt, *Les Origines du totalitarisme, op. cit.*, p. 871).

Un motif majeur du « juger » arendtien dans les textes qu'elle nous a laissés à ce propos, c'est une expression reprise à Kant, celle de « pensée élargie ». Arendt parle également de *sensus communis* et l'on sait qu'elle est allée chercher, dans le jugement de goût réfléchissant théorisé par Kant dans la *Critique du jugement*, un modèle pour la constitution de l'espace politique. Or, il apparaît indispensable d'éclairer cette question en tenant compte de l'ensemble du parcours intellectuel antérieur d'Arendt, c'est-à-dire, avant tout, ce que nous savons de la vision qu'elle exprime dans *Les Origines du totalitarisme* et *Condition de l'homme moderne*, ses deux livres clés, ainsi que dans tout un ensemble d'articles significatifs sur la culture, l'éducation ou les droits civiques par exemple, dont nous entendons poursuivre l'analyse critique dans d'autres études, et où se concrétisent ses jugements. Si nous prenons sérieusement en compte ces deux ouvrages et ces articles, nous devons nous demander quelle validité accorder au paradigme de la « pensée élargie » alors que, dans les faits, cette extension supposée ne franchit pas les limites de l'espace commun au petit nombre de ceux qui, participant du *bios politikos*, constituent à eux seuls la *polis*. Qu'en est-il de cet élargissement si l'*animal laborans* en est d'emblée exclu? Ou si, plus concrètement encore, sont également écartés, dans le jugement d'Arendt, les Américains d'origine africaine qui ne disposaient pas, à son époque, des mêmes droits civiques et des mêmes possibilités d'éducation que les Américains dits « blancs »[1]? Nous sommes confrontés à une conception hautement aristocratique et sélective du politique, où ce qui seul importe, c'est de savoir « choisir ses compagnons[2] ». Ce qui, une fois récusé tout horizon d'universalité, ne correspond pas à un véritable élargissement de la pensée, mais au contraire au rétrécissement du champ de vision, lorsqu'un *analogon* du goût tient lieu d'attitude morale à l'égard des autres. Sans doute le propos

---

1. Rappelons qu'Arendt se refuse à considérer comme *politique* la revendication des parents américains d'origine africaine qui souhaitent que leurs enfants partagent les mêmes écoles que les enfants américains dits « blancs ». Elle assimile en effet cette revendication à une simple aspiration à la promotion sociale. Nous renvoyons aux analyses de Kathryn T. Gynes mentionnées *supra*, chap. 11, § 50.
2. H. Arendt, *La Crise de la culture, op. cit.*, p. 288.

d'Arendt apparaîtra-t-il séduisant au lecteur qui se sentira, par sa « culture », appartenir à la communauté des *happy fews*. Il n'en demeure pas moins que la véritable difficulté du politique, c'est au contraire de savoir vivre en société avec tous.

Nous avons voulu, dans ce livre, mener la recherche critique jusqu'au point où l'intention exterminatrice, la destruction dans la pensée dont témoignent tant d'énoncés de Heidegger, devient destruction de la pensée même. Dans le champ de décombres d'un penser dévasté, seule demeure, pour qui choisit de se mettre dans les pas de ce dernier, une vision hallucinée, celle de l'absence de sol et de patrie, de l'abandon ou de la solitude d'hommes devenus superflus, qui n'existent pas à proprement parler, parce qu'ils n'ont pas su s'élever jusqu'à l'agir héroïque, l'espace partagé de la *polis* et l'acquiescement au *Seyn* heideggérien.

Ce qui distingue Arendt de Heidegger, ce qui explique que notre critique ne porte pas avec la même intensité sur l'œuvre de l'une et de l'autre, c'est qu'elle ne procède pas de l'intentionnalité purificatrice et exterminatrice dont témoignent les écrits laissés par ce dernier. Nous n'avons pas voulu charger Arendt du poids d'une critique excessive, à l'image de ce qu'elle-même a fait pour le peuple juif lorsqu'elle l'a rendu, de façon insoutenable, co-responsable de la Shoah. Cependant, pour s'être résolument et sciemment mise dans les traces de Heidegger, elle en est venue à faire sienne sa vision dévastatrice de la modernité et sa déshumanisation de l'« animal laborieux ». Attirée par le mirage d'un autre commencement et d'un salut immanent, elle s'est engagée dans la fondrière des existentiaux heideggériens, de l'être-jeté à l'être-ensemble, pour en tirer son paradigme de la *polis*, de la communauté et de la puissance. Prompte à neutraliser toute critique, elle a bâti de son dithyrambe le socle sur lequel l'ancien recteur nazi, celui qui proposait Horst Wessel en modèle pour la jeunesse allemande, a pu être érigé en roi dans le royaume du penser. Le temps est venu que cette idole se brise.

Note biographique sur quelques élèves et assistants allemands et non juifs de Heidegger[1]

Oskar Becker (1894-1964), connu pour ses travaux sur la phénoménologie des mathématiques, adhère à la Ligue des professeurs nationaux-socialistes (NSLB) et contribue à fonder de façon systématique, en collaboration avec le racialiste nazi Ludwig F. Clauß, la doctrine raciale nordiciste du nazisme qu'il expose notamment dans un essai sur «La Métaphysique nordique», publié en 1938 dans *Race. Revue mensuelle du Mouvement nordique* (Oskar Becker, «Nordische Metaphysik», *Rasse. Monatsschrift der Nordischen Bewegung*, 5, 1938, p. 81-92).

Walter Bröcker (1902-1992), qui a travaillé sous la direction de Heidegger sur Aristote et Kant, milite dans la SA de novembre 1933, alors qu'il est l'assistant du recteur Heidegger, à 1935. Le 1er janvier 1940, il devient membre du parti nazi (NSDAP).

Hans-Georg Gadamer (1900-2002), le plus célèbre des étudiants de Heidegger, signe la *Profession de foi des professeurs allemands envers Adolf Hitler* du 11 novembre 1933, co-rédigée, entre autres, par Eugen Fischer et Martin Heidegger. Il adhère en août 1933 à la Ligue des professeurs nationaux-socialistes (NSLB), participe en octobre 1935 à l'un des camps de formation de la Ligue des enseignants allemands nationaux-socialistes (NSDDB) et accepte par deux fois d'assurer l'intérim pour les chaires de philosophes juifs révoqués par les nazis pour raisons raciales. Après 1945, il réédite certains de ses articles parus sous le IIIe Reich en modifiant, sans le

---

1. Complément de l'Introduction, p. 10, note 3.

dire, les passages explicitement *völkisch*[1]. En 1989, il fait dans un entretien publié l'éloge de la doctrine raciale de Becker et de Clauß : « Becker était un théoricien de la race, mais un très bon, de même que son ami Ferdinand Clauß » (voir Robert E. Norton, « Gadamer et le cercle de Stefan George », in *Heidegger, le sol, la communauté, la race*, art. cité, p. 264).

Christoph Steding (1903-1938), étudiant de Heidegger à l'Université de Marbourg dans les années 1920, revient s'entretenir avec lui de ses travaux dans la *Hütte* de Todtnauberg à l'été de 1934. En 1935, Steding rejoint l'Institut du Reich pour l'Histoire de la Nouvelle Allemagne de l'historien nazi Walter Frank, afin de travailler à son unique ouvrage où se trouve exposée sa « philosophie de l'histoire ». Steding meurt en 1938 sans l'avoir achevé, et c'est Frank lui-même qui met en ordre le manuscrit et le publie la même année sous le titre : *Le Reich et la maladie de la culture européenne (Das Reich und die Krankheit der europäischen Kultur*, Hanseatische Verlagsanstalt, Hambourg, 1938, 760 p.). Plusieurs fois réédité sous le IIIe Reich, l'ouvrage connaît une réception considérable. Il est positivement recensé par Carl Schmitt en 1939 (voir Nicolas Tertulian, « Scènes de la vie philosophique sous le IIIe Reich : Steding, Schmitt, Heidegger », in *Carl Schmitt ou le Mythe du politique*, Yves-Charles Zarka éd., Paris, PUF, 2009, p. 121-160).

Sigrid Hunke (1913-1999), connue pour ses essais vulgarisant les idées de la « nouvelle droite », étudie la philosophie à Fribourg sous la direction de Heidegger. Elle publie dès 1936 dans la revue *Rasse. Monatsschrift der Nordischen Bewegung*, où écrivent également Becker et Clauß. Après avoir adhéré à la NSDAP le 1er mai 1937, elle soutient sa thèse à Berlin en 1941 avec Ludwig F. Clauß, reçoit une bourse de la Société pour la recherche et l'enseignement de l'héritage ancestral de la SS, ou *SS-Ahnenerbe*, et publie dans la revue SS *Germanie (Germanien)*. En 1986, elle rejoint le *Thule-Seminar* de Cassel et publie des articles dans sa revue *Elemente zur Metapolitik*.

---

1. Le mot *völkisch* n'a pas d'équivalent satisfaisant en français. Nous laisserons donc le terme en allemand dans le texte, notamment chez Heidegger qui en fait un usage intense durant les années 1933-1934 et place encore dans l'être *(Seyn)* un « principe *völkisch* » dans ses *Contributions à la philosophie* des années 1936-1938, tout en brocardant les « idées *völkisch* ».

Völkisch désigne une conception du peuple raciste et antisémite. Le terme existe bien avant Hitler, mais le national-socialisme accapare à ce point le terme *völkisch* – le journal officiel de la NSDAP s'intitule *Völkischer Beobachter* – qu'il ne sera plus utilisé en Allemagne après 1945. Le traducteur français de *Mein Kampf* dans les années 1920 traduit *völkisch* par « raciste » et Arendt elle-même choisit comme équivalent anglais l'adjectif *tribal* dans *The Origins of Totalitarianism*.

Remerciements

Le projet de ce livre est né en 2006, à New York, à la suite d'une discussion avec Martin Woessner, l'auteur de *Heidegger in America*, sur le rôle décisif de Hannah Arendt dans la diffusion américaine et planétaire de l'œuvre de Heidegger. De tout premiers résultats de mes recherches sur Arendt ont été présentés en 2009 dans une vidéo réalisée par *Books*, à l'occasion de la parution d'un article critique de l'historien Bernard Wasserstein[1], puis à l'Université de Notre Dame (Indiana), à la Katholische Akademie de Trèves[2], à l'University of Minnesota et à la 13e Nuit de la philosophie à l'Institut d'études politiques d'Aix-en-Provence. Je remercie Robert Norton, Lucia Scherzberg, Bruno Chaouat, Bernard Levinson et Nicole Karouby-Cohen qui ont organisé ces rencontres. Ces travaux ont été stimulés et enrichis par les discussions avec mes étudiants, lors du séminaire sur l'œuvre d'Arendt que j'ai conduit à l'Université de Rouen depuis 2010.

Pour les investigations indispensables sur l'œuvre inédite et publiée de Hannah Arendt dans les archives et bibliothèques, je remercie tout particulièrement Jerome Kohn et les bibliothécaires de la New School of Social Research où l'on peut consulter l'in-

---

1. «Arendt et Heidegger»: https://www.youtube.com/watch?v=nmm6sjFvuWQ
2. «Nationalsozialismus und Totalitarismus bei Hannah Arendt und Aurel Kolnai», *theologie.geschichte* 5/2012: http://universaar.uni-saarland.de/journals/index.php/tg_beihefte/article/viewFile/424/461

tégralité des Hannah Arendt Papers numérisés, le Deutsches Literaturarchiv de Marbach-sur-le-Neckar, l'Institut pour la mémoire de l'édition contemporaine, l'Institut für Zeitungsforschung de Dortmund, et, *last but not least*, les conservateurs et magasiniers de la salle K de la Bibliothèque nationale de France.

Mes séjours à New York et Marbach ont bénéficié d'un financement du laboratoire de l'ERIAC. Un semestre de recherche, accordé par l'Université de Rouen, Normandie, a permis la rédaction finale du manuscrit.

Si les développements concernant Arendt, ou Arendt et Heidegger, sont inédits, les trois chapitres sur Heidegger, qui forment la deuxième partie du livre, constituent les versions revues et complétées de conférences et articles, parus ou à paraître, à propos desquels j'ai tiré profit des discussions qu'ils ont suscitées. La première version du chapitre 5 a été présentée à l'Université de Brême en 2007, lors d'une Journée mondiale de l'UNESCO consacrée à *La Philosophie dans le national-socialisme*. Inédit en français, ce texte représente, en quelque sorte, une contre-conférence de Brême où fut analysée pour la première fois l'affirmation heideggérienne de l'être entendu par lui comme un « mot couvert » (*Deckname*), et approfondit la critique du *négationnisme ontologique* des *Conférences de Brême* de 1949. J'ai présenté, en différentes langues, des versions à chaque fois enrichies de mon texte à Barcelone, Madrid, Notre Dame, Mexico, Xalapà, Rio de Janeiro et Uberlandia[1]. Que les organisateurs de ces différentes rencontres, Hans Jörg Sandkühler, Arnau Pons, Julio Quesada, Robert Norton, João Ricardo Moderno et l'Académie Brésilienne de Philosophie ainsi qu'Alexandre Guimarães Tadeu de Soares en soient remerciés.

Les deux chapitres suivants (6 et 7) comptent parmi les premières études proposées du contenu des *Cahiers noirs*. Des versions préparatoires du texte sur l'antisémitisme de Heidegger, de ses lettres à Elfride

---

1. « Der Nationalsozialismus in der Philosophie: Sein, Geschichtlichkeit, Technik und Vernichtung in Heideggers Werk », *Philosophie im Nationalsozialismus*, H. J. Sandkühler éd., Hambourg, Meiner, 2009, p. 133-155; « Being, History, Technology and Extermination in the Work of Heidegger », *Journal of the History of Philosophy*, vol. 50/1 (2012), p. 111-130; des traductions de la conférence ont également été publiées en espagnol, catalan et brésilien.

aux *Cahiers noirs*, et sur le thème de l'auto-extermination, qui constitue le chapitre 7, ont été présentées à l'Université de Montréal, à la CUNY (New York) et au Mémorial de la Shoah de Paris[1]. Mes remerciements vont à Charles Blattberg, Gérard Rabinovitch et l'Institut européen Emmanuel Levinas, Richard Wolin et Georges Bensoussan.

De premières versions de l'étude sur les catégories et existentiaux, et sur la destruction de la question de l'homme, d'*Être et temps* aux *Cahiers noirs*, qui forment le chapitre 6, ont été présentées et discutées dans la série *Philosophie Kontrovers* à l'Université de Cologne[2], au colloque de l'Université de Siegen sur les *Cahiers noirs*[3], et à la rencontre sur *Heidegger, les* Cahiers noirs *et la Russie* qui s'est tenue à l'Université d'État Lomonossov de Moscou[4]. Qu'Andreas Speer, Marion Heinz, Sidonie Kellerer, Marlène Laruelle, Vladimir Mironov ainsi que les responsables du Centre d'études franco-russe de Moscou en soient remerciés.

Le manuscrit de ce livre a bénéficié des relectures de Sidonie Kellerer, Livia Profeti, Henrianne Rousselle et Jocelyne Sfez, ainsi que des remarques de Leonore Bazinek, Stéphane Domeracki, Édith Fuchs, Marlène Laruelle et Alexandre Saintin. Si je dois beaucoup à leurs suggestions, je suis bien entendu seul responsable des thèses exposées.

Je dédie ces remerciements à la mémoire de Roseline Divert-Thiberge, directrice de l'Institut Pédagogique Raymond Thiberge, disparue en 2012, dont les entretiens ont accompagné et éclairé la genèse de ce livre.

J'exprime enfin ma gratitude à l'égard de la confiance que m'a toujours accordée mon éditrice, Hélène Monsacré, et mon affectueuse reconnaissance à la grande patience de mes proches.

---

1. Une version courte est parue dans la revue *Cités*, vol. 61 (2015), et des versions plus développées en italien dans *MicroMega*, 2/2015, ainsi qu'en allemand dans la *Deutsche Zeitschrift für Philosophie*, vol. 63/5 (2015).

2. http://kontrovers.phil-fak.uni-koeln.de/fileadmin/kontrovers/pk-heidegger.pdf

3. «Kategorien oder Existenzialien. Von der Metaphysik zur Metapolitik», *Martin Heideggers »Schwarze Hefte«. Eine philosophisch-politische Debatte*, Marion Heinz et Sidonie Kellerer éd., Berlin, Suhrkamp, 2016, p. 100-121.

4. http://www.centre-fr.net/events/503/ Actes à paraître. La rencontre a été suivie d'une conférence de presse à l'agence Pressmia : http://pressmia.ru/pressclub/20151023/950428746.html

Bibliographie des œuvres citées de Hannah Arendt et Martin Heidegger

Hannah Arendt[1]

1) Chronologie des œuvres citées

Der Liebesbegriff bei Augustin. Versuch einer philosophischen Interpretation, Heidelberg, Springer, 1929; reprint Hildesheim, Olms, 2006; *Le Concept d'amour chez saint Augustin. Essai d'interprétation philosophique*, avant-propos de Guy Petitdemange, traduit de l'allemand par Anne-Sophie Astrup, Paris, Rivages, 1999.

« Friedrich von Gentz : Zu seinem 100. Todestag am 9. Juni », *Handelsblatt der Kölnischen Zeitung*, n° 308, 8 juin 1932; « Friedrich von Gentz. À l'occasion du 100ᵉ anniversaire de sa mort le 9 juin 1932 », traduit de l'allemand par Martin Ziegler, *La Philosophie de l'existence et autres* essais, Paris, Payot, 2000, p. 65-72.

« Adam Müller – Renaissance? », *Handelsblatt der Kölnischen Zeitung*, n° 502, 13 septembre 1932, p. 4, et n° 510, 17 septembre 1932, p. 4; « Adam Müller – Renaissance? », traduit de l'allemand par Martin Klebes, *Reflections on Literature and Culture*, Susannah Young-Ah Gottlieb éd., Stanford, Californie, Stanford University Press, 2007, p. 38-45.

Rahel Varnhagen. Lebensgeschichte einer deutschen Jüdin aus der Romantik, Munich, Piper, 1959; *Rahel Varnhagen. La Vie d'une juive allemande à l'époque du romantisme, Lettres de Rahel (1793-1814)*, traduit de l'allemand par Henri Plard, Paris, Tierce-Pocket, 1986.

« L'Antisémitisme », traduit de l'allemand par Sylvie Courtine-Denamy, *Écrits juifs*, Paris, Fayard, 2011, p. 164-254.

« What Is Existenz Philosophy? », traduit de l'allemand par William Barrett, *Partisan Review*, XVIII/1, 1946, p. 34-56; « Was ist Existenz-Philosophie? », *Sechs Essays*, Heidelberg, Schriften der Wandlung 3, 1948, p. 48-80; « La philosophie de l'existence », traduit de

---

1. Les principales œuvres d'Arendt citées dans notre livre sont mentionnées dans l'ordre chronologique de leur rédaction. Les sources manuscrites utilisées (conférences, essais, lettres, notes de cours, notes de lecture), toujours précisées dans les notes du livre, ne sont pas rappelées dans cette bibliographie.

l'allemand par Catherine Mendelssohn, *Deucalion. Cahiers de philosophie*, publiés sous la direction de Jean Wahl, Éditions de la revue *Fontaine*, 2, 1947, p. 215-245; «Qu'est-ce que la philosophie de l'existence?», *La Philosophie de l'existence et autres essais*, traduit de l'allemand par Martin Ziegler, Paris, Payot, 2000, p. 111-141.

«The Image of Hell» [1946], *Essays in Understanding 1930-1954, Formation, Exile and Totalitarianism*, Jerome Kohn éd., New York, Schocken Books, 1994, p. 197-205; «L'image de l'enfer», *Auschwitz et Jérusalem*, traduit de l'anglais par Sylvie Courtine-Denamy, Paris, Pocket, 1993.

Sechs Essays, Schriften der Wandlung 3. Unter Mitwirkung von Karl Jaspers, Werner Krauss und Alfred Weber, Dolf Sternberger éd., Heidelberg, janvier 1948; *Die verborgene Tradition. Acht Essays*, Francfort-sur-le-Main, Suhrkamp, 1976.

Journal de pensée, 1950-1973, 2 vol., Ursula Ludz et Ingeborg Nordmann éd., traduit de l'allemand et de l'anglais par Sylvie Courtine-Denamy, Paris, Seuil, 2005.

The Origins of Totalitarianism, Orlando, Austin, New York, Harcourt, 1976 [1951]; *Elemente und Ursprünge totaler Herrschaft*, Munich, Piper, 1991 [1955]; *Les Origines du totalitarisme*, traduit de l'anglais par Micheline Pouteau (vol. I), Martine Leiris (vol. II), Jean-Loup Bourget, Robert Davreu et Patrick Lévy (vol. III), révision par Hélène Frappat, *Les Origines du totalitarisme, Eichmann à Jérusalem*, édition établie sous la direction de Pierre Bouretz, Paris, Gallimard, 2002, p. 177-838.

«Préface de la première édition [des *Origines du totalitarisme*]» [1951], in Michelle-Irène Brudny, «Introduction aux Origines du totalitarisme par Hannah Arendt», *Magazine littéraire*, n° 410, juin 2011, p. 91-92 [non reprise dans l'édition Bouretz].

«En guise de conclusion» [1951], traduit de l'anglais par Martine Leibovici, *Les Origines du totalitarisme, Eichmann à Jérusalem*, Pierre Bouretz éd., Paris, Gallimard, 2002, p. 860-879.

La Nature du totalitarisme, édition, traduction et préface de Michelle-Irène Brudny de Launay, Paris, Payot, 2006.

«L'intérêt pour la politique dans la pensée philosophique européenne récente» [1954], traduit de l'anglais par Joël Roman, André Scala et Étienne Tassin, *Hannah Arendt. Confrontations, Les Cahiers de philosophie*, n° 4, automne 1987, p. 7-28; «L'intérêt pour la politique dans la pensée philosophique européenne d'aujourd'hui», traduit de l'anglais par Anne Damour, *La Philosophie de l'existence et autres essais*, Paris, Payot, 2000, p. 221-264.

The Human Condition, introduction par Margaret Canovan, Chicago et Londres, The University of Chicago Press, 1998 [1958]; *Vita activa oder Vom tätigen Leben*, Munich, Piper, 2013 [1960]; *Condition de l'homme moderne*, traduit de l'anglais par Georges Fradier, préface de Paul Ricœur, Paris, Pocket, 1983 [1961], réédition dans *L'Humaine condition*, édition établie et présentée sous la direction de Philippe Raynaud, Paris, Gallimard, 2012, p. 51-323.

Between Past and Future. Eight Exercises in Political Thought, New York, Wiking Press, 1961; *La Crise de la culture*, traduit de l'anglais sous la direction de Patrick Lévy, Paris, Gallimard, 1972.

Politische Ordnung und menschliche Existenz. Festgabe für Eric Voegelin zum 60. Geburtstag, Alois Dempf, Hannah Arendt, Friedrich Engel-Janosi éd., Munich, Beck, 1962.

De la Révolution [1963], traduit de l'anglais par Marie Berrane avec la collaboration de Johan-Frédérik Hel-Guedj, *L'Humaine condition*, édition établie et présentée sous la direction de Philippe Raynaud, Paris, Gallimard, 2012, p. 325-584.

Eichmann à Jérusalem. Rapport sur la banalité du mal [1963], traduction de l'anglais par Anne Guérin, revue par Michelle-Irène Brudny de Launay, révision par Martine Leibovici,

Les Origines du totalitarisme, Eichmann à Jérusalem, Pierre Bouretz éd., Paris, Gallimard, 2002, p. 1014-1306.

« Seule demeure la langue maternelle » [traduction de la transcription de l'entretien télévisé de 1964 avec Günter Gaus], *La Tradition cachée. Le juif comme paria*, traduit de l'allemand par Sylvie Courtine-Denamy, Paris, Bourgois, 1987.

« Le "cas Eichmann" et les Allemands », entretien télévisé avec Thilo Koch, 24 janvier 1964, traduit de l'anglais par Sylvie Courtine-Denamy, *Colloque Hannah Arendt. Politique et pensée*, Paris, Payot, 2004 [1989], p. 243-249.

« Martin Heidegger ist achtzig Jahre alt », *Merkur*, Heft 258, 1969/10, p. 893-902 ; « Martin Heidegger a quatre-vingts ans », traduit de l'allemand par Barbara Cassin et Patrick Lévy, revu et corrigé par l'auteur, *Vies politiques*, Paris, Gallimard, 1974, p. 307-320.

The Life of the Mind, San Diego, New York, Londres, Harcourt, 1978 ; *La Vie de l'esprit*, traduit de l'anglais par Lucienne Lotringer, Paris, PUF, 2007.

Juger. Sur la philosophie politique de Kant, traduit de l'anglais par Myriam Revault d'Allonnes, Paris, Seuil, 1991.

Penser l'événement, Claude Habib éd., Paris, Belin, 1989.

2) Correspondances

Hannah Arendt – Heinrich Blücher, *Correspondance 1936-1968*, Lotte Köhler éd., traduit de l'allemand par Anne-Sophie Astrup, Paris, Calmann-Lévy, 1999.

Hannah Arendt – Kurt Blumenfeld, «... *in keinem Besitz verwurzelt* » : *Die Korrespondenz*, Ingeborg Nordmann et Iris Pilling éd., Hambourg, Rotbuch Verlag, 1995 ; *Correspondance 1933-1963*, traduit de l'allemand par Jean-Luc Évard, Paris, Desclée de Brouwer, 1998.

Hannah Arendt – Martin Heidegger, *Briefe 1925-1975*, Ursula Ludz éd., Francfort-sur-le-Main, Klostermann, 2002 ; *Lettres et autres documents 1925-1975*, traduit de l'allemand par Pascal David, Paris, Gallimard, 2001.

Hannah Arendt – Karl Jaspers, *Correspondance 1926-1969*, Lotte Köhler et Hans Saner éd., traduit de l'allemand par Éliane Kaufholz-Messmer, Paris, Payot, 1995.

« The Correspondence between Hannah Arendt and Alfred Kazin », Helgard Mahrdt éd. : http://folk.uio.no/helgardm/correspondence.pdf

Between Friends. The Correspondence of Hannah Arendt and Mary McCarthy, 1949-1975, Carol Brightman éd., New York, San Diego et Londres, Harcourt, Brace et Company, 1995.

Hannah Arendt – Gershom Scholem, *Correspondance*, Marie Luise Knott et David Heredia éd., traduit de l'allemand par Olivier Mannoni, avec Françoise Mancip-Renaudie pour les lettres et textes en anglais, Paris, Seuil, 2012.

Martin Heidegger

1) Volumes cités de l'Œuvre intégrale (Gesamtausgabe)

Reden und andere Zeugnisse eines Lebensweges, Hermann Heidegger éd., GA 16, Francfort-sur-le-Main, Klostermann, 2000.

Plato : Sophistes, Ingeborg Schüßler éd., GA 19, Francfort-sur-le-Main, Klostermann, 1992 ; *Platon : Le Sophiste*, traduit par Jean-François Courtine, Pascal David, Dominique Pradelle et Philippe Quesne, Paris, Gallimard, 2001.

Die Grundbegriffe der Metaphysik. Welt – Endlichkeit – Einsamkeit, Friedrich-Wilhelm von Herrmann éd., GA 30, Francfort-sur-le-Main, Klostermann, 1983.
Vom Wesen der menschlichen Freiheit. Einführung in die Philosophie, Hartmut Tietjen éd., GA 31, Francfort-sur-le-Main, Klostermann, 1994.
Der Anfang der abendländischen Philosophie (Anaximander und Parmenides), Peter Trawny éd., GA 35, Francfort-sur-le-Main, Klostermann, 2012.
Sein und Wahrheit, I. Die Grundfrage der Philosophie, II. Vom Wesen der Wahrheit, Hartmut Tietjen éd., GA 36/37, Francfort-sur-le-Main, Klostermann, 2001.
Logik als die Frage nach dem Wesen der Sprache, Günter Seubold éd., GA 38, Francfort-sur-le-Main, Klostermann, 1998.
Hölderlins Hymnen « Germanien » und « Der Rhein » [WS 1934-1935], Suzanne Ziegler éd., GA 40, Francfort-sur-le-Main, Klostermann, 1980.
Zur Auslegung von Nietzsches II. Unzeitgemässer Betrachtung, Hans-Joachim Friedrich, GA 46, Francfort-sur-le-Main, Klostermann, 2003 ; *Interprétation de la « Deuxième considération intempestive » de Nietzsche*, traduit par Alain Boutot, Hans-Joachim Friedrich éd., Paris, Gallimard, 2009.
Nietzsche, der Europäische Nihilismus (II. Trimester 1940), Petra Jaeger éd., GA 48, Francfort-sur-le-Main, Klostermann, 1986.
1. Nietzsches Metaphysik 2. Einleitung in die Philosophie – Denken und Dichten, Petra Jaeger éd., GA 50 Francfort-sur-le-Main, Klostermann, 1990 ; *Achèvement de la métaphysique et poésie*, traduit par Adeline Froidecourt, Paris, Gallimard, 2005.
Der Begriff der Zeit (1924), Friedrich-Wilhelm von Herrmann éd., GA 64, Francfort-sur-le-Main, Klostermann, 2004.
Beiträge zur Philosophie (Vom Ereignis), Friedrich-Wilhelm von Herrmann éd., GA 65, Francfort-sur-le-Main, Klostermann, 1989.
Die Geschichte des Seyns, 1. Die Geschichte des Seyns, 2. Koinón. Aus der Geschichte des Seyns, Peter Trawny éd., GA 69, Francfort-sur-le-Main, Klostermann, 1998.
Bremer und Freiburger Vorträge, Petra Jaeger éd., GA 79, Francfort-sur-le-Main, Klostermann, 1994.
Seminare. Hegel-Schelling, Peter Trawny éd., GA 86, Francfort-sur-le-Main, Klostermann, 2011.
Zu Ernst Jünger, Peter Trawny éd., GA 90, Francfort-sur-le-Main, Klostermann, 2004.
Überlegungen II-VI (Schwarze Hefte 1931 1938), Peter Trawny éd., GA 94, Francfort-sur-le-Main, Klostermann, 2014.
Überlegungen VII-XI (Schwarze Hefte 1938-1939), Peter Trawny éd., GA 95, Francfort-sur-le-Main, Klostermann, 2014.
Überlegungen XII-XV (Schwarze Hefte 1939-1941), Peter Trawny éd., GA 96, Francfort-sur-le-Main, Klostermann, 2014.
Anmerkungen I-IV (Schwarze Hefte 1942-1948), Peter Trawny éd., GA 97, Francfort-sur-le-Main, Klostermann, 2015.

2) Autres écrits cités

Traité des catégories et de la signification chez Duns Scot, traduit de l'allemand par Florent Gaboriau, Paris, Gallimard, 1970.
Les Conférences de Cassel, 1925, traduites par Jean-Claude Gens, Paris, Vrin, 2003.
Sein und Zeit, Tübingen, Max Niemeyer, 1927 ; *Être et temps*, traduit par Emmanuel Martineau, s. l., Authentica, 1985 [hors-commerce].

Was ist Metaphysik?, Bonn, Friedrich Cohn, 1930.

Kant und das Problem der Metaphysik, Francfort-sur-le-Main, Klostermann, 1998; *Kant et le problème de la métaphysique*, traduit de l'allemand par Alphonse de Waelhens et Walter Biemel, Paris, Gallimard, 1953.

Bekenntnis der Professoren an den deutschen Universitäten und Hochschulen zu Adolf Hitler und dem nationalsozialistischen Staat, Überreicht vom Nationalsozialistischen Lehrerbund Deutschland/Sachsen, Dresden -A., Zinzendorfstraße 2, 1933.

« Discours et proclamations », traduit par Jean-Pierre Faye, *Médiations, Revue des expressions contemporaines*, automne 1961, p. 139-159.

Platons Lehre von der Wahrheit, Mit einem Brief über den « Humanismus », Berne, Francke, 1947; « Lettre à Jean Beaufret », *Fontaine*, n° 63, novembre 1947, p. 786-804; *Lettre sur l'humanisme*, texte allemand traduit et présenté par Roger Munier, Paris, Aubier, 1957.

Aus der Erfahrung des Denkens, Berne, Francke, 1947; « L'expérience de la pensée », traduit par André Préau, *Questions III*, Paris, Gallimard, 1966, p. 17-41.

Was heisst Denken?, Tübingen, Max Niemeyer, 1984; *Qu'appelle-t-on penser?*, traduit par Aloys Becker et Gérard Granel, Paris, PUF, 1959.

Vorträge und Aufsätze, Pfullingen, Günther Neske, 1976.

Einführung in die Metaphysik, Tübingen, Max Niemeyer, 1953; *Introduction à la métaphysique*, traduit par Gilbert Kahn, Paris, PUF, 1958.

Gelassenheit, Pfullingen, Günther Neske, 1959.

Nietzsche I-II, Pfullingen, Günther Neske, 1961; traduit par Pierre Klossowski, Paris, Gallimard, 2 vol., 1971.

Antwort. Martin Heidegger im Gespräch, Pfullingen, Günther Neske, 1988.

« *Mein liebes Seelchen!* » *Briefe Martin Heideggers an seine Frau Elfride*, Gertrude Heidegger éd., Munich, Deutsche Verlagsanstalt, 2005; « *Ma chère petite âme* », *Lettres de Martin Heidegger à sa femme Elfride 1915-1970*, Gertrude Heidegger éd., traduit par Marie-Ange Maillet, Paris, Seuil, 2005 [l'édition française a été pilonnée sur l'injonction des ayants droit].

Martin Heidegger–Karl Jaspers, *Correspondance 1920-1963*, Walter Biemel et Hans Saner éd., Francfort-sur-le-Main, Klostermann, 1990; *Martin Heidegger, Correspondance avec Karl Jaspers, 1920-1963*, traduit de l'allemand par Claude-Nicolas Grimbert, suivi de *Correspondance avec Elisabeth Blochmann*, traduit de l'allemand par Pascal David, Paris, Gallimard, 1996.

Index des noms

Abensour, Miguel, 430
Adenauer, Konrad, 478
Adler, Laure, 271
Adorno, Theodor, 195, 202, 237, 310, 312, 326-327, 336, 354, 375-376, 428, 430-431, 437, 503, 521
Agamben, Giorgio, 29, 152, 372
Aglan, Alya, 516
Almeida, Fabrice d', 413
Althusser, Louis, 10
Altman, Ilya, 21-22
Anassimov, Myriam, 21
Anders, Günther, 226
Andler, Charles, 107-108, 113
Antelme, Robert, 157
Arad, Yitzhac, 32
Aristote, 186, 219, 227, 307, 315, 338, 361-362, 385-386, 442-445, 447, 461, 537
Arland, Marcel, 85
Arendt, Hannah, *passim*
Arnim, Achim von, 60, 69
Aron, Raymond, 86, 160, 415
Augustin [saint], 52, 62, 64, 121, 173, 308, 379, 387
Ayçoberry, Pierre, 410-412

Badiou, Alain, 9, 91, 492-493, 518
Baechler, Christian, 161
Baeumler, Alfred, 39, 41-43, 51, 98, 134-136, 247, 250, 403, 483, 522
Barrett, William, 272, 274-275, 465
Bataille, Georges, 132
Bauch, Kurt, 177, 186-188, 215, 239, 324
Bauer, Yehouda, 32
Bauman, Zygmunt, 152, 157, 485
Baumgarten, Eduard, 41, 179
Bazinek, Leonore, 42, 402, 406
Beaufret, Jean, 11-12, 213, 290, 308, 317, 319-322, 364
Beauvoir, Simone de, 289
Becker, Oskar, 10, 38, 51, 223, 537-538
Begalke, Sonja, 324
Behnen, Michael, 102
Bendersky, Joseph W., 47
Ben Gourion, David, 487
Benjamin, Walter, 311-312, 326
Bensoussan, Georges, 32
Berdiaeff, Nicolas, 276
Berger, Sara, 32
Bergson, Henri, 9, 278, 280
Bernasconi, Robert, 203-204
Bernstein, Richard J., 13
Best, Werner, 129

Bettelheim, Bruno, 21
Biemel, Walter, 51, 220, 229, 276
Blankenstein, Ilse Bella, 322
Blochmann, Elisabeth, 122, 226, 483
Blücher, Heinrich, 55, 270, 329-330, 337, 339, 342, 347-352, 356, 360-361, 449
Blumenfeld, Kurt, 52, 80
Böhnigh, Volker, 222
Bonaventure [saint], 186
Borkenau, Franz, 416
Bormann, Martin, 145
Bouretz, Pierre, 14, 126, 145, 155, 169, 340-341, 374, 398, 405, 410, 417-418
Bouvier, Herma, 161
Boveri, Margret, 376
Braig, Carl, 185-186
Brandt, Reinhard, 440
Brauman, Rony, 488
Bréhier, Émile, 301
Brentano, Clemens, 59, 69, 73
Brentano, Franz, 186
Brock, Werner, 300
Bröcker, Walter, 10
Brudny de Launay, Michelle-Irène, 89, 126, 157, 165-166, 276, 344, 475
Brumlik, Micha, 215, 464, 529
Brunck, Helma, 105
Bruno, Giordano, 482
Bülow, Friedrich, 56, 59, 61
Bultmann, Rudolf, 50
Burckhardt, Jacob, 93
Burke, Edmund, 56-57, 60-61, 63, 115, 119-120, 517

Calle-Gruber, Mireille, 39
Caminada, Emanuele, 227
Camus, Albert, 275, 278, 287, 303
Carbonell, Manuel, 408
Carrasco, Raphaël, 87
Cassin, Barbara, 9, 12, 91, 386, 441, 446
Cassirer, Ernst, 50, 228, 284, 354
Caton d'Utique, 187
Cavaillès, Jean, 9, 516

Céline, Louis Ferdinand, 85
Cesarani, David, 475-478, 492
Chamberlain, Houston S., 88
Chapoutot, Johann, 38, 480, 508, 529, 531
Char, René, 463
Chauvet, Didier, 31
Chesterton, Gilbert Keith, 132
Chodzko, Mieczyslaw, 31
Clausewitz, Carl von, 528
Clauß, Ludwig F., 38, 98, 222, 374, 537-538
Cohen, Francis, 242
Cohen, Hermann, 284
Cohen-Halimi, Michèle, 173, 242
Collin, Françoise, 373
Conrad, Joseph, 98-102, 121
Conte, Édouard, 529
Corbin, Anne-Marie, 166
Corbin, Henry, 192, 495
Courtine-Denamy, Sylvie, 20, 49, 65, 72, 98, 270, 276, 513
Cues, Nicolas de, 87

Darré, Richard Walther, 60
Daudet, Léon, 85
David, Pascal, 42, 50
De Felice, Renzo, 415
Delpla, Isabelle, 478, 481
Delsol, Chantal, 518
Denker, Alfred, 188
Denys de Syracuse, 445-447, 482
Derrida, Jacques, 11, 39, 213, 460, 492
De Schutter, Dirk, 416
Di Cesare, Donatella, 254, 262, 264, 503
Dilthey, Wilhelm, 192-193, 219, 224, 252, 293-294, 418
Disraeli, Benjamin, 83-86, 120
Dodd, William J., 310
Dollfuss, Engelbert, 406
Domeracki, Stéphane, 501-502, 520
Donaggio, Enrico, 281
Dornseiff, Franz, 324

Index des noms

549

Douguine, Alexandre, 318, 503, 533
Droit, Roger-Pol, 522
Dubreuil, Laurent, 372
Dunlop, Francis, 133

Echternkamp, Jörg, 452,
Ehrenbourg, Ilya, 21-22
Eichmann, Adolf, *passim*, et particulièrement 435-510.
Einstein, Albert, 21
Engels, Friedrich, 92
Epstein, Chakhno, 22
Epting, Karl, 131
Ericksen, Robert P., 37, 88
Escoubas, Éliane, 195, 428, 431
Esposito, Roberto, 358, 372
Essner, Cornelia, 529
Ettinger, Elzbieta, 269, 337, 361, 436-437
Évard, Jean-Luc, 57, 143
Evola, Julius, 464

Falev, Egor, 532-533
Fardid, Ahmad, 318, 503
Farías, Victor, 11, 41, 183, 448
Faucheux, Michel, 209
Faye, Emmanuel, *passim*
Faye, Jean-Pierre, 9, 146, 415, 419, 431
Feder, I., 22
Fédier, François, 437, 466
Feral, Thierry, 256
Ferrié, Christian, 370, 383
Feuerbach, Ludwig, 61, 63, 518
Fichte, Johann Gottlieb, 66, 108, 220
Finckenstein, Carl Graf von, 65
Fink, Fritz, 256
Fischer, Alois, 286-288, 291
Fischer, Eugen, 35, 37, 102, 131, 246, 485, 537
Forsthoff, Ernst, 74-76, 98, 123, 136-137, 146
Fradier, Georges, 388
Frank, Erich, 51
Frank, Hans, 39, 134, 146, 183, 530

Frank, Jacob, 484
Frank, Walter, 36-38, 43-46, 88, 104, 129-130, 417, 538.
Freyer, Hans, 36, 131
Fried, Gregory, 188, 408, 523
Friedländer, Paul, 50
Friedländer, Saul, 47, 118, 413-414
Friedrich, Hugo, 407
Fritsche, Johannes, 237, 400, 449
Fuchs, Édith, 91, 169, 541
Furet, François, 112

Gadamer, Hans-Georg, 10, 12, 38-39, 51, 213, 226-227, 441, 446, 537-538
Galilée, 368
Gandillac, Maurice de, 276
Gangl, Manfred, 83
Gaus, Günter, 205, 513
Gehlen, Arnold, 76, 131, 134, 369, 374-377, 408, 429, 517
Gentile, Emilio, 410, 415-416
Gentile, Giovanni, 464
Gentz, Friedrich von, 53, 55-59, 63, 68-69
George, Stefan, 38, 54, 142-143, 280, 382, 538
Geraud, Claude, 161
Gide, André, 85
Gilson, Étienne, 352
Gines, Kathryn T., 398, 404, 421, 425, 427
Gobineau, Joseph Arthur de, 69, 77-78, 97, 120
Goebbels, Joseph, 145, 507
Goering, Hermann, 128, 145
Goethe, Johann Wolfgang von, 51-52, 65, 295, 505
Gogarten, Friedrich, 131, 134-135
Goldhagen, Daniel J., 414
Goldschmidt, Georges-Arthur, 431, 521
Grey, J. Glenn, 12
Gross, Raphael, 48, 98, 138, 529
Grossman, Vassili, 19, 21-22, 25-29, 32-34, 132, 149, 154, 156, 411

Grunenberg, Antonia, 20, 326-327, 330
Guardini, Romano, 286, 352
Guedj, Jérémy, 416
Gundolf, Friedrich, 54, 428
Gurian, Waldemar, 174, 333, 353
Gurvitch, Georges, 276-277
Günther, Hans F. K., 43

Habermas, Jürgen, 11, 242, 389
Hachmeister, Lutz, 437
Haucke, Kai, 232
Haupt, Joachim, 161
Haym, Rudolf, 56-57
Hegel, Georg Wilhelm Friedrich, 40, 77-78, 108, 137, 170, 179, 186, 278, 281, 350-351, 503
Heidegger, Elfride, 41, 184, 211-212, 217, 235-236, 243, 246, 335-336, 361, 437, 493, 528, 541
Heidegger, Hermann, 19, 215, 242, 246, 332, 437, 528
Heidegger, Martin, *passim*
Heine, Heinrich, 504-505
Helman, Socrate, 153
Hemming, Laurence Paul, 203
Herder, Johann Gottfried von, 295
Hess, Rudolf, 43, 45, 145
Heydrich, Reinhard, 451, 475, 489
Hilberg, Raul, 26, 37, 410-413, 478
Hildebrandt, Klaus, 412
Hildebrandt, Kurt, 98, 135, 142
Himmler, Heinrich, 24-26, 28, 128, 145, 147-149, 153, 406, 451, 476, 531
Hirsch, Emanuel, 131
Hitler, Adolf, *passim*
Hobbes, Thomas, 90-91, 333, 355, 357, 442
Hoberg, Clemens August, 44
Hodges, H. A., 293
Hogrebe, Wolfram, 223
Hölderlin, Friedrich, 143, 177, 187, 214, 218, 226, 276, 296, 437, 505
Hönigswald, Richard, 39, 41, 244-245

Horowitz, Irving Louis, 165, 416
Huber, Ernst Rudolf, 136-137, 146
Hull, Isabel V., 103
Hume, David, 461, 482
Hünerfeld, Paul, 265, 428
Hunke, Sigrid, 10, 538
Husserl, Edmund, 50, 132, 193, 222, 280-281, 284, 298-301, 316, 319, 323, 418, 503-505
Hygin, 295

Ingrao, Christian, 38

Jacobstahl, Paul, 50
Janicaud, Dominique, 11, 276
Jankélévitch, Wladimir, 9
Jaspers, Gertrud, 246
Jaspers, Karl, 34, 51-54, 124, 164, 198, 205, 208, 220, 274-275, 277-280, 283-284, 292-293, 299, 301-302, 307-310, 313, 315, 317, 319-321, 325, 333, 336, 338, 347, 354-355, 360, 366, 402, 404, 428, 445, 447, 453-454, 473, 479, 481, 485
Jay, Martin, 80, 390, 403, 408
Johnson, Greg, 533
Jolles, Franck, 231, 263, 408
Jonas, Hans, 225, 483
Jünger, Ernst, 103, 180-181, 195, 197, 212-213, 305, 390, 403

Kafka, Franz, 105, 313
Kaltenbrunner, Ernst, 105
Kant, Emmanuel, 15, 41-42, 55, 115-116, 155, 162-163, 167-169, 173, 179, 194, 219, 221-223, 226-235, 238, 274, 279-285, 290, 292, 303, 309, 427, 445, 451, 461, 481-482, 519, 527-532, 535, 537
Karplus, Gretel, 311
Kazin, Alfred, 159
Kellerer, Sidonie, 213, 227, 258-259, 262, 265, 408

Index des noms

Kershaw, Ian, 410, 412-414
Kierkegaard, Søren 275, 278-280, 282, 462
Kipling, Rudyard, 99
Kitchen, Martin, 412
Kittel, Gerhard, 36-37, 48, 88, 131, 485
Klages, Ludwig, 135
Kleist, Heinrich von, 69
Klemperer, Viktor, 196-197, 306, 316
Klostermann, Vittorio, 312
Kogon, Eugen, 21, 147-148, 151-153, 411
Kohn, Jerome, 20, 70, 72, 272, 349-350, 506
Kolbenheyer, Guido, 231
Kolnai, Aurel, 77, 113, 125, 130, 132-138, 142, 318
Konitzer, Werner, 529
Koon, Claudia, 37
Koselleck, Reinhard, 315
Koyré, Alexandre, 141, 276, 324-325
Krauss, Werner, 275, 277
Krebs, Engelbert, 218
Krieck, Ernst, 43, 98, 134, 344, 419
Krohn, Bernhard et Luise, 324
Kroner, Richard, 51
Krüger, Gerhardt (*Führer* de la *deutsche Studentenschaft*), 182
Krüger, Gerhardt (disciple de Heidegger), 325, 331

Lacoue-Labarthe, Philippe, 39, 198, 213, 408
Lacroix, Justine, 515
Lagasnerie, Geoffroy de, 431
Lambrecht, Lars, 204-205
Landau, Moshe, 479
Lanzmann, Claude, 490-491, 525
Laqueur, Walter, 410, 414, 421
Larenz, Karl, 108
Laruelle, Marlène, 369, 532
Lasserre, Pierre, 98
Lawrence, T. H., 99

Lazare, Bernard, 424
Lecoindre, Gaëtan, 84
Lee, Jaehoon, 186, 252
Leibovici, Martine, 421, 437, 475
Lessing, Theodor, 504
Lévy Patrick, 12, 441, 446
Levi, Primo, 157
Linde, Reinhard, 522
Lochak, Danièle, 497, 502
Locke, John, 90, 333
Longerich, Peter, 24-25
Losurdo, Domenico, 91, 419-420
Louria, Isaac, 483
Löwith, Karl, 222, 237, 280-281, 316, 324-325, 328-329, 331, 346-350, 352, 356, 400, 428, 449
Ludz, Ursula, 50, 58, 270, 323
Lukács, Georg, 206
Luxemburg, Rosa, 63
Lyotard, Jean-François, 367

McCarthy, Mary, 58, 425
Machiavel, 333, 389-391, 394
Malabou, Catherine, 11
Malraux, André, 364
Mann, Erika, 161
Marcel, Gabriel, 276
Marie, Jean-Jacques, 22
Maritain, Jacques, 352
Marr, Wilhelm, 69, 78
Martin, Bernd, 40, 183, 239, 300
Martin, Jean-Clet, 493
Martineau, Emmanuel, 221
Marwitz, Alexander von der, 265
Marx, Karl, 92-93, 108, 170, 303-304, 333, 362, 368, 370, 425, 442, 461-462, 517
Mathewes, Charles T., 173
Maunz, Theodor, 130, 134
Maurras, Charles, 85, 98, 464
Mehta, Jarava Lal, 467
Mengele, Joseph, 35, 102
Meschonnic, Henri, 431, 521
Minder, Robert, 427, 431, 521

Mirabeau, 57
Misch, Georg, 50
Moehler, Armin, 353
Moeller van den Bruck, Arthur, 402, 405-406, 464, 517
Molinié, Annie, 87
Möllendorff, Wilhelm von, 300
Monod, Jean-Claude, 242, 375
Montaigne, 88, 311, 393, 482
Montesquieu, 138, 333, 338-339
Mörchen, Hermann, 524
Müller, Adam, 53, 55-57, 59-64, 69-70, 298-299, 301, 425, 519
Müller, Max, 226, 239
Münster, Arno, 246
Murmelstein, Benjamin, 490-491, 525-526
Murmelstein, Wolf, 490
Mussolini, Benito, 196-197, 415, 436, 464, 471, 473

Nancy, Jean-Luc, 39, 41-42, 318, 492-505
Neumann, Franz, 89, 145-146, 419
Nicolai, Walther, 44
Nietzsche, Friedrich, 11, 77-78, 137, 162, 197, 211, 213-214, 216, 250, 278, 281, 296, 303, 330, 342, 366, 424, 459, 462-463, 467-468, 470-472, 504-505, 528-529
Niklas, Stefan, 227
Noll, Alfred J., 41
Nolte, Ernst, 112, 248
Norton, Robert E., 38, 142, 538
Nuhn, Walter, 102

Oehlkers, Friedrich, 220, 454
Ortega y Gasset, José, 410
Ott, Hugo, 40, 181-183, 218, 289, 332, 448
Overbeck, Franz, 347

Parfenov, Michel, 21
Parménide, 245, 278
Payen, Guillaume, 182, 507

Peeters, Remi, 416
Pegny, Gaëtan, 215
Perez, Béatrice, 87
Pesditschek, Martina, 406-407
Peters, Carl, 102, 107
Petitdemange, Guy, 195, 428, 431
Petra, James, 165
Philipse, Hermann, 408
Pichl, Eduard, 417
Piper, Josef, 352
Platon, 12, 142, 179, 302, 307, 313-315, 320, 325, 328, 350-351, 353, 361-363, 440-447, 450, 462, 474, 482, 519
Plessner, Helmut, 324
Poewe, Karla, 304
Popper, Karl, 77, 135
Pornschlegel, Clemens, 51
Profeti, Livia, 58, 373, 381, 523
Proust, Marcel, 84-85, 99
Puschner, Marco, 69
Przywara, Erich, 59, 62, 286

Quélennec, Bruno, 518

Rahv, Philip, 274
Rajchman, Chil, 33
Rastier, François, 247, 262, 431, 493
Rathenau, Walther, 46
Rauschning, Hermann, 94-95, 130
Raynaud, Philippe, 370, 383-384, 518
Regenbogen, Otto, 324
Reinhard, Karl, 324
Reitmeister, Doris, 54-55
Renan, Ernest, 112
Richardson, William J., 467
Ricœur, Paul, 366, 374, 421
Riedel, Heinz, 246
Rieff, Philip, 73, 334
Ritter, Joachim, 41
Ritter, Paul, 104
Rockmore, Tom, 276
Röhm, Ernst, 144
Rohrmoser, Günter, 375

Index des noms

Roques, Christian E., 79
Rosenberg, Alfred, 39, 43-45, 88, 98, 104, 140, 183-184, 375, 406, 485, 507
Rothacker, Erich, 222, 252
Rousseau, Jean-Jacques, 82, 117, 333
Rousset, David, 21, 149-151, 411
Rüstow, Alexander, 329-331, 349

Salanskis, Jean-Michel, 12
Sartre, Jean-Paul, 10, 132, 237, 275-276, 278, 280, 287, 289, 301, 306, 309, 364-365, 461-462, 505
Sassen, Willem, 477-478, 531
Schachermeyr, Fritz, 406-408
Schadewaldt, Wolfgang, 446
Scharnhorst, Gerhard Johann David von, 528
Scheler, Maria, 447, 524-525
Scheler, Max, 132, 278, 280, 524-525
Schelling, Friedrich Wilhelm Joseph von, 40, 60, 108, 177, 186, 275, 278-283, 286, 436, 470-471
Schelski, Helmut, 377
Schlageter, Albert Leo, 202, 348
Schlegel, Friedrich von, 54, 298-299, 301
Schleiermacher, Friedrich, 224
Schmitt, Carl, 14, 35-37, 39, 47-48, 54-55, 57, 61, 64, 71-76, 78-79, 83, 90, 97-98, 105, 123, 128-131, 133-137, 146, 179, 183, 185, 191, 198, 250, 254, 301, 374, 376, 385, 389-390, 395-396, 403, 485-486, 503, 505, 517, 522, 538
Schmitz-Berning, Cornelia, 144, 256
Schneeberger, Guido, 181, 185, 192
Schneider, Lambert, 277
Scholem, Gershom, 423-424, 480, 483-484, 494
Schorcht, Claudia, 39, 183
Schramm, Gottfried, 40, 239
Schultze, Ernst, 104, 417
Schürmann, Reiner, 225, 288
Schwan, Alexander, 437

Schwoerer, Viktor, 243-245
Sénèque, 385-386
Sereny, Gitta, 29
Servatius, Robert, 76, 491
Sfez, Gérald, 389
Sfez, Jocelyne, 87
Sharr, Adam, 324
Sieg, Ulrich, 243
Simmel, Georg, 284
Sivan, Eyal, 488
Socrate, 311, 350-351, 380, 423
Sombart, Nicolaus, 57, 83
Spann, Othmar, 60, 136
Speer, Albert, 145
Spengler, Oswald, 78, 93-94, 96, 124, 166, 318, 334, 366, 418, 503, 517
Staline, Joseph, 10, 22, 46, 144, 533
Stambaugh, Joan, 337
Stangl, Franz, 29, 32
Stangneth, Bettina, 477-478, 531
Stapel, Wilhelm, 135
Steding, Christoph, 108, 538
Stein, Alexander, 141
Stein, Édith, 380
Steinberg, Jules, 399, 421-424, 464
Steinweis, Alan E., 37, 48
Sternberger, Dolf, 20, 275, 277, 296, 307, 309-319, 321-322, 324-332, 334, 349, 463, 483, 508-509, 519, 521
Stevenson, Robert, 99
Stichweh, Klaus, 188
Stöcker, Adolf, 44-45
Storz, Gerhard, 316
Strasser, Gregor, 144
Strauss, Leo, 72, 353, 441, 518
Streicher, Julius, 39, 44, 69
Süskind, Wilhelm E., 316
Swamy, Usha, 300

Taine, Hippolyte, 112
Taminiaux, Jacques, 13-14, 351, 356, 430, 438-441, 443-444, 447-449, 457
Tassin, Étienne, 272, 276, 361, 430

Taubes, Jacob, 486
Ternon, Yves, 153
Thalès, 302, 445-446
Théofilakis, Fabien, 479-480, 488, 492
Thiolay, Boris, 161
Thomä, Dieter, 358, 521-522
Thomas d'Aquin, 385-386
Tietjen, Hartmut, 25, 231, 527
Tocqueville, Alexis de, 333
Traverso, Enzo, 120
Trawny, Peter, 40-41, 108, 143, 174, 177, 197, 205, 241-243, 245, 249-250, 257, 262-264, 279, 422, 482, 495, 500, 523
Tillich, Paul, 310, 312
Tilly, Georges, 84
Tömmel, Tatjana Noemi, 122
Towarnicki, Frédéric de, 289
Treitschke, Heinrich von, 69, 78
Trotha, Lothar von, 102
Trunk, Isaiah, 489
Tryster, Stewart, 487-488
Tsevi, Sabbataï, 483-484

Ushpiz, Ada, 114, 506

Valéry, Paul, 364
Varnhagen, Rahel, 52-53, 56-58, 64-67, 263-265
Varnhagen von Ense, Karl August, 265
Vašek, Thomas, 464
Vermeil, Edmond, 113, 130
Vietta, Dory, 266
Vietta, Egon, 271
Vietta, Silvio, 260, 271
Villa, Dana R., 13, 80, 356, 362, 388, 391, 430
Voegelin, Eric, 72, 98, 134, 352-353, 374-375

Volpi, Franco, 242, 254
Voltaire, 82, 112

Wacker, Otto, 300-301
Wagner, Richard, 88
Wahl, Jean, 272, 275-277, 299, 486
Wasserstein, Bernard, 46, 165, 377, 410, 416-417
Weber, Alfred, 275, 277
Weininger, Otto, 504
Weinreich, Max, 20, 34-35, 37, 39, 43-45, 48, 106, 128-130, 274, 297, 509
Weisman, Talma, 333
Weißmann, Karlheinz, 375
Wessel, Horst, 447, 524-525, 536
Westermann, William L., 398
Westernhagen, Dörte von, 38
Widmaier, Carole, 518
Wiese und Kaiserswaldau, Benno Georg Leopold von, 54-56, 61, 64-65, 67
Wiese und Kaiserswaldau, Leopold Max Walther, 54
Wildt, Michael, 36
Williams, Bernard, 134
Wippermann, Wolfgang, 412
Wittgenstein, Ludwig, 457, 460
Woessner, Martin, 12
Wolf, Eric, 41
Wolters, Friedrich, 142-143

Xénophon, 388

Yorck von Wartenburg, Paul, 192-193, 252, 293-294
Young-Bruehl, Elisabeth, 21, 50, 52-55, 61, 107, 269-270, 305

Zaborowski, Holger, 188, 520, 523
Zaunmüller, Karl-Heinz, 87

Table

Introduction 9

PREMIÈRE PARTIE
HANNAH ARENDT ET LE NATIONAL-SOCIALISME

1. Victimes et bourreaux : l'image de l'enfer 19
   - *1. Arendt, Grossman et les camps d'extermination* 21
   - *2. Les élites académiques allemandes dédouanées* 34

2. Deux interprétations successives de la genèse
   de l'antisémitisme nazi 49
   - *3. Gentz, Müller et la communauté salvatrice des* Raumgenossen 53
   - *4. Rahel Varnhagen ou l'intériorisation de l'antisémitisme
     par les Juifs assimilés* 64
   - *5. Romantisme politique et genèse de l'antisémitisme moderne
     selon Arendt à la fin des années 1930* 68
   - *6. L'antisémitisme réinterprété en 1951
     dans* Les Origines du totalitarisme 80

3. L'égalité naturelle entre les hommes récusée 89
   - *7. Impérialisme et doctrine raciale* 90
   - *8. Le sens détourné d'une nouvelle de Joseph Conrad* 98
   - *9. Sur le pangermanisme* 104

    10. Les Juifs rendus responsables de la genèse de l'antisémitisme völkisch   110
    11. La récusation arendtienne des droits de l'homme 113

4. Disculpation des élites intellectuelles du nazisme et « troublante pertinence » des régimes totalitaires 125

    12. L'élite intellectuelle du nazisme exonérée de toute responsabilité. Contraste avec les travaux d'Aurel Kolnai 125
    13. Le totalitarisme essentialisé et la fiction d'une conspiration juive mondiale 138
    14. Le « laboratoire » des camps et la « troublante pertinence » des régimes totalitaires 145
    15. La convergence entre Arendt et Heidegger à propos de l'« absence de patrie » (Heimatlosigkeit) *de l'homme moderne* 164

Deuxième partie
Heidegger ou la métapolitique de l'extermination

5. L'être comme « mot couvert », l'histoire, la technique et l'extermination 177

    16. Une doctrine exterminatrice 179
    17. L'être comme « mot couvert » (Deckname) 184
    18. L'historicité et la Lingua Tertii Imperii 191
    19. Retour sur le négationnisme ontologique des Conférences de Brême   198
    20. « Fabrication de cadavres » et « déluge » d'Auschwitz selon Arendt 204
    21. Technique, national-socialisme et extermination des Juifs d'Europe 210

6. Des catégories aux existentiaux : la destruction programmée de la philosophie 217

    22. Catégories et existentiaux dans Être et temps 220
    23. La disposition affective, tonalité antérieure à tout connaître 225
    24. De 1929 à 1934 : la reformulation völkisch *de la « question de l'homme »* 229
    25. Les premiers Cahiers noirs *: de la métaphysique du* Dasein *à la métapolitique du peuple historique* 235
    26. National-socialisme et philosophie 238

7. Antisémitisme et « auto-extermination » du judaïsme : sur les *Cahiers noirs* 241

    27. Enjuivement et race allemande 243

*28. Le combat de l'Allemand pour son essence propre
et la purification de l'être* 247
29. De l'absence d'histoire à l'absence de monde 250
30. La déracification totale de la germanité 255
31. L'auto-extermination du judaïsme 260
32. Hannah Arendt dans les Cahiers noirs 263

TROISIÈME PARTIE
ARENDT ET HEIDEGGER OU LE DYNAMITAGE
DE LA « PENSÉE OCCIDENTALE »

8. Arendt critique de Heidegger en 1946 269
   33. Arendt et Heidegger : une relation asymétrique 269
   34. Une vue cavalière de la philosophie moderne de Kant à Jaspers ... 274
   *35. Le « soi » heideggerien
   ou l'anéantissement de l'humanité en chaque homme* 285
   36. Une interprétation tronquée d'Être et temps 292
   37. La note controversée sur l'engagement nazi de Heidegger 297
   *38. L'introduction par Arendt du thème
   de la* Heimatlosigkeit *ou absence de patrie* 303

9. Le tournant dans l'appréciation de Heidegger (1949-1954) ... 307
   39. Un éloge inédit de la Lettre sur l'humanisme *en 1949* 308
   *40. La controverse Arendt-Sternberger autour de l'*Introduction
   à la métaphysique 326
   *41. Désolation du monde et incrimination de la logique :
   Heidegger et Arendt au début des années 1950* 333
   42. L'introduction de Heidegger dans les sciences politiques 346

10. Aristocratie et servitude 359
    43. The Human Condition, *livre heideggérien* 360
    44. Natalité et « seconde naissance » : Arendt et Gehlen 369
    45. Werfrage *et monde commun : Arendt et Heidegger* 377
    46. Aristocratisme et héroïsation du politique séparé du social ... 384
    *47. Justification de la « domination des maîtres »
    et déshumanisation de l'« animal laborans »* 395
    *48. Polis, communauté, peuple et puissance :
    Arendt et l'existentialisme politique* 400

11. L'histoire faussée, la philosophie disparue :
Hannah Arendt dans le regard de ses critiques 409
   49. Les Origines du totalitarisme dans le regard des historiens 409
   50. Deux critiques majeures d'Arendt :
      Jules Steinberg et Kathryn T. Gines 421
   51. Un nouveau «jargon de l'authenticité»? 427

CONCLUSIONS
HEIDEGGER ET EICHMANN DANS L'APOLOGÉTIQUE D'ARENDT

12. « Pensée » et « absence de pensée » 435
   52. Dans le piège d'Arendt. À propos de l'interprétation
      de Jacques Taminiaux.. 438
   53. La pensée qui se remémore (Andenken)
      face à la banalité de l'absence de pensée.. 450
   54. Le démantèlement de la philosophie et le fil rompu de la tradition 458
   55. Le mythe du penseur à l'écoute de l'appel de l'être........................... 466

13. *Eichmann à Jérusalem* comme livre-écran 475
   56. La défense d'Eichmann et le parti pris d'Arendt............................. 475
   57. La «grandeur» de Heidegger et du mouvement nazi :
      Arendt et l'antinomisme sabbatéen... 482
   58. Eichmann à Jérusalem, livre diffamatoire, livre-écran ?................... 486
   59. Jean-Luc Nancy, l'antisémitisme et le Smartphone : de la banalité
      à l'« historialité » 492
   60. L'écroulement de l'apologétique arendtienne................................... 506

Épilogue – De l'extermination nazie à la destruction
de la pensée 511

Note biographique sur quelques élèves
et assistants allemands et non juifs de Heidegger............... 537
Remerciements... 539
Bibliographie des œuvres citées de Hannah Arendt
et Martin Heidegger 542
Index des noms 547

Dans la même collection
(dernières parutions)

Jean-Loup Amselle, *Psychotropiques. La fièvre de l'ayahuasca en forêt amazonienne.*

Florence Burgat, *Une autre existence. La condition animale.*

Roberto Casati, *Contre le colonialisme numérique. Manifeste pour continuer à lire.*

Ariel Colonomos, *La Politique des oracles. Raconter le futur aujourd'hui.*

Collectif, *La Lecture insistante. Autour de Jean Bollack*, Ch. König et H. Wismann (dir.).

Collectif, *L'histoire et la mémoire de l'histoire. Hommage à Yosef Yerushalmi*, S. A Goldberg (dir.).

Emmanuel Faye, *Heidegger, l'introduction du nazisme dans la philosophie.*

Pierre Judet de La Combe, *L'Avenir des Anciens. Oser lire les Grecs et les Latins.*

Mériam Korichi, *Traité des bons sentiments.*

Jean Levi, *Réflexions chinoises. Lettrés, stratèges et excentriques de Chine.*

Michel Marian, *Le Génocide arménien. De la mémoire outragée à la mémoire partagée.*

Joan W. Scott, *Parité. L'universel et la différence des sexes.*

Richard Sennett, *La Culture du nouveau capitalisme.*

Richard Sennett, *Ce que sait la main. La culture de l'artisanat.*

Richard Sennett, *Ensemble. Pour une éthique de la coopération.*

Richard Sennett, *Respect. De la dignité de l'homme dans un monde d'inégalité.*

Daryush Shayegan, *La Conscience métisse.*

Quentin Skinner, *Hobbes et la conception républicaine de la liberté.*

François Vatin, *L'Espérance-monde. Essais sur l'idée de progrès à l'heure de la mondialisation.*

Paul Veyne, *Foucault. Sa pensée, sa personne.*

Paul Veyne, *Quand notre monde est devenu chrétien (312-394).*

Heinz Wismann, *Penser entre les langues.*

Impression : CPI Bussière en août 2016
Éditions Albin Michel
22, rue Huyghens, 75014 Paris
www.albin-michel.fr
ISBN : 978-2-226-31513-7
ISSN : 1158-4572
N° d'édition : 19511/01 – N° d'impression : 2021601
Dépôt légal : septembre 2016
Imprimé en France